KB111077

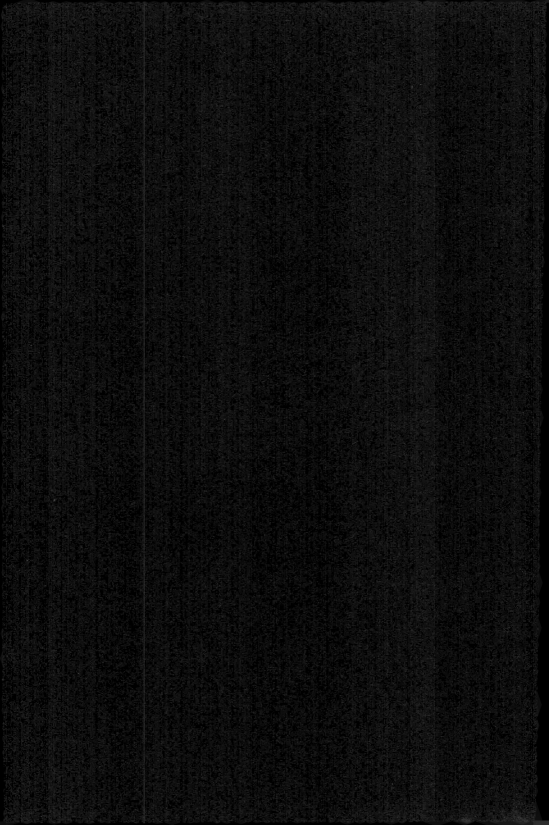

한국의 아나키즘 - 운동편

이호룡

한국의 아나키즘 – 운동편

초판 제1쇄 인쇄 2015. 3. 23.
초판 제1쇄 발행 2015. 3. 27.

지은이 이 호 룡
펴낸이 김 경 희
펴낸곳 (주)지식산업사
본사 ● 413-832, 경기도 파주시 파주시 광인사길 53
전화 (031) 955-4226~7 팩스 (031)955-4228
서울사무소 ● 110-040, 서울시 종로구 자하문로6길 18-7
전화 (02)734-1978 팩스 (02)720-7900
한글문패 지식산업사
영문문패 www.jisik.co.kr
전자우편 jsp@jisik.co.kr
등록번호 1-363
등록날짜 1969. 5. 8.

책값은 뒤표지에 있습니다.

ISBN 978-89-423-1181-1 (93910)

이 책을 읽고 저자에게 문의하고자 하는 이는
지식산업사 전자우편으로 연락바랍니다.

이 저서는 2011년 정부(교육부)의 재원으로 한국연구재단의 지원을 받아 수행된 연구임 (NRF-2011-812-A00014)

책을 내면서

오늘날 우리 사회는 칼날 위를 걷고 있는 것 같다. 통일을 얘기한다고 종북으로 몰아붙이고, 그 현장에 폭탄을 터뜨리는가 하면, 멋모르고 그러한 행위를 한 어린 학생을 영웅으로 추켜세우는 것이 작금의 세태이다. 상대방을 인정하고자 하는 모습은 어디에도 없고, 갈 데까지 간 막장 상황이 눈앞에서 다반사로 펼쳐지고 있다. 보수와 진보로 나뉘어 서로를 적대시하며, 내 편이 아니면 무조건 적으로 몰아부친다. 적을 쓰러뜨리는 데에는 온갖 수단과 방법을 동원한다. 그것이 아무리 비상식적이고 파렴치한 짓일지라도 서슴없이 행한다. 이성과 합리가 자리할 공간은 어디에도 보이지 않는다. 좌우대립이 극심했던, 그 결과 민족분단과 동족상잔으로 귀결되고 만 해방 직후의 시절로 되돌아가는 듯하다.

흔히들 우리 사회는 극히 짧은 기간에 산업화와 민주화를 동시에 이룩한, 세계에서 유례를 찾아보기 어려운 나라로 평가받고 있다고 한다. 우리나라의 경제가 짧은 시일 안에 양적으로 급속히 성장한 것은 사실이며, '막걸리보안법'이 이 사회를 지배하던 엄혹했던 유신체제기에 견주면 사회민주화가 어느 정도 진전된 것도 맞다. 한데 우리들의 삶의 질은 어떠한가? 산업화는 누구를 위한 산업화이며, 민주화의 열매는 누가 따 먹고 있는가? 부르주아 민주주의 아래서 '자유'라는 명분을 가지고 사회적 부를 거의 차지한 극소수의 자산가들이 이 사회를 자기들 마음대로 꾸려 가고,

일부 정치권력과 언론권력이 이를 비호하고 있지는 않은가? 신자유주의시대에 무한경쟁으로 내몰린 일반서민들이 자신들이 원하는 방향으로 삶을 영위할 수 있기나 하며, 민주적 제 권리를 제대로 누리고 있는가? 민주화가 되었다고 해서 일반서민들의 삶에서 나아진 것이 무엇이 있는가? 산업화가 되고 민주화가 되었다면 그 사회구성원들의 행복지수가 높아져야 할 텐데, 행복한 얼굴로 이 세상을 살아가는 사람을 구경하기는 쉽지 않다. 그러다보니 민주주의에 대한 피로감만 쌓이게 된다. 민주주의가 우리들의 삶을 윤택하게 할 수 있는 방도를 심각하게 고민해야 할 절박한 이유가 여기에 있다.

민주주의란 무엇인가? 민주주의는 상대방을 인정하는 것에서 출발한다. 나만이 옳은 것은 결코 아니다. 나와 의견이나 사상이 다르다고 해서 그 사람이 틀린 것은 아니다. 단지 나와 다를 뿐이다. 차별은 철저히 배제해야 하지만, 차이는 인정해야 할 것이다. 그리고 현재 나의 의견이 다수를 차지한다고 해서 반드시 옳은 것은 아니다. 다른 사람들의 의견이 언제 다수를 차지할지 모른다. 따라서 다른 사람들의 의견을 틀린 것으로 규정하여 그들을 배척해서는 안 되고, 그들의 존재를 인정하고 존중해야 할 것이다. 내가 우익이라 해서 좌익을 무조건 잘못된 것이라 몰아부쳐서는 곤란하다. 좌익 또한 마찬가지다. 상대방을 배척해서는 이 사회가 통합될 수 없을 것이다. 진정한 통합이란 상대방을 인정하고 배려할 때 이루어질 수 있다.

민주주의가 제대로 실현되기 위해서는 좌와 우가 한데 아우러지고 다양성이 보장되어야 할 것이다. 그런데 부르주아민주주의와, 프롤레타리아독재로 대표되는 프롤레타리아민주주의로는 좌와 우를 포용하기 어렵다. 부르주아민주주의는 재산이 있고 힘이 있는 사람들의 자유만 보장해준다. 재산이 없고 힘없는 사람들의 자유는 거의 보호받지 못한다. 프롤레타리아독재를 앞세우는 프롤레타리아민주주의 또한 일반서민의 자유를 보장하지 않는다. 자산가를 대신해 권력을 잡은 자들이 '혁명보호'라는 명분 아래 프롤레타리아독재(공산당 일당독재에 다름 아니다)를 실시하여 일반서민들의 자유조차 제한하려 든다. 진정으로 자유로워지기 위해서는 어느 누구로부터도 어떠한 구속이나 굴레를 받아서는 안 된다. 비록 다수자라 할지라도 소수자에게 어떠한 핍박이나 억압을 주어서는 안 된다.

부르주아민주주의와 프롤레타리아민주주의가 민주주의를 실현하는 데 한계가 있는 사상이라고 한다면 어떠한 사상이 민주주의 실현을 가장 잘 보장해줄까? 아나키즘이 그러한 사상 가운데 하나가 아닐까 생각한다. 상대방이 나와 다르다고 해서 그들을 틀린 것으로 규정하지 않고, 나와 다를 수 있음을 인정하며 그들과 함께 더불어 살아가고자 하는 사상이 아나키즘이다. 아나키즘은 나의 자유가 소중하듯 다른 사람의 자유 또한 소중함을 인식하고, 나와 다른 사람의 차이를 인정한다. 지식이 많다고 해서, 힘이 있다고 해서, 다수자라 해서 그렇지 못한 사람에게 자신의 입장을 강요하지 않는다. 다름을 공유하고 차이를 인정하는 사상만이 양극단으로 치달아가고 있는 우리 사회의 병폐를 치유할 수 있을 것이다. 아나키즘에 대한 연구가 상당히 필요한 시점이 아닌가 생각한다.

아나키즘은 19세기 후반 서구사회에서 산업화의 모순이 드러나면서 심각한 사회문제가 야기되자, 이를 극복하고자 나타난 사상의 한 조류이다. 한국인들도 1880년대부터 소개되기 시작한 아나키즘을 수용하고, 그것을 바탕으로 일제강점기에는 민족해방운동을 전개하였으며, 해방 이후에는 아나키스트 사회를 건설하기 위한 활동을 펼쳤다. 하지만 1930년대 후반 이후 서서히 아나키즘 본령에서 일탈하기 시작한 한국 아나키스트들은, 일부는 1950년대 중반에 민주사회주의로 전향하였고, 일부는 1961년 5 · 16 쿠데타 이후 쿠데타 세력의 민주공화당에 합류하고 말았다. 이로써 일제강점기에 제3의 사상으로서 민족해방운동에서 상당한 구실을 했던 한국 아나키즘은 역사 무대의 전면에서 사라지고 말았다. 하지만 1980년대 후반 이후 공산주의권의 몰락과 함께 아나키즘은 공산주의를 대체할 새로운 사상으로 주목을 받고 있다. 아나키즘이 새로운 시대사상으로 기능하기 위해서는 그 한계를 극복해야 할 것이다.

나는 한국 아나키즘이 한국사회에서 왜 실패하였는지 그 원인을 규명하는 작업을 진행해왔다. 그 일차적 결과물이 《한국의 아나키즘-사상편》(2001)이다. 그리고 그 후속물로 본 연구를 출판하게 되었다. 이 연구들을 통해 한국의 아나키즘이 제3의 사상의 위상을 견지하지 못한 원인은 나름대로 분석했으나, 한국 아나키즘이 나아가야 할 방향은 아직 제대로 찾지 못하였다. 앞으로 연구해야 할 과제이다.

《한국의 아나키즘-사상편》에서 한국인의 아나키즘 수용과정을 서술하였는데, 아나키즘 수용과정은 이 연구에 포함시키는 것이 옳을 듯하여 이쪽으로 옮겨 왔다. 나중에 《한국의 아나키즘-사상편》의 개정판을 출판할 경우, 아나키즘 수용과 관련해서는 내용을 조정할 생각이다. 아나키즘의 수용과정보다는 수용기 아나키즘의 내용을 중심으로 하여 재구성할 예정이다.

《한국의 아나키즘-사상편》을 낸 시기가 2001년 11월이니 벌써 13년이 훌쩍 지나갔다. 《한국의 아나키즘-사상편》에 이어 곧 운동편을 출판할 수 있을 것이라 여겼는데, 차일피일 미루다보니 어느덧 강산이 한 번 바뀌고도 남는 시간이 지나고 말았다. 머지않아 운동편을 낼 것이란 나름 야심찬 계획은 공수표가 되어 날아가버렸고, 나는 완전한 거짓말쟁이가 되고 말았다. 순전히 나의 게으름 탓이다.

내 원고를 묵묵히 기다려주신 김경희 지식산업사 사장님을 비롯하여 편집부 직원들께 감사의 말씀을 드린다.

2015년 1월
모든 사람이 민주주의적 삶을
살 수 있는 사회를 기원하며
이 호 룡

차 례

책을 내면서 / 3

서 론……………………………………………………………11

Ⅰ. 수용기의 아나키스트 운동…………………………………19

1. 국내 · 22
   1) 아나키즘 수용과 선전활동 / 22
   2) 민중운동 / 32
   3) 공산주의와 분화 / 47
2. 재일본 한국인 · 51
   1) 아나키즘 수용과 선전활동 / 51
   2) 조직활동 / 66
   3) 공산주의자와 분화 / 73
3. 재중국 한국인 · 76
   1) 아나키즘 수용 / 76
   2) 테러활동 / 87
   3) 선전 · 조직활동 / 93
   4) 공산주의와 분화 / 99

Ⅱ. 1920년대 이후의 아나키스트 운동……………………105
1. 국내 · 106
1) 책자나 강연회 등을 통한 선전활동과 조직활동 / 106
2) 테러활동 / 132
3) 노동운동 / 143
4) 조선공산무정부주의자동맹 결성과 그 이후의 아나키스트 운동 / 150
2. 재일본 한국인 · 180
1) 책자나 강연회 등을 통한 선전활동과 조직활동 / 181
2) 테러활동 / 196
3) 노동운동 / 201
4) 분화 이후의 아나키스트 운동 / 213
(1) 재일본 한국인 아나키스트 운동의 분화 / 213
(2) 재일본 한국인 아나키스트들의 연합 활동 / 228
3. 재중국 한국인 · 242
1) 책자나 강연을 통한 선전활동 / 242
2) 테러활동 / 274
(1) 테러적 직접행동론 아래서의 테러활동 / 274
(2) 허무주의적 테러활동 / 285
(3) 국제적 연대 아래서의 테러활동 / 299
3) 혁명근거지 건설운동 / 319
(1) 이상촌 건설계획 / 320
(2) 노동대학 설립과 농민자위운동 / 323
(3) 민족해방운동기지 건설운동 / 332

Ⅲ. 1930년대 중반 이후 아나키스트들의 민족해방운동……361
1. 재일본 한국인들의 비밀결사운동 · 362
1) 일본무정부공산당에의 참여 / 362
2) 건달회 결성 / 367
2. 재중국 한국인들의 민족전선운동 · 372
1) 민족전선운동 / 372
(1) 민족전선론 제창 / 372
(2) 조선민족전선연맹 결성 / 375
(3) 군대 편성 / 381
2) 대한민국임시정부 참가 /384

Ⅳ. 해방 이후 아나키스트들의 자주적 민주국가 건설운동……395
1. 자유사회건설자연맹 중심의 '자유사회건설운동' · 397
1) '생활혁신운동' / 397
2) 정치활동 / 409
3) 국민문화연구소 중심의 농촌계몽운동 / 420
4) 민주사회주의로의 전향 / 424
2. 독립노농당 중심의 정당활동 · 431
1) 해방 직후 자주적 민주국가 건설운동 / 431
2) 분단정부 수립 이후의 사회개혁운동 / 458

결 론……………………………………………………………471

참고문헌 / 488
찾아보기 / 514

서 론

1880년대부터 다양한 사회주의[1)]와 함께 한국에 소개되기 시작한 아나키즘은 1910년 국권상실 이후 민족해방운동의 지도이념 가운데 하나로 재일본 한국인과 재在러시아 한국인을 중심으로 수용되기 시작하였다. 제1차 세계대전과 러시아혁명을 계기로 아나키즘을 비롯한 사회주의는 민족주의가 한국인 사상계를 지배하는 가운데 그 수용의 폭을 점차 넓혀 갔으며, 1919년 3 · 1운동 이후 민중이 민족해방운동의 주체로 나서면서 한국인들 사이에서 급격히 확산되어 갔다. 1920년대 초까지 사회주의계의 주류적 위치를 차지하였던 아나키즘은 1922~1923년경부터 점차 사회주의계의 주도권을 공산주의에 내주었다. 하지만 아나키즘은 여전히 민족주의, 공산주의와 함께 제3의 사상으로서 민족해방운동을 이끌었으며, 아나키스트들은 공산주의와 민족주의를 비판하면서 독자적 활동을 전개함으로써 민족해방운동에서 제3의 영역을 구축했다. 그리고 해방공간에서도 아나키스트들은 우익과 함께 반공산주의전선을 형성하여 신탁통치반대투쟁 등을 전개하면서 자주적 민주국가 건설을 위해 노력하는 등 일정한 역할을 수행하였다.

그럼에도 아나키스트 운동에 대한 연구는 아직 상당히 미진하다.

1) 사회주의와 공산주의는 통상 동일한 의미를 지닌 용어로 사용되기도 하나, 본 연구에서는 사회주의와 공산주의를 구별해서 사용한다. 즉 본 연구에서는 사회주의는 공상적 사회주의 · 기독교사회주의 · 길드사회주의 · 페비언주의 · 아나키즘 · 사회민주주의 · 마르크스주의 등 자본주의체제에 반대하는 모든 이념을 포괄하는 것으로, 공산주의는 마르크스스레닌주의를 지칭하는 것으로 개념 규정한다.

그것은 한국인 아나키스트들이 1930년대 중반 이후 사상적 순결성을 지키지 못한 데다가, 해방 이후, 극심한 좌우대립으로 한국사상계에 제3의 사상이 발붙일 공간이 없어지면서, 아나키즘이 역사무대의 전면에서 사라진 데에 기인한다. 아나키즘이 제3의 사상으로서 제 구실을 하지 못함으로써 우리 민족의 현대사상계는 극심한 좌우대립으로 치달아 왔던 것으로 인식되어 왔다.

아나키스트 운동에 대한 연구는 1970년대에 와서야 이루어지기 시작하였다. 1990년대부터 점차 확산되었으나, 운동사를 체계화 하는 수준에 아직 이르지 못하고 있는 실정이다. 수용한 아나키즘의 내용, 그 수용 양상, 아나키스트 운동의 전개과정 등을 분석 · 정리한 것도 있지만 소수에 지나지 않는다. 대개가 단체나 개인에 대한 연구가 주종을 이루고 있을 뿐, 한국인 아나키즘의 체계적 연구를 시도한 연구는 아주 소수에 불과하다. 한국인 아나키스트들의 사상을 분석한 연구로는 이호룡의 《한국의 아나키즘-사상편》(2001)이 있고, 운동을 전체적으로 혹은 시기적 · 지역적으로 체계화하고자 한 연구로는 하기락의 《한국아나키즘운동사》(1978), 오장환의 《한국 아나키즘운동사 연구》(1998), 김명섭의 《한국 아나키스트들의 독립운동-일본에서의 투쟁》(2008), 이호룡의 《아나키스트들의 민족해방운동》(2008), 이화정의 《1920~1930년대 재일 조선인 아나키스트의 사상과 행동》(2012) 등이 있다. 하지만 이들 연구의 대부분이 한국인 아나키스트 운동 전체를 다 다루지는 못하고, 시기적으로나 지역적으로 일부만을 다루고 있을 뿐이다. 한국인 아나키스트 운동 전체를 다 다룬 연구조차 자료를 수집 · 정리한 수준에 그칠 뿐, 체계화하는 수준에까지는 나아가지 못하고 있다.

이러한 문제의식에서, 이 연구는 한국인 아나키스트 운동을 전체적으로 체계화하고, 그것을 통해 한국 근현대사에서 제3의 정치세력이 존재하였다는 사실을 확인하고자 한다. 이는 한국 민족의 현대사를 내용적으로 더욱 풍부하게 해줄 것이다. 아울러 아나키스트들이 제3의 정치세력의 지위를 상실해가는 과정에 대해서도 추적해 보고자 한다.

한국인 아나키스트 운동에 대한 연구가 부진한 것에는 자료의 부족도 커다란 요인으로 작용했다. 한국인 아나키스트 운동에 관한 1차 사료는 매우 부족하다. 그리하여 기존의 연구들은 회고록이나 일제 경찰의 정보보고서에 크게 의존할 수밖에 없었다. 이러한 자료들의 내용 가운데는 잘못된 부분이 상당히 많이 있다. 그러한 회고록이나 일제의 정보보고서를 철저한 사료비판을 거치지 않은 채 무비판적으로 인용하다보니, 기존의 연구성과 가운데는 객관적 사실조차 제대로 복원하지 못하는 치명적 결함을 안고 있는 경우도 있다.

이 연구는 기존의 자료들을 적극 활용하는 한편, 1차 사료를 발굴하기 위해 노력하거나 새로이 발굴된 사료들을 적극 활용하고자 한다. 당시 간행된 잡지나 신문 등을 주된 사료로 삼아서 역사적 사실을 규명하고자 한다. 부족한 부분은 일본 정보기관의 보고서나 재판기록, 증언이나 회고록 등에서 보충하고자 하며, 그러한 경우 각 자료들을 비교 · 분석하거나 그 기록의 객관성과 정확성을 엄밀히 따지는 등 사료비판을 철저히 수행하여 자료인용의 정확성을 기할 것이다.

이 연구는 한국인 아나키스트 운동사의 시기를 목적과 성격에 따라 구분하고자 하였다. 기존의 연구성과들은 편의적으로 일제강점기와 해방 이후로 나누어 서술하여 왔다. 하지만 이 연구는 한국인 아나키스트 운동사를 수용기, 1920년대 이후의 일제강점기, 해방 이후의 세 시기로 크게 나누고, 1920년대 이후의 일제강점기를 1930년대 중반을 경계로 다시 두 시기로 나누어 서술한다. 그것은 각 시기 한국인 아나키스트 운동이 추구했던 목적과 성격이 다르기 때문이다. 수용기는 한국인 아나키즘이 뚜렷한 논리체계를 갖추지 못하고 있었던 시기이고, 1920년대 이후는 민족해방운동의 성격을 분명히 한 시기이며, 해방 이후는 자주적 민주국가를 건설하고자 한 시기이다. 1920년대 이후 민족해방운동으로서 한국인 아나키스트 운동을 1930년대 중반을 경계로 다시 두 시기로 나누어 서술한 것은, 1936년 이후 한국인 아나키스트 운동이 정부와 국가의 존재를 인정하는 등 점차 아나키즘 본령에서 일탈하기 시작하여 1930년대 중반 이전 시기와 성격을 달리 하였기 때문이다.

그리고 일제강점기의 경우 한국인 아나키스트들이 국내, 일본, 중국 등지에서 어떠한 운동을 전개하였는지 유형별로 나누어 서술하였다. 일제강점기 한국인 아나키스트들의 운동을 먼저 지역별로 나누고, 각 지역에서 펼쳐진 운동을 다시 유형별로 나눈 것은 각 지역의 한국인 아나키스트들이 처한 주객관적 상황이 달라 운동이 거의 독립적으로 전개되었기 때문이다. 전체사는 지역사의 산술적 합은 아니다. 곧 각 지역에서 전개된 한국인의 민족해방운동사를 모아놓는다고 해서 한국인의 민족해방운동사가 되는 것은 아니다. 하지만 일제강점기 한국인 아나키스트들의 민족해방운동은 국내, 일본, 중국, 미국[2] 등지에서 일본제국주의 타도와 민족해방이라는 동일한 목적을 가지고 전개되었음에도, 세 지역의 한국인 아나키스트 운동이 처한 주객관적 조건은 서로 달랐다. 곧 중국의 경우 국내나 일본보다 상대적으로 자유로운 측면이 있었고, 국내의 조건이 가장 엄혹하였다. 국내와 재일본, 재중국 한국인들은 일본제국주의 식민권력으로부터 전혀 다른 규정을 받고 있었고, 사회경제적 배경과 주체적 역량도 서로 달랐기 때문에 각각 독자성을 가지고 전개되었

2) 이 연구에서는 미국에서 전개된 한국인 아나키스트 운동은 서술하지 않는다. 대표적인 재미在美 한국인 아나키스트 단체는 1929년 3월에 결성된 재미在美아나키스트연맹과 재미국흑풍회在美國黑風會이다. 이들 단체는 기관지 《흑풍黑風》을 발행하거나 강연회를 개최하여 아나키즘을 선전하는 등의 활동을 펼쳤다.(《自由聯合新聞》 第46號 · 第49號 ; 《우라끼》 제4호 등을 종합) 정화암에 따르면, 1923~1924년 무렵 지명대 등 몇 명이 미국에서 《흑선풍》이란 잡지를 내면서 다소 아나키즘적 사상운동을 전개하기도 하였다.(김학준 편집해설 · 이정식 면담, 1988, 274쪽)

다. 따라서 일제강점기 한국인의 아나키스트 운동은 부문별이 아니라 지역별로 나누어 분석하는 것이 각 지역의 운동을 일목요연하게 이해하는 데 도움이 될 것이다. 일제강점기 한국인 아나키스트 운동을 지역별로 서술하면 각 지역에서 펼쳐진 아나키스트 운동을 비교 · 분석하는 데 많은 도움이 될 것이다.

이 연구는 네 개의 장으로 구성하였다. 서론에서는 한국인 아나키스트 운동에 대한 기존 연구성과들에 대해 검토하고, 이 연구의 문제의식과 방법론에 대해 살펴보았다. 제1장에서는 수용기의 아나키스트 운동을 다루었는데, 한말 아나키즘이 한말 소개되어 1920년대 초 공산주의와 분화되기까지 한국인 아나키스트들이 전개한 아나키스트 운동을 세 지역으로 나누어 유형별로 서술하였다. 수용기의 한국인 아나키스트 운동에 대한 연구는 지금까지 거의 이루어져 있지 않다.

제2장과 제3장에서는 1920년대 초 공산주의와 갈라진 이후 한국인 아나키스트들이 민족해방운동으로 전개한 아나키스트 운동을 지역별, 유형별로 나누어 서술하여, 그 흐름을 정리함으로써 한국 아나키스트 운동을 체계적으로 이해할 수 있도록 하였다. 기존의 연구성과들은 대개 사건이나 단체를 중심으로 분석하고 있을 뿐, 그 흐름을 제대로 정리하고 있지 못하다. 제2장에서는 1920년대 이후 한국인 아나키스트들이 아나키즘을 바탕으로 펼친 민족해방운동을 세 지역으로 나누어 서술함으로써, 각 지역에서 전개된 한국인 아나키스트 운동을 비교할 수 있도록 하였다. 국내와 일본에서는 아나키스트들의 활동이 비슷한 형태로 전개되었지만, 중국에서는 약간 다른 모습을 띤 것으로 나타났다. 즉 한국인 노동자들이 거의 없던 중국에서는, 노동운동보다는 일본 제국주의 권력이 직접 미치지 않는 상황을 이용하여 혁명근거지 건설운동이 전개되었다. 각 지역에서 전개된 한국인 아나키스트 운동을 비교 · 분석한 연구

성과는 지금까지 거의 없다.

제3장에서는 1930년 중반 이후 한국인 아나키스트들의 활동을 일본과 중국 두 지역으로 나누어 서술하였다. 국내에서는 아나키스트들의 활동이 1930년대 전반에 거의 종결되다시피 했다. 한국인 아나키스트 운동에 대한 기존의 연구성과들은 거의가 1920년대와 1930년대 전반에 한정되어 있고, 1930년대 후반 한국인 아나키스트 운동에 대해서는 거의 다루지 않거나, 다루더라도 그 성격에 대해서는 거의 분석하지 않고 있다. 1930년대 후반에 접어들면서 한국인 아나키스트들은 아나키스트 운동의 위기 속에서 민족전선운동과 비밀결사운동을 펼쳤다. 나아가 정부와 국가의 존재를 인정하는 등 아나키즘 본령에서 일탈한 방법론을 제시하고 대한민국임시정부에까지 참여하였다.

제4장에서는 아나키즘 본령에서 더욱 일탈하는 방향으로 전개된, 해방 이후 아나키스트들의 활동을 자유사회 건설운동과 정당활동을 중심으로 서술하는 한편, 이들의 활동이 가지는 의미에 대해 살펴보았다. 그 시기는 1961년 5 · 16쿠데타까지로 한정하였다. 그것은 5 · 16쿠데타 이후 한국 아나키스트 운동은 막을 내린 것으로 볼 수 있기 때문이다. 해방 이후 한국 아나키스트 운동을 분석한 연구는 많지 않다. 있다고 하더라도 그것은 단체나 사건에 대한 서술에 한할 뿐, 그 성격이나 의미 등에 대해서는 거의 분석하지 않고 있다.

결론에서는, 1960년대 이후 아나키스트 운동을 복구하고자 하는 움직임을 자주인총연맹과 국민문화연구소를 중심으로 서술하고, 1980년대 후반 이후 등장하기 시작한 새로운 흐름의 아나키스트운동을 소개하였다.

이 연구에서는 한국인 아나키스트 운동의 전개과정을 지역별로 나누어 체계적으로 검토하였다. 지금까지의 연구성과들은 한국인 아나키스트 운동의 전개과정을 총체적이고 체계적으로 서술하지 못하였다. 이 연구를 통해 한국인 아나키스트 운동의 흐름을 시계열적으로 그리고 횡적으로 정리함으로써, 그 흐름을 한 눈에 알아볼 수 있도록 하였다. 그리고 이 연구를 통해 일제강점기 민족해방운동에서 아나키스트들이 차지하였던 위상과 역할을 재조명함으로써, 아나키즘이 한국인의 근현대 사상계에서 민족주의와 공산주의에 이어 제3의 사상으로서 존재하였음을 입증하고자 하였다. 또 해방공간의 극심한 좌우대립의 틈바구니 속에서, 아나키즘이 역사 무대의 전면에서 사라져가는 과정을 추적함으로써, 한국 아나키즘이 가지고 있는 내적 한계도 규명해 보고자 하였다. 나아가 1980년대 후반 이후 새로이 등장하기 시작한 아나키스트 그룹을 소개함으로써, 앞으로 통일 한국에서 아나키즘이 시대사상으로서 일정한 구실을 담당할 수 있는지, 그 구실을 제대로 이행하려면 어떠한 점을 극복해야 하는지 그 단초를 살펴보고자 했다.

Ⅰ. 수용기의 아나키스트 운동

18~19세기 서구사회는 산업화의 진전에 따라 사회모순이 심화되었다. 이 모순을 해결하고자 새로운 사상이 대두되었는데, 사회주의가 그것이다. 사회주의는 모든 사람이 평등한, 계급 없는 사회를 지향하였다. 그러한 사회주의가 한국에 소개되기 시작한 것은 1880년대부터였는데, 주로 중국이나 일본을 통해서였다. 한국 최초의 근대신문인 《한성순보》에 사회주의에 관한 기사가 게재되기도 했다. 당시에는 사회주의 수용이 개인 차원에 머물렀지만, 1910년을 전후하여 한국인들에게 민족해방이라는 새로운 민족적 과제가 주어지면서 사회주의는 민족해방운동의 지도이념으로 받아들여지기 시작했다. 그것은 반反자본주의 사상인 사회주의가 대표적 반제국주의 사고체계 가운데 하나였기 때문이다.

1910년 국권상실을 계기로 민족해방운동의 지도이념 가운데 하나로 수용되기 시작한 사회주의는 1914년 제1차 세계대전의 발발과 1917년 러시아혁명 등을 계기로 수용의 폭이 넓어졌다. 1919년 3·1운동의 발생과 파리강화회의·워싱턴회의에서의 독립청원운동의 좌절은 한국인들의 사회주의 수용을 촉진시켰다. 사회주의를 수용한 사람들은 3·1운동 과정에서 사회주의 선전작업을 펼치기도 했다. 이후 사회주의는 한국인들 사이에서 급격히 확산되어 갔다.

당시 사회주의에는 다양한 조류들이 포괄되어 있었는데, 아나키즘도 그 가운데 하나이다. 한국인의 아나키즘 수용은 '춘추대의'를 내세운 명분론, 대동사상 및 사회개조·세계개조론[1] 등을 사상적 바탕으로 하여 이루어졌다.[2]

1919년 3·1운동 이후 사회주의가 급속히 보급되면서 한국인 사상계는 민족주의와 사회주의로 양분되었다. 사회주의의 주류는 1920년대 초까지 아나키즘이었던 것으로 보인다. 그렇게 추정하는 근거는 다음과 같다. 첫째, 사회진화론을 극복하는 과정에서 사회주의를 수용하였다는 점이다. 한국인들은 약육강식·적자생존의 원칙을 주장하는 사회진화론을 극복할 수 있는 논리로 아나코코뮤니즘의 주요한 이론인 상호부조론을 수용하였다. 둘째, 당시 한국인들이 사회주의에 관한 지식이나 정보를 획득한 곳이 일본과 중국이었고, 일본과 중국에서는 1905~1920년까지의 기간 동안 아나키즘이 지식인의 저항운동 속에서 가장 활력에 찬 한 부분을 담당하고 있었다는(Robert A. Scalapino · George T. Yu, 1970, 10쪽) 점이다. 셋째, 1880년대부터 소개된 사회주의의 내용은 테러 등 아나키즘과 관련된 것이 다수를 차지하였다는 점이다. 그 밖에 1920년대 초에 아나키스트 운동이 활발하게 전개된 것도 1910년대 사회주의계의 주류가 아나키즘이었음을 대변해준다.

러시아혁명

한편, 러시아혁명 이후 한국인들은 아나키즘을 사상적 토대로 하여 공산주의를 수용하기 시작하였다. 1920년대 초 대중운동이 활성화되면서 점차 확산되어 갔다. 그것은 3·1운동 이후 노동

1) 사회개조·세계개조론에 대해서는 이호룡, 2001a, 53~70쪽을 참조할 것.

2) 아나키즘을 비롯한 사회주의 수용의 사상적 배경에 대해서는 이호룡, 2001a, 29~80쪽을 참조할 것.

자· 농민 대중의 투쟁이 점차 강화되면서 그들을 민족해방운동 대열에 어떻게 동참시킬 것인가 하는 문제가 화두로 등장하였는데, 공산주의 특히 레닌주의가 그 과제를 해결할 수 있는 전략과 전술 등의 방법론을 제공해 주었기 때문이다. 그리고 민족해방운동 방략을 둘러싼 민족주의자와의 논쟁 또한 공산주의를 확산시키는 데 일조하였다. 공산주의가 확산되면서 사회주의계는 아나키즘과 공산주의로 분화되었으며, 그 과정에서 정태신[3] · 조봉암曹奉岩[4] · 장지락[5] 등 많은 아나키스트들이 공산주의자로 전환하였다. 그리고 아나키즘을 대신하여 공산주의가 사회주의계의 주류가 되었다. 이후 아나키스트들은 반공산주의활동을 적극적으로 전개했다. 이 장에서는 수용기의 아나키스트 운동을 지역별로 살펴보고자 한다.

3) 정태신의 본명은 정태옥鄭泰玉이며, 정양명 · 정우영이라는 별명으로 불리기도 했다. 일본 아나키스트 요코타 쇼지로橫田宗次郎 · 하세가와 시쇼長谷川市松 · 헨미 나오조逸見直造 등과 교제하면서 아나키즘을 수용하였으며, 이들의 지원하에 1914년 9월 오사카大阪에서 아나키즘적 성향을 띤 조선인친목회를 결성하는 등 아나키스트 운동을 전개하였다. 하지만 1920년 무렵부터는 공산주의를 수용하기 시작했다. 1921년 흑도회黑濤會 설립에 참가하였으며, 무산자동맹회에도 관계하였다. 1922년에는 공산주의단체인 북성회北星會를 결성하였으며, 북성회 대표로 1922년 베르흐네우진스크(現 울란우데)의 고려공산당 통합대회에 파견되었다. 1923년 북성회 전국순회강연차 귀국했다가 8월 13일 부산에서 익사했다.[〈特別要視察人狀勢一班 第8(1917年 5月 2日~1918年 5月 1日)〉(松尾尊兌 編, 1984, 587쪽) ; 전명혁, 2006, 13 · 159 · 182쪽 ; 전명혁, 1997, 310~311쪽 ; 朝鮮總督府警務局 編,《大正11年 朝鮮治安狀況》其の一鮮內(《外務特殊文書》3, 579쪽) 등을 종합]

4) 조봉암은 1920년대 초 아나키스트로서 박렬 등과 함께 흑도회 결성에 참가하였으나, 소비에트혁명의 내막을 알게 되면서 공산주의자로 전환하였다고 한다.[조봉암, 〈내가 걸어온 길〉(권대복 편, 1985, 360~361쪽)]

5) 장지락은 1920년대 초 중국 상하이에서 아나키스트 그룹에 가입하여 활동하였으나, 1923년 겨울 무렵에 공산주의로 전향하였다.(김산 · 님 웨일즈, 1999, 105 · 121쪽 참조)

1. 국내

1) 아나키즘 수용과 선전활동

아나키즘을 비롯한 사회주의가 국내에 소개되기 시작한 것은 19세기 후반 《한성순보》(1883년 10월 31일 창간)를 통해서였으며, 중국의 《만국공보萬國公報》나 량치차오梁啓超의 《음빙실문집飮氷室文集》 등을 통해서도 국내에 전해졌다. 그리고 일본으로부터도 아나키즘을 비롯한 사회주의에 관한 정보가 유입되었다. 일본에서 발행되던 신문·잡지·서적 등이나 일본 유학생 등을 통해서 아나키즘을 비롯한 사회주의가 국내에 전파된 것이다. 신채호는 1905~1906년 황성신문사에 근무할[6] 때 고토쿠 슈스이幸德秋水의 《장광설長廣舌》을 읽고 아나키즘에 공명하기까지 하였다.[7]

당시 국내에 소개된 사회주의는 테러와 관련된 것들이 주된 내용이었는데,[8] 신채호가 읽었던 고토쿠 슈스이의 《장광설》도 암살의 불가피성을 강조하고 있다.(幸德秋水, 1902,15·26~27·40쪽 참조) 아나키스트들의 테러활동이나 테러예찬론 등을 접한 한국인들은 테러를 국권회복운동의 새로운 수단으로 채택하였다. 19세기 말 이후 활발하게 전개된 암살 행위의 상당 부분은 테러를 주요한 선전수단으로 삼는 아나키스트들의 방법론을 채용한 이들이 전개했던 것으로 보인다. 하지만 1900년대까지 한국인들은 아나키즘을 자신의

---

6) 신채호가 황성신문사에 근무한 시기에 대해서는 이호룡, 2013a, 39~41쪽 참조

7) 《조선일보》 1928년 12월 28일자 참조. 1902년에 출판된 《長廣舌》은 幸德秋水가 아나키스트로 전향하기 전에 저술하였던 책으로서 사회주의적 입장을 취하고 있으며, 그 내용 중에는 아나키즘에 대한 설명도 있으나 소략하다. 하지만 "무정부주의가 유행하는 이유는 사람들이 국가사회에 대해 절망했기 때문이며, 전제 정부는 무정부주의의 제조공장이다"는 구절은 당시 혁명가들 사이에 널리 유행하였다.

8) 당시 국내에 소개되었던 사회주의의 내용에 대해서는 이호룡, 2001a, 82~87쪽을 참조할 것.

사상으로 받아들인 것이 아니라 아나키스트들의 방법론만을 채용하였을 뿐이며, 설사 아나키즘을 수용하였다고 하더라도 그것은 개인 차원에 그쳤던 것으로 보인다.

아나키즘 수용이 개인 차원에 머문 것은 아나키즘이 당시 한국의 사회상황에 적합하지 않았기 때문인 것으로 사료된다. 즉 아나키즘은 반자본주의 사상이었는데, 당시의 한국은 산업화를 지향하고 있었던 것이다. 당시 대부분의 한국인들은 "사회주의(외래의)란 순연히 우리와 관계가 없"는 것으로 인식하고 있었다.(〈甲申年來의 사상과 壬戌年來의 주의〉)

하지만 국권상실을 전후하여 한국인들에게 일제의 식민지배로부터의 해방이라는 과제가 주어지면서 상황은 달라졌다. 한국인들은 민족해방운동을 이끌어갈 새로운 이념을 모색하였고, 그 과정에서 반제국주의 사고체계인 사회주의에 주목하기 시작하였다. 하지만 1910년대 국내에서 사회주의가 어떠한 양상으로 수용되었는지를 구체적으로 알려주는 자료는 아직까지 발견되지 않고 있다. 단지 지식인들을 중심으로 사회주의를 연구하고 선전한 약간의 흔적만이 남아 있을 뿐이다.

국내 한국인들은 중국이나 일본으로부터 유입된 사회주의 관련 서적 혹은 국내에 있던 일본 사회주의자들의 선전활동을 통해서 아나키즘을 비롯한 사회주의를 접했던 것으로 보인다. 《청춘》 제4호(1914. 1. 1)에 실린 〈상해上海서〉라는 글은 상하이에 있는 상무인서관商務印書館을 소개하였는데, 우선 규모가 굉장하고, 외국 서적을 풍부히 구비하고 있으며, 무엇보다도 번역사업을 통하여 철학·문학 사조에 관한 서적을 수십 수백 종이나 중국어로 간행하였다는 사실에 대해 경탄을 금치 못하였다.(호상몽인滬上夢人, 〈상해上海서(第2信)〉, 78쪽 참조) 이는 중국으로부터 사회주의에 관한 서적이 국내로 유입되었을 개연성을 보여 준다.

일본 유학생과 한국에 있던 일본 사회주의자들도 국내에서 사회주의가 수용되는 데 일정한 몫을 했던 것으로 보인다. 황석우黃錫禹[9]는 1916년 2월 초순 자신이 일본에서 발행한 잡지 《근대사조近代思潮》(1916년 1월 26일 발행) 600부 가운데 200부를 가지고 몰래 귀국하여 국내 학생들에게 배포하려 하다가 체포되었다.[10] 일본에 있던 한국인 유학생들의 국내 선전활동도 국내 인사들의 사회주의 수용에 큰 역할을 하였을 것이다.

그리고 한국에 있던 일본인 가운데에는 사회주의자들도 상당수 있었다. 1911년에서 1915년 사이에 요시찰인要視察人 25~26명이 한국에 거주하였는데,[11] 이들 가운데는 사회주의자 모토미네 모로키요基峰專淸[12], 아베 이소安部磯雄[13], 사카모토 우마키치坂本馬吉[14], 사사키 가즈마사佐佐木倭久, 후지야마 도요이치藤山豊一, 오가타 다츠오緒方龍雄 등도 있었다. 이들은 한국에서 사회주의 선전에 노력하였을 것으로 추측되며, 이들의 선전작업 또한 국내 인사들의 아나

9) 황석우는 《장미촌》(1921년 5월 창간) 편집인이었으며, 와세다대早稻田大 정치경제과에서 수학하면서 아나키스트 단체 黑濤會와 공산주의단체 北星會 결성에 참가하였다.

10) 《朝鮮人概況(1916年 6月 30日 調)》(《外務特殊文書》 1, 783쪽). 이 보고서에 의하면, 황석우는 《近代思潮》를 한국으로 반입하여 학생들 사이에 배포하고자 하였으나, 불온기사가 게재되어 있다는 이유로 조선총독부에 의해 그 발매·반포가 금지되었다.

11) 〈特別要視察人狀勢一班 第4(1911年 7月~1914年 6月)〉(松尾尊兌 編, 1984, 367쪽); 〈特別要視察人狀勢一班 第5(1914年 7月~1915年 6月)〉(松尾尊兌 編, 1984, 420쪽) 등을 종합

12) 모토미네 모로키요基峰專淸(도야마福山현 출신)는 1911년 11월 이후 한국에 거주하였다. 그는 한국으로 건너오기 전 도쿄에서 硏學하던 중 철학과 종교에 관한 서적을 탐독하면서 사회주의를 수용하였다. 그는 그 당시부터 인생은 자유이고 평등이며, 평등은 좋은 것이고 올바르며, 불평등은 나쁘고 부정한 것이라고 생각하였다.[〈特別要視察人狀勢一班 第7(1916年 5月 2日~1917年 5月 1日)〉(松尾尊兌 編, 1984, 505쪽) 참조]

13) 아베 이소安部磯雄(1865~1949)는 1901년 가타야마 센片山潛, 기노시타 나오에木下尙江, 니시카와 고지로西川光二郎, 가와카미 기요시河上淸, 고토쿠 슈스이幸德秋水 등과 함께 일본에서 최초의 사회주의 정당인 사회민주당을 결성하였다. 아베는 사회민주당결성준비회 대표였다.(八木紀一郎, 〈20世紀日本の社會民主主義とリベラリズム〉)

14) 사카모토 우마키치坂本馬吉는 1902년에도 한국에 건너온 적이 있다.

키즘을 비롯한 사회주의 수용을 촉진시켰던 것으로 보인다.

한국인들의 아나키즘을 비롯한 사회주의 수용은 1914년 제1차 세계대전의 발발과 1917년 러시아혁명 등을 계기로 촉진되었다. 일부 한국인 지식인들은 인류에게 엄청난 재앙을 몰고온 제1차 세계대전의 발생 원인이 열국 사이의 경쟁 즉 약육강식과 적자생존의 원칙에 있다고 보고, 모든 민족 모든 사람이 평등하게 살 수 있는 사회질서를 수립할 것을 주장하는 사회개조·세계개조론을 수용하기 시작하였다. 그리고 러시아혁명을 "전 세계가 대동단결하고 인류가 공존한다는 이상"을 최초로 실현한 쾌거로 보고(박은식, 1973, 128쪽), 사회주의에 깊은 관심을 보이면서 그를 받아들였다. 몇 명의 신진 이론가들은 3 · 1운동 이전에 일본 사회주의자 또는 사회주의 관련 간행물을 통하여 사회주의를 연구하였으며(배성룡, 〈조선사회운동의 사적 고찰〉), 손명표孫明杓는 3 · 1운동 이전에 아나키즘을 받아들였다.(손명표의 "개인 및 단체 경력서")

그리고 3 · 1운동은 한국인 사이에 사회주의를 확산시켰다. 민족해방운동가들은 3 · 1운동의 전개과정에서 민중이 지닌 폭발적 힘이 드러나면서 민중에 주목하게 되었고, 민중을 어떻게 민족해방운동에 끌어들일 것인가에 대해 고심하였다. 이에 민중해방을 부르짖던 사회주의에 주의를 기울이게 되었고, 그러면서 사회주의는 한국인들 사이에 급속히 확산되어 갔다. 한국인들 사이에 사회주의가 확산되어간 사실은 사회주의 실천을 천명한 단체가 나타난 것을 보더라도 알 수 있다. 독립대동단[15]은 "조선 영원의 독립을 공고히 하고자 한다", "세계 영원한 평화를 확보한다", "사회주의를 철저히

15) 독립대동단은 1919년 3월 말경에 귀족 · 관리 · 유학자 · 종교인 · 상공인 · 청년 · 학생 · 부녀자 등 각계각층 11개 사회단체 대표자들을 단원으로 하여 결성되었다. 김가진金嘉鎭이 총재에 추대되었고, 전협이 재정을, 최익환崔益煥이 선전활동 및 대외활동을 맡았다. 1919년 4월부터 1년간 지하문서를 배포하고, 《대동신보大同新報》를 제작하였다. 그리고 의친왕 이강李堈을 상하이로 탈출시키려다가 실패하였다.

실행한다" 등의 세 항목을 강령으로 채택하여[16], 사회주의를 실천할 것을 천명하였다.

한국인들은 아나키즘을 비롯한 사회주의를 수용하고 거기에 입각하여 선전활동을 전개해 나갔다. 이들은 3 · 1운동을 사회주의 선전의 마당으로 활용하였다. 1919년 3월 5일 서울 남대문에서 붉은 혁명기를 앞세우고 거리를 행진하면서 사회주의를 선전하며 시위를 벌였고, 이원군利原郡에서는 적기赤旗를 앞세우고 만세시위를 벌였다.[17] 그리고 3 · 1운동으로 말미암아 생긴 공간을 활용하여 은밀히 사회주의를 선전하였다. 일제 관헌자료는 "소요(3 · 1운동—인용자) 발생 이래 조선인으로서 사회주의적 언사를 농弄하는 경향이 있다. 과격파 또는 사회주의자들이 이 기회를 틈타 파괴적 언사를 농하여 은밀히 주의의 선전에 노력하고 있지 않은가 의심이 간다"고 하였다.[18]

3 · 1운동 이후에는 신문 · 잡지 등의 지상이나 강연회 등을 통해 사회주의 선전 활동을 활발하게 전개하였다. 이들은 1920년대 초반 《조선일보》와 《동아일보》의 지상에다 아나키즘을 비롯한 사회주의를 소개하거나 선전하는 내용의 글을 많이 발표하였다. 그리고 《공제共濟》(조선노동공제회 기관지) · 《아성我聲》(조선청년연합회 기관지) · 《신생활》 · 《개벽》 등의 잡지에도 아나키즘을 선전하는 내용이나 아나키즘적 경향을 띤 글들을 발표하였다.

《조선일보》에는 1920년과 1921년 사이에 다음과 같은 사회주의 관련 글을 실었다. 즉 긍석肯石(김진만)의 〈공산주의에 대하여〉(1920년 7월 9일자), 로버트 한다(虛無生 역)의 〈근대 사회주의의 발생〉(1920년 12월 15일~21일자), 허무생 역의 〈'생디칼리슴'과 혹或 실패〉(1920

16) 〈독립대동단규칙서〉(《朝鮮獨立運動》 2, 77~79쪽)

17) 《朝鮮獨立運動》 1, 837쪽 ; ム マン · キム メンモ, 《3 · 1運動》, 37쪽(朴慶植, 1976, 160쪽에서 재인용) 등을 종합

18) 〈騷擾事件ニ關スル民情彙報〉(《現代史資料》 25, 418쪽)

년 12월 23일~26일자), 〈미국 사회주의의 현상〉(1920년 12월 28일~1921년 1월 9일자), 〈사회주의와 문화주의〉(1921년 2월 21일~25일자), 〈농업과 사회주의〉(1921년 3월 6일~11일자), 〈세계 대혁명 과격주의의 근원〉(1921년 3월 12일~18일자), 〈현대의 반항성 사상〉(1921년 3월 14일~16일자), 〈토지사회주의〉(1921년 6월 10일~17일자), 〈바쿠닌주의〉(1921년 6월 28일~7월 6일자. 2회부터는 제목이 〈바쿠닌의 평론〉으로 바뀜), 〈자본주의와 사회주의〉(1921년 6월 29일자), 〈현대 제 철학과 그 사상〉(1921년 7월 7일~12일자), 〈평등 요구의 운동과 정신을 논함〉(1921년 8월 4일~5일자), 〈자유주의의 이二 분파〉(1921년 11월 30일~12월 4일자), 〈과격파의 세계적 운동〉(1921년 12월 9일~11일자) 등이 그것이다. 그리고 1922년에는 〈신인물의 신사상〉, 〈사회주의혁명에 재在한 노동의 정신〉 등이 실렸다.

《동아일보》에 실린 사회주의 관련 글로는 크로포트킨[19](金明鎭 역)의 〈청년에게 고함〉(1920년 5월 22일자), 여시관如是觀 역의 〈프랑스에 재在한 사회주의의 삼대 조류〉(1920년 6월 27일~30일자), 김우평金佑枰의 〈사회주의의 의의〉(1920년 8월 15일~17일자), 〈정의와 자유와 재산〉(1921년 3월 3일~31일자), 요시노 사쿠조吉野作造의 〈사회주의의 삼三 변천〉(1921년 4월 13일~14일자), 류자명(柳興根, 柳興湜, 柳興俊, 柳興植, 柳友槿, 柳友瑾, 李淸)[20]의 〈내적개조론의 검토〉(1921년 4월 28일~30일자), 〈니콜라이 레닌은 어떠한 사람인가〉(1921년 6월 3일~8월 31일자), 고영환高永煥의 〈럿셀씨의 재산론과 감상〉(1921년 7월 19일~8월 3일자),

19) 크로포트킨은 러시아 귀족 출신으로 아나코코뮤니즘을 제창하였다. 아나키스트 운동에 종사하다가 1874년에 체포·투옥되었으며, 1876년 석방된 후 서 유럽으로 도피하였다. 스위스, 프랑스, 영국 등지에서 아나키스트 운동에 종사하면서 《상호부조론》, 《어느 혁명가의 회상》, 《빵의 쟁취》, 《청년에게 호소함》, 《전원·공장·작업장》등을 저술했다. 1917년 러시아혁명 후 귀국하였다가 1921년에 지병으로 사망하였다.

20) 류자명은 1919년 3·1운동 당시 수원고등농림학교에 재학하고 있었는데, 그 학교 학생들을 선동하여 3·1운동에 가담케 하였으며, 검거를 피해 상하이로 건너갔다. 이후 중국에서 의열단과 아나키스트 단체에 가입하여 활동하였다. 해방 이후 귀국하지 않고 중국에 머물렀다.

크로포트킨

〈이월혁명과 신사상의 발달〉(1921년 11월 7일~12월 22일자), 〈사회주의와 개인주의〉(1922년 2월 24일~4월 5일자), 이순탁李順鐸의 〈맑스의 유물사관〉(1922년 4월 18일~5월 8일자), 이순탁 초역抄譯의 〈맑스 사상의 개요〉(1922년 5월 11일~6월 23일자), 후쿠다 토쿠조福田德三의 〈생존권개론〉(1922년 6월 25일~7월 2일자. 원제는 〈속경제학연구〉), 고이즈미 신조小泉信三의 〈노동가치설과 평균이윤율의 문제, 맑스의 가치학설에 대한 일비평〉(1922년 7월 7일~14일자)과 〈노동가치설과 평균이윤율의 재론再論〉(1922년 8월 9일~15일자), 야마카와 히토시山川均의 〈맑스 노동가치설에 대한 비평의 비판〉(1922년 7월 16일~8월 8일자) 등이 있다.

《아성》·《신생활》·《개벽》 등의 잡지를 통해서도 외국 아나키스트들의 저서를 번역·소개하거나 아나키즘 학설을 소개하였다. 윤자영은 〈상호부조론〉(《아성》 제3·4호)에서 크로포트킨의 상호부조론의 내용을 소개하였다.[21] 이성태李星泰는 〈크로포트킨 학설 연구〉(《신생활》 제7호)에서 크로포트킨의 아나키즘을 소개하였으며, 〈상편想片〉(《신생활》 제9호)에서는 자연과학자의 길을 포기하고 사회운동자가 된 크로포트킨을 찬양하고 과학의 비민중성을 역설하였다. 김명식 또한 다윈의 학설은 '다른 종류 간의 생활을 솔率'하는 원칙일 뿐이지, '같은 종류 간의 생활을 솔率'하는 원칙은 될 수 없으며, 인류사회는 상호부조에 의해 진화해 왔다고 하면서,[22] 크로포트킨의 상호부조론 연구의 필요성을 역설하였다. 정백은 개인

21) 이성태에 따르면, 윤자영의 《상호부조론》은 오스기 사카에大杉榮의 《크로포트킨 연구》의 일부를 번역한 것이다.(이성태, 〈크로포트킨 학설 연구〉, 29쪽)

22) 라산拏山, 〈전쟁철학의 비판〉 참조. 《신생활》 제7호에는 〈전쟁철학의 비판〉의 필자가 김명식으로 되어 있다.

적 아나키스트 스티르너[23]의 〈유일자唯一者와 그의 소유〉를 분석한 뒤, 그의 사상을 자아의 자유, 자아의 독립, 자아의 존엄을 인간의 유일한 귀중한 보물로 여기면서, 자아에 살기 위한 자아주의자의 단결한 생활을 고조한 것으로 소개하였다.(정백, 〈唯一者와 그 중심 사상〉, 49~56쪽 참조)

아나키스트를 비롯한 사회주의자들은 강연회나 토론회 등을 통해서도 아나키즘 선전활동을 펼쳤다. 무성영화 변사 정한설鄭漢卨은 1920년 7월 5일 영화 상영 중 휴식 시간을 이용하여 "오늘은 자유를 부르짖는 오늘이요, 활동을 기다리는 오늘이라. 우리의 맑고 뜨거운 붉은 피를 온 세상에 뿌리어 세계의 이목을 한번 놀라게 하여, 세계 만국으로 하여금 우리의 존재와 우리의 정성을 깨닫게 하자"고 관중을 선동하였다.(《동아일보》 1920년 7월 8일자) 이 때문에 그는 아나키즘을 선전한 혐의로 체포되었다.(《한국아나키즘운동사》, 155쪽) 김경주金敬柱(동양대 철학과생, 26세)는 동경불교청년회 주최 순회강연회에서 아나키스트 크로포트킨과 러셀 등을 소개하고, 그들의 정신적 문화생활을 숭배하고 실행하자고 선전하였다. 이 때문에 그는 1921년 7월 1일 경남 경찰부에 검거되어 징역 6개월에 처해졌다.(《동아일보》 1921년 7월 5일 · 8월 9일자) 이정윤도 1921년 7월에 실시된 동경유학생학우회 제2회 순회강연에서 "호상부조론"이라는 제목으로 강연을 하여(《동아일보》 1921년 7월 28일자) 아나코코뮤니즘의 주요한 이론인 상호부조론을 선전하였다.

그리고 서울청년회는 '생존경쟁론 대 상호부조론의 일대 결전'을 시도한 대토론회를 개최하여 상호부조론을 널리 선전하였다. 토론회의 취지는 다음과 같다.

23) 막스 스티르너(1806~1856)는 대표적인 개인적 아나키스트로서, 본명은 요한 카스파 슈미트이다.

> 정치 · 산업 · 도덕 · 학술, 거의 인류의 전 생활에 긍亘하여 그의 개조를 절규한다. 그러나 인류생존의 원칙에 배합된 개조가 아니면, 이는 도徒히 인생을 쟁탈 · 파괴의 와중渦中에 투投하여 전전轉轉 생활의 황폐를 치致할 뿐이오. 하등의 효과가 있지 못할 것이다.……연이然而 인류생존의 원칙에 대한 오인吾人의 사상은 2대 조류에 분파되었나니 즉 상호부조와 생존경쟁이 이것이라. 이제 상호부조의 사상과 생존경쟁의 사상은 장모자순將矛刺盾의 경境에 입立하여 극렬한 사상의 전쟁이 시합되었도다.……이제 조선사회에서도 개조의 필요를 절규하고 공共히 이 사상의 전쟁은 일보일보 극렬의 지역에 도달코저 하는도다.……이에 오인吾人은 아등我等 청년 남녀의 각성을 위하여 차此 2대 사상 중 일자一者의 지급몰락至急沒落을 촉促치 아니키 불가하도다.(혁노赫怒, 〈'생존경쟁 대 상호부조'의 토론회 개최에 대하여〉)

즉 한국사회를 상호부조라는 인류생존의 원칙에 배합되게 개조하지 않으면 효과를 거두지 못할 것인바, 인류 생존의 원칙에 대한 사상의 2대 조류인 생존경쟁론과 상호부조론 가운데 하나, 즉 생존경쟁론을 지급 몰락시키고 상호부조론을 널리 선전하기 위해서 토론회를 개최한다는 것이다.

아나키스트들이 펼친 선전 가운데는 공산주의에 반대하는 내용도 있었다. 공산주의는 러시아혁명 이후 한국인들이 받아들이기 시작하였는데, 아나키스트들은 공산주의의 대두를 경계하면서 반공산주의 선전활동을 펼쳤다. 나경석은 "일시의 가면을 쓰고 민중을 지도한다는 미명 하에서 권력의 집중을 몽상하는 정치광을 방축"해야 한다고 주장하였다.[24] 즉 공산주의자들이 사회문제 · 노동문제를 제기하면서 전위조직이 혁명을 지도해야 한다고 주장하지만, 그

24) 두남斗南, 〈들어안저서〉, 145쪽. 두남은 나경석의 兒名이다.[나경석의 〈연보〉(나경석, 1980, 260쪽)]

것은 민중을 이용하여 권력을 장악하기 위한 것에 지나지 않을 뿐이라는 것이었다.

아나키스트를 비롯한 사회주의자들은 아나키즘을 바탕으로 운동론이나 사회문제 등을 논하기도 했다. 즉 노동자 · 농민 등 민중의 자발성을 강조하면서, 혁명운동과 노동운동에서 지식인들의 지도를 부정하는 아나키즘의 민중직접행동론에 따른 주장들을 제기하였다. 기안飢雁은 크로포트킨의 말을 인용하여 지식인이 노동운동 내지 혁명운동을 지도하는 것을 부정하였으며(기안생飢雁生, 〈지식계급의 실패〉, 107~108쪽 참조), 신백우는 "민중의 일은 민중 자체가 할 터"라면서(신백우, 〈사회운동의 선구자의 출래出來를 촉促함〉, 20쪽), 민중해방은 민중의 직접행동에 의해 이루어져야 한다고 역설하였다. 정태신은 〈근대 노동문제의 진의眞義〉(《개벽》 제1호)에서 상호부조론에 입각해서 노동문제를 논하였다.(우영생又影生, 〈근대 노동문제의 진의眞義〉, 87쪽)

아나키스트를 비롯한 사회주의자들은 사회주의 선전에서 더 나아가 아나키즘에 따른 민족해방운동을 전개하였다. 장도원張道源(26세, 함흥 출생)은 아나키즘에 입각하여 민족해방운동을 북한 지역에서 펼치다가 1919년에 체포되었다.[25] 사회주의자들의 활동으로 아나키즘 보급은 확산되어 갔고, 이를 기반으로 흑색청년동맹黑色青年同盟 등 아나키스트 단체가 결성되어 아나키즘을 널리 선전하고 실천하기 위한 활동을 전개했다.

흑색청년동맹은 1921년 서울에서 지식인들을 중심으로 설립한 단체로서, 같은 해에 베이징北京에 지부를 설치하였다. 그 창설자는 신채호였으며 1924년 이후 해체되었다.(김산 · 님 웨일즈, 1999, 104쪽)

25) 《동아일보》 1920년 7월 8일자. 장도원은 민족해방운동을 전개하다가 체포된 뒤, 1년 동안이나 예심을 받다가 1920년 7월 5일 공판정에 출두하였는데, 법정에서 "기독교의 진리에 의하여 민권의 평등과 정부가 없음을 원한다"고 진술했다. 그의 이러한 진술은 그가 아나키즘에 입각하여 민족해방운동을 전개하였음을 나타내준다.

하지만 흑색청년동맹의 구체적 활동을 전해주는 자료는 아직 발견되지 않고 있다. 《현사회》 제3호(1923. 3. 15)[26]가 흑로회[27]를 "조선 경성 유일의 아나키스트 단체"로 소개하였던 것으로 보아 흑색청년동맹은 실제로 존재했다고 하더라도 그 활동은 극히 미미했던 것으로 추측된다. 장지락張志樂은 흑색청년동맹의 창설자를 신채호로 지목하였으나, 당시 신채호는 중국에 있었으므로 그가 북경지부 창설자일 수는 있지만 국내 흑색청년동맹의 창설자일 가능성은 적다. 하지만 신채호가 단장으로 있던 대한독립단[28]이 조선노동공제회 결성에 관여하는(고순흠, 1967) 등 국내운동에 관계한 사례도 있어 그 가능성을 완전히 부정할 수는 없다.

2) 민중운동

아나키스트를 비롯한 사회주의자들은 노동자·농민 등 민중을 민족해방운동의 주체로 설정하고 민중운동을 펼쳤다. 하지만 1910년대 국내 사회주의운동의 사례는 거의 발견되지 않고 있다. 그것

26) 《現社會》 제3호는 再審準備會 編의 《朴烈·金子文子裁判記錄》에 수록되어 있다.

27) 박렬이 1921년 일시 귀국하여 서울에서 흑로회를 조직하였으며, 흑로회는 박렬이 일본으로 돌아간 뒤 곧바로 해산된(《治安狀況-昭和5年》, 16쪽 ; 《治安狀況-昭和8年》, 28쪽 등을 종합) 것으로 기록하고 있는 자료도 있으나, 이는 1923년의 잘못으로 보인다. 그리고 흑로회 결성의 주역도 박렬이 아니라, 이강하, 이윤희, 김중한, 신기창 등이다.

28) 《경부신백우》(畊夫申伯雨先生紀念事業會 편, 1973)에 따르면, 대한독립단(단장 신채호, 부단장 박중화, 비서국장 고순흠)은 신백우가 1919년 3·1운동 직후 대동청년단을 중심으로 결성하였으며(113쪽), 대동청년단은 1907년에 서울에서 조직되었으나, 일제강점 이후 별 활동을 하지 못하다가 단원이 흩어지고 말았다(66~67쪽). 신백우가 대동청년단 재건을 계획하고 1912년 만주 화이런懷仁현에서 적극적인 조직활동을 전개하였는데, 이때 단재가 입단하여 신백우의 추대로 단장에 선임되었다.(66쪽) 신채호 연보에는 신채호가 3·1운동 얼마 뒤에 대동청년단의 단장으로 추대되었던 것으로 서술되어 있다.(《신채호 전집》 하, 501쪽) 권대웅에 따르면, 대동청년단은 1909년 10월경 南亨佑(단장), 安熙濟(2대 단장), 徐相日, 朴洸 등 청소년 80여 명이 조직한 비밀결사로서, 1919년 이후 대한민국임시정부의 연통제 역할을 수행하는 한편, 의열단이 테러를 행할 때 국내 연락기관으로서 몫을 다하였다.(권대웅, 2008, 136~138·167~168쪽 참조)

은 일제의 무단통치 아래서 운동을 전개하기가 어려웠던 상황 때문이기도 하지만, 자료 부족 탓이 크다. 일제의 엄격한 언론 검열에 의해 보도가 통제되어 자료 생산량 자체가 적었고, 일제 정보기관이 수집한 자료들도 거의 공개되지 않고 있다.

국내 아나키스트들이 민중운동을 본격적으로 펼친 것은 3·1운동 이후부터이다. 이들은 노동자·농민들을 대상으로 아나키즘을 비롯한 사회주의 선전작업을 전개하면서 민중을 지배계급의 억압으로부터 해방시킬 목적으로 노동자·농민들의 계급의식을 고취하고자 노력하였다. 1920년 5월 1일에 개최된 조선노동공제회 제1회 강연회에서 예정에 없던 김길인金吉仁이라는 용산 철도공장에서 일하는 노동자가 강단에 올라, 노동이 가장 중요한 것이며, 노동자가 없으면 이 사회가 유지될 수 없다는 요지의 즉석 연설을 하였는데(《동아일보》 1920년 5월 3일자), 당시 노동자가 이러한 내용의 연설을 하였다는 사실은 아나키스트를 비롯한 사회주의자들의 노동자를 대상으로 한 선전작업이 상당한 수준에 이르렀음을 말해준다.

아나키스트를 비롯한 사회주의자들은 이러한 선전작업을 바탕으로 노동자·농민들을 대상으로 한 조직화사업을 전개하였다. 그 결과 상당수의 노동자단체와 농민단체들이 결성되었다. 노동자단체는 1920년에 조선노동공제회를 비롯하여 33개가 결성되었고, 1921년과 1922년에는 각각 90개와 81개가 결성되었다.(《治安狀況-昭和8年》, 168쪽)

조선노동공제회는 최초의 전국적 노동자조직으로 고순흠高順欽·나경석 등과 같은 아나키스트들도 참가하였는데, 그 결성 과정은 다음과 같다. 제1차 세계대전이 종식되면서 한국에서도 노동자들의 자각으로 노동문제가 발생하였다.[29] 이에 사회개조·세계개조

29) 1917년에 8건에 불과하던 노동쟁의가 1918년에는 50건으로 급증하였다.(《治安狀況-昭和8年》, 143쪽)

론자와 사회주의자들을 중심으로 노동자단체를 결성하고자 하는 움직임이 1919년 7월부터 생겨났다. 대한독립단(단장 신채호, 부단장 박중화, 비서국장 고순흠)은 1919년 7월 3일 태서관泰西舘에서 박중화朴重華의 주도로 조선노동문제연구회를 개최하였으며, 대한독립단 단원과 비단원 합계 73명이 모여 토의한 결과, 조선노동공제회를 설립하기로 하고 선언·강령·헌장 초안 작성을 고순흠·양재박梁在博에게 일임하였다. 이후 각계각층의 인사를 망라하여 대동단결의 합법적 조직운동을 전개할 목적으로 직업별로 근로자대표회의는 물론이요, 문학가·실업가·교육가·종교가 등을 각각 초청하여, 치외법권을 가진 파밀호텔에서 토의회를 17회나 거듭하였다.[30)] 1920년 2월 7일에는 노동문제에 관심이 많은 43명이 조선노동문제연구회를 개최하여 1차 토의하고, 3월 6일 26명이 재차 회합하여 노동자단체를 결성하는 것에 대해 협의하였다. 이어 3월 16일 75명으로 조선노동공제회발기회를 조직하고, 4월 3일에는 서울시 인사동 명월관 지점에서 노동자 대표 100여 명과 발기인 50여 명이 참석한 가운데 박중화朴重華의 사회로 발기총회를 열었다. 발기총회에서는 결성 취지에 대한 설명과 규칙 초안 보고에 이어 일반방침을 토의하였는데, 노동문제를 선전하기 위하여 창립총회가 열리는 대로 기관지를 발행하기로 하였다. 이어 4월 11일 기마 경관 70명이 삼엄하게 포위한 가운데 발기인 286명과 회원 678명이 서울 시내 광무대에 회집하여 창립총회를 개최하였다. 먼저 박중화가 조선노동공제회를 결성하게 된 취지를 설명하였다. 그 취지는 제1차 세계대전이 끝나고 세계 각국에서는 계급투쟁으로 말마암아 많은 문제가 발생하고 있는바, 한국사회에서 발생하고 있는 노동문제를 해결한다는 것이었다. 이후 치러진 의원 선거에서 회장에 박중

30) 畊夫申伯雨先生紀念事業會 편, 1973, 113쪽 ; 고순흠, 1967 등을 종합

화, 총간사에 박이규, 의사장에 오상근이 선출되었다.[31]

조선노동공제회 창립총회에서 뽑힌 임원 가운데 고순흠,[32] 정태신, 김약수金若水(金科熙, 金科全),[33] 정운해鄭雲海, 남정석南廷晳, 남상협南相協, 조성돈趙誠惇, 홍증식洪增植, 강상희姜相熙, 박돈서朴敦緖, 윤덕병尹德炳,[34] 신백우申伯雨, 유진희俞鎭熙, 김명식金明植, 윤자영尹滋瑛, 차금봉車今奉, 장덕수張德秀 등은 사회주의자였다. 이들 가운데 상당수는 아나키스트이거나, 비록 공산주의를 수용했다고 하더라도 아나키즘적 경향을 강하게 띠고 있었다.[35] 조선노동공제회 결성의 주역이었던 사회주의자들이 아나키스트이거나 아나키즘적 경향을 띠고 있었던 것과, 당시 아나키스트였던 신채호와 고순흠이 단장과 비서국장으로 있던 대한독립단이 조선노동공제회 창립에 관계하였다는 것 등은 상당수의 아나키스트들이 조선노동공제회 창립에 깊게 관계하고 있었다는 것을 의미한다. 이러한 사실들은 조선노동공제회가 아나키즘의 영향 아래 결성되었음을 말해 준다.

---

31) 〈조선노동공제회 연혁 대략〉, 166쪽 ;《동아일보》 1920년 4월 6일 · 12일 · 5월 3일자 ; 고순흠, 1967 등을 종합. 고순흠은 조선노동공제회가 1920년 3월 15일에 결성된 것으로 회고하였으나 취하지 않는다.

32) 고순흠은 1920년 8월 13일 청우구락부(북청 소재)가 개최한 특별강연회에 조선노동공제회 회장이었던 박중화와 함께 강사로 초청되었는데, 당시 고순흠은 조선노동공제회 내무간사였다.(《동아일보》 1920년 8월 21일자)

33) 자료에 따라서는 金科全 · 金科熙로 기록하기도 하나, 이는 金科全 · 金科熙의 잘못이다.

34) 남정석 · 강상희 · 박돈서 · 홍증식 · 윤덕병 등은 洪命熹 · 金炳僖 · 李載誠 · 李昇馥 · 趙奎洙 · 李準泰 · 具然欽 · 洪悳裕 · 元友觀 · 金燦 · 朴一秉 · 金鴻爵 등과 함께 신사상을 연구할 목적으로 1923년 7월 7일 서울 낙원동에서 신사상연구회를 결성하고, 강습과 토론 및 도서 · 잡지 간행 등을 실행방법으로 삼았다.(《동아일보》 1923년 7월 11일자 ; 김준엽 · 김창순, 1986, 40~41쪽 등을 종합) 남정석은 북풍회의 초대 집행위원을 역임하였으며(朴愛琳, 1992, 18쪽), 남상협과 조성돈은 정태신 · 김약수 · 정운해 등과 함께 1920년 5월 조선노동공제회 안에 공산주의 학습서클 '마르크스주의 쿠르조크'를 결성하였다.(박철하, 1998, 63~65쪽) 신용하는 남상협과 조성돈을 장덕수와 함께 민족주의자로 분류하고 있다.(신용하, 1990, 90쪽)

35) 조선노동공제회 내 사회주의자들이 아나키즘적 입장을 상당 부분 지니고 있다고 해서 그들이 아나키스트인 것은 아니다. 오히려 이들 대부분은 1922~1923년 사이에 공산주의자로 전환하였다.

1920년대 초반에 결성된 다른 노동단체 또한 조선노동공제회와 마찬가지로 아나키즘적 경향을 띠고 있었을 것으로 추측된다.

조선노동공제회가 아나키즘의 영향 아래 결성된 사실은 다음의 사실에서 여실히 드러난다. 조선노동공제회는 창립총회에서 "인권의 자유평등과 민족적 차별 철폐를 기함", "식민지 교육 지양과 대중문화의 발전을 기함", "노동자의 기술 양성과 직업 소개를 기함", "노동 보험 및 쟁의권 획득을 기함", "각종 노예 해방과 상호부조를 기함" 등을 강령으로 채택하였다.[36] 그리고 "스스로의 힘으로 자신의 의식을 해결하는 동시에, 애정으로써 호상부조하여 생활의 안정을 도모하며 공동의 번영을 꾀"하는 것을 주지主旨로 삼고, 지식 계발, 품성 향상, 환난 구제, 직업 소개, 저축 장려, 위생 장려, 기타 일반 노동상황 조사연구 등을 최우선적으로 해결해야 할 문제로 설정하였다.[37] 이러한 사실들은 조선노동공제회가 모든 개인이 억압과 수탈로부터 해방되어 자유롭게 살아가는 사회, 즉 생존경쟁이 아니라 상호부조에 의해 운영되는 사회를 건설하는 것을 궁극적인 목적으로 하였음을 말해준다. 조선노동공제회가 주지나 강령에서 개인의 자주성과 '상호부조'를 강조한 것은 아나키즘이 조선노동공제회의 지도이념 중의 하나였음을 말해주는 것이다.[38]

조선노동공제회는 우선 강연회를 개최하거나 기관지 《공제》를 발행하여 사회주의 특히 아나키즘적 사고에 바탕을 둔 계몽 · 선전

36) 〈선언〉(조선노동공제회) ; 畊夫申伯雨先生記念事業會 편, 1973, 111쪽 등을 종합

37) 박중화, 〈조선노동공제회 주지〉, 167~170쪽 ; 朝鮮總督府警務局, 《朝鮮治安狀況鮮內》, 1922(《朝鮮統治史料》 7, 536쪽) ; 배성룡, 〈조선사회운동소사〉 등을 참조. 일부 자료에서는 노동의 지식 계발, 품성 향상, 저축 장려, 위생사상 함양, 직업 소개, 환난 구제, 노동상황 조사 등을 조선노동공제회의 강령으로 기록하고 있으나, 이는 조선노동공제회가 최우선적으로 해결해야 할 문제로 설정한 항목들이다.

38) 상호부조라는 단어가 언급된다고 해서 아나키즘적 성격을 지닌 것이라 할 수 없다. 하지만 조선노동공제회의 주지나 강령에서 말하는 互相扶助나 相互扶助는 환난 구제를 위한 상부상조가 아니라, 아나코코뮤니즘의 주요한 이론인 사회운영원리로서의 상호부조를 지칭하는 것으로 보는 것이 타당하다.

활동을 전개하였다. 강연회는 1922년 말까지 6차례에 걸쳐 열렸는데, 각 지역에 설치된 지회도 강연회를 열었다. 조선노동공제회 본부와 지회가 주최하는 강연회에 연사로 참가한 사회주의자로는 김명식 · 정태신 · 황석우 · 장덕수 · 신백우 · 정운해 · 서정희 · 홍증식 · 김사용 · 차금봉 · 신일용 · 김종범 · 송봉우 등이 있었는데, 이들은 주로 노동문제에 대해 강연하였다. 조선노동공제회 본부가 주최한 각 강연회의 연사와 강연제목은 다음의 표와 같다.

〈표 1〉 조선노동공제회 주최 강연 연사 및 제목

일시	연사	강연제목
1920년 5월 1일	金明植 鄭泰信 廉尙燮	扶助와 경쟁 나의 늣긴 바 노동조합의 문제와 이에 대한 세계의 현상
1920년 5월 30일 (예정)	南廷晳 李昇圭 黃錫禹	조선노동문제 宇宙의 畵師 新人의 聲
1920년 7월 6일	洪錫厚 朴珥圭 張德秀	夏期衛生 本會의 사명 인격과 주의
1921년 4월 8일 (예정)	李東植 宋鎭禹 金明植	생활난의 根治策 武力, 金力, 努力 인생과 노동
1921년 6월 26일 (예정)	朴珥圭 申伯雨 洪璔植	여름버레가 어름을 말할 수 있을까 암흑에서 광명으로 노동운동과 단결력
1922년 5월 1일 (예정)	朴珥圭 金鴻基 辛日鎔 李載甲	조선에 처음인 오늘 노동자와 메이데이 메이데이의 사적 고찰 노동자의 신기원
1922년 12월 31일 (예정)	車今奉 金正植 任奉淳	조선노동공제회에 대하여 조선노동자여 단결하자 조선노동계의 연말총결산 보고

자료 : 《동아일보》 1920년 5월 3일 · 30일 · 7월 6일 · 1921년 4월 7일 · 6월 24일 · 1922년 4월 29일 · 12월 31일자

하지만 이들의 강연 내용에 대해서는 거의 알 수 없다. 단지 1920년 5월 1일 종로청년회 대강당에서 박중화의 사회로 열린 제1회 강연회에서 행한 김명식의 "부조扶助와 경쟁"과 정태신의 "나의 늣긴 바"라는 제목의 강연의 내용 가운데 일부만 전해질 뿐이다.

김명식은 "부조와 경쟁"이라는 제목의 강연에서 상호부조론적 입장에서 세계를 바라볼 것을 주장했다. 즉 이 사회의 현재 조직은 완전하지 못하다는 것, 노동은 신성하다는 것, 인류는 서로 붙들고 도와야 하며 그것이 우주가 성립한 원리라는 것 등을 설명하면서, 기쁨과 감사로 신성한 노동을 하여 인류사회에 공헌하자고 역설하였다.(《동아일보》 1920년 5월 3일자) 정태신은 "나의 늣긴 바"라는 제목의 강연에서 현실 사회에 대한 계급의 폐단과 부귀가 잘못되었다는 것을 설파하였다.(《동아일보》 1920년 5월 3일자) 김명식과 정태신이 강연회에서 설파한 주장은 아나키즘의 상호부조론을 비롯한 사회주의에 바탕을 두고 있다.

조선노동공제회 안의 사회주의자들은 사회진화론을 극복하는 과정에서 크로포트킨의 상호부조론에 주목하였는데, 이들은 《공제》의 지상을 통해 〈청년에게 소訴함〉[39] 등 크로포트킨의 저술을 번역·소개하는 한편, 상호부조론의 관점에서 사회를 분석하고 사회운동을 전개할 것을 주장하였다.[40] 그리고 아나키즘에 입각하여 노동문제를 논하는 글들을 발표하여 노동자들의 투쟁을 촉구하였다. 나경석은 "소위 지식계급이 일정한 주의 하에서 노동자의 장래의

39) 無我生, 〈청년에게 訴함〉. 무아생은 유진희의 필명으로 보인다. 크로포트킨의 〈청년에게 訴함〉은 金明鎭(《동아일보》 1920년 5월 22일자)과 李星泰(《新生活》 제6호)에 의해서도 번역·소개되었다.

40) 1920년대 초 많은 사회주의자들이 잡지나 강연회 등을 통해 상호부조론을 소개하거나 설명하였다. 그렇다고 해서 그들 모두를 아나키스트로 규정할 수는 없다. 그들 중에는 공산주의자도 상당수 존재하였다. 하지만 그들은 아직 아나키즘적 사고에서 완전히 탈피하지 못하고 있었던 것은 사실로 보인다. 조선노동공제회의 기관지 《공제》에 기고한 사람 가운데 사회주의자는 정태신·김명식·김한·나경석·변희용·장덕수·김약수·유진희·신백우·고순흠·남정석 등이다.

자각을 촉진케 할 현재의 결핍을 구제하려 하면, 도시에 있어서는 생활의 필요품을 공급하는 소비조합을 경영하여 이해가 공통한 계급의 단결의 습관을 작성하고, 호상부조互相扶助의 덕의德義를 함양하여 세계적 사회운동에 응합應合케 함이 제일 적합한 방법"이라 하면서(나경석, 〈세계사조와 조선농촌〉, 55쪽), 상호부조론적 입장에서 노동문제를 해결할 것을 주장하였다. 유진희는 "호상부조의 정신에서 약자를 도우며 임금노예를 완전히 해방하는 날에 비로소 순진한 철학이 생"기며, "민중정치는 사랑의 정치며 호상부조의 정치"라고 하면서(무아생無我生, 〈노동자의 문명은 여사如斯하다〉, 35~38쪽), 상호부조론을 노동자의 철학으로 규정하기까지 하였다. 신백우도 "일상불화日常不和의 성벽을 축築하여 반목질시하고, 심하면 병력이 동動하는" 인류 사회는, 멸시하고 천대하는 동물계의 사회생활보다 못하다고 하면서(경부畊夫, 〈개미와 벌의 호상부조互相扶助〉, 44~47쪽), 개미와 벌이 호상부조하는 사회생활을 설명하고 그를 본받을 것을 주장하였다. CK生은 〈프랑스의 C.G.T와 노동운동의 종국〉에서 생디칼리슴에 입각하여 정치운동을 배제하고 적극적인 경제운동을 추구하던 노동총동맹(C.G.T)을 소개하였다.(《공제》 제8호, 29~46쪽)

그리고 그들은 인간의 본능을 중시하며, 지식인이나 전위조직에 의한 지도를 부정하고 민중의 직접행동을 강조하는 등 아나키즘에 바탕을 둔 여러 주장을 펼쳤다. 어느 노동자는 〈노동자의 절규〉에서 "우리 노동자의 문제는 우리 노동자가 해결하여야만 한다. 다시 말하면 수동적 됨을 요要치 않는다. 자발적을 요함이다"고 하여(某工場의 一職工, 〈노동자의 절규〉, 107쪽), 노동자 스스로가 노동문제를 해결해야 한다고 주장했다. 이동식李東植 또한 〈무산계급의 자조적自助的 방책〉에서 자아의 문제는 자아가 해결해야 하며, 자아의 성장은 자아의 자조自助로 되는 것이 생물계의 원칙으로서, 무산계급도 생물계의 원칙에 따라 자아의 생활을 자아의 자조로 보존해야 한다고 주장하였다.(《공제》 제8호, 54~55쪽) 나아가 어떤 이는 "지식계급에게만 의뢰치 말고 노동자 자신이 자립하라.……만일 간힐奸黠한 지자智者 있어 교지巧智를 농락籠絡한다면, 그의 발호는 저 부귀하던 자의 미칠 바 아니니, 개혁 당시 금일今日에 미리 자각적 정신 하에 자립적 행동을 하라"고 하면서, 지식인에 대한 의존이 가지는 폐해를 지적하고, 지식인을 맹종하는 것을 철저히 경계하면서 자주적으로 행동할 것을 주창하였다.(農夫, 〈조선 노동계에 고하노라〉, 77~78쪽) 이는 전위조직이나 지식인의 지도를 거부하고 민중들이 혁명에 직접 참가하여 스스로의 힘으로 자신들을 해방시켜야 한다는 아나키스트들의 민중의 직접행동에 의한 사회혁명론과 상통하며, 공산주의자들은 민중의 이름을 빌려 권력을 쟁탈하고자 할 뿐이라는 아나키스트들의 비판과 맥을 같이 한다.

나아가 당시 지식인들에 의해 널리 행해지던 노동자 교육까지 부정하였다. 송사생松斯生은 〈노동조합의 교육적 의의〉에서 강습소나 강연회와 같은, 지식인에 의해 이루어지고 있는 노동자 교육은 성의 없고 불순하다고 비판하면서, 노동자들에 대한 교육은 순연한 노동자 자치기관인 노동조합에 의해 수행되어야 한다고 주장하였다.(《공제》 7호, 37~40쪽 참조)

《공제》에 실린 글 가운데 사회주의자가 작성하였거나 사회주의적 경향을 띤 글은 다음의 표와 같다.

〈표 2〉《공제》에 게재된 사회주의 관련 글

	제1호	제2호	제7호	제8호
정태신	卷頭一聲, 구미노동운동사, 톨스토이의 사상	진리의 성전 구미노동운동사 活眼		민중문화의 제창
김명식	노동문제는 사회의 근본문제이라			

김한	검열관의 허가를 득하여 전국 노동제군에게 檄을 送하노라	검열관의 허가를 득하여 전국 노동자 제군에게 檄을 送하노라, 국가의 이성 及 정책과 진리의 반항		
나경석	세계사조와 조선농촌, 露西亞의 교육과 列國, 들어안저서			
변희용	노동자문제의 정신적 방면			
장덕수	부인해방론			
김약수	군중심리론, 對天私語	전후 세계대세와 조선노동문제, 생활난		
유진희	寸感	노동운동의 사회주의적 고찰		
無我生(俞無我)	노동자의 문명은 如斯하다	온정주의 분할과 대립에서 全一과 통합으로	청년에게 소함 (번역)	청년에게 소함(번역), 노동문제의 요체
남상협	노동화하라	勞動問題尙早論者에게		
조성돈	노동만능론			
신백우		소작인조합론	유물사관 개요, 蟻와 蜂의 호상부조	계급사회의 사적 고찰, 如是我觀
南廷晳		스케치		
고순흠				따윈설과 맑스설
金廣植	계급을 타파하라	세계개조와 노동문제		노동은 존귀하니 숭배하라, 영웅도 여기 있어
李浩聖	노동은 생명			
一職工	노동자의 절규			
農夫		조선노동계에 고하노라		
赤旋風			문화운동자의 불철저	지식계급의 현상과 노동운동, 문예는 敎化의 器具인가?
Y生			노동가치설연구	
李東植			빈민사회의 금융과 금융기관	무산계급의 자조적 방책
李堅益			노동의 해방	노동문제는 인류 전체의 문제

기자			농촌과 노동문제	노동문제 通俗講話
松斯生			노동조합의 교육적 의의	
K生				인생과 노동
CK生				佛蘭西의 C.G.T와 노동운동의 終局
尹畢炳				소비조합의 사회적 의의

아나키스트를 비롯한 사회주의자들은 《신생활》이나 《개벽》 등에도 노동문제를 논하는 글들을 발표하였다. 기안생飢雁生은 〈지식계급의 실패〉에서 크로포트킨의 말을 인용하여 지식인이 노동운동 또는 혁명운동을 지도하는 것을 부정하였다.(《신생활》 제7호, 107~108쪽 참조) 이는 민중의 자발성을 강조하고 지식인들이 혁명운동과 노동운동을 지도하는 것을 부정하는 아나키스트들의 민중직접행동론에 바탕을 두고 있다. 정태신은 "노동문제의 진의眞意는 인류 전체가 정복적 인류생활의 오류를 자각하고, 인류 상애相愛의 열정으로써 현재의 불합리한 경제적 사회조직을 개조"하는 것이며, "사회적 호상부조互相扶助의 정신과 윤리로써 오인吾人의 생활을 건축하려 하는, 불합리한 고통의 생활로부터 탈각코자 하는 전 인류생활의 개조문제"라고 하여(우영생又影生, 〈근대 노동문제의 진의眞義〉, 87쪽), 상호부조론에 입각해서 노동문제를 논하였다.

아나키스트를 비롯한 사회주의자들은 선전활동과 노동자 조직화 사업에 이어 노동쟁의에도 상당수가 참가하였을 것으로 추측되나 확인되는 사례는 많지 않다. 노동쟁의에 참가한 것으로 확인되는 아나키스트로는 손명표가 있다. 1921년 9월 16일 부산에서 석탄을 운반하는 인부 1,000여 명이 이틀 동안 동맹파업을 단행하였는데, 그 파업은 9월 26일 5,000여 명 부산 노동자들의 총파업으로 이어졌다. 3 · 1운동 이전에 아나키즘을 수용한 손명표는 노동야학교사로 활동하고 있었는데, 이 파업에 참가하여 김경직 · 최태열 · 조동혁 등과 함께 파업선동죄와 출판법 위반으로 구속되어 2개월 금고에 3년 집행유예를 선고받았다.[41] 이후 손명표는 일본으로 건너가 '대판조선노동동맹회(1922. 12. 1 결성)' 발기에 참가하였다.

아나키스트를 비롯한 사회주의자들은 농촌에서도 소작인조합과 농부대회 등을 결성하여 소작쟁의 등 농민운동을 주도하였다. 1920년대 초 농민조직사업에 참여하였던 아나키스트들로는 이강하李康夏[42], 이윤희李允熙[43], 서상경徐相庚(黑影, ㅇ聲)[44] 등이 확인된다. 이강하와 이윤희 등은 유지제의 발기로 가수원佳水院농부대회를 결성하고, 1922년 11월 16일 가수원 근화의숙에서 대전군 기성면 가수원리 부근의 농민들이 참가한 가운데 임시농부대회를 개최하였다. 이 대회에서 이윤희는 개회사를 하고, 이강하가 선언문을 낭독하였다. 이날 대회는 강령과 결의문을 채택하였는데, 그 내용

41) 《동아일보》 1921년 9월 22일~10월 3일자 ; 한국노동조합총연맹 편, 1979, 80~82쪽 ; 申焌波黑友會, 〈日本に於ける鮮人勞動運動〉; 손명표의 "개인 및 단체 경력서" 등을 종합. 손명표는 1915년의 부산부두노동조합 파업에 참가하였다가 부산형무소에서 2년간 복역하였다고 회고하였으나(손명표의 "개인 및 단체 경력서") 확인되지 않는다. 이는 1921년의 부산 부두노동자들의 총파업을 착각한 것으로 보인다.

42) 이강하(1901~1929)는 李允熙 등과 함께 대전에서 佳水院農夫大會 결성을 주도하는(《太い鮮人》 제2호 ; 《現社會》 제3호 참조) 등 농민조직사업을 전개하였으며, 흑로회 결성에 참가하는 등 아나키스트 운동에도 적극적으로 참가하였다. 흑로회가 일제의 탄압에 의해 해산된 이후, 점차 공산주의로 전향하였다. 이강하의 아나키즘 수용과 공산주의 활동에 대해서는 허종, 2009을 참조할 것.

43) 이윤희는 1902년 4월 20일 충남 대덕군 기성면 가수원리에서 출생하였으며, 이강하와는 진잠소학교 동기이다.["진잠소학교 졸업생 명부"(진실 · 화해를 위한 과거사정리위원회 편, 《2007년 상반기 조사보고서》에서 재인용)] 1920년대 초 국내에서 농민운동에 종사하였다. 1923년 1월 흑로회 결성에 참가하여 활동하는 한편, 일본에서 박렬이 주관하던 《現社會》 동인으로도 활동하였다. 1923년 일본으로 건너간 이후 흑우연맹, 조선자유노동자조합 등에 가입하여 1930년대 전반까지 아나키스트 운동에 종사하였다. 자료에 따라서는 李允照 · 李允凞 등으로 기록하기도 하였다.

44) 서상경은 1923년경부터 아나키즘을 수용하였으며, 아나키즘을 실현하기 위해 농촌에서 활동하다가 일본으로 건너가 불령사에 관계하였다. 1923년 9월 박렬의 소위 '대역사건'으로 구속되었다가 석방된 뒤 1924년 6월에 귀국하였다. 이후 흑기연맹 · 문예운동사 결성에 참가하였다.[京畿道警察部 編, 《治安槪況》(1925年 5月)(《한국민족해방운동사자료총서》 2, 358~359쪽) ; 權五惇 외 6인의 판결문(1930年 刑控第127號)(《일제하 사회운동사 자료총서》 12, 543쪽) ; 《現社會》 제3호 등을 종합]

은 다음과 같다.(《동아일보》 1922년 12월 1일 · 1923년 3월 7일자)

〈강령〉

1. 우리 농부들은 우리의 힘으로 우리의 생활안정을 도하며 생명을 개척함
2. 우리 농부들은 지주의 부정한 소작료와 부당한 요구에 대하여 또는 무리한 압박을 우리 생활에 가하는 자에게 정당한 행동을 취함
3. 인류의 공존공영을 위하여 생물계의 진화의 일 요소인 호상부조를 표방함

〈결의문〉

1. 지주가 소작권을 조건 없이는 하시何時던지 해제치 못할 것. 단 소작인이 사망 혹은 이사 기타의 상당한 사고가 있을 때는 지주가 그 소작권을 해제할 수 있음. 이와 같이 해제된 소작권은 그 동리에 거주하는 최소의 소작농에게 줄 것
2. 소작료에 대하여는 병작並作으로 하되, 지세와 종자는 그 지주가 부담하고 고초藁草는 소작인이 득점得占할 것. 소작료 납입할 시에 '말'을 사용하되 평목平木질을 할 것
3. 마름제舍音制를 폐지할 것
4. 흥업회사興業會社 소작료 납입의 방법은 예년과 같이 '섬'으로 할 것(가마니는 사용치 안함). 소작료 납입기한도 예년과 같이 할 것

가수원佳水院농부대회는 1923년 3월 3일 가수원역 앞 근화의숙에서 1,000여 명의 농민이 참가한 가운데 제3차 농부대회를 개최하였다. 이강하가 사회를 보고 이윤희가 선언서를 낭독한 이 대회는 이강하와 이윤희 등을 집행위원으로 선출하고, 결의문을 통해 지주의 이유 없는 소작권 박탈 금지, 소작료는 병작으로 하되 종자와 지세는 지주가 부담하고 볏짚은 소작인이 차지할 것, 마름제도 폐지, 소작료 납입시 사용하는 가마니값의 반을 지주가 부담할 것

등을 결의하였다.

3월 18일에는 소방대의 횡포를 규탄하였다. 2월 26일 대전군 유천면 소방대가 연습한다며 불이 나지도 않은 노경문의 집에 물을 뿌렸다. 이에 노경문의 아들이 그 이유를 묻자 소방대원들이 마구 때렸다. 이에 가수원농부대회는 각 단체와 함께 18일에 군민대회를 개최하여 구체적인 대책을 협의하기로 했다. 18일 가수원농부대회, 유천면농우회, 유천면단연회, 대전노동회, 철우회, 교육회, 소작인상조회, 대전단연회, 호일친목회, 식산조합, 체육회, 금은세공조합 등 12개 단체 대표와 시민들이 모인 가운데 안병삼의 사회로 군민대회가 열렸다. 대회는 다음의 사항을 결의하고, 이를 관계당국에 제출하기로 결정하였다. 대전군민회 명의로 된 결의문을 제출할 위원으로 이윤희가 이철규, 정재규와 함께 뽑혔다.

1. 무단히 방 안에 물을 뿌린 잘못을 피해자와 일반 군민에게 신문지상으로 사과의 뜻을 표할 일
2. 불붙지 아니한 집에 무자위질하는 소위 '통례'라는 연습을 폐지할 일
3. 이상의 요구를 양력 3월 31일 안으로 실행할 일

가수원농부대회는 사무소를 가수원 역전에 있던 이강하 집에 두고 농민 조직사업도 전개하였는데, 이강하 · 이근우李根雨 · 이윤희 · 강태흠姜泰欽 · 박영우朴永宇 · 정천여鄭千汝 · 주홍식朱弘植 · 신조영申祚永 · 이삼규李三圭 · 박병원朴炳元 · 심창낙沈昌樂 · 김한배金漢培 · 박덕순朴德淳 · 이우형李又炯 · 이순시李淳始 · 천상현千相鉉 등이 참가하였다. 이강하의 주도 아래 1922년 12월 대전에서 대전소작인상조회가 결성되었다. 그리고 대전소작인상조회의 발기로 1923년 2월 21일 대전군내 각 소작인단체 대표 20명이 모여 대전소작인연합회를 결성하기로 결정하고, 창립총회를 3월 5일에 열기로 하였

다. 3월 5일 군내 각 단체대표자 약 50명이 참가한 가운데 박광희의 사회로 창립대회가 열렸는데, 대회는 지주와 마름의 횡포에 적극 대응하기로 결의하고, 11일부터 군내 각면 동리를 순회하며 강연회를 열기로 하였다. 이강하와 이윤희는 이인호, 신기창 등과 함께 유성, 진잠, 기성, 유천 등 네 개의 면을 맡았는데, 강연을 통해 지주 횡포의 이면을 해부하며 열변을 토하였다. 그리고 서상경 또한 자신의 고향에서 농민운동을 펼쳤다.[45)]

당시 노동자계급 해방을 내세웠던 사회주의자들에 의해 소작인조합이 결성되고 소작쟁의가 활발하게 전개된 것은 소작농을 가장 비참한 피착취계급으로 규정하였던 그들의 계급관에 말미암은 바가 크다. 그들은 계급을 생산수단의 소유관계에 따라 분석하지 않고, 착취계급과 피착취계급 내지 지배계급과 피지배계급 등 2분법적으로 분석하였다. 이는 아나키즘적 계급관에 따른 것이다. 아나키스트들은 생산수단의 소유 여부에 따라 계급을 분석하고, 생산력과 생산관계의 모순에 의해 사회가 발전해 왔다고 주장하는 유물사관을 부정하면서, 민중을 피착취 · 피지배계급으로 규정하고, 그들을 착취 · 지배계급의 억압과 수탈에서부터 해방시킬 것을 주장한다.

1920년대 초 사회주의자들은 아나키즘적 계급관에 따라 도시 노동자들이나 농촌 소작인들을 모두 자본가와 지주로부터 수탈당하는 피착취계급으로 동일시하면서, 한국 농민의 대부분을 차지하고 있던 소작농을 프롤레타리아트로 규정하였다.[46)] 소작인을 노동계

45) 《太い鮮人》 第2號 ; 《現社會》 第3號 ; 《동아일보》 1923년 3월 1일 · 2일 · 7일 · 10일 · 13일 · 15일 · 16일 · 21일 · 23일자 ; 허종, 2009 등을 종합

46) 당시 사회주의자들이 빈농을 프롤레타리아트로 규정한 것은 공산주의에 대한 이해수준이 낮았기 때문이라고 많이들 얘기한다. 하지만 이러한 방식의 이해에는 문제가 있다. 즉 공산주의에 대한 초보적 이해수준에 따른 것이라면, 오히려 공산주의 이론을 기계적으로 해석하여 무산자만을 중시하였을 것이며, 소량이기는 하나 토지를 소유하고 있는 빈농을 쁘띠 부르주아지로 규정하였을 것이다.

급으로 규정하는 계급관에 따라 노동운동과 소작인운동을 동일시하였으며, 나아가 소작인의 생활이 도시 노동자들보다 더 비참함을 강조하였다. 즉 소작인은 "일정한 노동보수액의 보장만 없을 뿐 아니라 직접으로 기업적 불리에서 생生하는 손해를 부담하지 아니치 못"한다고 하면서, "소작인들이 수득收得하는 노동보수액은 저들이 최저생활을 보장할 수도 없도록 상공업 노동자보다 과소"하다는 것이다.(一記者, 〈농촌과 노동문제〉, 32쪽) 이러한 인식 아래 사회주의자들은 소작인 조직화사업을 적극적으로 전개하여 많은 소작인조합을 결성하였으며, 소작료 인하를 1차 요구로 설정하고(유진희, 〈소작운동과 그 내용 檢窺〉) 소작쟁의를 적극적으로 지도하였던 것이다.

1919년 11월 황해도 흑교黑橋농장의 쟁의를 시발로 전개된(조동걸, 1979, 111쪽) 소작쟁의는 1920년에 15건, 1921년에 27건, 1922년에 24건이 발생하였다.(《治安狀況-昭和8年》, 157~159쪽) 1921년에 3개에 불과하던 농민단체도 1922년에는 23개로 급속히 증가하였다.(《治安狀況-昭和8年》, 168쪽) 이들 농민단체들은 아나키즘의 영향을 받고 있었던 것으로 보인다.[47]

3) 공산주의와 분화

공산주의는 일본 유학생과, 러시아에서 러시아혁명을 목격하고 돌아온 사람들에 의해 한국인들에게 소개되면서 수용되기 시작하였던 것으로 보인다.[48] 이후 공산주의 조직이 결성되고, 공산주의 선전작업이 이루어지면서 공산주의 수용은 점차 촉진되어 갔다. 하지만 1920년대 초의 공산주의자들은 아나키스트들과 함께 활동하

---

47) 1920년대 초 농민운동의 아나키즘적 경향에 대해서는 김명구, 1988을 참조할 것.

48) 利原 赤旗사건을 통해서 沿海州에서 러시아 10월혁명을 목격하고 돌아온 사람들의 활동의 한 단면을 볼 수 있다.

는 등 아나키즘적 사고에서 크게 탈피하지 못하였다. 그런데 1920년대 초 대중운동이 활성화되면서 대중을 민족해방운동에 어떻게 끌어들일 것인가 하는 문제가 발생했고, 그러한 가운데 공산주의가 확산되기 시작했다. 노동단체는 1922년 81개에서 1923년에는 111개로 늘어났으며, 농민단체는 1922년 23개에서 1923년에는 107개로 늘어났다. 노동쟁의는 1922년 46건(1,799명 참가)에서 1923년 72건(6,041명 참가)으로 늘어났으며, 소작쟁의 역시 1922년 24건(3,539명 참가)에서 1923년 176건(9,060명 참가)으로 크게 늘어났다.(《治安狀況-昭和8年》, 143~152 · 157~160 · 168~169쪽) 이에 사회주의자들은 노동자 · 농민 대중을 민족해방운동 속으로 끌어들일 방도를 모색했고, 그것은 공산주의, 특히 레닌주의에 대한 연구로 이어졌다.

그리고 '사기공산당 사건'과 '김윤식사회장 사건'은 사회주의자들의 공산주의에 대한 이해를 심화시켰다. 즉 민족주의자와 사회주의자 그리고 사회주의자들끼리의 민족해방운동 방략을 둘러싼 논쟁 과정에서, 사회주의자들은 자신들의 이론을 점차 논리정연하게 과학화시켜 갔던 것이다. 그것은 곧 과학적 사회주의를 표방하는 공산주의의 확산으로 나타났다.

공산주의와 아나키즘의 차이가 드러나면서 사회주의를 막연하게 이해하고 있던 사회주의자들은 점차 공산주의를 수용하기 시작하였고, 아나키스트들 가운데에서도 상당수가 공산주의로 전향하였다. 그리고 공산주의자들은 점차 아나키즘의 영향에서 벗어나 독자적인 영역을 구축하기 시작하였다. 이에 따라 사회주의계는 아나키스트계와 공산주의계로 분화되었다. 사회주의계의 분화는 조선노동공제회의 분열로 이어졌다. 조선노동공제회는 사회개조 · 세계개조론자와 범사회주의자들이 함께 창립하였지만, 공산주의가 확산되면서 공산주의자와 아나키스트 사이에 충돌이 발생한 것이다.

조선노동공제회 내의 아나키스트들은 창립 초기부터 공산주의를 경계하고 있었다. 나경석은 조선노동공제회 기관지 《공제》 창간호에서 "일시의 가면을 쓰고 민중을 지도한다는 미명 하에서 권력의 집중을 몽상하는 정치광을 방축하고,……다만 번역적 사상을 날로 삼켜 가지고 입만 열면 사회문제·노동문제를 괴변으로 화제를 삼는 과격파의 위험을 제거하고, 노동자의 필연적 요구로 노동자의 계급 전쟁책으로 귀歸"할 것을 강조하면서, 그 길만이 공제회를 완성하는 첫걸음이라고 주장하였다.(斗南, 〈들어안저서〉, 145쪽) 나경석은 이 글에서 민중에 대한 지도를 강조하는 공산주의자들을 정치광이라고 비난하면서 공산주의자의 조직 내 침투를 경계할 것을 당부하는 한편, 노동자의 자율성을 강조하는 아나코생디칼리슴적 입장을 개진하였다.

공산주의자들이 점차 조선노동공제회를 주도해 나가자 아나키스트들은 이러한 상황을 타개하고자 하였다. 아나키스트 고순흠은 신일용에게 신백우 등이 재상해在上海 고려공산당과 연락하여 다수의 자금을 횡령했다고 비난하였다. 이에 신일용의 제의로 1922년 7월 9일 조선노동공제회 중앙집행위원회가 개최되었으며, 이 자리에서 고순흠 등은 신백우 등을 축출하고자 하였다. 하지만 상황은 반전되어 오히려 고순흠을 축출하자는 의견이 대두되었다. 신백우 축출에 실패한 고순흠은 조선노동공제회를 탈퇴한 뒤, 7월 11일 윤덕병과 이수영李遂榮을 칼로 찌르고 조선노동공제회 간판과 서류를 불태우는(《동아일보》 1922년 7월 13일자) 등의 파괴적 행동을 감행했다. 이러한 행위를 한 이유에 대해 고순흠은 다음과 같이 해명하였다. 즉 조선노동공제회 내에 "점차 볼셰비키가 침투케 되자 고질적인 사대주의자가 발생이 되고, 공산당 선전비 쟁취에 민족적 추태가 노골화케 되므로, 창립책임감에 분노를 금치 못하여 부득이 파괴를 감행"하였다는 것이다.(고순흠, 1967)

결국 조선노동공제회는 '서울파' 공산주의자들을 중심으로 하여 1922년 9월 23일 임시총회를 열고, 탈퇴서를 냈던 차금봉을 임시 의장으로 선출한 뒤 임원을 새로 뽑았다. 이어 10월 13일에는 전 위원인 박중화 · 신백우 · 박이규 등 15명을 쫓아냈다. 아직 아나키즘적 사고를 충분히 청산하지 못하고 있던 이들은 계속해서 지식계급과 신사벌紳士閥 위원 및 회원을 쫓아내고 완전한 육체노동자로만 회원을 구성할 것을 계획하였다.[49] 한편 윤덕병 · 신백우 · 김홍작 등은 1922년 10월 15일 조선노동공제회 제5회 임시총회를 따로 열어 조선노동공제회 해체를 결의하고, 같은 달 18일 10개 노동단체의 참여 하에 새로이 조선노동연맹회를 창립하였다.(신용하, 1989, 61~62쪽) 조선노동공제회의 분열은 '사기공산당 사건'과 함께 국내 공산주의들 사이의 대립에서 연유한(임경석, 1998, 40쪽 참조) 측면도 있지만, 아나키스트와 공산주의자의 대립에 따른 것이기도 하다.

조선노동공제회가 분열되면서 아나키스트와 공산주의자들은 독자적으로 활동하기 시작하였다. 공산주의자들은 조선노동연맹회, 무산자동맹회와 신사상연구회, 서울청년회, 북풍회 등을 중심으로 활동하였고, 아나키스트들은 흑로회, 전진사, 흑풍회청년당 등을 조직하였다. 그러나 아나키스트들은 대중운동에 대한 영향력을 점차 잃어 갔다. 이후 공산주의가 국내 사회주의계를 주도하는 가운데 아나키스트와 공산주의자들은 상대방을 철저히 배격하면서 대립일로를 걸어갔다.

---

49) 《동명》 제9호 ; 《동아일보》 1922년 9월 18일자 ; 一記者, 〈九十兩月 중에 세계와 조선〉, 103쪽 등을 종합

2. 재일본 한국인

1) 아나키즘 수용과 선전활동

임오군란 이후 한국인들이 일본으로 유학을 가기 시작하였고, 이들 유학생들은 여러 경로를 통해 서구의 근대사상을 접하였다. 당시 한국 유학생들은 조국이 제국주의의 침략에 시달리고 있는 특수한 상황에서 새로운 사상을 모색하게 되었고, 그러한 요구는 그들로 하여금 사회주의에 쉽게 노출되도록 만들었을 것으로 보인다. 재일본 한국인들의 아나키즘을 비롯한 사회주의 수용은 1900년대부터 유학생들을 중심으로 이루어지기 시작하였다.

1900년대에 재일본 한국인들이 사회주의를 받아들인 구체적 사례는 아직 거의 발견되지 않고 있다. 하지만 재일본 한국인들이 1900년대에 일본 사회주의자 혹은 중국 사회주의자와의 접촉을 통해 초보적 수준에서나마 아나키즘을 비롯한 사회주의를 수용하고 있었다는 사실을 나타내주는 자료들은 있다. 고토쿠 슈스이의 〈병 중의 헛소리病間放語〉, 오스기 사카에大杉榮의 〈사실과 해석-식민지의 반역=인도=베트남安南=대만=조선〉, 중국 아나키스트 류스페이劉師培의 〈아주현세론亞洲現勢論〉 등에는 1900년대에 한국 사회주의자들이 존재하고 있었음을 암시해주는 구절들이 있다. 즉 고토쿠 슈스이는 1905년 초 《고지高知신문》에 기고한 〈병 중의 헛소리〉에서 사회주의가 일본을 포함한 세계 가운데서 세력을 확대하고 있다고 하면서, "필리핀인, 베트남인, 조선인 중 역시 기개 있고 학식 있는 혁명가가 적지 않다"고 하였으며,[50] 오스기 사카에에 따르면, 중국 아나키스트 장지張繼, 일본 아나키스트 오스기 사카에, 일

50) 石坂浩一, 1993, 32쪽. 고토쿠 슈스이가 말하는 혁명가는 사회주의혁명가를 지칭하는 것으로 보이며, 이것은 1900년대에 이미 한국인 사회주의자가 존재하고 있었다는 것을 말해 준다.

본 공산주의자 사카이 도시히코堺利彦와 야마카와 히토시山川均 등이 주도하던 아주화친회亞洲和親會[51] 결성(1907년. 회장 章太炎)에 일본·중국·베트남·필리핀·인도 등의 동지와 함께 한국인도 참가하였는데,[52] 아주화친회 결성에 참가한 한국인들은 사회주의를 수용하고 있었을 것으로 추측된다. 중국 아나키스트 류스페이劉師培도 〈아주현세론亞洲現勢論〉에서 도쿄에 거주하는 한국인 유학생들에게 사회주의를 이야기하면 모두 기꺼이 찬성한다고 하면서, 이들이 사회주의 진흥의 효시가 될 것이라 하였다.(申叔, 〈亞洲現勢論〉)

조소앙은 사회주의를 고창하기도 했다. 즉 그는 1909년 대한흥학회 회원에게 알리는 글에서 유학생들이 도탄에 빠져 있는 동포들에 대한 구급교정救急矯正의 책策을 강구하지 않는 것은 개인적 퇴보와 개인적 야심 때문인바, "적자 생존하고 부적자 멸망은 따빈옹의 원칙이라. 수須히 불편부당하고 공평정대한 태도를 취하여 국가를 본위로 정하고 사회로 표방을 화畫"해야 한다고 하면서, 개인주의를 버리고 사회주의를 취할 것을 주장하였다.(嘯印生, 〈회원 제군〉) 물론 여기서 조소앙이 사회주의를 수용할 것을 주창한 것은 사회주의에 대한 초보적 수준의 이해 위에서 이루어진 것이다. 즉 조소앙은 사회주의를 반자본주의 사고체계로 이해한 것이 아니라 개인주의에 대비되는 이념으로 이해하였다.

1910년 나라가 망하면서 주로 유학생을 비롯한 소위 '요시찰자'

51) 亞洲和親會의 종지宗旨는 제국주의에 반대하여 주권을 상실한 민족으로 하여금 독립을 쟁취할 수 있도록 하는 것이었으며, 아주인亞洲人으로서 침략주의를 주장하는 자를 제외하고는 민족주의자·공화주의자·공산주의자·아나키스트를 가리지 않고 입회할 수 있었다. 그리고 도쿄, 중국, 봄베이, 한국, 필리핀, 베트남, 미국 등지에 총부總部를 설치하였다.(〈亞洲和親會約章〉)

52) 大杉榮, 〈事實と解釋-植民地の叛逆=印度=安南=臺灣=朝鮮〉, 15쪽. 한국인은 亞洲和親會에 참가하지 않았다는 주장도 있다. 즉 竹內善作은 한국인은 일본인이 참가하는 會에는 자신들은 참석할 수 없다고 하여 亞洲和親會에 참가하는 것을 거부하였다고 한다.[竹內善作, 〈明治末期における中日革命運動の交流〉, 《季刊中國硏究》 1948年 9月號(石坂浩一, 1993, 104쪽에서 재인용)] 그러나 한국에도 總部를 설치한 것으로 보아서 한국인도 참가하였다고 보는 것이 타당할 듯하다.

들이 아나키즘을 비롯한 사회주의를 수용하기 시작하였다. 한국인 요시찰자들은 집회를 개최하거나 신문지·잡지 등을 발행하여 배일사상排日思想을 고취 전파하고자 노력하였으며, 그러한 활동을 위해서 단체를 조직하였다. 이들 단체는 표면상으로는 모두 회원 상호간의 친목, 심신 수련 혹은 학술 연구 등을 표방하고 있었지만,[53] 일요예배기도회·웅변회·신래학생환영회新來學生歡迎會 등을 개최하고 그 자리에서 배일주의를 고취하였다. 이들 요시찰자 중 일부는 일본 사회주의자와의 접촉이나 사회주의 관련 문헌을 통해 사회주의를 접하고, 사회주의에 연구에 종사하였으며(《治安狀況-昭和8年》, 4쪽), 민족해방운동을 펼치는 과정에서 민족해방운동을 이끌어 갈 지도이념으로 아나키즘을 비롯한 사회주의를 수용하였다. 일본 아나키스트 요코타 쇼지로橫田宗次郎의 진술에 따르면, 1910년대 초반에 아나키즘을 비롯한 사회주의를 수용한 한국인들이 있었다는 사실을 유추할 수 있다. 요코타 쇼지로는 1914년 8월 25일 "나 자신은 다수의 조선인과 교제하였다. 그들 중……일반적으로 불평한 나머지 일종의 위험 사상을 품는 자는 족출簇出한다. 내지內地 거주자 중에도 다수인 것으로 보인다. 특히 하와이〔布哇〕 방면에 재류하는 자 중에는 맹렬한 배일사상을 품은 자는 물론 사회주의자도 역시 적지 않은 모양"이라는 내용의 담화를 하였다.[54]

1914년 제1차 세계대전 이후 재일본 한국인의 아나키즘 수용은 더욱 촉진되었고, 아나키즘을 비롯한 사회주의를 선전하는 사람들도 나타났다. 나경석은 1915년 〈저급低級의 생존욕〉을 통해 총파업과 사보타지 등만이 "전도前途에 보이는 것은 궁핍과 간난艱難뿐"인 소작 농민들이 "자위자존自衛自存하는 유일 방법이요 생즉진리生則眞

53) 《朝鮮人概況(1916年 6月 30日 調)》(《外務特殊文書》 1, 779쪽)

54) 〈特別要視察人狀勢一班 第5(1914年 7月~1915年 6月)〉(松尾尊兌 編, 1984, 412쪽)

理"라고 주장하면서,[55] 경제적 직접행동을 강조하는 아나코생디칼리슴을 선전하였다.[56] 한광수 또한 1915년 무렵부터 잡지 《제3제국帝國》 판매를 통해 재일본 한국인들에게 아나키즘을 비롯한 사회주의를 선전하였다.[57] 황석우는 1916년 1월 26일자로 《근대사조》를 창간하여 구미 선진국의 철학사조, 문예사조, 종교사조, 윤리사조, 기타 학술상 지식을 소개하고, 한국사회개량안에 대한 의견을 밝히고자 하였다. 《근대사조》 창간호에는 G.F. 파포어의 〈국가주의와 세계주의의 조화〉가 번역 · 게재되었는데, 이 글은 현재 유행하고 있는 사해동포의 사상은 그 기초를 경제적 사회주의와 종교에 두고 있다면서, 기독교는 국가적 사상이 쇠미衰微하던 시기에 발기하였는데, 그 당시와 동일한 사명을 재연할 필요가 있다고 주장하였다. 그리고 《근대사조》에 〈사론〉을 게재하려 하였으나, 취체가 염려되어 싣지 못한다고 하였다.[58]

재일본 한국인 아나키스트들의 활동은 1915년 1월 정태신의 중국행과 1915년 9월 나경석의 귀국을 계기로 점차 침체되어 갔다. 하지만 1917년 러시아혁명이 성공하자 아나키스트를 비롯한 사회주의자들의 활동은 활기를 띠기 시작했다. 재일본 한국인 사회주의

55) KS生, 〈저급의 생존욕〉, 25쪽. 나경석의 《공민문집公民文集》(정우사, 1980)에 의하면 〈저급의 생존욕〉의 저자는 나경석이다.

56) 나경석은 아나코생디칼리스트이었지만, 총파업 · 사보타지 등을 소작인들이 자위자존할 수 있는 유일한 방법으로 규정한 것으로 보아, 아나코생디칼리슴에 대한 이해는 기계적이고 초보적 수준에 머물러 있었음을 알 수 있다.

57) 《第3帝國》은 가야하라 카잔茅原華山이 1913년 10월 이시다 토모지石田友治와 함께 창간한 잡지로서 아베 이소 · 우에하라 에츠지로植原悅二郎 · 미우라 테츠타로三浦鉄太郎 · 오스기 사카에 등이 기고하였다.(《國史大辭典》 3, 634쪽 ; 《國史大辭典》 13, 578쪽 등을 종합) 가야하라 카잔은 이 잡지를 통해서 보통선거를 기초로 하는 입헌주의로서의 민본주의를 제창하였는데, 필진으로 보아 《제3제국》은 민본주의나 아나키즘 선전이 주된 내용이었던 것으로 보인다. 한광수가 《제3제국》을 판매한 것은 "《제3제국》은 新人의 부르짖는 天來의 소리로 우리 동포에게 조금이라도 도움이 될" 것이며, "新人에게 공명되는 바 많은 잡지"라고 생각하였기 때문이다.(한세복韓世復, 〈천사의 미소〉, 65쪽)

58) 《근대사조》 창간호. 《근대사조》는 1915년 11월에 창간할 예정이었으나, 여러 가지 사정으로 인하여 뒤로 미루어졌으며, 잡지의 명칭은 원래 '신시대의 복음'으로 하려고 하였으나, 불가피한 사정에 의해 '근대사조'로 정하였다고 한다.

자들은 《학지광學之光》, 《동아시론東亞時論》, 《혁신시보革新時報》 등의 잡지를 통해 사회주의 선전작업을 활발하게 펼쳤다. 장덕수는 개인주의가 지배하고 있는 현대사회에서는 사회주의가 흥기할 수밖에 없다고 주장했다. 즉 그는 〈사회와 개인〉에서 "개인에게 절대 방임을 시인하는 것은 사회의 결뉴結紐를 파괴할 뿐만 아니라, 개인 자기의 존재를 위급에 미치게 하는 것이지요. 이것이 사회적 지배 즉 현대 사회주의의 일어나는 연유"라고 하면서(설산雪山, 〈사회와 개인〉, 14쪽), 사회주의의 필연성을 역설하였다. 여기서 장덕수가 말하는 사회주의는 개인주의의 정반대어正反對語가 아니다. 장덕수는 개인주의의 정반대어로 사회지상주의라는 용어를 사용하고 있다. 김명식은 1917년 말 〈도덕의 추락과 경제의 부진〉에서 "이것(법률만능주의와 황금만능주의가 지배하고 있는 이 사회의 모순-인용자)을 근본적으로 개혁하려면 먼저 현사회의 경제조직을 타파하고 신조직을 건설치 아니하면 도저히 빈약자의 존存을 보증할 수 없다 하여 혹 사회주의 혹 공산주의를 주장하여 적극적 행동을 취하는 자-적지 않다"고 하면서(《學之光》 제14호, 22쪽), 자본주의 사회를 개혁하기 위해서는 사회주의를 받아들여야 한다고 주장하였다.

그리고 이달李達(이동재李東宰)[59]은 《동아시론》(동양청년동지회[60] 기관

59) 이달(1890년생)은 《동아시론東亞時論》, 《혁신시보革新時報》, 《신조선新朝鮮》 등을 발행하였다. 그는 일본 아나키스트 오스기 사카에 등과 교류하면서[《朝鮮人概況 第三(1920年 6月 30日 調)》(《外務特殊文書》 2, 90쪽)], 이들 잡지에 오스기 사카에 · 사카이 도시히코 등의 글을 싣는 등 사회주의를 선전하는 작업을 하였지만, 그가 사회주의자인지는 확실하지 않다. 그는 '동양먼로주의'를 제창하여 재일본 한국인들의 비판을 받기도 하였고, 미야타케 가이코츠宮武外骨(日本民本黨을 조직. 民本黨 선언을 통해 일본 영토 안의 이민족에게 자치권을 줄 것을 주장)가 주최하는 민본주의선전정담연설회民本主義宣傳政談演說會에 출석하여 미야타케 등의 주장에 찬동하는 연설을 하기도 하였으며[〈特別要視察人狀勢一班 第9(1918年 5月 1日~1919年 11月 1日)〉(松尾尊兊 編, 1984, 691쪽)], 1920년 3 · 1독립선언 제1주년을 맞이하여 독립시위운동을 전개함과 동시에 제국의회에 한국 독립을 청원할 것을 계획하다가 적발되어 국내로 압송되었다[朝鮮總督府警務局 東京出張員, 〈日本における抗日獨立運動計劃者檢擧の件〉(《朝鮮獨立運動》 3, 561쪽)].

60) 동양청년동지회東洋青年同志會는 이달이 조직한 재일본 한국인 단체로서 기관잡지 《신동양》을 발간할 계획을 세웠으며(발행 여부에 대해서는 알 수 없다), 1916년 5월

지)과 《혁신시보》를 발행하고 이를 통해 선전활동을 펼쳤다. 《동아시론》은 1917년 9월 15일에 창간호(9월 13일 발매금지 처분을 받음)가, 같은 해 10월 15일에 제2호가 발행되었으나 12월에 폐간되었다.[61] 1918년 4월 1일 다시 복간되어 제2권 제1호[62] 100부가 발행되었다. 여기에 반일사상을 선동하거나 사회주의를 고취하는 내용의 기사, 즉 〈일본의 진의를〉, 〈정복의 사실〉 등이 게재되었다. 이것 때문에 《동아시론》은 4월 6일 발매금지 처분을 받았다.[63]

《혁신시보》는 《동아시론》을 1918년 10월 5일 개제改題한 것으로서, 10월에 2책(상호, 하호 ; 발매반포금지 처분을 받음)이, 10월 20일에는 10월 병합호가 발행되었고,[64] 12월 20일에는 제2권 제4호가 발행되었다.[65] 그 후 경비 등의 사정으로 휴간되었다.[66] 이달은 《혁신시보》에 이어 1919년 11월 1일 《신조선》(편집겸발행인 · 주간 : 이달,

---

무렵 동양청년동지회취지서규칙이라고 표서表書한 것을 5,000부 인쇄하여 도쿄 시내에 거주하는 중국 · 한국인 학생과 일본 학생 기타에게 배부하고자 하였으나, 결국 시행에 옮기지 못하였다.[警保局保安課 編, 《朝鮮人概況 第二(1918年 5月 31日)》(《資料集成》 1, 68쪽)

61) 《동아시론》이 폐간된 원인은 동양먼로주의를 고취하는 것을 그 목적으로 하여, 많은 한국인의 반감을 샀기 때문이었다. 《동아시론》은 그 발간사에서 "동양의 평화를 확보하는 길은 각 민족의 각성을 촉구하여 현상을 釐革하고, 일체의 오해를 표명하고, 情誼를 疏通하여 정신적 결합을 도모하는 외에는 없다고 본다. 이 큰 목적을 달성하기 위해서 本誌를 발행한다. 그리고 신동양주의를 고창 선전하고, 나아가 僻見謬想을 去하고 세계평화에 공헌하고자 한다"고 하였다.[警保局保安課 編, 《朝鮮人概況 第二(1918年 5月 31日)》(《資料集成》 1, 69쪽)] 이달이 제창한 신동양주의는 일제가 선전하던 동양주의와는 다를 것이나, 구체적인 내용이 어떠한지는 알 수 없다.

62) 1918년 4월 1일 발행된 《동아시론》의 호수를 警保局保安課 編, 《朝鮮人概況 第二(1918年 5月 31日)》(《資料集成》 1, 69쪽)에서는 제3호로 서술하고 있으나, 〈特別要視察人狀勢一班 第8(1917年 5月 2日~1918年 5月 1日)〉(松尾尊兊 編, 1984, 544쪽)에는 제2권 제1호로 기록되어 있다.

63) 警保局保安課 編, 《朝鮮人概況 第二(1918年 5月 31日)》(《資料集成》 1, 69쪽)

64) 《朝鮮人概況 第三(1920年 6月 30日 調)》(《外務特殊文書》 2, 40쪽). 〈特別要視察人狀勢一班 第9(1918年 5月 1日~1919年 11月 1日)〉(松尾尊兊 編, 1984, 691쪽)에는 1918년 10월 5일부로 발행된 《혁신시보》의 호수가 제2권 제2호로 기록되어 있다.

65) 〈特別要視察人狀勢一班 第9(1918年 5月 1日~1919年 11月 1日)〉(松尾尊兊 編, 1984, 691쪽)

66) 《朝鮮人概況 第三(1920年 6月 30日 調)》(《外務特殊文書》 2, 40쪽)

순간)을 창간하였다.(《신조선》 창간호) 하지만 기사가 극히 불온하다 하여 첫호부터 발매반포를 금지당하였을 뿐 아니라, 2호를 제외하고는 모두 치안을 문란시켰다 해서 행정처분에 부쳐졌다. 1920년 3월 이달이 한국으로 압송될 때까지 6호가 발행되었으며, 이후 《신조선》은 휴간되었다.

《혁신시보》와 《신조선》에 실린 기사 가운데 문제가 된 것은 무명씨無名氏의 〈일본의 진의眞意를 알자〉(《혁신시보》 10월 상호), 백천생白天生의 〈귀와 눈으로〉(《혁신시보》 10월 하호),[67] 이달의 〈나의 필화사건에 대해서〉[《신조선》 제4호(1919. 12. 21)], 백천생白天生의 〈나의 친구에게〉[《신조선》 제6호(1920. 2. 1)], 이동재의 〈우리들이 바라는 것〉(《신조선》 제6호) 등이었다.[68] 그리고 《동아시론》과 《혁신시보》에는 오스기 사카에의 〈정복의 사실〉(《동아시론》 제2권 제1호)과 다카지마 다이엔高島大円의 〈강자와 약자〉(《혁신시보》 제2권 제2호), 사카이 도시히코堺利彦의 〈세계의 대세와 민족의 각성〉(《혁신시보》 제2권 제4호) 등 일본 아나키스트를 비롯한 사회주의자들의 글도 발표되었다.[69]

이 글들의 내용에 대해서는 자료가 전하지 않아 알 길이 없지만, 한국 독립, 반일주의, 아나키즘을 비롯한 사회주의 등을 고취하는 내용이었을 것으로 추측된다. 《신조선》 창간호는 〈조선 소요를 근절하는 방책〉이라는 제목의 글을 통해 한국이 동양의 화근이 되는 것을 막을 수 있는 방책에는 한국이 독립하는 것과 일본과 한국이 융화하는 것 두 가지가 있다면서 한국 독립의 당위성을 강조하는

67) 〈비상식적인 검사〉(《신조선》 창간호)에는 글의 제목이 〈귀와 눈과 입〉으로 기록되어 있다.

68) 《朝鮮人概況 第三(1920年 6月 30日 調)》(《外務特殊文書》 2, 40~45쪽) 참조

69) 〈特別要視察人狀勢一班 第8(1917年 5月 2日~1918年 5月 1日)〉(松尾尊兊 編, 1984, 544쪽); 〈特別要視察人狀勢一班 第9(1918年 5月 1日~1919年 11月 1日)〉(松尾尊兊 編, 1984, 691쪽) 등을 종합. 《朝鮮人概況 第三(1920年 6月 30日 調)》(《外務特殊文書》 2, 40쪽)에는 사카이 도시히코堺利彦의 〈世界 大勢와 민족의 각성〉이라 題한 기사가 《혁신시보》 10월병합호에 게재된 것으로 서술되어 있다.

한편, 사회주의적 내용을 선전하기도 했다. 즉 〈사상보다도 세력〉이라는 제목의 글을 통해 현대에 가장 강력하게 요구되는 것은 노동의 민주화이고, 민주적이라는 것은 자유적이고 평등적이며 개방적인 동시에 혁신적인 것이라고 주장하였다.(《신조선》 창간호, 6~7쪽)

한편, 한광수는 자신이 아나키스트임을 공언하고 다니면서 아나키스트 운동을 펼쳤다. 그는 1918년 9월 1일경 "나 자신은 무정부주의를 신봉하며 주의를 위해 활동하고 있다. 신체의 자유는 속박되더라도 주의는 누구에게도 속박되어서는 안된다"는 내용의 말을 하였다.[70]

재일본 한국인 사회주의자들은 기성 단체들이 주최하는 각종 집회에도 참석하여 아나키즘을 비롯한 사회주의를 선전하였다. 1918년 5월 18일 도쿄 간다神田구에 있는 조선기독교청년회관에서 조선유학생학우회 편집부 주최로 각 학교연합 웅변회가 개최되었다. 재일본 한국인 사회주의자들은 이 웅변회를 사회주의 선전을 위한 장으로 활용하였다. 한태원韓泰源(와세다대早稻田大)은 "불평스러운 사회와 사회주의"라는 제목으로 웅변을 하였는데, 이 웅변에서 "무릇 사회는 빈부 귀천 상하 계급의 차별이 없는 것이다. 그러나 현재의 사회에서는 이들의 구별이 있으며, 이것은 내가 항상 불평하는 바이다. 고로 나는 사회주의를 희망한다"고 운운하면서, 계급차별이 없는 사회주의 사회를 건설할 것을 역설하였다.

또 이춘균李春均(메이지대明治大)은 "우리들의 생활에서 분투하자"는 제목의 웅변에서 "어떤 국인國人도 각각 자신의 생활을 향해 분투하지만, 우리 조선인은 특히 분투해야 할 필요가 있다. 우리는 지금 민주주의·사회주의를 주장하고자 하지만, 유감스럽게도 후방에 악신惡神('정부'를 지칭-인용자)이 있어서 그것을 제재하고 있다. 고로

70) 〈特別要視察人狀勢一班 第9(1918年 5月 1日~1919年 11月 1日)〉(松尾尊兌 編, 1984, 692쪽)

바쿠닌

공공연하게 그것을 주장할 수는 없다. 우리는 먼저 자신의 생활에 노력하고 풍부한 위치를 얻은 연후然後에 자신의 목적으로 나아가야 할 것이다"고 운운하면서, 사회주의사회 건설을 위해서는 먼저 생활상에서 노력해야 함을 역설하였다.[71] 정부를 악신惡神으로 표현하는 등 정부의 존재를 부정한 것으로 보아 이춘균은 아나키즘의 영향을 받고 있었던 것으로 추측된다.

3 · 1운동 이후 아나키즘이 확산되면서 재일본 한국인 아나키스트들은 아나키즘 선전작업을 활발하게 펼쳤다. 3 · 1운동 이전부터 아나키스트임을 자처하던 한광수는 신문 발간을 통해 아나키즘을 본격적으로 선전하였다. 《대공론大公論》의 부사장이던 그는 이 신문에 계급타파를 부르짖거나 과격한 내용의 배일排日 기사를 게재하였으며,[72] 1919년 4월 17일부터 같은 해 5월 7일까지 10회에 걸쳐 〈망민독어亡民獨語〉라는 제목의 글도 실었다.[73] 이 글은 압박과 강권 및 정치를 부정하고, 그것들을 파괴하는 것을 통해 개인의 자유를 극대화하고자 하는 아나키즘의 논리를 따르고 있는데, 지금은 창조건설의 시대가 아니라 파괴의 시대라는 것, 신新사회를 건설하기 위해서는 구舊사회 · 구국가 · 구사상 · 구제도 등 인간이 만든 일체의 제도와 인습을 모두 파괴해야 한다는 것, 인류를 행복하게 만들 수 있는 자는 위정자가 아니라 파괴자라는 것 등을 주장하면서, '파괴가 곧 건설'이라는 바쿠닌의 명제에 따라 파괴를 적극 찬양하

71) 〈特別要視察人狀勢一班 第9(1918年 5月 1日~1919年 11月 1日)〉(松尾尊兌 編, 1984, 692쪽)

72) 《朝鮮人概況 第三(1920年 6月 30日 調)》(《外務特殊文書》 2, 90쪽)

73) 〈特別要視察人狀勢一班 第9(1918年 5月 1日~1919年 11月 1日)〉(松尾尊兌 編, 1984, 692쪽)

였다.

한광수는 계속해서 《대공론》에 1919년 6월 3일부터 5일까지 3회에 걸쳐 〈보지 못한未見 단결형丹潔兄에게 주며 조선문제를 논한다〉는 제목의 글을 발표하였다. 이 글에서 그는 한국은 강제적으로 정복된 것이며, 한국 민족에게 자유를 주든가 그렇지 않으면 죽음을 달라고 요구하였다. 또 지금 한국 민족은 무단정치의 위압에 의해 비인도적인 대우를 받고 있으며, 한국 민족에게는 '혁명권'과 '죽음'이 있을 뿐이라는 의미의 내용을 서술하였다.[74] 한광수가 말하는 혁명이란 바로 일제의 강권을 타파하고 만인이 자유를 구가하는 사회를 건설하기 위한 혁명이며, 아나키스트들이 주장하는 사회혁명을 지칭하는 것이었다. 이처럼 한광수는 아나키즘에 대한 충분한 이해를 바탕으로 민족해방운동과 아나키즘을 결합시키면서 아나키즘을 선전하였다.

그리고 박석윤朴錫胤도 아나키즘에 입각해서 새로운 사회를 건설할 것을 주장했다. 즉 〈'자기'의 개조〉에서 제1차 세계대전의 참상은 인류에게 커다란 교훈을 주었다고 하면서, 크로포트킨의 말을 빌려 자기를 개조하고 참마음으로 열정으로 감격으로 남을 사랑하는 것이 인격의 발전이라고 주장하였다. 그리고 그는 자기개조는 아나키즘에 근거해서 이루어져야 한다고 주장했다. 즉 사람에게는 남의 지배를 받지 않으려고 하는 본능이 있으므로 정치의 이상은 무정부 상태에 있으며, 한 개인도 절대의 자유를 향유할 때까지 자유를 위하여 노력하는바, 자기를 완전히 개조하여 자기와 민족과 전 인류를 위하여 진정한 자유를 얻도록 노력해야 한다는 것이었다.(박석윤, 〈'자기'의 개조〉, 8~9 · 13~14쪽 참조)

재일본 한국인 사회주의자들은 일본 사회주의자들의 단체에 가

74) 〈特別要視察人狀勢一班 第9(1918年 5月 1日~1919年 11月 1日)〉(松尾尊兊 編, 1984, 693쪽)

입하거나 그 단체들이 개최한 집회에 참가하여 연구 · 선전활동 등을 활발하게 펼치기도 하였다. 1919년 3월[75] 백남훈白南薰, 변희용卞熙瑢, 김준연金俊淵, 최승만 외 여러 명이 요시노 사쿠조吉野作造와 후쿠다 교지福田狂二가 주재하는 민주주의적 단체 여명회黎明會에 가입하여 일본인과 조직적 관계를 맺었다. 1920년에는 원종린, 권희국權熙國,[76] 이증림李增林, 김홍기金鴻基, 임세희林世熙, 정태성鄭泰成, 정재달鄭在達 등이 여명회黎明會에 가입하고, 다시 사카이 도시히코堺利彦의 코스모구락부コスモ俱樂部,[77] 다카츠 마사미치高津正道의 효민회曉民會,[78] 가토 가즈오加藤一夫의 자유인연맹自由人聯盟[79]에 각각 가맹하였다. 1920년 12월 10일 도쿄 기독교청년회관에서 결성된 일본사회주의동맹日本社會主義同盟에는 정우홍鄭宇洪(馬鳴), 강인수姜仁秀가 가입하여(《社會主義同盟名簿》) 활동하였다. 그리고 한국인 청년학생 다수가 일본사회주의동맹 창립대회에 참가하였으며, 이 대회에서 수십 명이 검거되는 과정에서 당시 닛폰대日本大 학생이었던 김판권金判權이 검거되어 구류 3개월에 처해졌다.[80]

---

75) 朝鮮總督府警務局 東京出張員, 〈在京朝鮮人狀況(1924年 5月)〉(《資料集成》 1, 145쪽)에는 가입 시기가 1919년 4월로 기록되어 있다.

76) 자료에 따라서는 權凞國으로 기록하기도 하였다.

77) コスモ俱樂部는 1920년 11월 25일 코스모폴리타니즘 선전을 목적으로 하여 결성되었다. 중심인물은 堺利彦 · 宮崎龍介 · 權熙國 등이었다.[特別高等係 編, 〈特別要視察人狀勢調(1921年度)〉(松尾尊兊 編, 1986, 76쪽) ; 內務省警保局 編, 〈最近ニ於ケル社會思想團體ノ狀況(1923年 1月調)〉(松尾尊兊 編, 1986, 195쪽) 등을 종합]

78) 효민회曉民會는 다카츠 마사미치를 중심으로 하여 1920년 7월에 결성된 단체이며, "일체의 구세력을 배격하고 신질서의 창조를 기한다"를 강령으로 하였다. 1921년 4월 15일 현재의 회원 가운데에는 한국인 원종린元鐘麟 · 한현상韓硯(晛—인용자)相 등이 포함되어 있다.[內務省警保局 編, 《思想團體表》(1921. 4. 15 調), 33~34쪽] 이 글에는 1919년 2월 21일에 결성된 것으로 서술되어 있으나 잘못이다.

79) 자유인연맹自由人聯盟은 1920년 5월 28일 가토 가즈오의 주창으로 결성되었으며, 스티르너의 개인적 아나키즘을 고취 선전하였다.[特別高等係 編, 〈特別要視察人狀勢調(1921年度)〉(松尾尊兊 編, 1986, 71~72쪽) ; 內務省警保局 編, 〈最近ニ於ケル社會思想團體ノ狀況(1923年 1月 調)〉(松尾尊兊 編, 1986, 188 · 198쪽) 등을 종합]

80) 《朝鮮人の共産主義運動》, 31쪽 ; 김일면金一勉, 1973, 25~26쪽. 〈在留朝鮮人運動〉《社會運動の狀況(1933年)》(《資料集成》 2, 783쪽)에는 김판권金判權과 권희국權

1921년 5월 27일 일본사회주의동맹이 결사 금지로 해산되자, 변희용, 조봉암, 김약수, 원종린元鐘麟, 임택룡林澤龍, 황석우, 권희국權熙國 등은 일본인이 조직한 사상단체와 코스모구락부 등에 출입하면서 사카이 도시히코·오스기 사카에 등과 교유하였다. 그리고 1921년 6월 24일에는 코스모구락부 주최로 도쿄 간다 구 소재 청년회관에서 개최된 "인류애적人類愛的 결합 강연회"에서 권희국이 개회사를 하고, 정태신·원종린 등이 연설을 하였다. 손봉원孫奉元[81]도 이 강연회에 참가하였는데, 연설자의 논지가 격렬하다는 이유로 경찰이 중지를 명령하자, 객석에서 큰 소리로 혁명을 부르짖으면서 선동하였다. 그는 효민회의 회원이기도 하였다. 권희국은 1921년 7월 24일 코스모구락부에서 일본·중국·한국·프랑스어로 된 불온선전문을 인쇄 배포하기도 하였다. 코스모구락부의 집회 등에 항상 출입하는 한국인이 30여 명을 헤아렸으며, 이들은 사상문제·노동문제 등을 연구 논의하였다.[82]

재일본 한국인 학생들은 일본 사회주의자들과 함께 코스모구락부와는 별도로 코스모스구락부를 조직하기도 하였으며, 이용기李龍基는 자유인연맹에 가입하였다가 해산 명령을 받아들이지 않아 검속되기도 하였다. 1921년 11월 29일에는 한국인 12명이 이와사 사쿠타로岩佐作太郎의 집에서 에스페란토 강습회를 개최한다는 명분

熙國이 일본사회주의동맹日本社會主義同盟에 가입한 것으로 기록되어 있으나, 《日本社會主義同盟名簿》에는 보이지 않는다.

81) 손봉원은 1898년생으로 아나코코뮤니스트이며, 도쿄 유학 중 1921년 흑도회, 1922년 풍뢰회·흑우회 등의 조직에 참가하였으며, 1923년에 귀향하였다가 같은 해 여름에 만주로 건너갔다.(朝鮮總督府警務局 編, 1934, 194쪽)

82) 內務省警保局 編, 〈朝鮮人近況概要〉(1922年 1月)(《資料集成》 1, 124쪽) ; 朝鮮總督府警務局 東京出張員, 〈在京朝鮮人狀況〉(1924年 5月)(《資料集成》 1, 145쪽) ; 內務省警保局 編, 〈在京朝鮮留學生概況〉(1925年 12月)(《資料集成》 1, 326~327쪽) ; 內務省警保局保安課 編, 〈大正15年中ニ於ケル在留朝鮮人ノ狀況〉(1926年 12月)(《資料集成》 1, 209쪽) ; 〈在留朝鮮人運動〉, 《社會運動の狀況(1933年)》(《資料集成》 2, 783쪽) ; 《朝鮮人の共産主義運動》, 31쪽 ; 慶尙北道警察部 編, 1934, 158·162쪽 ; 《한국아나키즘운동사》, 153쪽 등을 종합

으로 모여 노동문제를 의논하다가 해산을 명령받았다.[83] 그리고 아라하타 칸손荒畑寒村 등 일본 아나키스트 19명이 1922년 3월 12일 과격사상취체법안 제정에 반대하는 문서를 배포하였는데, 여기에 한국인 아나키스트들도 관계하였다.(《동아일보》 1922년 3월 16일자)

일본 아나키스트와의 관계를 통해 재일본 한국인 사이에 아나키즘이 확산되어 가는 가운데, 1920년대 초 일본에서 김약수와 정태신 등에 의해 《대중시보》[84]와 《청년조선》[85]이 발간되자 재일본 한국인 아나키스트들은 이 지면을 통해 아나키즘을 선전했다. 원종린은 김약수, 정태신 등과 함께 《대중시보》 발간에 참가하였으며,[86] 《대중시보》 임시호에 〈사회주의의 정의〉를 게재하여 각 사상가나 사상단체들의 사회주의에 대한 정의를 소개하였다. 그리고 제2호에는 〈중화中華의 사회주의〉를 각각 게재하였다.[87] 특히 《청년조선》

83) 內務省警保局 編, 〈朝鮮人近況概要(1922年 1月)〉(《資料集成》 1, 124쪽) ; 朝鮮總督府警務局 東京出張員, 〈在京朝鮮人狀況(1924年 5月)〉(《資料集成》 1, 145쪽) ; 內務省警保局 編, 〈在京朝鮮留學生概況(1925年 12月)〉(《資料集成》 1, 326~327쪽) ; 內務省警保局保安課 編, 〈大正15年中ニ於ケル在留朝鮮人ノ狀況(1926年 12月)〉(《資料集成》 1, 209쪽) ; 〈在留朝鮮人運動〉, 《社會運動の狀況(1933年)》(《資料集成》 2, 783쪽) ; 《朝鮮人の共産主義運動》, 31쪽 ; 內務省警保局 編, 〈最近ニ於ケル特別要視察人ノ狀況(1922年 1月 調)〉(松尾尊兌 編, 1986, 115쪽) ; 特別高等係 編, 〈特別要視察人狀勢調(1921年度)〉(松尾尊兌 編, 1986, 71~72쪽) ; 慶尙北道警察部 편, 1934, 158 · 162쪽 ; 《한국아나키즘운동사》, 153쪽 등을 종합

84) 《대중시보》는 재일본 한국인 최초의 정치 · 사회평론잡지로 월간이었다.[〈동인同人의 말〉, 《장미촌》 창간호(1921. 5. 24), 22쪽 ; 《공제》 제8호, 광고란 등을 종합] 《대중시보》는 1921년 5월 1일 김약수, 정태신, 원종린 3인이 창간하였으며, 변희용이 편집겸발행인을 맡았다. 원래 4월 20일에 발행하기로 공고하였으나, 인쇄소 사정과 원고의 양이 늘어나 5월 1일자로 발행하였다. 창간호는 당국에 의해 발매금지되어 압수당하였다. 이에 문제가 된 글, 즉 김약수의 〈대중의 시대를 영迎함〉, 변희용의 〈사회와 개인의 자유〉, 유진희의 〈무장한 문화정치〉 등을 빼고, 대신 변희용의 〈신사회의 이상〉이라는 제목의 글을 수록하여 5월 25일에 임시호를 발간하였다.(편집실, 〈여묵餘墨〉, 54쪽) 4호의 편집겸발행인은 김약수이다.(《대중시보》 제4호(1922. 6. 1))

85) 《청년조선》(편집겸발행인 · 주필 : 정태신)은 1922년 2월 15일 도쿄에서 정태신이 일문日文으로 창간하였다.

86) 당시 김약수와 정태신은 공산주의를 수용하고 있었지만, 아직 아나키즘적 사고에서 완전히 벗어나지 못한 상태에서 1922년 흑도회가 분열될 때까지 아나키스트들과 함께 활동하였다.

87) 《대중시보》 임시호 ; 《학지광》 제22호(1921. 6. 21), 광고란 등을 종합

제1호(1922.2. 15)에 실린 〈우리들의 양심〉은 아나키즘적 입장을 지닌 대표적인 글로서, "인간으로서 봉쇄된 사회의 해방을 요구하고, 그 해방 외에 완전한 자유의사의 결합을 비롯하여 인류 본연의 이성을 고조"한다고 하여, 아나키즘의 자유연합주의를 고취하였다. 정태성은 정태신이 《청년조선》을 창간하는 것을 많이 도왔다.(鄭又影, 〈創刊に際して〉)

아나키즘 선전활동이 본격적으로 전개되기 시작한 것은 1922년 7월 10일 박렬朴烈[88]과 가네코 후미코金子文子[89] 등에 의해서 흑도회의 기관지 《흑도黑濤》(박렬 주간)가 창간되면서부터였다. 《흑도》는

박렬

1922년 7월 10일자로 월간으로 창간되어 2호까지 발간되었는데, 박렬과 가네코 후미코가 발간 전 과정을 거의 전적으로 떠맡다시피 하였다. 박렬은 《흑도》를 통해 우선 동양먼로주의 등 일제의 제국주의 논리를 비판하였다. 그리고 부르주

88) 박열로 표기하기도 하나, 박렬 본인이 '박렬'로 쓰고 있어, 이에 따른다.

89) 가네코 후미코는 박렬의 처로서 허무주의자였다. 그녀는 1922년 3월경에 박렬을 알게 되었고, 서로의 사상에 공감하게 되어 1922년 5월경부터는 동거하면서 같이 활동하였다.[《조선일보》 1925년 11월 25일자 ; 金子文子의 "調書"(小松隆二 編, 1988, 191쪽) ; 大審院 特別裁判所 判決文(布施辰治 · 張祥重 · 鄭泰成, 1946, 97쪽에서 재인용)] 그녀는 "第2回 被告人 訊問調書"(小松隆二 編, 1988, 191쪽)에서 가정환경과 사회로부터 받은 압박이 자신이 허무주의자가 된 동기임을 밝혔으며, "第3回 被告人 訊問調書"(小松隆二 編, 1988, 199쪽)에서는 자신의 허무주의에 대해서 "자신의 운동은 생명절멸운동"이라고 한마디로 요약하고 있다. 박렬과 함께 '대역사건'에 연루되어 사형을 선고받은 뒤 무기징역형으로 감형되었으나, 감옥에서 의문의 죽음을 맞이하였다. 가네코 후미코는 "第5回 訊問調書"(小松隆二 編, 1988, 201 · 202쪽)에서 박렬도 1922년 2월경 자신을 만날 무렵부터 권력에 반역하고 생명의 절멸을 기期하는 사상, 즉 허무주의를 품고 있었다고 한다. 박렬은 "第5回 訊問調書"(小松隆二 編, 1988, 215쪽)에서 자신이 허무적 사상을 품게 된 것은 "인간성은 모두 추악하여 인간성을 신뢰할 수 없다는 것을 깨닫고 이 추악한 인간성 위에 아나키즘이라고 하는 이상의 아름다운 서정시를 짓는 것은 불가능하다"고 생각했기 때문이라고 하였다. 그리고 자신이 허무주의를 품고 있으면서도 아나키스트 단체인 흑우회와 불령사를 조직하여 아나키스트 활동을 한 것은 아나키즘적 사상의 선전과 그 실현이 허무적 사상의 실현에 이르는 제일보로 된다고 생각하였기 때문이라고 "第6回 訊問調書"(小松隆二 編, 1988, 216쪽)에서 밝혔다. 박렬의 허무주의에 대해서는 이호룡, 1997, 161~163쪽을 참조할 것.

아민주주의의 대의제 민주정치와 자본주의 및 사적유물론을 부정하면서 민족주의와 공산주의를 비판하는 한편, 상호부조론과 직접행동론 등을 선전하였다. 박렬은 〈직접행동의 표본〉(《黑濤》 第1號)에서 평상시에는 가장 신성한 대법칙으로 기능하고 있는 법률, 도덕, 습관이라는 것이 직접행동 앞에서는 무기력해질 수밖에 없다는 것을 직접행동의 실례를 통해 입증하면서 직접행동의 위력을 강조하였다.[90] 그리고 신영우는 〈어느 방의 벽으로부터〉(《黑濤》 第1號)에서 직접행동을 강조하였다.

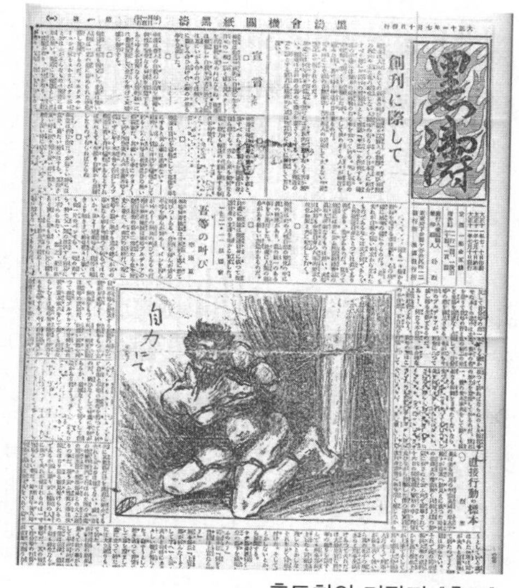
黒濤

創刊に際して

宣言

吾等の叫び

直接行動の標本

흑도회의 기관지 《흑도》

나아가 《흑도》는 제3의 사상으로서의 아나키즘의 입장에서 민족주의와 공산주의를 비판하였다. 먼저 부르주아민주주의의 대의제 민주정치와 자본주의를 부정하면서 민족주의를 비판하였다. 〈오스기군이 국회의원이 된다면〉(《黑濤》 第2號)이라는 제목의 글은 의회에서 할 수 있는 일이란 부르주아체제를 공고히 하는 데 기여하는 일밖에 없다고 하였다. 자본주의에 대해서는 이강하가 〈우리들의 절규〉(《黑濤》 第1號)에서 자본주의 사회의 불합리성을 지적, 비판하면서, 상호부조라는 강력한 무기를 가지고 부르주아지의 아성을 공격하여 강권과 지배가 없는 개인의 자유가 보장되는 아나키스트 사회를 건설할 것을 역설하였다. 여기에서 재일본 한국인 아나키스트들

90) 烈生, 〈直接行動の標本〉. 烈生은 박렬로 사료된다.

이 크로포트킨의 상호부조론을 수용하고 있음을 볼 수 있으나, 그 이해수준은 매우 얕음을 알 수 있다. 상호부조론은 제국주의를 미화하는 사회진화론에 반대하는 반제국주의논리로서 사회운영 또는 사회건설 논리이지, 파괴의 논리는 아니다. 그럼에도 불구하고 부르주아사회를 파괴하는 데 상호부조론을 원용하고 있는 것이다.

《흑도》의 공산주의 비판은 사적유물론 부정으로 나타났다. 〈합리? 불합리?〉(《黑濤》 第2號)라는 제목의 글은 모든 구속으로부터 벗어나고자 하는 욕구로부터 나오는 행위를 인류의 사회적 정의를 추구하는 직각적直覺的 운동으로 규정하면서, 개인의 욕구를 역사발전의 동력으로 인식하였다. 즉 인류사회는 생산력과 생산관계의 모순에 의해서 발전하는 것이 아니라 개인의 해방되고자 하는 본능적 욕구에 의해서 발전한다는 것이다.

2) 조직활동

재일본 한국인 아나키스트들은 아나키즘 선전에서 나아가 아나키스트 단체를 결성하기도 하였다. 재일본 한국인 아나키스트들에 의해 조직된 최초의 단체는 1914년 9월 오사카大阪에서 정태신이 일본 아나키스트들의 지원을 받아 결성한 조선인친목회이다. 이 단체의 결성과정을 살펴보면 다음과 같다. 오사카에 거주하던 한국인 강만형姜萬馨의 발기로 1914년 1월 15일 그의 숙소에서 최진태崔進泰, 김기준金基俊, 정치현鄭致鉉 외 6명이 모여 단체를 만들기로 하고, 임원 선정과 회원 권유 등에 대해서 협의하였다. 하지만 이 모임은 같은 해 2월 15일 해산하였다. 이후 같은 해 9월 1일 다시 정태신의 발기로 오사카에 살던 한국인 약 35명이 모여 조선인친목회를 창립하였다. 정태신이 총간사가 되었으며 부남희夫南熙, 신태균申泰均 두 사람이 부간사가 되었다.

조선인친목회는 일본 아나키스트 하세가와 시쇼長谷川市松,[91] 요코타 쇼지로 등과 일정한 관계를 맺고 있었으며, 매월 30명 내외가 참여하는 가운데 1916년 5월 말까지 14회에 걸쳐 정례회의를 여는 등 비교적 활발한 활동을 하였다. 조선인친목회의 핵심인물이었던 정태신이 1915년 1월 26일 중국으로 도항하자,[92] 당시 도쿄에서 오사카로 온 아나코생디칼리스트 나경석이 대신 통재統宰하고, 강만형, 이달빈李達彬, 이화린李化麟 등이 그를 도왔다. 하지만 1915년 6월 3일 하세가와 시쇼가 에히메愛媛현으로, 1915년 9월 1일 요코타 쇼지로는 아이치愛知현 나고야名古屋로, 나경석은 1915년 9월 중순 한국으로 각각 가버리면서 정례회의 출석자는 매회 점차 줄어들고 세력이 매우 약해져 갔다.[93]

大正三年十月廿七日
安河内内務省警保局長
小池外務省政務局長殿
朝鮮人親睦會組織ニ関スル件照會
這回大阪市在留朝鮮人鄭泰信ナル者ノ組
織ニ係ル朝鮮人親睦會ノ内容ニ関シ別紙
ノ通リ大阪府知事ヨリ申報有之右ニ依レ
ハ布哇在住ノ鮮人中ニ在テハ猛烈ナル排日
思想ヲ懐抱シ本邦内地ト不絶連絡ヲ執リ
居リ候モノノ如ク相見ヘ今後萬一ノ事共相

조선인 친목회 조직에 관한 정보보고서

조선인친목회는 표면적으로는 "기독교 전파와 근면적 품성 도야

91) 하세가와 시쇼는 1908년 3월 귀국한 뒤 1914년 7월 무렵부터 1915년 6월까지 요코타 쇼지로와 함께 행동하면서 아나키즘 보급에 열중하였다.[〈特別要視察人狀勢一班 第6(~1916年 5月 1日)〉(松尾尊兊 編, 1984, 460쪽)] 일본 정보보고서는 長谷川市松을 이와사 사쿠타로와 함께 在米 아나키스트의 일파로 분류하고 있다.(松尾尊兊 編, 1984, 450쪽)

92) 정태신은 1915년 1월 26일 중국 상하이로 渡航하였으며, 그 뒤 홍콩을 거쳐 마닐라로 갔다가 재차 중국으로 가서 廣東에 머물렀다.[〈特別要視察人狀勢一班 第5(1914年 7月~1915年 6月)〉(松尾尊兊 編, 1984, 412쪽)] 그 뒤 다시 상하이로 갔다가 1918년 1월 9일 한국으로 돌아왔다.[〈特別要視察人狀勢一班 第8(1917年 5月 2日~1918年 5月 1日)〉(松尾尊兊 編, 1984, 587쪽)]

93) 조선인친목회의 결성과 활동에 관한 사항은《朝鮮人概況(1916年 6月 30日 調)》(《外務特殊文書》 1, 781~782쪽)과 〈特別要視察人狀勢一班 第5(1914年 7月~1915年 6月)〉(松尾尊兊 編, 1984, 412쪽), 그리고 〈特別要視察人狀勢一班 第6(~1916年 5月 1日)〉(松尾尊兊 編, 1984, 455 · 460 · 477쪽) 등을 종합

와 학예 장려 또는 직업 소개 등에 의해 환난을 서로 구원"하는 것을 목적으로 내세웠지만,[94] 아나키즘적 성향을 띠고 있었다. 그것은 다음의 사실에서 유추해 볼 수 있다. 첫째, 조선인친목회를 조직한 정태신이 당시 일본 아나키스트로부터 아나키즘을 수용하고 있었다는 점이다. 정태신은 일본으로 건너간 이후 배일사상을 가진 한국인들과 교제하면서 한국 독립을 꾀하다가, 1914년 7월 중순 당시 도쿄에 있던 나경석으로부터 하세가와 시쇼에게 보내는 소개장을 받고 오사카로 이주하였다. 그 뒤 일본 아나키스트 요코타 쇼지로·하세가와 시쇼·헨미 나오조逸見直造 등과 교제하였는데, 그 과정에서 정태신은 요코타 쇼지로가 말하는 바에 감동하여 같은 해 10월 3일 이후 그와 동거까지 하였다. 일상생활을 같이하면서 그 담론을 듣고 아나키즘에 관한 신문·잡지도 빌려 읽었다. 그 결과 아나키즘에 공명하게 되었으며, 도쿄에 있던 오스기 사카에·아라하다 카츠조荒畑勝三 등이 발행하는 《평민신문平民新聞》에 약간의 기부도 하였다.[95]

둘째, 조선인친목회 결성과 활동에 일본 아나키스트가 깊숙이 관계되어 있었다는 사실이다. 조선인친목회는 요코타 쇼지로·하세가와 시쇼 등과의 밀접한 관계 속에서 결성되었으며, 매월 개최하는 정례회의 장소 또한 이들의 알선으로 차입借入하였다. 나아가 요코타 쇼지로는 조선인친목회 고문의 지위에 있으면서 은연중 그것을 지도하였다.[96]

이러한 점으로 보아 오사카의 조선인친목회는 재일본 한국인 아나키스트에 의해 조직된, 아나키스트 사회 건설을 지향하는 최초의 단체였다고 할 수 있다. 물론 이 단체는 아나키스트 사회 건설운동

94) 〈特別要視察人狀勢一班 第5(1914年 7月~1915年 6月)〉(松尾尊兊 編, 1984, 412쪽)

95) 〈特別要視察人狀勢一班 第5(1914年 7月~1915年 6月)〉(松尾尊兊 編, 1984, 412쪽)

96) 〈特別要視察人狀勢一班 第6(~1916年 5月 1日)〉(松尾尊兊 編, 1984, 412·454~455·477쪽)

실천을 목적으로 하는 본격적인 아나키스트 운동단체는 아니며, 초보적 수준에서 아나키즘 선전을 위한 장場으로 결성된 단체였던 것으로 추정된다.

조선인친목회 다음으로 결성된 아나키스트 단체는 선인노동민우회鮮人勞動民友會(총무 한광수, 회무고문 장봉수)이다. 아나키즘 선전활동을 펼치던 한광수는 1920년 1월 아이치愛知현에서 선인노동민우회를 결성하였다. 선인노동민우회는 표면적으로는 재일본 한국인 사이의 친목 도모, 일치 협력, 근면저축 장려, 지식 보급, 인격 향상 등을 내세웠다.[97] 하지만 실제적으로는 아나키즘에 입각하여 노동자계급을 해방시키는 것을 목표로 하고 있었던 것으로 추측된다.

1921년 11월에는 흑도회[98]가 결성되었다. 흑도회의 결성과정은 다음과 같다. 원종린이 김홍기와 함께 1921년 10월 5일 신인연맹新人聯盟이라는 단체를 조직할 것을 계획하고 그 창립취지서를 발표하여 약 10명의 동지를 모으는 한편, 임택룡 · 황석우 등과 서로 모의하여 별도로 흑양회黑洋會를 조직하고 주의선전을 행할 계획을 세웠다. 때마침 김약수, 백무白武, 박렬(朴準植, 朴爀) 등이 단체결성을 준비하고 있었다. 이에 오스기 사카에 · 이와사 사쿠타로 · 사카이 도시히코 · 다카츠 마사미치 등의 후원 아래 박렬, 김약수, 김판권, 권희국, 원종린, 황석우, 백무, 손봉원, 정태성, 장상중張祥重,[99] 임택룡, 김사국, 조봉암 등 20여 명이 회합하여 신인연맹과 흑양회

97) 《朝鮮人槪況 第三(1920年 6月 30日 調)》(《外務特殊文書》 2, 34~35쪽)

98) 일제 정보기관의 정보보고서는 흑도회를 막연히 사회주의를 연구하는 단체라고 평가하고 있으나[〈在留朝鮮人運動〉, 《社會運動の狀況(1933年)》(《資料集成》 2, 783쪽)], 이는 한국인 사회주의운동을 폄하한 것에 불과하다. 흑도회는 본격적인 아나키스트 운동단체였다.

99) 자료에 따라서는 장상중張祥重을 장찬수張讚壽와 다른 인물로 병기竝記하기도 하였으나, 홍진유[홍진유의 "第2回 調書"(《裁判記錄》, 160쪽)]와 일제 정보기관의 자료[內務省警保局 編, 〈元無政府主義系朝鮮人の篤行〉(《資料集成》 4, 165쪽) ; 朝鮮總督府警務局 東京出張員, 〈在京朝鮮人狀況(1924年 5月)〉(《資料集成》 1, 142쪽)]에 의하면 장상중과 장찬수는 동일인이다. 또 장귀수張貴壽 · 장찬수張贊壽 등으로 기록한 자료도 있는 자료도 있으나, 이 책에서는 장상중으로 통일한다.

를 합병하고 흑도회를 조직하였다. 1921년 11월 29일[100] 도쿄 기독교청년회관에서 흑도회 창립대회가 열렸는데, 결성 당시의 회원은 김판권, 권희국, 원종린, 김약수, 박렬, 임택룡, 장상중, 김사국金思國, 정태성, 조봉암, 그 외 약 10명이었다. 간사에는 박렬, 정태신, 김약수, 정태성, 서상일徐相一, 원종린, 조봉암, 황석우 등이 선출되었다.[101] 흑도회는 〈선언〉을 통해 일상의 일거일동이라 할지라도 그 출발은 모두 자아에서 구해야 하며, 각인의 자아의 자유를 무시하고 개성의 완전한 발전을 방해하는 모든 불합리한 인위적 통일에는 끝까지 반대하고 전력을 기울여서 그것을 파괴하기 위해 노력하고, 마음이 향하는 대로 감정대로 행동할 것을 주장하는 등[102] 개인적 아나키즘의 경향도 강하게 띠고 있었다.[103]

흑도회는 1922년 4월 1일 고학생동우회와 연합하여 한국내정독립운동과 참정권운동에 대한 반대연설회를 조선기독교청년회 내에서 개최하였으며(《대중시보》 제4호), 1922년 5월 도쿄 시바우라芝浦에

100) 흑도회의 결성일에 대해서 자료마다 약간 다르게 나타나기도 한다. 慶尙北道警察部 編, 1934, 162쪽에는 1923년 12월로 서술되어 있으며, 〈在留朝鮮人の運動狀況〉, 《社會運動の狀況(1929年)》(《資料集成》 2, 59쪽)에는 1921년 10월에 흑도회가 결성된 것으로 서술되어 있다. 그러나 이러한 기록들은 잘못이다. 흑도회의 〈선언〉(《黑濤》 第1號에 게재)이 1921년 11월에 발표되었으며, 《社會運動の狀況》의 다른 연도편에는 1921년 11월로 서술되어 있다. 따라서 흑도회 결성일은 1921년 11월로 보는 것이 타당하다.

101) 朝鮮總督府警務局 東京出張員, 〈在京朝鮮人狀況(1924年 5月)〉(《資料集成》 1, 145쪽) ; 內務省警保局 編, 〈在京朝鮮留學生概況(1925年 12月)〉(《資料集成》 1, 327쪽) ; 〈在留朝鮮人の運動〉, 《社會運動の狀況(1931年)》(《資料集成》 2, 308쪽) ; 〈在留朝鮮人運動〉, 《社會運動の狀況(1933年)》(《資料集成》 2, 783쪽) ; 慶尙北道警察部 編, 1934, 55 · 162쪽 ; 《治安狀況-昭和8年》, 5 · 208쪽 ; 坪江汕二, 1966, 155 · 285쪽 등을 종합. 《黑濤》 第1號(1922. 7. 10)에 따르면, 황석우는 흑도회 회원이었다가 어떤 사정으로 제명되었다. 조선총독부 경무국이 편찬한 《朝鮮高等警察關係年表》(118쪽)에는 김중한, 이윤희 등이 흑도회에 참가한 것으로 기록되어 있으나, 이는 잘못으로 보인다. 김중한과 이윤희가 일본으로 건너간 것은 1923년 4월 이후이기 때문이다.

102) 〈宣言〉(黑濤會, 1921. 11)

103) 아나키즘 수용기 재일본 한국인 아나키스트들의 개인적 아나키즘적 경향에 대해서는 이호룡, 2001a, 136쪽을 참조할 것

서 거행된 일본노동총동맹日本勞働總同盟[104] 주최 노동절 시위에 회원 30명이 참가하여, 간부인 송봉우宋奉禹와 백무白武 두 사람이 대표연설을 하였다.[105] 백무의 연설은 일본 노동자에게 커다란 감동을 주었다고 한다.[106] 하지만 그 연설이 어떠한 내용이었는지는 알 수가 없다.

흑도회는 1922년 7월 니가타新潟현 나카츠천中津川[107] 댐 공사장에서 일어난 한국인 노동자 집단학살사건[108]에 대해서도 항의투쟁을 전개하였다. 흑도회원들은 '시나노천信濃川조선노동자학살사건조사회'가 1922년 9월 7일 도쿄 청년회관에서 김약수의 사회로 '시나노천학살사건규탄대연설회'를 주최하자, 여기에 주동적으로 참가하였다. 정운해가 한국어로 개회사를 한 뒤, 박렬과 나경석이 차례로 등단하여 실지조사를 보고하다가 중지 당하였다. 이밖에 신영우申榮雨[109]와 백무 등이 일제의 만행을 규탄하고 직접행동을 호소하

104) 일본에서는 '노동'의 한자를 한국과는 달리 '勞働'으로 표기한다. 따라서 이 책에서는 '노동'의 한자 표기에서 일본인 단체나 신문 · 잡지는 '勞働'으로, 한국인 단체나 신문 · 잡지는 '勞動'으로 표기한다.

105) 內務省警保局保安課 編, 〈大正15年中ニ於ケル在留朝鮮人ノ狀況〉(1926年 12月) (《資料集成》 1, 221쪽)

106) 〈朝鮮人がはじめて參加した第三回メーデー前後—白武氏にきく〉, 《朝鮮研究》 第40號(1965. 6)(石坂浩一, 1993, 41쪽에서 재인용)

107) 거의 모든 자료는 한국인 노동자 집단학살사건이 발생한 지역을 시나노천으로 기록하고 있으나, 나카츠천이 더 정확한 기록이다. 나카츠천은 시나노천의 지류이다.(《勞働運動》 第7號)

108) 한국인 노동자 집단학살사건이란 신월전력주식회사信越電力株式會社가 건설하던 댐 공사장에서 일하던 한국인 노동자들이 가혹한 학대를 피해 도망하다가 살해된 사건이다. 학살된 한국인 노동자의 시체가 낚시꾼에 의해 발견되고, 이 사실이 《독매신문讀賣新聞》 1922년 7월 29일자에 보도됨으로써, 공사장 노동자들의 참상이 널리 알려졌다. 회사측의 비인도적 처사는 일본뿐 아니라 국내에까지 커다란 사회적 물의를 일으켰다. 국내에서는 이 사건의 진상을 조사하기 위하여 30여 명의 조사위원회가 조직되었다. 조사위원회는 나경석 · 김명식 · 박희도 등을 대표로 일본에 파견하였고, 이들은 8월 15일 김약수와 내무성 참사관 · 서장 등과 함께 현장을 조사하였다.(《勞働運動》 第7號 ; 金一勉, 1973, 66쪽 등을 종합)

109) 신영우(1903년생)는 아나키스트로서 박렬을 숭배하였으며, 1923년 3월 도쿄 세이소쿠영어학교正則英語學校를 수업하고 귀국하여 청주공립보통학교 교원으로 취직하였다. 재직 중 1925년 11월 흑기연맹 사건으로 인하여 경성지방법원에서 징역 1

는 내용의 연설을 하다가 중지 당하였으나, 백무가 이를 무시하고 연설을 강행하였다. 일제 경찰은 이를 빌미로 하여 연설회를 해산시켰다.[110] '시나노천조선노동자학살사건조사회'는 1922년 9월 16일 총회를 열어 지금까지의 조사상황을 보고하고, 재일본조선인노동자상황조사회를 상설기관으로 설치하고자 하였으나, 일제의 탄압으로 무산되었다.(《동아일보》 1922년 9월 18일자)

이외에도 재일본 한국인 아나키스트들은 김윤식사회장 반대투쟁 등을 펼쳤다. 1922년 1월 김윤식사회장이 추진되자 박렬 · 원종린 등 아나키스트들은 1922년 2월 2일 재동경신인동맹在東京新人同盟의 명의로 발표된 〈민중의 격 : 소위 김윤식사회장이란 유령배의 잠칭사회장을 매장하라〉에 김한 · 원우관(이상 조선공산당), 김약수 · 정태신(이상 재일본조선인공산단체) 등과 함께 연서하는(《매일신보》 1922년 2월 2일자) 등 김윤식사회장 반대투쟁을 전개했다. 1922년 초 동경고학생동우회의 주도하에 김약수, 김사국, 정태신, 이익상李益相, 홍승로洪承魯, 황석우, 임택룡 등이 〈전국 노동자 제군에 격함〉이라는 제목의 선언문을 발표하였는데, 정태성 · 이용기 · 박렬 · 원종린 · 박석윤 등의 아나키스트들도 여기에 연서하였다.(《조선일보》 1922년 2월 4일자)

년에 처해졌다가 1926년 11월 만기 출옥하여 본적지(충청북도 청주군 가덕면 청룡리)로 귀향하였다. 1929년 조선일보 사회부기자로 취직하여 만보산萬寶山사건의 진상을 조사하기 위해서 만주로 간 적이 있으며, 그 후 실직 중 1933년 8월 한글《만몽일보滿蒙日報》 기자로 취직하여 만주滿洲 신징新京으로 갔다.(朝鮮總督府警務局 編, 1934, 174쪽). 신영우의 별명은 남흥南興, 도파(熖波 · 稻波), 염파焰波, 난파煖波 등으로 자료에 따라 달리 기록되어 있다. 하지만《黑濤》第1號와 第2號에 각각 게재된 〈어떤 집의 벽으로부터〉와 詩 〈血〉의 필자가 신도파申熖波로 기록되어 있는 것으로 보아 신도파申熖波가 맞는 것으로 보인다.《동아일보》 1925년 4월 26일자에도 한자는 틀리지만 신도파申稻波로 기록되어 있다.

110) 金一勉, 1973, 68 · 70~72쪽 ;《조선일보》 1922년 9월 9일자 ;《한국아나키즘운동사》, 153쪽 등을 종합

3) 공산주의자와 분화

1920년대 초 아나키즘이 확산되어 아나키스트 운동이 활발하게 펼쳐졌지만, 공산주의도 재일본 한국인들에 의해 수용되었다. 재일본 한국인들이 공산주의를 수용하기 시작한 것은 러시아혁명 이후부터였다. 공산주의 수용사례는 김양수와 김범수에게서 찾아볼 수 있다. 김양수는 1917년 7월 《학지광》에 발표한 〈사회문제에 대한 관념〉이라는 글에서 사회문제에 대한 해결책을 개인주의와 사회주의, 사회개량주의로 대별하고, 사회주의는 그 윤리적 기초를 인격의 평등에 두고 있다고 하였다. 이어서 사회주의를 '이상파'와 '과학파'로 분류하고, 과학적 사회주의자는 이상주의자의 안연晏然한 가공적架空的 망상을 냉소하고, 유물사관과 계급투쟁론에 입각하여 인류사회의 진화를 논증하였다고 설명한 뒤, 변증법적 유물론과 사적 유물론에 대해서 서술하였다.(김양수, 〈사회문제에 대한 관념〉, 500~507쪽) 김범수金範壽(게이오대慶應大)는 1918년 11월 30일 고등상업학교 동창회가 조선기독교청년회관에서 주최한 각학교유학생연합웅변회에서 "공산주의"라는 제목의 연설을 하였는데, 이 연설에서 그는 러시아혁명을 높이 평가하면서 공산주의를 선전하고 이 세계는 필연적으로 가장 선진적인 공산주의 사회로 나아갈 것이라고 단정하였다.[111] 그리고 김명식은 〈도덕의 추락과 경제의 부진〉에서 "사회주의 혹 공산주의를 주장하여 적극적 행동을 취하는 자-불소不少"하다고 하였는데(《학지광》 제14호, 22쪽), 이 사실은 1917년 당시 공산주의를 수용한 사람들이 상당수 존재하고 있었다는 사실을 뒷받침해 주고 있다.

3·1운동 이후 재일본 한국인 사회주의자들은 공산주의를 선전

111) 〈特別要視察人狀勢一班 第9(1918年 5月 1日~1919年 11月 1日)〉(松尾尊兌 編, 1984, 692쪽) 참조.

하기 시작하였다. 고영환高永煥은 1920년 6월 《서광》에 발표한 〈인생과 노동〉에서 공산주의적 입장을 취하면서 소비에트 러시아 헌법에 명시된 '일하지 않는 자는 먹지 못한다'는 원칙을 이상적인 최고 원칙으로 규정하였다. 고지영은 1920년 7월에 발표한 〈시대사조와 조선 청년〉에서 세계개조의 방법론으로 윌슨과 레닌의 주장을 소개하면서, 레닌주의에 대해 상세히 설명하였다.(《학지광》 제20호, 29~32쪽) 그리고 변희용은 1921년 《현대》 신년호에 〈칼 마륵쓰 약전〉을 게재하여(《개벽》 1921년 2월호, 광고란) 마르크스를 소개하였다. 이러한 선전활동에 의해 공산주의가 차차 유행하여 공산주의의 '공共'자만 알아도 개혁자인 양 할 정도가 되었다.(취몽생醉夢生, 〈수감수록隨感隨錄〉, 78쪽)

공산주의 수용의 폭이 넓어지면서 사회주의자들은 1921년부터 공산주의 단체를 조직하기 시작하였다. 1921년 10월 김사국 · 김사민 · 박상훈 · 임봉순 등이 중심이 되어 사회혁명당(서울파)이라는 공산주의 조직을 결성하였으며(임경석, 1998, 34~35쪽), 이와는 별도로 국내에서 도쿄로 건너간 정태신 · 김약수 등이 1921년 5월 7일 '재일본조선인공산단체'를 결성하였다.[112] 그리고 변희용을 중심으로 한 5~6명의 한국인 공산주의자들은 고려공산당(상해파上海派)과의 관계 아래 1921년 '사회주의 쿠르조크'를 조직하였다.[113]

공산주의의 확산으로 공산주의 단체가 결성되면서 재일본 한국인 사회주의계는 아나키스트계와 공산주의계로 분화되어 갔다. 흑

112) 정양명, 〈재동경공산단체〉(박철하, 1998, 66쪽에서 재인용). '재일본조선인공산단체'는 조선혁명과 공산주의운동을 구체적으로 실천할 목적으로 1921년 가을 '공산주의비밀결사'로 변경되었다.[〈까엔당보고〉, 3쪽(박철하, 1998, 67쪽에서 재인용)] 《조선일보》 1925년 1월 17일자에 따르면 1921년 겨울 일본에서 김약수 · 정태신 · 김종범 · 손영극 등에 의해 赤友會가 조직되었는데, 이 적우회가 바로 '공산주의 비밀결사'가 아닌가 여겨진다.

113) 이영선, 〈공산주의운동〉(박철하, 1998, 71쪽에서 재인용). 《조선일보》 1925년 1월 17일자에 의하면 변희용 · 박형병 등이 일본에서 시월회十月會를 조직하였는데, 시월회와 '사회주의 쿠르조크'는 동일한 조직이 아닌가 여겨진다.

도회에 참가하여 재일본 한국인 아나키스트들과 함께 활동하던 김약수·백무 등 공산주의자들은 아나키스트들과는 다른 노선을 걷기 시작하였다. 재일본 한국인 아나키스트들은 정치와 정치운동을 부정하면서 일본 공산주의자들의 의회전술을 강도 높게 비판하였지만, 공산주의자인 이여성은 보통선거운동을 민중들이 각성하여 계급적 차별을 철폐하고 자유를 획득하려는 민중운동으로 높게 평가하였다.(이여성, 〈정파리경淨玻璃鏡〉)

재일본 한국인 사회주의계가 분화되면서 아나키스트계와 공산주의계 사이에는 갈등이 생겨났고, 이는 결국 흑도회의 해체로 이어졌다. 즉 1922년 7월 나카츠천 한국인 노동자 학살사건을 조사할 당시부터 분규를 계속해 오던 박렬 일파와 김약수 일파 사이의 갈등은 '시나노천信濃川학살사건규탄대연설회'에서 증폭되어 나타났다. 결국 흑도회는 1922년 9월 중앙집권적 공산주의 일파와 자유연합적 아나키스트 일파로 분열되었으며, 아나키스트들과 공산주의자들은 각각 흑우회와 북성회[114]를 결성하였다.[115]

114) 朝鮮總督府警務局 東京出張員, 〈在京朝鮮人狀況〉(1924年 5月)(《資料集成》 1, 139쪽)에 의하면 북성회의 회원수는 50명이었고, 간부는 변희용卞熙瑢, 김종범金鐘範, 백무白武, 조봉암曺奉岩禹, 박형병朴衡秉, 이헌李憲, 최갑춘崔甲春, 김약수金若水 등이었다.

115) 金一勉, 1973, 79~80쪽 ; 이호룡, 1998, 173쪽 등을 종합. 재일본 한국인 사이에서 일어난 사상계의 분열은 그 당시 일본 사상계의 동향과도 깊은 관계가 있다. 즉 일본의 사회주의계는 1922년 2월 아라하다 카츠조荒畑勝三의 〈생디칼리슴의 파탄〉이라는 논문을 통한 공산주의로의 전향 발표와 1922년 7월 제1차 일본공산당 창건을 전기로 하여 아나키즘 및 아나코생디칼리슴의 경향과 공산주의적 경향으로 분화하였다. 일본노동총동맹에 반대하는 도쿄와 오사카의 여러 단체에 의해 1922년 4월 29일 생디칼리슴적 노동조합동맹회가 조직되었으며, 이에 대항해서 노동총동맹 1922년도 대회는 소위 총동맹전투화의 신강령을 채용하고, 그 주장 가운데에서 '보통선거'의 일항목을 삭제하였다(1922년 1월 9일 일본노동총동맹은 '정치주의 배격, 보선운동普選運動 방기, 직접행동주의'의 급진정책을 채용하였었다). 총동맹전투화의 지도정신은 명백히 공산주의(레닌주의)였다. 이리하여 아나키스트와 공산주의자간의 항쟁이 격화하였으나, 1922년 9월 이후부터는 노동조합의 투쟁에서 혁명적인 소수자의 영웅주의에 무게를 두는 아나키스트(생디칼리스트 포함)에 비해 대중적인 계급세력의 결성에 무게를 두는 공산주의자가 점차 우세를 차지하기 시작하였다.(《朝鮮人の共産主義運動》, 59쪽 ; 河村只雄 編, 1936, 29~30쪽 ; 司法省 刑事局 編, 1938, 35~36쪽 등을 종합)

흑도회 해산일과 북성회 결성일에 대해서는 1921년 12월, 1922년 9월, 10월, 11월, 12월, 1923년 1월 등 자료들마다 달리 기록하고 있다. 박렬은 "제6회 심문조서訊問調書"에서 1922년 9월에 흑우회를 결성한 것으로, 가네코 후미코는 "제5회 심문조서訊問調書"에서 1922년 9월에 흑도회가 분열하였고, 곧 공산주의자는 북성회를 조직하고 기관지 《척후대》를 발행하였다고 밝히고 있다.(小松隆二 編, 1988, 202·216쪽) 하지만 당시 일본 아나키스트 신문 《노동운동勞働運動》 10호는 1922년 10월에 흑도회가 해산된 것으로 보도하였다. 그리고 일제의 정보보고서에 의하면, 1922년 11월 2일 김종범金鍾範·김약수金若水가 북성회 대표라 칭하고 오사카로 가서 대판조선노동동맹회大阪朝鮮勞動同盟會를 조직하였다.[116] 이 기록으로 보아 북성회는 1922년 11월 2일 이전에 결성된 것이 맞다. 이 책에서는 박렬과 가네코 후미코의 진술을 따른다. 아나키스트계로부터 떨어져 나온 재일본 한국인 공산주의자들은 독자적인 사상체계를 갖추기 시작하였고, 점차 아나키스트계를 압도하면서 재일본 한국인들의 사회주의운동을 주도해 나갔다.

3. 재중국 한국인

1) 아나키즘 수용

1919년 이전의 재중국 한국인의 아나키즘 수용과정을 구체적으로 분석하는 것은 자료상의 문제 때문에 거의 불가능하다. 극히 단편적으로 전해지는 자료와 1919년 이후의 자료를 통해 그 당시의

116) 朝鮮總督府警務局 東京出張員, 〈在京朝鮮人狀況〉(1924年 5月)(《資料集成》 1, 144쪽)

상황을 부족한 상태로나마 헤아려 볼 수 있을 따름이다. 한말부터 상당수의 한국인들이 만주와 연해주 지역,117) 그리고 상하이上海, 베이징, 광둥廣東 등 중국 관내關內 지구로 망명하였다. 이들을 중심으로 아나키즘을 비롯한 사회주의가 받아들여진 것으로 보인다.

1863년부터 상당수의 한국인들이 러시아 지역으로 이주하여 1868년에 이르러서는 하나의 정착촌을 형성하였는데(최봉준, 〈발간하는 말〉), 이들 사이에 아나키즘을 비롯한 사회주의가 소개되기 시작하였다. 1908년 3월 3일부터 《해조신문》(1908년 2월 26일 창간)에 유럽과 중국, 일본, 남미, 미국 등 전 세계 아나키스트들의 활동에 대한 기사가 게재되었으며, 《대양보》와 《권업신문》(《대양보》의 후신으로 신채호가 주필)에도 사회주의에 관한 기사가 게재되었다. 1900년대 중반 무렵 황성신문사에 있을 때부터 아나키즘에 공명했던 신채호는 《대양보》 제13호에 논설 〈청년노동자에게 바란다〉를 발표하여 "노동의 신성을 설說하고 극력 그 노력努力을 장려"하면서(〈大洋報ニ關スル件〉), 노동이 신성함을 논할 정도로 사회주의에 관한 지식을 쌓았으며, 〈이날〉에서는 "저의(일본—인용자) 귀족들은 음란·사치가 극도에 달하여 평민은 살 수가 없으므로 사회주의자가 생"겨났다면서, 일본에서 사회주의자가 발생한 원인을 귀족계급의 평민계급 착취로 규정할(《권업신문》 제18호) 정도로 사회주의에 대한 이해수준을 높였다.

1910년대에는 재在러시아 한국인 사이에 사회주의에 관한 지식이 널리 유포되었으며, 사회주의를 수용하는 한국인들이 나타나기 시작하였다. 이들은 민영린, 이기동, 남상철 등의 발기로 사회당을 조직하고 취지서를 발표하였는데, 민족의 생활방도를 개도하고, 민족의 망동 원인을 탐구하며, 민족의 자치정신을 배양한다는 내용의

117) 재러시아 한국인들의 아나키즘 수용과정도 이 절에서 서술한다.

3개 항을 강령으로 채택하였다.[118)]

1900년대 말 무렵부터 중국으로 건너간 김규극金奎極, 권탁權鐸, 홍윤명洪允明, 신규식 등 많은 한국인들은 중국혁명 과정에 참여하였는데,[119)] 이를 계기로 재중국 한국인들은 아나키즘을 비롯한 사회주의에 접하고 사회주의를 민족해방운동 이념으로 받아들이기 시작하였던 것으로 보인다. 그리고 당시 중국 사상계에서 아나키즘이 하나의 커다란 흐름을 형성하고 있었던 점도 재중국 한국인들의 아나키즘 수용을 촉진하였을 것으로 보인다. 중국 아나키스트들의 활동은 중국에 있던 한국인들에게 사상적으로 큰 영향을 끼쳤으며, 1910년대 재중국 한국인들은 중국 아나키스트와의 접촉이나, 상하이의 상무인서관商務印書館이나 베이징의 서점 등에서 구입한 신문 · 잡지 · 사회주의 관련 서적, 상하이 북사천로北四川路와 남만철도南滿鐵道 연선沿線의 일본조계지에 있는 일본 서점에서 판매하는 일본 잡지나 서적 등을 통해서 아나키즘을 비롯한 사회주의에 대한 지식을 습득하였던 것으로 보인다.[120)] 재중국 한국인들은 상하이에 함께 거주하면서 새로이 접한 사상을 중심으로 민족해방운동의 방도에 대해 토론하였는데,[121)] 그 과정에서 아나키즘에 대한 연구와 수용이 이루어졌던 것으로 보인다. 신채호는 1913년 상하이에 머

118) 《대동공보》 1910년 5월 15일자. 이 기사의 제목은 "사회당이 또 일어"였는데, 이는 1910년 5월 이전에도 사회당이 조직된 적이 있었다는 것을 말해 준다.

119) "이태준李泰俊이 안창호에게 보내는 편지"(1912. 7. 16)(《도산안창호 자료집》 2, 128쪽) ; 신승하, 1983 〈예관睨觀 신규식申圭植과 중국혁명당인中國革命黨人의 관계〉《김준엽교수화갑기념 중국학논총》, 619쪽(김희곤, 1995, 42쪽에서 재인용) 등을 종합

120) 류자명은 김한의 경우 하얼빈과 창춘長春에 있던 일본인 서점에서 구입한 일본 서적과 잡지를 통해 공산주의에 접하였으며, 자신도 일본 서점에서 일본 잡지를 사서 김한과 함께 읽고 토론하였다고 회고하였다.(류자명, 1983, 42쪽)

121) 1913년 무렵 문일평 · 홍명희 · 조소앙 등은 한집에 거주하면서 독립운동의 방도에 대해 토론하였고, 그 결과 정인보를 국내로 파견하기도 하였다. 이 해에 신규식의 초청으로 상하이上海로 갔던 신채호도 이들과 왕래하고 있었다.[이광수, 〈그의 자서전〉(이광수, 1979, 234 · 353~354쪽). 인명은 이광수의 《나의 고백》에 따름]

무는 동안 아나키스트 류스푸劉師復의 논설을 탐독하였으며(《한국아나키즘운동사》, 142쪽), 그것을 통해 크로포트킨의 상호부조론을 이해할 정도로 아나키즘에 대한 풍부한 지식을 획득하였다.[122)]

상하이 시절의 신채호

재중국 한국인들 사이에 아나키즘이 수용되는 가운데 일부는 아나키즘의 이론을 빌어 민족해방운동을 펼치기도 했다. 1912년 7월 러시아와 협약을 체결하기 위해 모스크바로 갔다가 일본 황제의 사망으로 급거 귀국길에 오른 가츠라 타로桂太郎를 암살할 것을 모의한 혐의로 조모某 등 재중국 한국인 7명이 베이징에서 체포되는 사건이 발생했다.[《권업신문》 1912년 8월 18일(아력 8. 5) · 25일자] 이 사건은 집단적으로 행해진 암살활동으로서 국내에서 행해진 개인에 의한 암살과는 다른 양상을 보여 주는데, 이는 아나키스트들이 '사실에 의한 선전'론[123)]에 입각하여 즐겨 사용했던 테러를 민족해방운동의 수단으로 채택한 결과가 아닌가 여겨진다.

더욱이 1917년의 러시아혁명은 재중국 한국인들에게 사상적으

122) 신채호의 아나키즘 수용과정에 대해서는 이호룡(2013a)을 참조할 것.

123) '사실에 의한 선전'은 민중들로 하여금 봉기 · 폭동 · 총파업 등을 일으키도록 하기 위해서는 민중에게 아나키즘을 선전하고 그들을 각성시켜야 하는데 그 수단으로 직접행동을 택해야 한다는 것이다. 직접행동은 민중이 전위조직이나 지식인 등의 대리인을 거치지 않고 자신의 자유의지에 따라서 스스로 행하는 행동을 의미한다. '사실에 의한 선전'은 1873년 크로포트킨에 의하여 사용된 용어로서, 러시아어로는 'фактическая пропага́нда(fakticheskaia propaganda)'이다. 'фактическая'는 '사실을 통해서'란 의미다.(Max Nettlau, 1989, 163쪽). 'фактическая пропага́нда'는 영어권에서는 대체적으로 'propaganda by deed'로 번역되며, 국내에서는 대체적으로 '행동에 의한 선전' 혹은 '실행에 의한 선전'으로 번역되고 있다. 하기락은 때로는 '행동에 의한 선전'으로, 때로는 '사실에 의한 선전'으로 번역하였다. '사실에 의한 선전'이 원어에 충실한 번역으로 보고, 본고에서는 이를 채택한다.

로 커다란 영향을 끼쳤다. 즉 러시아의 사회주의혁명은 재중국 한국인들이 아나키즘을 비롯한 사회주의를 수용하는 데 결정적 계기를 제공하였다. 재중국 한국인들은 러시아혁명에 의해 사회개조·세계개조가 인류사상 최초로 실현된 것으로 인식하기도 하였다. 박은식은 러시아혁명이 "전 세계가 대동단결하고 인류가 공존한다는 이상"을 최초로 실현한 것으로 보았다. 즉 "러시아의 혁명당은 앞장서서 홍기를 높이 들어 전제를 엎어버리고 널리 정의를 선포하여, 각 민족의 자유와 독립을 허용하였다. 전에 극단의 침략주의 국가였던 러시아가 일변하여 극단의 공화체제를 세우게 된 것이다. 이는 세계를 개조하는 데에서 가장 앞서 이룩된 기틀이 되었다.……정의와 인도를 표방하는 자들이 마침내 승리를 드높이 구가하게 되었다. 이른바 세계개조의 서광이라 할 수 있다"고 하였다.(박은식, 1973, 128쪽)

러시아혁명 이후 대동사상이 사회개조·세계개조론과 결합되면서 중국에 있던 한국인들 사이에 확산되었으며, 아나키즘 수용도 촉진되었던 것으로 보인다. 하지만 러시아혁명 이후 재중국 한국인들의 아나키즘 수용을 전해 주는 자료는 많이 남아 있지 않다.

1917년 8월 러시아혁명의 영향 아래 상하이에서 신규식 등이 조선사회당을 결성하였다. 조선사회당은 1917년 스웨덴 스톡홀름에서 개최된 만국사회당대회에 한국의 독립에 대한 지원을 요청하였다.[124] 그리고 1919년 8월에는 스위스에서 열린 만국사회당대회에 조소앙과 이관용李觀鎔(李寬容)을 대표로 참석케 하여 ① 본 대회에서 한국 독립을 승인할 것, ② 본 대회에서 대표를 보내 동아東亞 정세

124) 在上海領事館 編, 《朝鮮民族運動未定稿 第一(1910.9~1922.8)》(《外務特殊文書》 23, 78쪽). 조선사회당은 만국사회당대회에 대표를 파견시키려다가 여권이 나오지 않아 참가하지 못하고 전문만 보냈다.["1919년 7월 17일 조용은趙鏞殷과 이관용李觀鎔의 이름으로 루체른(스위스) 만국사회당대회에 제출한 문서"(조동걸, 1987, 144쪽에서 재인용); 〈朝鮮ノ社會黨ガ'ストックホルム'會議ニ電報ヲ發シタリトノ通信報告ノ件〉(《現代史資料》 25, 29쪽) 등을 종합]

를 조사할 것, ③ 본 대회에서 동아와의 연락을 긴밀히 하여 혁명을 촉진시킬 것 등의 세 개 안을 제출하는 등의 활동을 전개했다. 만국사회당대회는 조선사회당 대표가 제출한 안을 의결 통과시켰다.[125)]

조선사회당 당원들은 개인 차원에서도 사회주의 활동을 펼쳤다. 리다자오李大釗가 베이징대 도서관 주임으로 재직하고[126)] 있을 때, 조선사회당에 소속된 학생 김일학金一鶴, 김상지金尙志 등 7인은 리다자오를 내방하고 그를 수행하였으며, 그에 의해 샹산香山(베이징 교외 소재)으로 파견되어 비밀공작에 종사하였다.[127)] 그리고 조선사회당원 왕동명王東明(원래 이름은 신헌申憲, 베이징대 청강생)도 상해임시정부와 왕래하면서 한글로 된 인쇄물을 배포하였으며, 베이징대 제3숙사에서 류런징劉仁靜, 치다펑祈大鵬, 리다자오, 가오샹더高尙德, 주치엔지朱謙之, 류구오항劉果航, 구안이즈關益之 등 십수 명과 모임을 가진 적도 있다.[128)]

1917년에 중국에서 조선사회당이 건설되었다는 것은 그 이전에 중국의 한국인들 가운데 사회주의를 수용한 사람들이 있었음을 말해 준다. 하지만 그 사회주의의 내용이 무엇인지는 확인할 길이 없다. 조선사회당 창당에 관계한 신규식은 반사회주의자였으며, 조소앙은 친사회주의자이나 반공산주의자였다. 하지만 조선사회당원 김일학· 김상지 등은 초기 중국공산당 지도자 리다자오의 지휘를 받았으며, 왕동명도 리다자오와 교류하였다. 이것으로 미루어 보면, 조선사회당의 사회주의는 명확한 성격을 띤 것이 아니라 여러 조류

---

125) 《독립신문》 1919년 10월 28일자 ; 김병조金秉祚, 1921, 193~194쪽 ; 이정규, 《비망록—정당사政黨史의 전주前奏로 정치사(근대)》 등을 종합. 자료상에는 한국사회당으로 표기되어 있으나 조선사회당을 지칭하는 것으로 보인다.

126) 리다자오는 1918년 2월에 베이징대 도서관 주임에 임명되었다.(모리스 메이스너, 1992, 340쪽)

127) 張次溪, 1951 《李大釗先生傳》(楊昭全 等編, 1987b, 1481쪽)

128) 〈特務 載德의 朝鮮社會黨人 王東明이 北大에서 李大釗 등과 聚談한 것과 朝鮮黨人 李金山이 피체된 정황에 관한 정보(1922~1923년)〉(楊昭全 等編, 1987b, 1481쪽)

의 사회주의를 포함하고 있었던 것 같다. 하지만 1910년대 재중국 한국인들이 반제국주의 사상체계로서 사회주의를 받아들였고, 거기에다가 중국 아나키스트들의 영향권 안에 있었으므로, 그들은 아나키즘, 특히 아나코코뮤니즘을 주로 수용하였던 것으로 사료된다.

아나키즘을 비롯한 사회주의는 3·1운동 이후 재중국 한국인 사이에 더욱 확산되었다. 그러한 가운데 신채호와 이회영李會榮을 중심으로 아나키즘을 민족해방운동의 지도이념으로 받아들이기 시작했다. 한말 황성신문사에 다닐 때 이미 아나키즘을 접했던 신채호는 러시아혁명 이후 대동사상과 결합된 사회개조·세계개조론을 수용하였으며, 3·1운동 이후에는 대동사상의 사상적 기반 위에서 민중의 사상임을 표방하던 아나키즘을 자신의 사상으로 받아들이기 시작하였다.[129] 서세충徐世忠의 회고에 따르면, 신채호는 1919년 무렵부터 상하이와 베이징 등지에서 아나키스트 운동을 하였다. 서세충은 신채호가 "(1918년 베이징에서 《중화신보中華新報》에 논설을 쓰다가 그만둔 이후-인용자) 상하이上海·베이핑北平(베이징-인용자) 등지에서 무정부주의운동을 하면서 잡지 《천고天鼓》를 발행"하였다고 회고하였다.[130] 1919년 3월 1일 국내에서 만세시위가 일어나고, 그 영향 아래 중국 상하이에서 임시정부를 수립하고자 하는 움직임이 일어나자, 이 움직임에 신채호와 이회영도 참가하였다. 하지만 이회영은 조직할 단체의 성격을 놓고 의견 충돌을 일으켜 베이징으로 돌아갔다. 신채호는 1919년 7월 8일 개최된 대한민국임시정부 의정원 제5회 회의(第2日)에서 전원위원회 위원장으로 선출되는(《朝鮮民族運動年鑑》, 22~23쪽) 등 대한민국임시정부 내에서 활동하였다. 하

129) 이호룡, 2003, 79쪽. 3·1운동 과정에서 일어났던 민중들의 폭발적인 봉기가 신채호로 하여금 아나키즘을 수용하게 하고, 나아가 1923년 1월 〈조선민족혁명선언〉에서 민중직접혁명론을 제기하도록 만들었던 것으로 보인다.

130) 서세충, 〈단재의 천재天才와 애체礙滯없는 성격〉(《단재신채호 전집》 9, 66쪽). 서세충은 대동청년단에 가입하여 활동하였으며, 1920년 조선노동공제회 창립총회에서는 의사원으로 선출되었다.

지만 1919년 8월 18일 개최된 의정원 제6회 회의에서 미국에 위임통치를 청원했던 이승만을 대통령으로 선출한 것에 반대하여 대한민국임시정부를 떠났다.[131] 신채호는 1919년 10월 28일 김두봉, 신백우,[132] 한위건韓偉健[133] 등과 함께 상하이에서 《신대한》을 창간하였는데, 신채호가 주필을 맡았으며, 신백우는 경영을 맡는 한편, 한위건과 함께 집필도 담당했다.[134] 신채호는 《신대한》을 통해 대한민국임시정부의 외교독립론을 비판하는 등 반임시정부 활동을 펼쳤다.

신채호는 한때 이동휘의 한인사회당과 '국가사회주의당'에 가입하기도 하였다. 일부 일본 정보보고서는 신채호가 고려공산당에 가입한 것으로 기록하고 있으나,[135] 신채호가 가입한 것은 고려공산

---

131) 在上海領事館 編, 《朝鮮民族運動未定稿 第一(1910. 9~1922. 8)》(《外務特殊文書》 23, 236~237쪽) 참조

132) 신백우는 1919년 4월 3·1운동 학생대표 한위건을 대동하고 상하이에 도착하여, 신채호, 신규식 등과 상의 끝에 상해임시정부는 한성임시정부의 법통을 계승해야 한다고 주장하였다.(경부신백우선생기념사업회 편, 1973, 80쪽)

133) 한위건韓偉健은 김사국金思國·한남수韓南洙·장채극張彩極·이철李鐵 등과 함께 한성정부 구성의 주동자였으며, 상하이로 가서 재상해 고려공산당의 창립구성원이 되었다.[〈독립운동사화〉(이정규, 1974, 97·119쪽)]

134) 在上海領事館 編, 《朝鮮民族運動未定稿 第一(1910. 9~1922. 8)》(《外務特殊文書》 23, 658쪽); 〈上海における獨立運動團體各派の組織報告の件(1920年 11月 24日 高警第37234號)〉(《朝鮮獨立運動》 2, 418~419쪽) 등을 종합. 일제의 관헌자료에 따르면 《신대한》의 발행장소는 상하이이다.(《治安狀況-昭和2年》, 1쪽) 신대한신문사는 신규식에 의해 설립되었으며, 1920년 1월 4일 현재 김두봉이 신대한신문사의 편집장이었다. 하지만 《신대한》은 1920년 1월 중순 이후 대한민국임시정부 측의 방해공작으로 휴간되었다.[〈上海方面排日鮮人의 狀況〉(대한민국국회도서관 편, 1978, 725쪽); 〈上海居住抗日運動者の書信入手の件〉(《朝鮮獨立運動》 2, 407~408쪽); 《독립신문》 1920년 1월 8일자 등을 종합] 〈上海における獨立運動團體各派の組織報告の件〉(419쪽)은 《신대한》을 신대한동맹단의 기관지로 기록하고 있다. 《신대한》은 창간호(1919. 10. 28)·제17호(1920. 1. 20)·제18호(1920. 1. 23) 등이 일본외무성외교사료관에 소장되어 있다(분류기호 M/T4-3-2-2-1-1).

135) 〈在上海共産黨首領呂運亨取調狀況ニ關スル件〉(《外務特殊文書》 28, 463쪽). 《기려수필》 여운형(2) 편에는 신채호가 여운형, 조완구趙琬九, 안병찬安秉瓚, 이춘식李春植, 조동호趙東祜, 최창식崔昌植, 양헌梁憲, 선우혁鮮于赫, 윤기섭尹琦燮, 김두봉金科奉 등과 함께 입당한 뒤, 이동휘·김립 등과 고려공산당을 조직한 것으로 기록되어 있다.

당이 아니라 그 전신인 한인사회당인 것으로 사료된다. 그것은 신채호가 상하이에 있을 때 공산주의 정당에 가입한 것으로 보이기 때문이다. 신채호는 1920년 초에 상하이를 떠나 베이징으로 갔는데, 당시 상하이에 있던 공산주의 정당은 한인사회당이다. 한인사회당은 1920년 9월에 한인공산당으로 개편되며,[136] 1921년 5월에 다시 고려공산당으로 확대 · 개편되었다. 일제의 다른 정보보고서에 따르면, 신채호는 1920년 12월 현재 상하이에 있던 '사회당'(과격파 사회주의 그룹)과 '국가사회주의당'의 당원이었다. '사회당'의 경우, 이동휘 · 김립 · 김만겸 · 계봉우 · 이춘숙 등이 수령이고, 김두봉, 신채호, 남형우 등이 주요 관계자였다. 모스크바로부터 받은 자금으로 상하이에서 《대한독립보》(주필 김두봉 · 김만겸)를 발행하였다. '국가사회주의당'의 경우, 문창범 · 신채호 · 한위건 · 김재희 · 이옥李鈺 · 김덕金德 · 노무령盧武寧 · 김갑金甲 등이 수령이고, 김두봉 · 남형우 등이 주요 관계자였다. 그리고 베이징에서 《서광》(주필 신채호)을 발행하였다.[137] 여기서 '사회당'은 한인사회당을 지칭하는 것으로 보인다. 신채호가 한인사회당에 가입한 것은 아나키즘과 공산주의의 본질적인 차이를 인식하지 못하고, 다 같은 사회주의로 파악하였기 때문이었던 것으로 여겨진다. 이에 따라 《신대한》은 기본적으로는 아나키즘의 입장을 나타내고 있지만, 공산주의에 관한 기사도 상당수 실었다.

신채호는 1920년 1월 중순 이후 대한민국임시정부의 압력으로 《신대한》 발행이 중단되자, 베이징으로 가서 반임시정부 세력을 규합하였다. 그는 제2회 보합단, 군사통일촉성회, 통일책진회統一策進會 등을 조직하여 군사기관들을 통합하고자 노력하였다. 하지만 군

136) 반병률, 1998, 265쪽. 〈여운형조서(1)〉에는 이동휘 등이 1920년 봄 상하이에서 공산주의자그룹을 조직한 것으로 되어 있다.(《한국공산주의운동사 자료편》 1, 277쪽)

137) 〈국외 정보-재상해 조선인의 사회주의 구분에 관한 건〉(大正 9年 12월 24일자 고경 제40811호)(《독립운동사 자료집》 9, 530~531쪽)

사통일회의(군사통일촉성회를 개명)가 군사통일기관 설립보다는 국민대표회 소집에 주력하자, 무장투쟁은 자신이 추진할 바가 아니라는 인식 아래 독립군에 의한 무장투쟁노선을 포기하고, 군사통일회의와는 일정한 거리를 두면서 테러적 직접행동론[138]을 민족해방운동의 지도노선으로 정립해 나갔다.(이호룡, 2003, 82~85쪽 참조)

이회영

이회영 역시 임시정부 수립 논쟁에 참가하였다. 1919년 4월에 들어서자 임시정부 조직문제에 대한 논의가 각 방면에서 활발하게 펼쳐지자, 이회영은 당시 문제로 삼고 있는 민족해방운동의 조직은 그 조직형태가 정부라는 행정적인 조직과는 근본적으로 달라야 한다고 주장하면서, 정부를 조직하게 되면 그 명칭으로 인해 지위와 권력을 다투는 분규가 끊이지 않게 될 것이라고 예언하며, 임시정부를 수립하는 것에 대해 반대했다.(이정규, 1985, 61쪽) 즉 정부라는 형태가 아닌, 실제 운동에서 빚어지는 중복과 마찰, 낭비를 방지하고 또 사태 추이에 민첩하게 대응할 수 있는 조정기관이나 연락기관이면 충분하다는 것이다.[139] 이러한 이회영의 반정부적 입장과 반중앙집권적 조직관은 아나키즘의 정부에 대한 비판과 자유연합주의적 조직관에 닿아 있다.

이회영은 신채호 등 민족해방운동가들과의 민족해방운동 방도에 대한 토론 과정에서 아나키즘을 수용했던 것으로 보인다. 《중앙일보》가 이회영이 1920년에 방향 전환을 했다고 보도한(《중앙일보》

138) 아나키스트들은 직접행동을 통해 민중들에게 아나키즘을 선전하고 그들을 각성시켜 봉기 · 폭동 · 총파업 등에 동참하게 하여 사회혁명을 완수해야 한다고 주장한다. 이때 아나키스트들은 주요한 직접행동으로 테러를 채택하기도 하였다. 이러한 아나키스트들의 사회혁명 방법론을 '테러적 직접행동론'으로 규정한다.

139) 이광수, 1947 《도산 안창호》, 대성문화사, 23~24쪽(윤택중, 1986, 198쪽에서 재인용)

이을규(왼쪽)와 이정규

1932년 11월 24일자) 것으로 보아 이회영이 아나키즘을 자신의 사상으로 확립한 시기는 3·1운동을 전후한 시기가 아닌가 여겨진다.

이회영의 반대에도 임시의정원이 조직되고 임시정부 조직을 위한 임시헌법이 기초되는 등 임시정부 수립작업이 계속 진행되자, 이회영은 대한민국 임시의정원회의에 참가하여 임시정부 수립에 반대하였다. 하지만 구황제 중심의 보황파적인 생각에서 혹은 임시정부의 중심 인물이 되지 못한 까닭에 반대하는 것이 아닌가 하는 오해만을 불러왔고(이정규, 1985, 63쪽), 이에 이회영은 민족해방운동의 전도를 개탄하면서 제3회 임시의정원 회의(1919년 4월 25일 개최)에 참가한 뒤, 국무원장에 추대된 것도 거절하고 5월 중순[140] 상하이를 떠나 베이징으로 돌아갔다.[141]

이후 이회영은 민족해방운동을 지속적으로 펼칠 수 있는 근거를 마련하고자 했다. 그는 1910년대 초반 자신이 주도했던 만주개척사

140) 이규창은 이회영이 1919년 2월경 상하이로 떠났다가 1920년 1월경 베이징으로 돌아간 것으로 기록했으나(이규창, 1992, 37~38쪽) 취하지 않는다.

141) 〈대한민국임시의정원 관계 자료〉(《한국독립운동사자료》 2) ; 이정규, 1985, 63쪽 ; 이광수, 1947 《도산 안창호》, 대성문화사, 23~24쪽(윤택중, 1986, 198쪽에서 재인용) ; "우당이회영선생 연보" 《우당 이회영선생 추도》(육영회 편), 10~11쪽 등을 종합

업을 참고로 하여 융딩하永定河 개간사업을 구상하고, 1921년 이을규 · 이정규[142] · 정화암鄭華岩(鄭允玉, 鄭元玉, 鄭賢燮) 등과 함께 이 사업을 추진했다. 융딩하 개간사업은 융딩 하변에 있는 하천부지를 개간하여 거기서 나오는 수익금으로 민족해방운동에 필요한 자금과 민족해방운동가들의 생활비를 조달하는 것을 목적으로 했다. 즉 민족해방운동을 장기간 지속하는 데 소요되는 막대한 규모의 자금을 융딩하 개간사업을 통해 자력으로 해결하고자 하였던 것이다. 이 사업에 소요될 자금을 마련하고자 정화암이 1921년 늦겨울 국내로 잠입했지만, 자금 마련에는 결국 실패했다.(정화암, 1982, 34~35 · 52~53쪽 참조) 이리하여 융딩하 개간사업은 흐지부지해지고 말았다.

융딩하 개간사업은 실패한 데다가 사업계획의 내용을 전해주는 자료마저 없기 때문에 그 사업의 성격에 대해서는 윤곽조차 파악할 수 없다. 하지만 그 사업이 비록 본격적인 아나키스트 운동은 아니라고 할지라도, 자신의 문제는 자력으로 해결한다는 자주성을 중시한 운동으로서, 이회영이 아나키즘을 바탕으로 추진한 사업이었다 할 수 있을 것이다.[143]

2) 테러활동

3 · 1운동 이후 재중국 한국인들 사이에 사회주의가 확산되면서, 상당수의 한국인 사회주의자들은 아나키즘을 수용하고, 상하이, 광

142) 이정규는 게이오기주쿠대慶應義塾大 理財科 3년을 중퇴하고 1921년 9월경 이을규와 함께 중국 상하이로 건너가서 상해임시정부에 관계하다가 베이징으로 갔다. 베이징에 체재하던 중 러시아 맹인 시인 예로센코와 교류하면서 아나키즘을 수용하였다.[〈蔡殷國 · 李丁奎ヲ中心トスル無政府主義運動檢擧ニ關スル件〉; 《동아일보》 1929년 2월 16일자; 〈無政府主義者李容俊取調の件〉(《思想에 關한 情報綴(4)》, 8쪽) 등을 종합]

143) 이회영은 당시 민족해방운동을 둘러싼 신채호와의 토론과정에서 아나키즘을 접하고 수용하였던 것으로 보이나, 이을규 · 이정규 · 정화암 등은 광범한 사회주의에 공명하는 단계에 있었을 뿐 아직까지 본격적인 아나키스트는 아니었던 것으로 보인다.

둥, 홍콩, 베이징 등지에서 테러활동을 펼쳤다. 상하이에서는 김성도金聖道 일파와 안근생安根生 일파 등이 폭탄공장 건설과 암살활동을 계획하였는데, 안근생 일파인 김염金炎과 김치평金治平은 홍콩에서 옮겨와 상하이 프랑스 조계 밍더明德리에 거주하면서 사회주의 선전에 관한 사무를 맡고 있었다. 안근생은 쑨원孫文 · 쑨홍이孫洪伊 등의 일파 및 마츠모토 사부로松本三郎(안근생과 동거하면서 사회주의 선전에 종사)[144] 등과 함께 상하이 프랑스조계 화이허淮河로 32호에 기관을 설치하고 협의를 계속하였다. 1919년 8월 25일 밤 마츠모토 사부로는 쑨원을 방문하고 공산당[145]을 조직할 것에 대해 협의하였는데, 이 자리에서 도다 지로刀田次郎[146]를 도쿄에 파견하여 공산당의 기관을 설치할 것을 제안했다. 이어 화이허로 사무소에서 마츠모토 사부로와 안근생 등 30여 명이 비밀회의를 열었다. 회의는 8월 25일과 8월 26일에 여러 차례에 걸쳐 열렸는데, 회의에서는 쑨원과의 협의를 실행할 각종의 방법에 대하여 논의하였다. 회의 결과 도쿄에 새로운 기관을 설립하여 공산주의[147]와 한국의 독립운동을 선전할 것을 협의하고, 먼저 도다 지로를 곧 도쿄에 파견하기로 정하였다. 그리고 사회주의 선전에 경험이 있는 한국인을 초치하고자 안근생으로 하여금 한국인 두 명을 시베리아에 파견케 했다. 홍콩에 있던 김성도가 황운탁黃雲鐸을 통해 70만 달러를 보내자, 상하이에 있던 한국인 사회주의자들을 불러모아 1919년 8월 30일 밤 프랑스 조계 후아성둔로華盛頓路(Washinton street)에서 회의를 개최하였다. 이 회의는 도쿄에 기관을 속히 설립하고 실행에 들어갈 것

144) 자료에 따라 松本次郎, 松本四郎으로 기록하기도 하였다.

145) 당시 조직하고자 한 공산당은 엄격히 공산주의자만으로 구성되는 것이 아니라, 사회주의자들을 광범하게 포괄하는 조직이었던 것으로 사료된다.

146) 자료에 따라 刀田三郎, 遠田三郎으로 기록하기도 하였다.

147) 당시 선전하고자 한 공산주의 역시 마르크스레닌주의가 아니라, 광의의 사회주의자였던 것으로 사료된다.

을 결의하였다. 안근생은 70만 달러로 다수의 권총을 구입하고, 프랑스 조계의 청두로成都路의 모처某處에 폭렬탄제조소爆裂彈製造所를 설립할 계획을 세우고, 재료를 매입하였다. 이러한 준비작업은 쑨원과의 협의하에 진행되었으며, 그 과정에는 선탄申潭, 리리에준李烈均 등도 참가하였다.

1919년 9월 2일 강우규의 사이토 마코토齋藤實 총독 저격사건이 발생하였는데, 이 사건에 안근생이 관계하였다. 일제의 정보보고서에 의하면, 이 사건은 노인동맹단에서 계획하여 안근생 일파가 실행에 옮긴 것인데, 김서도(1880. 8. 27~1931. 4. 10. 金奎植의 다른 이름)가 이 사건의 주동자였다. 이 사건에 사용된 폭탄은 중국인 장모張某가 제공한 것이었다.

안근생은 베이징, 톈진 등지에서 학생들의 활동을 이용하여 사회주의를 선전하기 위하여 9월 5일[148] 오후 11시발 기차로 톈진으로 갔다. 안근생의 톈진행 역시 쑨원·다이톈처우戴天仇와의 협의 아래 이루어졌으며, 쑨원은 그 주택에서 환송식까지 베풀었다. 안근생은 톈진으로 갔다가 9월 16일 베이징으로 갔는데, 다시 9월 20일을 전후로 하여 만주를 향하여 떠나 펑톈奉天을 거쳐 다롄大連에 도착하였다. 여기에서 그가 행해야 할 임무는 폭탄재료 매입과 산둥山東에 있는 동지들과의 연락이었다. 안근생이 상하이에 없는 동안은 신한申韓이 그 사무를 대리하여 마츠모토 사부로와 김성도와의 협의를 진행하였다.

한편, 9월 15일 오전 1시 신한, 김염 등 40여 명은 서울 한성정부로부터 파견되어 온 이승은 환영회를 프랑스 조계 밍더明德리에서 개최하여 한성정부[149]의 보고를 들었다. 이후 중요한 인물만 남

148) 자료에 따라 9월 3일로 기록하기도 하였다.

149) 한성정부는 1919년 4월 서울에서 조직된 임시정부이다. 4월 중순 안상덕, 현석칠玄錫七 등의 발기로 13도 대표가 모여 국민대회를 개최하여 임시정부를 수립하기로 협의하였으며, 현석칠, 안상덕, 김사국金思國, 장채극張彩極, 김옥결金玉玦 등의

아서, 암살단 30여 명을 조직한 뒤 국내로 보내 암살의 목적을 달성하기로 결의를 하였다. 이 암살단은 9월 16일과 17일 양일간에 육로로 서울로 출발하였다.[150] 하지만 이들이 실제로 테러를 단행했는지의 여부는 알 수 없다.

쑨원과의 연계 아래서 테러활동은 그 이후에도 계속되었다. 쑨원은 광둥廣東에서 중한협회中韓協會[151]가 성립된 이후 신규식 등에게

그 준비를 맡았다. 4월 23일 봉춘관에서 '국민대회國民大會'가 개최되어, 임시정부 선포문과 국민대회 취지서, 결의사항, 각원 명단과 파리강화회의 대표, 그리고 6개조로 된 약법約法과 임시정부령 제1·2호가 발표되었다. 집정관총재執政官總裁 이승만李承晩, 국무총리총재 이동휘李東輝, 외무부총장 박용만朴容萬, 내무부총장 이동녕李東寧, 군무부총장 노백린盧伯麟, 재무부총장 이시영李始榮, 재무부차장 한남수韓南洙, 법무부총장 신규식申圭植, 학무부총장 김규식金奎植, 교통부총장 문창범文昌範, 노동국총판 안창호安昌浩, 참모부총장 류동열柳東說, 참모부차장 이세영李世永, 그리고 파리강화회의 대표로 이승만·민찬호閔瓚鎬·안창호·박용만·이동휘·김규식·노백린 등이 선임되었다.

150) 이상 김성도와 안근생 등의 활동은 〈電報〉(1919年 8月 27日, 佐藤少佐) ; 〈電報〉(1919年 9月 10日, 佐藤少佐) ; 〈電報〉(1919年 9月 19日, 佐藤少佐) ; 〈上海方面における獨立運動の動向報告の件(6)〉(《朝鮮獨立運動》 2, 49쪽) ; 〈上海方面における獨立運動の動向報告の件(7)(《朝鮮獨立運動》 2, 50쪽) ; 〈朝鮮人過激主義者安銀生に關する件〉 ; 〈不逞朝鮮人의 행동에 관한 건〉 ; 《한국독립운동사 자료》 3 ; 〈鮮內一般의 情況〉(《韓國民族運動史料》 三一運動篇 其二) 등을 종합한 것임. 이들 자료에는 김성도·안근생 등을 '과격파'로 서술하고 있는데, 과격파는 아나키스트를 지칭하였던 것으로 보인다. 그것은 당시 중국에는 볼셰비키가 거의 없었기 때문이다. 안근생 등이 쑨원과 관계를 맺고 있었던 사실로 보아, 이들은 중한협회에 관계했을 가능성이 높다. 이들이 중한협회에 관계했다고 하면, 이들이 아나키스트일 가능성은 더욱 높다. 그것은 중한협회에 관여하였던 자들 가운데 상당수는 아나키스트였던 것으로 보이기 때문이다.

151) 중한협회는 광동정부 외교부 총무사장總務司長 주넨쭈朱念祖를 비롯한 셰잉보謝英伯·가오첸샤오高振宵·장치룽張啓榮·왕자오밍汪兆銘·팅샹치엔丁象謙 등 중국인과, 김단정金檀庭·김희작金熙綽·박화우朴化祐·손사민孫士敏 등 한국인 70여 명이 발기하였다.[〈廣東における中韓協會組織の件〉(《朝鮮獨立運動》 2, 468쪽)] "한중韓中 양국의 상조제휴相助提携, 공상부조共相扶助"를 목표로 1921년 9월 27일 광동도서관내에서 결성되었는데, 창립대회에서는 광동대원수부廣東大元帥府 사법부장司法部長 예샤성葉夏聲이 임시의장에 추대되어 개회사를 낭독하였으며, 당일 출석자 중 주요한 자는 중국인 측으로는 예샤성·팅샹첸·퉁위칭董餘慶·셰잉보·저우치첸周之貞·장치룽·황비훈黃璧魂·탕모唐某 등이 있었으며, 한국인 측으로는 김기제金奇濟·김단정·이우면李愚眠·임근林勤·손사민·박화우·김희작 등이 있었다.[〈廣東における中韓協會發會の件〉(《朝鮮獨立運動》 2, 474쪽) ; 〈中韓協會宣言書〉 등을 종합]. 〈中韓協會宣言書〉는 20세기의 세계는 군群의 세계이고, 군群의 진화는 호조에 의해 이루어진다고 하여, 상호부조론적 입장을 표명하였다. 아나키즘을 선전하는 내용을 담고 있는《光明》의 필자들이 거의 중국인인 것은 사실이나, 중한협회에 참가한 한국인들도 이들의 논조에 공감하였을 것이다. 따라서 중한협회 내 한국인들 가운데

100여 명으로 암살대를 조직할 것을 명했으며, 필리핀 기술자 한 명을 초빙해서 작탄炸彈을 만들고 사용하는 방법을 가르쳤다. 재중국 한국인 사회주의자들은 이 암살대에도 참가하여 테러활동을 전개하였다. 암살대는 대원이 모두 140여 명이었으며, 후베이湖北에 네 조, 바오딩保定에 두 조, 베이징에 두 조, 톈진天津에 한 조가 각각 파견될 예정이었다. 각 조組는 중국인 한 명, 한국인 세 명으로 이루어져 있었다.[152] 쑨원이 아나키즘적 경향을 띠고 있던 중한협회를 기반으로 하여 암살대를 조직하였으므로, 암살대에 참가하였던 한국인들 중 상당수는 아나키스트였던 것으로 추측된다. 하지만 암살대의 실제 활동에 대해서는 전혀 알려진 바가 없다.

재중국 한국인 아나키스트들의 테러활동은 1919년 의열단이 결성되면서 더욱 활발하게 전개되었다. 의열단은 1919년 11월 10일 지린吉林에서 결성되었는데, 그 창립회원은 강세우, 곽경(곽재기), 김상윤, 김원봉, 배동선, 서상락, 신철휴, 윤세주, 이성우, 이종암, 한봉근, 한봉인 외 한 명이었다.[153] 그 후 베이징으로 근거지를 옮겼으며, 구국모험단이 소멸된 이후 상하이에까지 세력을 뻗쳤다.[154] 1920년대 초의 의열단은 아나키즘을 지도이념으로 하고 테러를 민족해방운동의 주요한 수단으로 삼았다. 김성숙은 의열단의 기본이념을 아나키즘으로 규정하였으며(김학준 편집해설 · 이정식면담, 1988, 77쪽), 장지락도 자신이 아나키스트 집단에 들어간 뒤에야 의열단의 서클생활에 참가할 수 있었다고 하면서, 의열단은 아나키즘

상당수가 아나키스트라고 해도 무방할 것이다.

152) 〈職部諜報員이 참모본부에 보내는 報告(中華民國10年 12月 9日收)〉(楊昭全 等編, 1987b, 1480쪽)

153) 박태원, 1947, 26쪽과 류자명, 1983, 64쪽에 따르면, 의열단 창립회원은 황상규黃尙奎 · 곽경郭敬 · 김약산金若山 · 윤석주尹石胄 · 한봉근韓逢根 · 박재혁朴在爀 등 12명이다.

154) 〈義烈團ニ關スル調査〉(《外務特殊文書》 25, 262쪽)

이데올로기에 지배되었다고 회고하였다.[155)]

의열단은 아나키즘적 입장에서, 혁명을 달성할 수 있는 유일한 무기는 폭력이며, 파괴가 곧 건설이라는 단시團是를 채택하고, 혁명을 달성하는 방법으로 끊이지 않는 폭력, 파괴, 암살, 폭동 등을 취하였다. 고유의 한국을 건설하기 위해서는 반드시 식민통치를 파괴해야 하고, 한국 민족이 자유민중이 되기 위해서는 총독과 같은 특권계급을 타파해야 하며, 민중은 소수 귀족의 속박 · 철쇄로부터 해방되어야 한다는 것이다. 이 목적을 관철하는 방법으로 총독과 소속 관공리, 한국 귀족과 문화정치에 공명하는 신사 · 부호, 파괴사업을 방해하는 밀정 등에 대한 암살과 일체의 시설물 파괴를 채택하였으며, 폭탄을 사용하여 국내를 일거에 동란에 빠뜨리고, 이를 통해 민족의식을 각성시켜 민족혁명을 기하고, 지배계급의 억압으로부터 민중을 해방시키고자 하였다.[156)]

의열단은 1920년 3월 곽재기郭在驥 등 16명에 의한 조선총독부 파괴를 기도한 밀양폭탄사건, 1920년 9월 박재혁朴載赫에 의한 부산경찰서 투탄投彈 사건, 1920년 11월 최수봉崔壽鳳에 의한 밀양경찰서 투탄 사건, 1921년 9월 김익상金益相에 의한 조선총독부 투탄 사건, 1922년 3월 김익상 · 오성륜 · 이종암 등에 의한 일본군 대장 다나카 기이치田中義一 저격사건 등을 연이어 일으켰다. 당시 상당수의 재중국 한국인 아나키스트들은 의열단에 들어가서 테러활동에 종사하였다. 장지락은 테러활동이 활발하게 펼쳐진 이 시기를 한국인 아나키스트 운동의 전성기로 표현하였다.(김산 · 님 웨일즈, 1999, 103쪽)

1920년대 초 한국인 아나키스트들의 테러활동은 테러적 직접행

155) 김산 · 님 웨일즈, 1999, 103~105쪽. 장지락은 상하이에 머물던 시기(1920년~1921년 10월)에는 자신도 아나키스트였다고 회고하였다.

156) 京畿道 編, 〈義烈團爆彈事件檢擧ニ關スル件〉(《일제하 사회운동사 자료총서》 4, 319~321쪽); 〈義烈團陰謀事件檢擧〉(《外務特殊文書》 25, 23쪽) ; 〈義烈團ニ關スル調査〉(《外務特殊文書》 25, 263쪽) 등을 종합

동론에 연결되어 있었지만, 체계적인 논리를 갖춘 것은 아니었다. 단지 민족해방운동이 고양되어 가는 상황 속에서 매국노나 일본제국주의자 그리고 일제의 식민 기관을 암살·파괴함으로써 나라를 잃은 울분을 풀기 위해서이거나, 테러행위를 계속하면 일제가 물러갈 것이라는 소박한 생각에서 테러를 행하였을 뿐이다. 초기 의열단의 주지主旨도 아일랜드가 암살로써 독립이라는 목적을 달성한 것을 귀감으로 한다고 하였는데, 공포주의를 항시 지속하여 일본정부로 하여금 분주하게 하여 지치게 만들면 결국 한국의 독립을 인정하게 될 것이라는 것이다.[157] 의열단원들은 "적의 군주 이하 대관을 모조리 살해하고 일체의 시설을 파괴해버리면 우리 민족의 애국심에는 저절로 불이 붙어 배일·항일의 기세는 오를 것이다. 그러니 우선 총독으로 오는 녀석을 대여섯만 계속해서 거꾸러뜨리자. 그러면 총독으로 오겠다는 녀석이 없을 것이요, 도쿄東京에다 진천震天의 대폭력으로 위력을 보이자. 그러기를 몇 해만 계속하면 자진해서 조선을 내어놓을 것이다. 이런 방법밖에는 우리에게 독립의 길을 열어줄 것은 아무 것도 없다"고 생각했다.(이종범, 1970, 64쪽) 이처럼 1920년대 초 한국인들이 행한 테러의 상당수는 개인적이고 감상적인 차원에서 이루어졌다.

3) 선전·조직활동

신채호는 아나키즘을 자신의 사상으로 세워 나가면서 《신대한》을 통해 아나키즘을 선전하였다. 《신대한》에는 독립운동 관계 기사, 소련과 시베리아 사정을 알려 주는 기사, 국내 및 세계 소식 등이 실려 있으며, 논설로는 〈외교문제에 대하여〉(2호), 〈원흉 데라우

157) 〈北京在住鮮人の最近狀況報告の件〉(《朝鮮人에 대한 施政關係雜件 一般의 部》 2, 12쪽)

《신대한》

치 마사다케寺內正毅의 죽음〉(제3호), 〈여론을 제조할 일〉(17호), 〈신구新舊 인물의 대사代謝〉(18호) 등이 확인된다. 신채호는 〈신대한 창간사〉를 통하여 최근세의 계급전쟁은 노동 · 자본 양 계급의 전쟁이고, 자본주의의 발전에 따라 노동자와 소자본가는 망할 수밖에 없다고 하면서, 한국인의 이상세계는 빈부평균이어야 한다고 주장하였다. 이어서 자치운동과 참정권운동, 외교독립론을 비판하고, "다만 대의로써 동포를 적극 격려奮勵하여 '제일, 독립을 못하거든 차라리 죽으리라는 결심을 공고케 하며, 제이, 적에 대한 파괴의 반면反面이 곧 독립건설의 터이라'는 이해를 명확하게 하여, 이상의 국가보다 먼저 이상의 독립군을 제조"할 목적으로 창간하게 되었다는 취지를 밝혔다.[158] 이 창간사는 아나키즘 세계관에 입각하여 계급투쟁으로 자본주의 사회의 모순을 극복하고 빈부의 차이가 없는 평등한 이상세계를 건설할 것을 주장하고 있고, '파괴가 곧 건설'이라는 바쿠닌의 주장에 근거하여 일제를 파괴하는 것이 곧 한국의 독립을 건설하는 것이라 주장하였다. 그리고 아나키즘 국가관에 입각하여, 국가보다는 독립군을 조직하는 것이 급선무임을 밝혔다.

158) 〈신대한창간사〉, 《신대한》 창간호(1919. 10. 28)[日本外務省外交史料館 소장 마이크로 필름. 분류기호 M/T4-3-2-2-1-1]. '파괴가 곧 건설'이라는 논리가 그대로 관철되어 있는 1923년 1월의 〈조선혁명선언〉을 보고 조완구가 그 자리에서 신채호를 그 필자로 지목하였는데(류자명, 1983, 79쪽), 이것은 신채호가 그 전부터 '파괴가 곧 건설'이라는 논리를 펴고 있었다는 것과, 〈신대한창간사〉의 필자가 신채호라는 것을 말해 준다.

신채호는 《신대한》에 이어 1921년 1월 《천고》를 창간하여 아나키즘을 선전하였다. 《천고》는 베이징[159]에서 신채호, 김창숙, 한영복韓永福, 박숭병朴崇秉, 이회영 등에 의해 창간되었지만, 3호까지 발간되고 중지되었다.[160] 《천고》는 국가주의와 제국주의를 부정하고 세계대동 실현을 주장하면서, 사회운영원리로서 상호부조론을 내세웠다. 즉 아나키즘에 입각한 세계질서를 수립해야 하며, 그 속에서 한국 민족의 해방을 추구해야 한다는 것이다. 신채호는 《천고》의 〈창간사〉에서 일제의 죄악상을 하나하나 열거한 뒤, 《천고》를 발행하는 뜻을 밝혔다. 이어 "안(국내—인용자)에서는 민기民氣가 날로 성장하여 암살폭동의 장거壯擧가 자주 보여 끊이지 않고, 밖에서는 세상의 기운이 날로 새로워져 약한 나라와 약한 민족의 자립운동이 속출하여 그치지 않고 있다"고 하면서, "도구刀鉤가 되고 창포槍炮가 되어 구분寇氛을 소탕"하고 "작탄비수炸彈匕首가 되어 적을 놀라게" 해야 한다고 하였다.[161]

한국인 아나키스트들이 관계한 아나키즘 선전 잡지로는 《신대한》, 《천고》 말고도 《광명光明》이 있었다. 《광명》은 1921년 12월 1일 중한협회中韓協會가 창간한 잡지이다.[162] 《광명》 창간호에 실린

159) 《천고》에는 발행 지역이 상하이로 표기되어 있으나, 이는 일제 경찰의 눈을 피하기 위해서였던 것으로 사료된다.

160) 《北京天津附近在住朝鮮人ノ狀況報告書進達ノ件》; 김창숙, 〈자서전〉(心山思想硏究會 편, 1985, 220쪽) 등을 종합. 《천고》 창간에 관여한 인물과 발행호수는 자료에 따라 다르게 나타난다. 《기려수필》(258쪽)에는 신채호, 김창숙, 김정묵金正默, 박순병朴純秉 등이 《천고》 창간에 참가하였던 것으로 기록되어 있으며, 《단주 유림 자료집》, 262쪽과 《한국아나키즘운동사》(265쪽)에는 신채호, 김창숙, 남형우, 김정묵, 유림 등이 《천고》 발행에 관계한 것으로 기록되어 있다. 그리고 《천고》가 7호까지 발행되었다는 주장도 있다. 하지만 이 자료들은 《천고》 발행에 직접 참가한 사람들의 손에 작성된 것이 아니어서 취하지 않는다. 그것은 당시에 작성된 일본 경찰의 정보보고서가 더욱 정확한 것으로 보이기 때문이다. 김창숙에 따르면, 신채호는 1920년 11월 무렵 베이징에서 박숭병과 함께 잡지 《천고》를 운영하고 있었다.

161) 편집인, 〈창간사〉, 《천고》 제1권 제1호. 심훈의 회고에 따르면 《천고》 창간사의 필자는 신채호이다.[심훈, 〈단재와 우당〉(《단재신채호 전집》 9, 56쪽)]

162) 배경한은 〈쑨원孫文과 상해한국임시정부〉(《동양사학연구》 56, 84쪽)에서 《광명》을 중한협회의 기관지라고 하였지만 확인되지 않는다. 하지만 《사민보四民報》의 "(광

〈발간사〉, 〈광명운동의 앞길〉, 〈중한中韓의 광명운동〉은 테러를 예찬하거나 상호부조론을 선전하였으며, 정치와, 권력교체에 불과할 뿐인 정치혁명을 부정하고 사회혁명을 추구할 것을 주장하였다. 그리고 〈한국의 친구에게 고한다〉는 정부를 강권조직으로 규정하고 그것을 타도할 것을 주장하였으며, 지핑志平은 〈직접행동〉에서 파업 · 파시罷市 · 항병抗兵 · 항세抗稅 등의 '직접행동'으로 자본가와 싸워 "'능력에 따른 노동과 필요에 따른 분배〔各盡所能各取所需〕'의 원칙에 따라 자유롭게 생산하고 자유롭게 소비"하는 진정한 공산주의 사회를 조성하자고 선전하였다.(《광명》 창간호)

재중국 한국인들은 아나키즘에 대한 연구활동도 펼쳤다. 이회영과 신채호는 민족해방운동에 관한 많은 의견을 나누었다. 이회영은 당시의 상해임시정부는 물론, 구미 여러 선진국의 정치형태나 정부를, 그리고 정치라는 그 자체에 관하여 연구 검토하고 있었는데, "여러 선진국의 현 정치제도를 그대로 답습모방하여 가지고는 자유 · 평등의 사회 즉, 정치 · 경제 · 사회 · 문화 등 인간생활 전반에 걸쳐서 자유롭고 평등한 사회가 실현될 수 없지 않겠는가?", "그들의 정치를 모방한다면 부자유와 불평등에 의해 불만 · 불평 · 억압이 생겨나는 저주스러운 현대사회의 결함을 새로이 독립할 우리나라에서도 반복하게 되지 않겠는가?" 등에 대해 신채호와 토론했다.(이정규, 1985, 76쪽) 나아가 1922년 12월 이을규, 이정규, 저우수런周樹人(루쉰魯迅, 베이징대 교수), 러시아 맹인 시인 바실리 예로센코, 대만인 판번량范本梁 등과 사상문제를 연구하기도 했다.[이회영의 "연보"(이정규, 1985, 209쪽)] 그리고 1923년에는 이을규와 이정규 등이 중국 아나키스트 친왕산秦望山(베이징대 학생) 등과 베이징세계어전문학교를 설립하기도 했다.(육영회 편, 1985b, 11쪽)

저우) 중한협회에서 현재 광명보光明報를 만들고 있다"[〈광저우사회의 이면관裏面觀(속)〉《사민보》 1921년 10월 15일자(배경한, 1996, 88쪽에서 재인용)]는 보도로 보아, 중한협회가 《광명》을 창간한 것은 확실한 것 같다.

3·1운동 이후 활발하게 펼쳐진 아나키스트 운동을 기반으로 하여 재중국 한국인 아나키스트들은 아나키스트 단체 결성을 시도했다. 먼저 재중국 한국인 아나키스트들은 중국인과 연합하여 아나키스트 단체를 조직했다. 상하이에 있던 한국인 아나키스트들이 러시아인·중국인과 함께 1920년 봄에 조직한 삼이협회三二協會가 그것이다. 삼이협회의 삼三은 무정부·무종교·무가정의 삼무三無를 의미하고, 이二는 "자기의 장점(長處)과 본능에 실근實近"함을 의미한다고 하였다. 이 단체는 아나키즘 선전작업을 전개하기 위하여, 러시아인을 일본 도쿄에 파견하여 《크로포트킨》이라는 제목의 아나키즘 선전책자를 중국인 및 한국인 노동자 단체에 배포하였다. 그리고 상해임시정부의 이동휘 및 문창범 등과 서로 연락을 취하였다.(《매일신보》 1920년 11월 8일자)

재중국 한국인 아나키스트들은 중국 사회주의 단체 결성에도 참가하였다. 베이징대 학생이던 김가봉金家鳳은 리다자오가 베이징대 도서관 주임으로 재직할 때 주재하던 토론회에 참가하여, 가오준유高君宇, 류런징劉仁靜, 허멍숑何孟雄, 후앙리쿠이黃日葵 등과 함께 사회주의에 관해 열렬히 토론하였다.[163] 이후 김가봉은 아나키스트들에 의하여 상하이로 파견되어 아나키즘 선전을 위해 노력하던 중, 중국 사회주의청년단社會主義青年團 창립에 관계하였다.

사회주의청년단은 1920년 4월 코민테른 극동국極東局에 의해 한국인 안모(安秉瓚?-인용자)와 함께 상하이에 파견된[164] 보이친스키(維丁司克, 維經斯基, 우진스키)가 중국에서 공산주의를 선전하고 공산당

163) 張次溪, 1951《李大釗先生傳》, 宣文書店(楊昭全 等編, 1987b, 1481쪽)

164) 보이친스키의 파견 시기에 대해서는 자료마다 다르게 나타난다. 즉 〈在上海共産黨首領呂運亨取調狀況ニ關スル件〉(《外務特殊文書》 28, 462쪽)에는 1919년 여름에 상하이로 파견된 것으로, 仿魯의 〈社會主義青年團之産生〉(楊昭全 等編, 1987b, 1482쪽)에는 1920년 5월에 중국으로 파견된 것으로 기록되어 있다. 그러나 《維經斯基在中國的有關資料》(460~461쪽)에는 중국의 혁명조직과의 관계 확립이라는 사명을 가지고 1920년 4월에 베이징에 파견되었다가, 다시 상하이로 간 것으로 서술되어 있다. 이 연구에서는 《維經斯基在中國的有關資料》를 따른다.

[165]을 조직할 목적으로 천두슈陳獨秀와 협의하여 결성한 공산당 소조이다. 결성에 참가한 중국인은 위안젠잉袁振英, 시쿤통施存統, 천슈안루沈玄廬, 천왕다오陳望道, 리한준李漢俊, 유슈송俞秀松, 시에텐디叶天低 등이었고, 한국인으로는 김가봉, 백극柏克, 안모安某(안병찬?-인용자) 등이 참가하였다.[166] 사회주의청년단에는 아나키스트를 비롯한 여러 조류의 사회주의자가 참가하였으며, 간부 중에는 공산주의자가 아닌 자도 있었다. 김가봉은 위안젠잉, 시쿤통, 유슈송, 시에텐디 등과 함께 사회주의청년단 단무團務를 주재하였으며, 천두슈, 장송니안張松年, 위안젠잉, 시쿤통, 천슈안루, 유슈송, 양밍쟈이楊明齋 등과 함께 《공산당》 발간주비위원을 맡았다.[167]

1921년 상하이에 있던 일부 한국인 아나키스트들은 동양선전본부를 중심으로 활동하고 있었다. 이들은 아나키즘을 선전하기 위하여 상하이와 일본을 배편으로 여러 차례 왕래하다가, 하관下關경찰서에 검거되고 말았다.(《조선일보》 1921년 6월 17일자)

1921년에는 재중국 한국인 아나키스트들의 독자적 조직도 결성되었다. 즉 신채호가 1921년 베이징에서 흑색청년동맹 북경지부를 조직한 것이다.(김산 · 님 웨일즈, 1999, 104쪽) 흑색청년동맹 북경지부 설치로 중국에서 한국인의 독자적이고 조직적인 아나키스트 운동이 가능해졌다. 흑색청년동맹은 1924년까지 존재하였다고 하지만, 그 활동에 대해서는 알려진 바가 전혀 없다.

---

165) 중국공산당은 1921년 7월 1일 상하이에서 정식으로 성립되었다.

166) 陳東曉 編, 《陳獨秀評論》, 1933, 北平東亞書局(楊昭全 等編, 1987b, 1483쪽)

167) 仿魯, 〈社會主義青年團之產生〉(楊昭全 等編, 1987b, 1482~1483쪽) ; 袁振英, 1980, 472쪽 등을 종합

4) 공산주의와 분화

1920년대 초는 장지락이 한국인 아나키스트들의 전성기라 칭할 만큼 아나키즘이 재중국 한국인 사회주의계의 주류를 형성한 시기였다. 그러한 가운데 공산주의도 재중국 한국인 사이에서 수용되기 시작했다. 공산주의는 재러시아 한국인들에 의해 먼저 수용되었다. 재러시아 한국인들은 1910년대 중후반부터 공산주의를 수용하고 러시아 공산주의자와 함께 활동하였다. 러시아 2월혁명 이후 제1차 세계대전에 출전했던 동포들을 중심으로 러시아인을 표방하면서 노병회勞兵會(회장 김기룡)를 조직하고 전아혁명당全俄革命黨과 보조를 같이하였다.[168] 김쓰딴께비치는 러시아공산당에 가입하였으며,[169] 수천 명의 한국인이 10월혁명에 참가하였다.(김산 · 님 웨일즈, 조우화 역, 1999, 96쪽) 1918년 4월에는 이동휘李東輝를 중심으로 하여 한국인 최초의 공산주의조직인 한인사회당이 창립되었다.[170] 이동휘는 연해주를 중심으로 공산주의 활동을 전개하다가, 1919년 대한민국임시정부 국무총리에 취임하기 위해 중국 상하이로 갔다. 이동휘 일파는 1919년 9월경 재상해在上海 한인사회당을 조직하고 공산주의 선전작업을 전개하였으며, 보이친스키의 지원으로 여운형 등을 포섭한 뒤, 1920년 9월 초 당대표회의를 개최하여 한인사회당을 한인공산당으로 확대 · 개편하였다.[171] 이후 공산주의

168) 뒤바보, 〈俄領實記〉. 전아혁명당은 전러시아사회민주노동당을 지칭하는 것으로 사료된다.

169) HMHM, 〈조선의 여류 주의자, 고 김金쓰딴께비츠여사 약전〉. 김쓰딴께비츠(스딴께비치)는 우랄산 학생단 사건을 해결하고자 1917년 페트로그라드로 가서 케렌스키 정부와 담판을 하였는데, 그 과정에서 러시아공산당에 가입하였다.

170) 재러시아 한국인 공산주의자들의 사상과 활동에 대해서는 반병률의 《성재 이동휘 일대기》, 임경석의 《한국 사회주의의 기원》, 마뜨베이 찌모피예비치 김의 《일제하 극동시베리아의 한인 사회주의자들》 등을 참조할 것.

171) 반병률, 1998, 265쪽. 〈여운형조서(1)〉에는 이동휘 등이 1920년 봄 상하이에서 공산주의자그룹을 조직한 것으로 되어 있다.(김준엽 · 김창순 편, 1979, 277쪽)

선전작업을 본격적으로 전개하는 한편, 민족주의자들을 포섭하기 시작했다. 그리하여 대한민국임시정부원과 그 관계자인 조완구趙琬九, 조동호趙東祜, 최창식崔昌植, 양헌梁憲, 선우혁鮮于爀, 윤기섭尹琦燮, 김두봉金枓奉 등이 여운형을 통해 한인공산당에 입당하였다.[172] 한인공산당은 1921년 5월 고려공산당으로 확대·개편되었다. 고려공산당은 강령을 통해 프롤레타리아의 권력 장악을 공포하고 민족해방이 사회혁명의 전제임을 분명히 밝혔다.[173] 여운형을 중심으로 《공산주의와 무정부주의 및 의회파의 비교》, 《직접행동》(영국인 저), 《공산주의》(부하린 저), 《공산당선언》(마르크스 저) 등을 번역하였으며, 양헌梁憲이 이를 만주와 한국에 배포했다.[174] 이러한 과정을 거치면서 공산주의가 하나의 세력을 형성하게 되었고, 재중국 한국인 사회주의계는 아나키스트계와 공산주의계로 나뉘기 시작했다.

상당수의 재중국 한국인 공산주의자들은 아나키스트들과 접촉하거나 그들과 함께 의열단에서 활동하였다. 하지만 다나카 기이치 저격사건에서 서양인 여자가 희생당하면서 테러활동에 대한 비판이 국제적으로 제기되었다. 그리고 1921년 9월 부산 부두노동자 5,000여 명의 총파업, 1922년 11월 서울 시내 인력거들의 동

172) 〈呂運亨公判調書〉(김준엽·김창순 편, 1979, 277쪽) ; 〈在上海共産黨首領呂運亨取調狀況ニ關スル件〉(《外務特殊文書》 28, 462~463쪽) ; 송상도, 1955 등을 종합. 위의 자료들에는 신채호·안병찬安秉瓚·이춘숙李春塾 등도 여운형과 함께 한인공산당 내지 고려공산당에 가입한 것으로 기록되어 있으나, 이는 사실과 다르다. 이들은 여운형보다 먼저 공산주의에 접하였으며, 그들이 가입한 것은 그 전신인 한인사회당이었던 것으로 사료된다.

173) 고려공산당(上海派) 강령의 개요는 1. 사유적私有的 생산방식과 자유경쟁을 혁폐하고 집중공영集中共榮의 생산분배 방식으로 대체할 것. 생산기관·교통운수기관·일용필수에 관한 기관·토지·광산·삼림을 공유공영公有共榮으로 할 것, 2. 무료국민교육제를 실행할 것, 3. 노동을 의무화할 것, 4. 여성을 해방할 것, 5. 자본계급의 사유물건을 몰수할 것 등이다. 그리고 당장 해결해야 할 강목으로 ㄱ. 민족해방문제 ㄴ. 국민교양문제 ㄷ. 종교문제 등을 들었다.[朝鮮總督府警務局 編, 《大正11年 朝鮮治安狀況》 其の二國外(《外務特殊文書》 4, 401~406쪽)]

174) 朝鮮總督府警務局 編, 《大正11年 朝鮮治安狀況》 其の二國外(《外務特殊文書》 4, 454쪽) ; 송상도, 1955 등을 종합

맹파업 등이 전개되는 등 국내에서 대규모의 대중운동이 흥기하면서,[175] 아나키스트들의 방법론인 테러리즘에 대해 비판이 가해졌다. 이에 반해 공산주의는 점차 부각되기 시작하였다.[176]

1920년대 초 베이징에 있던 한국인 학생들은 민족주의자가 통제하는 조선학생회와 공산주의자가 지도하는 한인학생동맹으로 나뉘었는데, 이 두 단체는 민족해방운동의 수단으로서의 테러활동을 둘러싸고 논쟁을 벌였다. 조선학생회는 테러활동을 민족해방운동의 주요한 수단으로 설정하였고, 이에 반해 한인학생동맹은 코민테른의 테러리즘 반대 방침에 따라 테러활동에 반대하였다. 이들은 일곱 개나 되는 각종 잡지를 발행하여 자신들의 이론과 전술의 정당성을 주장하였다.(김산 · 님 웨일즈, 1999, 120~121쪽)

테러에 대한 공산주의자들의 비판에 대응하여 아나키스트들은 테러활동을 이론적으로 체계화하고자 하였다. 그 작업은 의열단장 김원봉의 부탁으로 신채호가 맡았다. 신채호는 〈조선혁명선언〉을 통해 민중직접혁명론 즉 민중의 직접행동에 의한 사회혁명론을 제기하고, 그 방법론으로 테러적 직접행동론을 제시하였다. 즉 한국 민족이 일제의 식민지배로부터 해방되는 길은 민중직접혁명밖에 없으며, 혁명을 완수하기 위해서는 민중이 각성되어야 하고, 민중을 각성시키는 가장 유효한 방법은 바로 테러적 직접행동이라는 것이었다. 신채호의 〈조선혁명선언〉을 통해서 테러활동은 한국인의 민족해방운동의 주요한 수단 중의 하나로 규정되었다.

---

175) 노동자들의 투쟁은 1918년부터 매우 활발하게 전개되기 시작하였다. 즉 1917년의 8건에서 1918년 50건, 1919년 84건, 1920년 81건, 1921년 36건으로 급증하였다.(《治安狀況-昭和8年》, 143쪽)

176) 장지락張志樂은 "한국 자체의 대중운동이 상당한 수준까지 솟구쳐" 올라 "1924년이 되면 대중운동이 공산주의 이데올로기로 기울어졌"으며, "대중운동의 발전은 의열단원들에게 커다란 자극을 주었"고, "마르크스주의의 정당성을 새로이 증명해주었"으며, "개인적인 테러리즘은 더 이상 필요가 없게 되었다"고 하면서(김산 · 님 웨일즈, 1999, 104~105쪽), 대중운동의 흥기를 의열단이 민족주의자 · 아나키스트 · 공산주의자로 분열된 원인으로 들었다. 여기서 대중투쟁이 고양되면서 테러활동이 비판받기 시작했다는 것을 알 수 있다.

하지만 테러에 대한 논쟁은 더욱 확대되었다. 1920년대 초 아나키즘을 지도사상으로 하면서 테러활동으로 민족해방운동을 주도하고 있던 의열단 내에서도 민족해방운동 방법론을 둘러싼 논쟁이 벌어졌다. 공산주의가 널리 보급되면서 공산주의자들이 의열단에 침투하였고, 의열단원 가운데서도 공산주의를 수용하는 자들이 출현하였다. 공산주의자들은 테러에 반대하는 코민테른의 방침에 따라 테러활동을 모험주의적이고 파괴적이며 소모적이라고 비판하고, 노동자·농민 대중에 기반을 둔 민족해방운동을 펼칠 것을 주장하였다.

결국 민족주의자와 공산주의자, 아나키스트와 공산주의자 사이의 논쟁이 점차 가열화되면서 아나키즘의 지도 아래 있던 의열단도 1924년 이후 민족주의자·아나키스트·공산주의자로 분열되었다. 의열단이 분열되면서 윤자영은 의열단에서 탈퇴하고 현정건玄鼎健(玄正根), 김상덕金尙德, 조덕진[177] 등과 함께 1924년 4월 상하이에서 청년동맹회를 결성하였다. 청년동맹회는 한국 청년들에게 혁명적 정신을 고취하는 것을 목적으로 하였다. 청년동맹회는 1924년 10월 4일 총회를 개최하여 새로이 규장規章을 제정하고 선언서를 발표하여 대중에 근거를 둔 투쟁의 필요성을 제기하고, 테러의 비대중성·무모성을 지적하였다.[178] 즉 공산주의자들은 의열단의 테러활동을 "암살과 파괴를 독립운동의 유일한 방법으로 하여, 적 괴수를 암살하고, 적의 시설을 파괴하여, 강도 일본을 축출"하고자 하는 개인적 공포주의 만능론으로 규정하고, "현재 한국의 운동은 그 파괴의 목적물은 개인 또는 건물에 있지 않고, 정치상 경제상 기타 각 방면의 현상제도, 조직, 그 이민족의 통치권을 파괴하는 데 있다"

177) 자료에 따라서는 趙德律로 표기하기도 하나, 류자명은 趙德津으로 기록하고 있다(류자명, 《한 혁명자의 회억록》, 130쪽).

178) 在上海領事館 編, 《朝鮮民族運動未定稿 第三(1923. 3~1926. 12)》(《外務特殊文書》 25, 499·624쪽) ; 〈在外 不逞鮮人 概況〉(《독립운동사 자료집》 9, 700쪽) 등을 종합

고 하면서,[179] 테러투쟁의 오류를 지적하였다.

의열단에서는 즉각 이에 반대하는 성명을 발표하였으나,[180] 의열단 안에서도 공산주의자들의 주장에 동조하는 자들이 점차 커다란 세력을 형성해 나갔다. 결국 의열단은 공산주의를 지도이념으로 채택하고 공산주의에 입각한 민족해방운동을 펼치기 시작하였다. 이리하여 재중국 한국인 공산주의자와 아나키스트들은 상대방을 비판하면서 독자적인 조직을 가지고 활동을 전개하였다. 이후 재중국 한국인 아나키스트들은 철저한 반공산주의적 입장을 견지하였다.

179) 〈선언〉(청년동맹회, 1924. 10)(《독립운동사 자료집》 9, 723~724쪽)

180) 在上海領事館,《朝鮮民族運動未定稿 第三(1923. 3 ~ 1926. 12)》(《外務特殊文書》 25, 499~500쪽)

Ⅱ. 1920년대 이후 아나키스트들의 민족해방운동

1920년대 초 사회주의계 분화 이후 사회주의운동은 공산주의자들의 주도 아래 전개되었지만, 아나키스트들도 공산주의자와 대립하면서 아나키즘을 바탕으로 독자적인 민족해방운동을 전개하였다. 일제강점기 한국인 아나키스트들에게는 민족해방운동 자체가 곧 아나키스트 운동이었다. 즉 일제강점기 한국인에게 최대의 강권은 바로 식민지 권력이었고, 아나키스트 사회를 건설하기 위해서는 우선 일제의 식민지 권력을 타도해야 했던 것이다. 하지만 한국인 아나키스트들은 새로운 독립국가 건설을 목표로 하지는 않았다. 그들에게 국가란 최고의 강권조직이기 때문이었다. 한국인 아나키스트들은 정치와 정치혁명에서 나아가 사회혁명을 완수해야만 진정한 민중해방을 이룰 수 있으며, 사회혁명은 지식인이나 전위조직의 지도가 아니라 민중의 직접행동에 의해 완수되어야 한다고 주장하였다.

일제강점기 한국인 아나키스트들이 수용한 아나키즘은 그 속에 개인적 아나키즘, 아나코코뮤니즘, 아나코생디칼리슴, 인도주의적 아나키즘 등 다양한 흐름들을 포괄하고 있었다. 하지만 생존경쟁론을 극복하는 과정에서 아나키즘이 수용되었던 탓에 상호부조론을 주요한 구성요소로 하는 아나코코뮤니즘이 주류를 이루었다. 국내나 일본에서는 아나코생디칼리슴도 수용되었다. 재중국 한국인 아나키스트들에게는 아나코생디칼리슴이 소개되기는 했지만,

수용은 거의 되지 않았다. 1920년대 이후 1930년대 전반까지의 한국인 아나키스트들의 민족해방운동은 선전활동, 테러활동, 노동운동, 혁명근거지 건설 등의 형태로 전개되었으며, 방법론으로 제시된 것은 테러적 직접행동론, 혁명근거지 건설론, 경제적 직접행동론 등이었다.

일제강점기 한국인 아나키스트들의 민족해방운동은 지역에 따라 약간 다른 모습으로 전개되었다. 즉 선전활동은 책자나 강연회 등을 통한 선전활동이나 테러활동의 형태로 모든 지역의 한국인 아나키스트들에 의해 전개되었다. 하지만 혁명근거지 건설을 위한 활동은 일제의 식민지권력이 미치지 않는 재중국 한국인 아나키스트들에 의해서만 전개되었으며, 노동운동은 주로 국내와 재일본 한국인 아나키스트들에 의해 전개되었다. 재중국 한국인 아나키스트들 사이에서는 노동운동이 거의 전개되지 않았는데, 그것은 중국에 한국인 노동자사회가 거의 형성되어 있지 않았기 때문인 것으로 보인다. 친일단체 박멸을 위한 활동은 주로 재일본 한국인 아나키스트들에 의해 전개되었다.

1. 국내

1) 책자나 강연회 등을 통한 선전활동과 조직활동

아나키스트들은 봉기, 폭동, 총파업 등의 민중의 직접행동에 의한 사회혁명을 주장하면서, 민중들로 하여금 직접행동에 나서게 하는 주된 수단으로 선전과 선동을 행하였다. 따라서 선전활동은 아나키스트 운동의 기본이라 할 수 있다. 국내 아나키스트들은 공산주의자와 결별한 이후 사상단체 등의 각종 단체를 결성하는 등 조직활동을 전개하는 한편, 아나키즘 선전활동을 전개했다.

1922년 무렵부터 향리에서 농민운동을 펼치던 이강하와 이윤희 등은 전국적인 아나키스트 운동조직의 필요성을 느끼고 조직작업에 나섰다.[1)] 그들은 1923년 1월 20일[2)] 신기창申基昌·김중한金重漢 등 8명 남짓과 함께 서울에서 모여 "현재 모순 많은 생활을 버리고 평생의 일거일동을 자유스럽게 참사람답게 일반이 이상하는 곳으로 가기를 실행하자"는 취지로 흑로회를 결성하고, 그 사무소를 서울 시내 의주통 1정목一町目 138번지(나중에 京城府 需昌洞 104로 이동)에 두었다. 그리고 흑로회는 선언을 발표하였는데, 그 선언의 골자는 다음과 같다.[3)]

1. 우리들은 철저하게 자아自我를 각覺하는 동시에 자아에 살고자 한다.
2. 우리들은 어디까지나 자유롭고, 우리들은 평생의 일거일동을 우리들의 이성과 감정으로 움직이고자 한다.
3. 우리들은 각자의 자유를 무시하고 개성의 자유발전을 저해하는 인공적 조직에는 어디까지라도 반항하고 전력을 다하여 파괴하고자 노력한다.
4. 우리들은 기아의 자유밖에 없는 자본주의 본위의 경제조직 하에서 경제 봉건노예를 면하고자 한다.
5. 우리들에게는 일정불변의 보통의 대법칙은 없고, 자유합의와 자유발의가 있을 뿐이다.

---

1) 자료에 따라서는 흑로회의 결성일자를 1922년 12월(〈自大正11年至昭和10年內地及朝鮮ニ於ケル社會運動等ノ概況對照(1)〉, 3쪽), 1923년 1월 상순(《現社會》 제3호) 혹은 2월 21일(《한국아나키즘운동사》, 189쪽) 등으로 기록하기도 하나, 본 연구는 《동아일보》의 기록을 따른다.

2) 三輪利三郎은 윤우열이 흑풍회청년당과 함께 흑로회도 조직하였다고 기록하였으나[三輪利三郎, 〈허무당선언서의 사건과 그 전모〉(지중세 역편, 1946, 16쪽)], 흑로회는 윤우열이 귀국하기 전인 1923년 1월에 결성되었다가 3월에 해체되었으므로 윤우열이 흑로회에 관계하였다고 하는 것은 잘못이다. 윤우열은 1923년 여름에 귀국하였다.

3) 《現社會》 제3호 ; 三輪利三郎, 〈허무당선언서의 사건과 그 전모〉(지중세 역편, 1946, 16쪽) ; 〈自大正11年至昭和10年內地及朝鮮ニ於ケル社會運動等ノ概況對照(1)〉, 3~4쪽 ; 《조선일보》 1923년 1월 26일자 ; 《동아일보》 1923년 1월 26일자 등을 종합

6. 우리들은 인간 파괴의 악성惡性인 생존경쟁에 반하여, 상호부조의 인간 사회를 향하여 돌진할 뿐이다.

위의 선언에 나타나 있듯이 흑로회는 개인의 자아를 가장 중시하는 개인적 아나키즘을 표방하고 있다. 흑로회가 결성될 당시 국내 아나키스트계는 아나코코뮤니즘이 주류를 이루고 있었다. 그것은 사회진화론 극복이라는 사상적 과제를 해결하는 과정에서 아나코코뮤니즘의 주요한 이론인 상호부조론을 중심으로 아나키즘을 수용한 데서 비롯한다. 일본에서 주류를 이루고 있던 아나코생디칼리슴은 당시 국내에서는 거의 받아들여지지 않았는데, 그것은 아직 산업화가 진전되지 못하였기 때문인 것으로 보인다. 아나코코뮤니즘이 주류를 이루고 있는 상황에서 흑로회가 개인적 아나키즘을 표방한 것은 사회주의가 분화되는 가운데 아나키스트들이 공산주의에 대해 커다란 반감을 가지고 있었기 때문인 것으로 보인다. 즉 집권적 조직과 강철같은 규율을 강조하는 공산주의에 반대하여 개인의 절대적 자유를 더욱 강조하였던 것이 아닌가 하는 것이다. 그리고 재일본 한국인 아나키스트들과의 교류[4]도 흑로회가 개인적 아나키즘적 경향을 띠게 되는 하나의 요인이었던 것으로 보인다. 그렇다고 해서 흑로회가 순전한 개인적 아나키스트 단체였던 것은 아니다. 흑로회는 개인적 아나키즘을 표방하였지만, 상호부조론을 사회운영원리로 규정하는 등 아나코코뮤니즘 또한 수용하고 있었다.

흑로회는 권태룡權泰龍, 정창섭鄭昌燮, 구태성具泰成, 이덕영李德榮, 김창근金昌根, 양희석梁熙錫 등을 회원으로 포섭하는 등 조직 확대를

4) 흑로회의 주요 구성원의 한 명인 이윤희는 일본에서 발행되던 아나키스트 잡지인《현사회》의 동인으로 활동하였다.(《현사회》 제3호)《현사회》는 박렬이 흑도회의 기관지《흑도》와《太い鮮人》에 이어 발행한 잡지이다. 1920년대 초 재일본 한국인 아나키스트들은 기본적으로 아나코코뮤니즘을 수용하고 있었지만, 허무주의적 아나키즘과 개인적 아나키즘도 수용하였다. 재일본 한국인 아나키스트들의 개인적 아나키즘적 경향은 흑도회의 〈선언〉에 잘 나타나 있다. 재일본 한국인 아나키스트들의 개인적 아나키즘적 경향에 대해서는 이호룡, 2001a, 136쪽을 참고할 것.

도모하는 한편, 아나키즘 선전활동을 전개하였다. 1923년 3월 24일 천도교 강당에서 민중연예대회와 강연회를 개최하여 아나키즘을 선전하고자 하였다. 하지만 강연회는 일제 경찰의 습격으로 중단되었다.[5] 이후 이강하가 향리로 돌아가고, 이윤희와 김중한 등이 일본으로 건너가는 등 흑로회의 중심 인물들은 뿔뿔이 흩어지고 말았다.[6]

흑로회와 비슷한 시기에 전진사前進社와 흑풍회청년당(윤우열)이 결성되어 활동하였다.[7] 하지만 이들 단체는 이름만 전해질 뿐 구체적인 활동에 대해서는 전해지는 바가 없다.

이 시기에 또 하나의 사건이 발생하여 세인의 이목을 집중시켰다. 즉 일본 아나키스트 오이시 다마키大石環가 아나키즘 선전활동을 하다 필화사건으로 구속된 것이다. 그는 평양 숭실대에 재직하면서 학생들에게 '일본역사'와 기타 과목을 가르쳤는데, 강의를 통해 학생들에게 아나키즘을 선전하였다. 그러다가 《평남매일신문》에 〈감상문〉을 게재한 것이 빌미가 되어 1923년 10월 29일 평양지방법원검사국에 검거되어 조사를 받고 3년 징역형을 언도받았다. 이 사건과 관련하여 11월 6일 최문식이 검거되기도 했다.[8]

흑로회가 해체된 이후 국내 아나키스트계는 침체되었다. 하지만 아나키즘에 대한 일반 대중의 관심은 높아졌다. 1923년에 가장 많이 팔린 서적이 사상연구 서적이었는데, 그 중에서도 특히 《크로포트킨의 연구》[9]가 《노농러시아》와 함께 가장 많이 팔렸다. 그리고

5) 《동아일보》 1923년 3월 8일 · 24일자 ; 《한국아나키즘운동사》, 400쪽 등을 종합

6) 김중한은 1923년 4월 29일 박렬을 만나러 도쿄로 갔으며, 그 때 박렬은 허무주의자가 되어 있었다.(《독립운동사 자료집》 11, 335쪽)

7) 栗原一男, 〈叛逆者傳(2)—洪鎭祐〉; 三輪利三郎, 〈허무당선언서의 사건과 그 전모〉(지중세 역편, 1946, 16쪽) 등을 종합

8) 《조선일보》 1923년 11월 4일 · 8일 · 27일 · 12월 3일 · 15일자 ; 《동아일보》 1923년 11월 4일 · 7일 · 27일 · 12월 5일 · 1924년 1월 23일자 등을 종합

9) 오스기 사카에大杉榮의 《クロポトキン研究》(1920, 現代思潮社)를 번역한 책으로 보

1923년 말경에는 《오스기 사카에大杉榮의 일생》이 많이 팔렸다.(《조선일보》 1923년 12월 25일자)

1923년 말 이후 재일본 한국인 아나키스트들이 귀국하면서 아나키스트 운동은 다시 활발한 움직임을 보이기 시작하였다. 일본에서 흑우회에 관계하였던 한국인 아나키스트들은 1923년 9월 박렬의 소위 '대역사건'[10] 이후 상당수가 귀국하였다. 신영우申榮雨, 방한상方漢相(黑田義),[11] 홍진유洪鎭裕(洪鎭祐),[12] 서상경, 서동성徐東星(赤波) 등이 그들이다. 이들은 귀국한 이후 흑기연맹과 진우연맹 결성을 주도하였다. 특히 흑기연맹은 흑우회의 후신으로 불릴[13] 정도로 일본에서 귀국한 아나키스트들이 그 결성에 지대한 역할을 하였다.

서상경·홍진유·신영우 등은 평소 오스기 사카에의 《정의를 구하는 마음》과 《크로포트킨 연구》, 오스기 사카에와 이토 노에伊藤野枝의 공저 《2인의 혁명가》, 가토 가즈오加藤一夫의 《민중예술론》 등

인다.

10) 박렬의 소위 '대역사건'이란 박렬 등 불령사 회원들이 일본 천황 암살을 모의하였던 사건을 지칭하는 것으로, 이에 대해서는 이호룡, 1997, 158~159쪽을 참조할 것.

11) 방한상(1900년 8월 23일 함양생)은 1923년 5월 일본 早稻田大를 중퇴하고 귀국하여 23세 때 家業인 한약상을 돕는 한편, 대구청년회 간부로 활동했다. 1924년 4월 서울로 올라가 북풍회·화요회 등의 공산주의자들과 접촉하면서 전국청년총동맹·전국노농총동맹 창립에 참가하였다. 하지만 대구로 내려가 1925년 9월 진우연맹 결성에 참가하는 등 아나키스트 운동을 전개했다.(방한상의 〈개인 및 단체 경력서〉(1966. 10) ;《한국아나키즘운동사》, 228쪽 ; 송상도, 1955, 352~353쪽 등을 종합)

12) 홍진유는 일본에서 흑우회·불령사 등에 가입하여 활동하던 도중 박렬의 소위 '대역사건'으로 구속되었다가 석방된 뒤 1924년 6월에 귀국하였다. 이후 대전에서 노농동지회에 참가하는 등 농민운동에 종사하다가 흑기연맹 결성에 참가하였다.[京畿道警察部 編, 《治安槪況》(1925年 5月)(《한국민족해방운동사자료총서》 2, 358쪽) ;《동아일보》 1925년 10월 28일자 등을 종합] 홍진유는 자료에 따라서 洪鎭祐, 洪鎭佑로도 기록하였으나, 이복원李復遠 외 8인의 판결문(1925年 刑公第846號 ;《일제하 사회운동사 자료총서》 12에 수록)에 洪鎭祐를 洪鎭裕로 수정한 흔적이 있어서 이 기록이 정확한 것으로 보고 이에 따른다.

13) 《自我聲》 創刊號(朴慶植 編, 1987, 204쪽) 참조

아나키즘 관련 서적과 잡지를 탐독하였다.[14] 이를 통해 이들은 인류는 모든 면에서 자유롭고 평등해야 하며, 자유평등한 인류로 조직된 사회가 아니면 완전한 사회라 할 수 없고, 정치적으로나 경제적으로 인류의 이 천부의 자유와 평등을 해치는 점이 있으면, 이것을 배척하여 파괴하지 않을 수 없다는 생각을 품게 되었다. 나아가 이들은 자신들의 아나키즘을 널리 선전 · 유포하여 자본주의와 권력주의로 성립한 불합리한 현대사회를 파괴하고자 하였으며, 기관지를 발행하여 아나키즘을 선전할 계획을 세웠다.[15]

서상경은 서천순徐千淳(徐哲) · 서정기徐廷夔 · 곽윤모郭允模(郭胤模, 郭撤) 등과 함께 1924년 12월 무렵부터 충북 충주지역과 서울을 중심으로 아나키스트들을 규합해 나갔다. 이들은 충주 서상경의 집에서 여러 차례 회합하면서 서울에서 아나키스트 단체를 조직하고 아나키즘을 연구 · 선전하는 것에 대해 협의하였다. 그리고 이를 위해 1925년 3월 하순 무렵 전후하여 서천순 · 서상경 · 곽윤모 등이 서울로 올라갔다. 이들은 서상경이 사무원으로 있던 수문사修文社(낙원동 284번지 소재)에서 이복원李復遠(李哲) · 홍진유 · 신영우 · 이창식李昌植 · 한병희韓昞熙 등과 여러 차례 회합을 가지면서 결사를 조직할 것을 모의하였다. 4월 21일[16]에 이르러 이복원 · 신영우 · 서상경 · 곽윤모 · 이창식 · 한병희(홍진유 · 서정기 · 서천순 등은 볼 일이 있어서 귀향하였던 관계로 불참) 외 3인이 낙원동에 있는 수문사에서 발기회를 개최하여, 결사의 명칭을 '흑기연맹'으로 하기로 결정하였다. 그리고

14) 京畿道警察部 編, 《治安概況》(1925年 5月)(《한국민족해방운동사자료총서》 2, 362쪽)

15) 《동아일보》 1925년 10월 28일자 ; 〈自大正11年至昭和10年內地及朝鮮ニ於ケル社會運動等ノ概況對照(4)〉, 69쪽 ; 이복원李復遠 외 8인의 판결문(1925年 刑公第846號)(《일제하 사회운동사 자료총서》 12, 518~529쪽) 등을 종합

16) 《동아일보》 1925년 4월 26일자와 《조선일보》 1925년 4월 26일자는 발기회가 4월 24일에 개최된 것으로 보도하였으나, 다른 자료들을 종합하면 4월 21일이 정확한 것으로 보인다. 《治安狀況-昭和8年》(209쪽)에는 흑기연맹의 결성일자가 1925년 11월로 기록되어 있으나, 이 또한 잘못으로 보인다.

自若한被告들의供述

事實審問

聽客

間島頭道溝에 怪常한殺人事件

治安妨害念慮로 公判傍聽禁止

美術

흑기연맹사건 재판 관련 사진. 재판정의 안과 밖

"오인吾人은 자유 평등을 유린한 일본 정치경제 조직을 근본부터 파괴한다"를 강령으로 제정하고, 〈우리의 주장〉이라는 제목의 취지서를 작성하였다.[17]

이들은 〈우리의 주장〉에서 "우리의 일은 우리가 하자"는 것이 자신들의 가장 견고한 신조라고 밝히면서, 진실로 자각한 개인의 자유 발의와 자유 결합이 건실한 사회를 형성한다고 주장하였다. 그리고 "자아의 확충을 저해하고 만인의 행복을 유린하는 모든 불합리한 제도를 근본적으로 파괴"하고, "강권적 타력他力으로써 결합된 조직을 철저히 배척"하자고 역설하였다.[18] 즉 흑기연맹은 정부·국가·관습 등 개인의 자유를 억압하는 모든 사회제도를 타파하고 개인의 절대적 자유가 보장되는 사회를 건설할 것과, 중앙집권적 조

17) 《동아일보》 1925년 4월 26일·9월 18일·10월 28일자 ; 《조선일보》 1925년 4월 25일·26일자 ; 이복원 외 8인의 판결문(1925年 刑公第846號)(《자료총서》 12, 509~536쪽) ; 〈自大正11年至昭和10年內地及朝鮮ニ於ケル社會運動等ノ槪況對照(4)〉, 69쪽 ; 京畿道警察部 編, 《治安槪況》(1925年 5月)(《한국민족해방운동사자료총서》 2, 361~364쪽) 등을 종합

18) 〈우리의 주장〉(흑기연맹)(《한국민족해방운동사자료총서》 2, 365~366쪽)

직을 배제하고 노동자·농민 자신의 자율적 의사에 따른 자유연합 조직을 결성할 것을 주창했다.

흑기연맹 관계자들은 창립총회와 '전선全鮮 아나키스트 대회'를 1925년 5월 3일 서울에서 개최하기로 하고, 창립 준비에 착수하였다. 이들은 창립 준비를 위해 사무소를 정동 1번지에 두기로 하였지만 창립총회 개최 정보를 경찰이 알게 되어 4월 25일부터 서천순·서상경·곽윤모·이복원·홍진유·신영우·이창식·한병희·서정기·이기영 등이 체포되었다. 경찰은 집을 수색하여 아나키즘에 관한 팸플릿을 다수 압수하였다. 이기영은 무혐의로 풀려나고 나머지는 모두 징역 1년을 구형받았으며, 1925년 11월 17일 경성지방법원에서 치안유지법 위반으로 구형대로 징역 1년형에 처해졌다.[19] 이리하여 흑기연맹은 본격적인 활동은 전개하지도 못한 채 사라지고 말았다.

1925년 흑기연맹 관계자들이 체포된 뒤, 서울과 충주에서는 아나키스트 운동이 한동안 침체되었다. 하지만 1920년대 말이 되면서 아나키스트 진영은 다시 활발한 움직임을 보이기 시작했다. 서상경·서정기 등 흑기연맹에 관계했던 아나키스트들이 중심이 되어 1929년 2월 충주에서 문예운동사를 조직한 것이다.

서상경·서정기 등은 아나키스트 진영을 재정비할 필요성을 느끼고 동지들을 규합하기 시작하였다. 이들은 1929년 2월 18일 충주에 있던 금성여관 곧 정운자鄭雲慈 집에서 권오돈權五惇(權五淳)·안병규安秉奎(安秉琦)·김학원金學元·정진복鄭鎭福 등과 회합하여 문예운동사를 결성하였으며, 2월 하순경[20] 김현국金顯國이 안병규의

19) 《동아일보》 1925년 4월 26일자 ; 《조선일보》 1925년 4월 26일·28일~30일·5월 6일·8월 19일·10월 28일·11월 18일자 ; 이복원 외 8인의 판결문(1925年 刑公第846號)(《일제하 사회운동사 자료총서》 12, 509~536쪽) ; 京畿道警察部 編, 《治安概況》(1925年 5月)(《한국민족해방운동사자료총서》 2, 361~368쪽) 등을 종합

20) 《조선일보》 1929년 11월 4일자와 《동아일보》 1930년 3월 6일·7일·16일자는 김현국이 문예운동사에 가입한 날짜를 4월 혹은 4월 하순으로 보도하였으나 취하지 않는다.

권유로 가입하였다. 문예운동사는 문예잡지 《문예운동》 간행을 내세웠지만 그것은 표면적 명분에 지나지 않았다. 이들은 문예운동사 내에 동인회[21]를 별도로 조직하여 문예운동사를 지지 · 후원하고, 《문예운동》을 통해 아나키즘을 선전 · 고취하고자 하였다. 이들이 지닌 아나키즘의 내용은 인류는 모두 평등하며 절대자유를 누려야 한다는 것, 현재의 국가조직은 아나키즘에 배치되는 것이므로 타파하지 않으면 안된다는 것 등이었다.

문예운동사는 2월 23일 구신년간친회舊新年懇親會라는 명목으로 윷놀이대회를 열어 암암리에 아나키즘을 선전하는 등의 활동을 펼쳤지만, 본격적 활동을 펴기도 전에 경찰의 탄압으로 와해되고 말았다. 1929년 3월에 발생한 전북 지역 중심의 모某 비밀결사 사건을 취조하는 과정에서 동인회 결성에 대한 단서가 포착되어, 5월 초순부터 충북 지역의 아나키스트들이 대대적으로 검거되었던 것이다. 5월 9일 이후 서천순 외 7명, 5월 14일 심영섭沈英燮 외 1명이 검거되어 전북 사건으로 이미 구금되어 있던 안병규 · 권오돈을 포함하여 10명 이상이 취조를 받았다. 유석현劉錫鉉 · 서천순 · 김영덕金永德 등 6명은 석방 · 면소되었으나, 권오돈(무직, 30세), 안병규(회사사무원, 27세), 김학원(신문기자, 26세), 정진복(인쇄업, 30세), 서상경(신문기자, 31세), 서정기(농업, 31세) 등은 각 징역 5년, 김현국(정미업, 25세)은 징역 2년에 처해졌다.[22] 결국 흑로회 · 흑기연맹 · 문예운동

21) 동인회는 준비과정에 있었을 뿐 결성되지 않았으나, 일제 검찰은 이를 합법적 문예운동단체인 문예운동사와 동일시하여 문예운동사 관계자들을 비밀결사 조직이라는 죄목으로 형벌을 가하였다. 이에 대해 피고인들과 변호사들은 문예운동사는 비밀결사가 아니라, 단순히 문예운동을 하고자 결성한 합법적 단체라고 주장했다.(《동아일보》 1930년 3월 6일 · 7일 · 16일자 등을 종합)

22) 이상은 권오돈 외 6인의 판결문(1930年 刑控第127號)(《일제하 사회운동사 자료총서》 12, 541~555쪽) ; 〈朝鮮治安維持法違反調査二〉 その5(1928年 3月 1日~1930年 末) ; 《조선일보》 1929년 10월 2일 · 11월 4일자 ; 《동아일보》 1929년 5월 12일 · 15일 · 28일 · 31일 · 1930년 3월 6일 · 7일 · 16일자 ; 《自由聯合新聞》 第36號(1929. 6. 1) ; 〈自大正11年至昭和10年內地及朝鮮ニ於ケル社會運動等ノ概況對照(4)〉, 75~76쪽 등을 종합

사를 조직하여 아나키즘을 선전하려던 서울·충북 지역 아나키스트들의 시도는 본격적인 활동을 펼쳐 보지도 못한 채 좌절되고 말았다.

아나키즘 선전활동은 강원도에서도 펼쳐졌다. 강원도 철원과 이천伊川 등지에서 이은송李殷松(동아일보 이천지국 기자)과 윤용화尹龍化 등이 아나키스트 단체를 조직하여 아나키스트 농민운동을 전개한 것이다. 이은송은 1925년 12월 29일[23] 강원도 이천군 용포면 무릉리에서 김순조金淳照,[24] 김상완金相琓, 전상옥全相玉, 이석인李錫仁, 최상순崔相珣, 이석봉李錫鳳과 함께 일요회를 조직하였으며, 1926년 2월에는 의용소년회를 결성하였다. 그리고 이영하와 윤용화가 각각 1926년 4~5월경과 10월경에 일요회에 가입하였다. 일요회는 서적·잡지를 구독하고, 이를 통해 농촌 청년들의 지식을 향상시키는 것을 목적으로 하였다. 그 후 이은송, 이영하, 윤용화 등은 크로포트킨의 아나코코뮤니즘 관련 서적을 읽으면서 점차 아나키즘에 공명하게 되었다.

이은송은 농촌 청년들에게 아나키즘을 선전하고자 하였다. 이은송과 이석인은 일요회를 현대사회조직을 파괴하고 권력지배 및 사유재산제도를 부인하는 자유평등의 사회를 건설하는 것을 목적으로 하는 자유회로 개편할 것을 발기하고, 1926년 11월 9일(음 10월 15일) 광명의숙光明義塾에서 자유회 창립총회를 개최하였다. 그리고 매월 음력 15일에 광명의숙에서 정례회의를 하기로 하였다. 창립총회 당시의 회원에는 이영진李永珍, 박용화朴龍火, 김영철金永哲, 이용규李龍圭,[25] 이봉규李鳳圭, 박준재朴俊在, 이영진李永鎭, 김덕

23) 일요회의 창립일을 1925년 12월 25일로 기록한 자료도 있다. 이은송은 1925년 12월 29일에 결성된 조직을 자유회라고 진술하였는데(이은송의 "訊問調書"), 이는 일요회의 잘못으로 보인다.

24) 자료에 따라 김순희金淳熙로 기록하기도 하나 본서에서는 재판기록을 따른다.

25) 이용규는 이석인의 권유로 자유회 창립총회에 참가하였다. 자료에 따라 李龍奎로

순金德淳, 장기병張基炳, 한상직韓相稷 등이 포함되어 있었다. 자유회는 정회원과 보통회원을 두고, 정회원은 매월 30전錢, 보통회원은 매월 5전씩 회비를 납부하기로 하였다.

이은송, 이영하, 윤용화, 김순조, 이용규 등은 아나키즘 실천 사업의 하나로 먼저 자유회 회원들에게 아나키즘을 선전하기로 하였다. 이은송, 이영하, 윤용화 등은 1927년 음력 8월경 이천군 이천면 신덕리 이은송의 집에 모여, 자유회의 선언, 강령 및 표어를 작성하고 이를 인쇄하여 자유회 회원들에게 배포하는 동시에, 9월 10일(음력 8월 15일)에 자유회의 총회를 열어 선언과 강령 및 표어를 채택하고 선언과 강령의 주지를 자유회의 목적으로 변경하기로 결의하였다. 9월 6일(음력 8월 11일) 이은송, 윤용화, 윤용운尹龍雲, 김순조, 이용규 등 5명은 이천군 이천면 탑리 김영구金瑩九의 집에서 총회 준비 회의를 열어 총회에 제출할 선언 · 강령 · 표어 등을 약 30부 인쇄하였다.

자유회의 선언 · 강령 · 표어 등은 이은송이 기초하였는데, 그는 김순조, 윤용운, 이용규, 윤용화 등과 충분한 토론을 거친 뒤 작성하였다. 강령은 "우리들은 중앙집권주의를 배격하고, 자유연합주의를 강조한다", "우리들은 일체의 정치운동을 배격하고, 경제운동을 주장한다", "우리들의 해방은 계급투쟁에 의하고, 우리들의 해방운동을 기조로 한다" 등이었다. 그리고 표어는 "자유연합주의를 기조로 한다", "우리들의 해방은 우리들 자신이 하지 않으면 안된다", "타협하지 않고 대담하게 한다", "자아 완성에 노력한다", "혁명의 지도자가 아니라 일 투사가 되고자 한다" 등이었다.

이후 자유회는 이천 지역의 농민과 소년들을 조직화 하는 사업을 적극적으로 펼쳐 나갔다. 이에 대해 논의하기 위해 9월 26일(음력 9

기록하기도 하나, 재판기록에 李龍圭로 수정한 흔적이 있으므로, 이 책에서는 이를 따른다.

월 1일) 이천 읍내에서 이은송, 윤용화, 김순조, 신석호申碩鎬, 이영하, 김준희金俊熙, 이용규 등이 참석한 가운데 실행위원회를 개최하였다. 실행위원회에서는 기관 잡지 발행 문제와 기타 안건 등에 대해 협의하였는데, 이 날 회의에서 논의된 안건은 원산청년회 분쟁에 관한 건, 이천군소년연맹 조직의 건, 이천군청년연맹의 건, 농민자치회 원조의 건, 자치회 · 자활회自活會 · 추봉회秋鳳會 · 공조회共助會 등에 대한 건, 자유회 총회의 건, 한상직 제명 · 경고의 건 등이었다.[26]

자유회는 먼저 소년단체 결성에 나섰다. 이영하는 김처현金處鉉 외 20여 명과 함께 1927년 12월 14일[27] 이천군 학포면 성호리 이예식李礼植의 집 사랑에서 자유회와 동일한 목적의 선봉소년회를 결성하였다. 그리고 이은송, 김처현 등과 함께 아나키즘 실현을 천명하는 내용의 선언, 강령, 표어 등을 작성하여 약 20부를 등사하였다. 1927년 12월 23일에는 '이천농민자유동맹'을 조직하였다. 이천농민자유동맹은 1927년 12월 23일 이천군 학포면 성호리 김처현의 집에서 이영하, 김처현 등 20여 명에 의해 결성되었는데, 그 목적은 자유회와 동일하였다. 이외에 흑의(?)회, 자활회, 이천자유동맹 등도 조직하려고 하였으나 결성에 이르지는 못하였다.

자유회는 화전민들의 토지반환투쟁도 지원하였다. 조선총독부는 강원도 이천군 용포면 무릉리 인근의 사유림을 국유화하고, 이를 일본 오사카大阪 주우住友합자회사에 대부하였는데, 주우회사는 이 산림을 관리하기 위해 1927년 10월 애림조합愛林組合을 조직하고 주민들을 가입시켰다. 일부 농민은 애림조합에 가입하였지만, 대부

26) 이은송 외 2인의 재판 기록(MF번호 07796) ; 문장현 외 46명 경찰(이천서署) 기록(MF번호 07797) ; 이은송의 "訊問調書" 등을 종합. 1927년 9월 26일에 개최된 실행위원회에서 논의한 농민자치회 건은 창립을 준비하는 작업과 관련된 것으로 보인다.

27) 선봉소년회의 창립일을 1927년 11월 14일로 기록한 자료도 있으나, 이은송에 따르면 선봉소년회의 창립일은 1927년 12월 14일이다(이은송의 "訊問調書").

분의 농민은 애림조합에 반대하였다. 이천군 용포면 화전민들은 산림이 국유지로 편입되고 땔감 채취까지 금지당하는 등 애림조합의 만행이 자행되자, 이에 대항하기 시작했다.

이은송, 윤용화, 김순조 등은 화전민들의 대對주우합자회사투쟁을 전개하기 위하여 먼저 용포면 무릉리 주민들을 조직하기로 하였다. 이들은 문장현文章鉉을 중심으로 1927년 11월 19일[28] 용포면 원무릉리에서 농민자치회를 창립하였다. 농민자치회 창립대회는 문장현, 황윤성黃允性 등 20여 명이 참가한 가운데 용포면 무릉리 황윤성의 집에서 개최되었는데, 이은송이 기초한 선언 · 강령 · 표어 등을 윤용화가 낭독하였다. 농민자치회의 목적 역시 자유회와 같았다.

이은송 등은 농민자치회를 지원하면서 토지를 찾기 위해 노력하였는데, 그 과정에서 애림조합과 충돌하였다. 이로 인해 1928년 1월 10일 문장현, 윤은병(윤은복), 윤재병, 안수길, 이응수, 황중순, 황중민, 안수옥, 최수덕 등 농민자치회원 9명과 이은송이 검거되었다. 이어 윤용화[29]와 선봉소년회 위원 이영하李寧夏(李寅夏)가 체포되었다. 이은송, 윤용화, 이영하, 문장현 등 4명은 1월 30일 경성지방법원 철원지청 검사국으로 송치되고, 나머지 8명은 무죄석방되었지만, 김순조, 중외일보 지국장 김형구 외 수 명이 증인으로 소환되는 등 이 사건에 관련된 자는 100여 명에 달하였다. 결국 2월 14일 문장현은 증거불충분으로 석방되었으나, 나머지 3명은 기소되었으며, 윤용화와 이영하는 각각 징역 4년, 이은송과 김순조는 각

28) 《동아일보》 1927년 11월 15일자는 농민자치회 창립발회식이 11월 25일에 개최될 것이라고 보도하였으나, 12월 1일자는 11월 19일에 이은송 사회하에 창립발회식이 개최되어 강령규약을 발표하고 임원선거를 실시한 것으로 보도하였고, 이은송 · 윤용화 · 김순조 · 이영하 · 이용규의 "범죄인지서"에도 농민자치회의 창립일은 1927년 11월 19일로 되어 있다.

29) 《동아일보》 1928년 1월 17일자는 1월 15일에 이은송과 농민자치회원 10명이 검거된 것으로 보도하였는데, 이로보아 윤용화는 1월 15일에 검거된 것으로 보인다.

각 징역 3년에 처해졌다.[30)]

제주도에서도 아나키스트 단체가 결성되어 아나키즘 선전활동을 펼쳤다. 1927년 3~4월 고병희高秉禧,[31)] 조대수趙大秀, 강기찬康箕贊, 김형수金炯洙 등은 단체를 조직하여 아나키즘을 연구 · 선전하고, 이를 통해 아나키스트 사회 건설을 촉진하는 것에 대해 협의하였다. 4월 9일 밤 김형수 집에 모여서 독서회를 조직하였다. 그리고 고병희의 제창으로 각자 월 30전씩 갹출하여 아나키즘에 관한 서적과 기타의 간행물을 구입하고, 매월 세 번째 토요일에 모여 함께 연구하면서 서서히 아나키스트들을 규합하기로 결의하였다. 이들이 독서회를 조직한 목적은 현재 사회조직을 파괴하고, 지배적 권력이 없으며 개인의 절대적 자유가 보장되는 아나키스트 사회를 실현하는 것이었다. 그 목적을 달성하고자 문고를 설치하고 아나키즘에 관한 서적 · 간행물을 함께 연구하였다.

이들은 10월에 가입한 고영희高永禧를 포함하여 1929년 5월 5일 제주면에서 우의돈목友誼敦睦 · 경조상문慶弔相問 · 생활향상 등을 목적으로 '우리계'라는 조합을 조직하고, 매월 3원의 조합비를 3년간 거두기로 하였다. 우리계는 표면으로는 저축을 목적으로 내걸었지만, 실제로는 아나키즘 연구 및 선전운동에 주력하였다.

1930년 7월 경찰은 우리계를 비밀결사로 규정하여 고병희 · 조

---

30) 이은송 외 2인의 재판 기록(MF번호 07796) ; 문장현 외 46명 경찰(이천서署) 기록(MF번호 07797) ;《조선일보》 1929년 8월 5일 · 10일자 ;《동아일보》 1927년 11월 15일 · 12월 1일 · 1928년 1월 17일 · 2월 2일 · 20일 · 1929년 6월 14일 · 7월 16일 · 24일 · 8월 10일 · 17일 · 24일 · 29일 · 9월 4일 · 10월 16일 · 1930년 1월 11일 · 3월 13일 · 14일 · 27일 · 4월 3일 · 5일자 ;《중외일보》 1928년 1월 15일 · 1929년 8월 17일 · 22일 · 28일 · 1930년 3월 13일 · 14일 · 27일 · 4월 3일 · 5일자 ; 이은송 · 윤용화 · 김순조 · 이영하 · 이용규의 "범죄인지서" ; 이은송의 "訊問調書" 등을 종합. 신문에서는 자유회가 비밀결사로 개편된 것으로 보도되었으나, 이 책에서는 재판 기록이 정확한 것으로 보고 이를 따른다.

31) 고병희는 1920년 3월 제주도 공립 농업학교를 졸업하고, 일본으로 건너가 세이소쿠正則영어학교에 입학하였다. 이후 형설회 간부 이준업의 소개로 박렬과 교류하면서 흑도회에 가입하였다. 1923년 관동대지진 때 귀국한 이후 아나키즘 연구에 주력하다.(고병희 · 조대수 · 고영희 · 강기찬 · 김형수 · 임상국의 판결문)

대수 · 강기찬 · 김형수 · 고영희 · 임상옥 등을 체포하여 치안유지법 위반으로 기소하였다. 하지만 저축을 빙자하여 아나키스트 운동자금을 조달하고자 하였다는 죄목은 증거불충분으로 무혐의 처리되었다. 임상옥은 무죄로 석방되었지만, 고병희는 징역 5년, 조대수와 고영희는 징역 4년, 강기찬과 김형수는 징역 3년형에 처해졌다.[32)]

경남 지역에서도 아나키스트 단체가 결성되어 선전작업을 수행하였다. 경남 지역에는 김형윤金亨潤을 중심으로 하는 아나키스트 그룹(마산), 조병기趙秉基 · 손조동孫助同을 중심으로 하는 흑우연맹(창원), 정태성 · 이경순李敬純 · 홍두표 등의 아나키스트 그룹(진주) 등이 있었다.(《동아일보》 1928년 12월 24일자 참조) 마산의 아나키스트 그룹과 창원의 흑우연맹은 지연 관계나 인적 교류상 상호 불가분의 관계를 맺고 있었다. 마산의 아나키스트 그룹에는 김용찬金容燦 · 이석규李錫圭 · 김지병金智炳 · 김지홍金智鴻 · 이원세李元世 · 이주홍李周洪 · 박봉룡朴鳳龍 · 정명복鄭命福 · 권오진權五璡 등이 속해 있었다. 이석규는 1928년 6월 상하이에서 결성된 동방무정부주의자연맹에 마산과 창원 아나키스트들의 대표로 참석하고자 중국으로 건너갔으나 늦게 도착하는 바람에 창립대회에는 참석하지 못하였다. 상하이에서 이정규와 함께 검거되었다가 집행유예로 석방되어 1929년 2월에 귀국했다. 창원에서는 1928년 5월 무렵 조병기(창원공립보통학교 선생), 손조동, 박창오朴昌午(朴昌宇), 박순오朴順五, 김두봉金斗奉(金斗鳳), 김상대金相大, 김태석金泰錫(金斗錫) 등이 독서구락부(1928년 8월 무렵 흑우연맹으로 변경)를 조직하여 사상에 관한 서적을 연구하였다. 조병기는 아나키즘을 선전할 목적으로 크로포트킨의

32) 무정부주의 비밀결사 우리계 사건 판결문(제주도지편찬위원회 편, 1996, 538~540쪽) ; 고병희 · 조대수 · 고영희 · 강기찬 · 김형수 · 임상국의 판결문 ; 《흑색신문》 제26호(1934. 2. 28), 흑색신문사 ; 《조선일보》 1930년 12월 1일자 ; 《동아일보》 12월 3일 · 10일자 ; 《自由聯合新聞》 第55號(1931. 1. 10) · 第89號(1934. 2. 10) 등을 종합

《청년에게 소감함》을 번역·등사하여 1928년 3월 창원공립보통학교 졸업생과 함양에 있던 동지들에게 배포하였다. 이 일로 인하여 1928년 9월 15일조병기·박봉규朴奉圭·하종기河鍾騏·조경우曹景祐 등이 체포되었는데, 조경우는 방면되었으나 나머지는 거창검사국으로 이송되었다. 1929년 3월 10일경 손조동이 체포되면서 창원에서는 또 한 차례 검거소동이 일어났다. 즉 손조동 취조 과정에서 흑우연맹 결성 사실이 발각되어 5월 16일 조병기, 박순오, 박창오, 김두봉, 김상대, 권○흡權○洽 등 6명이 검거되었다. 권○흡은 풀려났으나 나머지 6명은 기소되었으며, 얼마 뒤 김태석도 검거되어 기소되었다. 하지만 예심에서 모두 면소되었으며, 항고마저 기각되어 1929년 12월 9일에 석방되었다.[33)]

진주에서는 이경순과 정태성이 아나키스트 단체를 결성하고자 했다. 닛폰대日本大 경제과 3학년 무렵부터 오스기 사카에와 크로포트킨의 저서 등을 통해 허무주의를 연구해오던 이경순은 1928년 7월 8일 즈음 편지 등을 통해 진주에 있던 동료들에게 허무주의를 선전하다가 8월 하순 진주로 귀향하였다. 이경순은 9월 5일 귀국하여 자신을 찾아온 정태성과 회합하였는데, 정태성은 9월 하순부터 진주시 금산면 갈전리 소재 청곡사에 머무르면서 자연과학을 연구한다는 명분으로 이경순 등과 교류하며 동지들을 구하였다. 이들은 사유재산제도를 부인하는 것을 목적으로 하는 비밀결사를 결성하고자 하다가 검거되었다. 하지만 이들 모두 1928년 12월 21일 무죄를 선고받았다.(이경순과 정태성의 판결문)

1929년에는 재일본 한국인 아나키스트들의 일부가 국내에서 선전작업을 펼쳤다. 일본에서 테러활동을 하기 위해 무기를 구입하고,《흑전》 발간을 통한 선전작업에 대해 국내의 반응을 살피기 위

33)《동아일보》 1928년 12월 24일·1929년 3월 13일·5월 20일·30일·6월 13일·10월 25일·12월 12일자 ;《조선일보》 1928년 9월 29일자 ;《한국아나키즘운동사》, 250~252쪽 ; 하기락, 1993, 145쪽 등을 종합

하여 1929년 5월 고향인 평남 용강으로 돌아왔던 김호구와 오병현이, 관청에서 뽕나무 묘목을 강제로 배부하여 대금을 착취하는 것을 보고 분노하여 농민들의 궐기를 촉구하였던 것이다. 1929년 6월 11일 평안남도 용강군 다미면에서 단오절 씨름대회가 열렸는데, 그들은 이 기회를 이용하여 대회장에서 〈농민에 고함〉과 〈일반 민중에 고함〉이라는 제목의 격문을 500여 장 살포하였다. 그들은 이 격문에서 총독 정치의 억압과 착취를 폭로하고 농민은 단결하여 강권체제 타도에 궐기할 것을 호소하였다. 하지만 이것이 발단이 되어 김호구가 체포되어 조사를 받는 과정에서 《흑전》이 발각되고, 7월 중순에 이학의, 김양복, 송주식, 오병현, 장명학, 박유성, 김용조 등 30여 명이 체포되었다. 이로 인하여 흑전사는 와해되고 말았다.[34)]

국내 아나키스트들은 아나키즘 선전활동을 펼치는 과정에서 공산주의를 비판하였다. 아나키즘이나 공산주의나 자본주의사회 타도, 사유재산제 철폐, 무계급·무착취사회 건설 등 그 지향하는 바는 동일하다. 하지만 이상사회를 건설하는 방법과 그 사회를 운영하는 원리나 철학적 기초 등은 다르다. 그리고 아나키즘은 주요 목표를 자유에 대한 관심과 통치기구 폐지를 촉진하는 데 두고(다니엘 게렝, 1993, 52쪽) 개인의 자율성과 자유의지의 자유연합을 강조하나, 공산주의는 철저한 조직규율과 중앙집권, 그리고 프롤레타리아 독재를 강조한다. 개인의 절대적 자유를 추구하는 아나키스트들은 개인을 조직에 종속시키는 공산주의를 비판하였다.

한국인 아나키스트들 역시 우리나라에 공산주의를 기계적으로 적용하는 것에 반대하면서 공산주의를 이론적으로 비판하였다. 아

34) 《조선일보》 1929년 7월 26일자 ; 《동아일보》 1929년 7월 16일·18일·22일·26일·28일·8월 1일·1930년 11월 9일·15일자 ; 《중외일보》 1930년 8월 2일자 ; 《自由聯合新聞》 第39號·第49號 ; 이지활의 회고문 ; 《한국아나키즘운동사》, 250쪽 등을 종합

나키스트들의 공산주의에 대한 비판은 전위조직의 혁명지도론, 중앙집권주의, 유물사관 및 프롤레타리아 독재론 등에 집중되었다. 그들은 프롤레타리아 독재와 중앙집권을 주장하는 공산주의자들을 강권주의자로 치부하면서 반공산주의 선전활동을 적극적으로 전개하는 한편, 공산주의자와의 물리적 충돌까지 마다하지 않았다.

국내 아나키스트들은 사회주의계가 분화되기까지는 공산주의를 비판하면서도 공산주의자들과 함께 활동하였다. 하지만 1922~1923년 무렵부터 대중운동이 성장하면서 공산주의가 사회주의의 주류를 형성해 나가자, 아나키스트들은 공산주의자들에게 적대적 태도를 취하기 시작하였다. 조선노동공제회가 분열된 이후 원산 지역에서 먼저 아나키스트와 공산주의자 사이에 충돌이 일어났다. 즉 1923년경 원산청년회(1921년 조종구趙鍾九 등에 의해 결성)의 주도권을 둘러싸고 조시원趙時元(조종구의 아들)·이향李鄕 등의 아나키스트와 공산주의자 간에 분쟁이 발생하였던 것이다. 이 분쟁은 이후 3~4년간 폭력적 충돌과 성명전의 형태로 계속되다가 결국 사상자까지 발생하는 사태로 발전하였다.

아나키스트와 공산주의자 사이의 대립은 1925년 흑기연맹의 결성 과정에도 나타났다. 일제 경찰의 보고에 따르면, 1925년 3월 신영우, 홍진유 등의 흑기연맹 창립 계획이 실패한 데에는 공산주의자들의 방해공작도 한몫을 했다.(《治安狀況-昭和5年》, 16쪽) 하지만 이에 대한 구체적 상황을 알려주는 자료는 아직 발견되지 않고 있다.

이후 아나키스트와 공산주의간의 충돌은 한동안 잠잠했다. 하지만 1927년 초 공산주의자와 민족주의자의 연합으로 신간회가 결성되면서 아나키스트들은 반공산주의 활동을 다시 활발하게 전개하기 시작했다. 일본과 중국의 장쩌린張作霖 간에 삼시협정三矢協定이 체결되면서 중국에 있던 독립운동가들 사이에 민족유일당운동이 펼쳐졌다. 국내에서도 제2차 조선공산당에 의해 민족주의자와의 연합이 제기되면서 통일전선을 결성하기 위한 움직임이 구체화되었고, 그것은 신간회 결성으로 이어졌다. 이에 아나키스트들은 공산주의자와 민족주의자의 연합체인 신간회를 결성하는 것에 대해 적극 반대하였다. 즉 민족자본가들의 혁명성을 부정하면서 민족주의자들과의 민족통일전선 결성에 반대하던 한국인 아나키스트들이 공산주의자들이 민족주의자들과의 연합을 추구하자 이를 격렬하게 비판하고 나섰던 것이다. 아나키스트들은 민족주의자들을 민족해방과 식민지 권력과의 사이에서 끊임없이 동요하면서 새로운 지배권력을 꿈꾸는 자본가계급에 불과한 것으로 판단하였다. 이홍근李宖根[35)]은 공산주의자들이 민족혁명을 사회주의혁명으로 가는 과정으로 보고 민족주의자와 연합하여 신간회를 결성하였지만, 그것은 결국 부르주아지에게 이용당한 것에 불과할 뿐이며, 민족주의자와의 연합은 민중해방에 전혀 도움이 되지 않으며 오히려 노동자·농민운동의 성장을 가로막을 뿐이라고 주장하였다.[36)]

1927년 10월 이홍근이 일본에서 귀국하면서 평양 지역 아나키스트들의 반공산주의활동이 활기를 띠기 시작했다. 1927년 말 평양 지역의 공산주의자들이 1927년 12월 23일에 신간회 평양지부를 결성할 예정으로 준비작업을 진행해 나가자, 평양 지역 아나키스트들은 신간회가 결성되면 아나키스트 운동이 일대 위기에 빠질 것으로 보고, 이에 대처하기 위하여 아나키스트들의 역량을 한 곳으로 모으고자 하였다.(《한국아나키즘운동사》, 256쪽 참조) 이들은 1927년 12월에 결성될 예정이던 신간회 평양지회에 맞서 아나키스트 단체를 조직할 것에 대해 논의하였다. 이에 공산주의자들은 아나키

35) 자료에 따라서는 李宖根을 李弘根, 李(穴+弘)根으로 기록하기도 하나, 본 연구에서는 조선공산무정부주의자동맹 사건 판결문에 李宖根으로 수정한 흔적이 있어서, 이것이 옳은 것으로 보고 이를 취한다.

36) 李弘根, 〈解放運動と民族運動〉을 참조. 한국인 아나키스트들의 반민족주의적이고 반신간회적 입장에 대해서는 이호룡, 2001a, 204~227쪽을 참조할 것.

스트들의 행동을 지방색이 짙은 분파행동으로 규정하고, 이를 비판하는 내용의 엽서를 천도교 사무소로 발송하는 등 아나키스트 단체 창립을 방해하는 공작을 하였다.(《한국아나키즘운동사》, 256쪽 참조)

하지만 평양 지역 아나키스트들은 공산주의자들의 방해 공작을 뿌리치고, 이홍근과 최갑용崔甲龍(又震)[37]을 중심으로 하여 1927년 12월 22일 평양 창전리 천도교 강당에서 오치섭吳致燮의 사회로 관서흑우회關西黑友會(창립 당시는 관서동우회關西同友會라 칭하였으나 1928년 4월[38]에 개칭하였음) 창립대회를 열었다. 창립대회에서는 최갑용과 이홍근이 각각 서기와 상무간사로 선출되었다. 창립회원은 최갑용·이홍근·오치섭·김희붕金熙鵬·이중하李重夏·최복선崔福善·민하閔夏·승도경承道京·홍순성洪淳星·한원일韓元一·유반적劉反赤·곽정모郭正模·이흑운李黑雲·장영택張榮澤·박오금朴五金·장성현張成賢·이효묵李孝默·이선○李善○·이주성李周成(李周聖)·한명호韓明鎬 등이었으며, 채은국蔡殷國·이시헌李時憲·송선택宋善澤·황지엽黃智燁·전창섭全昌涉·김찬혁金贊爀·김병순金炳淳·양제로楊濟櫓·이성근李成根(李聖根) 등이 나중에 가입하여 1928년 4월 현재 회원수는 26명이었다.[39]

관서흑우회는 창립대회에서 조직문제, 선전과 교화문제, 동일 주장 단체와 연락·촉진, 부문 설치, 위원 선거, 회관 문제, 경비 지

37) 《어느 혁명가의 일생》의 저자명에 '최갑용'으로 표기되어 있어서, 본 연구에서는 이를 따른다.

38) 崔甲龍은 관서동우회가 1년 후 관서흑우회로 개칭되었다고 회고하였으나(박환, 1993, 211쪽), 잘못으로 사료된다. 〈無政府主義者ノ行動ニ關スル件〉의 1928년 봄에 관서흑우회로 개칭하였다는 기록, 《조선일보》 1928년 4월 23일자의 관서흑우회가 4월 20일 임시대회를 개최하였다는 보도, 《小作人》 第3卷 第2號(1928. 2. 5)와 朝鮮憲兵隊司令部 編, 〈輓近ニ於スル鮮內思想運動ノ情勢〉(1928年 4月 18日 朝第990號)(《일제하 사회운동사 자료총서》 7, 75쪽)의 관서동우회에 대한 설명 등으로 보아 1928년 4월 20일에 개최된 임시대회에서 명칭을 개칭한 것으로 보는 것이 타당하다.

39) 《한국아나키즘운동사》, 256쪽 ; 朝鮮憲兵隊司令部 編, 〈輓近ニ於スル鮮內思想運動ノ情勢〉(《일제하 사회운동사 자료총서》 7, 75쪽) ; 《治安狀況-昭和5年》, 16~17쪽 ; 《治安狀況-昭和8年》, 28쪽 ; 〈無政府主義者ノ行動ニ關スル件〉 ; 崔甲龍의 증언(박환, 1993, 212~213쪽에서 재인용) ; 《중외일보》 1927년 12월 25일자 등을 종합

출, 기관지 발행, 소위 방향전환문제, 신간회 대책, 재만 백의 무산대중在滿白衣無産大衆 옹호문제 등에 관한 사항을 결의하고(《중외일보》 1927년 12월 25일자), 다음과 같은 강령과 슬로건을 제정하였다.

〈강령〉

1. 우리는 중앙집권주의와 강권주의를 배격하고 자유연합주의를 강조한다.
2. 우리는 빈천계급의 완전한 해방을 기한다.
3. 우리는 유상무상有像無像의 우상숭배를 배격한다.[40)]

〈슬로건〉

1. 우리는 자유연합주의적 기치 하에 노동계급의 해방을 기한다.
1. 우리는 직업적 운동자와 강권주의자를 적극적으로 배격한다.[41)]

위의 강령과 슬로건에서 보는 바와 같이 관서흑우회는 중앙집권주의와 강권주의, 직업적 운동자와 강권주의자 등을 배격한다고 하여 공산주의와 공산주의자들에 대한 비판적 입장을 분명히 하였다. 관서흑우회의 강령 중 두 번째와 세 번째 항목은 관서흑우회의 독특한 주장으로서, 빈천계급을 강조한 것은 노동자계급의 해방을 강조하는 공산주의자와 구별하려는 것이고, 유상무상의 우상숭배 배격을 명시한 것은 당시 평안도 지역에 기독교 등 종교가 만연되어

40) 《한국아나키즘운동사》, 256쪽 ; 崔甲龍의 증언(박환, 1993, 211~212쪽에서 재인용) 등을 종합. 崔甲龍은 강령을 관서동우회의 본부인 자신의 집에 써 붙이고 있었기 때문에 분명히 기억하고 있다고 증언하였다. 《治安狀況-昭和8年》(28쪽)에는 관서흑우회의 강령이 노농대중의 각성과 조직의 촉진 및 그 자주적 능력의 증진 등인 것으로 기록되어 있으나 취하지 않는다.

41) 《小作人》 第3卷 第2號. 《중외일보》 1927년 12월 25일자와 朝鮮憲兵隊司令部 編, 〈輓近ニ於スル鮮內思想運動ノ情勢〉(《일제하 사회운동사 자료총서》 7, 75쪽)에는 이 슬로건을 관서동우회의 강령으로 소개하고 있다. 하지만 《小作人》의 기사가 정확한 것으로 보인다. 그것은 《小作人》에 게재된 글의 필자는 '조선 평양 최'로서 관서동우회 창립 주역인 崔甲龍으로 추정되기 때문이다.

있던 지역적 특성을 고려한 결과로 보인다.[42]

관서흑우회는 1928년 2월 4일 최갑용의 집(기림리 소재)에서 제1회 정기월례회를 개최하고 노동운동 · 농민운동 · 청년운동 · 여성운동 · 정치운동에 관한 건, 기관지 《자유사회》를 발행하는 것에 대한 적극적 지지의 건, 도서관 설치의 건, 팜플렛 구독의 건, 회비의 건 등에 관한 사항을 결의하였다.(《동아일보》 1928년 2월 8일자) 이 결의에 따라 관서흑우회는 사회생리학연구회 · 농촌운동사 · 자유소년회 · 한천자유노동조합漢川自由勞動組合 등을 조직하여[43] 아나키즘을 연구하고 민중에게 아나키즘을 선전하는 등의 활동을 전개하는 한편, 대지사大地社 · 자유예술동맹自由藝術同盟 · 흑색청년연맹黑色青年聯盟 · 전국노동조합자유연합회全國勞働組合自由聯合會(이하 '자련')[44] 등 일본 아나키스트 단체와도 교류하였다.[45] 특히 일제 당국이 도쿄에 재류하는 한국인 노동자 2만 명을 강제로 송환할 계획을 세우자, '자련'에 1929년 9월 25일자로 〈격檄〉을 보내어 공동으로 투쟁할 것을 제안하기도 하였다.(《自由聯合新聞》 第40號) 1929년 6월 17일에는 제1회 평양자유연합단체협의회를 소집하여 재일본 한국인 아나키스트단체인 흑우연맹과 동경조선유학생학우회 간에 발생한 살상사건,[46] 그와 관련된 《조선일보》의 사설에 대한 문제 등을 토의

42) 崔甲龍의 증언(박환, 1993, 212쪽에서 재인용)

43) 《治安狀況-昭和 5年》, 17쪽 ; 《治安狀況-昭和8年》, 28쪽 ; 《한국아나키즘운동사》, 256쪽 등을 종합. 위의 자료들에는 사회생리학연구회와 평양일반노동조합을 별개의 단체로 병기하고 있으나 잘못이다. 사회생리학연구회는 노동청년자유연맹으로 개칭되었다가 다시 평양일반노동조합으로 개편되었다.

44) '자련'은 1926년 5월 24일에 결성된 일본의 전국적 아나키스트 노동단체로 黑色青年聯盟(1926년 1월에 결성)의 영향 아래 東京印刷工組合을 중심으로 결성되었다. '자련'은 일본 전국의 아나키스트계 노동조합들을 포괄하고 있었다.

45) 朝鮮憲兵隊司令部 編, 〈輓近ニ於スル鮮內思想運動ノ情勢〉(《일제하 사회운동사 자료총서》 7, 75쪽)

46) 이 사건은 1929년 6월 동경유학생학우회가 주최한 춘계운동회를 둘러싸고 전개된 아나키스트들과 신간회 동경지회 사이의 충돌을 가리킨다.

하였다.(《중외일보》 1929년 6월 20일자) 이후 관서흑우회는 전국적인 아나키스트 단체 결성을 추진하는 한편, 노동운동에 주력하였다.

함남 지역에서도 아나키스트들이 단체를 조직하여 반공산주의 활동을 펼쳤다. 1927년 4월 1일[47] 이향, 조시원, 김정희金鼎熙(金大爟),[48] 조유성趙裕性(趙複性), 황기연黃基然, 류우석柳愚錫, 원도익元道益(元基憲), 한하연韓何然, 김연창金演彰, 김광면金光冕(金光晃) 등을 중심으로 한 원산 지역의 아나키스트 45명에 의해 본능아연맹이 결성되었다.[49] 본능아연맹은 아나키즘 선전활동에 주력하면서 공산주의자들에 반대하는 활동을 펼쳤다. 본능아연맹의 공산주의에 대한 비판적 태도는 다음의 결의사항에 잘 나타나 있다.

1. 우리들 피정복자는 대중의 세계적 해방운동과 선구적 중책重責을 자부하고, 피정복자 자신의 사업으로써 자치적 신사회의 생활 획득을 기한다.
2. 역사적 비약을 유물론적 변증법적 원리로 간주하지 않고, 그 실은 본능적인 투쟁원리의 현상임을 인정한다.
3. 정치적 중앙집권주의를 배제하고, 지방분권적 자유연맹주의를 고창한다.
4. 종족운동상 부르주아는 사회운동을 부인한다. 현하의 실정으로부터 보아 필연성을 갖춘 좌경적 운동자와 협력함과 동시에, 계급운동에서도 일체의 타협주의자와 개량주의자를 배제한다.[50]

본능아연맹은 위의 결의사항을 통해, 권력의 집중을 가져올 수밖

47) 韓何然은 본능아연맹의 결성일을 1926년으로 회고하였다.(〈韓何然鬪爭功蹟記〉)

48) 자료에 따라서는 金大權으로 기록하기도 하였으나, 이는 金大爟의 잘못이다.

49) 金貴, 〈朝鮮に於ける黑色運動〉; 〈한하연투쟁공적기韓何然鬪爭功蹟記〉; 朝鮮憲兵隊司令部 編, 〈輓近ニ於スル鮮內思想運動ノ情勢〉(《일제하 사회운동사 자료총서》 7, 82쪽) 등을 종합

50) 金貴, 〈朝鮮に於ける黑色運動〉; 〈한하연투쟁공적기韓何然鬪爭功蹟記〉; 朝鮮憲兵隊司令部 編, 〈輓近ニ於スル鮮內思想運動ノ情勢〉(《일제하 사회운동사 자료총서》 7, 82~84쪽) 등을 종합

에 없는 공산당식의 중앙집권주의를 배격하고 자유연합주의를 제창함과 동시에, 공산주의의 철학적 원리인 변증법적 유물론을 부정하고 역사발전의 동력을 인간의 본능적 욕구에서 구하였다. 그리고 부르주아지의 반혁명적 계급 속성을 지적하고, 반동적 민족주의자와의 연합을 주장하는 공산주의자들을 타협주의자 · 개량주의자로 규정하였다. 이 결의에 따라 민족주의자와 공산주의자의 연합에 의해 결성된 신간회를 타협주의 · 개량주의의 산물로 간주하고 이를 비판하는 등 반공산주의 활동을 펼쳤다.

당시 공산주의자 이주하 · 김삼룡 · 장기욱張基郁 등은 원산 지역에서 공산주의 세력을 확장하는 데 주력하고 있었다. 이들은 1927년 2월 10일 원산사회운동자간담회를 열었다. 이 간담회는 청년운동 단일화를 위하여 원산청년당을 조직하고, 그 사무소를 원산청년회관에 두며, 청년단체에서 각 3인씩, 무소속에서 이향 · 김연창 외 9명을 발기인으로 선정한다는 방안을 제출했다. 이후 1927년 4월 17일 장기욱 외 32명이 원산청년회 · 무산청년회 · 노동청년회를 통합하여 원산청년당 창립대회를 개최하였다. 이에 위기를 느낀 본능아연맹은 류우석 등을 중심으로 원산청년당 창립을 방해하여 그를 무산시켰다.

4월 22일에는 원산여자청년회가 개최한 강연회장에서 김연창을 비롯한 아나키스트들이 야유를 하면서 강연회 진행을 방해하였다. 이에 공산주의자 김치련金致璉이 김연창을 장외로 끌어내어 폭행하였다. 이를 전후하여 아나키스트들은 장기욱 집을 습격하여 중상을 입혔는데, 그 소식을 들은 공산주의자들이 항의하면서 대규모 충돌이 일어났다. 이 충돌로 공산주의자 서수학과 조인호趙仁祜, 최학기崔學基(崔學天, 崔學喆)가 중상을 입었고, 아나키스트 류우석과 한하연이 부상을 당하였다. 이 사건으로 서수학은 결국 사망하였다. 아나키스트인 류우석 · 한하연 등은 체포되어, 한하연은 추방당하고 류우석은 상해치사죄로 기소되었다. 1927년 9월 15일 류우석이 병 보석으로 석방되자, 이를 기화로 김정희와 조시원 등 아나키스트 7~8인이 노상에서 장기욱을 다시 구타하였다. 1928년 7월 27일 고등법원 상고심에서 류우석은 정당방위가 인정되어 무죄방면되었다.[51)]

1927년 10월 14일에는 김연창 · 김정희 · 조시원 등 아나키스트 약 40~50명이 참가한 가운데 원산청년회 혁신대회를 개최하여 위원 20여 명을 선정하였다. 그리고 "우리들은 초계급적 청년운동을 절대적으로 부인하고, 무산 청년의 교양과 완전한 해방을 기도한다. 그리고 일상생활의 실지 체험을 통해 무산 청년의 근본정신은 자○('주'-인용자) · 자치이지 않으면 안된다는 것을 확신함과 동시에 비자유적 조직을 배격한다"고 결의한 뒤, 회무를 처리했다. 이에 원산노동회 회원과 원산청년동맹[52)] 회원 등 공산주의자 300여 명은 1927년 10월 23일 원산청년회관에서 혁신대회를 개최하여 원산청년회의 원산청년동맹 가입을 선포하고 원산청년회 해체를 선언하였다. 이와 함께 시내에 "一. 청년운동의 단일전선을 지지하자, 二. 원산청년회의 혁신을 철저히 하자, 三. 반동분자를 박멸하자, 四. 단일전선의 진영을 저해 혹은 파괴하려는 운동은 결국 ××주의의 주구가 아니면 반동분자일 것이다"는 표제로 아나키스트들을 비판하는 내용의 성명서를 살포하였다.

이에 김연창, 조시원, 김정희 등을 비롯한 아나키스트들은 "청년운동은 자주자치적 자유연합이어야 한다", "원산청년회의 지난 14일 혁신대회를 사수하자", "신강권 수립의 반동아를 박멸함", "자

51) 《동아일보》 1927년 1월 7일 · 13일 · 14일 · 4월 25일 · 9월 18일 · 26일 · 1928년 8월 3일자 ; 《한국아나키즘운동사》, 246쪽 등을 종합

52) 원산청년동맹은 1927년 9월 28일 원산노동청년회, 원산신흥청년회, 원양청년회, 원산인공청년회 등 네 개 단체가 합동하여 원산지역의 단일청년단체로 창립되었다.(《동아일보》 1927년 10월 1일자)

유연합적 청년운동을 저해 또는 파괴코자 하는 운동은 결국 단일적 미명 하에서 민중으로 하여금 영구적 노예화를 기도하는 정치적 야심가이다" 등을 주된 내용으로 하는 성명서를 시내에 살포하였다. 이어 아나키스트들은 혁신대회장을 습격하였고, 이 바람에 아나키스트들과 공산주의자들 사이에 싸움이 벌어졌다. 24일 본능아연맹원을 중심으로 한 아나키스트들이 원산청년회관을 점령하자 다음날 공산주의자들이 이를 되찾고자 하였는데, 그 과정에서 다시 충돌이 일어났다. 아나키스트들은 26일 성명서를 발표하여 공산주의자들의 행동에 적극 맞설 것을 결의하였다. 자유노동자동맹[53]도 원산청년동맹의 행동을 비난하면서 최후까지 자신의 주장을 관철시킬 것을 결의하였다. 아나키스트와 공산주의자 사이에 다시 충돌이 일어나 원산청년회 간부 조시원이 중상을 입었다. 11월 4일 원산청년회 측의 김연창, 이향, 원도익元道益(元基憲), 조유성趙裕性 등과 공산주의자 측의 김영수金永洙, 최학기崔學基(崔學喆), 김사수金四守, 공흥문孔興文, 유삼봉劉三奉, 안몽룡安夢龍, 이금룡李金龍 등이 검속당하였다가, 이후 다시는 싸우지 않겠다는 내용의 서약서를 쓰고 석방되었다.[54]

이외에도 본능아연맹은 공산주의와 민족주의를 비판하고 민중에게 아나키즘을 선전하기 위하여 정진正進청년회, 원산일반노동조합 등과 긴밀한 관계를 유지해 나갔다.

이처럼 1920년대 초반 공산주의자와 분화한 이후 아나키스트들은 흑로회, 흑기연맹, 진우연맹, 문예운동사, 자유회, 우리계, 흑우연맹, 관서흑우회, 본능아연맹 등을 결성하고, 선전책자나 강연회

53) 이은송에 따르면, 자유노동자동맹은 김대식金大植의 주재하에 아나코생디칼리슴을 표방하였다.(이은송의 "訊問調書")

54) 朝鮮憲兵隊司令部 編, 〈輓近ニ於スル鮮內思想運動ノ情勢〉(《일제하 사회운동사 자료총서》 7, 84 · 245~246쪽) ; 《조선일보》 1927년 10월 29일 · 11월 9일 · 18일자 ; 《동아일보》 1927년 10월 25 · 28일 · 11월 16일 · 1928년 2월 8일 · 8월 3일자 ; 金貴, 〈朝鮮に於ける黑色運動〉 ; 〈한하연투쟁공적기〉 등을 종합

등을 통해 아나키즘을 선전하고 공산주의를 비판하는 선전활동을 펼쳤다. 하지만 아나키스트들의 선전활동은 일제의 탄압과 공산주의자들의 견제 등으로 일정한 성과를 얻어내지 못하였다.

2) 테러활동

아나키스트들은 민중의 직접행동에 의한 사회혁명을 주장하였는데, 민중으로 하여금 직접행동에 나서게 하는 수단으로는 '사실에 의한 선전'을 중시하였다. 생티미에대회(1872년 9월 헤이그에서 개최된 국제노동자협회 제5차 대회에서 바쿠닌 등이 제명되자 며칠 후 아나키스트들이 스위스의 생티미에에서 개최한 국제회의)에서 '사실에 의한 선전'이 쥐라연맹의 회원들에게 널리 권장되고(玉川信明, 1991, 59쪽), 베른대회(바쿠닌주의자들이 중심이 된 아나키스트 인터내셔널이 1876년 베른에서 개최한 국제대회)에서 '사실에 의한 선전'이 슬로건으로 채택된(다니엘 게렝, 1993, 146쪽) 이후 아나키스트들은 테러를 주요한 선전 수단으로 채택하였고, 이후 약 20년 간 테러의 광풍이 세계를 휩쓸었다. '사실에 의한 선전'은 직접행동에 의한 선전을 의미하지만, 거기에서의 직접행동은 주로 테러를 지칭하였다. 1880년 12월 25일 크로포트킨은 그가 간행하던 신문《반항자》에서 "말에 의한, 문서에 의한, 단도에 의한, 총탄에 의한, 다이나마이트에 의한 반항……합법성을 문제로 삼지 않는 우리에게는 이 모든 것이 정당하다"고 하였다.(다니엘 게렝, 1993, 146쪽) 이는 목적이 수단을 정당화시킨다는 논리로서 테러·폭동 등 아나키스트들의 모든 행동을 정당화하고 있다.

일제강점기 한국인 아나키스트들도 '사실에 의한 선전'을 민족해방운동의 수단으로 채택하고, 테러 등의 직접행동을 통한 선전을 강조하였다. 직접행동이 민중들을 각성시켜 그들 스스로 봉기·폭동·파업 등에 참가하게끔 할 수 있는 주요한 수단이라는 것이다.

즉 암살이나 파괴 활동 그 자체로써 일제의 식민지 권력을 타도한다는 것이 아니라, 그러한 직접행동을 통해 아나키즘을 선전하고 민중들을 각성시켜 민중들 스스로 혁명과정에 참가하도록 유도한다는 것이다. 일제강점기 한국인 아나키스트들에게 있어서 테러는 하나의 선전수단이었던 것이다.

한말부터 테러를 국권회복운동의 수단으로 채택한 사람들이 있었다. 하지만 아나키즘과 관련하여 전개된 테러는 1920년대 초반부터이다. 남대관南大觀,[55] 최승달崔承達, 인건印鍵 등은 1921년 4월 무렵부터 일본에 있는 사회주의자들을 선동하여 미대사관을 파괴하고 이를 통해 미·일전쟁을 일으킨 후, 상해임시정부 및 국내 비밀결사와 연락하여 한국 독립을 도모하기로 하였다. 1921년 음력 5월 무렵 최용환崔容煥(황해도 재령)이 지정신池貞信의 소개로 합류하였고, 인건과 조조산趙祚山은 인속영印續永과 신하범愼夏範으로부터 각각 권총·탄환 등을 넘겨 받아 소지하고 있었다. 이들은 이를 이용해 운동에 드는 경비를 마련하고자 각 방면에서 활동하다가 체포되었다. 이 사건에 관련된 자들은 남대관·최승달·인건·최헌성崔憲晟·조조산·최용환 등이며, 이들은 이 사건으로 1년 이상 1년 6개월 이하의 징역형을 언도받았다.(《동아일보》 1921년 11월 10일·12월 10일자 등을 종합)

1923년에는 김상혁金相赫·어해魚海·박제호朴齊浩·전무全無·김선희金善姬 등이 일본 아나키스트 단체 길로틴사에 속해있던 다카시마 산지高島三治·후루타 다이지로古田大次郎·도미오카 치카이富岡誓(中浜哲, 中浜鐵) 등과 연계하여 테러활동을 도모하였다. 1923년 관동關東대지진 당시 오스기 사카에大杉榮가 육군 헌병에게 학살당하였는데, 후루타 다이지로·도미오카 치카이·와다 규타로和田

55) 남대관은 1929년 7월 중국 하이린海林에서 결성된 재만조선무정부주의자연맹에 참가하여 활동하였다.

久太郎 등은 이에 대한 복수를 하기 위해 당시 계엄사령관이었던 후쿠다 마사타로福田雅太郎 대장을 살해하기로 작정하고, 1923년 말부터 계획을 수립하였다. 후루타 다이지로 등은 폭탄과 권총을 구하기 위해 1924년 3월 한국으로 갔다. 김상혁金相赫·어해魚海·박제호朴齊浩·전무全無·김선희金善姬 등은 다카시마 산지·후루타 다이지로·도미오카 치카이 등을 만나 직접행동으로 자금염출을 겸하여 정계·실업계의 거물들을 암살, 복수한다는 계획을 세우고, 김선희로 하여금 무기와 폭탄을 구입케 하였다. 후루타 다이지로 등은 폭탄을 구하지 못한 채 귀국하였으며, 어해도 7월 중순에 오사카로 건너갔다. 김상혁 역시 8월 중순 일본으로 건너가 조선근육노동자연맹을 조직하는 등 활발한 활동을 하였지만 다시 귀국하였던 것으로 보인다. 다카시마高島와 나카하마中浜는 도쿄로 건너가 자금을 마련하기 위해 활동하다가 1924년 3월 25일과 4월에 각각 체포되었으며, 후루타 다이지로는 와다 규타로·무라키 겐지로村木源次郎 등과 함께 9월 1일과 3일에 후쿠다 마사타로福田雅太郎 대장 살해를 시도하였으나, 결국 실패하고 9월 10일에 체포되었다. 어해와 김상혁도 12월 3일과 12월 중순에 각각 공범자로 체포되었으나 무죄로 풀려났다. 박제호와 전무 역시 불기소 처분으로 풀려났다. 김선희는 간도에서 폭발탄을 구입하여 돌아왔으나, 김상혁·박제호·전무 등이 체포되자 러시아 입국을 기도하다가 1925년 4월 말 무렵 일제 경찰에 체포되었다.[56]

이외에도 1920년대 초 국내 아나키스트들이 의열단의 주도 아래 펼쳐진 테러활동에 직간접으로 관계하였을 것으로 보인다. 하지만 아나키스트들이 테러에 직접적으로 관계하였다는 사실을 밝혀주는 자료는 아직 발견되지 않고 있다.

---

56) 《동아일보》 1925년 1월 27일·5월 3일자 ; 〈福田大將狙擊事件判決文〉(大島英三郎 編, 1982, 71~82쪽) ; 松隆二, 1972, 189~191쪽 ; 이정규, 《정당사政黨史의 전주前奏로 정치사(근대)》 등을 종합

국내에서 테러적 직접행동론에 입각하여 테러활동이 전개된 것은 1920년대 중반부터였다. 즉 일본 아나키스트계와 밀접한 관계를 맺고 있던 진우연맹이 테러적 직접행동론을 방법론으로 채택하면서부터였다. 이 때부터 복수적 감정에서가 아닌 민족해방운동의 수단으로서 테러활동이 전개되기 시작했다.

1920년대 전반 대구 지역의 아나키스트들은 공산주의자와 함께 활동하고 있었다. 즉 1923년 이상훈李相熏 · 최원택崔元澤 · 신철수申哲洙 · 이여성李如星 등에 의해 조직된 상미회尙微會[57]에는 윤우열 · 신재모申宰模[58] 등이 참가하여 활동하였으며, 대구청년회 · 철성단鐵城團(鐵聲團) · 용진단勇進團[59] · 제4청년회 등에도 방한상 · 안달득安達得 · 서학이徐學伊(徐黑波) · 김소성金召成(大山) · 마명馬明(馬鳴, 馬祥敏, 馬昇宙)[60] · 우해룡禹海龍(禹海雲)[61] · 윤우열 등이 참가하고 있었다.(박찬

57) 尙微會는 1924년 3월 24일 총회를 개최하여 正午會로 명칭을 변경하였다.(《동아일보》 1924년 8월 27일자)

58) 신재모는 대구노동친목회 위원이었으며, 대구농민회 · 달성소작인조합의 간부를 역임하였다. 1925년 진우연맹의 결성에도 주도적으로 참여하였다. 1931년 일제의 만주 침공 때는 대구 철도노동 종업원의 총동맹파업을 감행하였다.(《한국아나키즘운동사》, 228쪽)

59) 용진단은 일월회계의 단체로 1925년 1월 1일 발기되었으며, 1월 5일 대구에서 계급의 절대적 해방, 신생활 안정, 사상단체 옹호 등을 표방하며 이상정李相定을 위원장으로 하여 창립되었다. 단원간 단결, 부조, 옹호, 친목을 목적으로 하였으며, 강령은 다음과 같다.
1. 오인은 각자의 힘에 의하여 절대로 수양하고 자아의 인격을 존중하여 최고의 완성을 기함
1. 오인은 합리적 경제조직의 출현과 사회적 자유활동의 획득과 계급적 절대 해방의 완성을 기함
1. 오인은 맹목적 지위에서 신문화의 건설과 非理的 단계에서 신생활의 안정을 기함
1. 오인은 사상단체와 실제운동단체에 대하여 專心으로 절대옹호를 기함(朝鮮總督府警務局 編, 1930, 161쪽 ;《동아일보》 1925년 1월 4일 · 10일자 등을 종합)

60) 마명馬明은 대구 노동공제회 창립에 관계하였고, 1925년 7월 대구노동친목회 창립총회에서 불온한 축사를 하였다는 죄목으로 검속되었다가 11월 30일에 집행유예로 풀려났다. 진우연맹 사건으로 또다시 검거되어 1927년(22세) 재판을 받고 복역하였으며(《동아일보》 1925년 12월 2일 · 1927년 5월 27일 · 6월 15일자 등을 종합), 그 뒤 대만臺灣으로 망명하였다. 1920년 일본 사회주의동맹에 참가하였던 공산주의자 마명馬鳴(정우홍鄭宇洪, 1897년 신태인 출생)과는 동명이인同名異人이다.

61) 우해룡은 대구고보 재학시 맹휴 책임자로 퇴학처분당하였으며, 대구노동공제회에

숙, 1995, 11~12쪽) 마명과 우해룡은 1925년 7월 23일 대구 만경관에서 개최된 대구노동친목회 창립대회에 공산주의자 박소근수朴小斤秀(朴光秀)와 함께 참가하여(朴小斤秀 · 마명 · 우해룡의 판결문) 현사회제도를 파괴하고 신사회를 건설하자는 내용의 연설을 하였다. 이 연설로 청중들의 박수를 받았지만, 일제에 의해 징역 6월에 처해졌다.(朴小斤秀 · 마명 · 우해룡의 판결문) 그리고 서학이는 전여종全呂鍾(全海), 신철수申哲洙, 장순명張順明(張水山), 서범석徐範錫(조선일보 기자), 김상주金尙珠(조선일보 마산지국 기자), 서상욱徐相郁(농업), 김창준金昌俊 등과 함께 1925년 4월 20일 서울에서 개최되는 전선민중운동자대회에 참가하고자 하였다. 하지만 서울 본정本町경찰서가 4월 19일 오후 9시 돌연 안녕질서를 해칠 우려가 있다고 해서 대회를 금지하였다. 이들은 20일 남산공원에 집합하여 경찰 당국의 처리에 대해서 반항하는 시위운동을 할 것을 모의한 뒤, 밤 9시 20분경 종로 우미관 앞에서 모여 수십 명의 군중과 함께 적기를 흔들면서 단성사 앞까지 행진하였다. 이들은 민중운동자대회와 무산계급노동자 만세를 고창하면서 시위행진을 하였다. 이 사건으로 인해 전여종 · 신철수 · 장순명은 징역 8월, 서범석 · 김상주 · 서상욱 · 김창준 · 서학이는 징역 6월 집행유예 3년에 처해졌다.[62]

이 '적기사건'으로 인해 상당한 운동역량이 파괴당하자, 방한상을 비롯한 아나키스트들은 공산주의자들의 무모함을 비판하였다. 아나키스트들은 공산주의자와의 공동투쟁에 회의를 느끼고 독자적 이념의 연마와 결속을 도모하였다. 방한상은 1925년 7월 무렵부터 신재모와 협의하여 동지를 규합하기 시작하였다.[63] 방한상과 신

가입하여 노동야학에 종사하였다. 1925년 진우연맹 결성에 참가하였다.(《한국아나키즘운동사》, 229쪽)

62) 전여종 외 7인의 판결문(《일제하 사회운동사 자료총서》 8, 20~29쪽)

63) 《조선일보》 1927년 5월 29일자 ; 송상도, 1955, 352~353쪽 ; 방한상 증언자료(정영진 소장), 1쪽(박찬숙, 1995, 14쪽에서 재인용) ; 《중외일보》 1927년 5월 21일자

재모는 지배계급과 사유재산제도를 부인하는 자유평등의 신사회를 건설할 목적으로 서학이, 정명준鄭命俊(黑淘), 하종진河鍾璡 등과 협의하여 아나키스트 단체를 조직하기로 하였다. 1925년 9월 29일 신재모의 처 이금이의 집에 모여 논의한 뒤, 9월 30일[64] 대구노동공제회관에서 학술연구단체를 표방하고서 진우연맹을 결성하였다. 진우연맹 창립에 관계한 자들은 신재모, 방한상, 서학이, 정명준, 하종진, 김대산 등이다. 진우연맹은 아나키즘을 기초로 한 신사회를 건설하고자 하는 취지로 결성되었는데, 국체國體를 변혁하고 사유재산제도를 철폐하는 것을 목적으로 하였다.

진우연맹 창립회원은 자료에 따라 약간씩 다르게 나타난다. 방한상은 자신이 작성한 "개인 및 단체 경력서"(1966. 10)에서 서동성·정명준·서학이(勇進團員)·김대산·하종진·신재모·윤우열·신철수申哲洙·우해룡·마명·김동석金東碩(黑熊 ; 화원청년회 창립)·방한상 등에 의해 진우연맹이 결성된 것으로 기록하고 있다. 《동아일보》 1927년 6월 15일자와 최갑용은 방한상, 신재모, 서학이, 정명준, 서동성, 하종진 등 6명이 진우연맹을 조직한 것으로 기록하고 있으며(최갑용, 1995, 92쪽), 송상도宋相燾는 방한상·신재모·정명준·서학이·마명·우해룡·안달득·서동성·하종진·김동석 등을 진우연맹 창립회원으로 기록하였다.(송상도, 1971, 352~353쪽) 일제의 정보보고서는 서동성, 신재모, 방한상, 서학이, 정명준, 하종진, 김소성 등에 의해 진우연맹이 결성되었으며, 마명·우해룡·안달득 등이 추후 가맹하였고, 김동석은 나중에 파괴계획에 참가한 것으로 기록하고 있다.(慶尙北道警察部 編, 1934, 240쪽) 《중외일보》 1927년 5월 21일자는 진우연맹이 방한상, 신재모, 서학이, 정명준, 우해룡,

---

등을 종합

64) 자료에 따라서는 진우연맹의 창립일을 9월 29일 혹은 1925년 4월(〈自大正11年至昭和10年內地及朝鮮ニ於ケル社會運動等ノ概況對照(4)〉, 69쪽)로 기록하기도 하나, 방한상·신재모의 판결문이 보다 상세하여 본 연구에서는 이를 따른다.

마명, 안달득, 서동성, 하종진, 김동석 등 10명에 의해 조직된 것으로 보도하였다. 진우연맹 창립대회 때 찍은 기념사진(국민문화연구소 소장)에는 신재모, 방한상, 서학이, 정명준, 하종진, 김대산 등의 얼굴이 보인다. 기념사진이 보다 정확한 것으로 보인다.

흑우회원 김정근金正根(金黑土)이 1925년 10월 무렵 귀국하여 진우연맹원들과 장래의 운동방법에 관해 협의를 하였는데, 이를 계기로 진우연맹은 일본 아나키스트들과의 적극적인 교류를 도모하였다. 진우연맹은 1925년 11월[65] 방한상을 도쿄, 오사카, 나고야名古屋에 보냈다. 방한상은 약 3개월 간 체류하면서 자아인사自我人社의 구리하라 가즈오栗原一男(뒤에 栗原一夫), 흑화사원黑化社員 무쿠모토 운유椋本運雄(黑化),[66] 자연아연맹自然兒聯盟, 길로틴단團 등 일본 아나키스트들과 김정근 등을 만나 현안문제에 대해 논의하였다. 이후 진우연맹은 일본 아나키스트 단체와 깊은 관계를 맺었다. 방한상과 신재모는 김정근 · 무쿠모토 운유 등과 연락을 취하였으며, 서학이 · 방한상 · 정명준 · 신재모 등은 1926년 5월 김정근이 신재모에게 보내준 〈반역아연맹선언서叛逆兒聯盟宣言書〉를 읽고 그 취지에 공감하여 반역아연맹에 가입하기도 하였다. 그리고 재중국 아나키스트와도 연락을 취하였는데, 상하이에 있던 고자성高自性(高三賢, 柳林)[67]은 방한상에게 편지를 보내어, 아나키스트 단체를 증설할 것을 선동하고 상하이에서 계획 중인 원동무정부주의자총연맹遠東無政府主義者總聯盟[68]이 성립하면 거기에 가맹할 것을 권유하였다.

---

65) 방한상의 방일 시기를 1926년 3월로 기록하고 있는 자료도 있다.(《조선일보》 1927년 5월 29일자 ; 《중외일보》 1927년 5월 21일자 ; 송상도, 1955, 353쪽)

66) 자료에 따라 掠本運雄으로 기록하기도 하나, 이는 잘못이다.

67) 일부의 자료는 高自性을 高白性으로 기록하기도 하나, 이는 잘못이다.(이호룡, 2005b, 305쪽)

68) 국제적 아나키스트 단체인 원동遠東무정부주의자총연맹을 결성하기 위한 노력은 무정부주의동방연맹(1927. 9)과 동방무정부주의자연맹(1928. 6. 14) 결성으로 귀결되었다.

1926년 4월, 소위 '대역사건'으로 구속된 박렬이 사형될 경우 시체 인수에 필요한 위임장과 가네코 후미코의 입적入籍에 관한 용무로 구리하라 가즈오가 박렬의 형 박정식朴定植을 만나기 위해 입국하였다. 그는 대구에서 신재모 · 서동성 · 서학이 · 마명 · 우해룡 · 정명준 등을 만나 아나키스트 운동에 대해 논의하였다. 그는 일본 아나키스트 단체 흑색청년연맹黑色青年聯盟의 활동상황 특히 동 연맹원이 1926년 1월 21일 긴자銀座 거리에서 상점을 파괴한 직접행동의 상황을 설명한 뒤, 현재의 강권주의의 치하에서는 자유를 옹호하기 위해서 파괴 · 암살을 행하는 것이 아나키스트들의 사명이라고 역설하였다. 진우연맹은 구리하라 가즈오의 권유로 흑색청년연맹에 가입하였다.

서동성 · 신재모 · 방한상 · 서학이 · 정명준 · 하종진 · 김소성 · 마명 · 우해룡 · 안달득 등은 1926년 4월 12일과 13일에 이금이李今伊 집과 신재모 집에 모여 앞으로의 운동계획에 대해 협의하였다. 이들은 아나키스트 운동을 실천하기 위한 제1보로서 흑색청년연맹의 테러를 본받아 부호로부터 자금을 조달하고, 2개년 이내에 대구에 있는 도청 · 부청 · 경찰서 · 재판소 · 은행 · 회사 · 정거장 등과 그 외 중요 건물을 일거에 폭파하고, 또 도지사 · 경찰부장 이하 주요 관헌 역시 암살하며, 일본인 시가지인 원정元町과 대화정大和町 거리 일대를 파괴할 것과 계속해서 전국에 아나키즘을 선전할 것에 대해 협의하였다. 1926년 5월에도 방한상, 신재모, 우해룡, 정명준 등이 이금이의 집에서 회합하여, 8월 15일을 기해 상하이에 있는 유림으로부터 폭탄을 입수하여 도청, 재판소, 우편국, 경찰서 등 각 관아를 폭파하고, 각 관서의 수뇌를 암살하며, 가장 번화한 원정, 목정木町 등의 점포를 파괴하기로 밀의하였다. 하지만 실행에 옮기기 전에 검거되고 말았다.

일제의 정보보고서에는 진우연맹 관계자들이 1926년 4월 관공아官公衙 · 상점商店 파괴, 관공리 암살을 목적으로 파괴단을 별도로 조직한 것으로 기록되어 있다.[69] 이에 대해 예심정은 진우연맹 관계자들의 피의사실 중 신재모 · 서학이 · 마명 · 정명준 등이 현재 모든 제도를 타파하고 아나키스트 사회를 건설하기 위해 먼저 파괴적 행동을 취한다는 취지로 1926년 4월 13일 이금이의 집에서 파괴단을 조직하고, 1926년 8월 15일을 기하여 일제의 관리를 암살하고 관공서를 파괴하는 것에 대해 협의하였다는 부분은 명확한 증거가 없다 하여 면소처리하였다.(《동아일보》 1927년 6월 15일자) 하지만 증거불충분으로 면소되었다는 사실이 곧 파괴단을 조직하지 않았다는 것을 뜻하지는 않는다.

진우연맹은 파괴활동을 실행에 옮기기 위해 준비해 나갔다. 우선 상하이에 있던 김관선金官善에게 연락하여 폭탄 구입을 의뢰하기로 하였다. 다른 한편으로 방한상은 구리하라 가즈오와 함께 서울에 도착하여 평양사람 김원金元을 만나서 폭탄 구입을 의뢰하였다. 이에 김원은 상하이에 있던 자신의 친구에게 연락하여 폭탄 구입 계획을 구체화시켜 나갔다.

그런데 1926년 5월 안달득이 절도죄로 체포되어 취조를 받는 과정에서 진우연맹 결성 사실이 탄로났다. 이로 인해 1926년 6월 초순 신재모, 방한상, 우해룡, 마명, 하종진, 정명준黑濤, 이모李某 등 7명이 체포되었다. 사건은 확대되어 8월 4일 서동성, 김경호, 차경수, 서학이 등 4명이 추가 검거되었으며, 10일에는 선산에서 김동석이 체포되었다. 그리고 8월 13일에는 일본에서도 구리하라 가즈오와 무쿠모토 운유, 김정근 등이 체포되어 국내로 호송되었다. 이 중 차경수와 김경호 두 사람은 풀려났으나, 신재모, 방한상, 김동석, 정명준, 마명, 우해룡, 서동성, 서학이, 하종진, 김정근, 구리하라 가즈오, 무쿠모토 운유, 안달득 등 13명은 기소되었다. 이들

69) 《治安狀況-昭和8年》, 28쪽 ; 《治安狀況-昭和5年》, 16쪽 등을 종합

의 죄명은 치안유지법 위반으로, 아나키즘을 선전하였다는 것이다.

진우연맹원들은 체포되어 반 년이 넘도록 예심을 종결하지 않는 데 항의하여 옥중투쟁을 감행하였다. 1927년 2월 21일 밤 구치소 벽을 두드리고 고함을 지르는 등 서로 호응하여 소동을 피웠다. 22일부터는 단식투쟁에 돌입하여 26일까지 계속했다. 결국 1927년 7월 5일 방한상, 신재모, 김정근, 서학이 등은 징역 5년, 구리하라 가즈오, 무쿠모토 운유, 서동성, 마명, 우해룡 등은 징역 3년, 정명준과 안달득은 징역 2년, 김동석과 하종진은 징역 2년에 집행유예 4년을 언도받았다. 김정근은 복역 중 1927년 7월 29일 급성폐렴으로 옥사했다.[70)]

진우연맹이 테러 등 파괴행위를 주된 방법으로 설정하였던 것은 그들이 테러적 직접행동론을 방법론으로 채택하였다는 것을 말해준다. 진우연맹이 테러적 직접행동론이라는 방법론을 채택한 것은 일본의 아나키스트 단체인 흑색청년연맹의 영향으로 보인다. 그러나 테러 등은 민중들에게 선전선동의 효과를 어느 정도 거두었는지는 모르지만, 그보다는 일제의 탄압을 초래하여 오히려 운동역량을 파괴하는 결과를 낳았다.

진우연맹과 비슷한 시기에 허무주의적 입장에서 테러활동을 도모한 아나키스트도 있었다. 윤우열은 중동학교와 중앙기독교청년회 영어과를 중도 퇴학하고 일본으로 건너가 교토 모 중학中學과 도쿄 세이소쿠영어학교正則英語學校를 졸업한 뒤, 1923년 여름에 귀국하여 대구에서 대구청년동맹, 대구 철성단, 경북사회운동자동맹 등을 조직하였다. 동시에 대구의 모자조합帽子組合에도 관계하여 그

70) 이상에서 서술한 진우연맹의 창립과정과 활동은 《동아일보》 1926년 8월 5일 · 6일 · 10일 · 14일 · 16일 · 18일 · 30일 · 1927년 2월 28일 · 5월 27일 · 6월 15일 · 7월 6일자 ; 《조선일보》 1927년 3월 14일 · 5월 29일자 ; 《중외일보》 1927년 5월 21일자 ; 慶尙北道警察部 編, 1934, 55 · 240~241쪽 ; 방한상 증언 자료, 2쪽(박찬숙, 1995, 15쪽에서 재인용) ; 송상도, 1955, 353쪽 ; 《治安狀況-昭和8年》, 28쪽 ; 방한상 · 신재모의 판결문 ; 《한국아나키즘운동사》, 223~224쪽 등을 종합한 것임.

조합을 이끌었다. 이후 서울로 가서 흑풍회청년당을 조직하였으나 별 성과를 거두지 못하자 서울청년회에 가입하여 활동하였다. 흑기연맹에도 가입하였으나 간부가 아니었던 관계로 1925년의 흑기연맹 사건 시 검거는 면하였다. 1925년 7월 조선청년총동맹의 집행위원으로 활동하던 중 박홍곤을 만나, 기존 사회운동의 한계에 대해 논하고 테러를 계획하였다. 이들은 테러활동 자금을 확보하려 하였으나 실패하고 말았으며, 박홍곤마저 죽는 상황이 발생했다. 이에 낙담한 윤우열은 테러행위로 사회의 이목을 충동하고 동지를 규합하고자 했다. 1925년 12월에 〈파괴의 투탄을!〉이라는 제목의 허무당선언서를 작성하고, 이를 인쇄하고자 서울로 갔다. 1926년 1월 2일 안병희·하은수 등의 도움을 얻어 청년총동맹 사무소에서 허무당선언서를 인쇄하였으며, 1월 4일 선언서 200여 통을 우편국을 통해 서울시내 신문잡지사와 사회운동단체, 일본 정계의 영수와 명사, 중국 내의 일본 신문사, 일본 내의 신문통신사와 노동단체 등에 우송하였다.(지중세 역편, 1946, 15~30쪽 참조)

윤우열은 허무당선언서에서 "희망도 이상도 장래도 아무 것도 없고 포악한 적의 착취와 학대와 살륙과 조소와 회욕이 있을 뿐인, 암흑한 수라장에서 야망으로 혈안이 된 적의 난무가 있을 뿐"이라면서, "이 전율할 현상을 타파하지 못하면 조선은 영원히 멸망"할 것이라고 주장하였다. 현 질서 내에서 합법적으로 혁명을 완수하는 것은 불가능하고, "사갈蛇蝎과 같은 정치·법률 및 일체의 권력을 파괴"하는 방법은 오로지 폭파·방화·총살의 직접행동만이 있을 뿐이라면서, 허무당을 조직하여 폭력으로써 혁명을 완수할 것을 역설하였다.[71]

윤우열은 1926년 1월 12일 팔판동八判洞에서 종로서에 체포되었다. 이 사건으로 체포된 사람은 윤우열, 하은수河銀水(종범), 안병희

71) 〈파괴의 투탄을!〉(《대일민족선언》, 122~124쪽)

安秉禧(방조), 양명梁明(범인 은닉), 강정희姜貞姬(범인 은닉), 이윤재李允宰(범인 은닉) 등이었다.(경상북도경찰부 편, 1934, 236쪽)

윤우열 사건 이후 국내 아나키스트들의 테러활동은 거의 전개되지 않았다. 단지 개인적 차원에서 테러가 몇 차례 계획되었을 뿐이다. 정찬우鄭燦雨(경남 하동)는 1926년 도쿄에 체재하고 있던 제성희諸聖禧와 서신을 교환하면서 천황 암살에 대한 계획서를 작성하였다.(하기락, 1993, 145쪽) 이홍식李弘植(경남 하동)은 1926년 순종 국장 때 거사를 꾀하다가 자금을 마련하지 못해 실행에 옮기지 못하자, 권총을 구입한 뒤 서울로 올라가 동태를 살피던 중 동소문 파출소 순경을 저격하였다.(《동아일보》 1926년 9월 24일자)

3) 노동운동

일제강점기 한국인 아나키스트들은 노동자들을 대상으로 아나키즘 선전작업을 펼치고, 그들을 조직화하거나 파업투쟁을 하는 등 노동운동을 전개하였다. 그리고 일부는 아나코생디칼리슴에 입각하여 생산기관 사회화를 도모하였다. 아나키스트들이 전개한 파업투쟁의 주요한 이론적 근거는 경제적 직접행동론이었다. 경제적 직접행동론은 아나코생디칼리스트들의 방법론 중의 하나로서, 노동현장에서 보이콧 · 태업 · 파업 등을 행하고, 나아가 총파업을 단행하여 자본주의 사회를 타도하자는 주장이다.

일제강점기 한국인 아나키스트들은 민중을 민족해방운동의 주체로 설정하고 민중해방을 부르짖으면서, 1920년대 초 무렵부터 노동운동을 전개하였다. 그들은 1920년 조선노동공제회 결성에 참가하여 노동자와 농민들을 조직하는 데 많은 노력을 기울였으며, 조선노동공제회가 분열된 이후 흑로회를 결성하여 독자적 노동운동을 모색하였다. 하지만 흑로회는 별다른 활동을 펼치기 전에 일제에 의해 파괴되었으며, 이후 아나키스트 운동은 침체에 빠졌다.

1920년대 중반부터 아나키스트 노동운동은 다시 활성화되기 시작하였다. 국내에서 노동운동이 광범위하게 펼쳐지고, 재일본 한국인 아나키스트들이 노동운동의 중요성을 깨닫고 노동자 조직화에 주력하자(이호룡, 1998, 192쪽), 그 영향 아래 국내 아나키스트들도 노동운동에 주목하기 시작했던 것이다. 1925년에 결성된 진우연맹의 회원 가운데 일부는 대구노동친목회[72]에 관계하여 노동자들에게 아나키즘을 선전하면서 아나키즘적 방향으로 이끌었다.[73] 즉 우해룡과 마명은 박광수朴光秀(청년동맹원)와 함께 대구노동친목회 창립총회에서 축사를 하였으며, 신재모는 창립 당시부터 대구노동친목회를 암암리에 지도하였던 것이다.(《倭政時代人物史料》 5, 14쪽) 이처럼 진우연맹은 노동자단체에 관계하였지만 노동운동에 본격적으로 참여하지는 않았다.[74]

1920년대 후반에 들어가면서 국내 아나키스트들에 의해 노동단체가 결성되었다. 1927년 9월 8일 김연창 등 아나키스트 10여 명은 원산에서 노동자자유동맹을 결성하였다. 노동자자유동맹은 다음과 같은 강령을 채택하였다.(《自由聯合》 第17號)

---

72) 대구노동친목회는 1925년 7월 24일 결성되었으며, 김광서金光瑞 · 김학삼金學三 · 신재모 · 서병하徐炳夏 · 김성곤金聖坤 · 장춘옥張春玉 등이 주요 간부였다. 회원의 지위향상 · 상호부조를 원칙으로 하고, 생활의 안정을 기하는 것을 목적으로 하였다.(《倭政時代人物史料》 5, 13쪽)

73) 신재모 · 방한상의 판결문에는 진우연맹이 노동친목회를 포섭한 것으로 기록되어 있으며, 《倭政時代人物史料》 5에는 운송조합원들이 신재모를 중심으로 단결하고 있었던 것으로 기록되어 있다. 그리고 《독립운동자공훈록》과 이강훈의 《독립운동사사전》은 노동친목회가 진우연맹의 휘하에 있었던 것으로 기록하고 있다.(박찬숙, 1995, 23쪽에서 재인용) 일제 관헌의 정보기록 역시 대구노동친목회가 아나키스트들의 선동을 받으면서 그들의 영향권 안에 있는 것으로 파악하고 있었다.(경상북도경찰부 편, 1934, 55~56쪽)

74) 박찬숙은 〈일제하 무정부주의단체 진우연맹 연구〉에서 진우연맹이 관계한 대구노동친목회의 작업부가 생산기관 사회화를 표방하고 있었다는 점을 들어 진우연맹이 아나코생디칼리슴에 입각하여 노동운동을 본격적으로 전개하였다고 주장하였으나, 대구노동친목회의 작업부가 아나코생디칼리슴적 색채를 약간 띠고 있었다고 해서 진우연맹을 아나코생디칼리스트단체로 보는 것은 성급한 판단으로 사료된다.

1. 우리들은 당면의 문제를 해결함과 동시에 신사회 건설에 노력한다.
1. 우리들은 자유연합을 제창하고 중앙집권을 배격한다.
1. 우리들은 일상생활의 개혁과 상호교화相互教化에 의한 사상의 계발에 매진한다.
1. 우리들은 정치운동을 배척하고 경제적 행동에 매진한다.
1. 우리들은 자주자치의 자유연합주의를 강조하고 강권 · 집중주의를 배격한다.
1. 우리들은 상호부조 본능을 앙양하여 자유협동사회의 맹아로 한다.
1. 우리들은 무산계급의 세계적 단결을 도모한다.
1. 우리들의 해방은 우리들 자신의 일이지 않으면 안된다.

위의 강령에서 보는 바와 같이 노동자자유동맹은 경제적 직접행동론을 방법론으로 채택하고, 노동자 자신에 의한 노동자계급 해방을 강조하는 등 노동운동을 중시하였다. 이는 노동자자유동맹이 아나코생디칼리슴을 지도이념으로 하고 있었다는 것을 말해준다. 하지만 중앙집권주의 배격과 상호부조를 내세우는 등 아나코코뮤니즘적 색채 또한 드러내고 있다.

노동자자유동맹은 1927년 11월 19일부터 도쿄에서 개최된 '자련' 제2회 대회에 축사를 우송하는 등의 활동을 전개하였다.(《治安狀況-昭和2年》, 184쪽) 하지만 노동자자유동맹이 펼친 구체적인 노동운동 사례를 알려주는 자료는 아직 발견되지 않고 있다.

노동자자유동맹과 비슷한 시기에 평양에서도 아나키스트들이 노동운동을 전개하였다. 관서흑우회 결성을 주도했던 이홍근은 중앙집권주의와 강권주의를 반대하는 아나키스트 운동으로만 민족해방과 사회해방이 이루어질 수 있다고 주장하면서, 민중 스스로가 전개하는 식민지 노동자농민운동을 사회해방운동으로 심화된 식민지 해방운동의 새로운 형식으로 규정하였다.(李弘根, 〈解放運動と民族運動〉)

이러한 입장에 근거해서 평양 지역의 아나키스트들은 아나키즘 선전과 함께 노동운동을 전개할 기관으로 관서흑우회를 결성하였다. "신흥 독재가들(볼셰비키—인용자)의 철저한 박멸"을 취지로 하여 결성된 관서흑우회는 창립대회에서 다음과 같은 내용의 선언문을 발표하였다.[75)]

> 현하 조선의 노동운동은 일대 위기에 빠져 있다. 그것은 소위 단일적 미명 아래서 전 무산대중의 전투의식을 마비하여 노동운동의 근본정신을 말살하려 하는 적색개량주의 일파의 소위 방향전환운동이 그것이다. 이때에 있어서 우리는 더욱 명확한 계급적 기치 아래서 그들에게 농락을 당하는 대중을 올바른 길로 구출하지 않으면 아니될 것을 절실히 느끼는 바이다. 이에서 우리는 최후의 역량을 다하여서 일체 중앙집권적 주의를 배격하는 동시에, 자유연합적 행동으로 일관하여 전 노동계급의 해방을 기한다.

위의 선언문에서 보는 바와 같이 관서흑우회는 공산주의자들이 노동운동을 지도함으로써 노동운동이 위기에 처한 것으로 진단하였다. 즉 공산주의자들이 민족주의자들과 연합하여 신간회를 결성하고 합법투쟁을 펼치는 것은 노동운동의 근본정신을 말살하는 개량주의에 지나지 않으며, 공산주의자들이 정우회 선언을 통해 노동자들의 투쟁을 경제투쟁에서 정치투쟁으로 전화시킬 것을 주장하였지만 정치운동을 통해서는 노동자계급의 해방을 담보할 수 없다는 것이다. 그리고 노동운동이 위기에서 벗어나기 위해서는 권력장악을 위해 민중들을 이용하고자 할 뿐인 중앙집권주의적 공산주의자들로부터 노동자들을 떼어 내어 자유연합주의적 방향으로 나아가게 해야만 한다고 역설하였다.

관서흑우회는 노동자 조직화 사업을 펼치고자, 아나키즘 이론

75) 《중외일보》 1927년 12월 25일자 ; 《小作人》 第3卷 第2號(1928. 2. 5) 등을 종합

을 연구할 목적으로 결성된 평양사회생리학연구회를 노동청년자유연맹으로 개편했다. 사회생리학연구회는 관서흑우회의 주도 아래 1928년 7월 16일 제1회 월례회의를 개최하여 강령 수정의 건, 선언 발표의 건, 규약 제정의 건, 사무 처리의 건, 회원 정리의 건, 임시총회 개최의 건, 회비에 관한 건, 회관에 관한 건 등을 토의하였다. 그리고 회會의 명칭을 노동청년자유연맹으로 개칭하고, 순정 노동청년으로만 조직하기로 결정하였다. 이어 강령을 "우리들은 자유연합적 정신으로써 노동운동의 기조로 함"으로 개정하고, 선언 작성위원으로 이홍근과 최갑용을 선정하였으며, 통신연락과 기타 사무를 처리하기 위하여 서기 한 명(최갑용)과 회계 두 명(이효묵 · 장성현)을 두었다.(《중외일보》 1928년 7월 21일자)

노동청년자유연맹은 노동청년을 대상으로 아나키즘 선전과 교양을 해 나가면서 노동조합을 결성하기 위한 활동을 전개하였다. 그러한 작업이 성과를 거두어 1929년 5월 21일 노동청년자유연맹은 평양일반노동조합으로 전환하였다. 평양일반노동조합의 강령은 노동청년자유연맹과 동일하였으며, 사무소는 평양부 기림리箕林里 7번지에 있었다.[76]

관서흑우회는 평남 평원군 한천에서도 노동조합을 결성하기 위한 활동을 전개하였다. 그 결과 관서흑우회원 전창섭全昌涉이 박종하朴宗夏 등과 함께 한천자유노동조합漢川自由勞動組合을 결성하였다.(《한국아나키즘운동사》, 263쪽) 한천자유노동조합은 한천지역의 노동자들에게 아나키즘을 선전하였다.

관서흑우회는 노동자 조직화에 노력하는 한편, 기존의 노동조합에 대한 영향력을 확대하는 활동도 펼쳤다. 평양양화직공조합[77]은

76) 《自由聯合新聞》 第36號(1929. 6. 1). 위의 자료에는 평양노동조합으로 기록되어 있으나 평양일반노동조합이 정확한 명칭으로 사료된다.

77) 평양양화직공조합은 양화공장의 노동자들이 현재의 고통을 박차고 나가자는 취지하에 1925년 3월 1일에 결성한 단체이다. 그 간부는 장용식張龍植(조합장) · 김청리

복리 증진과 경제적 향상을 도모하고 상호부조의 정신과 단결의 힘으로 자유생존의 기초 확립을 도모하며, 품성을 도야하고 지식을 계발하여 인격 및 지위 향상을 도모한다는 내용의 강령을 제정하는(《조선일보》 1925년 3월 4일자) 등 아나키즘적 입장을 취하고 있었으나, 공산주의계와도 관계를 맺고 있었다. 이에 최갑용은 양화직공조합에 대한 공산주의자들의 영향력을 제거하고자 하였다. 양화직공조합원이던 이효묵은 최갑용의 지시에 따라 박내훈朴來訓 · 김찬오金贊吾 · 한명암韓明岩 등에게 아나키즘을 선전하고 그들을 포섭하였다.[78)]

이러한 작업의 결과 양화직공조합은 1929년 12월 26일 총회를 개최하여 신규 사업과 신규약을 제정하였다. 그리고 공산주의계 조선노동총동맹 평양연맹과의 관계를 청산하고 관서흑우회에 가담할 것을 결의하였다. 이에 일제 경찰은 1929년 12월 27일부터 · 승도경 · 김찬혁 · 이홍근 · 이효묵 · 이성주李成柱 등을 체포하여 양화직공조합이 관서흑우회에 가담하는 과정에서의 흑막 유무를 조사하였다. 그리고 이들을 무직이라는 이유로 29일간의 구류처분을 하였다. 1930년 1월 13일에는 최갑용까지 같은 이유로 검속하여 조사하였다.[79)] 이러한 탄압에도 평양양화직공조합은 조선노동총동맹 평양연맹과의 관계를 끊고 아나키즘을 지도이념으로 삼았다. 즉 1930년 7월 13일 위원회를 개최하여 중앙집권을 부인하고 자유연합의 정신 아래서 나아가기 위하여 조선노동총동맹 평양연맹에서 탈퇴한다는 결의를 채택하였다.[80)]

金聽利(이사) · 김응종金應鍾(이사) 등이다.(《조선일보》 1925년 3월 4일자)

78) 최갑용의 증언(박환, 1993, 215쪽에서 재인용). 최갑용은 이효묵 · 한명암韓明岩 · 박내훈朴來訓 · 김찬오金贊五 등이 평양양화직공조합을 결성하였다는 기록을 남기기도(최갑용, 1995, 26쪽) 하였으나, 이는 잘못이다.

79) 《동아일보》 1929년 12월 31일 · 1930년 1월 4일 · 17일자 ; 《自由聯合新聞》 第45號(1930. 3. 1) ; 《중외일보》 1930년 1월 6일자 등을 종합

80) 《조선일보》 1930년 7월 15일자. 양화직공조합이 조선노동총동맹 평양연맹에서 탈

평양목공조합 역시 관서흑우회의 공작대상이 되었다. 평양목공조합원이던 최복선은 이도성李道成 형제에게 아나키즘을 전파하고 그들과 함께 평양목공조합을 아나키즘을 지도이념으로 하는 단체로 개조하는 공작을 수행했다.[81)]

관서흑우회는 노동자들을 대상으로 한 아나키즘 선전작업의 일환으로 메이데이 기념행사를 계획하기도 하였다. 관서흑우회는 1928년 4월 20일 임시대회를 열고 다음과 같이 결의하였다.(《조선일보》 1928년 4월 23일자)

> 1. 노동자의 승리일 5월 1일을 기념하기 위해 관서흑우회의 발의로써 평양 각 단체 연합 시위행렬을 협동 실행함
> 2. 메이데이의 의미를 일반 대중에게 선전하기 위하여 기념강연회를 개최하기로 함

하지만 이 계획은 일제 경찰에 의해 사전에 탐지가 되어 4월 28일 최갑용 · 이향 · 오치섭 등이 체포되었다.(박환, 1993, 219쪽) 이 외에도 관서흑우회는 노동야학을 개설하여 노학정신을 고취하는 동시에 노동자들의 사회의식 개발에 노력하였다.(박환, 1993, 216쪽)

다른 지역에서도 아나키스트들에 의해 노동조합이 결성되었다. 대구에서는 1928년 2월 1일 "자치적 정신으로 조합원들 사이에 상호부조를 꾀하고 기본재산을 적립하며 공익적 사업을 진행시킨다"는 취지로 대구목공조합이 창립되었으며(박찬숙, 1995, 23쪽), 전남 나주에서는 1929년 8월 11일 일반노동조합이 "우리들은 자유연합주의를 해방운동의 기조로 한다"를 강령으로 하여 창립대회를 개최

퇴하자 조선노동총동맹 평양연맹측에서는 이에 반대하는 결의를 채택하였으며, 이에 양화직공조합은 8월 초 월례회에서 "노련의 본 조합에 대한 부당 결의"를 안건으로 상정하여 토의하는 등 대책을 세웠다.(《조선일보》 1930년 8월 6일자)

81) 최갑용의 증언(박환, 1993, 215쪽에서 재인용)

할 예정이었으나 경찰의 탄압으로 금지되었다.(《自由聯合新聞》 第39號)

4) 조선공산무정부주의자동맹 결성과 그 이후의 아나키스트 운동

아나키스트들의 노력에도 불구하고 아나키스트 운동은 부진에서 벗어나지 못하였다. 이에 아나키스트들은 공산주의자와의 대립을 통해 아나키스트 진영 강화를 꾀하고자 하였다. 하지만 아나키스트 운동은 더욱 침체되어 갔다. 최갑용 등의 관서흑우회 관계자들은 아나키스트 운동이 활발히 전개되지 못하고 또한 공산주의운동으로부터 압박을 당하고 있는 것은 아나키스트 단체들의 활동이 중앙조직에 의해 조직적으로 지도받지 못하기 때문인 것으로 보고, 아나키스트 운동을 활성화시키기 위해서는 전국적으로 아나키스트운동을 통제·운영할 수 있는 중앙조직이 필요하다고 생각하였다.[82] 그들은 아나키스트들의 전국대회를 개최하여 의견을 전국적으로 수렴하고, 여기에 바탕하여 전국의 아나키스트 단체들을 통제할 수 있는 중앙조직을 결성하기로 결정했다. 그들은 이 중앙조직을 반공산주의운동의 중심체로 설정하고 있었다. 즉 전국 아나키스트들의 힘을 중앙조직으로 집결시켜 공산주의운동에 대항하고자 했던 것이다.

그들이 중앙통제적 조직을 결성하기로 결정한 것은 1920년대 후반부터 하나의 흐름을 형성하기 시작한 아나코생디칼리슴적 입장이 크게 작용하였던 것으로 보인다. 즉 아나코생디칼리스트들은 중앙집중제에 대해 철저하게 반대하던 순정 아나키스트들과는 달리 집산주의적 경향을 띠고 있었고, 그것은 중앙집권적 조직에 대한 거부감을 어느 정도 상쇄시켜 주었던 것으로 보인다.

82) 조선공산무정부주의자동맹 사건 판결문(《일제하 사회운동사 자료총서》 12, 561~562쪽)

관서흑우회는 1929년 8월 5일 임시총회를 개최하여 다음의 사항을 결의하였다.

1. 흑색운동 특무기관黑色運動特務機關으로서 사회사정조사반을 조직하고 각종 자료를 수집할 것
1. 관서흑우회 부속 문고를 설치할 것과 에스페란토 강습을 개시할 것
1. 오는 11월 10~11일 전조선흑색사회운동자대회를 개최할 것
1. 기독교의 융창隆昌은 흑색운동에 대장애大障碍를 주고 있으므로, 종교비판강습회를 개최하여 종교에 대한 일반의 몽蒙을 계啓할 것

관서흑우회는 임시총회의 결의에 따라 종교비판대강연회를 열어 기세를 높이고자 하였으며, 8월 8일에는 전조선흑색사회운동자대회준비위원회를 설치하였다. 전조선흑색사회운동자대회준비위원회의 준비위원으로는 최갑용, 이홍근, 채은국蔡殷國, 조중복趙重福(趙建) 등이 선임되었다.[83] 대회준비위는 전조선흑색사회운동자대회의 목표를 전국 아나키스트들의 의견을 모아서 민중운동의 사상적 기조 문제, 실제 전술 문제, 투쟁형식 문제(곧 조직문제), 민족운동 검토, 공산당운동 검토 등 아나키스트 운동이 당면하고 있는 바의 모든 범위의 문제에 대한 해결책을 토의 · 결정함으로써, 한국 민중운동의 목표와 전술에 대한 새로운 면을 개척하는 것으로 설정하였다.(《自由聯合新聞》 第42號) 대회준비위는 신문을 통하여 대회 개최를 전국에 알리는 한편, 비밀리에 전국의 아나키스트들에게 통지장을 보냈다. 그리고 관서흑우회 내에 임시사무소를 설치하고 신청을 받기 시작하였다. 이후 전국 각지로부터 대회 참가 신청이 답지하여 참가신청자가 9월 18일 현재 20여 명에 이를 정도로 성황을 이

83) 《동아일보》 1929년 8월 8일자 ; 《조선일보》 1929년 8월 9일자 ; 〈自大正11年至昭和10年內地及朝鮮ニ於ケル社會運動等ノ概況對照(2)〉, 30~31쪽 ; 崔甲龍, 1995, 28쪽 등을 종합

自由聯合

自由聯合主義と われらの態度

自由聯合新聞

JIYU RENGO SHIMBUN

全市闇黒化事件に 醜悪な共産派の策動

一ケ月に亘る ブラジルの暴動

泥迷を排して

全國組合會議

일본 아나키스트 단체 '전국노동조합자유연합회'의 기관지 《自由聯合》과 《自由聯合新聞》

루었으며, 지역에서는 참가자들을 조직하는 사업을 벌이기도 했다. 원산 지역의 경우 대회에 참가할 사람들로 도보대를 조직하기로 하고 참가신청을 받았다.

이에 일제 당국은 온갖 수단을 다 동원하여 대회 준비를 방해하였다. 대동경찰서는 10월 4일 관서흑우회관을 습격하여 최갑용, 이향, 임중학林仲鶴, 승도경承道京 등을 검속하였으며, 평양경찰서도 《자유연합신문》 평양지국을 습격하여 이철李鐵, 김자강金子剛(金鏞), 한원일韓元一, 양해楊海 등을 검속하였다.[84] 그리고 집회신고서를 제출하기도 전인 10월 15일[85] 대동경찰서에서 대회준비위원의 일인인 최갑용을 호출하여 대회를 금지한다는 것을 통보하였다. 이에

84) 《조선일보》 1929년 10월 7일자는 평양경찰서와 대동경찰서가 10월 5일 오전 3시부터 동 8시까지 관서흑우회원 10여 명을 검거하였는데, 평양서에 검거된 사람은 승도경 등 6명이고, 대동서에 검거된 사람은 최갑용 등 5·6명이라고 보도하였다. 《自由聯合新聞》 第41號는 幹元一·揚海로 보도하였는데, 이는 韓元一과 楊海의 잘못으로 보인다.

85) 대동경찰서에서 대회 금지를 명한 날짜는 자료에 따라서 10월 15일, 10월 17일, 10월 21일 등으로 달리 기록되어 있다. 본 연구에서는 《조선일보》 1929년 10월 19일자와 《동아일보》 1929년 10월 20일·29일·11월 7일자의 기록을 따른다.

대회준비위는 10월 23일 "이번에 소위 금지된 것은 정식으로 집회 신고서를 제출하기 전의 일이고, 또 대동서가 말하는 부분은 자기 관내에서 개최될 경우에 한限한다는 것이다. 우리들은 처음부터 평양서 관내에서 결행할 예정이었기 때문에 대회의 준비는 의연히 진행되므로 각지 참가 동지들은 경박한 신문 기사에 미혹되지 말라"는 내용의 성명서를 발표하는 한편, 대회 준비를 계속하였다. 그러자 11월 2일 평양경찰서도 자기 관내에서 대회를 개최하는 것을 똑같이 금지한다고 예고하였으며, 평남경찰부 고등과장은 "이번 대회는 공안을 문란케 할 염려가 있으니, 도내에서는 절대로 개최를 허락하지 않는다"고 신문기자단에게 공식적으로 발표하였다.

그럼에도 각지의 아나키스트들이 모여들기 시작하자, 평양시는 계엄상태에 들어갔다. 11월 7일부터는 경찰들이 대회에 참가하러 오는 아나키스트들을 검속하기 시작하였다. 7일 대동서에서는 차고동車鼓東(車學輅, 정평), 장재욱張在旭(張子益, 장재환, 예산) 등을, 평양서에서는 신현상申鉉商(申鉉鼎, 예산),[86] 김형순金炯淳(고원), 유림柳林(柳華永, 越坡,[87] 高尙眞, 高自性)[88] 등을 검거하였다. 이어 임중학(단천), 조중복(趙建, 단천) 등이 검속되고, 9일 김한金翰(金煥, 양양)이 체포당하는 등 피해가 속출하자, 대회준비위는 9일 긴급회의를 열어 준비위를 해체한다는 내용의 성명을 발표하였다. 이후에도 검거는 계속되었는데, 10일에는 함북 지역에서 걸어온 네 명과 유현태劉玄台(도쿄)가, 11일에는 원산에서 걸어온 김중화金重華(金京鎭?-인용자)가 각각 검거

86) 자료에 따라서는 申鉉相으로 기록하기도 하였으나, 국가보훈처가 간행한 《포상자 공적조서》에는 申鉉商으로 기록되어 있다. 본서에서는 《포상자 공적조서》에 따른다.

87) 대다수의 자료에는 유림의 호가 月波로 기록되어 있다. 하지만 정인식에 의하면 柳林의 호는 月波가 아닌 越坡이며, 旦洲는 1952년 부산정치파동 이후 사용되었다.(정인식, 2001, 81쪽)

88) 유림柳林은 11월 7일 김영진金永鎭이라는 이름으로 체포되어 평양경찰서에서 조사를 받다가, 9일에 대동경찰서로 비밀리에 이감되었다.[《조선일보》 1929년 11월 12일 · 26일자 ; 유림의 고등법원 판결문(《刑事裁判書原本》) 등을 종합]

유림

되었다. 일제 경찰은 검속한 자들을 차례로 평양 시외로 추방하는 한편, 준비위원들에게도 퇴거령을 내려 그들을 귀향시켰다. 이리하여 전조선흑색사회운동자대회는 무산되고 말았다.

일제 경찰은 유림을 취조하는 과정에서 11월 15일 관서흑우회관과 《자유연합신문》 평양지국을 수색하여 서류 수십 건을 압수함과 동시에 이홍근을 체포하였고, 16일 이후 채은국, 최갑용, 조중복 등을 검속하였다. 17일 최갑용과 조중복이 석방되었으나, 17일 밤 최갑용은 다시 검속되었다. 승도경 역시 17일에 검속되었다가 몇 시간 후에 풀려났다. 최갑용과 채은국은 19일에, 이홍근은 20일에 각각 석방되었다. 일제 경찰은 관서흑우회원들을 검거하여 유림과의 관계를 캐물었지만, 아무런 혐의를 잡지 못하고 모두 석방하였다. 유림은 만주로 강제로 추방되었다.[89]

전국흑색사회운동자대회준비위가 일제 경찰의 방해 공작에도 불구하고 대회를 추진하는 가운데, 이홍근 · 최갑용 등 아나코생디칼리스트들은 전국의 아나키스트 운동을 체계적으로 지도할 조직을 결성하기 위한 준비작업을 진행시켰다. 그들은 1929년 10월 23일 조중복 · 임중학 · 유림 등과 함께 평양부 기림리箕林里 소재의 송림松林 가운데서 모임을 가지고, 아나키스트 사회 건설을

89) 조선공산무정부주의자동맹 사건 판결문(1933年 刑控 第146號 · 147號 · 148號)(《일제하 사회운동사 자료총서》 12, 562쪽) ; 《自由聯合新聞》 第41號~第43號 ; 《조선일보》 1929년 10월 7일 · 19일 · 11월 11일 · 12일 · 14일~16일 · 18일 · 20일 · 21일 · 23일자 ; 《동아일보》 1929년 9월 9월 18일18일 · 23일 · 10월 20일 · 29일 · 11월 7일 · 9일~13일 · 17일~19일 · 21일 · 22일 · 12월 11일자 ; 崔甲龍, 1995, 28쪽 등을 종합

목적으로 하는 결사를 조직하는 것과 그 강령 · 규약의 기초 등 운동의 방침에 대해서 협의를 하였다. 그리고 11월 1일[90] 다시 모여 "조선 무정부주의운동에 통일적 이론과 조직적 방략을 수립하기 위해 신뢰할 만한 의식분자만을 결속하여" 아나키스트 운동 지도기관을 조직할 필요가 있다는 이홍근의 발의에 따라 조선공산무정부주의자동맹[91]을 결성하였다. 그리고 "현재의 국가제도를 폐절廢絕하고 코뮌을 기초로 하여 그 자유연합에 의한 사회조직으로 변혁할 것", "현재의 사유재산제도를 철폐하고, 지방분산적 산업조직으로 개혁할 것", "현재의 계급적 민족적 차별을 철폐하고, 전 인류의 자유 · 평등 · 우애의 사회 건설을 꾀할 것" 등을 강령으로 채택하고 규약을 협정하였다. 나아가 만주를 직접행동훈련장으로 활용하고, 유림이 만주 방면을, 이홍근과 최갑용이 관서(평양) 방면을, 김정희와 차고동이 함남 방면을, 조중복과 임중학이 함북 방면을 책임지기로 결정했다.[92]

하지만 유림은 만주 방면을 책임지는 것을 거부하였을 뿐 아니라 조선공산무정부주의자동맹에 가입하는 것조차 반대하였다. 그 이유는 조선공산무정부주의자동맹은 "먼저 그 명칭이 공산주의단체에 무정부라는 형용사를 부가한 것에 불과하"며, "이러한 정당적 방식(아나키스트 운동을 통일적으로 지도하는 것-인용자)은 명실공히 공산당의 권력행사와 서로 다를 바가 없는 것으로 무정부주의의 원리를

90) 《한국아나키즘운동사》에는 조선공산무정부주의자동맹이 1929년 11월 10일에 결성된 것으로 서술되어 있다.(《한국아나키즘운동사》, 260쪽)

91) 조선공산무정부주의자동맹은 해방 이후 아나키스트들이 조선공산무정부주의자연맹으로 고쳐 부른(《한국아나키즘운동사》, 260쪽 참조) 이후 통상 조선공산무정부주의자연맹으로 지칭되고 있지만, 공식적인 명칭은 조선공산무정부주의자동맹이다.

92) 조선공산무정부주의자동맹 사건 판결문(《일제하 사회운동사 자료총서》 12, 562~563쪽) ; 유림의 고등법원 판결문(《刑事裁判書原本》) ; 崔甲龍, 1995, 159쪽 등을 종합. 일부의 자료와 대다수의 연구들은 조선공산무정부주의동맹이 만주부 · 관서(평양)부 · 함남부 · 함북부 혹은 만주부 · 관서부 · 일본부 등의 부서를 설치하고, 유림을 만주부의 책임자로 선정하였던 것으로 기록하고 있으나, 이는 잘못으로 사료된다.

위반하고 …… 그 결과는 필히 동지 중에서 의견 충돌과 당파 지위 등의 분쟁을 만들어 운동에 치명적 위해를 초래할 것"으로 판단하였기 때문이다.[93)]

유림은 조직운영에서도 개인의 자유의사가 보장되지 않는 중앙집권주의를 부정하였다. 그는 "소위 의식분자만을 결속하여 조선무정부주의운동을 통일적으로 지도한다"는 것은 "조선 무정부주의자 중에서 일개의 특수 계급을 구성하여 조선 무정부주의운동에 대한 지배권을 장악하는 것"이라 하면서, 중앙집권적 조직을 부정하였다.[94)]

11월 11일에는 이홍근 · 김정희[95)] · 최갑용 · 조중복 등이 모여 운동방침을 수립하고, 1930년 3월 서울에서 개최될 신간회 대회를 이용하여 조선공산무정부주의자동맹의 전국대회를 개최할 것을 결정하였다. 운동방침의 내용은 ① 공산주의자와 대립적 항쟁을 하지 말 것, ② 농민 대중에 대한 운동을 진전시킬 것, ③ 다른 민족적 단체에 가입하지 말 것 등이었다.[96)]

조선공산무정부주의자동맹은 운동 방침에서 농민운동에 대한 아나키스트들의 관심을 제고시킬 것과, 민족주의운동에 대한 반대의 입장을 분명히 하였다. 아나키스트들이 민족주의운동을 부인한 것은 민족주의운동을 민족주의자들이 식민지 권력에 대한 민중들의

93) 조선공산무정부주의자동맹 사건 판결문(《일제하 사회운동사 자료총서》 12, 562~563쪽) ; 유림의 고등법원 판결문(《刑事裁判書原本》) ; 崔甲龍, 1995, 159쪽 등을 종합

94) 유림의 고등법원 판결문(《刑事裁判書原本》)

95) 김정희는 본능아연맹 회원으로서, 전조선흑색사회운동자대회에 출석하기 위해 1929년 11월 9일 밤 평양에 도착하였으나, 대회가 금지된 관계로 그 목적을 이루지 못하였다. 11월 11일 관서흑우회관에서 이홍근 · 최갑용 · 조중복 등을 만났으며, 이홍근의 권유로 조선공산무정부주의자동맹에 가입하였다.[조선공산무정부주의자동맹 사건 판결문(《일제하 사회운동사 자료총서》 12, 564쪽)]

96) 조선공산무정부주의자동맹 사건 판결문(《일제하 사회운동사 자료총서》 12, 563~564쪽) ; 《조선일보》 1931년 8월 7일자 ; 崔甲龍, 1995, 29쪽 등을 종합

반항을 이용하여 자신들의 권력욕을 채우고자 하는 운동에 불과한 것으로 판단하고 있었기 때문이다.(〈민족운동의 오류〉) 이홍근은 〈해방운동과 민족운동〉에서 아일랜드, 터키, 중국 국민당 등을 예로 들면서 민족주의운동으로는 민중의 완전한 해방을 성취할 수 없다고 역설하였다.(《自由聯合新聞》 第40號) 그리고 공산주의자와의 충돌을 피하고자 한 것은 아나키스트 세력이 열세에 처해 있는 상황에서는 공산주의자와의 충돌이 아나키스트 진영을 더욱 약화시킬 것이라는 판단에 따른 것으로 보인다.

아나코생디칼리스트들이 조선공산무정부주의자동맹 결성을 주도하는 등 1920년대 말 이후 아나코생디칼리슴이 하나의 흐름을 형성하면서 국내의 아나키스트 운동계는 순정 아나키스트계와 아나코생디칼리스트계로 분화되었다. 분화는 노동운동에서부터 이루어졌다. 지금까지의 아나키스트들에 의한 노동운동은 노동자들에게 아나키즘을 선전하고 그들을 조직하는 차원에서 이루어졌지만, 아나코생디칼리스트들이 노동운동에 관계하면서 노동운동은 순정 아나키스트운동과 아나코생디칼리슴을 실현하기 위한 운동으로 분화되기 시작했다. 아나코생디칼리스트들은 노동조합을 조직하고 노동자들의 파업투쟁을 지원하는 한편, 작업부 등을 설치하는 등 생산조합을 사회운영의 기초단위로 삼기 위한 활동을 전개했다. 하지만 순정 아나키스트들은 아나코생디칼리스트들을 투항주의자로 비판하면서 노동운동은 아나코코뮤니스트 사회 건설을 목적으로 하는 하나의 부문운동일 뿐이라는 것을 강조했다.

아나코생디칼리슴이 국내에 유입된 것은 1920년대 초이지만, 1920년대 중반에 가서야 아나코생디칼리슴적 경향들이 나타나기 시작했다. 진우연맹원들의 주도 아래 대구노동친목회는 1925년 12월 조합활동의 일환으로 대구시장을 중심으로 일하던 운반노동자를 중심으로 하여 운반부를 설치하였다.[97] 그 운반부는 생산기관 사회화를 표방하고 있었는데(박찬숙, 1995, 21쪽), 그것은 노동친목회에 관계하고 있던 아나키스트들이 아나코생디칼리슴을 수용하고 있었다는 것을 의미한다. 그리고 1927년 9월 8일 원산에서 결성된 노동자자유동맹도 아나코생디칼리슴적 입장에서 경제적 직접행동론을 방법론으로 채택하였다. 하지만 아나코생디칼리슴은 그다지 영향력을 발휘하지 못하고 있었다.

아나코생디칼리슴이 하나의 커다란 흐름을 형성한 것은 1920년대 말 무렵부터였는데, 그것은 이홍근 · 최갑용 등과 같은 일본에서 귀국한 아나코생디칼리스트들의 활동과 일본 아나키스트계의 영향에서 비롯된 바가 컸다.[98] 이들의 노력으로 아나코생디칼리슴적 경향이 점차 확산되어 가면서 아나키스트 운동은 분화되었고, 그것은 관서흑우회의 분열로 이어졌다. 1929년 10월 전조선흑색사회운동자대회가 무산되자, 관서흑우회는 체제 정비를 위하여 1929년 12월 22일 오후 6시부터 평양 동승루에서 회원 15명이 참가한 가운데 동회 창립 2주년 기념 간친회를 개최하였다.(《조선일보》 1929년 12월 25일자) 이 회의는 지난 대회를 총결산함과 아울러 앞으로의 운동방향에 대하여 논의하였다.(박환, 1993, 225쪽) 하지만 노동운동의 방향, 방법, 목적 등을 둘러싸고 의견 충돌이 발생하였고, 이로 말미암아 관서흑우회는 흑기파黑旗派(순정 아나키스트계)와 흑전파黑戰派(아나코생디칼리스트계)로 분열되었다.(《治安狀況-昭和5年》, 17쪽)

이홍근 · 최갑용 등 관서흑우회 안의 아나코생디칼리스트들은 일

97) 김경일, 1992, 419쪽 ; 《동아일보》 1925년 12월 16일자 등을 종합

98) 일본 아나키스트계는 1928년 3월 17 · 18일 양일간 개최된 '자련'의 제2회 속행대회를 계기로 순정 아나키스트계와 아나코생디칼리스트계로 분열되었다. 일본에서의 아나코생디칼리슴의 확산은 국내 아나키스트계에도 상당한 영향을 미쳤던 것으로 보인다.

본 아나코생디칼리스트들의 잡지인 《흑전黑戰》 지국을 설치하는[99] 등 일본 아나코생디칼리스트들과 교류하면서 아나코생디칼리슴 선전활동을 펼쳤다. 더불어 노동자들에 대한 영향력을 강화하고자 노동자들의 파업투쟁을 적극 지원하였다. 1930년 10월 22일 평양 지역의 31개소의 양화점 직공들이 임금 인하에 반대하여 파업투쟁에 돌입하자, 아나코생디칼리스트들은 이에 적극 관여하였다. 이 파업투쟁에서 양화직공조합은 일정한 성과를 얻어내기는 했지만 10월 24일 양화직공 80여 명이 해고되었다.[100] 평양고무공장 노동자들이 총파업을 전개하였을 때는 파업을 후원하기 위하여 배반자들을 응징하였다. 그리고 1931년 1월 6일 평양목공조합원 170여 명이 해고 반대와 임금 인하 반대 등을 내세우고 파업을 단행하였는데, 이때에도 관서흑우회는 파업지원투쟁을 펼쳤다. 최갑용은 3월 24일 파업 중에 열린 임시대회에서 파업단원들을 격려하는 축사를 하

99) 《治安狀況-昭和5年》, 17쪽 ; 《治安狀況-昭和8年》, 28쪽 ; 《한국아나키즘운동사》, 256쪽 등을 종합. 무정부주의운동사편찬위원회와 박환은 관서흑우회가 《흑색전선黑色戰線》의 지국을 설치한 것으로 서술하고 있다.(《한국아나키즘운동사》, 256쪽 ; 박환, 1993, 국사편찬위원회, 214쪽) 이는 관서흑우회가 《흑전黑戰》 지국을 설치했다는 《治安狀況-昭和5年》의 기록을 잘못 옮겨 적은 것으로 사료된다. 그리고 박환은 《흑색전선》과 《흑전》을 동일한 잡지로 이해하면서 1928년 3월 하순 일본 도쿄에서 정찬진丁贊鎭 · 김호구金豪九 · 오병현吳秉鉉 등이 조직한 흑전사의 기관지로 서술하였다. 《自由聯合新聞》 第39號(1929. 9. 1) · 第49號(1930. 7. 1)에 의하면, 《흑전》이 흑전사의 기관지인 것은 사실이다. 하지만 관서흑우회가 설치한 것은 흑전사의 기관지 《흑전》의 지국이 아니라 일본 아나코생디칼리스트들의 잡지 《흑전黑戰》의 지국이다. 일본 아나키스트들은 1929년 1월 《흑색문예黑色文藝》 · 《이십세기二十世紀》 · 《흑봉黑蜂》의 3개 문예지를 통합하여 《흑색전선黑色戰線》을 창간하였는데, 이 잡지에 점차 아나코생디칼리슴적 논조를 띤 글이 발표되기 시작하였다. 이를 둘러싸고 논쟁이 벌어져 《흑색전선黑色戰線》은 순정 아나키스트계와 아나코생디칼리스트계로 분열되었다. 순정 아나키스트들은 1930년 1월부터 《흑기黑旗》를, 《흑색전선黑色戰線》의 주력이었던 아나코생디칼리스트들은 1930년 2월부터 《흑전黑戰》을 발행하였다.(星野準二, 1975, 1~2쪽 ; 塩長五郎, 1975, 3~4쪽 등을 종합) 아나코생디칼리스트계의 중심 인물은 단자와 아키라丹澤明, 모리 다츠노스케森辰之助, 이시카와 산시로石川三四郎, 야리타 겐이치鑓田研一 등이었으며, 순정 아나키스트계의 중심 인물은 스즈키 야스유키鈴木靖之, 오카모토 쥰岡本潤, 호시노 쥰지星野準二, 야키 아키八木あき, 이와사 사쿠타로 등이었다.[〈日本無政府共産黨事件第1審及第2審判決〉(昭和15年 8月)(《昭和思想統制史資料》 1, 145쪽)]

100) 《自由聯合新聞》 第56號(1931. 2. 10) ; 한국노동조합총연맹 편, 1979, 851쪽 등을 종합

는 등 목공조합원들의 투쟁을 응원하였다.[101)]

아나코생디칼리스트들은 노동자들의 파업투쟁을 지원하는 한편, 노동조합의 주관으로 생산조합을 설립하거나 노동조합 내에 작업부를 설치하여 노동자가 경영하는 회사를 설립케 하였다. 이를 통해 모든 재산을 노동조합에 귀속시켜 생산에 대한 지배와 관리를 노동자 자신이 장악하는 아나키스트 사회를 건설하고자 하였다. 1929년 말 무렵부터 관서흑우회에 가담한 평양양화직공조합은 1930년 3월 23일 임시총회를 열어 작업부 설치에 관한 중요 의안을 토의한 뒤, "우리는 노동자 자유생존의 기초 확립을 도圖함", "우리는 노동자의 단결과 훈련 및 교양을 도圖함", "우리는 노동자의 최고 복리를 위하여 적극적으로 투쟁함" 등을 강령으로 채택하였다.(《중외일보》 1930년 3월 27일자) 그리고 문맹 타파를 위해 강습회를 개설하고, 조합원의 건강을 위하여 관서병원(병원장 李元珪)을 지정병원으로 하여 무료로 치료를 받도록 추진하는 등의 활동을 펼쳤다. 작업부의 활동은 일정한 성과를 거두기 시작하였다. 작업부는 1931년 7월 26일 구주총회口株總會를 개최하여 "이익금 처분에 관한 건", "자본금 증모增募에 관한 건" 등에 대해 토의하고, 그 동안의 이익금을 자본금에 편입하여 작업부를 확장하기로 결정하였다.(《조선일보》 1930년 7월 15일 · 1931년 7월 30일자)

1930년 8월의 총파업투쟁에서 실질적으로 패배한 평양의 고무공장 노동자들도 파업과정에서 희생된 노동자들의 생계와 고용을 위해, 9월 초순에 생산조합을 설립하여 자신들의 힘으로 직접 공장을 건설하기로 결의하였다. 이들은 9월 14일 공장설치창립회의를 열어 공장명칭을 공제고무공업조합으로 결정하였다. 10월 6일에는 직공대표 김지건, 최윤옥, 곽영수 등이 대평고무공장주 유키

101) 《조선일보》 1931년 3월 29일자 ; 한국노동조합총연맹 편, 1979, 851쪽 ; 최갑용, 1995, 27쪽 등을 종합

시게루結城繁와 매매계약을 체결하고, 공장 명칭을 평양공제생산조합 고무공업부로 확정하였다. 그리고 무산계급의 생산기관으로서 각종 생산업을 도모하기로 하고, "현재 고용주 측이 제정한 모든 제도를 깨뜨려버"리고, 8시간 노동제와 이익의 평균분배를 시행할 것을 표방하였다. 조합의 주지主旨는 생산기관 사회화, 노동생활 합리화, 이윤분배 균등화 등이었으며, 부대사업으로 일용소비품 구입 분배, 의료기관 · 탁아소 · 숙박소 · 식당 · 욕장 · 이발소 · 오락 및 수양기관 설치 등을 계획하였다. 그리고 주식수의 여하를 불문하고 의결권에서는 권리가 동등하다는 원칙도 명시하였다. 하지만 10월 13일 개최된 주주총회에서 몇몇의 주주가 결의권의 동등을 명시한 조합의 주지를 거부하는 바람에 총회 자체가 연기되는 어려움을 겪기도 했다.[102)]

1931년 1월 평양목공조합원들도 파업 과정에서 곤경에 처한 조합원들의 생활문제를 해결하기 위하여 작업부를 설치하였다. '우리들의 공장'을 건설한다는 취지에서 설치된 작업부는 '소득의 공평한 분배'를 목표로 하였다. 이들은 "공정한 임금을 표준하고, 값싼 물품을 제공"하는 것을 중지로 삼고, 이를 통해 "우리의 생활을 보장토록 하여 자본가 측에 대항하여 끝까지 싸"울 것을 천명하였다. 파업단원들은 3월 24일 100여 명이 참가한 가운데 임시대회를 개최하였다. 최갑용의 축사가 있은 후 "쟁의 계속의 건", "반동분자의 건", "희생가족 구제의 건", "작업부 확장의 건", "목물상조합木物商組合 반성의 건", "××신보 기사의 건", "인격적 평등권 확립의 건", "해고 절대 반대의 건", "임금인하 절대 반대의 건" 등에 대해 토의하였다.[103)]

같은 해 5월 17일 전개한 파업 과정에서 해고된 평원고무공장

102) 《동아일보》 1930년 10월 8일 · 19일자 ; 《중외일보》 1930년 9월 5일자 ; 《매일신보》 1930년 9월 8일자 ; 《조선일보》 1930년 10월 16일자 ; 한국노동조합총연맹 편, 1979, 850쪽 등을 종합

103) 《조선일보》 1931년 1월 16일 · 3월 29일자 ; 김경일, 1992, 423~424쪽 등을 종합

여성노동자들이 설립을 추진한 평화고무공장도 생산기관 사회화, 노동생활 합리화, 이윤분배 균등화를 표방하였다.[104] 평화고무공장 설립에는 관서흑우회원이었던 승도경 등이 주도적으로 관계하였다.(《조선중앙일보》 1931년 12월 16일자)

평양양화직공조합, 평양고무공장 노동자, 평양목공조합원, 평원고무공장 여성노동자들이 생산조합이나 작업부를 설치하여 생산기관 사회화를 도모한 것은 생산자에 의한 생산관리를 추구한 것이다. 이는 자주관리체제를 지향하는 아나코생디칼리슴의 이념에 따른 것이었다. 하지만 생산조합 설립이나 작업부 설치가 아나코생디칼리슴적 입장에서만 이루어진 것은 아니었다. 아나키스트들이 참가하였던 공제고무공장(평양공제생산조합 고무공업부) 설립은 최윤옥(신문기자), 황연 · 김인수(유지 자산가), 김지건(변호사), 우제순(공장경영자) 등 쁘띠 부르주아지의 범주에 속하는 자들의 주도 아래 이루어졌다. 즉 우제순이 공장 설립을 주도하였고, 김지건 · 최윤옥 · 곽영수 등이 10월 6일 대평고무공장을 인수하기 위한 계약을 체결하였으며, 김지건이 공장 경영 책임자로 선정되었다.[105] 그리고 민족주의적이거나 공산주의적 경향을 띤 조합도 상당수 있었다.

아나코생디칼리스트들은 자신들이 주도하여 결성한 조선공산무정부주의자동맹을 중심으로 아나키스트 운동을 재흥시키고자 하였다. 조선공산무정부주의자동맹은 동맹원들을 함경도와 평안도 지역으로 파견하였다. 함남 지역에는 1927년 공산주의자와의 충돌 이후 원산 자유노동자동맹(1927. 9. 8), 함흥 정진청년회(1927. 11. 13),[106]

---

104) 김경일, 1992, 424쪽 ; 한국노동조합총연맹 편, 1979, 852쪽 등을 종합

105) 《동아일보》 1930년 10월 8일 · 19일자 ; 김경일, 1992, 424쪽 등을 종합

106) 정진청년회는 1927년 11월 13일 함흥 중리 천도교교당 교구당에서 김신원金信遠, 고탑高塔, 고신균高信均, 고순욱高舜旭, 안호필安鎬弼, 주길찬朱吉燦, 한각영韓恪泳, 조영성趙永星, 김경식金慶植, 안증현安增鉉 외 70여 명이 평양에서 온 이홍근의 사회 아래 창립대회를 개최하고 결성한 아나키스트 단체이다. 창립대회에서는 "대중의 세계적 해방운동과 선구적 중책重責을 자부하고 피정복자 자신의 사업으로써 자

함흥 자유소년회(1928),[107] 선덕宣德 진흥청년회, 장자리長者里청년회, 광덕廣德소작조합, 단천흑우회 등이 차례로 조직되어[108] 활동을 펼치고 있었다. 조선공산무정부주의자동맹 함북부 책임자로 선정된 임중학과 조중복은 단천으로 돌아가서 단천흑우회를 중심으로 활동을 전개하였다. 단천흑우회는 조중복 · 임중학 · 김낙구金洛九 · 강창기姜昌磯 등에 의해 1929년 4월 22일[109]에 결성되었는데, "우리들은 자유연합적 정신을 기조로 하는 빈천계급의 해방운동을 고양한다" 등을 강령으로 채택하고 있었다.[110] 단천흑우회는 회원들의 필사적 활동과 끊임없는 노력으로 각지에 흩어진 아나키스트들과 새로운 회원들을 대거 영입하고, 1930년 5월 5일 단천흑우회관에서 임시총회를 개최하였다. 이 총회에서 "전선 공고화"라는 슬로건을 확실히 하고 전선을 확충시켜 나갔으며, 농민 · 노동자 · 청년 각 단체를 결성하여 전 민중을 망라 · 동원하기 위한 준비작업을 서두르는 등 지배계급과 공산주의자들을 타도하기 위한 활동을 펼쳐 나갔다.(《自由聯合新聞》 第48號)

치적 신사회의 생활 획득을 기"할 것을 결의하였다. "우리들은 자주 · 자치의 정신으로써 청년교양운동에 노력한다"는 것을 강령으로 채택하였다.[朝鮮憲兵隊司令部 編, 〈輓近ニ於スル鮮内思想運動ノ情勢〉(《일제하 사회운동사 자료총서》 7, 82 · 91쪽) ; 《한국아나키즘운동사》, 255쪽 등을 종합] 《한국아나키즘운동사》는 정진청년회의 결성일을 1925년 7월로 서술하였으나 취하지 않는다. 《한국아나키즘운동사》에 따르면, 1925년 5월에 함흥 주길정住吉町 신성여관에서 김신원, 고탑, 안종호安鍾浩, 김경식, 한희하韓熙夏, 이병육李炳六, 한국하韓國河, 주낙찬朱洛燦, 고신균, 고순욱, 이응수李應洙, 홍일하洪一河, 김병순金炳淳, 김호진金鎬鎭, 박용덕朴鎔德 등에 의해 함흥 자연과학연구회가 조직되었다.

107) 함흥소년회는 1928년 함흥 동명극장에서 김신원, 주찬엽朱贊燁, 강석률姜錫律, 권상점權尙漸, 고신균, 주낙찬, 고순욱, 한상국韓相國, 노병용盧炳瑢, 이상락李尙洛, 신현송申鉉松, 장현직張鉉稷, 박헌진朴憲鎭, 김순덕金順德 등 30여 명에 의해 조직되었다.(《한국아나키즘운동사》, 255쪽)

108) 《治安狀況》-昭和5年》, 17쪽 ; 《治安狀況-昭和8年》, 29쪽 ; 朝鮮憲兵隊司令部 編, 〈輓近ニ於スル鮮内思想運動ノ情勢〉(《일제하 사회운동사 자료총서》 7, 91쪽) 등을 종합

109) 《한국아나키즘운동사》의 254쪽에는 단천흑우회가 1927년 5월에 결성된 것으로 서술되어 있으나 취하지 않는다.

110) 《自由聯合新聞》 第36號(1929. 6. 1) ; 《한국아나키즘운동사》, 254 · 262쪽 등을 종합

단천흑우회를 중심으로 단천 지역의 아나키스트들은 반공산주의 활동을 강화하기 위하여 아나키즘 연구단체와 청년단체를 조직했다. 이들은 공산주의 이론과 사상을 극복하고 자유연합주의 이론과 주장을 명확하게 확립하기 위해서 사회생리학연구사를 창립하고, '현대 기계문명 연구 비판', '사회적 질병과 민중사상에 관한 연구', '사회적 질병과 민중사상에 관한 출판', '연구재료 수집과 공급', '강연회 · 강좌 · 연구회 개최', '문고 설치', '통계표 작성' 등을 연구과목으로 정하고 그것을 실행해 나갔다.(《自由聯合新聞》 第48號)

그리고 신흥청년연맹을 결성하여 청년운동 또한 전개하였다. 조중복과 임중학 등은 1930년 5월 30일[111] 단천 천도교회당에서 신흥청년연맹 창립대회를 열었다. 창립대회는 개회사 낭독에 이어 의장 선출, 결성 선언과 강령 낭독 등의 순으로 진행되었다. 공산주의자들은 신흥청년연맹이 결성되는 것을 막기 위해 창립대회장에 수백 명이 몰려가 회의 진행을 방해했다. 신흥청년연맹이 자유연합주의에 의한 인류해방운동을 기조로 하는 선언 · 강령을 낭독하자 거기에 공산주의자들이 반발하였고, 그 과정에서 아나키스트와 공산주의자 간에 충돌이 발생하여 다수의 중경상자가 발생하였다.

신흥청년연맹은 조선공산무정부주의자동맹과 같이 국체 변혁 및 사유재산제도 폐지를 목적으로 하였으며, 본부를 단천읍 동패리東狽里 흑우회 내에 두었다. 그리고 5명 이상의 맹원이 존재하는 지역에는 연락부를 설치하기로 하는 등 조직 확대 작업에 들어갔다. 이 조직방침에 따라 강창기[112]는 여해진汝海津 연락부를 설치하는 데 전력

111) 조선공산무정부주의자동맹 사건 판결문에는 신흥청년연맹의 결성일이 1930년 7월 4일로 기록되어 있으나, 1930년 7월 1일자의 《自由聯合新聞》이 신흥청년연맹의 창립을 알리고 있으므로, 이가 옳은 것으로 보고 이를 따른다.

112) 강창기는 신흥청년연맹이 결성된 직후 가입하였으며, 1930년 7월에는 임중학林仲鶴의 권유에 의해 조선공산무정부주의자동맹에도 가입하였다.[조선공산무정부주의자동맹 사건 판결문(《일제하 사회운동사 자료총서》 12, 565~566쪽)]

하였으며, 한용기韓容基 등 10여 명을 동 연맹에 가입시켰다.[113)]

그런데 6월 중순경 조선일보가 단천 지역에서 발생한 아나키스트와 공산주의자 사이의 충돌에 대해서 아나키스트들에게 불리하게 보도하였다. 이에 이혁李革(李龍大)[114)]과 류현대柳玄臺(柳鉉台)[115)]가 조선일보사 측에 정정 기사와 사과문을 게재할 것을 요구하는 등 몇 차례에 걸쳐 항의했다. 하지만 신문사측은 아무런 성의를 보이지 않았다. 이에 7월 초 이혁과 류현대는 이광래李光來 · 승흑룡昇黑龍(승도경?-인용자) · 김지홍金知弘 등과 함께 신문사를 찾아가 사장 · 편집부장과의 면담을 요구하였다. 이들은 면담 요구가 거절당하자, 사원들과 충돌하면서 활자판을 뒤집어엎고 윤전기에 모래를 뿌리는 등의 행동으로 항의하였다. 이 사건으로 인하여 이혁 · 류현대 · 승흑룡 등이 투옥되었다. 승흑룡과 류현대 양인은 4일간 유치장에 갇혀 있다가 불기소로 석방되었으나, 이혁은 금고 8개월을 선고받았다.[116)]

113) 《동아일보》 1931년 1월 9일자 ; 조선공산무정부주의자동맹 사건 판결문(《일제하 사회운동사 자료총서》 12, 566쪽) ; 《自由聯合新聞》 第48號 · 第49號 등을 종합

114) 이혁(1907~?, 평남 안주생)은 평양 숭실중학을 중퇴하고 1922년 경 도쿄로 건너가 豊山中學을 졸업한 후 닛폰대日本大 정경학부에서 수학했다. 재학 중 맹형모孟亨模와 더불어 무산無産학우회를 주재하는 등 학생운동에 참가하였으며, 졸업한 뒤 원심창元心昌 · 육홍균陸洪均 · 장상중張祥重 등과 함께 아나키스트 운동을 재흥시키기 위해 노력했다. 조선동흥노동동맹 · 조선자유노동자조합 등에 참여하는 한편, 무국인사無國人社를 창설하고 핫타 슈조八太舟三 · 곤도 겐지近藤憲二 · 후세 다츠지布施辰治 등과 교유하면서 강연회 · 간담회 등을 자주 개최하는 등 사상운동에도 적극적으로 참가했다. 1928년 5월 공산주의자와의 충돌 사건에 원심창 · 김현철金賢哲 등의 조선자유노동자조합 조합원과 함께 참가하였다가 검거되었다. 1929년 무렵 일제 경찰의 호송 아래 고향으로 돌아갔다가 경찰의 감시를 피해 상경하였으며, 1930년 봄 20세기서방(견지동 60번지 소재)을 경영하였다. 20세기서방은 현영섭玄永燮 · 김용찬金容讚 · 이석규 · 승흑룡昇黑龍 등이 창립하여 사상운동의 근거지로 삼았으나, 이혁이 서울로 온 이후 승흑룡과 이혁이 이를 주간主幹하였으며, 근대사상연구소(에스페란토 강습)와 《自由聯合新聞》 경성지국 등을 겸하였다. 이혁은 《신동방新東方》을 간행하는 한편, 류현대와 함께 경성흑색청년회 또는 경성자아인연맹 등을 조직할 것을 기획하고 기관지 《흑선풍》 간행을 준비하던 중 조선일보사 습격사건을 주도하였다.(《한국아나키즘운동사》, 216~217쪽 ; 《治安狀況》-昭和5年》, 17쪽 ; 《治安狀況-昭和8年》, 29쪽 등을 종합)

115) 전조선흑색사회운동자대회에 참가하고자 도쿄에서 평양으로 왔다가 11월 10일에 검거되었던 劉玄台와 동일 인물인 것으로 사료된다.

116) 《동아일보》 1930년 9월 3일자 ; 《自由聯合新聞》 第48號 · 第58號 ; 《한국아나키즘운동사》, 217쪽 등을 종합

1931년 1월 1일에는 신흥청년연맹원 김형종金亨鍾이 단천농민조합(공산주의계)에 가입한 것을 둘러싸고 아나키스트와 공산주의자 간에 또 한 차례 충돌이 일어났다. 김형종이 단천농민조합에 가입하자, 아나키스트들이 김형종에게 태도와 주의를 선명히 할 것과 단천농민조합을 탈퇴할 것을 강요하였고, 이에 공산주의자들이 김용삼金龍三을 찾아가 항의하면서 아나키스트들과 공산주의자들 사이에 물리적 충돌이 발생하였던 것이다. 이 충돌로 공산주의자 김승모金昇模, 김화룡金化龍, 이학삼李學三과 아나키스트 허민겸許敏謙 등 쌍방에 많은 중상자들이 발생했다. 이 충돌은 경찰의 개입을 초래하여 아나키스트 허학로許學魯·신효선申孝善 외 7명과 공산주의자 강두익姜斗益·김증필金增弼·이원송李元松·이상욱李相旭·오기붕吳起鵬·김정환金貞煥 등 8명이 검거되었다.[117]

4월 7일에도 아나키스트와 공산주의 사이에 충돌이 발생하였다. 즉 아나키스트 허원명許元命이 단천군 하다면何多面 연대리蓮坮里에 있는 자기 친척 집에 놀러갔다가 그곳의 공산주의자들과 충돌하였던 것이다. 이 충돌로 공산주의자 7~8명이 검거되었다.(《동아일보》 1931년 4월 15일자)

원산·함흥 지역에서도 조선공산무정부주의자동맹원들은 비교적 활발한 활동을 펼쳤다. 조선공산무정부주의자동맹에 가입한 이후 원산으로 돌아간 김정희는 조선공산무정부주의자동맹의 방침에 따라 아나키스트 운동을 조직화하기 위한 활동을 전개했다. 그는 노호범盧好範, 펑톈奉天에서 돌아온 남상옥南相沃 등과 함께 지역의 정세와 운동 방향에 대해서 협의하고, 1927년의 공산주의자와의 분쟁 이후 침체된 원산청년회를 부활시켜 청년 대중에게 아나키즘을 교양한다는 계획을 세웠다.[118]

117) 《동아일보》 1931년 1월 9일·13일자 ; 《조선일보》 1931년 1월 13일자 등을 종합
118) 조선공산무정부주의자동맹 사건 판결문(《일제하 사회운동사 자료총서》 12, 565쪽)

원산 지역의 아나키스트들은 원산청년회를 중심으로 반공산주의 선전작업을 전개했다. 1931년 2월 7일 원산 천도교회당에서 400여 명이 참가한 가운데 김좌진金佐鎭 추도회 및 강연회를 개최하였는데, 여기서 아나키스트들은 공산주의자들이 김좌진을 살해한 이유와 '음모'를 폭로함과 동시에, '공산주의단체를 비롯한 일체의 반동단체'를 박멸하자는 내용의 삐라와 포스터를 시내에 수천 매 살포하였다. 일제 관헌들과 공산주의자들은 아나키스트들의 선전작업을 방해하였다. 결국 김좌진 추도회는 경찰에 의해 강제로 해산되고 말았다.(《自由聯合新聞》 第56號)

이후 김정희 등은 원산청년회의 회원을 지역적으로 정리하여 동리별로 협동단을 설치하고, 각 단별로 아나키즘 선전작업을 전개하기로 하였다. 그리하여 1931년 2월 28일에 중리협동단中里協同團이, 동년 3월 1일에는 양촌동협동단楊村洞協同團이 각각 설치되었다.[119] 동단위로 결성된 협동단은 비밀리에 정례회합을 하면서 아나키즘 선전을 강화하고 조직을 확대하였다.(《한국아나키즘운동사》, 261쪽)

원산 지역의 아나키스트들은 노동운동에도 관계하였다. 1929년 1월 28일 원산대파업 당시 원산노동연합회에 맞서 자본가들이 어용단체인 함남노동회를 조직하였다.(이지휘, 〈거세去歲 개적槪跡과 금년의 추세〉) 하지만 원산대파업이 마무리되고, 함남노동회에 대한 사회적 여론이 나빠지자 원산부두의 하주荷主들조차 함남노동회 소속의 노동자를 쓰지 않았다. 경제적으로 어려워진 함남노동회 소속의 노동자들은 한산閑散 노동자들을 습격하여 일거리를 빼앗고자 하였다. 그리하여 이들 사이에 충돌이 비일비재하게 일어났다. 김정희金鼎熙(金大爟)·노호범盧好範 등은 1930년 만주에서 돌아온 남상옥

119) 조선공산무정부주의자동맹 사건 판결문(《일제하 사회운동사 자료총서》 12, 565쪽) ; 《한국아나키즘운동사》, 260쪽 등을 종합

南相沃과 협의하여 원산청년회를 부활시키고, 함남노동회의 횡포를 규탄하였다. 함남노동회의 횡포가 더욱 기승을 부리자, 원산청년회는 그 동안의 방관적 태도를 버리고 김연창 · 조시원 등을 중심으로 분쟁에 개입하였다. 이들은 1931년 3월 10일[120] 함남노동회 삼영조三永組가 한산閑散 노동자로 구성된 일반조一般組의 일거리를 빼앗으려고 함에 따라 이들 사이에 충돌이 발생하자, 3월 11일 원산청년회원 수십 명과 함께 "기아와 궁핍에 우는 대중을 해방"한다는 취지하에 원산일반노동조합을 결성하여 여기에 개입하였다. 노동조합 결성에 소요되는 자금은 청년회 회원들이 철도공사장에서 받은 임금으로 마련했다. 이 사건으로 인해 김정희 · 남상옥 · 노호범 등 50~60명이 검속되어 29일간의 구류에 처해졌으며, 남상옥 · 김정희 · 노호범 외 1명은 치안유지법 위반으로 구속되어 45일여 동안 취조를 받았다. 취조 과정에서 조선공산무정부주의자동맹에 관한 단서가 포착되어 검거선풍이 불었다.[121]

조선공산무정부주의자동맹원들의 아나키스트 운동 활성화 작업은 평안도에서도 시도되었지만 별 성과는 거두지 못하였다. 조중복과 최갑용은 1930년 숙천肅川의 박희춘朴熙春(金鍵의 처), 안주 연호면燕湖面의 이혁,[122] 한천의 전창섭全昌涉 등을 순방하여 그들을 포섭하고자 하였으나 뜻을 이루지 못하고 평양으로 돌아가고 말았

120) 《동아일보》 1931년 7월 31일자는 3월에 화물쟁탈전이 전개되어 3월 8일부터 김정희, 남상옥 등을 비롯하여 각지에서 아나키스트들이 구속되었다고 보도하였으나 취하지 않는다.

121) 《동아일보》 1931년 3월 12일 · 4월 13일 · 7월 31일자 ; 《조선일보》 1931년 4월 13일 · 7월 30일 · 8월 7일자 ; 《自由聯合新聞》 第76號 ; 崔甲龍, 1995, 34쪽 ; 《한국아나키즘운동사》, 260~262쪽 등을 종합. 자료에 따라서는 원산경찰서가 50~60명을 검거하였다가 2~3일 후에 대부분 석방한 것으로 기록하고 있으나, 《自由聯合新聞》은 원산경찰서가 원산청년회원과 일반노동조합원 수십 명을 검속하여 29일 동안 구류하였던 것으로 보도하였다.

122) 이혁이 조선공산무정부주의자동맹의 최갑용 · 조중복 등에 호응하지 않은 것은 그가 당시 흑기계黑旗系(순정 아나키스트계)에 속해 있었기(《治安狀況》-昭和 5年》, 17쪽) 때문인 것으로 사료된다.

다.[123] 조선공산무정부주의자동맹원들이 평안도 지역에서 활동을 제대로 펼치지 못한 것은 평안도 지역의 아나키스트들이 관서흑우회에 비판적 입장을 지니고 있었기 때문인 것으로 사료된다. 즉 관서흑우회가 1920년대 말 무렵부터 점차 아나코생디칼리슴적 경향을 띠어가자 안주·철산·덕천 등지의 아나키스트들이 순정 아나키즘을 표방하는 단체를 조직하여 아나코생디칼리스트들을 비판하고 나서는 등 평안도 일부 지역에는 관서흑우회에 반대하는 분위기가 형성되어 있었고, 그러한 가운데 평안도 지역의 순정 아나키스트들이 관서흑우회가 주도하던 조선공산무정부주의자동맹에 동조하지 않았던 것이다.

관서흑우회 내의 아나코생디칼리스트들이 생산조합이나 작업부 등을 설립하면서 자본가 등과의 협력까지 불사하자, 일부 아나키스트들은 이에 반대하여 순정 아나키즘을 표방하고 나섰다. 이들은 아나코생디칼리스트들을 비판하면서 1930년 후반 무렵부터 평안도 각 지역에서 단체를 결성하였다. 안주흑우회, 안주흑우회의 지원 아래 결성된 철산흑우회,[124] 안주흑우회와 관계를 맺고 있던 덕천흑우회[125] 등이 대표적이다. 안봉연·김한수金翰洙·이순창李順昌·박동위朴東葳 등은 1930년 6월 20일 평안남도 안주에서 생물학연구회를 결성하였다가, 7월 31일[126] 안봉연 집에서 임시협의회를 개최하여

123) 《한국아나키즘운동사》, 260쪽. 위 자료에 따르면 조중복과 최갑용의 방문 시기는 1930년 8월이다. 하지만 이혁의 경우 1929년 무렵 귀국하였다가(《한국아나키즘운동사》, 216쪽) 1930년 전반에 이미 상경하였으므로 위의 기록은 잘못이다.

124) 철산흑우회는 1930년 정철鄭哲·홍형의洪亨義·김이원金利元 등이 안봉연安鳳淵·김용호金龍浩·한명룡韓明龍 등의 도움을 받아 철산·용천 등지의 아나키스트들을 결집하여 결성한 단체다.(《한국아나키즘운동사》, 254쪽)

125) 덕천흑우회는 1930년 11월 8일 변혁邊革의 집에서 덕천군 내의 청년 아나키스트들에 의해 창립되었다. 그러나 창립대회에 참가하였던 안봉연과 변혁은 일제 경찰에 의해 납치·구금당하였으며, 덕천흑우회는 창립 3일만에 해산당하였다.(《自由聯合新聞》 第54號)

126) 《조선일보》에 따르면 안주흑우회의 결성일은 7월 31일이다. 따라서 〈自大正11年至昭和10年內地及朝鮮ニ於ケル社會運動等ノ概況對照(3)〉(35쪽)에 기록되어 있는

생물학연구회를 해체하고 회명을 안주흑우회로 변경하였다. 안주흑우회 결성의 목적은 노농 대중의 진정한 해방운동과 상호부조적 정신을 기조로 하는 자유연합주의적 운동을 고창하는 것이었다. 이날 회의에서 사회생물학강좌 개최의 건, 선언, 강령, 기타 현재 조선의 제 문제를 토의하였으며, "우리는 노농층 대중의 진정한 ××(해방-인용자)운동-상호부조적 정신을 기조로 한 자유연합주의운동을 고양함"을 강령으로 채택하였다. 추후 김노태金魯泰 · 한명룡韓明龍 · 김용호金龍浩 등이 가입하였다.[127] 안주흑우회는 강권배격 연설회를 개최하여 아나키즘을 선전하였다. 이 연설회에서 한명룡 · 이순창 · 이학태李學泰 등은 "불행죄과不幸罪過의 소굴인 모든 강권을 거부하고 자주자치의 정신으로 대체해야만" 인류를 해방할 수 있다고 주장하였다.(《自由聯合新聞》 第56號)

테러활동을 모색한 아나키스트도 있었다. 1931년 정철鄭哲이 평양에서 총독 암살을 도모하였던 것이다. 하지만 결국 미수에 그쳤고, 이 사건으로 그는 1년 반 동안 예심을 받다가 기소유예로 풀려났다.(하기락, 1986, 119쪽)

안주흑우회를 중심으로 한 순정 아나키스트들은 아나코생디칼리스트들이 지도한 노동자들의 파업투쟁을 타협개량주의적인 것으로 비판하였다. 즉 아나코생디칼리스트인 이홍근 일파가 아나키스트 진영에 잠입하여 "관서흑우회의 양 머리를 매달고 타협개량주의를 만능으로 하"면서 대중 획득에 급급해하고 있다는 것이다. 그리

1930년 6월 20일은 안주흑우회의 결성일이 아니라 생물학연구회의 결성일인 것으로 보인다. 《한국아나키즘운동사》에는 안주흑우회가 1929년 4월에 결성되었고 이혁도 관여하였던 것으로 기록되어 있으나 취하지 않는다. 이혁은 안주흑우회가 결성되기 전에 상경하였기 때문에 안주흑우회 결성에 참가할 수 없다. 그는 1930년 6월 아나키스트 진영에 불리하게 기사를 보도한 것에 항의하여 조선일보사를 습격하였던 관계로 일제 경찰에 검거되었다.(《治安狀況》-昭和5年》, 17쪽)

127) 《조선일보》 1930년 8월 6일자 ; 《自由聯合新聞》 第51號 ; 〈自大正11年至昭和10年內地及朝鮮ニ於ケル社會運動等ノ概況對照(3)〉, 35쪽 ; 崔甲龍, 1995, 160쪽 ; 《한국아나키즘운동사》, 253 · 262쪽 등을 종합

고 아나코생디칼리스트들의 지도 아래 행해진 평양 양화직공의 임금 인하 반대투쟁 스트라이크를 '자본가의 총애의 보답'을 받은 것에 불과한 것이라고 비판하면서, 아나코생디칼리스트들을 철저히 배격할 것을 주장했다. 순정 아나키스트들의 비판에 대해 아나코생디칼리스트들은 순정 아나키스트들의 운동을 맹동적이고 관념적이라고 반박하였다. 이들은 "우리들은 일본, 구미歐美에서의 아나키즘 운동의 번역주의자는 아니다. 조선 독특의 운동체계를 수립한다"고 하면서, 한국 고유의 아나키즘 체계를 수립해야 한다는 것을 강조했다.(《自由聯合新聞》 第56號) 안주흑우회는 1931년 10월 30일 이학태, 이시엽李時燁 등이 농인조합農人組合 사건으로 구속되면서(《동아일보》 1931년 11월 3일자) 침체 상태에 빠졌다.

단천, 원산, 함흥 등 함경도 지역을 중심으로 조선공산무정부주의자동맹원들이 비교적 활발한 활동을 전개해 나가는 가운데, 일제에 의해 조선공산무정부주의자동맹의 존재가 발각되고 말았다. 1931년 3월 10일에 한산閑散 노동자로 구성된 일반조와 함남노동회 삼영조三永組 사이에 화물쟁탈전이 벌어졌는데, 이를 빌미로 김정희가 체포되었다. 그가 취조받는 과정에서 조선공산무정부주의자동맹 결성에 관한 단서가 드러났다. 이리하여 평양, 단천, 신의주, 청진 등지에서 아나키스트들에 대한 대대적인 검거선풍이 불었다. 최갑용과 조중복은 1931년 4월 9일[128)]평양 관후리館後里 관서흑우회 사무소에서 원산경찰서 형사대에 체포되어 원산경찰서로 압송되었다. 이홍근은 4월 11일 평북 의주군 대녕면大寧面 동고동東古洞 광산에서 체포되어 원산으로 압송되고, 계속해서 임중학(청진)

128) 《한국아나키즘운동사》에는 최갑용 등이 체포된 날짜가 4월 1일로 서술되어 있으나, 《조선일보》와 《自由聯合新聞》에 의하면 4월 9일이다. 즉 1931년 4월 9일 저녁 원산경찰서 고이케小池 형사 등 2명이 평양경찰서의 후원을 얻어 관서흑우회를 습격하였으며, 이들은 최갑용 · 조중복 · 이대근李大根 등을 체포하여 그날 밤 원산으로 압송하였다.(《조선일보》 1931년 4월 11일 · 12일자 ; 《自由聯合新聞》 第57號 등을 종합)

과 강창기(단천)도 체포되었다.[129)]

7월 26일에 취조를 마친 이홍근, 최갑용, 김정희, 조중복, 임중학, 강창기, 노호범, 남상옥 등 8명은 27일 오전에 원산 검사국으로 이송되었다. 남상옥과 노호범은 1931년 8월 4일 불기소로 석방되었으나, 나머지는 예심에 회부되었다.[130)] 유림도 1931년 9월 29일 펑톈奉天경찰서로부터 가택수색을 당하고 구류처분을 받은(《自由聯合新聞》 第63號) 뒤, 10월 7일 고노高野 고등계 형사에 의하여 원산으로 압송되었다.[131)] 1933년 3월 24일 함흥지방법원에서 이홍근은 징역 6년, 유림 · 최갑용 · 조중복 · 임중학은 각 징역 5년, 김정희는 징역 4년, 강창기는 징역 3년, 한용기(光烈, 崔眞)는 징역 2년에 처해졌다.[132)] 유림은 조선공산무정부주의자동맹과 무관함을 주장하며 상고하였으나, 7월 6일에 열린 경성고등법원 상고심에서 원심대로 형이 확정되었다.[133)]

안주흑우회의 안봉연과 이순창도 관서흑우회가 주도한 조선공산무정부주의자동맹 사건에 연루되어 1931년 8월 5일에 체포되었으나, 이들은 조선공산무정부주의자동맹에 관계하지 않았던 관계로 이순창은 8월 17일에 석방되었다. 하지만 안봉연은 징역 2년의 실형을 선고받았다. 일부 자료에는 안주흑우회원 안봉연이 조선공산

129) 《동아일보》 1931년 4월 13일 · 7월 31일자 ; 《조선일보》 1931년 4월 11일~14일 · 7월 30일자 ; 《自由聯合新聞》 第57號 · 第76號 ; 최갑용, 1995, 34쪽 ; 《한국아나키즘운동사》, 260~262쪽 등을 종합

130) 《동아일보》 1931년 4월 13일 · 7월 31일 · 8월 8일자 ; 《조선일보》 1931년 7월 30일 · 8월 7일자 등을 종합. 《自由聯合新聞》 第76號에는 조선공산무정부주의자동맹 관계자들이 체포된 지 1년이 훨씬 지난 1932년 12월 20일 무렵에 치안유지법 위반이라는 죄목으로 함흥지방법원 합의부 공판에 회부된 것으로 보도되었다.

131) 《조선일보》 1931년 8월 7일자 ; 《동아일보》 1931년 8월 20일 · 10월 7일자 등을 종합

132) 조선공산무정부주의자동맹 사건 판결문(《일제하 사회운동사 자료총서》 12, 557~561쪽)

133) 유림의 고등법원 판결문(《刑事裁判書原本》)

무정부주의자동맹 사건에 관련되어 징역 2년형을 선고받은 것으로 기록되어 있다.[134] 하지만 조선공산무정부주의자동맹 사건 판결문의 피고인 명단에는 안봉연의 이름이 빠져 있다. 안봉연이 징역 2년형을 선고받은 것이 사실이라면 그것은 다른 혐의 때문인 것으로 사료된다.

이처럼 함경도 지역의 아나키스트들은 공산주의자와의 충돌을 피하라는 조선공산무정부주의자동맹의 운동방침이 있었음에도, 공산주의자들이 사회운동을 주도하고 있는 상황에서 반공산주의 활동을 전개하지 않을 수 없었다. 그리고 열악한 상황 속에서 대항하다보니 그들의 반공산주의 활동은 폭력적 형태를 취하게 되었고, 민족주의자들에 대한 반대투쟁은 거의 펼치지 못하였다. 결국 1929년 11월 공산주의에 대항하여 전국적 아나키스트 조직으로서 결성되었던 조선공산무정부주의자동맹은 아나키스트 운동을 재흥하는 데 실패하고 말았다. 조선공산무정부주의자동맹이 붕괴된 이후 국내에서의 아나키스트 운동은 급격히 쇠퇴하고, 소규모의 활동만 펼쳐졌다.

1932년에 이르러 아나키즘 선전작업이 서울과 충남에서 시도되었다. 김남해金南海와 성진호成瑨鎬 등을 중심으로 전개된 아나키즘 연구·선전작업이 그것이다. 김남해는 서울시 숭인동 176번지에 임시사무소를 두고 5월 1일 노동절을 기해 아나키즘에 대한 연구와 문예 등을 내용으로 하는 《자유연합》(주간 김남해)이라는 잡지를 창간하고자 하였으나, 사정상 6월로 미루어졌다. 충남 예산인 성진호는 흑색운동사를 설립하여 잡지를 발간할 계획을 세우던 중 1932년 4월 28일 온양서署에 검거되었다. 이 사건과 관련하여 서울, 평양, 당진 등지에서 아나키스트계 청년 수십 명이 검

134) 崔甲龍, 1995, 37쪽 ; 《한국아나키즘운동사》, 261~262쪽 ; 《自由聯合新聞》 第76號·第79號 등을 종합

거되어 140여 일 동안 취조를 받았으나, 아무 근거도 없었던 까닭으로 석방되었다. 단, 성진호는 보안법 위반 및 출판법 위반이라는 죄명으로 9월 11일 공주검사국에 넘겨져 9월 24일에 예심에 회부되었다.[135)]

부산에서도 성상호成相鎬,[136)] 김덕조金德祚 등에 의해 아나키즘 선전활동이 펼쳐졌다. 성상호, 김시학金始學, 김덕조 등은 1932년 4월 30일 밤에 조선무정부주의자건설협의회[137)] 격문과 노동절 격문 등을 각 공장 지대에 살포하는 등 아나키즘 선전작업을 펼쳤다. 하지만 경계 중이던 형사대에 체포되어 출판법과 보안법 위반으로 구속되어, 1932년 8월 11일 성상호와 김덕조는 징역 1년 반, 김시학은 징역 1년 집행유예 3년을 선고받았다. 1934년 2월에 출소한 성상호는 부산에서 몇몇 동지들과 함께 부산지방공장처녀회 등에 공작하는 등 공장 여공을 상대로 하는 아나키즘 선전작업을 재개했다. 하지만 10월 중순[138)] 소위 웅동적화사건에 연루되어 검거되었다. 웅동적화사건은 진해 웅동熊東의 조맹규 · 백태석과 부산의 아나키스트 성상호 외 몇 명이 연락을 취하여 부산 공장지대에 본부를 두고 농촌 적화를 도모하다가 검거된 사건이다. 공산주의자와 아나키스트의 결합으로 이루어진 이 사건으로 총 80여 명이 검거

135) 《조선일보》 1932년 5월 4일자 ; 《동아일보》 1932년 9월 19일 · 27일 · 12월 23일자 ; 《한국아나키즘운동사》, 397쪽 등을 종합. 1945년 12월 22일에 개최된 이회영 · 신채호 · 백정기 · 김종진 외 19동지의 추도회에서 낭독된 조선무정부주의자총연맹원 일동 명의의 추도사(하기락, 1993, 274~278쪽)에는 성진호가 흑기사 사건으로 1933년 공주감옥에서 옥사한 것으로 되어 있다.

136) 성상호는 1930년 10월 3일 조선방직동맹파업과 관련하여 체포되기도 했다. 그가 체포된 것은 1930년 1월의 조선방직동맹파업 때 해고를 당한 이정심의 집에서 동맹파업 당시 삐라를 찍어 냈던 등사기가 발견되었기 때문이다. 성상호는 이정심과 동거하고 있었다.(《동아일보》 1930년 10월 7일자)

137) 자료에 따라 조선무정부주의협의회, 조선무정부공산주의자협의회, 조선무정부주의자건설협의회 등으로 각각 다르게 기록되어 있으나, 조선무정부주의자건설협의회로 통일한다.

138) 자료에 따라 11월 중순 혹은 11월 하순으로 기록하기도 하였다.

되었는데, 여기에는 경남 진해처녀회 30여 명 전원이 포함되어 있었다. 대부분이 무죄 석방되었지만, 부산의 성상호와 이춘근, 웅동의 조맹규 · 조원갑 · 정해인 등 5명은 구속되었다. 이들은 부산과 웅동에서 몇 차례 회합을 하였을 뿐 구체적 활동은 펼치지 못하였다. 성상호는 이춘권,[139] 강길수 등과 함께 사회과학연구회를 조직하기도 했다. 이 무렵 마산에서도 12월 4일 김형윤, 안영달 등 4~5명이 검거되었으나 무죄 석방되었다.[140]

1933년에는 경북 봉화에서 흑색청년자유연합회사건이 발생하였다. 경북 봉화군에서 흑색청년자유연합회가 조직되어 봉화군 내성면乃城面과 물야면物野面 두 곳의 사방공사에 종사하는 인부를 상대로 선전작업을 펼쳤는데, 그 때문에 1933년 5월 말 12명이 봉화서署에 검거된 것이다. 7월 17일 김창신金昌臣(칠곡군 지천보통학교 훈도), 김중문金重文, 김덕기金德基, 김중헌金重憲, 최동열金東烈 등은 구속되고, 나머지 7명은 불구속으로 기소되었다. 1934년 2월 27일 예심이 종결되었는데, 김창신, 김중문, 김덕기 등에게 각기 징역 2년 반이 선고되었다.[141]

평양에서도 아나키즘 선전작업이 펼쳐졌다. 1933년 8월 김자강, 채은국, 승도경이 누차 회합하여 잡지 《엽기獵奇》를 발행하여 아나키즘 선전과 동지 사이의 연락을 도모하기로 결의하였다. 9월에 창간호를 300부 발행하였으나, 이후에는 자금난으로 정간하고 말았다.(〈蔡殷國 · 李丁奎ヲ中心トスル無政府主義運動檢擧ニ關スル件〉)

1934년에는 서울에서 아나키스트 조직을 재건하기 위한 움직임

139) 이춘근과 동일 인물인지는 확인되지 않는다.

140) 《동아일보》 1932년 5월 15일 · 8월 14일 · 1934년 10월 23일 · 11월 28일 · 1935년 1월 16일 · 3월 29일 · 1936년 5월 11일자 ; 《흑색신문》 제27호 · 제34호 ; 《自由聯合新聞》 第96號 등을 종합

141) 《동아일보》 1933년 7월 19일 · 1934년 3월 2일자 ; 《조선일보》 1934년 2월 3일자 ; 《흑색신문》 제28호 ; 《한국아나키즘운동사》, 398쪽 ; 하기락, 1986, 119쪽 등을 종합

이 일어났다. 채은국은 민형식으로부터 받은 액면가 8,000원의 어음을 운동자금으로 하여 농촌 중심의 운동을 전개할 목적을 가지고 동지를 규합하러 1933년 봄에 서울로 갔다. 채은국은 서울에 체류하면서 신영우, 김현국, 이정규, 이을규 등과 교류하였다. 1934년 7월 이정규로부터 다시 오남기와 최학주를 소개받았다. 이들은 서로 왕래하면서 전국 아나키스트 운동의 통일을 도모하기로 합의하였다. 1934년 8월 중순[142] 무렵 이정규, 이을규, 오남기吳南基, 채은국, 최학주 등 5명이 아나키스트 조직 재건과 아나키스트 운동 실행계획을 수립하고자 제일루에서 모임을 가졌다. 이들은 토론한 결과 다음의 사항에 대해 합의하였다.[143]

1. 채은국은 고향으로 돌아가 농사를 지으면서 부락을 중심으로 농민야학을 개설하여 빈농 자제를 교양하면서 아나키즘을 선전하고, 청년단을 합법적으로 조직하거나, 리회里會를 소집하고 부락 집회에 출석하는 것 등을 내부에서 아나키즘을 선전한다. 이와 동시에 전국 각지의 운동과 연락하고, 아나키스 트운동을 촉진할 계획을 수립할 것
2. 오남기는 서울에서 합법적인 출판물을 발행하여 아나키즘을 선전하고, 잡지 업무를 빙자하여 각지를 순회하면서 동지간의 연락을 도모하며, 잡

142) 오남기는 1934년 10월 초순에 제일루에서 회합이 있었던 것으로 회고하였다.[오남기, 〈제일루사건과 우관〉(이정규, 1974, 431쪽)]

143) 오남기는 합의사항을 다음과 같이 회고하였다.[오남기, 〈제일루사건과 우관〉(이정규, 1974, 433쪽)]
1. 항일 자주독립의 의식을 민중에게 고취하고, 자유연합적 사회이념을 계몽하기 위하여 농촌을 상대로 하는 간행물을 출판·배포한다.
2. 운동의 거점을 민중의 생활 속에 뿌리박기 위해 농촌과 도시간의 물산교류를 통한 소비조합사업을 전개하고, 이를 기반으로 해서 항일독립운동의 장기적 태세를 갖춘다. 이를 위한 구체적 실천방안으로서 운송 선박 1척과 트럭 1대를 매입하여 운수사업을 시작한다.
3. 중국, 일본 등 해외에 있는 동지들과의 연락망을 재건하고, 대일 무력항전의 국제적 연대를 강화한다. 이를 위해 최학주를 일본을 거쳐 프랑스로 보내고, 매입한 화물선을 이용해서 이정규, 채은국을 중국으로 밀파한다. 이을규와 오남기는 국내에서 간행물 발간, 소비조합운동을 전개한다.

지를 중심으로 하여 아나키스트 운동의 통일을 도모할 것

3. 최학주는 고향으로 돌아가서 통영 지역을 중심으로 소비조합을 조직하여, 아나키즘을 선전하고 상인들에 대한 중간착취를 방지하고, 자급경제와 단체생활을 교양하여 운동을 촉진함과 동시에, 자금을 준비하여 오남기의 잡지사 경영을 도울 것
4. 이을규와 이정규는 서울에서 자동차 영업과 어류상魚類商을 경영하고, 그 이윤을 오남기가 경영하는 잡지사의 유지비 기타 운동자금으로 충당하여, 잡지를 중심으로 전국의 아나키스트 운동을 통일할 것
5. 이정규가 서울에 거주하고 이정규의 주거를 중심으로 동지간의 연락과 통신을 꾀하고 이정규는 그 편의를 제공할 것
6. 채은국은 이정규에게 가옥구입자금을 제공하고, 이정규와 오남기가 요구한 자동차영업 출원운동자금과 잡지자금은 경영자가 각각 준비할 것
7. 서울의 운동자와 농촌 운동자는 잡지를 중심으로 서로 연락할 것

채은국은 1934년 8월 하순 평양으로 돌아간 이후에도 이정규와 계속 연락하였고, 이정규는 채은국으로부터 운동자금 일부를 받기도 했다. 하지만 제일루 회합이 일본 경찰에 탐지되어, 종로서 형사들이 장완국(9. 27), 이용길(10. 8), 김현국(10. 9), 이정규(10. 9), 이을규(10. 15, 고양), 이영진(10. 15), 오남기(10. 15) 등을 검거하였다. 검거는 전국으로 확대되어 경남 지역과 평양에서 최학주(10. 15, 통영)와 김자강(10. 25, 평양서로부터 신병 인도) 등이 검거되었다. 채은국도 11월 27일 평양에서 자진 출두하였다. 이외에도 다수가 체포되었으나, 12월 6일 이정규, 채은국, 이을규, 오남기, 최학주 등 5명은 아나키즘을 연구하고 비밀결사를 조직했다는 혐의로 구속되어 검찰에 이송되고, 김자강과 민형식은 불구속기소유예, 이용길, 김현국, 장완국은 무죄방면되었다. 하지만 이정규와 채은국이 모든 죄를 뒤집어쓰는 바람에 이을규, 오남기, 최학주는 증거불충분으로

불기소 처분되었다. 이정규와 채은국은 치안유지법 위반으로 기소되어 징역 3년형을 선고받았다.[144)]

이외에도 노동조합 결성과 아나키즘 선전과 관련된 사건 등이 있었다. 청진 지역의 아나키스트들은 한산閑散노동조합을 결성하여 1930년 4월 26일 제1회 정기대회를 열었으며, 1932년 무렵 일반노동조합으로 개칭한 뒤 자유연합주의적 강령을 제정하고 선언을 발표하였다.(《自由聯合新聞》 第48號 · 第68號) 그리고 1929년 12월 광주학생운동과 관련하여 서울에서 일어난 대규모 시위에 하공현河公鉉, 이하유李何有(李鐘鳳),[145)] 장홍염張洪琰(이상 1년 언도), 현영섭玄永燮, 정인택鄭麟澤, 이종준李鍾駿, 조규선曺圭宣, 양일동梁一東(梁一童),[146)] 하기락河岐洛, 조한응趙漢膺, 고신균高信均, 김주태金周泰, 차태원車泰元, 송명근宋命根(이상 피검 불기소) 등의 아나키스트들이 참가하여(하기락, 1986, 119쪽) 아나키즘을 선전하였다. 대구에서는 1930년 5월 22일 아나키스트계 청년 1명이 검거된(《동아일보》 1930년 9월 2일자) 것을 비롯하여 1931년 12월의 제2차 대구 반전反戰 격문사건(禹海龍, 車泰元, 宋命根)이 있었으며(하기락, 1986, 119쪽), 1931년 2월의 진주농교 《반역叛逆》지 사건(朴鳳贊, 趙鏞星, 河忠鉉, 金大奇, 李德基, 薛昌洙, 金慶執, 朴夢世)(하기락, 1986, 119쪽을 참조), 1931년 11월 12일 통영에서 아나키스트 박성인 외 2명이 검거된 사건(《동아일보》 1931년 11월 18일자 참조), 1931년 12월 함남 북청군 신포에서 남형근南亨根 외 8명이 검거된 사건(《동아일보》 1931년 12월 29일자), 1932년 9월 서울에서 김형

144) 〈蔡殷國 · 李丁奎ヲ中心トスル無政府主義運動檢擧ニ關スル件〉; 오남기, 〈제일루사건과 우관〉(이정규, 1974, 431~434쪽); 《동아일보》 1934년 10월 23일 · 12월 7 · 19일자; 《조선일보》 1934년 10월 23일 · 11월 16일자 등을 종합

145) 이하유는 1933년 2월 東京으로 가서 신문배달을 하며 고학하였다. 1933년 4월 닛폰대 專門部 사회과에 입학하였지만 학자금이 없어 1934년 4월 퇴학하였다. 1935년 7월 10일경 李東淳과 함께 상하이로 가서 남화한인청년연맹에 가입하였다. 혹은 강도짓을 하거나 혹은 동연맹 기관지 《남화통신》 편집에 종사하였다.[〈無政府主義者 李容俊 取調의 건〉(《思想에 關한 情報綴(4)》, 61쪽)]

146) 자료에 따라서는 梁一龍으로 기록하기도 하였으나, 이는 잘못이다.

윤 · 조중복 · 이정규 등에 의한 자유출판사 설립 기도사건(《한국아나키즘운동사》, 233~234쪽) 등이 있었다.

일제강점기 국내에서 펼쳐진 아나키스트 운동은 대중의 적극적인 지지를 이끌어내지는 못하였다. 그것은 다음의 요인에 기인한다. 첫째, 현실을 도외시하고 원칙과 비타협만을 강조하는 관념성이다. 이 관념성으로 인해 대중들을 묶어 세우고 투쟁으로 끌어들이는 데 실패하였다. 아나코생디칼리슴이 대두하면서 관념성을 어느 정도 극복하였으나 그것은 아나키스트 진영의 분열로 귀결되었다.

둘째, 쁘띠 부르주아적 속성이다. 아나코생디칼리스트들이 적극적으로 참가하였던 생산조합이나 작업부 설립은 생산기관의 사회화를 표방하였음에도 불구하고, 아나코생디칼리스트들의 의도와는 달리 쁘띠 부르주아지의 계급적 이해를 충족시키는 것으로 끝났다. 공제고무공장의 경우 1930년 10월 13일에 개최된 주주총회에서 주식 수에 상관없이 모든 주주에게 동등한 결의권를 준다는 당초의 방침을 거부하는 사태까지 벌어졌다.(《조선일보》 1930년 10월 16일자) 이러한 쁘띠 부르주아적 속성으로 인하여 순정 아나키스트들에 비해 보다 대중적 태도를 보였던 아나코생디칼리스트 운동마저 노동자 대중의 적극적인 지지를 이끌어 내기는 어려웠다.

셋째, 비조직성이다. 조직은 일단 결성되면 그 조직이 구성원을 억압한다는 아나키스트들의 주장은 일면 타당한 점이 있다. 하지만 일제가 강력히 탄압하는 가운데 느슨한 조직으로써는 활발한 활동을 펼치기가 불가능하며 조직 자체를 보존하기조차도 어려운 것이 사실이다. 이에 아나키스트 본인들도 운동의 효율성을 위해서는 체계적인 조직이 필요하다는 것을 인정하였다. 즉 1920년대 말 이홍근 · 최갑용 등의 아나키스트들은 아나키스트 운동이 부진한 이유를 통제기관에 의한 단체활동이 없었던 것에 있다고 판단하고, 아나키즘을 실현하기 위해서는 전반적 통제기관을 결성해야 한다는

것을 역설했다. 전선全鮮흑색사회운동자대회를 열고자 하였던 것은 그러한 이유에서였다.[147)]

이처럼 아나키즘이 지니고 있는 고유한 속성과 현실과의 괴리는 아나키스트들에게 딜레마로 작용했고, 그로 인해 아나키스트 운동은 대중들의 폭넓은 지지를 이끌어내지 못하였다. 결국 아나키스트 운동은 1930년대 초반 이후 거의 전개되지 못한 채 그 막을 내리고 말았다. 이는 해방 이후 아나키스트 운동의 부진으로 이어졌다.

2. 재일본 한국인

1) 책자나 강연회 등을 통한 선전활동과 조직활동

일제강점기 재일본 한국인 아나키스트들은 사상단체를 결성하여 아나키즘 선전활동을 펼쳤다. 사상단체의 기능 가운데 하나는 아나키즘 선전작업을 통하여 아나키스트들의 사상을 순화시키고, 민중들을 각성시켜 스스로 사회혁명에 동참하게끔 하는 것으로, 선전작업은 주로 기관지 등의 출판물을 통하거나, '사실에 의한 선전', 즉 테러 등의 직접행동을 통해 이루어졌다.

사회주의계가 분화되면서 흑도회가 해체된 이후 가장 먼저 만들어진 아나키스트 사상단체는 흑우회이다. 1922년 9월[148)] 신영우, 박렬, 서상일, 서동성, 홍진유, 장상중, 박흥곤, 김근호 등의 아나

147) 李弦根 외 7인의 판결문(《일제하 사회운동사 자료총서》 12, 561~562쪽) ; 《治安狀況-昭和 5年》, 17쪽 등을 종합

148) 풍뢰회와 흑우회의 결성일은 1922년 9월, 10월, 11월, 1923년 1월 등 자료들마다 다르게 나타난다. 하지만 박렬은 예심 "第6會 訊問調書"에서 1922년 9월에 흑우회를 결성한 것으로 밝히고 있다.(小松隆二 編, 1988, 216쪽) 본 연구에서는 박렬의 진술에 따른다. 그리고 흑도회가 해산된 이후 흑로회를 조직하였다는 기록들이 있는데, 이는 흑우회 또는 풍뢰회의 잘못으로 사료된다.

키스트들은 공산주의자와 결별하고, 곧바로 풍뢰회風雷會를 조직하였다가 흑우회로 개칭하였다. 박렬 · 김중한 · 홍진유 · 정태성 · 이지영(이필현李弼鉉) 등이 간부진을 구성하였다.

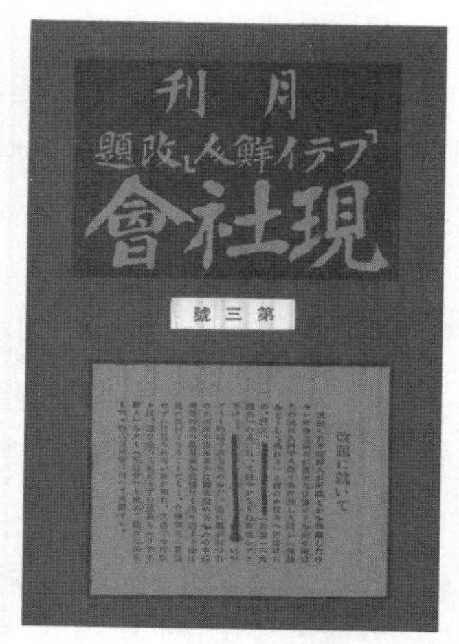

《현사회》

흑우회는 먼저 아나키즘 선전작업에 착수하였다. 박렬은 《흑도》를 대신하여 1922년 11월[149] 《후테이센징太い鮮人》[150]을 발간하였다. 《후테이센징太い鮮人》은 2호까지 발간된 뒤 당국의 제호 사용 금지 조치로 《현사회》로 개명되어 4호까지 발간되었다. 가네코 후미코가 잡지 편집 및 원고 집필을 맡는 등 박렬과 가네코 후미코가 거의 전적으로 제작하다시피 하였으며, 이윤희와 이지영이 가네코 후미코 · 박렬 등과 함께 동인으로 참가하였다.[151] 신영우(申焰波), 서상일, 홍진유, 서동성 등도 1923년 3월 흑우회 기관지[152] 《민중운동》을 창간하여 아나키즘 선전작업을 펼쳤다.

---

149) 金一勉은 《太い鮮人》의 발행일을 제1호 1922년 10월, 제2호 1922년 12월 30일로 서술하였으나(金一勉, 1973, 90 · 244쪽), 金子文子는 1922년 11월에 《太い鮮人》을 간행하였다고 법정에서 진술하였다[金子文子의 "第5回 訊問調書"(《裁判記錄》, 21쪽)].

150) '太い鮮人'은 不逞鮮人이란 의미로 사용하였다. 일본 당국이 '不逞鮮人'을 제호로 사용하는 것을 금지하자 '太い鮮人(후토이센징)'의 발음이 不逞鮮人(후테이센징)과 비슷한 것을 이용하여 이러한 조치를 취한 것이다. '太い'는 'フトイ'로 발음해야 하나 '不逞'의 발음과 같은 'フテイ'로 읽었다. 즉 박렬이 주간으로 있던 《太い鮮人》은 'フテイ鮮人'으로 발음되었다.

151) 朴烈의 "第6會 訊問調書"(小松隆二 編, 1988, 216쪽) ; 金子文子의 "第5會 訊問調書"(小松隆二 編, 1988, 202쪽) ; 《現社會》 제3호(1923. 3. 25) 등을 종합

152) 《太い鮮人》와 《현사회》를 흑우회의 기관지로 기록한 자료도 있고, 본인도 〈박열의 무정부주의사상과 독립국가 건설 구상〉에서 《太い鮮人》과 《現社會》를 黑友會의 기관지로 서술하였으나, 이는 사실과 다르다. 《太い鮮人》과 《現社會》는 박렬이 《흑도》에 이어 개인적으로 발간한 잡지이다.

이들 잡지는 현 사회제도를 신랄하게 비판하고 일제가 한국을 식민통치하는 것에 대해 격렬하게 반대하는 내용의 논설로 편집되었으며, 독립운동과 사회사상운동전선의 동향에 관한 보도 기사를 곁들였다.(김삼웅, 1996, 45쪽) 박렬은 일제가 식민지배를 합리화하기 위해 제창하였던 '동양먼로주의'의 허구성을 폭로하고(朴烈, 〈亞細亞ロンモ主義に就て〉), 자본주의는 내적 모순에 의해 필연적으로 붕괴할 수밖에 없다는 논리와 자본주의 사회를 타도하기 위해 싸우는 공산주의자들의 행동은 서로 모순되는 것으로서, 이는 생산력결정론의 허구성을 드러내준다면서 공산주의를 비판하였다(〈學者の戱言〉).

한편, 흑우회는 '시나노천信濃川 한국인 노동자 학살사건'의 진상을 규명하기 위해 박렬을 현장에 파견하는 등 한국인 노동자에 대한 일제의 탄압을 시정하고자 노력하였다. 그리고 일본 사회주의자 다카오 헤이베에高尾平兵衛의 사회장 이후 일본 사상단체 전선동맹戰線同盟 · 말살사抹殺社, 그 밖의 일본인 단체 등과 연계를 맺으면서 함께 시위운동에 착수하고자 모의하는 등의 활동을 활발하게 펼쳤다.[153]

하지만 흑우회는 박렬의 전횡이 너무 심하였던 탓에 사상단체로서의 활동은 점차 부진하게 되었다. 거기에다가 박렬의 '대역사건'으로 재일본 한국인의 아나키스트 운동에 대한 일제의 탄압이 강화되면서 재일본 한국인 아나키스트 운동은 침체되었다. 그러한 가운데 1923년 말 무렵부터 일본 아나키스트 단체 길로틴사를 중심으

153) 《太い鮮人》 第1號 · 第2號 ; 《勞働運動》 第10號(1923. 1. 1) ; 《現社會》 第3號(1923. 3. 25) ; 朝鮮總督府警務局 東京出張員, 〈在京朝鮮人狀況〉(《資料集成》 1, 139 · 145쪽) ; 內務省警保局 編, 〈在京朝鮮留學生概況〉(1925年 12月)(《資料集成》 1, 144 · 162 · 327쪽) ; 〈在留朝鮮人の運動狀況〉 《社會運動の狀況(1929年)》(《資料集成》 2, 59쪽) ; 〈在留朝鮮人の運動〉 《社會運動の狀況(1931年)》(《資料集成》 2, 308쪽) ; 〈在留朝鮮人運動〉 《社會運動の狀況(1933年)》(《資料集成》 2, 783~784쪽) ; 《治安狀況-昭和8年》, 209쪽 ; 金子文子의 "第5回 訊問調書"(小松隆二 編, 1988, 202쪽) ; 慶尙北道警察部 編, 1934, 162쪽 ; 《한국아나키즘운동사》, 154쪽 ; 坪江汕二, 1966, 155 · 285쪽 ; 朴烈의 "第6會 訊問調書"(小松隆二 編, 1988, 216쪽) 등을 종합

로 테러활동이 전개되었는데, 특히 '후쿠다福田 대장 저격 사건'은 재일본 한국인 아나키스트에게 상당한 자극을 주었다. 최규종, 장상중, 정태성 등은 흑우회의 기세를 만회하고자 노력하였다. 그러한 노력의 결과 1926년 2월 10일 임시총회가 열렸다. 임시총회에서는 동지 규합과 아나키즘 선전에 관해서 협의하였는데, 기관지를 발행하기로 결정하였다. 이 결정에 따라 1926년 7월 2일 흑우사黑友社에서 기관지 《흑우》와 팜플렛 《소작운동》을 발행하여 아나키즘을 선전·고취하였다.[154)]

1926년 4월 무렵, 흑우회와는 별도로 한국인 아나키스트 단체 흑색운동사가 도쿄에서 결성되어 일문日文 잡지 《흑색운동》을 간행하여 아나키즘을 선전하는 등의 활동을 전개하고 있었다. 흑색운동사에는 최규종이 가입해 있었는데, 최규종은 《자아성》에도 글을 기고하는 등 활발한 아나키즘 선전활동을 펼쳤다.(《자아성》1926년 5월호)

재일본 한국인 아나키스트들은 아나키즘 선전활동을 펼치면서 일본 아나키스트들과 적극적으로 교류하였다. 흑우회는 1926년 1월 일본 아나키스트들에 의해 사상단체 흑색청년연맹黑色青年聯盟[155)]이

154) 이상은 《治安狀況-昭和8年》, 209쪽 ; 內務省警保局保安課 編, 〈大正15年中ニ於ケル在留朝鮮人ノ狀況〉(《資料集成》 1, 210~211쪽) ; 〈日本無政府共産黨事件第1審及第2審判決〉(《昭和思想統制史資料》 1, 12쪽) ; 朴尙僖, 〈東京朝鮮人諸團體歷訪記〉(《在日朝鮮人史研究》 第5號, 139쪽) 등을 종합. 〈在留朝鮮人の運動狀況〉《社會運動の狀況(1929年)》(《資料集成》 2, 60쪽)에는 黑友會가 不逞社로 개명하고 기관지 《黑友》를 발행한 것으로 기록되어 있으며, 慶尙北道警察部 編, 1934, 163쪽에는 1926년 12월에 《黑友》를 발행한 것으로 기록되어 있으나, 朴尙僖, 〈東京朝鮮人諸團體歷訪記〉(《在日朝鮮人史研究》 第5號, 139쪽)의 기록에 따라 이를 취하지 않는다.

155) 黑色青年聯盟은 1926년 1월 15일 공산주의단체인 無産青年同盟에 대항해서 아나키스트 세력을 만회하기 위해, 黑旗社를 비롯한 아나키스트계 사상단체와 東京인쇄공조합·신문노동동맹 등의 아나키스트계 노동조합 등 21개 단체가 참가하여 조직한 단체이다. 창립 〈선언〉에서는 일체의 강제·지배를 부인하고 정치행동을 거부하며 오로지 경제적 직접행동을 주장하였다. 기관지 《黑色青年》 발행, 여러 종류의 집회 등을 통하여 아나키즘 선전활동을 하는 외에 노동쟁의 응원 등을 통해 소위 '사실에 의한 선전'을 실행하면서 일본 아나키스트의 사상단체로 기능하였다.[警保局保安課 編, 〈黑色青年聯盟ニ關スル調〉(小松隆二 編, 1988, 535쪽) ; 〈日本無政府共産黨事件第1審及第2審判決〉(《昭和思想統制史資料》 1, 12쪽) 등을 종합]

결성되자 거기에 가입하였으며,[156] 자아인사自我人社와 야만인연맹野蠻人連盟 등과도 연락하였다. 흑우회는 일본 아나키스트들과 활발한 교류를 하면서 아나키즘을 선전하였다. 흑우회원들은 일본 아나키스트들이 개최하는 각종 강연회에 참석하여 아나키즘 선전작업을 전개하였다. 최규종과 이홍근 등은 흑색청년연맹이 주최하는 강연회에 참석하였으며, 과격한 언동으로 검속되기도 하였다. 1926년 3월 29일에는 흑색청년연맹의 후원으로 '조선문제강연회'를 열었는데, 연사演士로서 이와사 사쿠타로 · 곤도 겐지近藤憲二와 핫타 슈조八太舟三[157] 등이 출연하였고, 그 외 무쿠모토 운유椋本運雄 · 다케 료우지武良二 · 히라노 쇼켄平野小劍 · 모치즈키 가츠라望月桂 등이 참가하였다. 이들의 논지는, 한국문제 해결이 정치적 · 교육적 · 종교적으로도 절대 불가능하다는 것이었다.[158] 그리고 1926년 7월 8일에는 윤주협尹周恊 외 일곱 명이 고故 다카오 헤이베에高尾平兵衛의 3주년 기념추도회에 참석하였다.[159]

---

156) 《治安狀況-昭和8年》의 28쪽에는 흑우회가1925년에 黑色青年聯盟에 가입한 것으로 기록되어있으나, 이는 잘못이다. 慶尙北道警察部 編, 1934, 163쪽에는 1926년 10월로 기재되어 있다. 그리고 堀內稔도 張祥重 등이 黑色戰線同盟(黑色戰線聯盟의 잘못임-인용자)을 조직하고(1926년 11월 결성-인용자) 일본의 黑色青年聯盟에 가입하였다고(堀內稔, 1986, 39쪽) 하여 1926년 11월 이후로 보고 있다. 그러나 警保局保安課 編의 〈黑色青年聯盟ニ關スル調〉(小松隆二 편, 1988, 542쪽)에는 黑友社(黑友社에 대해서는 주)163 참조)가 黑色青年聯盟의 가맹단체로 취조 중인 것으로 기록되어 있다. 따라서 흑우회가 黑色青年聯盟에 가입한 것은 그 창립 직후인 것으로 사료되며, 1926년 7월 7일 개최된 黑色青年聯盟 위원회에 陸洪均 · 金正根 양인이 출석하고[內務省警保局保安課 編, 〈大正15年中ニ於ケル在留朝鮮人ノ狀況〉(《資料集成》 1, 211쪽)] 있다. 慶尙北道警察部 編, 1934, 163쪽에는 흑우회가 가입한 단체를 黑良青年聯盟으로 기록하고 있으나 이는 잘못이다.

157) 자료에 따라서는 八太田三으로도 기록하고 있으나, 이는 八太舟三의 잘못이다. 八太舟三은 '八太이즘'을 창시한 자로 黑色青年聯盟의 핵심 인물이며 순정 아나키스트이다.

158) 이상은 《治安狀況-昭和8年》, 209쪽 ; 內務省警保局保安課 編, 〈大正15年中ニ於ケル在留朝鮮人ノ狀況〉(《資料集成》 1, 210~211쪽) ; 〈日本無政府共産黨事件第1審及第2審判決〉(《昭和思想統制史資料》 1, 12쪽) 등을 종합.

159) 內務省警保局保安課 編, 〈大正15年中ニ於ケル在留朝鮮人ノ狀況〉(《資料集成》 1, 210~211쪽)

문제가 되었던 박렬과 金子文子의 옥중 사진

흑우회가 흑색청년연맹에 가입하면서부터 재일본 한국인 아나키스트 운동은 일본 아나키스트 운동의 영향권 속으로 편입되었다. 재일본 한국인 아나키스트 운동은 일본 아나키스트 운동의 영향 아래서 발생하고 발전하였지만, 1920년대 전반기까지는 오히려 일본에서 유행하던 아나코생디칼리슴을 비판하고 직접행동론에 입각해서 활동을 펼치면서 그 독자성을 유지하고 있었다. 하지만 흑색청년연맹에 가입한 뒤로는 재일본 한국인 아나키스트 운동은 일본 아나키스트들과의 조직적 연계 아래 전개되었으며, 독자성보다는 국제성이 강조되고 한일 아나키스트의 공동전선이 중요시되었다.

1926년 7월[160] 가네코 후미코 옥사사건에 얽힌 '괴사진 사건'[161]이 발생하여 정계에 일대 파문을 야기하고 일반 사회의 주의를 끌게되자, 운동상 지장이 있을 것을 염려하여 흑우회를 해체하였다. 곧이어 동년 11월 ① 자유연합주의를 고창한다, ② 피정복자 해방은 그 자신의 힘으로 하지 않으면 안된다, 등을 슬로건으로 내걸고 흑색전선연맹[162]을 조직하였다.

160) 慶尙北道警察部 編, 1934, 163쪽에는 1925년 7월로 기록되어 있으나 취하지 않는다.

161) '괴사진사건'이란 소위 '대역사건'으로 옥중에 있던 박렬과 가네코 후미코가 다정하게 안고서 의자에 앉아 있는 모습을 찍은 사진이 유출되어 일본 정계를 뒤흔들어 놓았던 사건을 말한다. 이 사건은 내각의 총사퇴로까지 이어졌다.

162) 〈在留朝鮮人の運動狀況〉《社會運動の狀況(1929年)》(《資料集成》 2, 60쪽)과 《朝鮮人の共産主義運動》, 32쪽에는 흑색청년연맹을 조직한 것으로 기록되어 있고, 慶尙北

12월 12일 장상중, 원심창元心昌(元勳), 이홍근, 박망朴芒, 차고동, 김건金鍵, 박희서朴熙書 등이 모여서 토의한 결과, 박렬의 사업을 계승한다는 의미에서 흑색전선연맹의 이름을 불령사로 바꾸었다. 하지만 당국의 극심한 탄압을 받고 1927년 2월에 흑풍회黑風會로 다시 바꾸었다.[163]

흑풍회는 기관지 《자유사회》[164]를 발행하여 아나키즘을 널리 선전하였으며, 일본 아나키스트 단체 흑색청년연맹으로부터 핫타 슈조八太舟三와 니이 이타루新居格 등을 초빙하여 주의 선전에 노력하는 등 선전활동을 펼쳤다. 흑풍회는 1928년 1월 명칭을 흑우연맹으로 고쳤다. 흑우연맹의 맹원은 원심창, 장상중, 한하연, 이시우李時雨, 하경상河璟尙, 오치섭,[165] 이윤희, 김형윤, 송영운宋暎運, 홍성

道警察部 編, 1934, 163쪽에는 1926년 10월에 흑우회가 흑색청년연맹으로 개칭된 것으로 기록되어 있으나, 이들은 모두 잘못이다. 흑색청년연맹은 1926년 1월 일본 아나키스트에 의해 조직된 단체이다.

163) 《治安狀況-昭和8年》, 210쪽 ; 〈在留朝鮮人の運動狀況〉《社會運動の狀況(1929年)》(《資料集成》 2, 60쪽) ; 《朝鮮人の共産主義運動》, 32쪽 ; 朴尙僖, 〈東京朝鮮人諸團體歷訪記〉(《在日朝鮮人史硏究》 第5號, 138쪽) ; 《한국아나키즘운동사》, 278 · 406쪽 ; 慶尙北道警察部 編, 1934, 163쪽 등을 종합. 《治安狀況-昭和8年》, 210쪽에는 張祥重, 鄭泰成 등이 黑友會를 黑友社로 고쳤으며, 또 元心昌 · 陸洪均 일파가 1926년 11월 별도로 黑色戰線聯盟을 조직하였다가 1927년 黑風會로 개칭하였다고 하여, 黑友社가 마치 하나의 결사이고 黑風會는 黑友會와는 별도의 조직인 것처럼 기록하고 있다. 하지만 朴尙僖, 〈東京朝鮮人諸團體歷訪記〉(《在日朝鮮人史硏究》 第5號, 139쪽)에 "현재의 黑風會에는 黑友社라고 하는 간판도 걸려 있는데, 그것은 이전 黑友會라고 하는 會名의 시대에 기관지 《黑友》를 발행하였던 것"이라고 기록되어 있는 것으로 보아, 黑友社는 단체의 이름이 아니라 《黑友》를 발행하였던 출판사명으로, 그리고 黑風會는 黑友會가 黑色戰線聯盟, 不逞社를 거쳐 개칭된 것으로 사료된다. 그리고 《治安狀況-昭和8年》, 210쪽에는 1927년 2월에 개칭된 단체명을 黑友聯盟으로 기록하고 있으나 이는 잘못이다.

164) 〈在留朝鮮人の運動狀況〉《社會運動の狀況(1929年)》(《資料集成》 2, 60쪽)과 《한국아나키즘운동사》, 278쪽에는 《자유사회》는 《黑友》를 改題한 것으로 기록하고 있다. 하지만 朴尙僖, 〈東京朝鮮人諸團體歷訪記〉(《在日朝鮮人史硏究》 第5號, 139쪽)에 "(《黑友》 발행을-인용자) 중지하고 단지 《자유사회》만을 발행하고 있다. 머지않아 《黑友》도 부활할 계획"이라고 기록되어 있는 것으로 보아, 《黑友》와 《자유사회》는 별개의 잡지인 것으로 사료된다.

165) 오치섭은 1925년 4월에 일본으로 건너가 이홍근의 소개로 아나키스트 단체에서 활동하다가 1927년 7월경 가사 관계로 귀국하였다. 1927년 12월 22일 관서동우회를 창립하여 활동하다가 1929년 1월 말에 다시 일본으로 건너가 흑우연맹원으로서

환洪性煥,[166] 이동순李東淳,[167] 김금순金今順, 이시우 부인, 최낙종崔洛鐘, 정태성, 홍형의洪亨義, 박기홍朴基鴻, 김건, 최중헌崔仲憲 등이었다. 흑우연맹은 기관지 《호조운동互助運動》을 발간하여 재일본 한국인들 사이에 아나키즘을 선전하였다.[168]

재일본 한국인 아나키스트들은 강연회나 격문 등을 통해서도 선전활동을 전개하였다. 재일본 한국인 아나키스트 단체들은 1929년 8월 29일 국치일을 맞아 〈한일합병 20주년을 맞아 전 일본 민중 제군에게 격한다〉는 제목의 인쇄물을 살포하고 가두시위를 펼치고자 하였지만, 일제 경찰의 탄압으로 시위는 봉쇄되었고, 인쇄물은 반포금지처분을 받았다. 재일본 한국인 아나키스트들은 이 유인물에서 "백의白衣 노동자는 나태하지도 않고 저능아도 아니다. 일본 제국주의에 의해 발가벗길 정도로까지 착취당한 것이다. 감옥에 범람하는 2만 명 이상의 정치범은 무엇을 말하는가?"라고 하면서(《資料集成》 2, 63~64쪽), 한국인 노동자들이 굶주리고 있는 것은 일본 제

활동하였다.(〈無政府主義者ノ行動ニ關スル件〉)

166) 홍성환은 1932년에 일본으로 건너가 흑우연맹에 가입하였다.(홍성환, 〈나는 이렇게 걸어왔다〉, 17~18쪽)

167) 李東淳은 별명이 李河中이며, 1931년 渡日하여 東京으로 가서 동년 8월 黑友聯盟에 가입하였다. 그리고 1932년 1월에는 '동흥노동'에 가입하였지만[內務省警保局 編, 〈海外不逞鮮人と連絡する朝鮮人の檢擧〉, 499쪽(《資料集成》 3, 629 · 630쪽) ; 《朝鮮人の共産主義運動》, 33~34쪽 등을 종합], 주로 黑友聯盟에서 활동하였다. 1934년 1월 조선일반노동조합 창립대회에 '동흥노동' 대표로 참가하였던[〈在留朝鮮人運動〉 《社會運動の狀況(1934年)》(《資料集成》 3, 169쪽)] 것이 계기가 되어 1934년 4월부터 《黑色新聞》의 편집책임을 맡았으며, 1935년 10월 日本無政府共産黨에 가입하였다. 李東淳이 '동흥노동' 芝部 · 黑色勞働者聯盟 · 勞働者自由聯盟의 연합체인 芝浦勞動者自由聯合 결성에 관계한(〈在留朝鮮人の運動〉 《社會運動の狀況(1932年)》, 1519쪽) 것으로 보아, 그가 가입하여 활동하였던 '동흥노동'은 본부가 아니라 지부芝部인 것 같다.

168) 《治安狀況-昭和8年》, 210~211쪽 ; 〈在留朝鮮人の運動狀況〉, 《社會運動の狀況(1929年)》(《資料集成》 2, 59~60쪽) ; 〈在留朝鮮人の運動〉, 《社會運動の狀況(1931年)》(《資料集成》 2, 309쪽) ; 朴尙僖, 〈東京朝鮮人諸團體歷訪記〉(《在日朝鮮人史研究》 第5號, 139쪽) ; 慶尙北道警察部 編, 1934, 163~164쪽 ; 《한국아나키즘운동사》, 278 · 279 · 281쪽 ; 《自由聯合新聞》 第29號 ; 《朝鮮人の共産主義運動》, 32쪽 등을 종합

국주의의 착취 때문이며, 많은 한국인들이 일제로부터 해방을 쟁취하기 위해 투쟁하고 있음을 강조했다.

오사카에서도 한국인 아나키스트 단체가 결성되어 선전활동을 전개했다. 오사카에서의 한국인 아나키스트 운동은 1924년 6월 2일 고순흠에 의해서 조직된 조선인아나키스트연맹[169]과 조선무산자사회연맹[170]에서 비롯되었다. 조선인아나키스트연맹과 조선무산자사회연맹은 6월 28일 대판조선노동동맹회(공산주의계)[171]와의 공동주최로 천왕사 공회당에서 조선인언론집회압박탄핵대회를 개최하였으며, 삼일청년회(민족주의계)·대판조선유학생학우회·대판조선노동동맹회와 공동으로 조선인문제대회를 개최하였다.(《한국아나키즘운동사》, 283~284쪽)

1926년 1월 16일[172]에는 '융화단체融和團體'[173] 조선인협회 지부장 이춘식李春植과 김태엽(김돌빠金突破)[174] 등에 의해 신진회가 결성되었다.[175] 오사카 니시노다西野田 부근의 한국인을 중심으로 결성

---

169) 〈在留朝鮮人運動〉, 《社會運動の狀況(1935年)》(《資料集成》 3, 365쪽)에 조선인아나키스트연맹에 관한 기록이 있는 것으로 보아 1936년까지도 존속했던 것으로 보인다.

170) 조선무산자사회연맹은 1924년 6월 2일에 창립된 아나키스트계 단체로 고순흠高順欽·최선명崔善鳴·김태엽(金泰燁) 등이 간부였다.[內務省警保局保安課 編, 〈大正15年中ニ於ケル在留朝鮮人ノ狀況〉(《資料集成》 1, 210쪽) ; 《한국아나키즘운동사》, 184쪽 등을 종합] 간부의 이름에 대해서는 자료마다 약간씩 다르다. 《한국아나키즘운동사》, 184쪽에는 고순흠·설명선雪鳴善·김태화金泰華로 기록되어 있고, 다른 일제 정보고서에는 고순흠·최선명·김안교金安敎로 기록되어 있다[內務省警保局保安課 編, 〈大正14年中ニ於ケル在留朝鮮人ノ狀況〉(1925年 12月)(朴慶植 編, 1975 《資料集成》 1, 161쪽)]. 설명선雪鳴善과 김태화金泰華는 최선명과 김태엽의 잘못으로 보이며, 김안교는 김태엽의 이명異名이 아닌가 여겨진다.

171) 《한국아나키즘운동사》, 283쪽에는 大阪노동동맹회으로 기록되어 있다.

172) 《한국아나키즘운동사》, 184쪽에는 신진회의 창립일이 1924년으로 기록되어 있으나, 이는 잘못이다.

173) '융화단체融和團體'란 '내선융화內鮮融和'를 부르짖었던 친일단체를 지칭한다.

174) 김돌빠金突破는 김태엽金泰燁과 동일인으로(堀內稔, 1986, 39쪽), 남흥여명사南興黎明社, 조선무산자사회연맹과 조선여공보호연맹(1924. 6. 2 창립) 결성에도 관계했다.

175) 경보국보안과가 편찬한 《각종 사회운동단체 현세표(1928. 8)》에 따르면, 이윤희

된 신진회는 〈선언〉을 통하여 해방에서 나아가 생명으로부터 용출하는 샘으로서 새롭게 문화를 창조해가는 것을 신진회의 사명이자 목표로 규정하였으며, 다음의 사항을 강령으로 설정하였다.

ㄱ. 우리들은 동포의 상호부조 정신과 일치단결의 행동에 의해 절대의 해방을 기한다.

ㄴ. 우리들은 민족적 특종特種 지위에 입각해서 불합리한 환경을 타파하고 경제적 자유를 획득하기 위해 노력한다.

ㄷ. 우리들은 문맹적 지위로부터 신문화의 창조에 돌진한다.

그리고 기관지 《희소식》을 발행하여 아나키즘을 선전하는 한편, 한일합병 또는 자본주의를 저주하고 혹은 무산계급의 단결을 호소하였다.[176] 신진회는 1926년 3월 1일 대판大阪조선연합회와 공동으로 '미에三中현 동포ㅇㅇ(학살-인용자) 규탄연설회'를 열어 지난 1월 1일과 2일에 걸쳐 일어난 일본인에 의한 한국인 살해 사건을 규탄하였다. 이 날 연설회는 황세평(大阪朝鮮勞動聯合會 상무위원)의 사회하에 진행되었는데, 고순흠, 어파魚波(前 大阪朝鮮勞動聯合會 위원장), 김임金稔, 고제균, 고산高山 등이 연설하였다.(《자아성》 창간호) 1926년 3월 현재 600여 명의 회원을 획득한 신진회는 차가借家문제, 해고문제, 직업소개 등의 여러 문제를 해결하는 데 주력하였으며, 이춘식, 윤혁제尹赫濟, 고제균高濟均, 김동인金東仁, 김병훈金秉訓 외 수십 명이 상시 활동하였다. 그리고 고순흠, 이윤희, 최선명, 김태엽, 손무, 김병훈, 고민우 등이 중심이 되어 상애회와 조선인협회 타도투쟁을 전개하였으며, 《자아성自我聲》, 《민성보》, 《조선민보》 등을 발

도 신진회에 참가하였다.(진실 · 화해를 위한 과거사정리위원회 편, 《2007년 상반기 조사보고서》, 119쪽)

176) 《자아성》 창간호(1926. 3. 20) ; 內務省警保局保安課 編, 〈大正15年中ニ於ケル在留朝鮮人ノ狀況〉(《資料集成》 1, 210 · 214쪽) 등을 종합

간하였다.[177] 그리고 1926년 5월경에는 상무위원 윤혁제가 고순흠과 협의하여 아세아민족대회반대운동을 제창하였으며,[178] 자아성사가 1926년 5월 10일 주최한 '일선日鮮무산계급간친懇親 대강연회'를 후원하였다.(《자아성》 5월호)

신진회의 기관지 역할을 수행한 《자아성》[179]은 김태엽(발행편집겸인쇄인)과 이춘식(자아성사 대표)을 편집동인으로 하여[180] 1926년 3월 20일자로 창간되어 아나키즘을 선전하였다. 《자아성》 창간호는 이춘식 명의의 〈선언〉을 게재하였는데, 이춘식은 〈선언〉에서 "독립운동자 무리들은 입을 열면 조선의 독립을 말하고, 조선국의 일본으로부터의 해방을 부르짖으며, 아울러 조선인의 단결과 그 전투적 행위를 강요한다. 그들은 그 단결을 이용하여 그들의 야심과 소권력적 만족을 채우기 위해 동분서주한다"고 비판하고, 나아가 그들을 "우리를 이용하여 그들의 배를 채우고자 하는 놈, 우리 선인鮮人 민중을 적의 함정에 빠뜨리려고 하는 적"으로까지 규정하였다. 이러한 비판은 공산주의자들에게도 해당되었다. 즉 "사회주의자, 노동조합운동자도 똑같이 그들의 소권력적 야심을 채우기 위해 우리의 결속을 말한다. 그러면서 그들이 말하는 바는 오히려 우리 민중으로 하여금 하나의 길로, 하나의 논리하에 형식화하여 민중을 그들의 탐욕의 희생으로 하고자 하는 자"라는 것이다. 그리고 박렬의 〈강자의 선언〉도 게재하였다. 《자아성》 제5호에서 이춘식은 〈생존

177) 《자아성》 창간호 ; 고순흠, 〈조선인신진회를 중심으로 한 반민족단체 소탕〉(김찬흡, 1988, 305쪽에서 재인용) 등을 종합

178) 內務省警保局保安課 編, 〈大正15年中ニ於ケル在留朝鮮人ノ狀況〉(《資料集成》 1, 210 · 214쪽)

179) 《자아성》은 매월 20일에 일문으로 발간되었는데, 6월호부터는 매월 1일 한국어로 발행할 예정이었다.(《자아성》 5월호) 자아성사와 신진회의 간부가 서로 겹치기는 하지만, 《자아성》이 신진회의 기관지는 아니었던 것으로 보인다. 그것은 《자아성》 5월호(1926. 4. 20)에 《자아성》 속간을 축하하는 광고가 신진회 이사 이원근과 신진회 회계 김홍곤의 명의로 게재되었기 때문이다.

180) 1926년 4월에는 윤혁제도 편집동인에 속하였다.

을 확립하라〉라는 글을 통해 생물의 진화가 반드시 생존경쟁의 법칙에 의해서만 이루어진 것은 아니라는 크로포트킨의 말을 인용하면서, 단결하여 생존권을 확립하는 것이 한국 무산계급의 살 길이라고 주장하였다.

이외에 오사카 지역에서 결성된 한국인 아나키스트 단체로는 청년무지배자연맹(대표자 송영운), 계림무산청년동맹(간부 김창호 · 고천구[181]), 교화운동사(대표자 이윤희), 흑색조선인사(대표자 이윤희), 조선계자유노동자조합(1925년 창립), 대판자유노동자연맹(1925년 창립), 조선여공보호회(간부 고순흠) 등이 있었다.[182]

재일본 한국인 아나키스트들은 아나키즘 선전작업을 전개하면서 공산주의에 대한 비판 활동을 적극적으로 전개하였다. 1920년대 초까지 재일본 한국인 아나키스트들은 공산주의를 비판하면서도 공산주의자들과 함께 활동하였다. 하지만 사회 정세가 차차 공산주의가 발흥하는 방향으로 나아가면서 아나키스트계는 점차 공산주의계에 밀리게 되었다. 이에 재일본 한국인 아나키스트들은 공산주의자들을 적대시하면서 공개석상에서 공산주의를 비판하기 시작하였다. 1925년 2월 재일본조선노동총동맹 창립대회에서 아나키스트들은 우의단체 축하연설을 통해 공산주의 지도자들을 비판하였다. 즉 흑우회 대표로 단상에 오른 김정근이 재일본조선노동총동맹이 설립된 것은 한국인 노동자의 자유해방을 위해 기쁜 일이라고 하면서도, “그 지도자는 누구든 사복私腹을 채운다”고 하여 전위조직의 대중 지도를 주장하는 공산주의자들을 비판하였던 것이다. 이에 동맹 관계자들이 반발하면서 장내가 소란해지자 경찰은 이를

181) 자료에 따라서는 高天仇를 高才秀로 기록하기도 하였다.

182) 〈1930年の共産主義運動〉(《朝鮮獨立運動》 4, 98쪽) ; 內務省警保局保安課 編, 〈大正14年中ニ於ケル在留朝鮮人ノ狀況〉(《資料集成》 1, 162쪽) ; 內務省警保局保安課 編, 〈大正15年中ニ於ケル在留朝鮮人ノ狀況〉(《資料集成》 1, 210쪽) ; 《한국아나키즘운동사》, 184쪽 등을 종합

빌미로 강제해산시키고 말았다.[183] 1926년 3월 도쿄 일월회一月會 강연회에서도 아나키스트들은 공산주의에 반대하는 언동을 했다. 이날의 강연회 석상에서 흑우회 회원들이 여러 차례 야유를 하였는데, 이후부터 아나키스트와 공산주의자 상호간의 배격이 표면화되었다.(《治安狀況-昭和8年》, 210쪽) 반면, 오사카에서는 아직 아나키스트와 공산주의자간의 협력이 이루어지고 있었다. 1926년 4월경 신진회가 재일본조선노동총동맹 관서조선연합회[184]와 제휴하여 전열을 정비하고자 기도하였던 것이다.[185]

1927년 신간회 결성으로 민족주의자와 공산주의자 사이에 연합전선이 이루어지면서, 재일본 한국인 아나키스트들은 이에 커다란 위협을 느끼고 공산주의자에 대한 투쟁을 더욱 치열하게 전개했다. 1927년 1월 신간회 강령이 《동아일보》 지면에 발표되고(《동아일보》 1927년 1월 20일자), 동년 2월 신간회 창립총회가 개최되는 등 국내에서 범민족단체 결성이 본격화되자, 일본에서도 통일적인 민족운동기구를 결성하기 위한 작업이 개시되었다. 1927년 1월 말 조선유학생학우회 위원장 김상혁金相赫이 연합단체 결성을 발의하였으며, 2월 19일에는 재일본조선노동총동맹 본부[186]에서 각 단체가 집합하여 첫 모임을 가졌다. 이후 조선인단체협의회를 조직하기 위한 준비작업이 진행되었다. 조선인단체협의회 결성에는 총 26개 단체가 참여하였는데, 공산주의 진영에서는 재일본조선노동총동맹 · 동경노동조합 · 동同 동부지부 · 동 서부지부 · 동 북부지부 · 동 남부

183) 〈大正14年中に於ける在留朝鮮人の狀況〉(《朝鮮統治史料》 7, 853쪽)

184) 재일본조선노동총동맹 관서연합회는 오사카, 교토, 고베神戶 등지의 한국인 노동조합 13개가 참가한 가운데 1926년 3월 1일에 창립되었으며, 지건홍池健弘이 중앙위원장으로 선출되었다.(《자아성》 창간호)

185) 內務省警保局保安課 編, 〈大正15年中ニ於ケル在留朝鮮人ノ狀況〉(《資料集成》 1, 210 · 214쪽)

186) 〈1931年の共産主義運動〉(《朝鮮獨立運動》 4, 147쪽)에는 조선청년동맹 사무소에서 회합을 한 것으로 기록되어 있다.

지부 · 동 옥천玉川지부 · 조선청년동맹 · 여자청년동맹 · 신흥과학연구회 등 11개 단체가, 민족주의 진영에서는 조선유학생학우회 · 여자학흥회女子學興會 · 조선연합기독교회 · 기독교청년회 · 천도교동경종리원天道教東京宗理院 · 천도교청년당동경부天道教青年黨東京部 · 협동조합운동사 · 형설회 · 고려공업회 등 9개 단체가 참여하였다. 아나키스트 진영에서도 전 민족적 연대라는 명분을 살리기 위해 흑풍회 · 조선자유노동자조합(이하 '조선자유')[187] 산수부山手部 · 동강동부江東部 · 조선인신문배달원조합[188] · 조선동흥노동동맹(이하 '동흥노동')[189] · 대기大崎조선인일반노동조합 등 6개 단체가 참여하였다. 흑풍회는 서무부의 활동을 맡았다. 하지만 협의회 결성은 처음부터 커다란 난관에 부딪혔다. 즉 조직의 성격을 둘러싸고 논쟁이 벌어진 것이다. 민족주의자들과 공산주의자들은 각각 협의회의 성격을 자문기관과 결의기관으로 할 것을 주장하였고, 아나키스트들은 자유연합체로 할 것을 역설한 것이다. 결국 공산주의자들의 주장대로 조직을 상시적 결의기관으로 하는 것으로 결정되었다. 이에 아나키스트들은 크게 반발하였다. 아나키스트들은 정식 탈회脫會 성명을 내지는 않았지만 실제적으로는 탈회하였다.[190]

아나키스트들의 반발이 있었음에도 조선인단체협의회는 결성되

187) 자료에 따라서 朝鮮自由勞動組合이라고도 기록하였으나, 이 책에서는 朝鮮自由勞動者組合으로 통일한다.

188) 조선인신문배달원조합은 승마룡昇馬龍 등에 의해 결성된 아나키스트 노동단체이며, 회원은 75명이었다. 그 결성일에 대해서《治安狀況-昭和8年》(210쪽)에는 1927년 6월로(명칭은 조선인신문배달인조합) 기록되어 있고, 堀內稔도 이를 따르고 있으나(堀內稔, 1986, 46쪽), 조선인신문배달원조합이 참가한 조선인단체협의회의 결성일이 1927년 2월이므로 이는 맞지 않다. 명칭도 朴尙僖의 〈東京朝鮮人諸團體歷訪記(35)〉(《在日朝鮮人史硏究》 第5號)에 따르면 朝鮮人新聞配達員組合이다.

189) 자료에 따라서는 朝鮮東興勞動同盟, 東興勞動組合, 關東東興勞動同盟으로 기록하기도 하였으나, 본고에서는 朝鮮東興勞動同盟으로 통일한다.

190) 〈朝鮮民衆に訴ふ新興獨裁運動を排擊〉; "전 민족의 공동 이익을 위하여 공동행동을 취하자"; 《朝鮮人の共產主義運動》, 26 · 65쪽 ; 朴尙僖, 〈東京朝鮮人諸團體歷訪記〉(《在日朝鮮人史硏究》 第5號, 117 · 138 · 144~146쪽) ; 〈在留朝鮮人の運動狀況〉《社會運動の狀況(1929年)》(《資料集成》 2, 61쪽) 등을 종합

었고, 이어 1927년 5월 7일에는 아나키스트계 단체만 참가하지 않은 채 신간회 동경지회가 결성되었다.[191] 도쿄에서 신간회 지회가 만들어지자, 조선인단체협의회 결성과정에서 빠진 재일본 한국인 아나키스트들은 공산주의자들의 신간회 참가를 맹렬하게 비판하였다. 이전부터 민족협동전선 결성 시도를 "단결을 이용하여 그들의 야심과 소권력적 만족을 충족하려는" 술책으로 보던(〈宣言〉《自我聲》創刊號) 재일본 한국인 아나키스트들은 중앙집권적 조직의 폐해를 지적하고 신간회를 부정하였다. 재일본 한국인 아나키스트들은 〈신간회를 매장시키자〉라는 제목의 글에서 다음과 같이 신간회를 매장할 것을 주장하였다.

> 작년 이래 사기적 도배 등이 조선 현하의 경제 조건을 무시하고 정치적 독재를 꿈꾸며 마스크를 쓰고 있으며, 민족주의자와 적색 볼세비키 정치광들은 서로 조선 민중을 이용하여 민족해방운동 이름 아래 공동전선을 펴고 있다. 저들 권력광들이 표면에는 약소민족 해방을 걸지만, 이면에서는 권력쟁투와 간부 쟁탈을 일삼으니, 저들의 민족해방 전선은 혼란에 빠지고, 사기적 책의策義는 민중 앞에 추악한 사실과 마각을 드러내고 있다.……(볼셰비키들이 신간회에 유입되는 것은-인용자) 신간회를 정치운동의 도구로 삼아 적색 러시아의 환심을 사고, 조선을 러시아 제국주의의 식민지로 삼으려는 데 있다. …… 반동분자와 공산당의 오합烏合, 신간회 도배가 만든 사실에 비추어, 아울러 저들이 조선민족의 해방을 해치는 사기적 애심가라는 사실을 알고, 인류의 적인 신간회를 매장시키자.[192]

나아가 재일본 한국인 아나키스트들은 공산주의자들을 비판하

191) 《朝鮮人の共産主義運動》, 26 · 65쪽; 朴尙僖, 〈東京朝鮮人諸團體歷訪記〉(《在日朝鮮人史硏究》第5號, 117 · 145쪽) 등을 종합

192) 〈신간회를 매장시키자〉, 《黑色靑年》 第16號(김명섭, 2003a, 46쪽에서 재인용)

면서 신간회 사무소를 습격하는 등 신간회를 파괴하기 위한 행동에 나섰다. 1927년 10월 24일 흑풍회, '조선자유', '동흥노동' 조합원 원심창 외 3명이 신간회(지회장 조헌영)와 조선청년동맹을 습격하였다. 그리고 1928년 5월 '조선자유' 조합원이 재일본조선노동총동맹으로 이적하는 일이 발생하자, 이에 항의하여 같은 달 30일 이용대李龍大, 원심창, 김현철金賢哲 등이 동경조선노동조합 북부지부 사무소를 습격하였다. 이 사건으로 원심창 외 7명이 '폭력행위 등 처벌에 관한 법률' 위반으로 검거 · 수감되었다. 1928년 6월 30일에도 정모진鄭暮鎭이 흑우연맹원 20여 명을 데리고 동경조선노동조합 북부지부를 습격하였다. 이 사건으로 정모진은 7월 3일 체포되었다.[193)]

재일본 한국인 아나키스트들과 공산주의자들간의 충돌은 1929년에도 이어졌다. 3월 23일 도쿄 시내 길거리에서 아나키스트계 노동조합원 수 명과 재일본조선노동총동맹원 박만익朴萬益 · 박답파朴踏波 등 수 명 사이에 충돌이 발생했다. 사소한 말다툼으로 시작한 이 충돌은 난투로 이어졌고, 그로 인해 박만익과 박답파가 칼에 찔려 중상을 입었다.[194)]

1929년[195)] 6월 동경유학생학우회가 민족주의자와 공산주의자의 주도 아래 6월 9일 춘계운동회를 개최한다는 계획을 세우고 준비에 착수하였다. 이에 아나키스트들은 막대한 비용 낭비라는 이유로 운동회 개최에 반대하면서 항의문을 발송하였다. 하지만 운동회 준비는 계속 진행되었다. 이에 원심창, 김병운金炳運, 양상기梁相基, 하

193) 慶尙北道警察部 編, 1934, 163~164쪽 ; 〈동아일보〉 1928년 7월 6일자 ; 〈在留朝鮮人の運動狀況〉《社會運動の狀況(1929年)》(《資料集成》 2, 59쪽) 등을 종합

194) 慶尙北道警察部 編, 1934, 163~164쪽 ; 《조선일보》 1929년 4월 1일자 등을 종합. 慶尙北道警察部 編, 1934, 163~164쪽에는 충돌한 날짜가 3월 20일로, 박만익은 박만석으로 기록되어 있다.

195) 《治安狀況－昭和8年》, 210쪽에는 1928년 6월로 기록되어 있다.

은파河銀波(河璟尙), 한하연, 이시우, 최복선崔福善 등 재일본 한국인 아나키스트 7명은 6월 7일 일본도, 단도 등을 지니고 운동회개최 준비위원회장인 신간회 동경지회 사무소를 습격하여 이주영李周泳(빈사瀕死의 중상), 류원우柳元佑(경상), 김기석金基錫 등 5명에게 중경상을 입혔다. 아나키스트 진영에서는 권상근이 오살誤殺되었다.[196]

2) 테러활동

재일본 한국인 아나키스트 중 제일 먼저 테러적 직접행동론을 방법론으로 채택한 사람은 박렬이다. 박렬은 〈음모론〉에서 테러적 직접행동만이 계급해방의 유일한 수단임을 밝혔는데, 그의 테러적 직접행동론의 골자는 ① 지배와 착취를 목적으로 구성된 제국주의적 자본주의 국가를 붕괴시키지 않고서는 무산자계급이 자유를 회복할 수 없다는 것 ② 이 국가를 타도하는 데에는 의회주의 즉 참정권 획득운동으로써는 불가능하며, 무권력자와 무산자가 국가를 타도할 수 있기 위해서는 군대와 경찰을 말살할 수 있는 힘을 키워야 한다는 것 ③ 무산자들이 당연히 취해야 하는 것은 직접행동이며, 소요 · 폭동 · 반란 등이 가장 유효한 수단이라는 것 ④ 폭동이나 반란은 어느 정도 국가의 규율과 권위가 이완되고, 또 사회적 정세가 혼란스러운 무대를 필요로 한다는 것 ⑤ 일본에서는 경제적 직접행동인 총파업 등으로는 폭동화 · 반란화에 이를 수 없으며, 음모에 의해서만 가능하다는 것 ⑥ 목적이 수단을 정당화시키므로 음모가는 어떠한 수단을 사용해서라도 자신의 목적을 관철시켜야 한다는 것 등이다.(《裁判記錄》, 89~96쪽)

---

196)《治安狀況-昭和8年》, 210~211쪽 ;〈在留朝鮮人の運動狀況〉《社會運動の狀況(1929年)》(《資料集成》 2, 59쪽) ;〈在留朝鮮人の運動〉《社會運動の狀況(1931年)》(《資料集成》 2, 309쪽) ; 慶尙北道警察部 編, 1934, 163~164쪽 ;《한국아나키즘운동사》, 279 · 281쪽 ; 최갑용, 1995, 27쪽 ;《自由聯合新聞》 第29號 등을 종합

박렬은 1921년 11월 무렵 의거단을 결성하였는데, 장상중, 정태성, 최규종, 김일 등이 가입하였다. 의거단은 한국인의 사상 퇴폐, 공공연히 친일을 표방하는 자 혹은 한국 민족의 체면을 훼손시키는 자 등을 응징하는 것을 그 목적으로 하였다. 의거단은 3기로 나뉘어지는데, 제1기는 의거단, 제2기는 철거단, 제3기는 혈거단이라 칭하였다. 1923년 2월 박렬 등은 박살단 또는 혈거단의 이름으로 친일 한국인들에게 협박장을 우편으로 보내기도 하였는데, 그 대상은 주로 일본인으로부터 학비를 보조받는 자 또는 일본인과의 친교를 중요시하고 그들의 집에 출입하는 자, 일본인 여자와 부부관계를 맺고 고향에 있는 처와 자식을 돌보지 않는 자 등이었다.[197] 그리고 혈거단의 이름으로 장덕수폭행사건, 사기공산당 관련자 폭행사건 등을 일으켰다. 즉 장덕수가 러시아로부터 받은 돈 일부를 유흥비로 탕진하였다고 해서 혈거단의 이름으로 폭행을 가하였다. 그리고 사기공산당사건에 관련된 자가 미국으로 유학을 간다는 정보를 입수하였는데,이를 조사한 결과 독립운동자금을 유학자금으로 빼돌린 것이 드러나자 혈거단의 이름으로 폭행을 가한 것이다.

박렬은 테러적 직접행동론에 입각하여 가네코 후미코와 함께 아나키스트 동지들을 규합 · 단결시키고, 폭력에 의한 직접행동을 통하여 권력을 파괴하고자 하였다. 그들은 흑우회의 활동이 지지부진하자 흑우회에 포괄하지 못하는, 아나키즘에 소원한 사람들까지 규합하기로 계획하고,[198] 1923년 4월[199] 정태성, 김중한, 홍진

197) 〈血擧團に關する報告書〉(布施辰治 · 張祥重 · 鄭泰成, 1946, 156쪽). 박렬은 제6회 예심신문에서, 아나키즘과 민족주의사상을 가지고 있었던 한국 학생들과 함께 1921년 중반경 혈거단을 조직하였으나 반년 정도 지속하다가 해산하였으며, 1921년 10월경에는 아나키즘 또는 사회주의적 사상을 가진 자들로 조직된 의거단에 가입하였으나, 이 단체는 1년 정도 지나서 해산되었다고 진술하였다.["제6회 예심조서"(김삼웅, 1996, 102~103쪽)]

198) 金子文子의 "第5回 訊問調書"(小松隆二 編, 1988, 203쪽)

199) 朴烈의 "第6會 訊問調書"(小松隆二 編, 1988, 216쪽). 不逞社의 결성일을 1923년 5월이나 1922년 4월로 기록한 자료도 있으나, 이 책에서는 朴烈의 訊問調書에 따

유, 최규종崔圭悰(崔圭淙, 崔奎悰, 崔圭宗), 육홍균, 서동성, 노구치 시나루타野口品二, 장상중, 하세명河世命(河一, 河州明), 한현상韓峴相(韓睍相, 韓晛相),[200] 구리하라 가즈오栗原一男, 서상경, 오가와 시게루小川茂(小川武), 아라야마 하츠요新山初代[201] 등과 함께 불령사를 조직하였다.[202] 박렬이 불령사를 조직한 것은 사회운동과 폭력에 의한 직접행동을 통하여 권력을 파괴할 목적에서였다.[203]

불령사는 아나키스트 사회를 실현하기 위해서는 먼저 다수 동지를 규합하고 혁명적 분위기를 촉진할 필요가 있다고 인식하였다. 이에 따라 무산자동맹회[204] · 자진회自進會 또는 후테이선인사(フテイ鮮人社)[205] 등과 협력하거나[206] 조선형평사를 선동하여 한국내에

른다. 본인도 〈박열의 무정부주의사상과 독립국가 건설 구상〉에서 不逞社의 결성일을 1922년 4월로 잘못 서술한 바 있다.

200) 자료에 따라서는 韓晛相, 韓峴相, 韓睍相, 韓晲相으로도 기록하였으나, 《現社會》 제4호(1923년 6월 30일)에는 韓晛相의 이름으로 〈욕구〉가 발표되었기에, 이를 따른다.

201) 최갑용, 1995, 21쪽에는 神山初代로 서술되어 있으나, 이는 잘못이다. 朴尙僖는 〈東京朝鮮人團體歷訪記〉(《在日朝鮮人史研究》 第5號, 135쪽)에서 新山初代로 기록하고 있다.

202) 朴烈의 "豫審請求書"(布施辰治 · 張祥重 · 鄭泰成, 1946, 12~17쪽) ; 朴烈의 "第6會 訊問調書"(小松隆二 編, 1988, 216쪽) ; 金子文子의 "調書"(小松隆二 編, 1988, 191쪽); 內務省警保局保安課 編, 〈大正14年中ニ於ケル在留朝鮮人ノ狀況〉(《資料集成》 1, 162쪽) 등을 종합

203) 박렬의 "예심청구서"(布施辰治 · 張祥重 · 鄭泰成, 1946, 12~17쪽)

204) 內務省警保局保安課 編, 〈大正14年中ニ於ケル在留朝鮮人ノ狀況〉(《資料集成》 1, 162쪽)에는 무산자동맹으로 기록하고 있으나 정확한 명칭은 무산자동맹회이다. 무산자동맹회는 1922년 3월 31일 서울에서 무산자동지회와 신인동맹회가 합병한 단체로서, 사상문제 연구와 노동자 교육이 그 목적이었다. 조직은 위원제로서 위원은 金翰, 李赫魯, 申伯雨, 元友觀, 金達鉉 기타 십수 명이었다. 金科熙(金科熙의 誤記로서 金科全, 金若水와 동일인-인용자) · 金思國 · 鄭泰信 · 李龍基 · 李益相 · 朴錫胤 · 朴烈 · 元鍾麟 · 洪承魯 · 黃錫禹 · 林澤龍 등과 연락하고 있었다.[金翰의 증인심문 "調書"(小松隆二 編, 1988, 282쪽) ; 朝鮮總督府警務局 編, 《大正11年 朝鮮治安狀況》 其の一鮮內(《外務特殊文書》 3, 579쪽) 등을 종합]

205) フテイ鮮人社는 《太い鮮人》과 《現社會》를 발행한 출판사이다. 內務省警保局保安課 編의 〈大正14年中ニ於ケル在留朝鮮人ノ狀況〉(《資料集成》 1, 162쪽)에는 フテイ社로 기록되어 있으나 フテイ鮮人社가 맞다. 《現社會》에는 그 편집사무소가 太い鮮人社 內(3호) · 不逞鮮人社 內(4호)인 것으로 기재되어 있다.

206) 內務省警保局保安課 編의 〈大正14年中ニ於ケル在留朝鮮人ノ狀況〉(《資料集成》 1,

소요를 일으키고자 기도하였으며, 혹은 반대파에게 폭행을 가하는 등 소위 직접행동을 실행하는 분위기를 조성하였다.[207] 그리고 정례회의를 개최하여 한국에서 일어나고 있는 형평운동에 대해 불령사 명의로 축전을 보내는 것, 사회주의자를 욕한 친일파 김형원金炯元(金烱元, 동아일보 기자)을 구타하는 것, 마산에서 발생한 선로 인부 파업에 대해서 불령사 명의로 후원 전보를 치는 것 등에 대해 토의하였다.[208]

박렬은 불령사를 기반으로 하여 1923년 10월에 거행되는 일본 황태자 결혼식 때에 천황과 황태자 및 요로要路의 대관大官을 암살할 계획을 세우고 그 준비를 진행시켰다. 하지만 준비 과정에서 1923년 9월 관동關東대지진이 발생하였고, 동경경시청은 불령사 관계자들을 예비구금하였다. 취조 과정에서 박렬의 일본 황태자 암살 계획이 드러났고, 이는 '대역사건'으로 비화되었다. 이 사건으로 박렬 이하 19명이 검거되었으며, 그것과 동시에 불령사는 파괴되었다.(坪江汕二, 1979, 285쪽)

당시 일본 사상계에 아나코생디칼리슴이 풍미하였음에도 불령사가 아나코생디칼리슴을 수용하지 않고 직접행동론에 입각해서 활동을 전개하고자 한 것은 당시 일본 아나키스트와 한국인 아나키스트가 처한 상황의 차이에서 비롯된 것으로 보인다. 제1차 세계대전 이후 일본에서는 자본주의가 급성장함에 따라 노동운동 또한 매우 활성화되었고, 아나코생디칼리슴이 그 전성기를 구가하였던 것에 비해, 한국인의 경우는 사정이 달랐다. 우선 조직화할 대상인 한국

162쪽)에는 不逞社가 표면운동단체로서 무산자동맹회·自進會 또는 フテイ鮮人社를 조직하였다고 기록되어 있으나, 이는 잘못이다. 이 단체들은 不逞社보다 빠른 1922년에 결성되었다.

207) 內務省警保局保安課 編, 〈大正14年中ニ於ケル在留朝鮮人ノ狀況〉(《資料集成》 1, 162쪽)

208) 金子文子의 "第5回 訊問調書"(小松隆二 編, 1988, 203쪽)

인 노동자의 수가 적었던 탓에 그들을 조직화하고 그것을 기반으로 운동을 펼치는 것에 대해서는 관심을 그다지 기울이지 않았다. 그리고 1920년대 초는 민족운동이 활발하게 전개되던 시기로서 장기간의 시일을 요하는 노동운동보다는 소규모의 투쟁으로 당장 커다란 선전효과를 낼 수 있는 직접행동에 이끌릴 수밖에 없었다.

불령사가 붕괴된 이후 재일본 한국인 아나키스트들의 테러는 거의 펼쳐지지 못하였다. 하지만 1927년 신간회가 결성된 이후 공산주의자들에 대해 테러행위를 가하기 시작하였고, 그 과정에서 사상자가 발생하기도 했다. 1928년에는 테러적 직접행동을 추구하는 단체가 결성되었다. 정찬진丁贊鎭 · 김호구金豪九 · 오병현吳秉鉉(金秉元) · 장명학張命學(張明岳) · 이지활李之活(李鶴儀, 李㷧義) · 김양복金養福(金用福) · 송주식宋柱軾(宋仲二) 등에 의해 1928년 3월 하순[209] 일본 도쿄에서 결성된 흑전사黑戰社(일명 一聲團)[210]가 그것이다. 흑전사는 기밀 엄수, 이탈 불허, 변절자 제재 등을 행동규칙으로 규정했다. 그리고 일본제국주의의 상징인 천황을 암살하고 중요 기관을 파괴할 것을 투쟁목표로 삼았다.

흑전사는 만주나 상하이에 동지를 보내 무기를 제조하는 법을 배워 제조하거나 구입케 한 뒤, 같은 날 같은 시각에 일제히 행동할 것을 꾀하였다. 1928년 10월 15일[211]부터는 기관지 《흑전黑戰》[212]을 5회에 걸쳐 발행하여 평안도와 황해도 등지에까지 우송하는 등 국내에도 아나키즘 선전작업을 전개하였다. 그런데 1929년 5월 김호구와 오병현이 무기 구입과 선전작업에 대한 국내에서의 반응을

209) 흑전사의 결성일을 1928년 11월로 기록한 자료도 있으나 취하지 않는다.

210) 《自由聯合新聞》 1929년 9월 1일자는 흑전사를 黑戰同盟으로 보도하였다.

211) 이지활은 《黑戰》의 창간일을 1928년 5월로 회고하였다.(이지활의 회고문)

212) 흑전사의 기관지인 《黑戰》을 《黑色戰線》으로 서술한 연구도 있으나, 이는 '흑전'을 '흑색전선'의 줄임말로 이해한 탓으로 여겨진다. 《黑色戰線》은 일본 아나키스트들이 간행한 문예잡지이다.

살피기 위하여 고향인 평남 용강으로 돌아왔다가, 단오절 씨름대회를 틈타 총독정치의 억압과 착취를 폭로하고 농민은 단결하여 강권체제 타도에 궐기할 것을 호소하는 내용의 격문을 살포하였다. 이후 조사과정에서 《흑전黑戰》이 발각되고 흑전사의 전모가 드러나고 말았다. 이리하여 7월 중순에 30여 명이 체포되었으며, 이 중 김호구, 오병현, 김용조金容祚, 이지활, 송주식, 김양복, 장명학, 박유성朴有城(朴浤定) 등이 예심에 회부되었다. 장명학 · 김용조 · 박유성 등은 면소免訴되었으나, 나머지는 모두 형을 선고받았다. 형량은 김호구 징역 5년, 오병현 징역 3년 6개월, 이지활 징역 2년 6개월, 김양복 · 송주식 각 징역 1년 집행유예 3년이었다. 그리하여 흑전사는 와해되고 말았다.[213)]

이후 적의 기관을 파괴하고자 하는 테러활동은 재일본 한국인 아나키스트들에 의해 더 이상 전개되지 않았다.

3) 노동운동

제1차 세계대전 이후 일본 자본주의의 급속한 성장에 따라 일본 내 노동운동이 활성화되자, 재일본 한국인 아나키스트들도 1922년 나카츠천中津川 댐 공사장에서의 한국인 노동자 학살사건 이후 노동자에 의한 노동운동을 표방하거나, 공산주의자와 함께 1922년부터 노동자 조직화에 착수하였다. 재일본 한국인 아나키스트들은 1922년 9월 도쿄 에바라荏原 변邊의 노동자와 결합하여 흑운노동회黑雲勞動會를 조직하였으며(申焰波, 〈日本に於ける鮮人勞動運動〉), 신영우申榮雨와 손봉원孫奉元 등은 1922년 백무白武(공산주의자로서 북성회의 핵심 인

213) 《조선일보》 1929년 7월 26일자 ; 《동아일보》 1929년 7월 16일 · 18일 · 22일 · 26일 · 28일 · 8월 1일 · 1930년 11월 9일 · 15일자 ; 《중외일보》 1930년 8월 2일자 ; 《自由聯合新聞》 第39號 · 第49號 ; 이지활의 회고문 ; 《한국아나키즘운동사》, 250~252쪽 등을 종합

물)와 프롤레타리아사의 고이케 가오루小池薫 · 미나미 요시오南芳雄 등과 모의하여 자유노동동맹을 조직하였다.[214] 그리고 조선노동동맹회가 도쿄와 오사카에서 각각 결성되었다.

동경조선노동동맹회는 흑운노동회를 기반으로 하여 1922년 10월 말에 창립되었으며, 총회원수는 50명이었다. 무산계급 해방과 한국인 노동자의 계급의식 촉진과 직업 안정 등을 표방하고, 기관지 《노동동맹》을 발행하였다. 북성회의 자매회姉妹會로서 간부는 이헌李憲, 최갑춘崔甲春, 백무白武, 손봉원孫奉元, 이옥李鈺, 류진걸柳震杰, 김천해金天海, 강대계姜大鷄 등이다.[215] 이 중 손봉원은 아나키스트이다.

대판조선노동동맹회[216]는 송장복宋章福 · 지건홍池健弘 · 최태열崔泰烈 · 손명표孫明杓 · 김활석金闊錫 등이 발기인이 되어 1922년 12월 1일 오사카에서 자유노동자와 기타 근육노동자를 그 자격자로 하여 결성되었다. "노동운동에 의해 노동자 지위의 향상을 도모한다"는 것을 표방하고, 동경조선노동동맹회와 동서東西로 서로 호응하여 활동하였으며, 일본노동총동맹에 접근하여 그 지시에 따라서 오사카에 있는 한국인 노동자를 규합하기 위해 노력하고, 노동절 기념행사 등에 참가하였다.[217] 대판조선노동동맹회의 회칙 제5조에

214) 朝鮮總督府警務局 東京出張員, 〈在京朝鮮人狀況〉(《資料集成》 1, 145쪽)

215) 朝鮮總督府警務局 東京出張員, 〈在京朝鮮人狀況〉(《資料集成》 1, 139쪽) ; 申熖波, 〈日本に於ける鮮人勞動運動〉; 《朝鮮人の共産主義運動》, 62쪽 등을 종합. 〈在京朝鮮人狀況〉은 東京朝鮮勞動同盟會가 노동자 구제와 인격향상 도모를 목적으로 1922년 11월에 창립된 것으로 기록하였다.

216) 자료에 따라서 大阪朝鮮人勞動同盟, 大阪朝鮮勞動者同盟 등으로 표기하기도 하나, 본서에서는 大阪朝鮮勞動同盟會로 통일한다

217) 申熖波, 〈日本に於ける鮮人勞動運動〉; 《朝鮮人の共産主義運動》, 62~63쪽 등을 종합. 大阪朝鮮勞動同盟會 결성 시기와 주체에 대해서는 자료마다 약간씩 다르다. 朝鮮總督府警務局 東京出張員의 〈在京朝鮮人狀況〉(《資料集成》 1, 144쪽)에는 11월 2일 김종범 · 金若水가 北星會 대표로 大阪으로 가서 宋章福 · 池健弘 등을 설득하여 日本勞働總同盟 · 大阪聯合會의 후원하에 大阪朝鮮勞動同盟會를 조직한 것으로 기록되어 있으며, 《朝鮮人の共産主義運動》(62쪽)에는 1922년 12월 1일 金科全(金若水)이 宋章福 등의 공산주의자와 협력하여 조직한 것으로 기록되어 있다. 《신천지》 1923년

"본회는 오사카大阪 재류在留 조선인 순근육노동자純筋肉勞動者로써 조직한다"고 규정하고 있는데,[218] 이는 아나키즘의 영향이다. 이 당시 재일본 한국인 아나키스트들은 홍진유를 중심으로 해서 노동자만으로 노동단체를 조직할 것을 주장하여 공산주의자와 대립하고 있었다. 그리고 발기인 중 한 명인 손명표는 아나키스트이다.

1922년 말경[219]에는 아나키스트들에 의해 노동자단체가 결성되었다. 노동자진회가 그것이다. 홍진유를 중심으로 한 재일본 한국인 아나키스트들은 공산주의자들과 함께 노동자단체 결성에 나섰다. 하지만 결성과정에서 아나키스트와 공산주의자간에 충돌이 일어났다. 홍진유를 비롯한 아나키스트계는 '현재 노동하고 있는 노동자'를 단위로 하여 조직할 것과 자율합의적이고 자주적인 결속을 주장하였지만, 공산주의계는 현재 노동하고 있지 않더라도 전에 노동자였던 사람에게도 조합원의 자격을 주어야 한다는 것과 중앙집권적인 조직을 주장하였던 것이다. 홍진유 등 아나키스트들은 자신들의 주장을 관철시켜 노동자진회를 현재 노동하고 있는 자들만의 조직으로 결성하였다.(栗原一男, 〈叛逆者傳(2)-洪鎭祐〉 참조)

하지만 재일본 한국인 아나키스트들은 노동운동에 큰 비중을 두지는 않았으며, 오히려 아나코생디칼리슴에 대해서는 비판적 입장을 취하였다. 박렬은 〈음모론〉에서 다음과 같이 경제적 직접행동론을 비판하였다.

신년특별호에 게재된 〈내외시국일지〉에는 1922년 12월 4일에 오사카에 거주하는 한국인 노동자 2만여 명이 참가한 가운데 호상부조를 신조로 하는 노동단체가 결성된 것으로 기록되어 있다.

218) 《大阪市を中心とする勞動組合運動》(調査報告 No.32 1924年 11月), 377~378쪽(野村明美, 1979, 76쪽에서 재인용)

219) 노동자진회 결성의 주역인 홍진유가 재일본조선노동자정황조사회 창립총회(1922. 9. 25)를 계기로 박렬 일파에 포섭되었으므로[홍진유의 "제2회 조서"(《裁判記錄》, 159쪽)] 勞動自進會는 1922년 말경에 결성된 것으로 추측된다.

> 혹자는……노동조합운동 즉 경제적 직접행동으로 나아갈 것을 우리에게 권한다. 그들은 그 주요한 전투수단으로서 총파업을 주창한다. 즉 스트라이크, 사보타쥬, 보이콧트에 의해서 일보일보 현대의 제국적 자본주의국가 조직의 생명을 쇠멸시켜 가고, 결국에는 저 총파업에 호소하여 완전하게 그 목적을 달성한다고 하는 것이다. … 국가는 혹은 우리들에게 그 스트라이크, 사보타쥬, 보이콧트 등을 허용해줄지도 모른다. 그러나 그것은 하시何時라도 소위 국가의 안녕질서를 문란하게 하지 않는 정도에서인 것이다. 조금이라도 그 정도를 넘어서보라! 국가는 그것에 대해 바로 국가에 대한 반역적 행위라 하여 예의 군대와 경관대를 보내어 너희들을 혹은 그 장소에서 학살하거나 혹은 감옥으로 보낼 것이다. (《裁判記錄》, 91쪽)

위의 글에서 보는 바와 같이 박렬은 아나코생디칼리슴은 일본 상황에 적합하지 않으며, 경제적 직접행동으로는 결코 국가를 타도할 수 없다고 역설하였다. 경제적 직접행동은 국가가 인정하는 범위 안에서만 전개될 수 있을 뿐이며, 그 결과 아나코생디칼리스트 운동은 개량주의적 운동으로 전락할 수밖에 없다는 것이다. 그리고 《현사회現社會》 제4호에 게재된 〈조선의 민중과 정치운동-사기꾼인 권력광들을 배격한다〉에서도 "일본과 같은 경찰국에서 총파업에 의해서 일거에 자본주의를 분쇄하고자 하는" 것은 공상에 지나지 않는다고 하면서, 경제적 직접행동론을 비판하였다.

하지만 1922년경부터 노동자의 수가 급증하기 시작하면서 상황은 달라지기 시작했다. 조선총독부는 1919년 4월 15일 제령制令 제7호 '정치에 관한 범죄 처벌의 건'을 공포하고, 같은 달 총독부 경무총감령 제3호 '조선인의 여행 취체에 관한 건'을 공포하는 등 한국인 일반의 일본 여행에 대해 상당히 혹심한 규제를 하였다. 그러다가 경무총감령 제3호는 '자국내自國內 여행의 자유'를 박탈하는 것이라는 비난 등으로 1922년 12월 15일 폐지되었다. 이후 한국인의 도일渡日은 크게 늘어나 1923년 중 도항자수는 97,395명이었으며, 1924년에는 122,215명에 달하였다. 그리고 그 대부분이 노동자였다.(《朝鮮人の共産主義運動》, 1쪽) 노동자는 인부人夫 · 토공土工 등의 자유노동에 종사하고 있는 자들이 대다수였고, 각종 산업의 직공이라 하더라도 많은 사람은 비숙련공으로서 공장 내의 잡역 · 운반보조 등에 사역되는 것이 예사였다.(《朝鮮人の共産主義運動》, 7쪽)

재일본 한국인 노동자의 수가 늘어남에 따라 이들 노동자 대중 속에서 민족운동이 펼쳐지기 시작하였다. 공산주의자들이 앞장을 섰다. 공산주의자들은 1923년 7월 치바千葉현 노다野田정에서 개최된 관동노동동맹대회關東勞働同盟大會에 동경조선노동동맹회 대표라 칭하고 김약수金若水 · 최갑춘崔甲春 외 여러 명이 출석하여, 당시 분쟁 중이던 경성호모京城護謨 직공들의 파업에 대한 동정을 구하였으며,[220] 그 이후 노동자들에 대한 조직화사업을 본격적으로 전개하였다. 1925년 초에 이르러 동경조선노동동맹회는 대판조선노동동맹회를 비롯하여 교토京都 · 고베神戶 · 요코하마橫濱 등지에서 결성된 한국인 노동단체들과 대동단결하여 같은 해 2월 22일 도쿄에서 재일본조선노동총동맹을 결성하였다. 재일본조선노동총동맹은 "단결의 위력과 상호부조의 조직으로서 경제적 평등, 노동자계급의 완전한 해방을 기한다"는 것을 표방하였으며, 12단체가 참가하여 1927년 4월 제3회 대회 당시에는 조합원수가 3만여 명에 이르고 있었다.(《朝鮮人の共産主義運動》, 63쪽)

재일본 한국인 노동자들에 대한 공산주의자들의 영향력이 점점 커지자 그 동안 소수의 활동가 또는 지식인을 중심으로 사상단체운동에 주력하던 재일본 한국인 아나키스트들도 1924년 노동공생회를 결성하는[221] 등, 1920년대 중반부터는 노동자 조직화를 추진하

220) 朝鮮總督府警務局 東京出張員, 〈在京朝鮮人狀況〉(《資料集成》 1, 145쪽)

221) 노동공생회는 1924년 8월 3일 李智英 등이 "재경 조선인 노동자로서 전원 상호의

기 시작하였다. 이들은 노동자를 대상으로 한 아나키즘 선전작업과 노동자단체 결성을 통해 아나키스트 운동의 저변을 확대하고자 노력하였다.

흑풍회黑風會는 노동자 조직화에 집중하여 쇠퇴해가는 아나키스트 세력을 만회하고자 노력하였다. 흑풍회의 노력으로 흑풍회 사무소에서 조선인신문배달원조합이 조직되었고, 1927년 2월 말에는 오우영吳宇泳(吳宇榮)[222] · 장상중張祥重 등에 의해 '조선자유'가 설립되었다.[223] 흑풍회는 '조선자유' 강동부江東部(대표 강허봉),[224] '조선자유' 산수부山手部(대표 김석), 조선인신문배달원조합(대표 승마룡), '동흥노동'(대표 최낙종), 대기大崎조선인일반노동조합(대표 최상렬)[225] 등 노동단체와 연락을 하면서 노동자들 사이에서 아나키즘을 선전하는 작업도 전개했다. 즉 원심창, 이홍근, 장상중 등으로 선전대를 꾸려 한국인 노동자들의 합숙소를 순방하면서 《자유사회》를 배부하였다.(《한

勞動者農民의 날! 메-데-!!
決戰의 날! 메-데-!!
革命的勞動者는 黑旗밑에서 武裝하자!!
全被壓民衆諸君!!
一切의 政治運動을 撲滅하자!
能力에 依하야 生産하고 必要에 應하야 消費하자

노동절 전단

친목, 인격 향상을 도모한다"는 것을 표방하고 결성한 단체이다.(《朝鮮人の共産主義運動》, 62쪽)

222) 자료에 따라 吳宇榮으로 기록하기도 하나, 《黑色新聞》 제34호(1934. 12. 28)의 기록에 따라 吳宇泳으로 통일한다.

223) 〈在留朝鮮人の運動狀況〉《社會運動の狀況(1929年)》(《資料集成》 2, 60쪽) ; 〈在留朝鮮人運動〉《社會運動の狀況(1933年)》(《資料集成》 2, 784쪽) ; 慶尙北道警察部 編, 1934, 163쪽 등을 종합

224) 자료에 따라서는 姜虞峰, 許峰으로 기록하기도 하나, 姜虛峰의 잘못으로 사료된다.

225) 대기조선인일반노동조합은 1927년 9월 崔尙烈 등 95명에 의해 설립되었다.(堀內稔, 1986, 46쪽)

국아나키즘운동사》, 278쪽) 그리고 흑풍회의 후신인 흑우연맹은 1928년 2월 재일본 한국인 노동자를 수탈하는 반동단체 상애회相愛會와의 항쟁을 전개하였으며, 1929년에는 노동절 기념행사에도 참가하여 '동흥노동'과 공동으로 〈흑기黑旗 아래 참가하라〉는 제목의 책자 등 각종 인쇄물을 살포하면서 재일본 한국인 노동자들 사이에 아나키즘을 선전하였다.[226]

1920년 중반 이후 재일본 한국인 아나키스트들의 노동운동을 주도한 것은 흑풍회의 주도하에 결성된 '조선자유'와 '동흥노동'이었다. 먼저 '조선자유'의 활동을 살펴보자. '조선자유'는 아나코코뮤니즘을 추구하였지만, 강령에서 보는 바와 같이 계급투쟁이나 노동자계급 해방, 경제적 행동 등을 강조하는 등 아나코생디칼리슴적 요소도 많이 가지고 있었다. '조선자유'의 강령은 다음과 같다.(堀內稔, 1986, 44쪽)

一. 우리들은 계급투쟁의 수단으로써 노동자계급의 해방을 기한다.
一. 우리들은 정치운동을 배척하고 경제적 행동을 주장한다.
一. 우리들은 중앙집권주의를 배격하고 자유연합주의를 제창한다.
一. 우리들은 우리 조직과 동일한 주장을 가진 단체와 제휴를 촉구한다.

'조선자유'는 창립된 이후 수시로 연구회를 개최하고, 재일조선노동조합자유연합회 조직, 국내 방면에 대한 선전방침과 국내 자유연합주의 단체와의 제휴, 각종 노동쟁의에 대한 응원, 자유노동자의 실업에 대한 항의 등에 대해 협의하면서, 조직 확대 작업을 펼쳤다. 강동부(대표 강허봉) · 산수부(대표 金碩) 지부를 두었으며, 임원조선일반노동자조합[227]과 대기조선일반노동조합 결성을 주도하

226) 〈在留朝鮮人の運動狀況〉《社會運動の狀況(1929年)》(《資料集成》 2, 60 · 62쪽)
227) 임원조선일반노동자조합은 1927년 8월 22일 도쿄 에바라군 지역 일대에 거주하

였다.[228)]

하지만 재일본 한국인 아나키스트들에 의해 전개된 파업투쟁은 확인되지 않는다. 그것은 사료의 제약 때문일 수도 있으나, 재일본 한국인 아나키스트 단체가 일정한 직장을 가지고 있는 공장노동자가 아닌 자유노동자를 중심으로 결성되었던 것에 보다 근본적인 원인이 있었던 것으로 사료된다. 공장노동자가 아닌 자유노동자의 경우 여러 여건상 파업투쟁을 전개하기가 용이하지 않았을 것이다. 따라서 재일본 한국인 아나키스트 노동단체들이 취한 투쟁수단은 주로 폭력적 테러였다.

한편, '조선자유'는 일본 아나키스트의 전국적 노동단체인 '자련'에 가맹하여 일본 아나키스트와의 조직적 연계 아래 활동하였다.[229)] '조선자유'는 1927년 4월 10일에 개최된 관동노동조합자유연합회關東勞働組合自由聯合會 제2회 대회[230)]에 참가하여 "조朝·일日

는 한국인 노동자들에 의해 결성되었으며, 창립대회에는 조합원 100여 명이 출석하였다. 규약과 강령은 '조선자유'와 완전히 같았다.(〈조선노동자의 전투적 신 조직체 생기다〉)

228) 朴尙僖, 〈東京朝鮮人諸團體歷訪記〉(《在日朝鮮人史硏究》 第5號, 138쪽) ; 〈朝鮮自由勞動者組合日誌〉 등을 종합

229) 《自由聯合》 第12號에 따르면 1927년 3월 31일 개최된 關東勞働組合自由聯合會 협의회에서 '조선자유'의 가맹이 승인되었다. 《自由聯合》 第26號(1928. 8. 10)에 게재된 '자련' 가맹단체에는 조선일반노동조합이 '자련' 산하의 關東勞働組合自由聯合會 소속으로 포함되어 있으나, 여기에 기술된 조선일반노동조합은 1934년 1월에 조직된 조선일반노동조합과는 다른 단체로 확실하지는 않지만 '조선자유'를 지칭하는 것이 아닐까 사료된다. 그것은 당시 존재했던 한국인 아나키스트 단체로서 '자련'에 가맹할 만한 노동단체로는 '조선자유'밖에 없기 때문이다. 內務省警保局 編의 〈朝鮮人運動の狀況〉(《資料集成》 5, 263·264쪽)에는 극동노동조합(1929년 12월 30일 결성)과 '동흥노동'(1927년 9월에 아나키스트 단체로 전환)을 '자련'의 가맹단체로 각각 기록하고 있으나, 1차 사료에서는 확인되지 않는다. '자련'의 가맹단체로 확인되는 재일본 한국인 아나키스트 단체는 '조선자유' 뿐이다. 특히 '동흥노동'은 아나코생디칼리슴적 경향이 강한 단체로서 아나키스트사상의 순화純化를 주장하는 '자련'과 교류는 하였을지 몰라도 거기에 가맹하였을 가능성은 거의 없다.

230) 關東勞働組合自由聯合會 第2回 大會는 1927년 4월 10일 개최되었다. 이 대회는 강령·규약을 심의한 뒤, "자유연합주의를 철저히 하는 건"에 관해 토의하여, 첫째, 아나키스트 운동의 전선을 확대하고 무산계급개방운동(무산계급해방운동?-인용자)을 보다 강력하게 하기 위해 자신들과 주장을 같이하는 여러 단체와의 제휴를 실행할 것과, 그 실행방법으로 지역적 연합협의회 혹은 聯合茶話會, 연구회를 빈번하게 개최

노동자 공동전선의 건"을 제안하였다. 그 내용은 한국인 반동단체 상애회相愛會와 평화협회의 내정內情을 명확히 파악하고 피압박계급의 해방을 방해하는 반동단체를 박멸할 것과, 그것을 위해 '자련'이 응원해줄 것을 요구하는 것이었다. 그리고 한韓·일日 노동자의 제휴를 주장하고 그것을 위해 '자련'이 진력盡力해줄 것을 희망한다는 것이었다.(〈關東勞働組合自由聯合會 第2回大會記〉)

이러한 활동들은 재일본 한국인 아나키스트 운동이 독자성보다는 국제성을 강조하고 있었다는 것을 나타내준다. 그것은 다음의 사실에서 단적으로 드러난다. 1928년 3월 17일 개최된 '자련' 제2회 속행대회에서 '조선자유'는 "조선 자유연합파 제 단체와 제휴의 건"과 "재일조선노동조합자유연합회 조직의 건"을 제안하였다. '조선자유'는 이 의안에서, 대大 상공업이 한국 전역에 침입하여 노동자들이 현대 자본가적 사회경제조직의 내재적 모순성을 보다 명료하게 파악하여, 자신이 속한 계급의 계급성이 어떠한가를 인식하고 의식적으로 부르주아 계급에 대항하고 있는 상황에서, 한국 자유연합파 단체와 제휴하고 통일운동을 진행시켜 대중획득 전선으로 출진하는 것이 최급무라는 것과, 산재한 재일본 한국인 노동조합(자유연합주의를 신봉하는 바의)을 행동에서 통일시키고 재일본 한국인 제 반동단체에 대항하기 위해서 재일조선노동조합자유연합회를 조직해야 한다고 주장하였다.(《自由聯合》 第22號) 하지만 대회 이틀째인 3월 18일 '조선자유'가 결석한 상태에서, '조선 자유연합파 제 단체와

하고 긴밀연락을 계획할 것, 둘째, 노동조합에 막대한 해독을 끼치는 정치운동을 반대할 것과 적극적 반대운동의 방법으로 각지에 비정당연맹 등을 만들어 적극적으로 활동을 전개할 것을 가결하였다. 그 밖에 농촌에 대한 선전활동의 강화와 도시노동자의 귀농을 주장하였다. 다음에는 "조직촉진의 건"에 대해 토의하여, ㄱ. 미조직노동자를 적극적으로 조직하고 ㄴ. 지역적 연합협의회를 설치하며 ㄷ. 각 지방에서 일반노동조합을 설립하고, 지역적 협의기관을 통하여 운동을 추진할 것을 가결하였다. 그리고 "사회정책의 시설 정체폭로의 건"에 대해 토의하고 건강보험법 반대, 국제노동회의 반대, 공공의 직업소개소 및 노동자 숙박소의 자치관리를 가결하였다.(〈關東勞働組合自由聯合會 第2回 大會記〉) 토의결정사항 가운데는 아나코생디칼리슴적인 요소가 많이 있다.

제휴의 건'은 "동일 주의 조합에 대한 권유의 건과 공통점이 있으므로 특별히 조선을 호칭할 필요는 없다"로 가결되었고, '재일조선노동조합자유연합회 조직의 건'은 의미가 불명하다고 하여 보류되었다.(《自由聯合》 第23號) 이러한 사실은 일본 아나키스트들이 국제성을 강조하면서 재일본 한국인 아나키스트 운동을 일본 아나키스트 운동의 한 부분으로 파악하고 있었다는 것을 말해준다.

하지만 재일본 한국인 아나키스트 운동의 국제성이 강조되었다고 해서 독자성이 완전히 부정된 것은 아니다. 재일본 한국인 아나키스트들은 일본 아나키스트와의 조직적 연계하에서 활동을 펼쳤지만, 민족해방이라는 목적을 포기하지는 않았다. 재일본 한국인 아나키스트 운동이 나름대로의 독자성을 지닐 수 있었던 것은 서양과 일본의 지리적, 사회적 사정의 차이를, 그리고 일본과 한국의 상위相違 즉 한국의 특수성을 인정하고(盧峰, 〈汝何處へ行く?-認識不足の在日朝鮮勞動總同盟〉), 그러한 인식에 기초해서 활동하였기 때문이다.

하지만 '조선자유'는 노동자 대중을 대상으로 하는 노동조합이었음에도, 그 활동방향이 노동자들의 권익을 도모하는 것이기보다는 노동자들 사이에 아나키즘을 널리 선전하는 것이었고, 노동자 대중단체라기보다는 사상단체의 성격을 강하게 띠고 있었다. 따라서 '조선자유'는 노동자 대중을 조직화하고 그것을 바탕으로 대중활동을 펼치기보다는, 소수에 의한 직접행동에 매달려 있었다. 그것은 노동대중으로부터의 고립을 자초하였고, 아나키스트 세력의 신장에 별다른 도움을 주지 못하였다.

재일본 한국인 아나키스트들 사이에는 '조선자유'와는 달리 노동자 대중을 조직화하고 노동자들의 권익을 옹호하는 조직의 필요성을 역설하는 흐름이 있었다. 그 흐름은 '동흥노동'이 대표하고 있었다. '동흥노동'은 사상단체적 활동의 한계를 인식하고, 노동자 대중이 있는 노동현장을 중요시하였으며, 노동현장에서의 직접행동을 추구하는 아나코생디칼리슴적 경향을 띠고 있었다. '동흥노동'은 재일본 한국인 노동조합 가운데 최다수의 조합원을 포섭한 노동조합으로서, 1926년 결성 당시는 공산주의를 그 지도사상으로 하고 있었다. 하지만 아나키스트들의 끈질긴 공작 끝에 공산주의를 버리고 아나키즘을 지도사상으로 선택하였다. 1927년 9월 18일 제3회 정기총회에서 중앙집행위원들은 재래의 일체의 주의 · 주장을 폐기하고 규약과 강령을 만장일치로 자유연합주의로 변경하고, 재일본 조선노동총동맹을 비난 · 공격하였다.(《自由聯合》 第17號) 이후 '동흥노동'은 '조선자유'와 공동전선을 형성하여 공산주의자와 투쟁하였다.(〈朝鮮自由의 근황-朝鮮東興勞動同盟會와 함께 협력하여 볼 박멸운동〉) '동흥노동'의 아나키스트 노동운동은 재일본 한국인 아나키스트운동의 분화 이후 본격적으로 전개되었다.

재일본 한국인 아나키스트들은 노동운동을 펼치는 과정에서 친일반동단체 상애회와의 투쟁도 병행하였다. 재일본 한국인 노동자들에게는 상애회가 '동친형제同親兄弟의 몸을 먹는 개'이자 '불구대천의 원수'로 보였다. 어느 한 노동자는 상애회의 존재 자체가 '커다란 굴욕'일 뿐 아니라 '세계 노동운동의 수치'라면서 상애회 박멸투쟁에 나서야 한다고 주장하였다.(朝鮮勞動 K生, 〈相愛會か, 相穢會か〉) 상애회가 재일본 한국인 노동자들을 수탈하자 원심창과 오우영, 이시우 등은 1926년부터 그들과 수차례 충돌을 빚었다.(김명섭, 2003a, 47~48쪽) 상애회는 1927년 빈송濱松동맹파업 파괴에 동원되어 한국인 아나키스트 단체인 자유노동자조합 회원들을 납치하여 폭력을 가하였는데, 이때 오우영과 변영우 · 한하연 등 간부들도 구타를 당했다. 빈송濱松동맹파업에서 상애회의 행패가 극성을 부리자, 흑우연맹은 이를 분쇄하기 위해 상애회의 행동대장인 하고봉에게 제재를 가하였다.(《한국아나키즘운동사》, 278~279쪽)

1928년 2월에는 상애회가 '조선자유', '동흥노동', 흑우연맹, 자유청년연맹[231]을 일제히 습격하여 일대 섬멸작전을 폈다.[232] 그 과정에서 재일본 한국인 아나키스트와 일대 충돌이 발생하였다. 상애회는 '조선자유' 조합원들이 직업소개소를 통해 취직하는 것을 방해함과 동시에, '조선자유' 조합원들을 상애회로 끌고가 구타 · 고문 · 능욕하고, 인사불성에 빠진 조합원을 태평서太平署에 구류시켰다. 그리고 1928년 2월 새벽녘에 경찰을 앞세워 '조선자유'와 '동흥노동' 본부를 습격하여 파괴하였다. 그리고 상애회원 수십 명과 상생서相生署 경찰들이 흑우연맹과 자유청년연맹을 습격하여 회원 7명을 폭행하고 몇 명을 구류에 처했다. 한하연 등 재일본 한국인 아나키스트 몇 명은 상애회의 습격에 일본도 등으로 대항하여 구속당하였으나, 정당방위가 인정되어 무죄로 석방되었다.

〈조선자유노동자조합과의 충돌의 진상을 발표하여 전 무산대중에게 알린다〉라는 제목의 전단에 따르면, 사건의 경과는 다음과 같다. 사건의 발단은 강동교江東橋직업소개소에서 상애회 회원이 전단을 가지고 있는 것을 '조선자유' 조합원이 항의한 것에서 비롯되었다. 상애회는 무리를 이루어 조합원을 습격하여 상애회 회관에 폭력적으로 감금하고 린치를 가하였다. 조합 간부에게 간부직에서 물러나라고 협박하거나, 소개표를 강탈하고 전매하는 등 온갖 행패를 부렸다. 그리고 2월 27일에는 '조선자유'의 본부를 습격하여 기물을 파괴하고 서류를 강탈하였다. 경찰은 이들의 짓을 불문에 부쳤을 뿐 아니라 오히려 조합원을 힐난하였다.[233]

---

231) 자유청년연맹은 1928년 1월 도쿄에서 홍영우洪泳祐 등이 결성한 재일본 한국인 아나키스트 단체이다.(《朝鮮人の共産主義運動》, 32쪽) 1933년경에는 흑우연맹원 한하현韓河鉉(한하연의 잘못-인용자)이 책임자가 되었으며, 연맹원은 20명 정도였다.[(〈在留朝鮮人運動〉, 《社會運動の狀況(1933年)》(《資料集成》 2, 791쪽)]

232) 《한국아나키즘운동사》는 상애회와 경찰이 습격한 단체로 흑우회, 흑우연맹, 계림장鷄林莊 등을 언급하였으며, 이 습격은 苦學生寮(기숙사)의 요장寮長 마츠우라松浦의 청탁으로 이루어졌다고 서술하고 있다.(《한국아나키즘운동사》, 279쪽)

233) 〈在留朝鮮人の運動狀況〉, 《社會運動の狀況(1929年)》(《資料集成》 2, 60쪽) ; 《治安狀況-昭和8年》, 210~211쪽 ; 慶尙北道警察部 編, 1934, 163~164쪽 ; 《한국아나키

'동흥노동' 역시 활동의 상당 부분을 한국인 친일반동단체 박멸에 할애하였다.(《흑색신문》 제36호) 그리고 친일단체와의 투쟁은 개인 차원에서도 이루어졌다. 한하연 일파는 1928년 8월 친일융화단체인 대동협회를 타괴打壞하였으며,[234] 홍성환도 김지영金知永과 함께 1934년경 한국인 노동자 합숙소에서 회원 가입을 강요하던 상애회 회원들을 내쫓는 등의 활동을 전개했다.(홍성환, 〈나는 이렇게 걸어 왔다〉, 24쪽)

4) 분화 이후의 아나키스트 운동

(1) 재일본 한국인 아나키스트 운동의 분화

재일본 한국인 아나키스트들은 1920년대 중반 무렵부터 노동자 조직화에 관심을 기울이면서 노동운동을 전개하기 시작했다. 하지만 1928년부터 재일본 한국인 아나키스트 노동운동은 분화되기 시작했다. 즉 1928년 '자련' 제2회 대회를 고비로 하여 일본 아나키스트계가 순정 아나키스트계와 아나코생디칼리스트계로 양분되자, 그 영향 하에서 재일본 한국인 아나키스트들도 분화되었던 것이다.

1926년 무렵 일본 아나키스트들 사이에서는 전반적으로 직접행동이 고창되고 있었다. 즉 무산정당의 연설회 · 기타 회합에서 때려 부수거나 공산주의자에 대해 폭력으로 위협하는 등 직접행동이 자행되고 있었다. 그 주된 멤버는 구리하라 가즈오栗原一夫, 요코야마 우메타로橫山梅太郎, 헨미 나오조逸見吉三, 구보 유즈루久保讓, 핫타 슈조八太舟三, 곤도 겐지近藤憲二, 나카니시 이노스케中西伊之助 등이

즘운동사》, 278~279쪽 ; 《自由聯合新聞》 第29號 ; 堀内稔, 1986, 48쪽 등을 종합

234) 〈在留朝鮮人の運動狀況〉, 《社會運動の狀況(1929年)》(《資料集成》 2, 59쪽). 이 자료에는 한하원韓河源 일파가 대동협회를 타괴한 것으로 기록되어 있으나, 이는 한하연의 잘못으로 사료된다.

었다. 이에 대해서 개인주의적 테러리즘과 직접행동을 버리고 대중적 규모에서의 전략과 전술을 수립해야 한다고 하는 요구가 제기되었으며(〈日本無政府共産黨事件第1審及第2審判決〉, 144쪽), 이는 결국 일본 아나키스트계의 분화로 이어졌다.

일본 아나키스트계의 분화 과정을 살펴보면 다음과 같다. '자련'이 1926년 5월에 결성된 이후 일본 전국의 아나키스트계 노동조합들을 포괄하고 있었지만, 얼마 안가서 내부의 사상적 대립에 의해 '자련'은 분열하였다. 즉 아나키즘의 의의를 선양하고 일반적으로 사상순화를 강조하며 노동운동을 경시하는 순정 아나키스트파와, 노동운동제일주의를 강조하고 일상투쟁 · 계급투쟁을 운동의 본령으로 하는 소위 아나코생디칼리스트파 사이에 대립이 발생하였던 것이다. 이 대립항쟁은 1927년 5월 한커우漢口에서 개최된 범태평양노동조합회의 지지 및 동 회의 가맹의 가부可否문제 또는 1927년 11월에 개최된 '자련' 제2회 대회에서의 대판합성노동조합大阪合成勞働組合의 제명문제 등을 둘러싸고 격화되었다. 당시 흑색청년연맹은 핫타 슈조八太舟三를 중심으로 하는 순정 아나키스트파가 아나코생디칼리스트들을 철저하게 배격할 것을 주장하고, 운동이론 확립을 요구하던 흑기사黑旗社를 제명하였다. 그리고 '자련'도 1928년 3월 17~18일 양일간 개최된 제2회 속행대회에서 분열되었다. 이 대회에서는 "공산파와 우경파 노동운동 배격의 건", "흑색청년연맹에 대한 관계 확립의 건", "지역적 연합기관 설치의 건", "동일주장 조합 적극적 가맹 권유의 건", "식민지 노동자에 대한 선전과 조직운동 촉진의 건" 등의 의안이 상정되어 토의되었으나, 강령 개정을 둘러싸고 분열하였다. '계급투쟁'이라고 하는 자구字句를 강령에서 말살해야 한다고 하는 주장과, 이에 반대하는 주장이 팽팽하게 대립하였고, 결국 강령은 "우리들은 자유연합주의를 노동자 · 농민 해방운동의 기조로 한다"로 수정되어 아나코생디칼리슴적 요소가 불식되었다. 이에 아나코생디칼리스트파는 '자련'을 탈퇴하여 별도로 전국노동조합자유연합협의회全國勞働組合自由聯合協議會를 결성하였다. 그 후 1930년 11월 일본노동조합자유연합협의회日本勞働組合自由聯合協議會(이하 '자협')로 개칭하였다. 이 무렵부터 흑색청년연맹은 종파적 성향을 강하게 띠었으며, 그 결과 지지자를 잃고 1930년 말경 실질상 해체의 상태로 되었다. 한편 아나코생디칼리스트들을 축출함으로써 사상의 순화를 달성한 '자련'은 혁명적 집단을 지향하고 노동자의 일상생활상의 경제적 요구 등은 전연 무시하였다. 그 결과 '자련'은 노동조합의 경제적 기능을 상실하고《自由聯合新聞》발행을 유일한 사업으로 하는 사상단체로 전락하고 말았다.[235)]

일본 아나키스트계의 양분은 재일본 한국인 아나키스트계의 분화로 이어졌다. '조선자유'는 '자련' 제2회 대회를 계기로 하여 공산주의와 아나코생디칼리슴을 극복하고 사상순화작업에 모든 힘을 쏟으면서[236)], 아나코생디칼리슴적 경향이 강하던 '동흥노동'과는 대립하였다. '조선자유'는 기관지 등에 의한 선전작업을 통해서 민족주의와 공산주의를 비판하고, 직접행동으로 민족주의자 · 공산주의자와 투쟁하는 등 사상순화작업에 치중하였다. '조선자유'는 1928년 '자련' 제2회 대회에 참가하여 "조선자유연합파 제 단체와의 제휴의 건"과 "재일조선노동조합자유연합회 조직의 건"을 제안한 이후, 한 · 일 노동자 공동전선 구축과 한국인 아나키스트 단체의 연합을 달성하기 위해 노력하였다. 그러한 작업의 결과 1929년 12월 30일 '조선자유' 사무소에서 극동노동조합(책임자 진관원)[237)]이 결성되었다.[238)] 극동노동

---

235) 〈日本無政府共産黨事件第1審及第2審判決〉, 12~13 · 144~145 · 147~148쪽 ; 《自由聯合》第22號 · 第23號 등을 종합

236) 〈朝鮮自由勞動者組合의 發展的 解消 聲明書〉《社會運動通信》(1933. 9. 27)(堀內稔, 1986, 56쪽에서 재인용)

237) 자료에 따라서는 極東勞動者組合으로도 기록되어 있으나, 이 책에서는 極東勞動組合으로 통일한다.

238) 〈極東勞動組合創立大會〉, 《特別高等警察資料》(1930年 1月分)(《資料集成》2, 202

조합은 재일본 한국인 아나키스트의 연합을 도모하고자 결성된[239] 조직으로 항상 '조선자유'와 동일한 행동을 취하였으며, 사무실까지 같이 사용하였다.[240]

'조선자유'는 기관지 등을 통한 선전작업을 통해서 민족주의와 공산주의를 비판하고, 직접행동을 통해 민족주의자 · 공산주의자와 투쟁하는 등 사상순화 작업에 치중하였다. '조선자유'는 각종 기념일을 맞이하여 인쇄물을 작성 · 반포하였으며, 1932년 11월 19일부로 〈흑색黑色의 부르짖음〉이라는 제목의 선전책자를 발행 · 반포하였다.[241]

'조선자유'는 아나키즘 선전활동을 전개하는 한편, 상애회 및 공산주의자들에 대한 투쟁을 전개하였다. 1933년 3월 '조선자유' 조합원 오규호吳規鎬 대 상애회 관계자 김봉수金鳳守 간에 싸움이 벌어졌고, 이 싸움은 상애회 대 '조선자유' 간의 단체적 투쟁으로 진전되었다.(《治安狀況-昭和8年》, 211쪽) 그리고 '조선자유'는 공산주의 일파인 재일본조선노동총동맹과의 투쟁을 개시하였다. '조선자유'는 고토江東 방면에 있던 극동노동조합과 함께 1932년 3월 중순부터 강동교등록노동자공조회江東橋登錄勞動者共助會[242] 하의 관동토목건축노동조합關東土木建築勞働組合 동경지부 강동교분회江東橋分會 사무소를 습격하여 파괴하고, 뒤이어 고토江東 지방 여러 곳에 있던 공산

쪽) ; 《朝鮮人の共産主義運動》, 32쪽 ; 〈在留朝鮮人の運動〉, 《社會運動の狀況(1930年)》(《資料集成》 2, 153쪽) 등을 종합

239) 〈在留朝鮮人の運動〉, 《社會運動の狀況(1930年)》(《資料集成》 2, 153쪽) ; 《朝鮮人の共産主義運動》, 32쪽 등을 종합

240) 〈在留朝鮮人運動〉, 《社會運動の狀況(1932年)》(《資料集成》 2, 519쪽)

241) 앞과 같음.

242) 江東橋登錄勞動者共助會는 江東橋職業紹介所 등록 노동자 중 共産主義系 朝 · 日人으로 구성된 日本勞働組合全國協議會系 단체이다. 日本勞働組合全國協議會는 日本勞働組合評議會가 해산된 이후 1928년 12월 25일 재건된 공산주의계 노동조합으로 일본공산당의 지도를 받았다. 在日本朝鮮勞動總同盟도 프로핀테른 제4회 대회의 결의에 따라 日本勞働組合全國協議會로 해소되었다.

주의자들의 은신처를 습격하여 5명 정도의 중심 인물을 재기불능의 상태에 빠뜨렸다.(《自由聯合新聞》 第69號 · 第70號 · 第71號 · 第72號 · 第73號) '조선자유'는 1932년 4월 상순에도 공산주의자를 습격하였다.(《自由聯合新聞》第70號) 아나키스트와 공산주의들은 1932년 9월 중순경 표면적으로는 화해하였지만, 대립은 일소되지 않고 10월 19일에 또다시 아나키스트들의 폭행사태가 재연되어 더욱 격화되어 갔다.(內務省警保局保安課 編, 《特高月報》(1932年 10月分), 90쪽) 공산주의자와의 투쟁에는 '동흥노동'과 공동전선을 형성하기도 하였다.(〈朝鮮自由의 근황-朝鮮東興勞動同盟會와 함께 협력하여 볼 박멸운동〉)

한편, '동흥노동'은 일상투쟁에 주력하면서 조직을 점차 확대해 나갔다. '동흥노동'은 1929년 11월 17일 지포회관芝浦會館에서 지부芝部 창립대회를 개최하였다. 창립대회에는 약 400명의 조합원이 참석하여, 의장에 김정계金政桂, 서기에 김국태金國泰 · 박혁명朴革命을 선출하고, 강령, 규약, 선언을 낭독 · 가결하였다. 지부芝部는 도쿄시 지포직업소개소芝浦職業紹介所를 중심으로 하는 자유노동자로 조직되었으며, 1936년 4월 22일 해산하였다.[243] 고전부高田部와 천주부千住部도 1929년에 결성하였다. 그리고 1931년 6월 19일[244]에는 천주부千住部를 '동흥노동' 북부로 부활시켰다.[245] 북부 결성은 상애회와의 투쟁에 대처하기 위하여 이루어졌다. 즉 '동흥노동'이 급거 미카와시마三河島 지구地區로 진출하여 북부를 결성한 것은 당시 상애회와 대동협회의 노골적인 행패가 계기였다.(鄭哲, 1970, 71쪽) 이 외에 신전부神田部도 설치하였다.

243) 《自由聯合新聞》 第42號 ; 內務省警保局 編, 〈在日朝鮮人運動日誌〉(《資料集成》 3, 843쪽) 등을 종합. 정철은 '동흥노동' 지부의 책임자를 최낙종崔洛鍾으로 기록하였는데(鄭哲, 1970, 71쪽), 이로 보아 지부의 책임자는 나중에 바뀐 것으로 사료된다.

244) 堀內稔은 1931년 5월에 '동흥노동' 北部가 창립되었다고(堀內稔, 1986, 40쪽) 하나, 이는 잘못이다.

245) 《自由聯合新聞》 第60號 ; 堀內稔, 1986, 40쪽 등을 종합

'동흥노동'은 1931년 4월 7일 간다神田 중화기독교회관中華基督敎會館에서 제9회 대회를 개최하여 "제국주의전쟁 절대 반대", "조선 도일渡日 노동자 방지 반대의 건", "노동야학의 건", "계몽운동의 건", "운동방침 확장의 건", "사회정책 절대 반대의 건", "실업구제 방지의 건" 등의 의안을 가결하고, 종래의 강령[246]을 "우리들은 자유연합주의로 노동자의 해방을 기한다", "우리들은 중앙집권주의조직을 배격하고 자유연합조직을 고창한다", "우리들은 일체의 정치운동을 배격한다"로 수정하였다.[247] 이로써 '동흥노동'은 아나코생디칼리슴적 색채를 분명히 하였다.

'동흥노동'은 1932년에 이르러 집세를 내지 못해 사무실이 강제 철거되었는데, 그 과정에서 8월 11일 책임자 민흥규 외 24명이 가택침입, 공무집행 방해 및 상해죄로 검거되었다. 하지만 최낙종, 김여진, 최학주 등의 노력으로 10월 하순에 이르러 사무실을 새로 마련하였다.(〈在留朝鮮人の運動〉《社會運動の狀況(1932年)》, 1518쪽)

'동흥노동'은 아나코생디칼리슴적 경향을 강하게 띠고 있었으므로 경제적 직접행동에 의한 투쟁을 전개하였을 가능성도 있을 것이나, 경제적 직접행동에 의한 투쟁사례는 보이지 않는다. 그것은 사료의 제약 탓일 수도 있으나, 재일본 한국인 아나키스트 단체가 일정한 직장을 가지고 있는 공장노동자가 아닌 자유노동자를 중심으로 결성되었던 것에 보다 근본적인 원인이 있을 것이다. 공장노동자가 아닌 자유노동자의 경우 파업투쟁을 전개한다는 것은 용이하지 않으며, 따라서 재일본 한국인 아나키스트의 노동운동은 주로 노동쟁의에 대한 지원이나 응원 투쟁을 중심으로 전개될 수밖에 없었을 것이다. 그러한 지원투쟁으로는 양뢰梁瀨자동차제조공장 노동

246) '동흥노동'의 종래의 강령이 무엇이었는지에 대해서는 알 수 없다.

247) 《自由聯合新聞》 第57號 ; 〈在留朝鮮人の運動〉, 《社會運動の狀況(1931年)》(《資料集成》 2, 309쪽) 등을 종합

쟁의 응원투쟁을 들 수 있다. 1933년 5월 29일 도쿄 양뢰자동차제조공장에서 노동쟁의가 발생하자 '동흥노동' 지부芝部는 조합사무소를 쟁의단 본부에 무료로 제공하였다. 또 동맹 본부와 각 우의友誼단체에 통고하여 응원을 구하는 등 이 쟁의를 적극적으로 지원하는 데 많은 노력을 기울였다.[248)]

'동흥노동'은 민족주의계 · 공산주의계 · '융화친목계' 등의 한국인 혹은 일본인과의 항쟁 등 일상투쟁을 적극적으로 전개하였다. 특히 간다神田, 고이시카와小石川, 미즈쿠보水久保, 혼조本所, 시바芝, 미카와시마三河島 등지에서 상애회를 비롯한 일체의 한국인 반동단체 격멸에 주력하였다.(《흑색신문》 제36호) '동흥노동' 회원들은 1930년 1월 상애회 간부들을 습격했다. 이 사건의 전말은 다음과 같다. 1929년 6월 '동흥노동' 권상태權相泰와 상애회원 우복수禹福守의 충돌로 권상태가 부상당하였다. 당시 상애회 서부출장소 주임 김광주金光洲[249)]의 중재에 의해 위자료 지급을 조건으로 합의를 보았으나, 이후 위자료를 지급하지 않은 것에 기인하여 양자 사이에 갈등이 있었다. 반목을 계속하고 있는 가운데 1930년 1월 13일 김광주 외 4명이 시바우라芝浦의 조선요리점 대구관에서 식사하고 있는 것을 보고, '동흥노동' 김승팔金承八[250)] 외 5명이 비수 · 곤봉 등을 휴대 · 습격하여 3명에게 빈사의 중상을 입혔다. 이 사건으로 '동흥노동'과 흑우연맹의 동지 여러 명이 국정麴町경찰서에서 구류를 살았으며, 오치섭, 곽한정郭漢丁, 김제보金濟保 등은 살인미수, 가택 침입, 기물파손의 죄명으로 징역 10개월의 형을 받고 이치가야市ケ谷 형무소로 보내졌

248) 〈在留朝鮮人運動〉, 《社會運動の狀況(1933年)》(《資料集成》 2, 786쪽)

249) 정철은 김광세金光世로 기록하고 있다.(鄭哲, 1970, 71쪽)

250) 金承八은 '동흥노동' 지부芝部의 중심 인물이다. 〈在留朝鮮人運動〉, 《社會運動の狀況(1932年)》(《資料集成》 2, 519쪽)에는 金年八로 기록되어 있으나, 다른 자료에는 모두 金承八로 기록되어 있다.

다.[251] 이외에도 1931년 3월 관동자유노동자조합원關東自由傍動者組合員과의 충돌사건, 4월 10일 혼조本所에서의 일본인 다키자와瀧澤 모某에 대한 상해사건, 5월 고전부원高田部員의 일선회원一善會員 구타사건, 1931년 6월 19일 '동흥노동' 북부가 창설된 직후의 북부원 문성훈文成勳·박경호朴耕胡·김재하金在夏 세 사람과 반동분자의 충돌사건, 1932년 북부원의 상애회 사무소 습격사건[252] 등이 전개되었다.[253] 1932년에는 북부원들이 일선호조회日鮮互助會 회장 이철화李哲和를 미카와시마三河島 지구로부터 추방하여 사실상 해산시켰으며, 영상협회榮尙協會에 대해서도 회장 이재동李在東을 비롯한 간부를 혼내주면서 그 활동을 제지하였다.(鄭哲, 1970, 71~72쪽)

'동흥노동' 지부芝部는 노동자 조직화를 둘러싸고 공산주의자와 투쟁하였는데, 그 과정에서 일본 아나키스트들과 연합전선을 형성하였다. 도쿄시 지포芝浦직업소개소 주변에 몰려 있는 자유노동자 조직화가 일본노동조합전국협의회日本勞働組合全國協議會(이하 전협全協)계 노동조합에 비해 지지부진하자, 최낙종崔洛鐘·김승팔金承八·최종관崔鐘觀·이동순 등은 1932년 7월 흑색노동자연맹黑色勞働者聯盟(일본 아나키스트 단체)의 고무라小村眞情와 노동자자유연맹勞働者自由聯盟(일본 아나키스트 단체)의 우에무라 마코토上村眞 등과 협의하고, 3개 한·일 노동단체를 연합한 지포노동자자유연합芝浦勞動者自由聯合을 결성하여 '전협'계의 활동에 대항하였다.[254]

251) 《自由聯合新聞》 第45號 ; 〈無政府主義者ノ行動ニ關スル件〉 ; 〈在留朝鮮人の運動〉 《社會運動の狀況(1930年)》(《資料集成》 2, 154쪽) 등을 종합

252) 상애회원들이 자유노동자의 구전을 빼앗고 공장노동자를 협박해서 자금을 강탈하자, '동흥노동' 북부원들은 상애회 본부를 습격하여 그 우두머리 5명을 사무소 밖으로 내쫓았다. 이 사건으로 金學秀 외 4명이 모리서暮里署에 연행되었다.(《自由聯合新聞》 第72號)

253) 〈在留朝鮮人の運動〉 《社會運動の狀況(1931年)》(《資料集成》 2, 309쪽) ; 《自由聯合新聞》 第60號 · 第72號 등을 종합

254) 〈在留朝鮮人運動〉, 《社會運動の狀況(1932年)》(《資料集成》 2, 519쪽)

한편, '동흥노동'은 기관지《해방운동》이나 잡지를 발행하여 아나코생디칼리슴을 비롯한 아나키즘을 널리 선전하였다. 기관지《해방운동》 혁신호(1929. 5)는 롤레어A. Rolaer의 〈총동맹파업〉을 번역 게재하여 경제적 직접행동의 중요성을 강조하였다. 이 글은 총동맹파업을 의회정책의 무능이 드러난 상황에서 전투적 평민에게 가장 효과 있는 무기라고 소개하면서, 총동맹파업의 취지는 "목하의 사회조직을 근본적으로 개혁하려는 즉 사회혁명이다. 온갖 정부를 ○○(타도-인용자)하고 자유자치의 무정부○○○○(주의사회-인용자)를 건설"하는 데 있다고 하였다. 그리고 총동맹파업을 사회혁명의 개단開端으로 인정하였다.(A. Rolaer, 〈총동맹파업〉, 22~23쪽 참조)

재일본 한국인 아나키스트 운동이 분화된 이후 아나코생디칼리스트와 순정 아나키스트들은 서로 대립하였지만, 사안에 따라서는 협력하여 투쟁했다. 1930년대 초 일본에서 파시스트 세력이 대두하자, 재일본 한국인 아나키스트들은 일본 아나키스트와 연계하여 반파쇼 선전활동을 전개하였다. 1931년 7월 소위 만보산사건이 발생하자, 오치섭, '조선자유'의 오우영, '동흥노동' 신전부神田部의 김제보金濟保와 민노봉閔魯鳳, 박춘실朴春實 등은 7월 4, 5일경 '동흥노동' 신전부神田部에서 긴급회합을 가졌다. 이들은 일제의 만주 침략 음모를 폭로하기로 결정하고, 전단을 살포하고 연설회를 개최하기로 결의하였다. 7월 7일경 흑우연맹 회관에서 전단 약 3,000매를 작성하여 도쿄 시내와 각지의 한국인들에게 전단을 배포하거나 우송하였다. 그리고 13일에는 흑우연맹, 흑기노동자연맹黑旗勞動者聯盟,[255] 극동노동조합極東勞動組合, '조선자유' 및 '동흥노동' 등이 강동교江東橋 방면에서 함께 인쇄물을 살포하였으며, 14일에는 연설회

255) 黑旗勞動者聯盟은 정찬진 등에 의해 결성된 재일 한국인 아나키스트 단체로서, 1930년 6월 14일 도쿄에서 결성되었다가 1938년 1월 31일 해체되었다.[〈在留朝鮮人の運動〉, 《社會運動の狀況(1930年)》(《資料集成》 2, 154쪽) ; 《朝鮮人の共産主義運動》, 32쪽 ; 《한국아나키즘운동사》, 280쪽 등을 종합]

를 개최하여 일본의 중국 침략을 비판하였다.[256)]

그리고 재일본 한국인 아나키스트들의 역량을 결집하여 《흑색신문黑色新聞》을 발간하고,[257)] 이를 통해 민족주의운동의 오류를 지적하는 한편, 극단적 민족주의자인 파시스트들이 국민들을 호도하기 위하여 전개하던 '애국운동'의 본질을 폭로하였다. 《흑색신문》 발간은 '동흥노동'과 흑우연맹 등이 주도했다. '동흥노동' 북부의 이문열李汶烈과 흑우연맹의 원심창·한하연 및 자유청년연맹 등은 아나키즘 선전지를 발간하기로 하고, 1930년 5월부터 준비에 들어갔다. 2~3개월에 걸친 준비작업 끝에 7월 22일 《흑색신문》 창간호(1930. 8. 1)를 발간했는데, 발행비용은 재일본 한국인 아나키스트 단체와 노동조합 및 기타가 부담하였다. 《흑색신문》은 창간호에서 편집자는 "불합리한 사회에 대하여 ○○(직접-인용자)적 행동으로 돌진한다"라고 포부를 밝혔다. 1931년 8월 30일에는 흑색신문사 편집부 명의로 〈회상하라! 9년 전 9월 1일을, 항거하라! 지배자의 학정을〉이란 제목의 전단을 살포하여 관동關東대지진 당시의 한국인 대학살을 규탄하면서 일본제국주의를 타도할 것을 선동하였다. 즉 1923년 9월 1일을 "지배군의 야욕적 광란적 학살로 이어진 날"로 규정하고, 전 무산대중이 지배권력에 반대해 투쟁할 것을 역설하였다. 《흑색신문》은 1, 2호 모두 발매·반포 금지처분을 받았으며, 3호(1931. 4)부터는 오치섭이 발행하였지만, 이 역시 발매·반포 금지처분을 받았다. 1932년 5월 중순경 오치섭이 다시 《흑색신문》 발행인이 되어 1932년 6월 11일에 제6호 1,000부, 7월 14

256) 〈無政府主義者ノ行動ニ關スル件〉; 〈1931年の共産主義運動〉(《朝鮮獨立運動》 4, 180쪽) 등을 종합

257) 일부 자료에는 《흑색신문》을 '동흥노동'의 기관지로 기록하기도 하였으나, 1931년 4월 21일 黑友聯盟 사무소 내에서 吳致燮이 《黑色新聞》 제3호를 신고하지 않고 발행하다 검거되었다든지, 1931년 4월 《黑色新聞》 발행에 관해 결의하면서 재정 부담을 재일본 한국인 아나키스트 단체, 노동조합, 기타로 하였다든지 하는 것으로 보아 《黑色新聞》은 '동흥노동' 단독으로만 발행했던 것은 아닌 것으로 사료된다.

일에 제7호 2,000부를 발간하였다. 6호의 경우 '동흥노동' 신전부에 200부, '동흥노동' 지부에 100부, '동흥노동' 북부에 100부, '조선자유'에 100부, 극동노동조합에 50부, 흑우연맹에 100부가 각각 분배되었다. 하지만 사정이 여의치 않아 《흑색신문》은 1932년 9월 30일 제9호가 발행된 후 일시 휴간되었다가, 1932년 11월 21일[258] 최학주를 책임자로 하여 재간되었다. 이후 26호까지 《흑색신문》의 편집겸발행인은 최학주이었으며, 27호부터 35호까지는 이동순이 《흑색신문》 편집을 맡았다.[259] 종간 직전의 36호부터는 정찬진이 발행과 편집을 맡았으나, 제37호 발행 이후 자금이 고갈되어 1935년 5월 6일에 폐간되었다. 《흑색신문》은 국내에도 배포되었는데, 전북, 충북, 평북, 제주 등지를 제외한 전국을 망라하였다.[260]

'동흥노동'은 《흑색신문》과는 별도의 선전지를 발간하기도 했다. 즉 1933년 2월 16일 '동흥노동' 지부芝部는 《지포노동자芝浦勞動者뉴스》 제1호를 발행하고 관계 각 방면에 배포하여 아나키즘 선전에 노력하였다.[261]

---

258) 〈在留朝鮮人の運動〉, 《社會運動の狀況(1932年)》, 1519쪽에는 1932년 10월 18일부로 《흑색신문》 제10호가 발행된 것으로 기록되어 있다.

259) 內務省警保局 編, 〈海外不逞鮮人と連絡する朝鮮人の檢擧〉, 499쪽(《資料集成》 3, 630쪽)과 〈在留朝鮮人運動〉, 《社會運動の狀況(1935年)》(《資料集成》 3, 362쪽)에는 1934년 1월부터 李東淳이 《黑色新聞》의 편집책임을 맡았다고 기록하고 있으나, 이는 사실과 다르다. 《黑色新聞》 제26호(1934. 2. 28)의 편집인은 崔學柱이다.

260) 《自由聯合新聞》 第49號 ; 《흑색신문》 제27호 ; 〈1934년의 自聯戰線及戰蹟〉 ; 〈無政府主義者ノ行動ニ關スル件〉 ; 〈在留朝鮮人の運動〉, 《社會運動の狀況(1930年)》(《資料集成》 2, 155쪽) ; 〈在留朝鮮人の運動〉, 《社會運動の狀況(1931年)》(《資料集成》 2, 309쪽) ; 〈在留朝鮮人運動〉, 《社會運動の狀況(1932年)》(《資料集成》 2, 518쪽) ; 《黑色新聞》 제27호 ; 〈在留朝鮮人運動〉《社會運動の狀況(1933年)》(《資料集成》 2, 790 · 820쪽) ; 內務省警保局保安課 編, 《特高月報》(1932年 10月分), 90쪽 ; 內務省警保局 編, 《特高月報》(1934. 1~1937. 12)(《資料集成》 3, 838쪽) ; 〈在留朝鮮人運動〉《社會運動の狀況(1935年)》(《資料集成》 3, 362~363쪽) ; 內務省警保局 編, 〈海外不逞鮮人と連絡する朝鮮人の檢擧〉, 《特高月報》(1936年 4月分), 499쪽(《資料集成》 3, 630쪽) ; 〈회상하라! 9년 전 9월 1일을, 항거하라! 지배자의 학정을〉(흑색신문사 편집부, 1931. 8. 30)(김명섭, 2003a, 56쪽에서 재인용) ; 《한국아나키즘운동사》, 402쪽 등을 종합

261) 〈在留朝鮮人運動〉, 《社會運動の狀況(1933年)》(《資料集成》 2, 790쪽)

흑우연맹도 1932년 3월에 《흑우행진》을 단독으로 발간하여 아나키즘 선전을 위해 노력하였다. 《흑우행진》은 홍성환과 한하연 등이 1932년 12월 20일 《자유콤뮨》(편집인 홍형의)으로 이름을 바꾸어 발행했다. 하지만 《자유콤뮨》은 1933년 3월 12일부로 제2권 제1호를 200부 발행 · 반포한 뒤 자금난에 빠져 3월 14일 결국 폐간되었다.

아나키즘 선전작업은 개인적 활동을 통해서도 전개되었다. 전한촌全寒村[262]은 1932년 11월 11일 크로포트킨의 《법률과 강권》을 500부 발행하였다. 하지만 1932년 12월 6일 발행금지 처분을 당하였다. 그리고 1933년 9월 1일에는 아나키즘을 선전할 목적으로 문예잡지를 발행하고자 토민사를 조직하여, 9월 12일 월간잡지 《토민》 창간호를 1,000부 발행하였다. 하지만 2호와 3호는 내용이 너무 과격하다는 이유로 발행금지되었다. 이듬해에도 그는 《토민》 4호부터 7호까지 각호 200부 내지 300부씩 발행하였으나 모두 발행금지 당하고 말았다. 이에 그는 부득이 형태를 바꾸어 그해 6월 5일 시詩 특집호를 발행하였다. 그리고 7월 27일 시집 《무궤열차無軌列車》를 200부 발행하였다. 하지만 출판법 위반 혐의로 구속되어 벌금 30환에 처해졌으며, 이후 자금사정으로 속간되지 못하였다.[263] 극동노동조합의 진관원도 1932년에 《20세기》를 발행할 계

262) 《한국아나키즘운동사》, 402 · 411쪽에는 全塞村으로 기록하고 있으나, 이는 全寒村의 오기이다. 《黑色新聞》 제31호(1934. 8. 29)는 《토민》의 발행인을 全寒村으로 기록하고 있다.

263) 〈無政府主義者ノ行動ニ關スル件〉; 內務省警保局保安課 編, 〈大正15年中ニ於ケル在留朝鮮人ノ狀況〉(《資料集成》 1, 211쪽) ; 〈在留朝鮮人の運動狀況〉 《社會運動の狀況(1929年)》(《資料集成》 2, 60쪽) ; 〈在留朝鮮人運動〉, 《社會運動の狀況(1932年)》(《資料集成》 2, 518~519쪽) ; 〈在留朝鮮人運動〉, 《社會運動の狀況(1933年)》(《資料集成》 2, 789 · 791 · 820쪽) ; 〈1933年共産主義運動〉(《朝鮮獨立運動》 4, 439쪽) ; 〈在留朝鮮人運動〉, 《社會運動の狀況(1934年)》(《資料集成》 3, 171쪽) ; 內務省警保局 編, 〈在日朝鮮人運動日誌〉, 《特高月報》(1934. 1~1937. 12)(《資料集成》 3, 831~833 · 879쪽) ; 《朝鮮人の共産主義運動〉, 32쪽 ; 《흑색신문》 제31호 ; 《한국아나키즘운동사》, 278 · 402쪽 등을 종합

획을 세웠다.(〈在留朝鮮人の運動〉《社會運動の狀況(1932年)》, 1518쪽)

이외에도 재일본 한국인 아나키스트들은 서로 협력하여 일본제국주의에 대한 투쟁을 전개했다. 1929년 8월 28일 국치일을 맞아서 아나키스트 단체들이 〈일한합병 20년을 맞아 전 일본 민중 제군에게 격함〉이라는 제목의 전단을 배포했으며,[264] 1929년 9월 25일에는 '동흥노동', 자유청년연맹, 흑우연맹, '조선자유' 등 5개 단체가 대진재피학살자추도 대강연회를 공동으로 개최하고 격문을 살포하였다(〈嚴重な警戒の中で震災追悼會〉). 그리고 1933년 2월 상하이에서 원심창, 이강훈, 백정기(白鳩波) 등에 의한 아리요시有吉 공사公使 암살음모사건이 발생하자, 이 사건의 진상을 널리 알림과 동시에, 그 발생원인은 일본제국주의의 중국 침략 음모에 있다고 선전하면서, 백정기 · 원심창 · 이강훈 3동지를 구원하기 위한 운동을 전개하였다.[265] 1933년 5월 상순 이후에는 나치스 배격운동, 미국에서 체포 · 구금 중인 아나키스트 무우니 · 비링스 양인에 대한 석방운동, 고송高松지방재판소 차별사건 규탄투쟁 등에 적극적으로 참가하였다.[266]

상당수의 한국인 노동자들이 거주하고 있던 오사카 지역에서도 한국인 아나키스트들에 의해 노동운동이 전개되었다. 하지만 한국인 아나키스트들은 직접 노동자들을 조직화하여 투쟁을 펼치기 보다는 주로 파업지원투쟁을 중심으로 노동운동을 전개했다. 1930년 5월 11일 김연수金演秀를 중심으로 대판아나키스트청

백정기

264) 〈在留朝鮮人の運動狀況〉, 《社會運動の狀況(1929年)》(《資料集成》 2, 64쪽)

265) 〈在留朝鮮人運動〉, 《社會運動の狀況(1933年)》(《資料集成》 2, 785 · 787쪽) ; 《朝鮮人の共産主義運動》, 33쪽 ; 內務省警保局 編, 〈有吉公使暗殺計劃被告に對するアナ係鮮人の策動狀況〉, 787쪽(《資料集成》 2, 861쪽) 등을 종합

266) 〈在留朝鮮人運動〉, 《社會運動の狀況(1933年)》(《資料集成》 2, 786쪽)

년연맹이 조직되고, 같은 날 이의학李義鶴을 중심으로 동방노동연맹이 조직되었다. 이 양 단체는 1931년 7월 오사카부大阪府 내 일본아연도금공장日本亞鉛鍍金工場 조선인직공해고반대투쟁을 응원하였다.[267] 그리고 관서금속노동조합關西金屬勞働組合은 다카하시 도금공장, ○○○ 주물공장, 호시다카 알루미늄공장 노동자들의 노동조건개선투쟁을 적극 응원하였다.(《우리동무》 제1호 · 제2호)

그 외 효고兵庫현에서는 1931년 6월 21일 장성현張成賢 · 이효묵李孝黙[268] · 장선주張善籌 세 명이 평양 출신 제화공 십수 명을 결집하여 조선동우회를 창립하였다. 조선인동우회는 "고베神戶 재주在住 조선인의 상호친목과 지식계발을 기한다"는 것을 표면의 목적으로 하였지만, 만보산사건에 대한 일제의 한 · 중 민족 이간 흉계를 폭로 · 규탄하는 등의 활동을 전개했다.[269] 아이치愛知현에서는 1931년 5월 일본인을 주로 하여 결성된 중부흑색일반노동조합中部黑色一般勞働組合에 박경조朴慶朝[270] 이하 5명의 한국인이 1932년에 가입하여 일본인과 공동으로 운동에 종사하였다.[271]

---

267) 《한국아나키즘운동사》, 285쪽 ; 《朝鮮人の共産主義運動》, 32쪽 등을 종합. 동방노동연맹의 창립일과 단체의 명칭, 중심 인물의 이름 등에 대해서는 자료마다 표기가 약간씩 다르다. 《한국아나키즘운동사》, 285쪽에는 동방노동동맹으로 기록되어 있으나, 다른 자료에는 모두 동방노동연맹으로 기록되어 있다. 창립일에 대해서는 《朝鮮人の共産主義運動》, 32쪽과 《社會運動の狀況》 各年版에는 아나키스트청년연맹과 동방노동연맹의 창립일이 1930년 11월로 기록되어 있다. 동방노동연맹의 중심 인물에 대해서는 《社會運動の狀況》 1932년판 · 1934년판 · 1935년판에는 李義鶴으로 기록되어 있으나, 《社會運動の狀況》 1933년판과 《한국아나키즘운동사》, 285쪽에는 李美鶴으로 기록되어 있다. 아나키스트청년연맹의 중심 인물에 대해서도 《社會運動の狀況》 1934년판 · 1935년판에는 金乞熙로 기록되어 있으나, 다른 자료에는 金演秀로 기록되어 있다.

268) 자료에 따라서는 李高黙으로 기록하기도 하였다.

269) 〈在留朝鮮人の運動〉, 《社會運動の狀況(1931年)》(《資料集成》 2, 310쪽) ; 〈在留朝鮮人の運動〉, 《社會運動の狀況(1932年)》 ; 《朝鮮人の共産主義運動》, 32쪽 ; 《自由聯合新聞》 第60號 ; 《한국아나키즘운동사》, 264 · 285쪽 등을 종합

270) 〈在留朝鮮人運動〉, 《社會運動の狀況(1933年)》(《資料集成》 2, 606쪽)에는 朴愛朝로 기록되어 있으나, 다른 자료에는 모두 朴慶朝로 기록되어 있다.

271) 〈在留朝鮮人運動〉, 《社會運動の狀況(1932年)》(《資料集成》 2, 404 · 520쪽) ; 《朝鮮人の共産主義運動》, 32쪽 ; 《한국아나키즘운동사》, 285쪽 등을 종합

지금까지 살펴본 바와 같이 재일본 한국인 아나키스트 운동은 주로 도쿄에서 전개되었을 뿐, 다른 지역에서는 별로 활발하게 펼쳐지지 않았다. 오사카 지역은 공업지대로서 한국인이 가장 많이 거주하고 있었고, 그 구성원은 노동자가 대부분이었다.[272] 그리고 1933년부터는 재일본 한국인 노동자에 의한 노동쟁의가 일본에서 가장 많이 발생한 지역이었다.[273] 하지만 한국인 노동자를 대상으로 하는 아나키스트 운동은 오사카에서 별로 활발하게 펼쳐지지 못하였다. 그것은 재일본 한국인 아나키스트 운동이 고학생을 포함한 지식인을 중심으로 전개되었던 것과 관련이 있을 것이다. 한국인 지식인들이 거주하였던 곳은 주로 도쿄였다. 그리고 규율과 중앙집권적 조직을 기피하는 아나키스트의 조직론과도 밀접한 관련이 있는 것으로 사료된다. 재일본 한국인 아나키스트들의 관심을 끌었던 것은 짜여진 틀 속에 있는 공장노동자보다는 개인주의적 성향이 강한 자유노동자들이었다. 그리하여 재일본 한국인 아나키스트들이 노동조합을 결성함에 있어서 노동자만으로 구성할 것을 주장하였음에도 불구하고, 재일본 한국인 아나키스트들에 의한 공장노동자 조직화 작업은 전개되지 못하였다. 도쿄에 있는 한국인 지식인과 자유노동자를 중심으로 한 아나키스트 운동만이 활발하게 전

272) 1930년 6월 현재 일본에 거주하였던 한국인수를 지역별로 보면, 東京이 30,260명, 大阪이 69,181명, 神奈川縣 8,859명, 京都 16,212명, 兵庫縣 15,551명, 廣島縣 6,951명, 愛知縣 23,143명, 三重縣 6,677명, 山口縣 10,113명, 福岡縣 25,039명, 長崎縣 5,203명, 北海道 9,551명, 기타 61,387명, 계 288,127명이다.[東京府社會課 編, 〈在京朝鮮人勞動者の現狀(1936年)〉(《資料集成》 3, 995쪽)] 그리고 大阪에 거주하는 조선인의 직업을 보면, 有識的職業 348명, 상업 9,161명, 농업 90명, 어업 1명, 공장노동자 57,646명, 토목노동자 19,107명, 仲仕業 3,801명, 접객업자 2,311명, 통신운수업 2,360명, 일반사용인 11,547명, 계 106,372명이다.[大阪府內鮮融和事業調査會 編, 〈在住朝鮮人問題ト其ノ對策(1936年)〉(《資料集成》 3, 913쪽)] 이 중 공장노동자가 54.2%로 가장 많다.

273) 〈在留朝鮮人運動〉, 《社會運動の狀況(1935年)》(《資料集成》 3) ; 〈在留朝鮮人運動〉, 《社會運動の狀況(1936年)》(《資料集成》 3) ; 〈1932年の共産主義運動〉(《朝鮮獨立運動》 4) ; 〈1933年の共産主義運動〉(《朝鮮獨立運動》 4) ; 〈1934年の共産主義運動〉(《朝鮮獨立運動》 4) 등을 종합

개되었던 것이다. 그리고 도쿄 이외 지역에서의 한국인 아나키스트 운동은 주로 사상단체운동으로서 전개되었다. 자유노동자로 구성된 한국인 아나키스트 단체들도 폭력적 직접행동에 의한 투쟁을 통해, 민족주의계 · 공산주의계 · '융화친목계' 등과의 항쟁을 전개하였다.(《朝鮮人の共産主義運動》, 32~33쪽)

(2) 재일본 한국인 아나키스트들의 연합 활동

'조선자유'와 '동흥노동'이 서로 대립하는 가운데 재일본 한국인 아나키스트 운동은 점차 침체국면에 빠졌다. 그것은 만주 침공 이후 점점 도를 더해가는 일제의 탄압과 재일본 한국인 아나키스트들의 활동 방식상의 문제에서 비롯되었다. '조선자유'는 노동자 대중을 대상으로 하는 노동조합이었지만, 그 활동방향은 노동자들의 권익을 도모하는 것이기보다는 노동자들 사이에 아나키즘을 널리 선전하는 것이었다. 즉 노동자 대중단체라기보다는 사상단체의 성격이 짙었다. '조선자유'는 민족적 · 섹트적 전술을 취하여 사상순화에만 전력을 기울이고, 노동자의 절실한 일상투쟁에 대해서는 별 관심을 기울이지 않았으며, 대중적 조직으로서 적극적인 활동을 펼치지 않았다. 즉 노동자 대중을 조직화하고 거기에 근거해서 대중활동을 펼치기보다는, 소수에 의한 직접행동에 매달려 있었다. 그것은 노동 대중으로부터의 고립을 자초하였고, 그 결과 '조선자유'는 노동 대중으로부터 유리되어 노동조합으로서의 기능까지도 잃게 되었다.[274)]

'동흥노동'도 창립 이후, 한국인 노동자 대중층에 팽창하고 있던 상애회를 비롯한 일체의 한국인 반동단체 격멸과 공산주의 단체와

---

274) 〈朝鮮自由勞動者組合의 發展的 解消 聲明書〉, 《社會運動通信》(1933. 9. 27)(堀內稔, 1986, 55~56쪽에서 재인용)

의 투쟁에 활동의 대부분을 집중하였지만, 막대한 정력 소모와 희생에 비하면 그 효과는 보잘 것 없었다. 그것은 한국인 노동 대중의 실제생활에서 나오는 요구에 바탕을 둔 투쟁을 펼치지 않고, 소수 아나키스트끼리의 단체로 되는 경향으로 흘러 아나키스트의 혁명적 행동과 노동 대중의 동향이 괴리되었기 때문이다. 그에 따라 아나키스트 노동운동의 발전이 위축되었다. 그리고 이들은 일상투쟁을 전개함에 있어서도 직접행동에 호소하여 사건을 해결하고자 함으로써, 이들의 일상투쟁은 역량을 강화시키는 것이 아니라 소진시키는 소모전으로 귀결되었다. 즉 노동조합 차원에서 일상투쟁을 조직적으로 펼치고, 이를 통해 조직 역량을 강화시키는 것이 아니라, 한 두 개인이 나서서 문제를 해결함으로써 노동조합은 운동적 기능을 상실하고 사건해결사 화하고 말았으며(《흑색신문》 第36호), 마침내는 조직역량 파괴로 이어졌다.

결국 아나키스트 진영의 분열은 아나키스트 운동의 침체를 초래하였다. 재일본 한국인 아나키스트들은 아나키스트 운동 침체의 원인을 노동 대중과의 괴리에서 찾았다. '동흥노동'은 "혁명적 무정부주의자들의 단호한 무단적 행동으로써……전 관동關東을 거據하여 반동 상애회의 전 세력을 완전히 소진"시켰으나, "그 위대한 정력의 소모와 혁명적 우수한 동지의 희생에 비하면 우리가 기대한 바 그 효과가 너무 적었다"고 상애회 타도투쟁에 대해 평가한 뒤, 희생에 비해 효과가 적었던 원인을 "조선 노동 대중의 실제생활이 직접 요구한 투쟁이라는 그 명확한 활동의 인식이 결缺하였기 때문"이라고 분석하였다. 그리고 노동 대중의 일상생활에서 일어나는 문제조차도 대중적으로 해결하지 않고, 소수의 힘만으로 해결하여 결국 사건 해결사 노릇만 하였기 때문이라고 하였다.(《흑색신문》 第36호) 결국 조직역량과 투쟁역량을 강화하려면 일상생활상의 요구에 근거하여 노동대중과 함께 투쟁을 전개했어야 했다는 것이었다.

이러한 인식 아래서 재일본 한국인 아나키스트들은 일제의 만주 침략 이후 일제의 탄압이 강화되는 가운데 아나키스트 운동의 침체를 극복하기 위해 대중투쟁노선을 수립하고, 노동자 대중의 생활상의 요구를 관철하기 위한 일상투쟁에 주력할 것을 강조하였다. 대중투쟁노선에 입각해 일상투쟁을 펼치고, 이러한 투쟁을 통하여 자본주의를 타도해야 한다는 것이었다. '조선자유'를 중심으로 하여 재일본 한국인 아나키스트들 사이에서는 아나키스트 연합단체를 결성하여 섹트주의적 오류를 청산하고 노동 대중과 함께 하고자 하는 움직임이 광범위하게 일기 시작하였다.[275] 《흑색신문》도 27호(1934. 4. 18)부터 이동순이 편집 책임을 맡으면서 섹트주의 극복과 전선 정비를 주요한 투쟁목표로 설정하였으며, 사무소도 흑우연맹과 같이 사용하였다.[276]

275) 통합 움직임은 일본 아나키스트계에서 먼저 시작되었다. 일제의 만주 침공을 계기로 해서 파시스트 세력이 발흥하자 많은 아나키스트들이 전향하였고 아나키즘은 쇠퇴하였다. '자련'은 1932년 여름 무렵부터 종래 '자련'이 일반 대중단체에 대해서도 사상단체와 동일 기능을 요구하여 사상단체와 노동조합의 혼합성, 즉 일상투쟁을 폐기하였던 것을 쇠퇴의 원인으로 인식하고, 그 관념적 편향을 시정하여 재건활동방침으로서 재차 경제투쟁을 채택하였다. '자협'도 노동자들의 쟁의를 지도하고 전선의 확대강화에 노력하였음에도 불구하고 조직은 쇠퇴의 일로를 걸었다. 그것은 '자협'의 행동방침이 직접행동주의에 기초하고 있었던 관계로 탄압이 동반되었기 때문이다. '자협'은 종래의 극단적인 노동조합중심주의 아래서 전개된 수많은 노동쟁의의 응원 등이 모두 참패한 것을 계기로 세력이 쇠퇴하였다고 파악하고, 1933년 1월 기관지《勞働者新聞》을 통하여 전선 확대를 우선으로 하고 일상투쟁에 있어서 '자련'과 협력할 뜻을 발표하였다. 이러한 자기비판 하에서 양자로부터 전선 강화를 위한 공동투쟁과 합동 촉진의 필요성이 제기되었다. '자련'과 '자협'은 전선 강화 · 확립을 목적으로 전선확립연구회를 개최하여 종래의 아나키스트 운동을 비판하고 금후의 종합활동방법 등을 논의하였다. 1933년 4월 상순에는 메이데이협동투쟁협의회를 결성하고, 同年 6월 파쇼반대투쟁이 도쿄 · 오사카에서 좌익단체에 의해서 야기되었을 때 자유연합단체협의회를 결성하였다. 동년 11월에는 '자협'의 관서지방협의회와 '자련'의 관서노동조합자유연합회가 합동되었으며, 12월에는 '자협'의 '자련'으로의 복귀 · 해체에 의한 합동이 확정되고, 다음 1934년 1월 그 뜻이 정식으로 발표되었다. 동년 3월 18일 '자련' 제4회 대회가 개최되고, 거기에서 '자협'은 '자련'으로 해소 · 합동되었다. 그 결과 '자련'은 재래의 사상운동적 노동운동과 노동조합주의를 청산하고 경제투쟁제일주의에 입각한 대중단체로 이행하여 활발한 재건투쟁을 수행하였다.(〈1935년의 신방침하에 일본A운동 일반의 전선은 약진한다!〉《黑色新聞》 제36호 ; 〈日本無政府共産黨事件第1審及第2審判決〉, 13~15 · 145~146 · 148쪽 ; 《自由聯合新聞》 第88號 · 第89號 · 第90號 등을 종합)

276) 《黑色新聞》 제27호 ; 〈1934년의 自聯戰線及戰蹟〉 등을 종합

'조선자유'는 종래의 전술상의 불리와 잘못을 청산하고 대중적 조직 · 산업별 조직으로의 전환을 꾀하고자[277] 조직 정비를 단행하였다. '조선자유'는 1933년 3월 15일 이윤희의 주창으로 사무소에서 임시대회를 열고, 침체된 운동을 타개할 목적으로 다음과 같이 지구 섹션section을 정하고 부문을 설치하는 것으로 조직을 변경하기로 결정하였다.[278]

1. 지구섹션

ㄱ. 후카가와深川 방면 ㄴ. 오테정大手町 방면 ㄷ. 우마야바시廏橋 방면

2. 각 부문

ㄱ. 회계부 부원 : 이규욱李圭旭, 마종대馬鐘大, 고만식高萬植, 김동민金東民

ㄴ. 쟁의부 부원 : 박동식朴東植, 이종식李鐘植(李宗植), 안흥옥安興玉, 문성훈文成勳, 오유영吳裕永[279]

ㄷ. 선전부 부원 : 선병희宣炳曦, 오진산吳鎭山, 이종문李宗文, 최상빈崔相彬, 정갑진鄭甲振, 손병휘孫炳輝, 이칠용李七用, 김창규金昌圭

ㄹ. 문화부 부원 : 이윤희, 오성문吳成文, 오니시 마사시大西正司(일본인)

ㅁ. 정보부 부원 : 이용길李龍吉

지역별 산업별 조직 결성을 위한 조직 정비를 마친 '조선자유'는 재일본 한국인 아나키스트 단체 통일운동을 전개하였다. 1933년 6월 오우영, 이윤희 등은 도쿄에 있는 한국인 아나키스트 노동단체들을 '자유노동자협의회'라는 연합체로 통합코자 교섭을 전개하여 '동흥노동' 지부芝部와 극동노동조합의 호응을 얻었다. 그래서 다시

277) 〈朝鮮自由勞動者組合의 發展的 解消 聲明書〉, 《社會運動通信》(1933. 9. 27)(堀內稔, 1986, 56쪽에서 재인용)

278) 《治安狀況-昭和8年》, 211쪽 ; 內務省警保局 編, 〈朝鮮自由勞動者組合의 조직 확립〉, 789쪽(《資料集成》 2, 862쪽) 등을 종합

279) 吳裕永은 吳宇泳의 오기가 아닌가 여겨진다.

'동흥노동' 본부와 교섭했으나, 최학주, 민흥규閔興圭 등이 이에 반대했다.[280] '동흥노동' 본부의 반대로 연합체 결성은 실패로 끝나고, '동흥노동'은 분열되었다.[281] 즉 자유노동자협의회 결성을 둘러싸고 '동흥노동'의 본부와 지부芝部가 서로 대립하였던 것이다.

'조선자유'와 극동노동조합, '동흥노동' 지부芝部는 '동흥노동' 본부를 배제한 채 전선정비투쟁협의회를 조직하였다. 전선정비투쟁협의회는 투쟁방침을 구체화하여 종래의 민족적 · 섹트적 조직 전술의 실수를 청산하고, '조선자유'를 해소하여 대중적 조직활동을 적극적으로 전개하기로 하였다.(《自由聯合新聞》 第84號)

'동흥노동'도 "무정부주의 조직의 무확립에 의해 조직적 계획적 활동의 미숙련으로부터 사회 각 분야에의 진출이 활발하지 못한 것은 우리들의 커다란 결함이다. 1934년의 제1 임무는 이 결함을 청산 · 극복하여 사회 각층에 우리들의 전선을 확대 · 강화"하는 것이라면서,[282] 기존의 섹트주의를 비판하고 새로운 활동방침을 수립하고자 하였다. 동흥노동은 노동 대중의 생활상의 요구에 근거하여 투쟁한다는 새로운 운동방침을 수립하고, 내부적 활동기관을 재편하고 조직 확대를 위해 노력하였다. '동흥노동'은 '자련' · '자협'과의 한층 더 긴밀한 공동투쟁 아래 연말투쟁으로서 수당 요구, 해고 반대, 임금 인상 등의 노동자 대중의 요구에 기초한 투쟁을 적극적으로 펼쳤다.(〈積極的に歲末鬪爭その先頭に立つ〉) 그리고 선전지를 발행하

280) 〈在留朝鮮人運動〉, 《社會運動の狀況(1933年)》(《資料集成》 2, 785쪽). '동흥노동'은 아나키스트 단체 통일운동에 대해 의견이 통일되어 있지 않았다. 즉 최학주 · 민흥규 등의 중앙을 중심으로 한 반대파와, '동흥노동' 北部와 同 芝部를 중심으로 한 지지파로 나뉘어져 있었다. 반대파에 의해 '동흥노동'은 전체가 이 통일운동에 참여하지 못하고 그 일부만 참가하였다.

281) '동흥노동'의 분열은 1932년부터 이미 시작되었다. 즉 '동흥노동' 北部는 책임자 金學俊과 趙昌國 · 任學宰간의 대립으로 2파로 분열되어 내부적 항쟁이 표면화하였다.[〈在留朝鮮人運動〉, 《社會運動の狀況(1932年)》(《資料集成》 2, 519쪽)]

282) 〈1934년의 鬪爭血路에 선 만천하의 동지들에게 격한다〉, 《흑색신문》 제24호(1934. 1. 25)[〈在留朝鮮人運動〉, 《社會運動の狀況(1934年)》(《資料集成》 3, 171쪽)에서 재인용]

고 이를 통해 조직 확대를 도모하였다. 즉 1935년 3월 2일 조합원 획득과 아나키즘 선전을 목적으로 하여 신고하지 않고 《조선동흥노동뉴스》 제1호를 발행·반포하였다. 이후 《조선동흥노동뉴스》는 계속해서 발행되었지만, 과격한 기사를 게재하였다는 빌미로 누차 발행금지 처분에 처해졌다.[283)]

昭和八年五月十日 自由聯合新聞 第八十號 (3)

無政府主義者·先頭に
戰鬪的メーデー
反動ダラ幹の裏切りを
革命的大衆一蹴す

東京
右翼幹部は行列
大衆は示威
自聯提唱三反鬪爭强行

大阪
ダラ幹を排撃し
官憲に突
戰鬪的メーデ

1933년 노동절 관련 기사

재일본 한국인 아나키스트들은 통일된 연합단체 결성에는 실패하였지만 협력 관계는 지속시켜 나갔다. 이미 재일본 한국인 아나키스트 단체들은 협력하여 1933년 노동절 행사를 성공적으로 치른 바 있었다. 즉 1933년 4월 5일 도쿄 간다神田 송본정松本亭에서 개최된 제14회 노동절 기념행사 준비협의회에 오우영·이윤희·양일동·최학주 등이 대표자로 출석하는 등 주최자의 일원으로서 노동절 투쟁에 참가하였다. 노동절 투쟁의 목표는 파쇼 반대, 제국주의 전쟁 반대, 실업 반대의 소위 3반反 투쟁에로 집중되었다.[284)] 그리고 1933년 한국 남부지방에 큰 수해가 발생하자 '조선자유'와 '동흥노동'은 남선南鮮수해구원운동을 전개하였다. 1933년 6월[285)] 오우영, 민흥규, 정찬진 등이 중심이 되어 한국 남부 일대의 대풍수해에 의한 피해동포를 구원하고 이를 통해 아나키즘 선전작업을 전개하

283) 〈在留朝鮮人運動〉, 《社會運動の狀況(1935年)》(《資料集成》 3, 363쪽)

284) 〈在留朝鮮人運動〉, 《社會運動の狀況(1933년)》(《資料集成》 2, 786쪽)

285) 《한국아나키즘운동사》, 406쪽에는 1933년 9월로 기록되어 있다.

기로 계획을 세웠다. 7월 10일 오우영을 대표자로 하여 그 기부금 모집원을 관할 경찰서에 제출하는 것과 동시에 재류 한국인 일반단체에 격문을 보냈다. 이어 7월 13일 친일반동단체를 제외한 모든 한국인 단체를 망라해서 '본국풍수해이재동포구원회本國風水害罹災同胞救援會'를 결성하고 활동을 펼쳤다. 하지만 기부금 모집원도 허가되지 않고 당초의 계획이 방해를 받아 구원회는 결국 8월 20일 해산하고 말았다. 이후 10월에는 수해구원활동을 계기로 각계 대표를 망라한 '우리구락부'에 양일동, 한현상 등이 참가하여 활동을 계속했다.[286)]

이러한 재일본 한국인 아나키스트 단체들의 협력 활동을 바탕으로 하여 1933년 9월 4일 강동교江東橋소개소등록자협력회[287)]가 결성되었다. 강동교소개소등록자협력회는 재일본 한국인 아나키스트들의 연합체일 뿐 아니라 아나키스트와 공산주의자 사이의 연합체이기도 하였다. 즉 대시對市 공동투쟁을 위해 아나키스트들이 공산주의자와 연합하였던 것이다. 강동교소개소등록자협력회의 결성 과정은 다음과 같다. '조선자유'가 새로운 형태의 운동을 모색하고 있는 상황에서 1933년 6월경부터 도쿄시 당국이 불량분자를 소탕할 목적으로 등록취소·수첩몰수를 개시하였다. 강동교직업소개소를 중심으로 하여 취로就勞 중에 있던 '조선자유'와 극동노동조합에 소속된 아나키스트계 노동자들은 생계에 커다란 위협을 받게 되었다. 이에 문성훈文成勳·오우영吳宇泳 등이 그 대책을 강구하게 되었다. 이 때 동 소개소를 중심으로 하는 '전협'계 강동교등록노동자공조회도 1932년 말 이후 최두환崔斗煥 이하 수명의 중심 인물이 검거되어 조직이 괴멸될 위기에 처해 있었기 때문에 조직 재건에 노심초사하

286) 〈在留朝鮮人運動〉, 《社會運動の狀況(1933年)》(《資料集成》 2, 786쪽) ; 《한국아나키즘운동사》, 406쪽 등을 종합

287) 內務省警保局 編의 〈在京自由勞動者協力會의 분열〉(《資料集成》 2, 863쪽)에는 江東橋紹介所登錄者協力會가 自由勞動者協力會로 기록되어 있다.

고 있었다. 이리하여 한국인 아나키스트와 공산주의자 간에는 연합이 이루어질 소지가 생겨났다. '조선자유'와 극동노동조합 간부 문성훈 · 오우영 등은, 1933년 7월 이후 강동교등록노동자공조회 간부 등과 누차 회합하고, 대중적 운동으로부터 유리되어 단체의 세력이 점차 쇠퇴해가는 각자 조합을 광구廣救할 방법에 대해 협의를 거듭한 결과, 종래의 사상적 대립을 청산하고 금후 양계兩系 단체는 대중적 조직을 목표로 발전적 해소를 하고 완전히 합류함과 동시에 새로이 표기단체標記團體를 결성할 것에 협의를 하였다. 이에 '조선자유'와 극동노동조합은 새로운 단체로 발전적 해소를 한다는 뜻의 공동성명서를 발표하고, 9월 7일 강동교소개소등록자협력회 창립대회를 열기에 이르렀다. 당일의 참가자는 오우영吳宇泳, 이상수李相守 이하 130명(한국인 80명)으로 회장會場에는 "일거리를 매일 마련하라!", "등록 몰수 및 취로就勞 정지 절대 반대!", "청부제도의 중간착취 절대 반대", "노동강화, 시간연장 절대 반대", "최저임금을 2원으로 하라!", "공제회의 1종을 2종으로 하라!", " 국고부담에 의한 실업보험을 즉시 제정하라!", "폭력 소원所員을 방축放逐하라", "노동수첩 몰수 절대 반대", "노동시간을 7시간으로 하라" 이하 15항목에 걸친 슬로건을 제출하였다. 먼저 오우영을 의장으로 추대하여 경과보고, 주장, 규약의 심의, 임원 선거, 슬로건 실행 방법 등에 대해 심의결정을 하였다. 결정된 주장은 "우리들은 당파를 초월하여 자주적 단결로써 우리들의 해방을 기한다", "우리들은 일상투쟁을 통하여 우리들의 생활을 방위한다" 등이었다.[288] 하지만 강동교소개소등록자협력회는 사상적 대립으로 인하여 곧 분열되고 말았다.

288) 《自由聯合新聞》 第84號 ; 內務省警保局 編, 〈江東橋登錄勞動者協力會の結成狀況〉, 789쪽(《資料集成》 2, 862~863쪽) ; 〈在留朝鮮人運動〉, 《社會運動の狀況(1933年)》(《資料集成》 2, 788쪽) 등을 종합. 內務省警保局 編, 〈江東橋登錄勞動者協力會の結成狀況〉, 789쪽(《資料集成》 2, 862쪽)에는 李相守를 江東橋登錄勞動者共助會 간부로 기재하고 있으나 이는 잘못이다. 〈在留朝鮮人運動〉, 《社會運動の狀況(1934年)》(《資料集成》 3, 57 · 167쪽)과 〈在留朝鮮人運動〉, 《社會運動の狀況(1936年)》(《資料集成》 3, 471쪽)에 따르면, 李相守는 아나키스트계 조선일반노동조합의 간부이다.

아나키스트계 오우영 일파는 강동교소개소등록자협력회를 탈퇴하여 1933년 10월 23일 동경일반노동조합 명의로 강령 · 규약 · 선언 등을 작성, 관계 각 방면에 배포하여 동지를 획득하고자 노력하였으며, 1934년 1월 21일 임시총회석상[289)]에서 만장일치로 동경일반노동조합을 조선일반노동조합(이하 '조선일반')으로 개칭하기로 결정하였다. 그리고 규약 · 강령을 심의하고 선언을 발표하였다. 임시총회에는 동경일반노동조합의 오우영 외 11명, '동흥노동' 이동순 외 3명, 모두 16명이 출석하였다.[290)] 1933년 중반 무렵부터 '조선자유'를 중심으로 생겨난 재일본 한국인 아나키스트 단체의 전선통일을 위한 연합체 결성 움직임은 결국 조선일반노동조합의 성립으로 귀결되었다. '조선일반'의 강령은 다음과 같다.[291)]

1. 우리들은 자주적 단결에 의한 일상투쟁을 통하여 노동자 · 농민의 해방에 매진한다.
2. 우리들은 중앙집권조직을 배격하고 자유연합조직을 강조한다.
3. 우리들은 연대 · 우애 · 협동을 사회생활의 정신으로 한다.

'조선일반'의 강령에는 '조선자유'나 극동노동조합의 강령에 나타나 있던 아나코생디칼리슴적 요소가 사라지기는 하였지만, 일상투쟁을 강조하고 있다.[292)] 일상투쟁을 강조한 것은 아나코생디칼리슴

289) 〈在留朝鮮人運動〉, 《社會運動の狀況(1934年)》(《資料集成》 3, 169쪽)에는 창립대회라고 기록되어 있으나, 당시 한국인 아나키스트 신문인 《黑色新聞》에는 이 날 개최된 것은 東京一般勞動組合 임시총회이고, 이 임시총회 석상에서 명칭을 개칭한 것으로 기록하고 있다. 이 책에서는 《黑色新聞》이 옳은 것으로 보고 이를 따른다.

290) 〈在留朝鮮人運動〉, 《社會運動の狀況(1933年)》(《資料集成》 2, 788쪽) ; 〈在留朝鮮人運動〉 《社會運動の狀況(1934年)》(《資料集成》 3, 168～169쪽) ; 《흑색신문》 제26호 ; 《朝鮮人の共産主義運動》, 33쪽 등을 종합

291) 〈在留朝鮮人運動〉, 《社會運動の狀況(1934年)》(《資料集成》 3, 169쪽)

292) '조선일반'이 일상투쟁을 강조한 것은 일본 아나키스트계의 동향과 그 맥을 같이한다. 즉 당시 일본 아나키스트 노동운동은 '자련'과 '자협'이 합동하면서 경제투쟁제

적 경향이기는 하지만, 그것은 대중의 요구에 근거하는 대중활동을 전개하기 위한 방도로서 제기된 것이었다. 이 강령에 따라 '조선일반'의 활동은 아나코코뮤니즘과 대중노선에 입각해서 전개되었다.

'조선일반'은 대중투쟁노선 아래 일상투쟁론을 방법론으로 채택하였다. '조선일반'은 위에서 보는 바와 같이 강령을 통해 일상투쟁을 강조하였으며, 규약에서도 차가인부借家人部를 하나의 부서로 설치하는 등 일상투쟁에 유념하였다.[293] 그리고 〈선언〉에서도 "지배자의 모든 탄압과 자본가의 포학暴虐한 공세에도 불구하고 지배계급과 부르주아에 대한 원망의 목소리는 전국의 방방곡곡으로부터 일어나 변혁적 기운에까지 양성되고 있다. 우리들 노동자는 일상생활의 허다한 고통스러운 경험으로부터 이러한 사회적 불안과 생활적 비참이 자본주의 제도의 근간으로부터 발하고 있다는 것을 인식함과 동시에, 자본주의 제도가 존속하는 한 이러한 불안과 비참이 결코 제거되지 않는다는 것을 통감한다"고 밝히면서[294] 일상투쟁의 필요성을 강조하였다. 하지만 '조선일반'의 대중노선에 근거한 일상투쟁·노동쟁의 응원투쟁 등의 대중활동은 일제의 만주침략 이후 강화되어가는 탄압에 의해 활발하게 전개되지는 못하였다.

'동흥노동' 북부도 '조선일반'의 방침에 따라 일상투쟁을 더욱 강조하였다. '동흥노동' 북부는 죠호쿠城北 일대에 산재해 있는 재일본 한국인 노동대중의 생활을 위하여 소개소·대소 공장 등에서 민족적 천시 대우·혹사·강제노동·임금불급賃金不給·고용해제 등등에 대한 항쟁, 혹은 사이비 자칭 해방운동자·공산주의자들을 비롯

일주의를 내세우고 생활방위투쟁 등 일상투쟁을 강조하고 있었다. 《黑色新聞》도 "일상투쟁을 전개할 전제로 양 노동조합('자련'과 '자협'-인용자)이 합동한 것"으로(《黑色新聞》 제27호) 파악하고 있었다.

293) '조선일반'은 규약에서 산업별로 자유노동부, 공장노동부, 잡업노동부, 借家人部 등의 부서를 설치한다고 규정하였다.[〈在留朝鮮人運動〉, 《社會運動の狀況(1934年)》(《資料集成》 3, 169쪽)]

294) 〈在留朝鮮人運動〉《社會運動の狀況(1934年)》(《資料集成》 3, 169~170쪽) 참조

하여 반동 상애회와 일체 한국인 인치키(インチキ) 단체[295] 격멸에 모든 희생을 아끼지 않고 온 힘을 기울여 왔었다. 하지만 시시각각으로 급박해지는 사회정세는 새로운 운동방침과 더욱 견고한 진용 정비와 확대 강화를 필요로 하고 있었다. 이에 '동흥노동' 북부는 이전의 섹트적 색채 극복과 그 지역에 산재한 일반 미조직 노동자의 적극적 포괄 활동을 목표로 하고, 1934년 11월 23일 아라카와荒川구 미카와시마三河島정 소재 성북城北불교수양회관에서 김학준·오우영 이하 62명이 참가한 가운데 김학준 사회로 제2회 대회를 개최하였다. 오우영을 의장으로 추대하고, 선언·강령·규약 기타의 의안을 심의·결정하였다. 이어 명칭을 조선노동자합동조합(이하 '조선합동')으로 바꾸고 조직을 개편하였다. 장내에는 "조선 내지 언론집회결사 폭압 절대 반대!", "조선 농민운동 탄압 절대 반대!", "민중의 적 최린 일파 시중회時中會를 박멸하자!", "남조선 이재민 만주 이주정책 절대 반대!", "조선노동자도항금지령을 즉시 철폐하라!", "제국주의전쟁 위기를 극복하라!", "쟁의조정법 개악 절대 반대!" 등의 표어가 걸려 있었다. 이 대회에서 심의·결정된 의안은 다음과 같다.[296]

ㄱ. 미조직노동대중 조직확대의 건 (명 삭제)

ㄴ. 민별民別(民族의 오식-인용자)을 가리지 않고 계급적 연대성에 입각해서 제 노동단체와의 공동투쟁에 관한 건 (명 삭제)

ㄷ. 동일 노동에 임금차별 절대 반대 (명 삭제)

ㄹ. 연말 생활방위에 관한 건 (명 삭제)

ㅁ. 기관지 확립의 건 (명 의사 중지)

295) 인치키(インチキ) 단체는 일선日鮮융화를 내세우는 '융화단체'를 지칭한다.

296) 內務省警保局 編, 〈朝鮮東興勞動同盟北部大會開催狀況〉, 170쪽(《資料集成》 3, 231~232쪽) ; 《自由聯合新聞》 第96號 ; 《흑색신문》 제34호 ; 〈在留朝鮮人運動〉《社會運動の狀況(1934年)》(《資料集成》 3, 171~172쪽) 등을 종합

ㅂ. 조선인 거주권 확립 투쟁의 건 (명 삭제)

ㅅ. 조선내지 농민운동과의 연락투쟁의 건 (명 삭제)

ㅇ. 조선인 인치키(インチキ) 단체 박멸의 건 (명 삭제)

ㅈ. 파쇼사회 파쇼 제운동 배격의 건 (명 의사 중지)

ㅊ. 명칭 변경에 관한 건

위의 의안 가운데에는 임금차별 반대, 연말 생활방위, 거주권 확립 등 일상투쟁에 관한 3개의 건이 포함되어 있다. 이는 '조선합동'이 일상투쟁을 중심으로 한 대중투쟁노선을 수립하고 있었음을 말해 준다. 이러한 점은 강령과 선언에서도 나타난다. '조선합동'은 "우리들은 자유적 단결의 힘으로써 일상투쟁을 통하여 노동자 · 농민의 해방에 매진한다", "우리들은 중앙집권조직을 배격하고 자유연합주의를 강조한다", "우리들은 연대 · 우애 · 협동을 사회생활의 정신으로 한다"를 강령으로 채택하여,[297] 일상투쟁을 주요한 수단으로 채택한다고 밝혔다. 그리고 〈선언〉에서도 "우리들은 이 의의 깊은 대회를 통하여 백절불굴의 용기와 과감한 일상투쟁으로써 조선 노동자의 생활을 대담하게 옹호하고 전 노동계급의 유일한 전투적 전위가 되어 최후의 승리까지 돌진할 것을 서약한다"고 하여,[298] 일상투쟁을 전개할 것을 공언하였다. '조선합동'은 '조선일반'의 노선에 따라 재일본 한국인 아나키스트 운동을 부활시키고자 하였다. '조선합동'의 강령은 '조선일반'과 별 차이가 없다. 그리고 1937년 2월 22일에는 사무소까지 '조선일반' 내로 이전하였다.[299]

297) 內務省警保局 編, 〈朝鮮東興勞動同盟會 北部 대회 개최 상황〉, 170쪽(《資料集成》 3, 232쪽) ; 內務省警保局 編, 〈在日朝鮮人運動日誌〉(《資料集成》 3, 850쪽) 등을 종합

298) 內務省警保局 編, 〈朝鮮東興勞動同盟北部大會開催狀況〉, 170쪽(《資料集成》 3, 232쪽)

299) 內務省警保局 編, 〈朝鮮東興勞動同盟會 北部 대회 개최 상황〉, 170쪽(《資料集成》 3, 232쪽) ; 內務省警保局 編, 〈在日朝鮮人運動日誌〉(《資料集成》 3, 850쪽) 등을 종합

1933년 중반 무렵부터 '조선자유'를 중심으로 생겨난 재일본 한국인 아나키스트 단체의 전선 통일을 위한 연합체 결성 움직임은 '조선일반'의 성립으로 귀결되었다. '조선일반'이 결성되면서 '조선자유'와 극동노동조합은 발전적 해소를 하였다. 하지만 '동흥노동'은 중앙의 반대로 인하여 그대로 존속하였다. '조선일반'의 결성으로 '자련' 제2회 대회 이후 격화된 재일본 한국인 순정 아나키스트와 아나코생디칼리스트 사이의 대립은 완화되었고, 재일본 한국인 아나키스트들은 통합된 흐름 속에서 서로 협력하면서 활동하게 되었다. 1934년 노동절 기념행사에는 '조선일반'과 '동흥노동'이 공동으로 참가하여 "노동자의 해방은 자유연합주의다", "노동자 · 농민의 적 파쇼를 타도하라", "제국주의전쟁 절대 반대", "무산계급진영 내의 지도배指導輩를 축출하라" 등의 슬로건을 내걸고(〈1934년의 自聯戰線及戰蹟〉) 반파쇼투쟁과 반공산주의투쟁을 전개하였다.[300] 재일본 한국인 아나키스트들은 프롤레타리아 독재가 파시스트 독재와 다를 바가 없다고 하면서, 공산주의를 최대의 적으로 규정하고 반공산주의 활동을 전개했는데, 공산주의자의 씨를 말려야 한다고 주장하기까지 하였다.[301] 하지만 1930년 중반 이후 재일본 한국인 아나키스트운동이 침체되면서 대공산주의투쟁 또한 쇠퇴하였다.

'동흥노동'과 '조선일반'을 비롯한 재일본 한국인 아나키스트들은 서로 협력하여 대중투쟁노선에 입각한 노동쟁의 지원투쟁을 적극적으로 전개했다. 1934년 8월 18일 도쿄 혼죠本所구 기쿠카와菊川정 소재 삼엽옥가구제작소三葉屋家具製作所에서 직공 6명 해고에서 비롯된 노동쟁의가 발생하여 노동자들이 파업에 들어가자, '조선일반'은 이 파업투쟁에 대한 응원투쟁을 전개했다.

300) 〈在留朝鮮人運動〉, 《社會運動の狀況(1934年)》(《資料集成》 3, 167쪽)

301) 〈노동자 농민의 매매시장 국제연맹에 가입한 赤露의 동향〉; 〈赤露獨裁의 정체 폭로〉 등을 종합

'동흥노동'과 '조선일반'은 노동쟁의 지원투쟁을 공동으로 펼치기도 했다. 1934년 일활日活 일흥日興 쟁의가 발생하자 '동흥노동'과 '조선일반'[302]은 그 지원책을 수립하고, 우영 · 이종문 · 김택金澤 · 이병엽 · 안흥옥安興玉[303] 등을 파견하여 응원활동을 전개하였다. 그리고 1934년 9월 동경시전東京市電 종업원의 총파업과 풍륭사인쇄소豊隆社印刷所[304] 종업원의 해고 · 임금인하 · 공장폐쇄 반대 파업이 전개되자 '동흥노동'에서 양일동[305] 외 7명, '조선일반'에서 오우영 외 3명이 응원단에 참가하였다. 또 '동흥노동' 사무소 입구에 "피튀기며 싸우고 있는 시전市電쟁의, 일활日活영화종업원쟁의와 풍륭사豊隆社인쇄소쟁의를 승리하자"라고 묵서墨書한 응원포스터를 붙이는 등 동 쟁의를 적극적으로 응원하였다.[306]

이외에도 재일본 한국인 아나키스트 노동단체들은 수해구원운동을 전개했다. 1934년 일본 관서關西 지방에 풍수해가 나자 재일본 한국인 아나키스트들은 또다시 구호활동을 전개했다. 즉 '동흥노동'은 관서關西풍수재구원회를 조직하여 '조선일반'과 함께 도쿄에 있는 한국인 전체를 망라하여 오사카에 있는 한국인 노동자 구호에 착수하였던 것이다.(《흑색신문》 제33호)

302) 《한국아나키즘운동사》, 413쪽에는 東京一般勞動者聯盟으로 기록되어 있으나 이는 잘못이다.

303) 《한국아나키즘운동사》, 413쪽에는 민흥규로 기록되어 있다.

304) 〈1934년의 自聯戰線及戰蹟〉에는 風隆社印刷所로 기록되어 있다.

305) 《한국아나키즘운동사》, 413쪽에는 홍성환으로 기록하고 있으나, 홍성환은 黑友聯盟의 중심 인물이다.

306) 〈在留朝鮮人運動〉, 《社會運動の狀況(1934年)》(《資料集成》 3, 167 · 170쪽) ; 〈1934년의 自聯戰線及戰蹟〉 ; 《自由聯合新聞》 第84號 · 第94號 등을 종합

3. 재중국 한국인

1) 책자나 강연회 등을 통한 선전활동

재중국 한국인 사회주의자들이 아나키스트계와 공산주의계로 갈라지면서 의열단이 분열된 이후, 재중국 한국인 사이에 공산주의가 점차 그 세력을 확장해 나갔다. 이에 재중국 한국인 아나키스트들은 공산주의에 반대하는 활동을 펼치기 시작했다. 테러활동에 대한 공산주의자들의 비판에 맞서 신채호가 〈조선혁명선언〉을 발표하여 아나키즘에 바탕을 둔 민족해방운동의 방법론을 제시하였지만, 공산주의자들의 영향력은 점차 커져갔다. 거기에다가 이상촌 건설계획마저 수포로 돌아갔다. 이에 재중국 한국인 아나키스트들은 점차 세력을 확장해 가는 공산주의 세력에 맞서기 위하여 아나키스트들의 힘을 하나로 모을 수 있는 조직의 필요성을 절감하였다.[307)]1924년에 들어서서 이상촌 건설계획에 참가하였던 이을규·이정규 등과 정화암이 베이징에 집결하게 되었고, 이들과 이회영 및 류자명이 1924년 4월 말 베이징에서 재중국조선무정부주의자연맹을 결성하였다.[308)] 정화암과 이정규는 백정기를 재중국조선무정부주의자연맹 창립원으로 거론하고 있으나, 여기에 대해서는 이론의 여지가 있다. 우선 백정기가 베이징으로 간 시기가 문제가 된다. 이정규는 1924년 3월에 이정규와 이을규가 베이징으로 가서 이회영과 함께 살았고, 1924년 4월에 백정기가 일본으로부터 베이징으로 가서 함께 있었다고 기록하고 있다.(이정규·이관직, 1985, 80쪽) 하지만 백

307) 정화암에 따르면, 1923~1924년 무렵 미국에서 지명대를 중심으로 한 몇몇 사람들이 《흑선풍》이라는 한국어 잡지를 발행하는 등 다소 아나키스트적 운동을 전개하고 있었는데, 이에 자극을 받은 재중국 한국인 아나키스트들이 조직을 만들고 소책자 기관지를 발간하기로 협의하였다고 한다.(김학준 편집해설·이정식 면담, 1988, 274쪽)

308) 정화암, 1982, 61~62쪽 ; 이정규·이관직, 1985, 80쪽 등을 종합

정기는 신문과정에서 자신이 베이징으로 간 시기를 1924년 여름으로 진술하였다.[309] 그리고 〈구파 백정기 열사 행장〉에도 백정기가 1924년 6월에 재중국조선무정부주의자연맹에 가입한 것으로 되어 있다.[310] 백정기의 행적을 소상하게 서술하고 있는 일제의 정보보고서에는 1923년 8월 26일에 일본으로부터 귀국하였다가, 1924년 6월 또는 여름에 중국으로 건너간 것으로 기록되어 있다.[311] 이 정보보고서와 백정기의 진술이 보다 정확한 것으로 사료된다. 이에 따르면 백정기는 재중국조선무정부주의자연맹의 창립원이 될 수 없다. 〈구파 백정기 열사 행장〉의 기록도 백정기가 재중국조선무정부주의자연맹의 창립원이 아니라 재중국조선무정부주의자연맹이 창립되고 난 뒤 나중에 가입하였다는 것을 말해 준다.

류자명의 재중국조선무정부주의자연맹 참가 여부에 대해서도 이론의 여지가 있다. 저자는 일제의 정보보고서와 이규창李圭昌(이규호李圭虎, 이소산李嘯山)과 이정규의 회고를 근거로 류자명이 재중국조선무정부주의자연맹 창립원이 될 수 없다고 주장한 바 있다. 이정규는 《우관문존》(1974)에 수록된 자신의 "연보"에서 류자명을 재중국조선무정무주의자연맹 창립원으로 거론하였지만, 1960년대 초에 지은 〈우당 이회영 선생 약전〉에서는 류자명을 재중국조선무정부주의자연맹의 창

류자명

309) 《외무경찰사》 제5권, 210쪽(국민문화연구소 편, 2004, 180쪽에서 재인용)

310) 국민문화연구소 편, 2004, 485쪽. 〈구파 백정기 열사 행장〉은 이정규가 저술한 것으로 알려져 있다.

311) 〈有吉公使暗殺陰謀事件, 黑色恐怖團事件, 南華韓人青年聯盟事件, 天津日本總領事官邸爆彈投擲事件〉; 〈有吉公使暗殺陰謀不逞鮮人一味檢擧に關する件〉(亞細亞局機密第340號, 1933. 3. 27, 上海總領事 石射猪太郎→外務大臣) 등을 종합

립원으로 거론하지 않았다. 그리고 한 일제의 정보보고서는 류자명이 1924년 이후 베이징을 떠나 상하이로 옮겨간 것으로 기술하였으며(《北京天津附近在住朝鮮人ノ狀況報告書進達ノ件》), 이규창도 류자명이 1924년에 상하이에 있었던 것으로 증언하였다. 이규창은 1924년경 류자명이 상하이로 가고 이정규와 이을규가 베이징의 이회영 집으로 와 함께 거주하게 된 이후에, 백정기가 국내로부터 와서 이회영 집에 거주하였고, 또 얼마 뒤 정화암이 베이징으로 간 것으로 회고하였다.(이규창, 1992, 72~73쪽) 재중국조선무정부주의자연맹이 결성된 시기가 정화암이 베이징으로 간 이후이고, 류자명이 상하이로 떠난 뒤에 정화암이 베이징으로 갔다면, 류자명은 재중국조선무정부주의자연맹 결성에 참가할 수 없다는 결론이 나온다.

그런데 류자명이 상하이로 간 시기가 1924년 5월 이후임을 알려주는 자료가 발견되었다. 류자명이 1924년 봄 베이징에서 김봉환金奉煥, 김대정金大庭, 김성숙金星淑, 김규하金奎河, 차응준車應俊, 김정완金鼎完 등의 학생들과 함께 반역사를 조직하였으며, 반역사는 현재의 사회제도에 대한 반역을 표방하면서 1924년 노동절에 하나의 선전서를 배포하였다는 사실을 기록하고 있는 일제의 정보보고서가 그것이다.(《北京天津附近在住朝鮮人ノ狀況報告書進達ノ件》) 류자명이 상하이로 떠난 시기가 1924년 5월 이후이고, 백정기가 재중국조선무정부주의자연맹 결성에 참가한 것이 아니라 1924년 6월에 사후 가입한 것이라면, 류자명이 재중국조선무정부주의자연맹 결성에 참가할 수 없다는 근거는 사라진다. 더구나 류자명이 이회영의 집에 기거하였던 점을 고려하면 정화암의 회고대로 재중국조선무정부주의자연맹 결성에 참가하였을 가능성은 매우 높다. 그리고 정화암이 백정기보다 늦게 베이징에 도착했다는 이규창의 회고는 잘못으로 보인다. 정화암이 백정기보다 늦게 베이징에 도착했다면, 그 역시 재중국조선무정부주의자연맹 결성에 참가할 수가 없게 되는데,

정화암이 재중국조선무정부주의자연맹 결성에 참가한 것은 확실한 것으로 보이기 때문이다. 이상의 사실들을 종합하면, 재중국조선무정부주의자연맹은 1924년 4월 말에 결성되었고, 참가한 사람은 이회영, 이정규, 이을규, 정화암, 류자명이고, 백정기는 6월에 가입한 것이 된다.

재중국조선무정부주의자연맹은 《정의공보》를 통해 아나키즘 선전활동을 적극적으로 펼쳤다. 정화암과 이정규는 《정의공보》가 재중국조선무정부주의자연맹의 기관지로 9호까지 발간되었다고 회고했다.[312] 하지만 일제의 정보보고서에 따르면, 《정의공보》는 1924년 5월 1일[313] 한진산, 장건상, 김국빈 등에 의해 창간되어[314] 7호까지 발행되었다. 그리고 미농지 석판인쇄 4쪽 분량으로 매월 1일, 11일, 21일에 발행되어 펑톈奉天에 있는 한국인들에게 보내졌는데, 주로 한진산에 의해 배포되었다.[315] 일제의 정보보고서가 보다 자세한 내용을 담고 있는 것으로 보아 더 정확한 것으로 보이지만, 이정규와 정화암의 기억도 완전히 무시할 수는 없을 것이다. 따라서 《정의공보》를 재중국조선무정부주의자연맹의 기관지라고 하기는 어렵지만, 한진산, 김국빈 등이 창간한 《정의공보》를 그들과 교류하고 있던 이회영 등이 재중국조선무정부주의자연맹의 기관지로 활용하면서 아나키즘을 선전했던 것으로 정리하는 것이 별 무리가 없을 것으로 보인다.

《정의공보》에 실린 글들의 내용은 주로 제국주의 · 자본주의를

312) 정화암, 1982, 61~62쪽 ; 이정규 · 이관직, 1985, 80~82쪽

313) 〈義烈團新聞發行の件〉에는 《정의공보》 창간호가 1924년 6월 11일자로 발행된 것으로 기록되어 있다.

314) 《정의공보》 창간호에는 〈창간선언〉과 〈문화운동과 조선혁명〉이라는 제목의 글 등이 게재되었다.(《北京天津附近在住朝鮮人ノ狀況報告書進達ノ件》; 〈義烈團新聞發行の件〉 등을 종합)

315) 《北京天津附近在住朝鮮人ノ狀況報告書進達ノ件》; 〈義烈團新聞發行の件〉 등을 종합. 〈義烈團新聞發行の件〉에는 의열단이 《정의공보》를 배포한 것으로 기록되어 있다.

정화암

배척하고 현 사회제도를 파괴할 것을 주장하며 민중의 폭력적 혁명을 고취하는 한편, 민족주의 진영 내의 파벌주의적 경향을 지양할 것을 요구하면서 자유연합의 조직원리에 따라 모든 민족해방운동 단체들의 총력을 결집할 것을 호소하고, 프롤레타리아 독재를 표방하는 공산주의의 볼셰비키 혁명이론과, 당시 해외운동 선상에 커다란 파문을 일으킨 흥사단의 무실역행론[316] 및 국민대표회의를 비판하는 것이었다.[317]

하지만 재중국조선무정부주의자연맹은 1924년 9월을 전후하여 극심한 자금난과 생활난에 시달렸다. 연맹원들은 각지로 흩어지게 되었는데, 이회영은 베이징에 남아 국내와의 연락을 맡기로 하고, 백정기 · 정화암 등은 푸젠福建성으로 갔으며, 일부는 상하이로 떠났다. 백정기는 1925년 봄 무렵에 다시 상하이로 갔다.[318]

이을규, 이정규, 백정기, 정화암 등은 상하이에서 다시 합류한 뒤, 중국 아나키스트 루지안보盧劍波 · 천위이치陳偉器, 대만인 아나키스트 판번량范本梁 · 장홍슈莊弘秀 등의 화남華南아나키스트연맹과 손잡고 노동자들의 사상계몽과 조직화에 노력하는 한편, 1925년 상하이 5 · 30운동에도 참가하였다.(정화암, 1982, 66~67쪽) 이들은 1925년 10월 무렵 이회영의 요청으로 톈진으로 갔다. 톈진에 집결한 한국인 아나키스트들은 이광이 제공한 자금으로 폭탄, 권총 등

316) 이정규에 따르면, 흥사단은 1921년 이래 전선에서 이탈 · 투항하는 자가 속출하고 있는 상황에서 무실역행운동을 전개함으로써 그들에게 구실과 기회를 주는 부작용을 일으켰다.[이정규, 〈우당 이회영 선생 약전〉(이정규, 1974, 50쪽)]

317) 《北京天津附近在住朝鮮人ノ狀況報告書進達ノ件》; 〈義烈團新聞發行の件〉; 정화암, 1982, 61~62쪽; 이정규 · 이관직, 1985, 80~82쪽 등을 종합

318) 이정규, 〈우당 이회영 선생 약전〉(이정규, 1974, 50쪽); 〈有吉公使暗殺陰謀不逞鮮人一味檢擧に關する件〉 등을 종합

무기를 구입하였으나, 뚜렷이 할 일이 없어 다시 헤어졌다. 이정규는 1926년 이회영의 격려를 받으며 영국 런던 프리덤프레스사 간행 시리즈인 크로포트킨의 《법률과 강권》, 《무정부주의자의 도덕》 등 10편의 소책자를 번역하는 등 아나키즘 선전작업을 하였으며, 11월에는 형제가 톈진을 떠나 상하이로 갔다.(이정규, 1974, 4쪽)

1924년 당시 베이징에는 류기석柳基石(柳基錫, 柳樹人, 柳絮, 柳吉思, 汪樹仁)[319]을 중심으로 하는 또 하나의 한국인 아나키스트 그룹이 있었다. 류기석은 심용해沈容海와 함께 1924년 무렵부터 베이징에서 아나키즘 연구·선전활동을 전개했으며, 1924년 10월 무렵 베이징 민구오民國대학에서 중국 아나키스트 샹페이량向培良·리페이간李沛甘·가오장훙高長虹·구오통슈안郭桐軒·바진巴金·팡종아오方宗鰲 등과 함께 학생들을 규합하여 흑기연맹을 조직하였다. 흑기연맹은 1925년 봄부터 중국 아나키스트 차이위안페이蔡元培(베이징대 총장)·장지張繼(민구오대 이사장)·리스쩡李石曾·우즈후이吳稚暉 등의 지

319) 류기석은 서울에서 태어났으나, 아홉 살 때 북간도로 가서 주지가局子街 베이산北山소학교에 입학, 15세에 졸업한 후, 난징南京을 거쳐 베이징으로 갔다. 베이징 자오양朝陽대학에 입학하였으나 중도에 퇴학하였다. 중국 중등학교 교사가 되어 푸젠福建, 취안저우泉州, 샤먼廈門, 리밍黎明, 호후아厚化, 베이징北京 등에서 근무하였다. 중국 아나키스트와 밀접한 연락을 하며, 아나키스트 사회 실현을 기도하였다. 1924년경부터 아나키스트 그룹에 참가하였으며, 1926년에는 안창남과 함께 산시山西성 타이위안太原으로 가서 옌시산閻錫山의 항공부대에 들어가기도 했다. 1928년 2월에 상하이로 가서 한일원, 윤호연 등과 함께 재중국조선무정부공산주의자연맹 상해지부를 창립하고, 기관지 《탈환》을 주간主幹하였다. 그리고 《약소민족 혁명방략》을 저술하였으며, 동방무정부주의자연맹에도 가입하였다. 화광의원華光醫院 덩멍시안鄧夢仙을 통해 중국 아나키스트 리스쩡李石曾과 연락을 취하였다. 1930년 4월 상하이로 가서 남화한인청년연맹을 결성한 뒤 1930년 5월 베이징으로 돌아가서 북경특별시정부 비서원으로 되었으며, 국민당에 입당하였다. 9월에는 취안저우泉州로 가서 리밍黎明중학 교원이 되었다. '만주사변', '상해사변' 등으로 국제정세가 첨예화되자 베이징으로 가서 동북의용군 및 각종 항일회와 관계를 맺고, 중국 아나키스트로부터 자금을 제공받아, 테러행위를 통해 아나키스트 혁명을 실현하고자 하였다.[〈無政府主義者 李容俊 取調의 건〉(《思想에 關한 情報綴(4)》, 54쪽) ; 〈有吉公使暗殺陰謀不逞鮮人一味檢擧に關する件〉; 류기석, 2010, 111·168쪽 등을 종합] 류기석은 1925년 여름에 처음으로 베이징에 도착한 것으로 회고하였으나(류기석, 2010, 101쪽), 연도상에 착오가 있는 듯하다. 그것은 류기석이 같은 책에서 1925년 5월 30일 상하이에서 총파업이 일어났을 때, 베이징에서도 투쟁이 일어났는데, 당시 朝陽大學에 다니던 자신이 북경조선유학생회 대표로 몇 차례의 민중대회에 참가하여 연설을 하였던 것으로 회고하였기 때문이다.(류기석, 2010, 102쪽) 자료에 따라서는 류기석이 朝陽大學에서 北京大學으로 옮긴 것으로 기록하기도 하였으나, 류기석에 따르면 사실이 아니다.(류기석, 2010, 168쪽)

원을 받아 팡종아오方宗鰲를 주간으로 하여 기관지 《동방잡지東方雜誌》(中文)를 발행하는 등 아나키즘을 연구·선전하는 등의 활동을 펼쳤다.[320)]

베이징에는 아나키즘을 선전하는 또 하나의 잡지가 발행되었다. 북경고려유학생회 관계자들이 1925년 2월에 해외순보사를 창립하여 3월부터 《해외순보》를 중국어와 한국어로 1,000부씩 발행하였는데, 류기석은 오경파吳耕波, 김봉환金鳳煥, 김성숙金成淑 외 3명과 함께 주간으로 참가하였다. 《해외순보》는 "제국주의를 타파하고 조선 민족 고유한 문명을 발휘시키며, 동서 최신 학설을 소개하여 민중의 신문화를 건설하여 가지고 정치상 경제상 평등인 새 사회를 세우는 것"을 주지로 하였으며, 지면은 시평, 논설, 문예, 사회 조사, 명인 전기, 중국 유학 안내, 세계어 강좌 등으로 구성되었다.(《조선일보》 1925년 3월 12일자) 일제는 《해외순보》를 아나키스트계 선전기관지로 파악하였다.(《한국독립운동사 자료》 37, 470쪽) 해외순보사는 창립선언을 통해 독립운동과 사회운동을 아우르는 혁명운동을 지지하며, 타협적·의타적 방식이 아니라 폭력적·희생적인 암살파괴운동 등을 지지한다고 밝혔다.(조규태, 2008, 229~231쪽 참조)

1926년 3월 27일에는 심용해와 여군서呂君瑞 등이 베이징에서 안정근安定根의 지원을 받아 고려청년사를 조직하였다. 고려청년사는 바진 등 중국 아나키스트들과의 연대를 통해 《고려청년》을 발간하는 등 활발한 선전활동을 전개하였다. 고려청년사는 〈본간本刊선언〉을 통해 "어떠한 주의나 국가라도 우리 민족의 생존에 적합하지 않을 경우에는 전 세계가 그것을 채용할지라도 우리는 그것을 악으로 보고 배척하여, 우리 민족이 어떠한 야심가의 희생품이 되지 않도록 하고, 세계상에 존립케 하여 각 민족과 함께 공존공영의 지위를 누릴 수 있도록 할 것이다. 본간 동인은 이 정신과 주장에 기초

320) 〈오남기 아나운동 약력〉; 《한국아나키즘운동사》, 296~297쪽 등을 종합

해서 우리의 운동을 개시한다"고《고려청년》발간 취지를 밝혔다.

바진에 따르면《고려청년》의 발간목적은 "고려 민중을 우방 민중에게 소개하고, 우리 민족 및 기타 약소 민족에 대한 적의 모든 제국주의 침략정책 및 그 수단을 폭로함으로써 피압박민족간에 강대한 결합을 도모하"는 것이었다.《고려청년》은 매주 토요일에 발행되었는데, 제1기의 경우 약 1,000부가 발행되어 각 방면에 배포되었다.《고려청년》제1기에는 한국의 역사와 지리를 소개하고 있는데, 그것은 중국인들이 한국에 대해 잘못 알고 있기 때문이라 하였다.[321]

이외에도 베이징에 있던 한국인 아나키스트들은 다양한 아나키즘 선전활동을 전개했다. 류기석과 심용해는 1926년 9월 오남기 · 정래동 · 중국인 정모鄭某 등을 포섭하여 크로포트킨 연구 그룹을 결성하여 각국 아나키스트 단체와 연락하면서 간행물 등을 교환하였다. 그리고 1927년 3월에는 오남기가 재북경한국유학생회在北京韓國留學生會에 가입한 뒤, 정래동 · 심용해 등과 함께 아나키스트 학생들을 규합하여 아나키즘 선전활동을 전개하였다.[322]

이러한 기반 위에서 재중국조선무정부공산주의자연맹이 결성되었다. 1927년 2월 국내에서 민족주의자와 공산주의자의 연합으로 신간회가 결성되자, 재중국 한국인 아나키스트들은 신간회를 타협주의의 산물로 규정하고 이에 대항하기 위하여 새로운 아나키스트 단체 결성을 서둘렀다. 재중국조선무정부공산주의자연맹주비회가 구성되어 1927년 10월 발기문을 각 지역에 송부하는(〈재중국조선무정부공산주의자연맹 발기문〉) 등 재중국조선무정부공산주의자연맹을 결

321)《高麗青年》第1期 ;〈不穩新聞《高麗青年》ノ發刊ニ關スル件〉(《한국독립운동사자료》37, 213~214쪽) ; 박난영, 2010, 244~246쪽 ; 李芾甘, 1926〈一封公開的信〉《民國日報 · 覺悟》(1926. 3. 27)(《巴金全集》18, 77~79쪽)(박난영, 2010, 245쪽에서 재인용) 등을 종합

322)〈오남기 아나운동 약력〉;《한국아나키즘운동사》, 296~297쪽 등을 종합

성하기 위한 준비작업을 전개하였다.

재중국조선무정부공산주의자연맹은 1928년 3월 각 지역대표와 서면으로 온 모든 의견을 토의·종합하여 강령을 약정하였는데, 강령은 다음과 같다.(〈在中國朝鮮無政府共産主義者聯盟綱領草案〉)

一. 일체 조직은 자유연합조직원리에 기본할 것
二. 일체 정치운동을 반대할 것
三. 운동은 오직 직접방법으로 할 것
  1) 직접선전 2) 폭력적 직접행동[323]
四. 정치적 당파 이외의 각 독립운동단체 및 혁명운동단체와 전우적 관계를 지속 존중할 것. 미래사회는 사회 만반萬般이 다 자유연합의 원칙에 근거할 것이므로
五. 국가 폐지
六. 일체 집단적 조직을 소멸할 것
七. 사유재산을 철폐하고 공산주의를 실행하되 산업적 집중을 폐하고 공업과 농업의 병합 즉 산업의 지방적 분산을 실행할 것
八. 종교를 폐지하며 결혼제도를 폐지—가족제도 폐지

재중국조선무정부공산주의자연맹은 강령을 통해 우선 정치운동을 부정하였다. 정치운동을 부르주아지들이나 공산주의자들이 정권을 장악하기 위해 벌이는 놀음에 다름 아닌 것으로 이해하였기 때문이다. 그리고 일체의 중앙집권적 조직을 부정하고 자유연합의 원칙에 의해 운영되는 조직을 주장했다. 재중국조선무정부공산주의자들이 건설하고자 한 사회는 사유재산제와 종교 및 가족제도가 폐지되고 농업과 공업이 함께 발전하여 모든 인민이 풍요로운 삶을 누릴 수 있는, '능력에 따라 일하고 필요에 따라 분배받는各盡所能 各

323) 자료에는 直接行動으로 서술되어 있으나, 이는 직접행동의 오식誤植으로 보인다.

取所需' 아나코코뮤니스트 사회였다.

재중국조선무정부공산주의자연맹의 창립일·창립주체·창립 장소 등은 자료마다 다르게 나타나는 등 정확하게 밝혀져 있지 않다. 임우林友[324)]는 〈재중국 조선무정부주의운동 개황〉에서 "1927년에 재중국조선무정부주의자연맹(재중국조선무정부공산주의자연맹—인용자)이 결성되고 뒤이어 상해연맹上海聯盟과 북경연맹北京聯盟이 조직"된 것으로 서술하였다.(《黑色新聞》 제29호) 따라서 재중국조선무정부공산주의자연맹은 1927년 10월(주비회가 발기문을 각 지역에 보낸 시기)과 1928년 3월(각 지역대표들이 모여 강령을 약정한 시기) 사이에 창립된 것으로 추정할 수 있다. 이정규는 재중국조선무정부공산주의자연맹이 상하이에 체재 중이던 류기석·한일원·윤호연 등에 의하여 1928년 3월에 결성된 것으로 진술하였는데,[325)] 이는 재중국조선무정부공산주의자연맹 상해지부(통칭 상해연맹)의 잘못이다.

창립회원으로 거론되는 자는 류기석·한일원韓一元·윤호연尹浩然·이을규李乙奎·이정규李丁奎·안공근安恭根·류자명 등이다. 1927년 2월 지린吉林에서 일제 경찰에 체포되었다가 3월에 풀려나 1927년 5월에 베이징으로 간[326)] 류기석은 1927년 7월부터 1928년 1월까지 취안저우泉州에서 농민자위조직 건설에 참가했다가 1928년 2

324) 林友는 류자명이 아닌가 여겨진다. 그것은 1933년 3월 류자명, 정화암, 원심창 등이 아리요시 아키라 공사 암살을 결행한 후 도피할 장소를 임우생林友生의 이름으로 예약한 적이 있기 때문이다. 이후 林友라는 이름을 사용할 개연성이 가장 많은 인물은 류자명이다. 원심창은 체포되어 감옥에 갔고, 정화암의 경우 집필활동이 거의 발견되지 않는다.

325) 〈東方無政府主義聯盟李丁奎ニ對スル判決〉(《外務特殊文書》 28, 332쪽)

326) 《일본의 한국침략사료총서》 25, 362~377쪽 ; 류기석, 2010, 118~138쪽 등을 종합. 안창호는 1927년 2월 민족유일당 결성을 추진하기 위해 만주로 갔는데, 일제는 吉林에 모여 독립운동을 도모하고 있던 한국독립운동 수뇌들을 일망타진할 목적으로 중국 경찰을 앞세워 1927년 2월 14일 大同公司, 吉源精米所, 三豊公司 외 두세 곳을 습격하여 안창호 등을 비롯한 한국인 170여 명을 체포하였다. 이를 '지린吉林사건'이라 한다. 이 사건으로 42명이 구속되었으나 3월 7일 안창호 외 26명이 마지막으로 풀려났다. 42명 중에 류기석(체포 당시 이름 : 柳吉思)이 포함되어 있다. 류기석은 지린사건의 발생일을 1926년 초로 회고하였으나, 연도에 착오가 있다.

월에 상하이로 갔기[327] 때문에 재중국조선무정부공산주의자연맹 결성을 주도할 수 있는 처지에 있지 않았다. 한일원韓一元과 윤호연尹浩然은 류기석과 함께 상해연맹 결성을 주도한 인물들이다. 이정규·이을규 등은 1927년 6월 말부터 취안저우泉州에서 농민자위조직 건설에 참여했다가 1928년 5월에 상하이로 갔으므로,[328] 재중국조선무정부공산주의자연맹 결성에 참가하였을 가능성은 거의 없다. 이정규의 공판 심리에도 재중국조선무정부공산주의자연맹 결성자로 류기석, 윤호연, 한일원 등의 이름만 거론되었을 뿐 이정규는 전혀 거론되지 않았다. 류기석에 따르면, 이정규는 체포되어 심문을 받는 과정에서 재중국조선무정부공산주의자연맹을 결성하고《탈환》을 간행하지 않았느냐는 법관의 물음에, 재중국조선무정부공산주의자연맹을 결성하고《탈환》을 발행한 사람은 류기석이며, 자신은 재중국조선무정부공산주의자연맹의 주요 성원도 아니요《탈환》발행인도 아니라면서, 단지 나중에 가입하여 몇 개의 글을《탈환》에 투고하였을 뿐이라고 답변하였다.[329] 그리고 이정규도 자신이 재중국조선무정부공산주의자연맹 결성에 참가하였다는 기록은 전혀 남기지 않았다. 안공근은 일제의 정보보고서에 이정규·이을규 등과 함께 거론되고 있어 신빙성에 문제가 있다. 류자명은《흑색신문》제23호에서 재중국조선무정부공산주의자연맹 창립 인물로 거론되었으나, 그

327) 이정규, 〈中國 福建省 농민자위운동과 한국 동지들의 활동〉(이정규, 1974, 136·152쪽) ; 〈有吉公使暗殺陰謀無政府主義者檢擧ノ件〉(《外務特殊文書》 28, 855쪽) 등을 종합

328) 정화암, 1982, 91쪽 ; 이정규, 〈中國 福建省 농민자위운동과 한국 동지들의 활동〉(이정규, 1974, 154쪽) 등을 종합

329) 《동아일보》 1929년 2월 16일자 ; 류기석, 2010, 156~157쪽 등을 종합. 하지만 류기석은 이정규가 심문 과정에서 주요한 죄상을 모두 류기석 본인에게 미루고 자신은 마치 부차적인 지위에 있었던 것처럼 진술하였다고 회고함으로써 이정규가 재중국조선무정부공산주의자연맹 결성이나《탈환》발행에 주도적으로 참여하였음을 시사하고 있다. 하지만 재중국조선무정부공산주의자연맹 결성 과정에 대한 서술이 없어 사실 여부를 가릴 수 없다. 만약 류기석이나 이정규가 재중국조선무정부공산주의자연맹 결성에 관계하였다면, 그것은 상해연맹일 것이다.

는 1928년 초 무렵에 우한武漢에 있었다.[330] 이들 외 재중국조선무정부공산주의자연맹 창립을 주도할 만한 인물로는 신채호와 이회영, 유림, 정화암(鄭元玉, 鄭賢燮, 鄭杰) 등을 들 수 있다. 이들 중 유림이나 정화암 등은 자신들이 재중국조선무정부공산주의자연맹 창립에 참가하였다는 기록을 남기지 않았으며, 이규창의 《운명의 여신》에도 이회영이 재중국조선무정부공산주의자연맹 창립에 관계하였다는 기록이 없다. 따라서 이들은 재중국조선무정부공산주의자연맹 창립에 참가하지 않았다고 할 수 있다. 신채호 역시 재중국조선무정부공산주의자연맹을 창립을 주도한 인물로는 보이지 않는다. 필자는 〈신채호의 아나키즘〉에서 신채호가 무정부주의동방연맹의 결정을 실천에 옮기고자 재중국 한국인 아나키스트들을 결집시킬 목적으로 재중국조선무정부공산주의자연맹을 결성한 것으로 보이며, 그 근거로 재중국조선무정부공산주의자연맹이 테러적 직접행동론을 취하고 있다는 것을 들었다. 하지만 이는 충분한 근거가 되지 못한다. 당시 테러적 직접행동론을 취하고 있었던 재중국 한국인 아나키스트로는 신채호 말고도 많이 있었기 때문이다. 신채호는 1927년 9월 무정부주의동방연맹 창립대회에 참가한 이후 1928년 4월에 톈진에서 한국인 아나키스트 대회를 개최하고 외국환을 위조하는 등 1927년 말에서 1928년 4월까지 무정부주의동방연맹의 결정 사항을 실천에 옮기는 방도를 모색하는 데 몰두하고 있었기 때문에 재중국조선무정부공산주의자연맹을 결성하는 일에 매달릴 수 있는 처지가 아니었다. 만약 신채호가 재중국조선무정부공산주의자연맹 창립에 관계하였다면, 재중국 한국인 아나키스트들의 역량을 한 군데로 모으기 위하여 연이어 톈진에서 한국인 아나키스트 대회를 개최할 필요가 없었을 것이다. 더구나 신채호가 1928년

330) 류자명은 1928년 2월 말 漢口에서 3 · 1운동기념행사를 준비하던 중 중국 경찰에게 체포되어 6개월 동안 武漢警備司令部에 감금되어 있었다.(류자명, 1984, 103~111쪽)

5월 외국환위조 혐의로 체포되어 받은 심문조서에도 재중국조선무정부공산주의자연맹에 관련된 사항은 전혀 없다.

따라서 재중국조선무정부공산주의자연맹을 창립한 인물은 베이징에 있던 한국인 아나키스트들이 아니었나 생각된다. 천주민단편련처에서 철수한 류기석이 상해연맹 결성을 주도하거나 베이징에서 재중국조선무정부공산주의자연맹을 재조직하는 것으로 보아 류기석 계통의 인물이 재중국조선무정부공산주의자연맹을 결성하였던 것으로 여겨진다. 흑기연맹을 이끌던 아나키스트 중의 한 명인 심용해와 함께 《고려청년》이란 잡지를 간행하던 여군서가 《탈환》에도 글을 발표한 것도 이를 뒷받침해준다.

재중국조선무정부공산주의자연맹 결성 장소는 베이징이었던 것으로 사료된다. 그것은 1927~1928년 당시 재중국 한국인 아나키스트들의 활동무대가 상하이와 베이징이었는데, 상하이에는 지부가 설치되었기 때문이다. 그리고 1929년 여름 무렵 베이징으로 간 류기석이 재중국조선무정부공산주의자연맹을 재조직하였다는 기록이 있는데, 이는 이전에 베이징에서 재중국조선무정부공산주의자연맹이 결성된 적이 있었다는 것을 말해준다.

재중국조선무정부공산주의자연맹은 아나키즘 선전작업을 적극적으로 전개했다. 우선 1928년 5월 1일 노동절을 기념하는 특집으로 《탈환》이라는 제목의 소책자를 발행하였다. 그 중요 목차는 (1) 피눈물로써 적시는 5 · 1절, (2) 무정부공산주의 약력 등이었다.(《朝鮮民族運動年鑑》, 305쪽) 그리고 1928년 6월 1일 류기석을 주간으로 하여 기관지 《탈환》을 한 · 중 · 일 3개국 언어로 발간하고, 이를 만주, 한국, 일본, 중국, 대만 등 각지에 널리 배포하여 아나키즘을 선전하고 동지들을 격려하였다. 그리고 수시로 아나키즘 관련 문헌과 팸플릿을 간행하여 국내외의 동지들에게 발송하였다.[331]

331) 〈有吉公使暗殺陰謀無政府主義者檢擧ノ件〉(《外務特殊文書》 28, 856쪽) ; 《흑색신

《탈환》은 1929년 5월 1일 6호까지 거의 격월로 발행된 이후 자금 부족으로 간행이 중지되었으나, 1930년 1월 1일에 인성학교 교장 김두봉의 도움으로 7호가 간행되었다.[332] 하지만 그 뒤 계속되는 자금난으로 제14호를 끝으로 간행이 중지되고 말았다.[333] 1929년 여름 무렵 베이징에서 재중국조선무정부공산주의자연맹이 재조직된 이후에도 《탈환》이 상하이에서 계속 간행되었던 사실로 미루어, 《탈환》은 재중국조선무정부공산주의자연맹의 명의로 발간되었지만, 실제로는 상해연맹에 의해 발간되었다는 것을 알 수 있다.

모든때앗긴自由를奪還하자!

THE CONQUEST

奪還

創刊號 增刊

一九二八年六月十五日發行

萬人이다奪還한모든自由의主人이되자!

재중국조선무정부공산주의자연맹의 기관지 《탈환》

《탈환》은 자본주의와 공산주의 모두를 부정하면서, 생산자 자치를 위주한 자유평등원리상에 기초한 신사회로써 자본주의 사회를 대신할 것을 주장했다.(〈탈환의 주장〉) 현재 그 일부라도 전해지고 있는 《탈환》의 호수는 1 · 4 · 5 · 7 · 9호 등이며 중요 목차는 다음의 표와 같다.

문》 제23호 ; 〈在上海留朝鮮人の不穩狀況〉(《資料集成》 2, 846쪽) 등을 종합

332) 〈在上海總領事館ニ於ケル特高警察事務狀況〉(《外務特殊文書》 27, 782쪽) ; 〈不穩出版物《奪還》第7號記事〉(《外務特殊文書》 28, 559쪽) ; 村田生, 〈上海及南京方面ニ於ケル朝鮮人ノ思想狀況〉, 176쪽 등을 종합

333) 이강훈의 증언(堀內稔, 1992, 15쪽에서 재인용)

〈표 1〉《탈환》의 중요 목차

호 수	발 행 일	중 요 목 차
창간호	1928.6.1	《탈환》의 주장, 沿海州의 조선 농민을 옹호하라黑奴, 무정부공단주의로 가는 길(呂君瑞 역), 청년에게 訴함(晦觀 역), Information of Korean Anarchists Activities, 社告
창간호증간	1928.6.15	재중국조선무정부공산주의자연맹 강령 초안, 《탈환》의 첫소리又觀, 혁명원리와 탈환又觀, 무정부주의자의 본 바 조선 독립운동(파사로푸), 재중국조선무정부공산주의자연맹 발기문, 社告
4호	1928.12.1	조선은 움직인다, 파멸당한 동포에게 고한다, 자유연합주의, 국제청년아나키스트, 최근 동지 5명이 체포되다
5호	1929.3.1	
6호	1929.5.1	
7호	1930.1.1	탈환을 다시 발간하면서, 북만한인청년연맹선언, 광주사건에 대해서, 內地 학생 제군에게 고한다, 우리들의 요구, 우리는 왜 무정부공산주의자가 되었는가, 근하신년
9호	1930.4.20	故 김좌진 동지의 약력, 山市事變의 진상, 음모와 악행, 대책의 강구, 茄(茹의 잘못-인용자)秋 심용해 동지를 弔한다

자료 : 《탈환》 창간호(1928.6.1)·창간호증간(1928.6.15), 재중국조선무정부공산주의자연맹 ; 《朝鮮民族運動年鑑》, 323~324·331~332쪽 ; 在上海總領事館 編, 〈不穩出版物《奪還》第7號記事〉(《外務特殊文書》 28, 559~564쪽) ; 〈不逞鮮人刊行物《奪還》金佐鎭ニ關スル記事-奪還4月20日發行第9號譯文〉(자유사회운동연구회 편, 《아나키즘연구》 창간호(1995.7), 국민문화연구소출판부에 수록) 등을 종합

재중국조선무정부공산주의자연맹은 1928년 3월 류기석·한일원·윤호연 등을 중심으로 하여 상해연맹을 설립하였다.[334] 상해연맹 창립은 재중국조선무정부공산주의연맹 각 지역대표들이 1928년 3월 강령을 토의하기 위하여 모인 자리에서 이루어졌던 것으로 추정된다. 강령 토의 모임의 시기와 상해연맹 결성의 시기가 비슷한 것으로 보아 적어도 강령 토의 모임이 상해연맹 결성의 결정적 계기였던 것은 확실한 것으로 보인다. 상해연맹은 베이징의 재중국조선무정부공산주의자연맹을 대신해 본부 역할을 하였던 것으로 보인다. 재중국조선무정부공산주의자연맹의 기관지인 《탈환》이 상

334) 〈東方無政府主義聯盟李丁奎ニ對スル判決〉(《外務特殊文書》 28, 332쪽). 이정규는 류기석 등이 재중국조선무정부공산주의자연맹을 결성한 것으로 진술하였으나, 재중국조선무정부공산주의자연맹 上海支部(上海聯盟)의 잘못으로 추정된다.

하이에서 간행된 것은 이를 반증한다.

상해연맹은 1928년 7월 9일 〈상하이上海 교민에게 격檄한다〉라는 제목의 격문을 발표하여, 독립유일당운동을 주도하던 재중국본부한인청년동맹(조선청년총동맹의 중국지부) 상해지부 내의 파벌투쟁을 비판하면서, 공산주의자들을 종파투쟁만 일삼는 무리로 매도하는 등 반공산주의 선전활동을 펼쳤다. 즉 재중국본부한인청년동맹 상해지부 내부에는 "조선 독립의 이름을 빙자하여 거만巨萬의 운동비를 공산주의 러시아〔赤露〕로부터 받아 착복"한 김립 일파와, "간계·음해·아첨으로써 레닌당의 일시의 총애를 받아 독립군을 헤이하黑河에서 대학살시킨" 여운형·안병찬 일파의 10년간의 역사적 암투가 재현되고 있다면서 공산주의자들의 파벌투쟁을 비판한 뒤, "이 독원해물毒源害物을 숙청하고 내부를 개조하여 혁명운동자의 자유연맹을 조직하여야 한다"고 주장하였다.(《朝鮮民族運動年鑑》, 307~308쪽)

이에 대해 재중국본부한인청년동맹 상해지부 집행위원회는 7월 16일부주의자연맹(재중국조선무정부공산주의자연맹-인용자) 상해부로부터 〈상하이上海 교민에 격한다〉라는 글〔文〕에 대해서〉라는 제목의 성명서를 발표하여 아나키스트들의 주장을 반박하였다. 즉 자신들은 "파쟁에 절대 반대함과 동시에 적극적으로 통일을 주창하고 또 노력하는 선봉대"로서, "전 민족적 유일 전선을 절대로 주창함과 동시에, 본 동맹으로 하여금 청년 군중의 유일 전투 기관이 되도록 노력한다"는 것이다.(《朝鮮民族運動年鑑》, 308~309쪽)

재중국조선무정부공산주의자연맹은 1928년 8월 19일 〈신자치파인 공산당을 주토誅討한다〉는 제목의 글을 발표하여(《朝鮮民族運動年鑑》, 311쪽) 공산주의자들을 다시 비판하였다. 즉 주중국한인청년동맹(駐中國韓人青年同盟)의 행동강령 제4항 "우리들은 대중적 합법적 투쟁을 적극적으로 전개한다"와 당면투쟁조건 제1항 "자치권 획득" 해석을 둘러싸고 주중국한인청년동맹과 재중국본부한인청년동맹이 논쟁을 벌이자,[335] 신간회를 타협개량주의의 산물로 비판하던 재중국조선무정부공산주의자연맹이 공산주의자들을 신자치파로 규정하고, 이를 타도할 것을 주장하였던 것이다.

1929년 여름 무렵 베이징으로 간 류기석은 1928년 5월 신채호가 체포된 이후 침체에 빠진 아나키스트 운동을 재흥하고자 흑치단黑幟團[336]과, 1928년 10월 베이징에서 정래동丁來東 · 오남기 · 국순엽鞠淳葉 · 김용현金用賢 · 이용진李龍鎭[337] 등에 의해 결성된[338] 아나연맹을 기반으로 하여 심용해와 함께 재중국조선무정부공산주의자연맹을 재조직하였다.[339] 이를 통칭 북경연맹北京聯盟이라 하였던 것으로 보인다.

북경연맹은 잡지 《이튿날》을 발행하여 아나키즘을 선전하는 등의 작업을 전개했다.(《한국아나키즘운동사》, 297쪽) 북경연맹은 결성 이후 그렇게 활발한 움직임은 보이지 않았으나, 1929년 광주학생운

335) 《朝鮮民族運動年鑑》, 309~310쪽 참조. 주중국한인청년동맹의 행동강령 제4항은 중국 統治群에 대한 투쟁을 규정한 것이고, 당면투쟁조건 제1항 역시 중국의 통치를 대상으로 하는 일상투쟁을 열거한 것이었으나, 재중국본부한인청년동맹은 이를 일본제국주의에 대한 한국의 자치운동을 의미하는 것으로 이해했다.

336) 黑幟團은 1926년 베이징에서 결성된 아나키스트 단체이다.

337) 《한국아나키즘운동사》에는 이용진이 李容鎭으로 서술되어 있으나, 《형사사건부》와 《조선일보》에 따르면 李龍鎭이 맞다.

338) 《한국아나키즘운동사》, 297쪽. 《한국아나키즘운동사》에는 류기석도 아나연맹 결성에 참가한 것으로 기록되어 있으나, 이는 잘못으로 보인다. 1928년 10월 당시 베이징에 없었기 때문이다. 류기석은 1928년 가을 난창南昌의 중국 국민당 성당부에서 일하다가 관련 증명서를 제출하지 못하여 면직되었다.[應起鸞, 〈往事縈懷〉, 《壬辰抗倭戰爭》(《延邊歷史硏究》 2, 延邊歷史硏究所에 수록)(최기영, 2010, 149쪽에서 재인용)] 그는 1929년 봄 난징에서 《東南日報》의 문화면 편집을 수 개월 맡았다가, 톈진으로 가 《天津商報》에서 십여 일 주필을 맡았다. 이 시기를 전후하여 중국 동북 지방 거주의 한국 농민들을 산하이관으로 이주시켜 허베이성에 한국 민족해방운동의 근거지를 만들어 농사와 군사훈련을 하며, 항일유격대로 조직하고자 하는 계획을 세우기도 하였다. 이 계획은 채원배와 난카이南開대학 교장 張伯苓 등의 도움을 받기도 했으나, 하북성정부河北省政府와의 교섭 실패로 결국 좌절되었다.(류기석, 2010, 151 · 164~165 · 247쪽)

339) 《조선일보》 1930년 9월 23일자 ; 〈오남기 아나운동 약력〉 ; 《한국아나키즘운동사》, 297쪽 ; 坪江汕二, 1966, 119쪽 ; 《治安狀況-昭和8年》, 277쪽 ; 류기석, 2010, 247쪽 등을 종합.

동이 전개되자 이에 상당히 고무되어 민족주의자와 공산주의자들을 비판하였다. 즉 류기석 등 아나키스트들은 1929년 12월 25일 북경연맹의 세포단체인 흑치단 일동의 명의로 〈광주사건에 임하여 자치권 획득 및 합법운동자 박멸 선언〉을 발표하여 "볼셰비키는 학생운동을 강간한 이후 합법운동을 절규하였다. 그들은 어제까지는 절대독립을 주장하였으나, 지금은 자치를 요구"하고 있다면서, 민족주의와 공산주의 양파를 공격하였던 것이다. 그리고 1930년 5월 무렵에는 장홍염張洪琰과 양일동이 북경연맹에 가맹하였다.[340)]

1931년 일제가 만보산사건을 일으켜 만주를 침략하자 북경연맹은 일제의 침략야욕을 폭로하는 데 주력했다. 우선 만보산사건이 발생하자 한·중인 간의 오해를 일소하기 위하여 격문을 살포하거나 신문에 투고하여 일제의 이간공작을 폭로했다. 일제의 만주침략 직후에는 류기석·정래동·조성사趙成史·국순엽·김용현·중국인 정모鄭某 등이 중심이 되어 구국연맹을 결성하고, 일제를 타도하자는 내용의 격문을 국내외에 살포하였다.

그리고 1928년에 옌시산閻錫山 예하의 안창남과 교섭하여 한국청년의 군사훈련을 의뢰한 적이 있던 류기석을 중심으로 군사작전도 전개하였다. 1931년 12월 조성사를 헤이룽장黑龍江성 마잔산馬占山 장군에게 파견하여 후방교란작전에 대한 연락을 협의하였다. 조성사가 베이징에 돌아간 즉시 북경연맹은 재만 각지 중국부대에 격문을 살포하여 항전선전 공세를 전개하였다. 그리고 1933년 1월 러허熱河성 구베이구古北溝에서 허잉친河應欽 중앙군과 일본군 사이에 전투가 개시되자, 북경연맹은 중국인 정모鄭某의 재정 지원하에 의용군을 결성하기 위하여 톈진天津·난징南京·상하이·푸젠福建·취안저우泉州 등지를 순방하였다. 그러나 허하이진河海津정전협정이

340) 朝鮮總督府警務局 編,《光州抗日學生事件資料》, 223쪽 ; 〈오남기 아나운동 약력〉 등을 종합

체결되자 당초 계획을 변경하여 선전공작을 전개하였다.(〈오남기 아나운동 약력〉)

류기석이 베이징으로 가면서 쇠퇴한 재상해 한국인 아나키스트들의 아나키즘 선전활동은 남화한인청년연맹이 결성되면서 하나의 전기를 마련했다. 남화한인청년연맹은 1930년 4월 20일 류기석, 류자명, 장도선, 정해리鄭海理(鄭鍾華, 鄭解離, 鄭海日, 鄭東梧, 鄭東吾),[341] 안공근 등에 의해 결성되었다. 남화한인청년연맹의 결성은 신현상과 최석영崔錫榮의 중국 망명에서 비롯되었다. 신현상은 아나키즘을 실현할 목적으로 미곡상 최석영이 거래하던 예산 호서은행으로부터 5만 8,000원이라는 거금을 빼내어 함흥을 경유하여 차고동과 함께 톈진을 거쳐 1930년 3월 22일[342] 베이징으로 잠입하였다. 이들은 류기석과 협의하여 이 돈을 테러활동자금으로 사용할 계획을 세웠다. 류기석은 신현상과 함께 톈진 일본영사관을 파괴할 것을 계획하고 무기를 구입하게 하는 한편, 상하이로 가서 테러활동을 전개할 동지들을 규합하고자 하였다. 어느 정도 준비를 마치자 류기석, 류자명, 장도선, 정해리, 안공근 등은 1930년 4월 20일 상하이 프랑스 조계 진선푸金神父로 신신新新리 모某 중국인 집 2층에서 남화한인청년연맹을 결성하고 선언과 강령 및 규약을 발표하였다. 신현상도 상하이로 가서 동지들을 방문하고 밀의를 거듭한 뒤 남화청년

341) 정해리는 1915년경 중국으로 건너가 상하이 仁成學校의 영어교사로 종사하였다. 그후 중국 중등학교의 영어 및 일본어 교사로 근무하였다. 재중국조선무정부공산주의자연맹, 남화한인청년연맹 등에 가입하였다.(〈無政府主義者 李容俊 取調의 건〉, 57쪽) 자료에는 정해리가 재중국조선무정부주의자연맹에 가입한 것으로 되어 있으나, 이는 재중국조선무정부공산주의자연맹의 잘못으로 사료된다.

342) 신현상과 최석영 등이 베이징으로 간 시기는 자료에 따라 다르게 나타난다. 《동아일보》 1930년 5월 8일자는 3월 초순, 《동아일보》 1930년 12월 6일자는 1930년 2월 무렵에 베이징으로 잠입한 것으로 보도하였다. 그리고 林友는 1929년 무렵에 중국으로 간 것으로 기록하였으며(林友, 〈재중국 조선무정부주의운동 개황〉), 《自由聯合新聞》 第89號는 1930년 5월에 만주를 거쳐 상하이에 도착하였다고 보도하였다. 하지만 신현상에 의하면, 베이징에 도착한 날짜는 3월 22일이다.

연맹에 가입하였다.[343)]

남화한인청년연맹이 창립된 시기와 창립을 주도한 인물은 자료에 따라 다르게 나타난다. 우선 창립시기는 자료에 따라 1929년, 1930년 4월 20일, 1931년 9월 등으로 달리 나타난다. 남화한인청년연맹의 창립일을 1929년으로 기록하고 있는 자료는 《흑색신문》뿐이며(林友, 〈재중국 조선무정부주의운동 개황〉), 1930년 4월로 기록하고 있는 자료는 일제 경찰의 정보보고서류이다.[344)] 1931년으로 기록하고 있는 자료는 《사상휘보》와 정화암·이규창 등의 회고록 등이다.[345)] 그런데 《자유연합신문》 제47호(1930. 5. 1)에 남화한인청년연맹의 창립과 강령을 소개하는 기사가 게재되었다. 이 사실은 남화한인청년연맹이 늦어도 1930년 5월 1일 이전에는 결성되었다는 것을 말해준다. 따라서 남화한인청년연맹은 1930년 4월 20일에 결성된 것으로 보는 것이 전후 사정에 맞다.

남화한인청년연맹의 창립 주체 또한 자료마다 달리 기록하고 있는데, 대체로 류기석 주도설(류기석·류자명·정해리, 류기석·류자명·안공근, 류기석·류자명·장도선·정해리), 정화암 주도설(정화암·김지강·이용준·이달·정해리·류자명·정화암·박기성·류기석·류기문·허열추·백정기·

343) 《동아일보》 1930년 5월 8일자·11월 30일·12월 6일자 ; 〈호남은행사건의 동지 申君의 서한〉 ; 〈在上海留朝鮮人の不穩狀況〉(《資料集成》 2, 846~847쪽) ; 〈1934年の上海を中心とする朝鮮人の不穩策動狀況〉(《朝鮮獨立運動》 2, 506쪽) ; 林友, 〈재중국 조선무정부주의운동 개황〉 ; 〈上海及同關係不逞鮮人團體ノ件〉(《外務特殊文書》 27, 100쪽) ; 〈有吉公使暗殺陰謀無政府主義者檢擧ノ件〉(《外務特殊文書》 28, 855·862쪽) ; 村田生, 〈上海及南京方面ニ於ケル朝鮮人ノ思想狀況〉, 176~177쪽 ; 이을규, 1963, 104~105·107~108쪽 ; 坪江汕二, 1966, 96~97·119~120쪽 ; 대한민국광복회 편, 《독립운동대사전》, 474쪽 ; 《自由聯合新聞》 第48號·第89號 ; 《統治史料》 10, 871~872쪽 ; 《有吉公使暗殺陰謀不逞鮮人一味檢擧に關する件》 등을 종합

344) 在上海總領事館 編, 《朝鮮民族運動未定稿》 第4(《外務特殊文書》 26, 614쪽) ; 《治安狀況-昭和8年》, 277쪽 ; 村田生, 〈上海及南京方面ニ於ケル朝鮮人ノ思想狀況〉, 176~177쪽 ; 〈在上海總領事館ニ於ケル特高警察事務狀況〉(《外務特殊文書》 27, 784쪽)

345) 〈在上海南華韓人青年聯盟の綱領規約及宣言〉, 111쪽 ; 정화암, 1982, 134쪽 ; 김학준 편집해설·이정식면담, 1988, 316~317쪽 ; 이규창, 1992, 165쪽

이강훈 · 원심창), 이회영 · 류자명 주도설(이회영 · 류자명 · 이달 · 이강훈 · 엄형순 · 김야봉 · 백정기 · 정화암 · 이용준 · 박기성 · 원심창 · 김광주 · 유산방 · 나월환 · 정화암 · 김동우 · 이규창 · 중국인 학생 창얼캉常爾康) 등으로 나뉜다. 정화암 주도설이나 이회영 · 류자명 주도설에는 약간의 문제가 있다. 즉 이들은 남화한인청년연맹이 결성된 1930년 4월에는 상하이에 있지 않았다. 정화암을 비롯한 만주에서 민족해방운동기지 건설사업에 참가하였던 인물 중 백정기는 폐결핵에 걸려 요양차 1931년 5월[346]에 상하이로 갔으며, 나머지는 1931년 8월 하순[347] 이후 순차적으로 만주에서 철수하여 중국 관내關內로 갔다.(정화암, 1982, 128 · 130쪽) 이정규에 따르면, 이회영이 상하이로 간 시기 역시 1930년 말이었다.(이정규 · 이관직, 1985, 103~104쪽) 따라서 이들은 남화한인청년연맹 창립인물이 될 수 없으며, 남화한인청년연맹은 류기석의 주도 아래 류자명 · 정해리 · 장도선 · 안공근 등에 의해 결성된 것으로 보는 것이 이치에 맞을 것이다. 정화암 · 이회영 등이 남화한인청년연맹을 결성했다고 하는 것은 남화한인청년연맹의 재편작업을 지칭하는 것으로 이해하는 것이 타당하다.

남화한인청년연맹에서 활동한 아나키스트들은 류자명 · 류기석 · 정화암 · 원심창 · 박기성朴基成(李守玄, 李壽玄, 李守鉉, 歐陽軍, 李活, 李鴻)[348] · 엄형순嚴亨淳(嚴舜奉, 金萍痕) · 이규창 · 이용준李容俊(田里芳, 田理芳, 田里

346) 〈有吉公使暗殺陰謀事件, 黑色恐怖團事件, 南華韓人青年聯盟事件, 天津日本總領事官邸爆彈投擲事件〉에는 백정기가 상하이로 간 시기를 1931년 7월로 기록하고 있다. 〈有吉公使暗殺陰謀不逞鮮人一味檢擧に關する件〉에는 백정기가 1930년 여름에 상하이로 간 것으로 기록하고 있으나, 1931년의 잘못이다. 백정기는 1930년 10월 말에 정화암 · 김지강 · 왕해평(장기준) · 정화암 등 14인과 함께 만주로 떠났다.

347) 〈有吉公使暗殺陰謀事件, 黑色恐怖團事件, 南華韓人青年聯盟事件, 天津日本總領事官邸爆彈投擲事件〉에 따르면, 정화암, 엄형순, 이달, 김야봉, 김지강 등이 상하이로 간 시기는 1931년 9~10월경이다.

348) 박기성은 1931년 10월경 원심창의 부름으로 도쿄에서 상하이로 가서 남화한인청년연맹, 항일구국연맹 등에 가맹하여 활동하던 중 중국군관학교에 입학하였다.[〈無政府主義者 李容俊 取調의 건〉(《思想에 關한 情報綴(4)》, 56~57쪽)] 〈有吉公使暗殺陰謀事件, 黑色恐怖團事件, 南華韓人青年聯盟事件, 天津日本總領事官邸爆彈投擲事件〉에 따르면, 박기성은 1931년 7월 중하순경 북만주에서 베이징을 거쳐 상하이로 갔다.

方, 全理芳, 千里芳, 千理方, 千里放, 千里秋, 李麗朶, 李起泰, 李春成, 陳爲人, 李東俊, 李東春, 林原植, 林源植, 盧子英)[349] · 정해리 · 류기문柳基文[350] · 백정기 · 이강훈 · 허열추許烈秋(鄭致和, 鄭明俊, 鄭致亨)[351] · 오면직吳冕稙(吳冕植, 吳晃植, 楊汝舟, 馬仲良, 吳哲, 宋曉春, 朱曉春)[352] · 이하유 · 김야봉金野峰(金夜烽, 金夜峰, 金野蓬)[353] · 안동만安東滿(安東晩) · 김지강金之江(金芝江, 金聖壽, 朱烈, 蔡天民) · 이달李達(李二德, 李伊德, 금월今月, 송일주宋一

349) 이용준은 1931년 2월 베이징으로 가서 아나키스트 원심창 등과 교류하다가 1931년 5월 6일경 원심창과 함께 상하이로 갔다. 1931년 5월 15일경 중국인 철공장 2층 당시 본인의 숙소에서 원심창, 정해리, 이회영, 류자명, 이규창 등과 회합하고, 이회영, 류자명, 정해리 등의 권유로 남화한인청년연맹에 가입하였다. 그 뒤 여러 차례 테러활동에 가담한 뒤, 1938년 12월 18일 北京총영사관경찰서에 검거되어 1939년 1월 29일 경기도경찰부로 신병이 이관되었다.(〈無政府主義者 李容俊 取調의 건〉 참고)

350) 류기문은 류기석의 동생으로 1930년 개성 송도고등보통학교를 졸업하고 바로 베이징으로 가서 형인 류기석의 영향을 받아 아나키즘 실행에 종사하였다. 1932년 12월 16일 톈진에 정박 중인 일본 기선에 폭탄을 투척하였지만 바다에 떨어진 관계로 그 목적을 이루지 못하였다.[〈無政府主義者 李容俊 取調의 건〉(《思想에 關한 情報綴(4)》, 55쪽)]

351) 허열추는 1919년 3·1운동 당시 보안법 위반으로 처벌을 받았다. 1929년 8월 상하이로 가서 샤먼廈門, 취안저우泉州, 리밍黎明, 상하이 등지에서 중국 학교의 교사로 종사하였다. 중국 아나키스트와 손을 잡고 목적 달성을 위해 활약하였으며, 남화한인청년연맹의 맹원으로서 활동하였다.[〈無政府主義者 李容俊 取調의 건〉(《思想에 關한 情報綴(4)》, 58쪽]

352) 오면직은 1921년 1월 20일경 상하이로 망명하여 김구 계열에 합류하였으며, 러시아 정부로부터 지원받은 대한민국임시정부 운동자금 40만 원을 개인적인 용도에 사용한 김립을 살해하여 대한민국임시정부를 강화하라는 김구의 지령에 따라 김동우와 함께 1922년 1월 13일 김립을 암살하였다. 그리고 한국노병회의 파견원으로서 펑위샹馮玉祥이 경영하던 군관학교 또는 육군병공창에 가입하여 활동하였다. 1925년 11월 이를 사퇴하고 광둥廣東·청두成都를 경유하여 1929년 여름 상하이로 갔으며, 거기서 아나키스트들과 교류하면서 상해연맹과 남화한인청년연맹에 가입하여 각종 테러활동에 참가하였다.[吳冕稙 외 4인의 판결문(《독립운동사 자료집》 11, 822~825쪽)]

353) 김야봉은 1929년 12월경 만주국 지린吉林성 하이린海林에서 재만조선무정부주의자연맹의 목적과 강령에 찬동하여 거기에 가입하여 활동하다가, 1931년 10월 상하이로 가서 남화한인청년연맹의 목적과 강령에 찬동하여 거기에 가맹하였다. 1932년 12월경 지린 방면에 특파되었다.[〈無政府主義者 李容俊 取調의 건〉(《思想에 關한 情報綴(4)》, 60~61쪽)] 원심창의 〈聽取書〉(5回)에 따르면, 김야봉은 1932년 12월 21일경 류기석, 이용준, 원심창 등과 함께 베이징에 도착하였다가 북만주를 향하여 출발했으나, 1933년 1월경에 귀국한 것으로 보인다.

舟)[354] · 김동우金東宇(盧鍾均) · 현영섭玄永燮 · 이형래李瀅來 · 김병학金秉學 · 이회영 · 나월환羅月煥(羅月漢, 羅月寒) · 유산방劉山房(劉山芳, 劉煒) · 김광주 · 박철동朴喆東(張傑,淸吉) · 박제채朴濟彩 · 이중현李中鉉 · 임소산林少山(李五山) · 신현상 · 장도선 · 심용철沈容澈 · 안우생 · 김현수金玄洙(朱新華, 金正煥, 湖影) · 김두봉金枓奉 · 심규백沈奎伯 · 정해열鄭海烈 · 이치손李致孫 · 곽흥선郭興善 · 안공근安恭根 · 김창근金昌根 · 김오연金吾然 · 국일鞠一 · 김동성金東星 등 40~50명 정도였다.

남화한인청년연맹은 자본주의사회의 기구를 근본부터 타도하고, 일체의 권력과 사유재산제도를 부인하며, 상호부조 · 자유연합의 정신에 기초해서 정치적 · 경제적으로 만민이 평등한 사회를 창설하는 것을 목적으로 하였다.(〈在上海南華韓人青年聯盟の綱領規約及宣言〉, 111쪽) 그리고 강령을 통하여 정치운동과 아나코생디칼리슴을 배격하였으며, 자본주의사회를 타도하고 만인이 절대자유를 누리는 이상사회를 건설할 것을 주장하였다. 강령과 규약은 다음과 같다.

〈강령〉

一. 우리들의 일체 조직은 자유연합 원리를 기본으로 한다.

一. 일체의 정치적 운동과 노동조합지상운동을 부인한다.

一. 사유재산제도를 부인한다.

一. 위도덕적僞道德的 종교와 가족제도를 부인한다.

一. 우리들은 만인이 절대적으로 자유평등한 이상적 신사회를 건설한다.

(《自由聯合新聞》 第47號)

---

354) 이달은 1929년 11월경 지린吉林성 하이린海林에서 재만조선무정부주의자연맹에 가입하여 활동하였다. 그러던 중 민족주의자 박내춘朴乃春, 김일金日, 김준金俊 일파와 반목하여 알륵이 생겨나, 김종진, 김야운金野雲, 이준근李俊根 등의 동지들이 암살되었다. 이에 신변에 위협을 느끼고 1931년 10월경 상하이에 이르러 남화한인청년연맹과 항일구국연맹에 가맹하였다.[〈無政府主義者 李容俊 取調의 건〉(《思想에 關한 情報綴(4)》, 56쪽] 자료에는 이달이 재중국무정부주의자연맹 만주연맹에 가입한 것으로 기록되어 있으나, 이는 재만조선무정부주의자연맹의 잘못이다. 1910년대 말에서 1920년대 초 사이에 일본에서 활동한 이달과는 동명이인이다.

〈규약〉

1. 본 연맹은 강령에 따라 사회혁명을 수행하는 것을 목적으로 한다.
2. 본 연맹은 강령의 목적을 수행하기 위해 맹원 전체가 승인하는 모든 방법을 채용한다. 단 강령에 저촉되지 않는 본 연맹원 각 개인의 자유발의 또는 자유합의에 의한 행동에 대해서는 하등의 간섭을 하지 않는다.
3. 본 연맹은 자유의지로 강령에 찬동하고 전 맹원의 승인을 거친 남녀로써 조직한다.
4. 본 연맹 일체의 비용은 맹원이 분담한다.
5. 본 맹원의 집회는 연회, 월회, 임시회로 한다. 단 소집은 서기부에서 한다.
6. 본 연맹의 사무를 처리하기 위해서 서기부를 설치한다. 단 맹원 전체의 호선互選으로 선거되는 서기 약간인을 둔다. 그 임기는 각 1년으로 한다.
7. 강령에 배치되고 규약을 파괴하는 행동을 하는 연맹원은 전 맹원의 결의를 거쳐 제명한다.
8. 연맹원은 자유로이 탈퇴할 수 있다.
9. 연맹원은 회합 시時 출석자 전체가 어쩔 수 없다고 인정할 때에 한해서 결석할 수 있다.
10. 본 규약은 매년 대회에서 토의하고 만장일치로 통과한 수정안에 의해 정정할 수 있다.(〈在上海南華韓人青年聯盟の綱領規約及宣言〉, 112쪽)

위의 규약은 철저히 아나키즘적 조직원칙에 기초해 있다. 모든 의사 결정은 만장일치제로 하며, 소수자의 의견을 존중하여 탈퇴의 자유를 보장하고 있다. 그리고 호선에 의해 선출되는 약간 명의 서기를 두어 연맹의 사무 처리와 의사 진행을 맡김으로써 중앙집권적 조직체계를 거부하고 있다.

남화한인청년연맹은 결성되기는 했지만 1930년 5월 류기석이 베이징으로 가면서 별다른 활동을 전개하지 못하였다. 그러다 1930년 말 이회영이 상하이로 가면서 점차 활동을 재개하기 시작했다. 이회영은 정해리, 김광주, 박랑朴浪 등 남화한인청년연맹원들과 교류하면서, 류자명과 함께 남화한인청년연맹을 재흥하기 위하여 조직확대 작업을 개시하였다.[355] 1931년 5월 15일 무렵 류자명·정해리 등과 함께 이용준과 원심창을 설득하여 남화한인청년연맹에 가입시켰다.[356] 이용준은 1931년 7월 무렵 상하이 프랑스공원에서 현영섭·안우생(안공근의 아들. 安于生, 安佑生, 安宇生)을 가입시켰으며, 같은 해 8월 중순 무렵에는 유산방과 이경손李敬孫을 가

355) 이정규·이관직, 1985, 104쪽 ;《自由聯合新聞》第47號 ; 梁一東, 〈元心昌傳〉; 〈在支不逞團加入活動事件〉, 212~213쪽 ; 李容俊의 판결문(《독립운동사 자료집》 11, 846~847쪽) ; 〈有吉公使暗殺陰謀不逞鮮人一味檢擧に關する件〉 등을 종합. 이정규는 이회영이 정해리, 김광주, 박랑, 박기성, 이용준, 유산방 등과 교류하면서 남화한인청년연맹 재흥작업을 한 것으로 기록하였으나[이정규, 〈우당 이회영선생 약전〉(이정규, 1974, 61쪽)], 박기성, 이용준, 유산방 등은 1931년 5월 이후 남화한인청년연맹에 가입하였다.

356) 이정규·이관직, 1985, 104쪽 ;《自由聯合新聞》第47號 ; 梁一東, 〈元心昌傳〉; 〈在支不逞團加入活動事件〉, 212~213쪽 ; 李容俊의 판결문(《독립운동사 자료집》 11, 846~847쪽) ; 〈無政府主義者 李容俊 取調의 건〉 등을 종합. 원심창의 판결문에는 원심창이 1931년 6월 무렵에 남화한인청년연맹에 가입한 것으로 기록되어 있다.[〈上海六三亭사건 판결문〉(원주원씨중앙종친회 편, 1979, 78쪽)] 일제의 정보보고서는 원심창이 1931년 4월 北京으로부터 上海로 가서 남화한인청년연맹을 再興하고자 박기성과 함께 남화한인청년연맹에 가입한 것으로 기록하고 있다.[村田生, 〈上海及南京方面ニ於ケル朝鮮人ノ思想狀況〉, 176~177쪽 ; 〈在上海留朝鮮人の不穩狀況〉(《資料集成》 2, 847쪽) ; 〈有吉公使暗殺陰謀事件, 黑色恐怖團事件, 南華韓人青年聯盟事件, 天津日本總領事官邸爆彈投擲事件〉 등을 종합] 여기서 박기성은 이용준의 잘못인 것으로 사료된다. 일제의 다른 정보보고서는 원심창이 1930년 5월 소위 흑우연맹 습격사건으로 東京地方裁判所에서 예심 중 1931년 4월 28일 出所하여, 같은 해 10월 귀국하였으며, 11월 鐵路로 北京에 도착하였다가 1932년 4월 北京을 출발, 天津을 경유하여 海路로 上海로 간[〈有吉公使暗殺陰謀無政府主義者檢擧ノ件〉(《外務特殊文書》 28, 844~845쪽) ; 〈有吉公使暗殺陰謀不逞鮮人一味檢擧に關する件〉 등을 종합] 것으로 기록하였으나, 흑우연맹 습격사건은 1929년에 일어났으며, 같은 보고서 854쪽에 원심창이 1931년 9월 류자명으로부터 중국 아나키스트 王亞樵를 소개받았다는 기록이 있다. 따라서 이 보고서의 기록은 1년의 오차가 있는 것으로 보아야 한다. 〈有吉公使暗殺陰謀事件, 黑色恐怖團事件, 南華韓人青年聯盟事件, 天津日本總領事官邸爆彈投擲事件〉에 따르면, 원심창은 1929년 5월 흑우연맹습격사건으로 검거되었다가 1930년 4월 28일에 출옥하였고, 정양한 후 1930년 10월 귀국하여 고향에서 약 1개월을 보낸 뒤, 11월 말 고향을 떠나 철도로 펑텐을 경유하여 베이징에 도착하여 약 4개월 정도 머물렀는데, 이때 정래동의 소개로 이용준을 소개받아 교류하였으며, 1931년 3월경 정래동을 통해 정해리로부터 소개장을 받아 이용준과 함께 텐진을 거쳐 海路로 상하이로 갔다.

입시켰다.[357] 그리고 1931년 8월 하순 이후 만주에서 철수한 한국인 아나키스트들이 남화한인청년연맹에 대거 합류하였다.

남화한인청년연맹은 1931년 8월 중순과 10월 중순 2회에 걸쳐 정기집회를 백정기의 숙소 등에서 열었다. 류자명 · 이회영 · 이달 · 원심창 · 김야봉 · 백정기 · 정화암 · 이용준 · 박기성 · 정해리 · 김광주 · 유산방 · 나월환 · 오면직 · 김지강 · 김동우 · 이규창 · 창얼캉常爾康 · 안우생 · 현영섭 · 최동철崔東喆 · 곽홍태郭興泰 · 변혁卞革 등이 한자리에 모여 남화한인청년연맹 개편작업을 벌였다.[358] 산하에 남화구락부를 설치하여 선전작업을 담당케 하고, 류자명을 남화한인청년연맹의 의장 겸 대외책임자로 선출하였다. 그리고 각 지역의 변화된 사정과 앞으로의 민족해방운동의 방향에 대해 논의하고, 운동자금 조달방법, 청년학생층 지도방침 등을 협의하였다. 그 결과 ① 운동자금 조달방법에 관해서는 규슈九州 방면으로부터 오는 아편 밀수선을 습격하는 것과, 가톨릭병원의 월급일에 현금운반

357) 〈在支不逞團加入活動事件〉, 213쪽 ; 李容俊의 판결문(《독립운동사 자료집》 11, 847쪽) ; 〈無政府主義者 李容俊 取調의 건〉(《思想에 關한 情報綴(4)》, 46쪽) 등을 종합. 《독립운동사 자료집》에는 현영섭 · 안우생과 유산방의 가입 시기를 1932년으로 기록하고 있으나, 이는 번역과정에서 생긴 오류이다. 〈無政府主義者 李容俊 取調의 건〉에는 유산방이 현영섭, 안우생, 이경손과 함께 7월에 가입한 것으로 기록되어 있다.

358) 남화한인청년연맹 재편 모임에 엄형순, 이강훈, 이하유, 류기석도 참가한 것으로 기록되어 있으나 잘못이다. 엄형순은 1932년 12월 중순 무렵 백정기와 원심창 등의 권유로 남화한인청년연맹에 가입하였다.[嚴亨淳 · 李圭虎의 판결문(《독립운동사 자료집》 11, 838쪽)] 이강훈은 1932년 7월에 吉林을 떠나 12월경에 北京에 도착하였다가, 다시 1933년 2월에 上海로 갔으며(楊子秋, 〈동지 李康勳군을 회상함〉 ; 〈有吉公使暗殺陰謀事件, 黑色恐怖團事件, 南華韓人靑年聯盟事件, 天津日本總領事官邸爆彈投擲事件〉 ; 〈有吉公使暗殺陰謀不逞鮮人一味檢擧に關する件〉 ; 이강훈, 1994a, 137~138쪽 등을 종합), 이하유는 1935년 4월 말 무렵[〈在支不逞團加入活動事件〉, 213쪽 ; 李容俊의 판결문(《독립운동사 자료집》 11, 847쪽)] 혹은 1935년 7월 초순경(〈無政府主義者 李容俊 取調의 건〉)에 이용준의 권유에 의해 남화한인청년연맹에 가입하였다. 《독립운동사 자료집》에는 이하유의 가입 시기를 1939년으로 기록하고 있으나 이는 번역 과정에서 생긴 오류이다. 이규창이 원심창의 권유로 남화한인청년연맹에 가입한 시기는 1933년 2월 무렵이다.[嚴亨淳 · 李圭虎의 판결문(《독립운동사 자료집》 11, 838쪽)] 따라서 이규창은 이회영과의 관계가 참작되어 옵저버 자격으로 남화한인청년연맹 재편 모임에 참가하였던 것으로 사료된다. 류기석은 당시 北京에 있었다.[〈在上海留朝鮮人の不穩狀況〉(《資料集成》 2, 847쪽)]

자동차를 습격하는 것 등에 대해 토의하였고, ② 청년학생 지도방침에 관해서는 원심창, 최동철, 박기성, 안우생, 변혁, 이용준 등을 지도위원으로 선정하였다.[359] 1933년 10월부터는 원심창이 서기가 되어 정보 수집 보고 및 연구회의 주최를 담임하는 등 연맹의 일상적 업무를 처리하고, 연맹의 주의정책을 실현 또는 확대 · 강화하고자 노력하였다.[360]

남화한인청년연맹은 연구 · 토론 등 각종 회의를 열어 아나키즘 이론을 연구하였으며, 각종 기념일에는 격문을 뿌려 재중국 한국인 청년들에게 아나키즘을 선전하는 등 일반 청소년을 대상으로 한 계몽운동에 주력하였다. 이용준, 백정기, 이달, 김지강, 엄형순, 이규창, 오면직, 박기성 등은 1931년 12월경부터 1932년 3월 하순경까지 상하이 시외 난시앙南翔 리다학원立達學院(류자명의 《한 혁명자의 회억록》에 따르면 리다학원 농촌교육과임) 부근의 독립 가옥에서 동거하면서 아나키즘연구회를 개최하고, 백정기, 류자명 등으로부터 크로포트킨 전집, 바쿠닌 전집, 흑색신문 등을 교재로 하여 무정부주의의 이론과 실천방법에 관해 지도를 받았다. 이때 남화한인청년연맹원들은 난징南京의 중국 아나키스트 천광귀陳光國 등으로부터 매월 200원 정도, 약 500원을 지원받았다.[361]

그리고 남화한인청년연맹은 다음과 같이 여러 차례 격문을 살포하여 아나키즘 선전활동을 펼쳤다.

첫째, 1931년 3월 1일 〈3 · 1절기념선언〉을 살포하였다.

둘째, 1931년 5월 1일 일반 노동계급을 대상으로 하는 〈5월 1

359) 김학준 편집해설 · 이정식면담, 1988, 316~317쪽 ; 정화암, 1982, 134쪽 ; 이규창, 1992, 165쪽 ; 〈無政府主義者 李容俊 取調의 건〉(《思想에 關한 情報綴(4)》, 46~47쪽) 등을 종합

360) 嚴亨淳 · 李圭虎의 판결문(《독립운동사 자료집》 11, 838쪽) ; 〈有吉公使暗殺陰謀事件公判狀況〉(《外務特殊文書》 28, 876쪽) ; 上海 六三亭사건 판결문(원주원씨중앙종친회 편, 1979, 78쪽) 등을 종합

361) 〈無政府主義者 李容俊 取調의 건〉(《思想에 關한 情報綴(4)》, 50~51쪽)

일—해방을 위해서 투사의 힘을 발휘하자〉라는 제목의 격문을 발행하여 국내, 일본, 대만, 상하이, 베이징, 톈진 등 각지에 발송하였다.

셋째, 국치일을 맞아 1931년 8월 20일 이용준, 원심창, 류자명, 박기성, 정해리, 이회영, 이규창 등은 백정기의 집에 모여 동 연맹 명의로 〈8월 29일은 조선민족이 다른 민족의 노예가 된 날이다. 분발하여 적의 아성을 쳐부수자〉라는 제목의 격문을 약 1,000매 등사하여, 그것을 27 · 28일에 중국 각 학교의 한국인 유학생 일동과 상하이에 거주하는 한국인들에게 배포하여 남화한인청년연맹의 주의와 목적을 선전하였다. 그 내용은 일본제국주의를 타도하여 한국 민족을 해방시키고 아나키스트 사회를 건설하자는 것이었다.

넷째, 1931년 9월 하순경 백정기의 집에 백정기, 류자명, 이용준, 박기성, 정해리, 이회영, 이규창 등이 회합하여, '만주사변' 발발에 대하여 반전투쟁의 의미로 반전삐라를 한국어와 중국어로 작성 · 배포할 것과, 삐라를 작성할 담당자는 류자명으로 할 것 등을 협의하였다. 그후 류자명 등은 "전쟁 반대, 일본제국주의 타도, 아나키스트 혁명을 성공시키자"는 취지의 반전삐라 약 1,000매를 등사하여 각지의 동지들에게 배포하였다.

다섯째, 1932년 3월 1일 3 · 1운동 기념일을 맞이하여 〈피를 흘리며 싸운 3월 1일은 다시 왔다〉는 제목의 선언서를 배포하였다.

여섯째, 1932년 4월 말 무렵 노동절에 즈음하여 〈메이데이를 기념하자, 5월 1일은 우리들의 결사적 투쟁의 날이다〉, 〈메이데이의 의의와 우리들은 여하히 할 것인가〉 등의 제목으로 노동절의 의의 및 아나키즘의 내용을 게재한 격문을 등사하여 상하이에 있던 한국인들에게 우송하였다.

일곱째, 1933년 2월 하순 무렵 한국독립선언기념일을 맞아 "일본제국주의를 저주하며 모든 사유재산제도와 권력을 파괴하고 무정부공산주의사회를 건설하"자는 내용의 선전문 약 700매를 등사하여 상하이에 있던 한국인들에게 우송하였다.

여덟째, 1933년 3월 1일 한국독립선포기념일을 맞아 같은 해 2월 하순경 이용준의 집에서 이용준, 백정기, 원심창, 류자명, 박기성, 정해리, 이규창, 정화암, 이달, 오면직, 엄형순, 김지강 등이 회합하여, 민족해방과 아나키스트 사회의 필요성 등을 선전하는 내용의 삐라 약 60매를 작성하여 배포하였다.

아홉째, 1933년 5월 1일 노동절 투쟁에 대해 논의하기 위해 같은 해 4월 하순경 이용준의 집에서 이용준, 류자명, 박기성, 정해리, 정화암, 이달, 오면직, 김지강 등이 회합하였다. 협의의 결과, "메이데이의 의의와, 국가권력과 사유재산제를 부인하고 무정부주의사회 건설을 요要한다"는 것을 역설하는 내용의 선전삐라 약 500매를 작성 배포하였다.[362]

이러한 선전물 인쇄는 1933년 2월 무렵에 원심창과 원심창의 권유로 남화한인청년연맹에 가입한 이규창이 맡았다.[363] 정해리와 김광주도 선전활동에 참가하였다. 그들은 독립운동자 혹은 혁명가로 자처하는 불순분자들과 공산독재 앞잡이 노릇을 하는 청년단체에 대한 성토문을 썼고, 일본제국주의 타도, 밀정 근절을 절규하는 격문도 썼다. 그리고 이것들을 남화한인청년연맹이라는 무형적인 서명으로 뿌렸다.(김광주, 〈상해시절 회상기〉, 260쪽)

남화한인청년연맹은 1933년에 다시 한 차례 조직개편을 단행했

362) 《朝鮮民族運動年鑑》, 360 · 364 · 383쪽 ; 《흑색신문》 제23호 ; 〈有吉公使暗殺陰謀事件公判狀況〉(《外務特殊文書〉 28, 876쪽) ; 上海 六三亭사건 판결문(원주원씨중앙종친회 편, 1979, 78쪽) ; 〈無政府主義者 李容俊 取調의 건〉(《思想에 關한 情報綴(4)》, 47~50쪽) ; 〈有吉公使暗殺陰謀事件, 黑色恐怖團事件, 南華韓人青年聯盟事件, 天津日本總領事官邸爆彈投擲事件〉 등을 종합

363) 嚴亨淳 · 李圭虎의 판결문(《독립운동사 자료집》 11, 838쪽) ; 《한국아나키즘운동사》, 340쪽 등을 종합. 《한국아나키즘운동사》에는 이규창이 《남화통신》 인쇄를 맡은 것으로 기록되어 있으나, 이는 잘못이다. 이규창은 이용로암살사건으로 1935년 5월에 체포되었으며, 《남화통신》이 발행되기 시작한 것은 1936년 1월이다.

다. 1933년 7월 중순 난징南京에서 이해명李海明(李海鳴)과 안동만을 가입시킨 남화한인청년연맹은 조직을 정비하여 다음과 같은 부서를 두었다.

① 선전부 : 언론 또는 출판을 통해 미조직 대중에게 아나키즘을 선전하고 동지를 획득하는 것을 목적으로 하며, 위원으로 류자명, 원심창, 류기석을 선정하였다.
② 경제부 : 운동자금 조성과 동지 생활 보장을 목적으로 하며, 정화암, 류자명을 위원으로 선정하였다.
③ 실행부 : 강령에 기초하여 사회혁명을 실현하는 것을 목적으로 하며, 백정기, 오면직, 이달, 박기성, 김야봉, 김지강, 이용준, 엄형순, 야타베 무우지谷田部勇司(伊藤, 吳秀民, 吳世民 ; 일본인)를[364] 위원으로 선정하였다.
④ 외교부 : 재중국 각 혁명단체와의 연락을 주요 임무로 하고, 류자명, 사노 이치로佐野一郎(田華民, 田化民, 요시다吉田)[365]를 위원으로 선정하였다.
⑤ 문서부 : 기밀문서 보관, 왕복문서 처리, 선전용 제 출판물 작성을 주된 임무로 하고, 원심창, 박기성, 정해리, 이규창을 위원으로 선정하였다.[366]

1935년 3월 이용로 암살 이후 다수의 아나키스트들이 체포되거나, 체포를 피해 도망하는 바람에 남화한인청년연맹은 별다른 활동을 전개하지 못하였다. 하지만 김동우와 오면직이 상하이로 가서 아나키스트 대열에 합류한 것을 계기로 《남화통신》을 발행하여 각 방면으로 배포하는 등 아나키즘 선전과 동지 획득에 노력하였다.

364) 자료에 따라서는 矢田部勇司로 기록하고 있으나, 일제의 어느 정보보고서에는 矢田部勇司를 谷田部勇司로 바로잡을 것을 공지하고 있어서, 이 공지가 옳은 것으로 보고, 이에 따른다.

365) 자료에 따라서는 사노 이치로와 요시다吉田를 다른 인물로 서술하기도 하나, 〈有吉公使暗殺陰謀不逞鮮人一味檢擧に關する件〉에 따르면 동일 인물이다.

366) 〈無政府主義者 李容俊 取調의 건〉(《思想에 關한 情報綴(4)》, 46쪽)

남화한인청년연맹은 1935년 말부터 기관지를 발행할 것에 대해 논의하였고, 그 결과 류자명과 중국 아나키스트의 도움으로 1936년 1월[367] 상하이에서 《남화통신》 창간호를 발행하였다. 《남화통신》은 월간 등사판이었으며, 이하유와 심극추가 발행 · 발송을 담당하였다.[368] 주요 투고자는 류자명이었고, 류기석도 투고했다. 원고의 양이 모자라면 이하유가 일본에서 출판된 아나키즘 관련 글들을 번역하여 게재하였다.[369]

《남화통신》의 필자들은 백민白民, 임생林生, 유하有何, 창파蒼波, 박호朴浩, 치생痴生, 주舟, 평공平公, 하何, 근瑾, 유성流星, 명明, 유有, 종種, 월月, S생生, 유생流生, 달達, 망望, 야민野民, 봉逢, 순淳, 목이木耳 등인데, 여기서 유하有何 · 유有 · 하何 · 종種 등은 이하유, 근瑾 · 명明은 류자명, 주舟 · 월月 · 달達은 이달로 추정된다. 박환은 주舟를 오면직, 순淳을 엄형순으로 추정하고 있으나(박환, 1992, 973쪽), 여기에는 약간의 무리가 따른다. 오면직은 1936년 3월 5 · 6일에 일제 경찰에 의해 체포되었고, 엄형순도 1936년 4월에 이미 사망하였기 때문이다. 따라서 순淳이 누구인지는 불확실하지만, 주舟는 이달인 것으로 사료된다. 오면직과 엄형순의 유고를 게재하였을 가능성도 배제할 수 없지만, 대개 유고의 경우는 '유고'라고 표시를 한다. 봉逢은 김야봉으로 추정할 수도 있으나, 전후가 맞지 않다. 김야봉은 1932년에 지린으로 파견된 이후 국내

367) 三木今二는 《남화통신》이 1935년 1월부터 발간되었다고 기록하였으나(〈三木今二의 昭和12年 7月 19日 보고〉, 27쪽), 취하지 않는다. 三木今二는 다른 보고서에서는 《남화통신》의 창간일을 1936년 1월로 기록하고 있다.(〈三木今二의 昭和12年 7月 26日 보고〉, 37쪽). 《남화통신》 제1권 제10기가 1936년 11월호이므로 1936년 1월에 《남화통신》이 창간되었다고 보는 것이 타당하다.

368) 1936년 8월경부터 1937년 2월경까지는 김현수가 《남화통신》 인쇄를 담당하였다.(박제채의 재판 기록)

369) 심극추, 〈나의 회고〉(《20세기 중국 조선족 역사 자료집》, 2002, 182~183쪽) ; 〈1937年の在支不逞鮮人の不穩策動狀況〉(《朝鮮獨立運動》 2, 607쪽) ; 〈在上海總領事館ニ於ケル特高警察事務狀況〉(《外務特殊文書》 27, 786~787쪽) ; 〈古橋浦四郎의 昭和13年 1月 보고〉, 78쪽 ; 《長部謹吾의 보고》, 159쪽 등을 종합

로 들어갔다.(원심창의 〈聽取書〉)

《남화통신》 각 호의 주요 목차는 다음의 표와 같다.

〈표 2〉《남화통신》의 주요 목차

호 수	중 요 목 차
1936년 1월호	오등吾等의 말, 최근 세계 정치 · 경제의 동향〔林生〕, 무정부주의란 어떠한 것인가〔白民〕, 정치운동의 오류〔有何〕, 急告, 政客과 반역〔蒼波〕, 교포 여러분의 반성을 촉구한다〔朴浩〕, 慈母會의 사명, 예술가와 上海〔痴生〕, 일본무정부주의사건, 소식란
1936년 10월호	조선민족전선의 중심 문제
1936년 11월호 (제1권 제10기)	민족전선의 가능성〔舟〕, 혁명의 보편성과 특수성〔平公〕, 실천적 관점으로부터 본 무정부주의사상〔크로포트킨〕, 11월과 故友堂先生, 詩 故丹齋先生의 遺詩(민족전선을 위하여, 혁명동포에게), 민족전선을 어떻게 결성해야 할 것인가〔何〕, 민족전선문제에 대해서 冷心君의 의문에 답한다〔瑾〕, 혁명인가? 陶醉인가?〔流星〕, 농민문제 片談(4)〔明〕
1936년 12월호	민족전선을 촉구한다〔有〕, 민족전선에 관해서〔舟〕, 민족전선의 행동강령 초안〔平公〕, 파쇼가 조선에서 성립하지 않는 이유〔種〕, 이상과 혁명—K군에게 보내는 短信〔月〕, 우리들의 급선무〔何〕, 나의 의문 〔S生〕, 문외한의 혁명학 제1장 제1절〔流生〕, 무정부주의의 본질에 대한 隨感〔크로포트킨〕, 농민문제 片談(5)〔明〕, 동지 엄순봉을 곡한다〔達〕, 우리 운동의 악폐를 청산하자〔望〕, 사회냐 감옥이냐〔大杉〕
1937년 6월호 (제2권 6기)	우리 청년의 책임과 그 사명〔何〕, 격동하는 서반아(계속)〔野民 譯〕, 부정의 혁명론〔逢〕, 인간생활의 근본적 원리〔淳〕, 무정부주의의 혁명〔크로포트킨, 木耳 譯〕
자료 : 〈三木今二의 昭和12年 7月 26日 보고〉, 35 · 67쪽 ; 杉原一策의 昭和12年 2月 5日 보고〉, 482 · 486 · 491쪽 등을 종합	

《남화통신》 각 호의 목차에서 보는 바와 같이 민족전선을 결성하는 문제가 아나키즘을 선전하는 것과 함께 《남화통신》의 주된 관심사였다. 즉 재중국 한국인 아나키스트들은 《남화통신》을 통해 민족전선 결성의 당위성을 역설하였다.

남화한인청년연맹은 《남화통신》을 각 방면으로 배포하면서 아나키즘 선전과 동지 획득을 위해 노력하였다. 하지만 1937년 2월 17일 김지강이 검거된 이후 남화한인청년연맹의 활동은 위축되었다.

정화암, 이하유 및 류기석 등 3~4명이 상하이에서 《남화통신》을 발행하는 데 주력하였을 뿐이며, 이러한 아나키즘 선전활동도 민족주의자와 공산주의자 및 아나키스트들의 연합 아래 조선민족전선연맹이 결성되면서부터는 더 이상 독자적으로는 펼쳐지지 않았다.

2) 테러활동

테러활동은 재중국 한국인 아나키스트들이 전개했던 민족해방운동의 가장 중요한 부분을 차지하고 있다. 재중국 한국인 아나키스트들은 테러활동을 통해 민족해방운동에서 상당한 역할을 수행했으며, 이에 따라 아나키스트 운동은 민족해방운동사에서 상당한 비중을 차지하게 되었다. 재중국 한국인 아나키스트들의 테러활동은 의열단, 상해연맹, 북경연맹, 남화한인청년연맹, 무정부주의동방연맹과 동방무정부주의자연맹, 항일구국연맹 등에 의해 주도되었다. 재중국 한국인 아나키스트들의 테러활동을 테러적 직접행동론 아래에서의 테러활동, 허무주의적 테러활동, 국제적 연대 아래에서의 테러활동 등으로 나누어 살펴보기로 한다.

(1) 테러적 직접행동론 아래서의 테러활동

1920년대 초 재중국 한국인 아나키스트들이 테러활동을 매우 활발하게 전개하였지만, 그것은 체계적인 논리에 입각한 것은 아니었다. 그들의 테러활동이 일정한 체계적 논리를 갖추게 된 것은 테러적 직접행동론을 민족해방운동의 방법론으로 채택하면서부터이다. 아나코코뮤니스트 사회를 건설하는 방법론으로 제시된 테러적 직접행동론은 '사실에 의한 선전'론에 바탕을 두고 있는데, 직접선전·폭력적 직접행동 등을 통해 민중들의 의식을 각성시키고 그들이 봉기 · 폭동 · 총파업 등의 직접행동을 일으키도록 유도하여 정부나 국가 등과 같은 강권조직을 타파하고 모든 개인이 절대적 자유를 누리는 이상사회를 건설해야 한다고 주장한다.

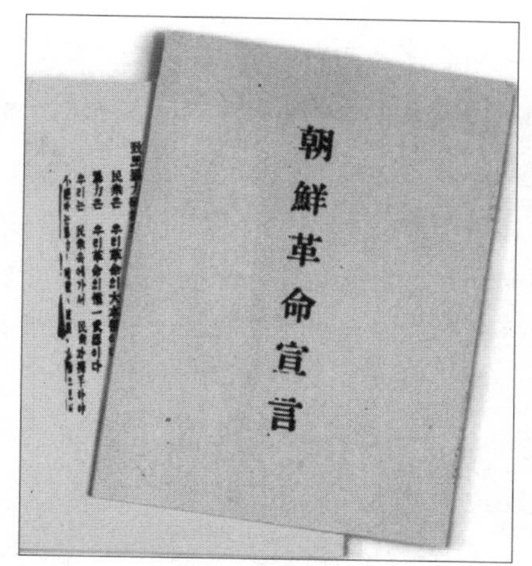

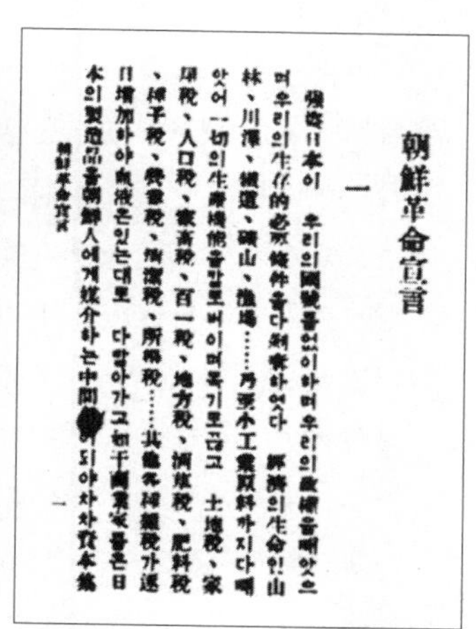
朝鮮革命宣言

一

强盜日本이 우리의國號를없이하며우리의政權을빼앗으
며우리의生存的必要條件을다剝奪하엿다 經濟의生命인山
林、川澤、鐵道、鑛山、漁場……乃至小工業原料까지다빼
앗어一切의生産機能을칼로버이며독기로끈코 土地稅、家
屋稅、人口稅、家畜稅、百一稅、地方稅、酒草稅、肥料稅
、種子稅、營業稅、淸潔稅、所得稅……其他各種雜稅가逐
日增加하야血液은잇는대로 다빨아가고如干商業家들은日
本의製造品을朝鮮人에게媒介하는中間[illegible]이되야차차資本集

朝鮮革命宣言 一

신채호의 〈조선혁명선언〉 표지와 본문

테러적 직접행동론을 민족해방운동의 방법론으로 체계화한 사람은 신채호다. 신채호는 테러활동에 대한 공산주의자들의 비판에 대응하기 위하여 〈조선혁명선언〉을 작성하였는데, 이를 통해 민중의 직접행동에 의한 사회혁명으로 이상사회를 건설해야 한다는 민중직접혁명론을 제기하고, 그 방법론으로 테러적 직접행동론을 제시하였다. 즉 1920년대 초에 끊임없이 전개된 테러활동이 별다른 효과를 얻지 못하고 인적 손실만을 초래하자 공산주의자들이 테러의 비대중성 · 무모성을 지적하기 시작했고, 이에 신채호가 〈조선혁명선언〉을 작성하여 민중직접혁명론을 민족해방운동론으로 정립하였던 것이다. 신채호는 다음의 〈조선혁명선언〉에서 보는 바와 같이 테러적 직접행동을 민족해방운동의 주요한 수단으로 채택하였다.

> 금일 혁명으로 말하면 민중이 곧 민중 자기를 위하여 하는 혁명인 고로, '민중혁명'이.라 '직접혁명'이라 칭함이며,……우리 혁명의 제1보는 민중 각오의 요구니라.
>
> 민중이 어떻게 각오하느뇨?
>
> 민중은 신인神人이나 성인이나 어떤 영웅호걸이 있어 '민중을 각오'하도록 지도하는 데서 각오하는 것도 아니요, "민중아, 각오하자", "민중이여, 각오하여라" 그런 열규熱叫의 소리에서 각오하는 것도 아니오.
>
> 오직 민중이 민중을 위하여 일체 불평 · 부자연 · 불합리한 민중 향상의 장애부터 먼저 타파함이 곧 민중을 각오케 하는 유일 방법이니, 다시 말하자면 곧 선각한 민중이 민중의 전체를 위하여 혁명적 선구가 됨이 민중 각오의 제1로路니라.
>
> ……우리의 민중을 환성喚醒하여 강도의 통치를 타도하고 우리 민족의 신생명을 개척하자면 양병養兵 10만이 일척一擲의 작탄炸彈만 못하며 억천장 신문 · 잡지가 일회 폭동만 못할지니라.(《단재신채호 전집》 8, 897~898쪽)

위의 글에서 알 수 있는 바와 같이, 신채호는 한국 민족이 일제의 강점으로부터 해방되는 길은 민중직접혁명밖에 없으며, 혁명을 완수하기 위해서는 민중이 각성되어야 하고, 민중을 각성케 하는 가장 유효한 방법은 바로 테러적 직접행동이라고 단정하고 있다. 이는 적의 요인이나 기관에 대한 암살 · 파괴 활동은 일제의 식민지 통치구조에 파열구를 낼 뿐 아니라, 민중들의 독립의식과 해방의지를 자극하여, 민중들 스스로 봉기 · 폭동 등을 일으키도록 만든다고 하는 선전수단으로서의 테러의 역할을 강조한 것이다. 이에 의하면, 봉기 · 폭동 · 총파업 등과 같은 민중들의 직접행동이 계속해서 일어나서 모든 민중이 참가하게 되면, 결국 일제의 식민지 권력과 자본주의 사회는 타도된다. 테러적 직접행동론이 민족해방운동의 방법론으로 체계화되면서, 아나키스트들의 테러행위는 매국노나 일본제국주의자들을 단지 복수적 감정에서 처단하던 차원에서 완전히 벗어나게 되었다. 이후 재중국 한국인 아나키스트들의 테러 활동은 신채호의 민중직접혁명론에 입각하여 이루어졌으며, 테러적 직접행동론은 일제강점기 한국인 아나키스트들의 가장 주요한 투쟁방법론으로 되었다.

한편, 재중국 한국인 아나키스트들은 테러단체인 다물단에도 관계했다. 류자명은 이규준李圭駿, 이규학李圭鶴, 이성춘李性春 등을 도와 1923년에 다물단多勿團을 조직케 하였으며, 신채호는 그 선언문을 작성해주었다.(이규창, 1992, 74~75쪽) 다물단은 1925년 3월 30일[370] 의열단원 이인홍·이기환 등과 합작하여 일제의 밀정 노릇을 하던 김달하金達河를 베이징에서 살해하였다.[371] 김달하를 살해한 뒤 다물단은 〈악분자惡分子 소탕선언〉을 서울의 동아일보, 조선일보, 시대일보 3사로 우송하였다. 그 선언의 내용은 다음과 같다.(〈在北京不逞鮮人ノ近情ニ關スル件〉)

> 우리는 독립전쟁을 위해 큰 칼로 왜倭 총독을 죽이기보다도, 왜 천황을 죽이기보다도, 조선인의 피부를 가지고서 왜노倭奴의 혼을 가진 불호분자不埒分子부터 소탕해야 한다는 것을 선언한다. 왜노를 우리 독립전쟁의 목표로 삼는다면, 불호분자는 장애물이 된다. 이 장애물을 소탕하지 않으면 우리의 앞길은 막히고 독립전쟁을 진행할 수 없게 된다. 따라서 우리는

370) 김달하가 암살된 날짜는 자료에 따라 다르게 나타난다. 이은숙은 1925년 2월에 김달하가 암살된 것으로 기록하였으며(이은숙, 1975, 49쪽), 〈在外不逞鮮人槪況〉(《독립운동사 자료집》 9, 703쪽)과 《동아일보》 1925년 8월 6일자는 김달하 암살 날짜를 1925년 5월 20일 밤과 5~6월로 각각 기록하였으나 모두 잘못이다.

371) 《독립신문》 1925년 5월 5일자 ; 〈不逞鮮人ノ宣言書ニ關スル件〉(《外務特殊文書》 25, 571쪽) ; 이정규, 〈우당 이회영 선생 약전〉(이정규, 1974, 50쪽) ; 박태원, 1947, 174~177쪽 등을 종합. 이규창은 다물단이 1925년 김달하에 이어 곧 박용만까지 살해한 것으로 기록하였지만(이규창, 1992, 82쪽), 이는 잘못으로 보인다. 《동아일보》 1928년 10월 27일자에 따르면, 박용만은 1928년 10월 16일 박인식에게 사살당하였다. 박태원은 박용만이 1928년 10월 16일 의열단원 이해명李海鳴에게 살해당한 것으로 기록하였다.(박태원, 1948, 182쪽)

불호분자를 소제掃除할 것을 맹세하며 선언한다.

이정규는 이회영이 다물단에 대해서 운동의 정신과 조직의 요령을 지도하였으며, 류자명과 상의하여 다물단과 의열단을 합작시켜 그들로 하여금 베이징에서 소문난 적의 간첩 김달하를 처단케 하였다고 하여,[372] 이회영이 다물단을 지도하고 김달하 처단에도 관계한 것으로 기록하였다. 하지만 김달하 암살 이후 이회영은 일제 밀정의 집에 문상問喪갔다고 하여 신채호·김창숙 등과의 관계가 틀어지는 등 민족운동 진영으로부터 오해를 받고 있었으며, 다물단측에서는 이회영의 동정을 살피며 감시하였다.(이은숙, 1975, 52~53쪽) 따라서 이회영이 다물단을 지도하였다거나 김달하 처단에 관계하였다는 것은 잘못으로 사료된다.

이외에도 재중국 아나키스트들은 베이징과 상하이에서 테러 단체를 조직하여, 일제의 밀정을 처단하거나 국내에 있는 일제의 식민기관을 파괴하기 위한 활동을 전개했다. 류자명과 신채호는 이지영과 함께 1926년 7월 21일에 행해진 나석주의 동양척식주식회사 폭파사건에 관계하였다. 그리고 상하이에 있던 한국인 아나키스트들은 1926년 1월 1일 공산주의자를 포함하여 약 50명으로 살인단을 조직하였다. 이 단체의 목적은 일제의 밀정을 처단하는 것이었으며, 그 본부는 상하이 프랑스 조계 안에 두었다. 이들은 2월 1일 배신한 동지 한 명을 사살하는 등의 활동을 하였다.(《동아일보》 1926년 2월 7일자) 베이징에서도 테러 단체가 조직되었는데, 1926년 무렵에 결성된 북경흑료구원회北京黑寮救援會가 그것이다. 북경흑료구원회는 만주와 국내에서 테러활동을 전개하였다.(《黑色新聞》 제23호)

그러한 가운데 1927년 국내에서 민족주의자와 공산주의자의 연합으로 신간회가 결성되자, 재중국 한국인 아나키스트들은 테러적

372) 이정규, 〈우당 이회영 선생 약전〉(이정규, 1974, 50쪽)

직접행동론을 방법론으로 채택한 재중국조선무정부공산주의자연맹을 결성하였다. 재중국조선무정부공산주의자연맹은 강령에서 운동은 오직 직접방법(직접선전과 폭력적 직접행동)으로 할 것임을 밝혔다. 1928년 3월 상해연맹을 조직했던 류기석은 1929년 여름 무렵에 베이징으로 갔다. 거기서 북경연맹을 조직하고 테러활동을 도모했다. 그는 1930년 3월 신현상이 국내로부터 거액의 자금을 가지고 베이징으로 가자, 그 돈으로 대규모의 테러활동을 단행할 계획을 세우고, 테러활동을 전개할 동지들을 규합하기 위하여 상하이로 가서 남화한인청년연맹을 결성하고 베이징으로 돌아갔다. 류기석·신현상 등은 대파괴공작을 일으킬 계획을 세우기 위해 베이징에서 무정부주의자동양대회[373]를 개최하여 전 중국에 산재해 있는 한국인 아나키스트들을 소집하였다.[374] 이 회의는 갑론을박 끝에 이회영의 중재로 이 자금을 만주에서의 민족해방운동기지 건설사업을 지원하는 데 사용하기로 결정하였다. 하지만 중국 경찰을 앞세운 일제 경찰에 의해 숙소를 침탈당하였는데, 결국 신현상과 최석영은 일본영사관에 넘겨지고 자금은 중국 경찰에게 약탈당하였다.

류기석은 항일운동의 기세를 높이기 위해 다시 테러를 결행할 계획을 세웠다. 그는 재북평동북의용군후원회在北平東北義勇軍後援會와 푸젠福建 방면의 항일회 등으로부터 자금 7,000달러를 받고, 이 돈으로 테러활동을 펼치고자 했다. 그는 테러에 참가할 동지를 물색하러 1932년 10월 상하이로 갔다. 거기서 난시앙南翔 리다학원에 근무하던 류자명을 방문하여 정화암 등과 함께 테러활동에 대해 논의하였다. 11월 상하이 프랑스 조계 백정기의 숙소에서 이용준, 엄형순, 이달, 정해리, 백정기, 오면직, 원심창, 박기성, 정화암, 김

373) 자료에 따라서는 재중국 한국인 아나키스트 대표자회의로 기록하기도 하나, 《조선일보》 1930년 9월 23일·25일자는 무정부주의자동양대회로 보도하였다.

374) 《自由聯合新聞》 第89號 ; "신현상의 공적조서"(공기택, 1990, 32쪽에서 재인용) ; 《조선일보》 1930년 9월 23일자 등을 종합

야봉, 야타베무우지 등과 회합한 자리에서 "만주사변을 계기로 하여 일본제국 세력이 북중국에 파급되는 것은 명료한 것으로 동同방면의 인심은 동요하고 있다. 고로 이때 우리 동지들은 북중국 방면의 일본 군부 또는 총영사관에 폭탄을 투척하여 그 수뇌를 암살하고 인심을 외포畏怖케 하여, 치안을 교란攪亂하고 일본제국의 북중국 진출을 방해"하자고 제안하였다. 일본의 북중국 진출을 방지할 대책과 기타에 대해 협의한 결과, 백정기, 정화암, 야타베 무우지, 오면직, 박기성, 정해리, 이달, 엄형순 등은 상하이 방면에서 폭탄을 투척하고 향후의 운동자금을 조성하는 데 사용할 것을 주장하였으나, 원심창과 이용준 등은 류기석의 제안에 찬성하였다.

11월 12~13일경 원심창은 류기석의 숙소를 방문하였는데, 이 자리에서 류기석은 자신은 중국 항일단체로부터 7,000달러를 지원받았는데, 그 중 3,000달러가 남아 있으며, 이 자금으로 톈진과 베이징 방면에서 대사건을 야기하면 광둥廣東과 푸젠성의 중국 항일단체로부터 2~3만 달러를 다시 받을 수 있다는 사실을 밝혔다. 류기석, 원심창, 이용준 세 명은 북중국 방면의 치안 교란공작을 실행에 옮기기로 하였다. 1932년 11월 19일경[375] 류기석, 원심창, 이용준 등은 상하이를 떠나 베이징으로 향했는데, 김야봉도 동행하였다. 류기석, 원심창 · 이용준 · 김야봉 등은 21일경 베이징에 도착하였으며, 지린吉林성 하이린海林 방면 동지와의 연락을 맡기로 한 김야봉은 북만주를 향하여 출발하였다.

류기석, 원심창, 이용준 등은 정래동丁來東, 오남기, 국순엽鞠淳葉, 류기문 등 북경연맹원들과 협의한 후, 테러를 단행할 장소를 물색하였다. 하지만 당시 베이징에는 장쉐량張學良 군대 30여만 명이 주둔하고 있어 정세가 불리하였다. 12월 8~9일경 류기석은 원심창

375) 〈有吉公使暗殺陰謀不逞鮮人一味檢擧に關する件〉에는 11월 20일에 상하이를 떠난 것으로 기록되어 있다.

과 이용준의 숙소를 방문하여 톈진에서 항일파괴공작을 실행할 것을 제안하여 이들의 동의를 얻었으며, 모든 준비는 류기석이 맡기로 했다.

1932년 12월 13일 밤 원심창과 이용준은 류기석으로부터 폭탄 세 개 구입 등 모든 준비가 끝났다는 보고를 듣고, 14일 류기석과 함께 야간열차로 베이징을 출발하여 밤12시경 톈진에 도착했다. 15일 원심창, 이용준 등은 각인의 부서, 기타에 대해 합의하였다. 이들은 폭탄 투척 장소를 물색하기 위하여 현장시찰을 한 뒤, 일본군사령부와 주駐톈진 일본총영사관 쿠와시마桑島를 폭탄투척 대상으로 선정하였다. 독일 조계 부두에 정박 중이던 일본 기선 남양환南洋丸도 고려하였으나 제외하였다. 류기석이 일본총영사관저 근처에서 쿠와시마를 암살하겠다고 나섰으나, 현장시찰 결과 일본총영사관저의 경우 테러 후 도망가기가 여의치 않은 것으로 판명이 나서 다른 사람이 맡기로 했다. 그것은 만약 류기석이 체포되면 중국항일회와 자금문제를 교섭하는 것이 불가능해지기 때문이다. 희생을 최소한으로 줄이기 위해 이용준이 쿠와시마 암살을 맡고, 일본군사령부는 류기석이 맡기로 하였으며, 원심창은 지리에 어두워 도망가기가 어려우므로 테러가 행해진 뒤 곧바로 상하이로 가서 톈진의 상황을 보고하기로 하였다. 결행 일시는 16일 오후 6시 30분으로 결정하였다.

15일 밤 이용준은 원심창 입회하에 류기석으로부터 폭탄(수류탄)의 사용방법 등을 습득하였는데, 이때 원심창이 류기석에게 중국측 항일회로부터 자금을 수령할 경우 그것을 어떻게 사용할 것인가에 대해 물었다. 이에 류기석은 5,000달러 이하이면 베이징에서 경제기관을 만들어 그 이익을 운동자금으로 충당하고, 5,000달러 이상이면 상하이로 가서 동지들과 협의하여 사용방법을 결정하자고 하였다.

이용준은 계획대로 오후 6시 30분경 빅토리아공원 안에서 쿠와시마가 탄 자동차를 향해 폭탄 한 개를 투척하였으나 일본총영사관저 외곽의 벽돌담 일부를 파손하는 데 그쳤고, 류기문은 류기석으로부터 받은 폭탄을 부두에 정박 중인 일본 기선에 투척하였으나 바다에 떨어졌으며, 기선은 뱃머리를 돌려 도망가고 말았다. 류기문은 류기석으로부터 일본군사령부에 폭탄을 투척할 것을 요청받았으나, 일본군사령부는 거리가 너무 멀어, 대신 일본 기선에 투척한 것이다.[376] 원심창은 16일 석간 신문에 일본총영사관저에 폭탄이 투척되었다는 기사를 보고 9시 15분에 톈진을 출발하여 12월 19일에 상하이로 돌아갔다. 이용준은 폭탄을 투척한 후 일단 베이징으로 갔으나 류기석과 감정상의 충돌이 생겨 1933년 2월에 상하이로 갔다.[377]

류기석은 2차로 톈진에 있는 일본 정금正金은행과 일본군영 소재지인 해광사海光寺를 폭파하고자 했다. 그리하여 정금은행에는 시한폭탄을 설치하고, 일본 병영 안에 있는 발전소에 수류탄을 투척하였다. 하지만 정금은행 안에 설치하였던 시한폭탄은 다음날 아침

---

376) 류기석이 일본군사령부에 폭탄을 투척하였으나 불발이었던 것으로 기록하고 있는 자료도 있다. 하지만 류기석의 회고록에는 일본군사령부에 폭탄을 투척하였다는 기록은 나오지 않는다.

377) 〈無政府主義者 李容俊 取調의 건〉; 上海 六三亭사건의 판결문(원주원씨중앙종친회 편, 1979, 78~79쪽); 梁一東, 《元心昌傳》; 村田生, 〈上海及南京方面ニ於ケル朝鮮人ノ思想狀況〉, 177쪽; 林友, 〈재중국 조선무정부주의운동 개황〉; 〈有吉公使暗殺陰謀無政府主義者檢擧ノ件〉(《外務特殊文書》 28, 845~857쪽); 〈在上海留朝鮮人の不穩狀況〉(《資料集成》 2, 847쪽); 《한국아나키즘운동사》, 341쪽; 〈三木今二의 昭和12年 7月 19日 보고〉, 26쪽; 〈在支不逞團加入活動事件〉, 214쪽; 〈有吉公使暗殺陰謀事件, 黑色恐怖團事件, 南華韓人青年聯盟事件, 天津日本總領事官邸爆彈投擲事件〉; "1933년 3월 23일 石射總領事가 天津總領事에게 보낸 제5호 전보"; 〈有吉公使暗殺陰謀不逞鮮人一味檢擧に關する件〉; 원심창의 《聽取書》(第5回); 류기석, 2010, 237~241쪽; 〈오남기 아나운동 약력〉 등을 종합. 일부의 자료는 폭탄투척 시기를 1932년 11월 16일 혹은 1932년 1월로 기록하기도 하였으나, 상하이에서 회합한 일시가 11월 하순이므로 이치에 맞지 않다. 12월 16일로 기록한 〈無政府主義者 李容俊 取調의 건〉의 기록이 상세하므로 이를 따른다. 그리고 이 톈진폭탄투척사건을 항일구국연맹 혹은 흑색공포단에서 계획 · 실행한 것으로 기록하고 있는 자료도 있다. 하지만 류기석의 주도 아래 북경연맹원들이 실행 과정에 깊숙이 개입하였던 점 등은 이 사건이 북경연맹의 주도로 진행되었다는 것을 말해준다.

일찍 발견되는 바람에 제거되고 말았다.(류기석, 2010, 241~242쪽)

상해연맹은 1928년에 결성되어 《탈환》을 간행하는 등 아나키즘 선전작업을 벌였지만, 활발한 활동은 전개하지 못하였다. 그러다가 류기석이 베이징으로 간 이후 백정기, 김지강, 엄형순, 이달, 박기성, 이용준 등을 포섭하여 각종 직접행동을 펼치기 시작했다.(임우林友, 〈재중국 조선무정부주의운동 개황〉) 상해연맹은 1930년에 들어서면서 남화한인청년연맹과 함께 허무주의적 테러활동을 펼쳤다.

테러활동은 혁명근거지 건설에 주력하던 아나키스트들에 의해서도 펼쳐졌다. 즉 1924년 7월 12일 이을규 · 이정규 · 백정기 등은 김창숙과 함께 김달하를 처단하기 위한 자금을 마련할 목적으로 마오얼호동帽兒胡同 사건을 단행하였다. 이 마오얼호동 사건은 정화암이 융딩하 개간사업을 위한 자금마련 공작의 일환으로서 국내에서 고명복 모녀를 데려간 것에서 비롯되었다. 고명복 모녀는 원래 계획과는 달리 정화암과 헤어져 마오얼호동에서 그의 이모와 거주하였다. 고명복 모녀가 친일파의 집에서 호의호식하면서 살자, 김창숙 · 이을규 · 이정규 · 백정기 등이 일제의 밀정 김달하를 처단할 자금을 마련하고자 고명복 모녀의 마오얼호동 집에 잠입하여 값진 물건들을 가지고 나왔다. 하지만 이 사건이 세상을 떠들썩하게 만들었으므로 당장 이 물건들을 처분하여 김달하를 처단하는 데 사용하기는 어려웠다.[378)]

378) 《北京天津附近在住朝鮮人ノ狀況報告書進達ノ件》; 정화암, 1982, 57~61쪽; 《한국아나키즘운동사》, 293쪽 등을 종합. 정화암은 마오얼호동 사건의 발생일을 1923년 늦겨울로 회고하였으나, 기억상의 착오인 것으로 보인다. 당시에 작성한 일제 정보기관의 기록이 옳은 것으로 보인다. 그리고 백정기가 마오얼호동 사건에 주도적으로 참가하였을 뿐 아니라 훔친 물건을 다른 곳으로 직접 옮겼다는 정화암의 기억이 옳은 것이라면 마오얼호동 사건 발생일은 백정기가 베이징에 간 뒤라야 한다. 마오얼호동 사건으로 획득한 자금은 재중국조선무정부주의자연맹 자금으로 사용되었던 것으로 보이며 그 자금은 재중국조선무정부주의자연맹 결성비용으로 사용하였다는 정화암의 기억은 잘못이다. 마오얼호동 사건은 재중국조선무정부주의자 연맹이 결성된 이후 일어났기 때문이다.

그리고 1930년 12월 초순[379]에는 김지강 · 오면직 · 장기준張麒俊 · 정화암 · 김동우 등이 만주로 갈 자금을 확보하기 위하여 정실은호正實銀號를 습격하여 중국돈 3,000원과 일본돈 몇 백원을 강탈하였으며, 이 자금으로 · 오면직 · 김지강 · 장기준 · 이규숙 · 이현숙 등의 만주행이 이루어졌다.(정화암, 1982, 114~119쪽 참조)

혁명근거지 건설론자들의 테러활동은 테러적 직접행동론에 바탕을 둔 것이라기보다는 가진 자들에게서 자산을 탈취하는 것을 정당하게 여기는 '약탈론'의 입장에 근거하고 있었다. 아나키스트들은 가진 자들로부터 돈을 빼앗는 행위 즉 강도짓이나 도적질 같은 행위를 아무런 거리낌없이 행하였는데, 그것은 가진 자들에게 강탈당한 것을 되찾는 행위는 아무런 도덕적 결함이 없는 정당한 행위인 것으로 판단하기 때문이다. 아나키스트들은 이러한 행위를 '략掠'이라 칭하였으며, '략掠'을 통해 획득한 자금을 운동자금이나 생활비에 충당하였다.

러시아에 있던 한국인 아나키스트들도 테러활동을 전개했다. 1925년 당시 러시아 수찬蘇城(현 파르티잔스크)에는 약 1만 6,000명 정도의 아나키스트들이 있었는데, 그 중 약 300명이 한국인들이었고, 그들은 무장을 하고 있었다. 그들의 목적은 어느 나라 사람을 막론하고 아나키즘을 품은 사람이면 연합하여 적극적으로 현재의 정부 제도를 깨뜨리고 인류 평등의 참다운 생활을 하는 것이었는데, 정권을 잡은 자들을 압도하려면 무력으로 해결해야 한다고 주장하였다. 이들 중 한국인 아나키스트 80명 가량이 1925년 2~3월 무렵 아나키즘을 선전하고자 훈춘琿春과 라자거우 사이로 해서 만주로 넘어갔다.[380]

379) 정화암은 正實銀號 습격사건의 발생일을 1930년 10월로 회고하였다.(정화암, 1982, 118쪽)

380) 《조선일보》 1925년 3월 4일자. 이후 이들이 어떤 구체적 활동을 하였는지에 대해서는 알려진 바가 없다.

(2) 허무주의적 테러활동

1920년대 재중 한국인 아나키스트들은 의열단, 재중국조선무정부공산주의자연맹 등을 중심으로 테러적 직접행동론에 따라 테러활동을 적극적으로 전개했다. 그들에게 테러는 민족해방운동의 주요한 수단이었다. 하지만 1930년대부터는 허무주의적 테러활동도 전개되었다. 허무주의적 테러활동은 상해연맹과 남화한인청년연맹 등을 중심으로 전개되었다.

상해연맹과 남화한인청년연맹이 결성된 것은 1928년과 1930년이지만, 이들 단체가 테러활동을 본격적으로 전개하기 시작한 것은 만주에서 철수한 정화암을 비롯한 일단의 아나키스트들이 남화한인청년연맹에 합류하면서부터였다. 1930년대 초 김좌진과 김종진이 연이어 피살되자 정화암 등 만주에서 민족해방운동기지 건설사업에 참가하였던 한국인 아나키스트들은 더 이상 만주에서는 기지건설이 불가능하다고 판단하고, 1931년 8월 하순 이후 순차적으로 중국 관내關內로 철수하였다. 이들이 중국 관내로 철수하는 데 드는 비용은 류자명이 조달하였는데, 그것은 국제운동을 할 것을 조건으로 하여 왕야차오王亞樵에게 빌린 돈이었다. 철수한 이들은 남화한인청년연맹에 가입하고, 무정부주의혁명상해행동위원회無政府主義革命上海行動委員會와의 제휴를 통해 테러와 강도 등의 직접행동을 전개하기로 하였다.[381]

이들은 상하이에서 상해연맹과 남화한인청년연맹에 합류하여 남화한인청년연맹을 개편한 뒤, 정화암의 주도 아래 테러활동을 전개하였다. 1920년대의 테러활동이 테러적 직접행동론에 입각하여 전개되었다면, 1930년대 상해연맹과 남화한인청년연맹의 테러활동은 자포자기적 상황에서 행해진 것으로 허무주의적 경향을 강하게

381) 〈無政府主義者 李容俊 取調의 건〉(《思想에 關한 情報綴(4)》, 15쪽) 참고

띠고 있었다. 즉 정화암 등은 자신들의 모든 힘을 쏟아 부었던 만주에서의 민족해방운동기지 건설사업이 일제가 아니라 합작했던 민족주의자들에 의해 실패로 끝나고 중국 관내로 철수할 수밖에 없는 상황에 망연자실했다. 중국 관내로 쫓겨난 한국인 아나키스트들은 자포자기적 감정에 휩싸였다. 일제의 승승장구는 그들에게서 모든 희망을 빼앗아버렸다. 거기에다 만리 이국땅에서 겪는 생활난은, 모든 희망을 박탈당한 그들을 더욱 허무주의적 경향으로 몰고 갔다. '악랄한 야수와 같은 전 세계의 지배자'가 식민지 민중을 강력하게 억압하는 상황에서 식민지 민중에게 남겨진 무기는 직접행동밖에 없다는(《自由聯合新聞》 第80號) 판단 아래 아나키스트들은 테러라는 수단을 고집했고, 불을 향해 날아드는 불나방처럼 무모한 테러를 감행했다. 허탈감에 빠진 상태에서 그들이 취할 수 있었던 수단은 자포자기적 테러를 제외하고는 아무 것도 없었다.

아리요시 아키라有吉明 공사 암살모의 과정에서 이 사건을 맡기 위해 치열한 경쟁을 벌였던 이강훈의 예가 당시 한국인 아나키스트들의 허무적인 감정을 잘 나타내 준다. 양자추楊子秋에 따르면, 이강훈이 아리요시 공사 암살 공작에 참가한 것은 근본적으로는 자신의 철저한 의식에 따른 것이기는 하지만, 만주에서 철수한 이후 《러시아 10대 여당원집女黨員集》[382]과 바진巴金의 《허무당전집》을 읽고 허무당원들의 격렬한 혁명운동과 직접행동에 자극을 받은 데 기인하였다.(楊子秋, 〈동지 李康勳군을 회상함〉)

상해연맹과 남화한인청년연맹을 같은 조직으로 파악한 자료들도 있다. 즉 일제의 정보보고서 중 일부는 남화한인청년연맹을 재중국조선무정부공산주의자연맹(상해연맹)이 1930년 4월에 개칭된 것으로 혹은 그 후신으로 기록하고 있다.[383] 그러나 다른 자료들은 상

382) 자료에는 《俄國獨逸10大女黨員集》으로 기록되어 있다.

383) 《治安狀況-昭和8年》, 277쪽 ; 在上海總領事館 編, 《朝鮮民族運動未定稿》 第4(《外

해연맹과 남화한인청년연맹을 병기하여 별개의 단체임을 나타내고 있다.[384] 양자추楊子秋도 이강훈이 1933년 2월 베이징을 거쳐 상하이에 가서 상해연맹 동지들을 소개받고 남화한인청년연맹에 가입하였다고 기록하고 있다.(楊子秋, 〈동지 李康勳군을 회상함〉) 나아가 남화한인청년연맹을 상해연맹의 세포단체로 기록한 자료들도 있다.[385] 하지만 두 단체에 중복으로 가입한 자가 많아 엄격히 구별되었던 것 같지는 않다.

남화한인청년연맹과 상해연맹이 단행한 주요한 테러를 시기순으로 정리하면 다음과 같다.

첫째, 일제의 밀정 이규서李圭瑞와 연충렬延忠烈을 암살하였다. 1932년 12월 이달 · 백정기 · 원심창 · 김지강 · 박기성 · 오면직 등은 이규서와 연충렬이 이회영을 일제 경찰에 밀고한 것으로 단정하고, 이들을 살해할 것에 대해 논의한 뒤, 이달이 아나키스트 운동의 특별공작을 공동으로 실행할 것에 대해 논의하자고 양인을 리다학원立達學院으로 유인하였다. 이달과 오면직은 상하이로 공작자금을 입수하러 가자면서 그들을 남상역南翔驛 철교 부근으로 데리고 가서, 그들로부터 일제의 밀정 노릇을 한 것을 자백받고 살해했다.[386]

둘째, 1932년 5월 4일 박제채,[387] 박능한朴能韓, 홍곤洪坤 등이 프

務特殊文書》 26, 614쪽) ; 坪江汕二, 1966, 120쪽

384) 〈三木今二의 昭和12年 7月 19日 보고〉, 27쪽 ; 林友, 〈재중국 조선무정부주의운동 개황〉

385) 吳冕稙 외 4인의 판결문(《독립운동사 자료집》 11, 825쪽) ; 정화암, 1982, 134쪽

386) 吳冕稙 외 4인의 판결문(《독립운동사 자료집》 11, 825쪽) ; 〈三木今二의 昭和12年 7月 19日 보고〉, 27쪽 ; 《한국아나키즘운동사》, 364쪽 등을 종합. 남화한인청년연맹원과 항일구국연맹원들이 서로 겹쳐 있었던 관계로 항일구국연맹이 李圭瑞와 延忠烈을 살해한 것으로 기록한 자료도 있으나, 중국 아나키스트나 일본 아나키스트들이 전혀 관계하지 않은 것으로 보아 남화한인청년연맹 혹은 上海聯盟에 의해 단행된 것으로 보는 것이 타당하다.

387) 박제채는 1929년 9월경에 푸단대復旦大 상과 1학년에 진학하였으며, 1930년 7월부터 동교생인 남화한인청년연맹원 안우생安宇生으로부터 아나키즘을 교양받고, 12월에 남화한인청년연맹에 가입하였다. 이후 아나키즘을 연구하는 한편, 《남화통신》

랑스 조계 차신교車新橋에서 홍원제가 경영하는 가게를 습격하여 현금 300원과 시계 한 개를 강탈하였다. 이 때문에 박제채는 1932년 9월 6일 재상해일본총영사관 경찰서에 검거되어, 강도의 죄목으로 징역 5년형에 처해졌다. 형기의 1/4을 감형받고 1936년 8월 27일에 만기출옥하였다.[388)]

셋째, 일제의 밀정 이종홍李鍾洪(안경근의 처생질)을 교살하였다. 1933년 5월 난시앙 리다학원에서 정화암, 오면직, 엄형순, 김지강, 안경근 등이 회합을 가졌는데, 이 자리에서 이종홍을 일본 총영사관의 밀정으로 단정하고 살해할 것을 공모하였다. 동일 오후 3시경 안경근이 이종홍을 난시앙 리다학원 부근 창얼캉常爾康의 집으로 유인한 뒤, 오면직 · 엄형순 · 김지강 등이 그로부터 일본 총영사관 밑에서 활동한 사실이 있다는 것을 자백받고 그 자리에서 목을 졸라 질식사시켰다.[389)]

넷째, 일제의 밀정 노릇을 한 옥관빈玉觀彬을 사살하였다. 1933년 7월 22~23일경 옥관빈이 일본 군대를 위하여 약 2만 원의 재목을 제공하고, 일본 관헌에게 혁명운동에 관한 밀정 행위를 한 사실이 포착되었다. 이에 오면직과 엄형순은 정화암과 연락을 취하면서 옥성빈玉成彬(玉勝彬, 옥관빈의 형)의 집 맞은 편 중국인의 집 2층에 수일간 잠복하여 사살할 기회를 엿보았다. 1933년 8월 1일 밤 엄

인쇄와 배포에 협력하였다. 1937년 1월에 한규영 집 습격에 참가했다가 상해일본총영사관 경찰서에 검거되었다.[박제채의 재판 기록(《형사 제1심 소송기록》에 편철 ; 국사편찬위원회 소장, MF번호 07801)]

388) 박제채의 재판 기록(《형사 제1심 소송기록》에 편철 ; 국사편찬위원회 소장, MF번호 07801)

389) 〈在上海總領事館ニ於ケル特高警察事務狀況〉(《外務特殊文書》 27, 784 · 792쪽) ; 吳冕稙 외 4인의 판결문(《독립운동사 자료집》 11, 826쪽) ; 《한국아나키즘운동사》, 343 · 364쪽 등을 종합. 위의 일제 정보보고서에는 안경근이 안공근으로 기록되어 있으며(784쪽), 정화암 · 오면직 · 엄형순 · 김지강 · 李蓮(達의 誤記-인용자) 등이 이종홍을 살해한 것으로 기록되어 있다(792쪽). 《한국아나키즘운동사》, 343쪽에는 안경근이 안공근으로, 엄형순 · 이달 · 오면직 · 이용준 등이 이종홍을 살해한 것으로 서술되어 있다.

형순이 옥성빈의 집으로 들어가던 옥관빈을 사살하였다. 상해연맹에서는 8월 9일 한인제간단韓人除奸團의 명의로 〈역도 옥관빈의 죄상을 선포한다〉라는 제목의 참간장斬奸狀을 각 방면에 살포하여, 옥관빈의 주구적 죄상을 6개조의 죄목으로 만천하에 폭로하였다. 한인애국단과의 합작으로 이루어졌던 이 사건이 한인제간단의 명의로 발표됨으로써, 이후 김구 측과 상해연맹의 관계가 틀어져 1933년 11월에 김구에 의해 오면직이 소환당하는 등의 문제가 발생하기도 했다.[390)]

다섯째, 옥관빈의 형 옥성빈을 사살하였다. 옥성빈이 프랑스조계 공부국工部局에서 형사로 근무하면서 독립운동을 방해하자, 1933년 12월 18일 김해산金海山(金文㷜)의 집 입구 노상에서 저격하였다.[391)]

여섯째, 상해조선인거류민회上海朝鮮人居留民會 부회장을 지낸 이용로李容魯를 암살하였다. 이용로는 일제 경찰이 민족해방운동가들을 체포하는 데 많은 도움을 주었다. 그는 민족해방운동가들의 동정과 주소를 몰래 조사하여 일본총영사관에 보고하여 체포하는 데 편의를 제공할 뿐 아니라, 상하이에 거주하던 한국인들을 모두 거류민회에 입회시켜 민족해방운동가들의 활동범위를 축소시키고 있

390) 〈在滬有力鮮人玉觀彬暗殺事件〉(《外務特殊文書》 26, 681쪽) ; 《동아일보》 1933년 8월 3일 · 15일자 ; 林友, 〈재중국 조선무정부주의운동 개황〉 ; 〈三木今二의 昭和12年 7月 19日 보고〉, 28쪽 ; 吳冕稙 외 4인의 판결문(《독립운동사 자료집》 11, 826쪽) ; 〈在上海總領事館ニ於ケル特高警察事務狀況〉(《外務特殊文書》 27, 792쪽) ; 이규창, 1992, 193쪽 등을 종합. 정화암과 《한국아나키즘운동사》는 "臨政의 財力과 南華聯盟(남화한인청년연맹-인용자)의 人力이 합작"하여 옥관빈을 살해하였고, "남화연맹은 鋤奸團이란 명의로 玉의 죄상을 세상에 폭로했다"(정화암, 1982, 161~163쪽 ; 《한국아나키즘운동사》, 349쪽)고 기록하고 있으나, 취하지 않는다. 옥관빈 살해 뒤 8월 8일 각 방면에 살포된 斬奸狀에 韓人除奸團의 서명이 있었고[〈在滬有力鮮人玉觀彬暗殺事件〉(《外務特殊文書》 26, 681쪽)], 1933년 8월 15일 국내신문에 "9일에 이르러 ○○除奸團이란 이름으로 玉觀彬의 죄상을 들어 성명서를 발표"하였다고 하는 기사가 보도되었다.(《한국아나키즘운동사》, 350쪽) 〈在上海總領事館ニ於ケル特高警察事務狀況〉에는 흑색공포단이 옥관빈을 살해한 것으로 기록되어 있으나 취하지 않는다.

391) 〈在上海留朝鮮人の不穩狀況〉(《資料集成》 2, 842쪽) ; 〈1935年の上海を中心とする朝鮮人の不穩策動狀況〉(《朝鮮獨立運動》 2, 552쪽) 등을 종합

었다. 1935년 3월 6일경 이용준의 숙소에서 정화암, 이달, 엄형순, 이용준 등이 모인 가운데, 정화암이 이러한 사실을 밝히고 이용로를 처형할 것을 제안했다. 이에 엄형순 · 이달 · 이용준 · 김지강 등은 정화암의 제안에 따라 1935년 3월 18일 이용로를 살해할 구체적 방법 등에 관해서 협의하였는데, 엄형순이 실행을 담당하고 중국어 및 지리에 정통한 이규창을 엄형순의 연락자로 하며, 권총과 탄환 준비는 정화암이 맡기로 결정하였다. 1935년 3월 25일[392] 엄형순과 이규창은 정화암이 마련한 권총으로 이용로를 습격하여 후두부를 명중시켜 암살에 성공하였으며, 그의 처 박성신과 동거인 박숭복朴崇福에게 중상을 입혔다. 양인은 모두 현장에서 중국 경찰에게 체포당하였으며, 이 사건으로 엄형순은 사형, 이규창은 징역 13년에 처해졌다.[393]

일곱째, 1935년 11월 7일 남화한인청년연맹원 김창근金昌根이 일제의 밀정으로 추정되던 이태서李泰瑞를 권총으로 사살하였다.[394]

여덟째, 재중국 한국인 아나키스트들은 중일전쟁 발발 이후 후방교란책으로서 친일 한국인을 암살할 계획을 세웠다. 1937년 11월 11일 김현수[395]는 황서범黃瑞範의 집에서 조선민족혁명당원 최원삼

392) 《동아일보》 1936년 1월 15일 · 2월 5일자는 이용로 암살일을 1935년 6월로 보도하였다.

393) 〈無政府主義運動事件〉, 225~226쪽 ; 嚴亨淳 · 李圭虎의 판결문(《독립운동사 자료집》 11, 839~840쪽) ; 《동아일보》 1936년 1월 15일 · 2월 5일 · 4월 9일 · 18일자 ; 島津岬 · 古屋孫次郎, 1935, 14쪽 ; 〈在上海總領事館ニ於ケル特高警察事務狀況〉(《外務特殊文書》 27, 793쪽) ; 村田生, 〈上海及南京方面ニ於ケル朝鮮人ノ思想狀況〉, 178쪽 ; 〈無政府主義者 李容俊 取調의 건〉 등을 종합. 《흑색신문》 제37호는 엄형순과 이규창이 일본영사관 경찰에 체포된 것으로 보도하였다. 일제 경찰의 정보고서는 흑색공포단이 이용로를 암살한 것으로 기록하였으나[〈1934年の上海を中心とする朝鮮人の不穩策動狀況〉(《朝鮮獨立運動》 2, 506쪽)], 이는 잘못이다. 흑색공포단은 항일구국연맹 행동대의 별칭으로 항일구국연맹은 1935년 이전에 이미 해체된 상황이었다.

394) 〈1935年の上海を中心とする朝鮮人の不穩策動狀況〉(《朝鮮獨立運動》 2, 552쪽) ; 〈韓國猛血團員ノ檢擧〉(《外務特殊文書》 27, 281쪽) 등을 종합

395) 김현수는 1934년 1월 1일경 동료 14명과 함께 오면직을 따라 뤄양洛陽으로 가서 중국 군관학교 뤄양분교에 입학하여 1년 4개월간을 수학하고, 1935년 4월 10일 낙양분교를 졸업하였다. 1936년 2월 상순 이하유로부터 아나키즘을 접하였다. 이 무렵

崔元三(崔榮植)으로부터 상해조선인거류민회장 이갑녕李甲寧(外務省 囑託)이 일본제국주의 군대를 위해 활동하는 등 민족독립운동의 반역자가 되었으므로 이를 살해할 것을 제의받았다. 그는 최원삼으로부터 권총 한 정을 제공받고, 최원삼과 함께 상하이 공동조계共同租界 마이터허시투오로麥特赫司脫路(Medhurst路) 카페 '난데스까'에서 회식 중인 이갑녕을 암살하고자 권총으로 저격하였으나 경상을 입히는 데 그치고 말았다. 이로 인하여 김현수는 12월 6일[396] 일본총영사관 경찰부에 검거되었다. 사건 발생 후 한국인 아나키스트들은 라디오를 이용하여 영어 · 중국어 · 한국어로 본 사건을 항일적으로 왕성하게 선전하였다.[397]

일제의 정보기관은 옥관빈암살사건, 아리요시 공사 암살음모사건, 옥성빈암살사건, 이용로암살사건, 이태서암살사건 등 1930년대 재중국 한국인 아나키스트들의 테러활동 대부분을 김구의 사주에 의한 것으로 파악하였다.[398] 김구와 대립하고 있던 송병조 일파도 김구가 아나키스트들을 사주하여 테러를 자행하게 한 것으로 파악하였다.[399] 일제 경찰의 정보보고서는 심지어 남화한인청년연맹을 한인애국단의 산하단체로 기록하기까지 하였다.[400] 이러한 사실은 1930년대의 테러활동의 상당수가 김구와 아나키스트들의 합작으로 이루어진 것임을 말해 준다.

이처럼 남화한인청년연맹이 전개한 테러활동의 상당 부분은 김

남화한인청년연맹에 가입한 뒤, 테러활동에 가담하였다.[박제채의 재판 기록(MF번호 07801)]

396) 《조선일보》 1938년 4월 9일자는 김현수의 체포일자를 1938년 1월 말로 보도하였다.

397) 〈1937年の在支不逞鮮人の不穩策動狀況〉(《朝鮮獨立運動》 2, 608쪽) ; 〈古橋浦四郎의 昭和13年 1月 보고〉, 79쪽 ; 〈長部謹吾의 보고〉, 159쪽 ; 《조선일보》 1938년 4월 9일자 ; 박제채의 재판 기록(MF번호 07801) 등을 종합

398) 〈1935年の上海を中心とする朝鮮人の不穩策動狀況〉(《朝鮮獨立運動》 2, 551~552쪽)

399) 〈在上海留朝鮮人の不穩狀況〉(《資料集成》 2, 841~842쪽)

400) 〈栗谷四郎의 昭和10年 8月 13日 보고〉(《思想情勢視察報告集》 其の一, 26쪽)

구 중심의 한인애국단이나 대한민국임시정부와의 합작으로 이루어졌다. 대한민국임시정부와의 합작은 이미 1920년대 중반에 이미 한 번 했던 적이 있었다. 1925년 5·30운동 이후 백정기·계택수·어락빈 등이 대한민국임시정부·의열단과 함께 일제의 밀정 김창수金昌洙를 암살할 자금을 마련하기 위해 가발판매상을 하는 사람을 습격하기로 하였는데, 임정계의 변모邊某가 약속을 어기는 바람에 실패하였다.[401)]

재중국 한국인 아나키스트들의 김구와의 합작은 1931년 만주에서 철수하여 남화한인청년연맹에 합류한 정화암의 주도로 이루어졌다.[402)] 이들이 김구 측과 합작하여 테러활동을 전개한 데에는 만주에서의 한족총연합회 활동을 통해 대종교적 민족주의자들과 연합하였던 경험이 크게 작용한 것으로 보인다. 남화한인청년연맹은 민족주의운동을 철저히 부정했던 류기석 등이 결성했으나, 정화암 등 만주에서 철수한 아나키스트들이 합류하면서 이들이 의해 주도하였다. 만주에서 한국인들의 아나키스트 운동을 이끌었던 재만조선무정부주의자연맹은 당면강령에서 "우리는 항일독립전선에서 민족주의자들과 우군으로서 협조하고 협동작전에서 의무를 수행한다"는 것을 밝히고(《한국아나키즘운동사》, 324쪽), 민족주의자와의 연합을 추진하였다. 재만조선무정부주의자연맹에 합류하여 민족주의자와 연합한 경험을 가지고 있던 그들에게는 민족주의자들로부터 테러를 단행하는 데 필요한 도움을 받는 것은 결코 부자연스러운 것이 아니었다.

아나키스트들의 반공산주의적 정서 또한 민족주의자들과의 합작에 크게 기여한 것으로 보인다. 아나키스트들은 프롤레타리아 독재

401) 崔甲龍, 1996, 12쪽(《한국아나키즘운동사》, 295쪽 등을 종합)

402) 일제의 정보보고서는 1933년 6월 하순 조상섭의 집 습격 이후 재중국 한국인 아나키스트들이 김구측과 합작하여 테러활동을 전개한 것으로 기록하였으나[〈上海及同關係不逞鮮人團體ノ件〉(《外務特殊文書》 27, 87쪽)], 전후관계가 맞지 않다.

론을 공산당 간부 자신들이 권력을 장악하기 위해 내세우는 사기에 불과한 것으로 치부하면서, 공산주의사회에서는 민중들의 자유가 결코 허용되지 않는다고 비판하였다. 재중국 한국인 아나키스트들도 반공산주의적 태도를 견지하면서 민족주의자들과 합작하여 공산주의자들에 대한 반대투쟁을 전개했다. 특히 만주에서는 공산주의자와 목숨을 건 치열한 투쟁을 벌였고, 결국 김좌진과 김종진 등이 암살당하는 사태에까지 이르렀다. 김좌진 암살은 아나키스트들의 만주에서의 민족해방운동기지 건설이 좌절되는 치명적 요인이 되었다. 이에 아나키스트들의 반공산주의적 정서는 강화되었고, 공산주의를 타도하기 위한 어떠한 행동도 할 준비가 되어 있었다. 그러한 상황에서 민족주의자와의 연합이 쉽게 이루어진 것이었다.

부족한 자금문제도 아나키스트들로 하여금 민족주의자들과 합작하게끔 유도했다. 항일구국연맹에서 왕야차오王亞樵 등이 탈락하면서 중국 아나키스트들로부터 주어지던 지원이 중단되어 재중국 한국인 아나키스트들의 자금사정은 극도로 곤란해졌다. 테러활동에 필요한 자금은 고사하고 생활비조차 부족한 실정이었다. 그러한 상황에서 상대적으로 풍족한 자금을 지니고 있던 김구측으로부터 합작제의가 들어왔고, 강도 행위를 하면서까지 자금을 충당하던 아나키스트들로서는 이를 마다할 이유가 없었던 것이다.

남화한인청년연맹원들은 사업에 소요되는 자금을 충당하기 위하여 '략掠'이라 칭하는 행동도 취하였다. 이 '략'에는 강도 행위도 포함되었다. 아나키스트들이 상하이에서 단행한 주요한 강도 행위는 다음과 같다.

첫째, 1931년 12월 상순 무렵 이용준의 숙소에서 이용준 · 엄형순 · 김지강 · 박기성 · 이달 · 백정기 등이 회합하였는데, 이 자리에서 백정기가 금은교역상金銀交易商 겸 과물상果物商인 한국인 이명섭李明燮의 집을 습격, 현금을 강탈하여 이를 연맹자금으로 조달할 것을 제의했다. 이 제안에 따라 수일 뒤 엄형순과 김지강은 권총을 한 정씩 휴대하고, 백정기와 이용준은 빈손으로 이명섭의 집을 습격하였다. 권총으로 가인家人들을 위협하여 현금 500원과 금딱지 회중시계(가격 150엔)를 빼앗았다. 백정기는 이명섭 명의의 조선은행 상해지점의 예금통장에 1,500원의 예금이 있는 것을 발견하고, 이 예금도 빼앗고자 인력거를 타고 동 은행 지점으로 인출하러 갔지만, 서명 관계로 실패하여 미수에 그쳤다.[403)]

둘째, 1933년 6월 초순경 이용준 숙소에서 이용준, 오면직, 김지강, 정화암, 이달, 박기성 등이 회합하였다. 이 자리에서 정화암이 평안북도 모 금융조합 이사 김창우金昌宇와 박모朴某가 동 조합의 공금 약 4만 엔円을 휴대하고 프랑스 조계 대성여관에 투숙하고 있으니, 이들을 습격하여 현금을 강탈하여 운동자금으로 충당할 것을 제안하자, 일동은 거기에 찬성하였다. 오면직, 김지강, 이용준 3명이 실행하기로 하고, 다음날 아침 대성여관을 습격하였으나, 조선은행 상해지점의 예금통장에 2만 엔円의 예금이 있는 것 외에 기대하던 현금은 없었다. 이에 그 다음날 아침 이달, 엄형순, 박기성 세 명이 다시 습격하기로 결정하였다. 다음날 아침 동인들을 습격하여 예금통장을 휴대케 하고, 그들과 동행하여 지나공원支那公園으로 향하던 중 이용준을 만났다. 이용준이 연행자 가운데 한 명을 동 공원에서 감시하고, 이달, 엄형순, 박기성이 미행하는 가운데 다른 한 명으로 하여금 예금을 인출토록 하였다. 하지만 예금 인출에 실패하였고, 감시 중인 한 명도 풀어주고 말았다.[404)]

셋째, 1933년 6월 하순경 이용준 · 정화암 · 이달 · 박기성 등이

403) 〈在支不逞團加入活動事件〉, 213쪽 ; 李容俊의 판결문(《독립운동사 자료집》 11, 847쪽) ; 〈無政府主義者 李容俊 取調의 건〉 등을 종합

404) 〈無政府主義者 李容俊 取調의 건〉(《思想에 關한 情報綴(4)》, 43쪽) ; 〈在上海留朝鮮人の不穩狀況〉(《資料集成》 2, 841쪽) 등을 종합. 〈在上海留朝鮮人の不穩狀況〉에는 범행일자가 7월 12일, 13일로 기록되어 있다.

회합하였는데, 정화암이 운동자금을 조달하기 위해 원창공사元昌公司 주인인 한국인 조상섭趙尙燮의 집을 습격할 것을 제안했다. 이 제안을 수용하여 이달, 박기성, 이용준 세 명이 결행하기로 협의하였다. 수일 후 정화암으로부터 권총 두 정을 수취하였다. 7월 5일경 권총 한 정을 휴대한 박기성은 정문으로, 나머지 권총 한 정을 휴대한 이달과 빈손의 이용준은 후문으로 조상섭의 집에 침입하였다. 권총으로 가인들을 협박하고, 인삼 약 40근(가격 약 400엔), 금딱지 회중시계(가격 약 150엔)를 빼앗았다.[405] 이 때 강탈한 인삼 중 약 40포包는 이규창이 취안저우로 가지고 갔는데, 이를 허열추가 매각하였으며, 판매대금 200여 원은 운동자금 조성에 충당하였다.[406]

넷째, 1933년 7월 2일 김문희金文熈의 집에 한국인 세 명이 침입하여 금품을 빼앗았다.[407]

다섯째, 1933년 7월 13일 이성용李星鎔의 집에도 한국인이 침입하였다.[408]

여섯째, 1935년 조상섭의 집을 또 한 차례 침입하였다. 1935년 1월 21일[409] 엄형순 · 이규창 · 이달 · 김지강 등은 정화암과의 협의하에 남화한인청년연맹의 운동자금을 조달할 목적으로 조상섭의 집을 습격하여 돈을 강탈하고자 하였다. 하지만 이 사실을 미리 간파한 조상섭이 도주하는 바람에 실패하였다.[410]

---

405) 〈在支不逞團加入活動事件〉, 213~214쪽 ; 李容俊의 판결문(《독립운동사 자료집》 11, 847쪽) ; 〈在上海留朝鮮人の不穩狀況〉(《資料集成》 2, 841~842쪽) ; 〈無政府主義者 李容俊 取調의 건〉 등을 종합

406) 〈無政府主義者 李容俊 取調의 건〉(《思想에 關한 情報綴(4)》, 58~59쪽)

407) 〈在上海留朝鮮人の不穩狀況〉(《資料集成》 2, 841쪽)

408) 〈在上海留朝鮮人の不穩狀況〉(《資料集成》 2, 841쪽)

409) 〈在上海總領事館ニ於ケル特高警察事務狀況〉(《外務特殊文書》 27, 784쪽)에는 2월 21일로 기록되어 있다.

410) 嚴亨淳 · 李圭虎의 판결문(《독립운동사 자료집》 11, 839쪽) ; 〈無政府主義運動事件〉, 225쪽 ; 〈在上海總領事館ニ於ケル特高警察事務狀況〉(《外務特殊文書》 27, 784쪽) 등을 종합

일곱째, 마약밀매상 한규영韓奎泳으로부터 금품을 강탈하였다. 1936년 11월 18일경 정화암과 박제채朴濟彩가 회합하여 연맹의 자금을 확보하기 위하여 한규영을 습격하여 금품을 탈취할 계획을 세웠다. 11월 23일경 박제채는 정화암에게 한규영 집의 구조 도면 한 통을 건네주면서 한규영의 가족상황 등을 정화암에게 자세히 알려주었다. 1937년 1월 중순경 이하유 집에서 정화암, 이하유, 김성수, 김현수 등과 함께 회합하여 강도 행위를 결행하기로 결의하였다. 1937년 1월 22일 오전 8시경 정화암 · 이하유 · 김성수 · 김현수 · 박제채 · 이달 등이 한규영 집에 침입하여 중국은행권 800원과 헤로인 4온스(시가 400원 정도)를 강탈하였다.[411)]

자금을 확보하기 위한 '략掠'은 한국맹혈단韓國盟血團[412)]에 의해서도 전개되었다. 한국맹혈단의 결성과정은 다음과 같다. 1933년 11월 한국국민당으로 복귀하였던 오면직은 1935년 말 내지 1936년 1월 무렵 김구와 안공근安恭根의 전횡에 불만을 품고, 류형석 · 한도원韓道源(李國華, 王少山) 등과 함께 김구와 결별하였다. 이후 김동우와 함께 상하이로 가서 아나키스트 대열에 합류한 오면직은 민족혁명당을 탈퇴한 김승은金勝恩(金革, 金影, 金華) 등을 규합하여 남화한인청년연맹의 별동대로 맹혈단을 조직하였다. 1936년 1월 상순경 김창근이 맹혈단에 가입하였다. 오면직, 김창근, 류형석柳瀅錫(張天民, 百雲) 및 한도원은 1936년 1월 중순경부터 동년 2월 중순경까지 조상섭趙尙燮, 이갑성李甲成, 공개평孔凱平(朴東彦), 이철진李鐵鎭, 박진朴震, 정찬성鄭燦星, 김하종金河鍾, 황복용黃福用, 최영택崔泳澤 등에게 활동자금을 제공해줄 것을 강요하였다. 그리하여 최영택으로부터 200원, 박진으로부터 10원, 이철진과 황복용으로부터 각각 15원

411) 〈在支無政府主義者의 外患事件〉, 272쪽 ; 朴濟彩의 판결문(《독립운동사 자료집》 11, 844~845쪽) ; 박제채의 재판 기록(MF번호 07801) 등을 종합

412) 자료에 따라서는 猛血團이라고도 하나 이는 잘못 전해진 것이다.(〈三木今二의 昭和12年 7月 19日 보고〉, 28쪽)

씩을 제공받았다. 이렇게 획득된 자금으로 남화한인청년연맹의 기관지 《남화통신》을 발행하는 한편, 1936년 2월[413] 맹혈단 결당식을 거행하였다.

맹혈단은 김동우와 오면직을 단장 및 재정부장으로 선출하고 다음의 사항을 결정하였다.

ㄱ. 금후 한국독립당 재건파와 제휴하고, 새로이 혁명단체를 조직하여 중국인 방면으로부터 활동자금을 얻어 대대적으로 활동할 것

ㄴ. 김동우는 항저우杭州로 가서 재건파 조소앙, 박창세와 교섭하고, 그것을 합체하여 강력한 혁명단체로 발전시킬 것

ㄷ. 오면직 기타는 당분간의 활동자금을 상하이 재류在留 한국인으로부터 모집할 것

ㄹ. 우리들은 난징南京에 있는 야심 정치가 등처럼 타락하지 않고, 혁명 도덕에 비추어 행동할 것

위의 결정에 따라 김동우는 항저우로 가서 한국독립당 재건파와의 제휴를 모색하였으며, 오면직은 김승은 등의 단원과 함께 상하이에 있던 한국인 자산가들에게 맹혈단 명의의 협박문을 보내거나 강제로 면회하여 자금을 제공해줄 것을 강요하였다. 하지만 자금 모집은 신통치 않았다. 김동우는 1936년[414] 2월 22일 상하이 민구오로民國路 어느 다방에서 류형석을 만나, 종전과 같은 자산가들로부터 기부를 받는 방식으로는 활동자금 모집이 여의치 않으므로 강탈하는 방법을 취해야 한다고 역설하였다. 이에 류형석 등은 2월

413) 吳冕植 외 4인의 판결문(《독립운동사 자료집》 11, 829쪽)과 〈假出獄執行濟の件報告〉에는 맹혈단의 결성일을 1936년 7월 상순경으로 기록하고 있으나, 오면직 등 맹혈단원들이 1936년 3월 5~6일에 일본경찰에 체포되었기 때문에 맹혈단이 1936년 7월에 결성되었다는 것은 잘못이다.

414) 吳冕植 외 4인의 판결문(《독립운동사 자료집》 11, 829쪽)에는 1940년으로 기록되어 있으나, 번역과정에서 생긴 오류인 것으로 보인다.

23일[415] '략掠'을 행할 목적으로 상하이 징안시로靜安寺路 장두철張斗徹 집에 침입하였다. 하지만 류형석은 현장에서 체포되었으며, 3월 5일과 6일 양일에 걸쳐 한도원 · 김승은 · 김창근 · 오면직 등이 체포되는 등 김동우를 제외한 전 단원이 일본영사관 경찰에 검거되고 말았다. 1937년 12월 27일 김동우까지 검거되면서 맹혈단은 궤멸상태에 빠졌다.[416]

그런데 일제의 요인이나 기관에 대한 테러는 거의 행해지지 않았다. 김창근의 암살활동이 유일하다고 할 수 있다. 김창근은 상하이 일본총영사관에 폭탄을 투척하고, 상하이 일본영사관 후지이藤井 경부보警部補 집에 폭탄을 장치하여 암살을 기도하였다.[417]

지금까지 살펴본 것처럼 1930년대 정화암 등이 주도했던 남화한인청년연맹과 맹혈단의 테러활동은 1920년대의 테러활동이나 북경연맹과는 달리, 주로 친일파 처단이나 '략掠'의 형태로 진행되었다. 1930년대 재중국 한국인 아나키스트들의 대대적인 테러활동에도 불구하고 재중국 한국인 아나키스트 운동은 점차 침체상태에 빠졌다. 그것은 테러에 뒤이어 많은 활동가들이 체포당하였기 때문이다. 1930년대 테러활동을 주도하였던 남화한인청년연맹은 점차 유명무실한 단체로 전락하였다가 1937년 중일전쟁 발발 이후 변화된 정세에 대응하기 위하여 류자명 · 류기석 등에 의해 조선혁명자연

415) 吳冕稙 외 4인의 판결문을 제외한 다른 자료들은 2월 22일로, 《조선일보》 1936년 3월 6일자는 2월 21일로 기록하였다.

416) 《동아일보》 1936년 3월 8일자 ; 〈三木今二의 昭和12年 7月 19日 보고〉, 24 · 26~27쪽 ; 〈1936年の在支不逞鮮人の不穩策動狀況〉(《朝鮮獨立運動》 2, 569쪽) ; 村田生, 〈上海及南京方面ニ於ケル朝鮮人ノ思想狀況〉, 191쪽 ; 〈在上海總領事館ニ於ケル特高警察事務狀況〉(《外務特殊文書》 27, 786 · 793쪽) ; 吳冕稙 외 4인의 판결문(《독립운동사 자료집》 11, 829쪽) ; 〈1937年の在支不逞鮮人の不穩策動狀況〉(《朝鮮獨立運動》 2, 607~608쪽) ; 在上海總領事館 編, 〈朝鮮民族運動未定稿 第5-2(1933. 1~1937. 12)〉(《外務特殊文書》 27, 282쪽) ; 〈假出獄執行濟の件報告〉 등을 종합

417) 〈韓國猛血團員ノ檢擧〉(《外務特殊文書》 27, 281쪽)

맹으로 개조되었다.[418]

(3) 국제적 연대 아래서의 테러활동

재중국 한국인 아나키스트들의 테러활동 가운데 일부는 무정부주의동방연맹이나 동방무정부주의자연맹, 항일구국연맹, 중한청년연합회 등 중국·일본 기타 지역 아나키스트들과의 국제적 연대조직에 의해 행해졌는데, 동아시아 아나키스트들의 국제적 연대는 1921년부터 시작되어 1927년 무정부주의동방연맹 결성으로 이어졌다. 동아시아 아나키스트들의 국제적 연대를 제일 먼저 모색했던 인물은 일본 아나키스트 오스기 사카에大杉榮였다. 오스기 사카에는 동아시아 아나키스트들 사이의 긴밀한 제휴와 공동 조직의 필요성을 느끼고, 1921년 상하이로 가서 중국 아나키스트들과 국제적 연대조직을 결성하는 문제에 대해 논의하였다. 오스기 사카에의 주도 아래 중국·인도·일본·한국의 아나키스트들이 협의하여 상하이에서 동아무정부주의자동맹회東亞無政府主義者同盟會를 결성하기로 결정하고 준비작업에 착수하였다. 1922년 7월 광둥廣東으로부터 중국 대표 다섯 명이 상하이에 도착하였다.[419] 그리하여 동아무정부주의자동맹東方無政府主義者同盟이 결성되었고, 1923년에는 광둥에서 남양南洋 지역으로 가서 활동하던 아이진愛眞과 이유一余 등에 의해 페낭지부가 설립되었다.(歐西, 〈南洋無政府主義運動の概況〉) 하지만 1923년 관동대지진關東大地震 당시 오스기 사카에가 살해되면서 동방무정부주의자동맹은 유명무실한 존재가 된 것으로 사료된다.

이후 중국 아나키스트들을 중심으로 국제적 연대조직을 결성하기 위한 노력은 계속되었고, 그 결과 1926년 여름에 국제적 연대조

418) 〈韓國各政黨現況〉(《資料 韓國 獨立運動》 2, 77쪽)

419) 《동아일보》 1922년 7월 24일자 ; 《黑濤》 第2號(1922. 8. 10) 등을 종합

직을 결성하기 위한 준비회가 조직되어[420] 활동을 개시하였다. 이와사 사쿠타로는 동아무정부주의자대동맹東亞無政府主義者大同盟을 조직할 기반을 닦기 위하여 취안저우泉州에서의 혁명근거지 건설에 참가하였다.[421] 류기석도 국제적 연대조직의 필요성을 역설하면서, 아나키스트들의 중국대회(동아무정부주의자대연맹을 결성하기 위한 동아대회東亞大會 이전의 예비대회)를 개최할 것을 제의하였으며, 아울러 동아시아 아나키스트들이 마땅히 주의해야 할 문제와 주비籌備상의 대체적인 계획을 제시하였다. 그 내용은 2년 이내에 상하이나 우창武昌에서 대회를 개최할 것, 민종사民鐘社 · 민중사民衆社 · 조선흑치단朝鮮黑幟團을 발기인으로 할 것, 동아무정부주의자대연맹기성회를 먼저 조직하여 연맹과 대회를 준비하게 할 것 등이다. 그리고 토론할 문제로 대연맹을 조직하는 문제, 각국 동지의 혁명방략, 대회선언 등 13개 항을 제시하였다.(柳絮, 〈主張組織東亞無政府主義者大聯盟〉) 이러한 준비과정을 거쳐 동아시아 아나키스트들의 국제적 연대조직이 결성되었다.

1927년 10월 하순경[422] 중국인 수지안黍健의 발의로 한국 · 일

420) 신채호는 제4회 공판에서 자신은 린빙원林炳文의 소개로 1926년 여름에 무정부주의동방연맹에 가입하였다고 진술하였는데(《동아일보》 1929년 10월 7일자), 신채호가 가입한 무정부주의동방연맹은 준비회였던 것으로 보인다. 1925~1926년 당시 아나키스트들의 국제적 연대조직을 결성하기 위한 활발한 움직임이 있었던 것은 柳林의 편지에도 나타난다. 유림은 1925년 9월에 국내에서 진우연맹을 결성하였던 방한상에게 편지를 보내어 아나키스트 단체를 증설할 것을 선동하고, 상하이에서 계획 중인 遠東無政府主義者總聯盟이 성립하면 거기에 가맹할 것을 권유하였다.(慶尙北道警察部 編, 1934, 241쪽) 위의 자료에는 경남 함안군 출신 高白性으로 기록되어 있으나, 이는 잘못이다. 방한상이 작성한 "개인 및 단체 경력서"(1966. 10)에 따르면 高三賢은 곧 유림이며 高自性이다. 그리고 《동아일보》 1927년 6월 15일자에도 진우연맹이 상하이에 있던 高自性과 연결되어 있다고 보도하였으며, 정화암도 유림의 별명을 高自性으로 회고하였다.(김학준 편집해설 · 이정식 면담, 1988, 307쪽) 高白性이 高自性의 잘못이고 高自性이 유림의 별명이라고 하면 그가 함안군 출신이라고 하는 것 또한 잘못이다.

421) 〈訪問范天均先生的紀錄〉(葛懋春 · 蔣俊 · 李興芝 編, 1984, 1041쪽)

422) 자료에 따라서는 무정부주의동방연맹의 결성일을 1928년 4월과 1928년 9월로 기록하였으나, 본 연구는 《조선일보》 1927년 11월 30일자의 보도를 따른다.

본 · 중국 · 대만 · 베트남 · 인도 등 6국 대표자 120여 명이 톈진 프랑스 조계 모처[423]에서 회합하여 무정부주의동방연맹 창립대회를 개최하였다. 무정부주의동방연맹은 창립대회에서 각각 자국으로 돌아가 서로 연락을 취하면서 목적을 달성할 것과 본부를 상하이에 설치할 것 등을 결정하였다.[424] 무정부주의동방연맹의 목적은 동아시아 국가들의 국체를 변혁하여 사유재산제도를 부인하는 동시에 자유노동사회를 건설하는 것이었다.(《조선일보》 1929년 10월 8일자)

이지영과 함께 한국측 대표로 무정부주의동방연맹 창립대회에 참가하였던(《조선일보》 1928년 12월 28일자) 신채호는 무정부주의동방연맹 창립대회의 결정을 실천에 옮기기 위하여 재중국 한국인 아나키스트들의 역량을 한군데로 모으고자 하였다. 이를 위하여 1928년 4월 톈진[425]에서 한국인 아나키스트 대회를 개최하였다. 이 대회는 신채호가 작성한 선언문을 채택하는 한편, 잡지를 발행하여 아나키즘을 선전하고 적의 기관을 파괴할 것을 결의하였다. 즉 베이징 교외에 폭탄과 총기공장을 건설하고, 러시아 · 독일인 폭탄제조기사를 초빙, 폭탄과 총기를 제조하여 각국으로 보내어 대관 암살과 대건물 파괴를 도모하는 한편, 선전기관을 설치하고 선전문을 인쇄하여 세계 각국에 배부 · 발송하기로 결정하였다. 신채호는 외국환을 위조하여 이 사업에 소요되는 자금을 조달하고자 하였다. 당시 북경우체국에 근무하던 린빙원林炳文과 협의한 결과, 위조한 외국환 8만 원을 다롄大連, 뤼순旅順, 신의주, 평양, 서울, 인천, 시모노세키下關, 기타 일본과 대만에 있는 우체국에 송부한 뒤

423) 자료에 따라서는 무정부주의동방연맹의 결성 장소를 베이징으로 기록하였으나, 본 연구는 《조선일보》 1927년 11월 30일자의 보도를 따른다.

424) 《동아일보》 1928년 5월 10일 · 1929년 2월 12일자 ; 《조선일보》 1927년 11월 30일 · 1928년 12월 28일자 등을 종합

425) 《조선일보》 1928년 12월 28일자는 베이징에서 아나키스트 대회가 개최된 것으로 보도하였으나, 이는 잘못이다. 신채호가 제4회 공판에서 진술한 내용에 의하면 대회가 개최된 곳은 톈진이다.(《동아일보》 1929년 10월 7일자)

복역 중인 신채호

각지에서 현금으로 인출한다는 계획을 세웠다. 린빙원이 다롄과 뤼순에서 4,000원을 인출하여 한국으로 향하였으나, 이같은 사실이 발각되어 1928년 4월 27일 체포되었다. 1928년 5월 8일 대만 지룽基隆 항에 도착하여 우편국을 찾아간 신채호도 위조한 외국환에 유문상劉文祥이란 이름으로 서명하고 현금을 받기 위해 기다리던 중 경찰에 의해 체포되었다. 이 사건으로 체포된 사람은 신채호 · 이지영 · 이종원(이상 한국인), 린빙원(대만인), 양지칭楊吉慶(중국인) 등 다섯 명이었으나, 린빙원은 1928년 8월 옥사하였고, 김천우 살해 혐의로 이지영은 사형을, 이종원은 무기징역을 각각 언도받았으며, 양지칭은 증거불충분으로 석방되었다. 신채호는 5월 말에 다롄으로 호송되어 네 차례의 공판을 거쳐 10년형을 선고받았다.[426]

신채호 등이 체포되면서 무정부주의동방연맹의 활동은 위축되었다. 이를 재정비하고자 다시 연맹조직준비회가 꾸려졌다. 연맹조직준비회는 동방아나키스트대회를 계획하면서 국내와 재일본 한국인 아나키스트들에게도 대표 파견을 의뢰하였다. 이에 국내와 재일본 한국인 아나키스트계에서는 대표를 선정하여 파견하였다. 연맹조직준비회는 1928년 6월 14일[427] 상하이 리메이로李梅路 화광의원

426) 《조선일보》 1928년 12월 28일자 ; 《동아일보》 1928년 5월 10일 · 7월 2일 · 1929년 2월 12일 · 3월 13일 · 10월 7일 · 1936년 2월 23일자 ; 《중외일보》 1930년 4월 14일자 ; 《自由聯合新聞》 第32號 · 第47號 ; "爲宣傳陰謀費 僞造郵便爲替"(《단재신채호 전집》 8, 905쪽) ; "宣傳無政府主義之鮮人逮捕詳報"(《단재신채호 전집》 8, 906쪽) ; "僞造發見した全島郵便局"(《단재신채호 전집》 8, 907쪽) 등을 종합

427) 동방무정부주의자연맹의 결성일과 결성장소에 대해서 이정규는 1928년 7월과 난

華光醫院에서 한국인 류기석 · 이정규, 일본인 아카가와 케이라이赤川啓來(친시통秦希同), 중국인 마오이보毛一波 · 덩멍시안鄧夢仙 · 이지치易子琦 · 우커강吳克剛 외 수명이 회합하여 일본 제국의 국체 변혁(아나키즘 실현, 즉 권력 부인)을 목적으로 하여 동방무정부주의자연맹을 조직하기로 하였다. 같은 날 중국 · 베트남 · 인도 · 필리핀 · 한국 등과 그 외 5개국 지역의 유지 대표를 소집하여 동방아나키스트대회를 개최하였으며, 동 대회에 출석한 백수십 명의 각국 유지로 동방무정부주의자연맹을 정식으로 결성하였다. 이정규는 동방아나키스트대회 선언문을 기초하였다. 이정규, 류기석, 아카가와 케이라이, 마오이보 · 우커강吳克剛 · 덩멍시안鄧夢仙(중국인), 하워드(미국인) 등이 동방무정부주의자연맹의 서기부 위원으로 선출되었다. 기타 연맹원으로는 일본인 다케 료우지武良二 · 시라야마 히데오白山秀雄, 중국인 천춘페이陳春培 · 장종구오姜種(?)國 · 탕반안唐頒安 · 장산린張禪林 · 루지안보 · 친왕산, 한국인 이을규 · 류자명 · 백정기 · 정화암 · 유림 · 이석규 등이 있었다.

이회영은 동방아나키스트대회에 〈한국의 독립운동과 무정부주의운동〉이라는 제목의 글을 보내 한국의 아나키스트 운동은 곧 진정한 민족해방운동이며, 한국에서의 진정한 해방운동, 즉 아나키스트 운동은 곧 민족해방운동이라는 것을 밝혔다. 그리고 이번 동방대회에서 한국의 민족해방운동을 지지해줄 것과, 각국의 동지들은 계속적인 성원을 하여줄 것을 호소하였다. 이회영의 이 글은 동 대회에서 결의안 중의 하나로 채택되었다. 서기국에서는 1928년 8월 20일 기관지 《동방》을 창간하였으며, 9월에 2호를 발행하였다. 이정규는 《동방》에 〈동방무정부주의자 여러분에게 고한다〉는 제목의 글을 게재하여 동방 제국 동지의 규합 · 단결을 강조하였다. 하지만

징으로, 《한국아나키즘운동사》와 정화암은 1928년 5월 말과 난징으로 서술하였으나[이정규, 〈우당 이회영 선생 약전〉(이정규, 1974, 57쪽) ; 《한국아나키즘운동사》, 297쪽 ; 정화암, 1982, 93쪽] 모두 잘못이다.

이정규는 아카가와 케이라이와 시라야마 히데오 등의 공갈사건[428]이 발단이 되어 1928년 10월에 이석규 · 다케 료우지武良二 등과 함께 검거되었다가, 국내로 이송되어 징역 3년을 선고받았다.[429]

이정규 체포 이후에도 동방무정부주의자연맹은, 1930년 무렵까지 테러적 직접행동을 통해 민중들을 각성시켜 그들로 하여금 일제의 식민지배에 맞서 봉기하도록 유도하고자 상당히 활발한 활동을 전개하여, 동아시아 아나키스트 운동의 중심 단체로서 그 역할을 다하였다.[430] 하지만 1931년 무렵이 되면서는 활동이 침체되었다.[431] 동방무정부주의자연맹의 구체적인 활동에 대해서는 자료의 한계로 제대로 알 수 없다.

재중국 한국인 아나키스트들과 대만인 사이에도 연대조직을 결성하고자 하는 움직임이 있었다. 즉 1923년경 베이징에 있던 한국인 학생들이 대만인 유학생과 연합하여 한대혁명동지회韓台革命同志

428) 공갈사건은 시라야마 히데오, 다케 료우지, 아카가와 케이라이, 이석규 등이 야타矢田 총영사와 시미즈淸水 영사가 왕저위안王澤源과 무기 밀수를 한 사실을 포착하고, 이를 빌미로 야타矢田 총영사에게 3만 달러를 주지 않으면 이 사실을 세상에 공포하겠다고 협박하였다가 체포된 사건이다.(《自由聯合新聞》 第31號)

429) 《自由聯合新聞》 第32號 ; 《조선일보》 1929년 2월 12일자 ; 《동아일보》 1929년 2월 16일 · 3월 19일자 ; 〈東方無政府主義聯盟李丁奎ニ對スル判決〉(《外務特殊文書》 28, 334쪽) ; 〈無政府主義者 李容俊 取調의 건〉(《思想에 關한 情報綴(4)》, 12쪽) ; 이정규 · 이관직, 1985, 96쪽 ; 오남기, 〈제일루사건과 우관〉(이정규, 1974, 432쪽) ; 류기석, 2010, 153~155쪽 등을 종합. 《한국아나키즘운동사》는 이정규 등이 결성한 동방무정부주의자연맹과는 별개로 신채호 등이 1928년 4월 北京에서 東方無政府主義者聯盟을 결성하였다고(《한국아나키즘운동사》, 297쪽) 서술하고 있다. 그러나 이 두 조직은 별개의 조직이 아닌 것으로 사료된다. 그것은 일제가 이정규를 심리하면서 신채호의 共犯으로 서술하고(《동아일보》 1929년 2월 16일자) 있는 데서 단적으로 드러난다.

430) 류기석은 〈東洋に於ける我等〉이라는 제목의 글에서 "우리들의 東方無政府主義者聯盟은 동양 혁명가의 총사령부는 결코 아니다.……우리들의 東方聯盟은 자유연합주의제도를 근저로 하는 평등한 조직이다.……그리고 우리들은 협력하여 나아가야 한다는 의식과 相互央(扶의 잘못—인용자)助의 본능을 동방연맹의 旗幟 아래 지니고 있다"고 하였는데(柳絮, 〈東洋に於ける我等〉), 이는 東方無政府主義者聯盟이 동아시아 아나키스트 운동의 중심부였음을 말해준다.

431) 〈在上海總領事館ニ於ケル特高警察事務狀況〉(《外務特殊文書》 27, 789쪽) ; 村田生, 〈上海及南京方面ニ於ケル朝鮮人ノ思想狀況〉, 177쪽 등을 참조

會를 조직하고자 했던 것이다. 한대혁명동지회 결성은 결국 유산되었는데, 강령을 제정할 때 한국인 학생들은 폭동 · 암살을 주요 수단으로 내걸고자 했지만, 대만인 학생들이 사면이 바다로 둘러싸인 대만의 지리적 특수성을 들어 이에 반대하였기 때문이다.(若林正丈, 1983, 244쪽)

일제가 만보산사건을 야기하여 만주 침략을 본격화하자 일제의 침략을 저지하려는 아나키스트들의 국제적 연대 활동이 다시 활발하게 전개되었다. 한국 · 중국 · 일본의 아나키스트들이 항일구국연맹을 창립한 것이다. 항일구국연맹 창립은 화쥔스華均實의 제의에서 비롯되었다. '테러'와 강도에 의해 행동 선전을 사명으로 하는 무정부주의혁명상해행동위원회無政府主義革命上海行動委員會라는 비밀결사를 바진巴金과 함께 조직하여 활동하고 있었다. 그는 1931년 11월 상순 백정기를 찾아와[432] 유명무실해진 동방무정부주의자연맹을 대신할 단체를 조직할 것을 제의하였다. 백정기는 화쥔스의 제안에 대체적으로 찬성하였다. 그는 현사회의 모든 권력을 부정하고 세계 전 인류가 모든 면에서 자유, 평등을 향수할 수 있는 새로운 사회 수립을 목적으로 하고, 종래의 문사적文士的 행동을 버리고 파괴공작으로 사회혁명의 시기를 단축시키기 위해 강력한 국제적 단체를 결성하고자 하였다. 11월 중순에 백정기의 집에서 왕야차오, 화쥔스, 백정기, 사노 이치로 등 네 명이 모여 발기인회를 열어 협의를 거듭한 결과, 항일구국연맹을 조직하기로 하였다. 이들 네 명은 11월 30일[433] 오후 9시부터 12월 1일 오전 1시까지 왕야차오의 비밀

432) 정화암과 이정규는 왕야차오王亞樵와 화쥔스華均實 등이 이회영 · 백정기 · 정화암 등을 방문하여 제의한 것으로 회고하였으나[김학준 편집해설 · 이정식 면담, 1988, 319쪽 ; 이정규, 〈우당 이회영 선생 약전〉(이정규, 1974, 62쪽)], 취하지 않는다.

433) 자료에 따라서는 항일구국연맹의 결성일을 1931년 10월, 10월 말, 11월 상순, 11월 중순 등으로 기록하기도 한다. 하지만 〈有吉公使暗殺陰謀事件, 黑色恐怖團事件, 南華韓人青年聯盟事件, 天津日本總領事官邸爆彈投擲事件〉의 기록이 가장 구체적이어서 이를 따른다.

연락장소에서 항일구국연맹 창립총회를 열었다. 그후 2~3차례 모임을 가져 중요한 사항에 대해 협의하였다.

항일구국연맹은 전 세계에 대해서 혁명적 수단으로 일체의 권력 및 사유재산제도를 배격하고 진실한 자유평등의 사회를 실현시키기 위하여, 우선 한국을 일본으로부터 해방시키고 한국에 아나키스트 사회를 건설한 다음, 일본의 입헌군주제도 및 사유재산제도를 폐지하는 것, 또 중국 기타 각국에서 아나키스트 사회를 건설하는 것 등을 목적으로 하였다. 그리고 "현사회의 모든 권력을 부정하고, 새로이 세계 전 인류가 인생의 모든 방면에서 자유 · 평등을 향수享受할 수 있는 새로운 사회를 건설"할 것을 강령으로 채택하였으며, 경제부 · 선전부 · 정보부 등의 부서를 설치하였다. 왕야차오가 경제부 책임를 맡아 자금 조달을 담당하기로 하였으며, 기타 부서는 당분간 책임을 두지 않기로 협의하였다.[434] 또한 국제적 단체라는 점을 고려하여 조선인부 · 중국인부 · 일본인부를 두었다. 각국인은 자국의 사정에 정통하니 자국의 동지 규합과 정세 연구와, 선전을 책임지는 것이 유리하다는 판단하에 백정기가 조선인부, 화쥔스 · 왕야차오가 중국인부, 사노 이치로佐野一郎가 일본인부를 각각 맡았다. 이들은 동지를 규합하여 모든 힘을 동원하여 파괴활동을 전개하고, 각 단원은 국적에 따라 자기 나라에 대한 파괴공작을 기회 있을 때마다 실행하기로 결정하였다.

백정기는 류자명, 정해리, 오면직 등과 함께 1931년 11월[435]부

434) 자료에 따라서는 王亞樵가 경제부, 佐野一郎가 선전부를 맡은 것으로 기록하고 있다. 上海 六三亭事件 판결문에는 佐野一郎가 경제부의 책임자로 기록되어 있으나(원주원씨중앙종친회 편, 1979, 82쪽), 이는 번역과정에서 발생한 잘못으로 사료된다. 그리고 선전부에는 책임자를 두지 않은 것으로 기록한 자료도 있다.[〈有吉公使暗殺陰謀無政府主義者檢擧ノ件〉(《外務特殊文書》 28, 853쪽)].

435) 《흑색신문》 제23호에는 《자유》가 1930년경부터 간행된 것으로 기록되어 있지만 이는 잘못이다.

터 기관지 《자유》를 주간週刊으로 발행하여[436] 아나키즘 이론투쟁을 전개하고 동지를 규합하였다. 《자유》는 류자명이 주필이었으며, 바진巴金이 그를 도왔다. 발행은 오면직 · 정해리가 맡았다. 《자유》는 1932년 4월에 공산주의적 문구를 게재하였던 관계로 상하이 프랑스 조계 당국에 의해 인쇄처인 공도인쇄소는 폐쇄당하고[437] 정해리는 체포되어 6개월간 옥살이를 하였다.[438]

항일구국연맹은 조직의 확대 · 강화를 적극적으로 도모하였다. 백정기는 베이징과 도쿄로부터 상하이로 온 이용준과 박기성에게 1931년 12월 3일 가입을 권유하였고, 12월 8일[439]에는 김지강, 이달, 엄형순, 오면직에게 가입을 권유하여 동의를 받았는데, 1932년 1월 초순에 이들의 가입이 결정되었다. 1932년 8월에는 정화암[440]을 통하여 원심창이 가맹하였다. 그리고 1933년 2월 5일경 이강훈이 상하이로 오자 백정기가 가입을 권유하여 1933년 2월 20일[441]

436) 〈有吉公使暗殺陰謀事件, 黑色恐怖團事件, 南華韓人青年聯盟事件, 天津日本總領事官邸爆彈投擲事件〉은 《자유》를 무명결사의 기관지로 기록하고 있으나, 취하지 않는다. 《자유》는 백정기가 류자명과 정해리의 도움을 얻어 항일구국연맹의 기관지로 발간하였던 것으로 보인다. 당시 상하이에 있던 한국인 아나키스트들은 여러 개의 단체에 관계하고 있어서 회원 · 비회원간의 구별이 뚜렷하지 않았다. 그리고 자료에 따라서는 《자유》를 공도인쇄소公道印刷所에서 인쇄한 것으로 기록하고 있으나, 이용준의 진술에 따르면 공도인쇄소 설립은 1932년 3월부터 논의되었다.(〈無政府主義者 李容俊 取調의 건〉) 그러므로 공도인쇄소가 《자유》를 인쇄한 것은 길어야 1932년 3월(공도인쇄소 설립일)에서 1932년 4월(《자유》 발행정지일) 2개월에 불과한 것으로 보인다.

437) 《黑色新聞》 제23호에는 《자유》가 1931년 중화민국 정부에 의해 발행금지된 것으로 기록되어 있다.

438) 〈有吉公使暗殺陰謀事件, 黑色恐怖團事件, 南華韓人青年聯盟事件, 天津日本總領事官邸爆彈投擲事件〉에는 정해리가 벌금형을 받은 것으로 기록되어 있다.

439) 上海 六三亭事件 판결문에는 박기성 · 이용준의 가맹 시기가 1931년 11월 3일로, 김지강 · 이달 · 엄형순 · 오면직의 가맹 시기는 1931년 11월 8일로 각각 기록되어 있으나(원주원씨중앙종친회 편, 1979, 82~83쪽), 이는 번역과정에서 발생한 12월의 잘못으로 사료된다. 그리고 이는 가맹 시기가 아니라 가맹을 권유한 시기로 보인다.

440) 일부의 자료는 정화암과 정해리를 항일구국연맹의 맹원이 아닌 것으로 기록하기도 하나, 취하지 않는다. [〈有吉公使暗殺陰謀無政府主義者檢擧ノ件〉(《外務特殊文書》 28, 841 · 869~870쪽 ; 〈在上海留朝鮮人の不穩狀況〉(《資料集成》 2, 847쪽)]

441) 村田生은 이강훈이 1932년 8월에 항일구국연맹에 가입한 것으로 기록하였으나, 이는 잘못이다. 이강훈이 上海에 도착한 것은 1933년 2월이다.

무렵에 이강훈이 참가하였다. 이리하여 왕야차오 · 화쥔스 · 마오이보 외 5~6명(이상 중국인), 사노 이치로 · 야타베 무우지(이상 일본인), 린청차이林成材(대만인), 이용준 · 오면직 · 엄형순 · 박기성 · 김지강 · 이달 · 백정기 · 이강훈 · 김야봉(이상 한국인), 존슨(미국인) 등의 회원이 확보되었다.

맹원이 늘어나면서 부서개편대회[442]를 개최하였다. 한국인 이회영 · 백정기 등 일곱 명과, 중국인 왕야차오 · 화쥔스 등 일곱 명, 일본인 사노 이치로 · 야타베 무우지 등이 참석한 가운데 연석회의를 열고 선전 · 연락 · 행동 · 기획 · 재정 등 다섯 개의 부를 두고 각 부에 위원 약간 인을 두었다. 그리고 적의 기관 파괴와 요인 암살, 친일분자 숙청, 배일선전 등을 실행에 옮기기 위해 행동대를 편성했으며, 러시아인부와 미국인부(미국통신원 존슨), 대만인부(林成材)를 증설하였다. 이회영이 기획위원을 맡았고, 왕야차오가 재정과 무기공급을 맡았는데, 왕야차오는 화쥔스를 통하여 1932년 7월까지 한 달에 최고 300엔, 최저 40엔씩 합계 1,200엔을 백정기의 손을 거쳐 회원들에게 지급하였다.

기획부에서는 조계租界 밖 중국 거리에 미곡상 점포를 차려 놓고 비밀리에 ① 적 군경기관 및 수용기관의 조사 파괴, 적 요인 암살, 중국 친일분자 숙청 ② 중국 각지의 배일선전을 위한 각 문화기관의 동원, 선전망 조직 ③ ①,②항을 실행하는 데 필요한 인원 및 경비의 구체적인 설계 등에 관한 계획을 세웠다.

선전부는 프랑스 조계 싱먼로騂門路에 공도인쇄소公道印刷所를 설립하고, 류자명 · 정해리 · 백정기 · 오면직 · 정화암 등으로 하여금 중국 아나키스트 왕야차오 · 화쥔스 · 바진 등과 함께 경영케 하였다. 공도인쇄소 설립은 정해리의 제안에 따른 것이었다. 1932년 3

442) 이정규와 정화암은 부서개편대회를 항일구국연맹 창립대회로 회고하였으나[김학준 편집해설 · 이정식 면담, 1988, 319쪽 ; 이정규, 〈우당 이회영 선생 약전〉(이정규, 1974, 62쪽)], 부서개편대회로 보는 것이 전후사정에 맞다.

월 상하이 백정기의 숙소에서 백정기, 이용준, 이달, 오면직, 정해리 등이 회합하였는데, 이 자리에서 정해리는 "중국인 동지 왕야차오에게 자금 2만 원을 거출받아 공도인쇄소를 신설하여 우리 남화한인청년연맹으로 하여금 경영케 하여 운동자금 조성을 하자"는 의견을 제시하였다. 그후 왕야차오王亞樵로부터 2만 원을 제공받아 인쇄소를 설립하였다.[443)]

항일구국연맹 행동대는 적의 기관이나 친일파들을 처단하는 데 앞장섰다. 화쥔스華均實 · 사노 이치로佐野一郎 · 이용준 등은 상하이 북군참北軍站에서 친일적이고 유약한 외교정책을 펼치던 남경南京정부의 외교부장 왕징웨이汪精衛를 저격했다. 그러나 그의 부관을 잘못 사살하는 것에 그치고 말았다. 취안저우泉州에서는 그곳에 있던 아나키스트들이 샤먼厦門 일본영사관을 폭파하였다.[444)] 그리고 왕야차오는 장제스蔣介石 암살을 시도하였으나 중국 국민당과 관계를 맺고 있던 정화암 등의 비협조로 이루어지지 않았다.(정화암, 1982, 136쪽 참조)

1932년 4월 초순 이용준, 백정기, 류자명, 오면직, 이달 및 중국인 동지 화쥔스 등이 회합하였는데, 이 회합에서 류자명이 오는 29

443) 이상 항일구국연맹에 관한 것은 《黑色新聞》 제23호 ; 林友, 〈재중국 조선무정부주의운동 개황〉; 《동아일보》 1933년 11월 1일자 ; 〈無政府主義者 李容俊 取調의 건〉(《思想에 關한 情報綴(4)》, 14 · 51쪽) ; 村田生, 〈上海及南京方面ニ於ケル朝鮮人ノ思想狀況〉, 177~178쪽 ; 上海 六三亭事件 판결문(원주원씨중앙종친회 편, 1979, 82~83쪽) ; 《한국아나키즘운동사》, 340 · 344~345쪽 ; 이정규, 〈우당 이회영 선생 약전〉(이정규, 1974, 62쪽) ; 김학준 편집해설 · 이정식 면담, 1988, 319~320쪽 ; 〈有吉公使暗殺陰謀無政府主義者檢擧ノ件〉(《外務特殊文書》 28, 837~839 · 852~853쪽) ; 〈在上海總領事館ニ於ケル特高警察事務狀況〉(《外務特殊文書》 27, 789~790쪽) ; 〈在上海留朝鮮人の不穩狀況〉(《資料集成》 2, 847~848쪽) ; 〈1937年の在支不逞鮮人の不穩策動狀況〉(《朝鮮獨立運動》 2, 607~608쪽) ; 《朝鮮統治史料》 10, 871~872쪽 ; 〈有吉公使暗殺陰謀事件, 黑色恐怖團事件, 南華韓人青年聯盟事件, 天津日本總領事官邸爆彈投擲事件〉; 〈有吉公使暗殺陰謀不逞鮮人一味檢擧に關する件〉; 정화암, 1982, 134쪽 ; 〈三木今二의 昭和12年 7月 26日 보고〉, 37쪽 등을 종합한 것임.

444) 정화암, 1982, 134쪽 ; 外務省警察局 編, 1989, 856~857쪽 ; 이정규, 〈우당 이회영 선생 약전〉(이정규, 1974, 62쪽) 등을 종합

일 천장절天長節[445]에 즈음하여 상하이 홍커우虹口의 신공원에서 봉축축하회가 개최되어 각 요로의 대관 다수가 참집할 예정인데, 당일 식장에서 폭탄을 투척하여 그들을 암살하자고 제의하였다. 일동은 거기에 찬성하고 수단방법에 대해 협의한 결과, 화쥔스가 폭탄, 권총, 탄환, 자동차 및 자금 등을 준비하기로 하였으며, 상해청년항일동맹의 명의로 〈상해 청년에게 고하는 글〉이라는 제목의 전단을 등사하고, 이용준이 폭탄을 투척하기로 결정하였다. 하지만 식장에 들어갈 수 있는 초청장을 구하지 못하여 거사를 포기하고 말았다.[446]

백정기는 항일구국연맹의 목적을 수행하는 데 사용하기 위하여 1932년 8~9월경 정화암 등에게 폭탄과 권총 등을 구입해줄 것을 의뢰하였고, 1932년 9월 화쥔스로부터 권총 두 정과 실탄 스무 발을 입수하였다. 정화암은 1932년 9월 하순 내지 10월 초순에 도시락상자형 폭탄 한 개와 독일제 구갑형龜甲型 수류탄 한 개를 백정기에게 건네주었고, 1932년 11월 류기석이 베이징에서 항일의용군으로부터 입수하여 상하이로 가져온 수류탄을 받아서 1933년 3월 초순경 백정기에 건네주었다. 하지만 일제의 삼엄한 경비와 자금부족으로 여비를 마련하지 못해 실행에 옮기지 못하였다. 그러는 동안 동지들과 함께 신문의 시사문제를 주제로 토론회를 수시로 개최하여 의식 향상을 위해 노력하였다.

1932년 2월 일제의 제1차 상하이 침공 이후 차이팅카이蔡廷楷의 19로군[447]과 남경정부 사이에 정면충돌이 발생하면서, 19로군

445) 천장절은 일본 천황의 생일을 일컫는 말이다.

446) 〈無政府主義者 李容俊 取調의 건〉; 류기석, 2010, 225~228쪽 등을 종합. 김구 일파와의 절충에 따라 거사를 포기한 것으로 서술한 자료도 있으나 신빙성이 별로 없는 것으로 보인다. 만약의 경우를 대비해 이중으로 준비할 수도 있기 때문이다.

447) 蔡廷楷의 19로군은 1931년 늦가을 상하이에 배치되었는데, 당시 상하이에서는 80만 노동자들이 항일구국연합회를 조직하여 격렬한 抗日·反蔣운동을 전개하고 있었다. 19로군은 노동자, 학생, 시민들의 항일운동에 영향을 받아 이들의 지지와 원조

과 연결되어 있던 왕야차오와 화쥔스는 남경정부와 남의사藍衣社[448]의 탄압을 받게 되었다. 거기에다가 1931년 6월 시게미츠重光 공사公使와 동행하던 송지원宋子文을 암살하기 위하여 상해북정거장上海北停車場에 폭탄을 투척한 사건의 주모자가 왕야차오와 화쥔스인 것이 드러났다. 이에 두 사람은 검거를 피해 1932년 10월[449] 홍콩으로 도피하였고, 중국측의 중심인물이 빠지게 됨에 따라 항일구국연맹은 한국인 아나키스트들을 중심으로 운영되었으며, 자금은 정화암이 조달하였다.[450]

한편, 이회영은 만주에 아나키스트 운동기지를 건설하는 문제에 대해 재상해 한국인 아나키스트들과 논의하였다. 대부분의 아나키스트들이 만류하였음에도 그는 도만渡滿을 시도하였다. 그는 1932년 9월 초 중국 아나키스트 우즈후이와 리스쩡 등을 만나 앞으로의 운동 방향에 대해 논의하였는데, 그 결과 이회영이 만주로 가서 일본제국주의의 만주 침략의 선봉인 무토武藤 관동사령관을 암살하고 그 거간巨幹과 중추기관을 파괴하기 위한 준비공작을 하기로 하였다. 구체적 사업으로는 만주에 연락 근거지를 시급히 건설하는 것, 주위 정세를 세밀히 시찰하고 정보를 수집하는 것, 장기준을 앞세워 지하조직 결성에 대한 계획을 세우는 것, 무토 관동사령관 암살계획을 세우는 것 등을 선정하였다.

이회영은 11월 8일 상하이를 출발하여 톈진과 베이징을 거쳐

아래 1932년 1월 28일에 상하이에서 대일전쟁을 수행하였다.(김계일, 1987, 196쪽)

448) 남의사藍衣社는 중국 국민당 정부의 비밀 정보기관이다.

449) 자료에 따라서는 1932년 5월로 기록되어 있기도 하나, 이는 잘못으로 보인다. 1932년 9월에 화쥔스가 한국인 아나키스트들에게 무기를 나누어준 일이 있기 때문이다.

450) 〈在上海總領事館ニ於ケル特高警察事務狀況〉(《外務特殊文書》 27, 790쪽) ; 이정규, 〈우당 이회영 선생 약전〉(이정규, 1974, 63쪽) ; 〈有吉公使暗殺陰謀無政府主義者檢擧ノ件〉(《外務特殊文書》 28, 853~854쪽) ; 〈有吉公使暗殺陰謀事件, 黑色恐怖團事件, 南華韓人青年聯盟事件, 天津日本總領事官邸爆彈投擲事件〉; 〈有吉公使暗殺陰謀不逞鮮人一味檢擧に關する件〉 등을 종합

만주로 갔는데, 베이징에서 동북민중항일구국회의 거물이자 동북민중항일 총지휘부의 지도자인 루광지盧廣績를 만났다. 만주에 있는 항일부대의 현황을 알아보고자 하던 의용군 제3집단군 지휘부는 이회영에게 랴오둥 지역의 특정임무를 맡겼다. 베이징의 동북민중항일 총지휘부는 동북의용군 사령부에 통지하여 다롄에서 이회영을 맞이하게 하였는데, 동북의용군 사령부는 김소묵, 김효삼, 양정봉, 문화준을 보냈다. 하지만 이규서와 연충렬의 밀고로 이회영의 행적은 이미 노출되어 있었다. 그는 11월 13일 다롄에서 기다리고 있던 일본 수상경찰에 체포되어 여순旅順감옥으로 압송되었다. 그는 뤼순감옥 13호실에 수감되었다가 11월 17일 재판도 받지 않은 상태에서 일제 경찰의 잔인한 고문 끝에 옥사하였다.[451) 이리하여 이회영의 만주 안착이 무사히 성사되면, 우즈후이와 리스쩡을 통해 장쉐량의 협조를 얻어 한·중·일 공동의 유격대와 각 도시에 편의대便衣隊·파괴부대를 배치하여 도시와 촌락에서 동시에 항전한다는 재상해 한국인 아나키스트들의 야심찬 계획은 결국 실패하고 말았다.[452)]

만주에 근거지를 마련하여 아나키스트 운동을 재건한다는 계획이 실패로 돌아간 상태에서, 항일구국연맹원들은 공동자취하면서 러허熱河 문제로 중국과 일본 사이의 관계가 극도로 긴장된 상황을 이용하여 일본이나 한국 내지로 들어가 파괴공작을 벌이고자 하였다. 그때 마침 원심창으로부터 아리요시 아키라 암살 제의가 있었고, 이를 실행에 옮기기에 이르렀다.

원심창은 1933년 3월 5일 야타베 무우지와 함께 친구들을 만나

451) 이정규, 〈우당 이회영 선생 약전〉(이정규, 1974, 63~65쪽) ; 林友, 〈재중국 조선무정부주의운동 개황〉 ; "김소묵, 김효삼, 양정봉, 문화준 등이 1932년 11월 23일 동북의용군 사령부에 보낸 보고서"(랴오닝성 신빈현 당안관 소장)와 루광지(동북민중항일구국회의 거물, 동북민중항일 총지휘부의 지도자)의 회고록(2010년 9월 12일 KBS에서 방영한 "자유인 이회영(5)"에서 재인용) 등을 종합

452) 이정규, 〈우당 이회영 선생 약전〉(이정규, 1974, 65쪽)

여순감옥

서 잡담을 하던 중 주중 일본공사 아리요시 아키라가 아라키荒木 육상陸相의 밀명으로 중국으로 건너가, 2월 중순경 국민당정부 군사위원장 장제스蔣介石와의 타협을 성사시키고 곧 귀국한다는 소식을 우연히 입수하였다. 이에 원심창은 저녁 7시경 백정기의 집으로 가서 백정기, 이강훈, 이달, 박기성, 김지강, 엄형순, 이용준, 오면직 등의 항일구국연맹 맹원들, 그리고 정화암, 정해리 등과 함께 회합을 개최하여[453] 대책을 논의했다. 원심창은 이번에 아리요시 아키라가 장제스에게 수천만 엔을 지급하고 남의사藍衣社의 세력 확대를 원조하는 대신, 장제스는 그 교환조건으로 만주를 방기하고 일본이 러허熱河를 점령하더라도 무저항주의를 취한다는 내용의 협상을 성사시켰는데, 이 사실을 사회에 폭로해야 하며, 우리의 목적을 이룰 때가 지금 도래했다면서 아리요시 아키라를 암살하자고 제안하였다. 이에 이들은 아리요시 아키라 암살을 결행함과 함께 성명서

453) 자료에 따라서는 허열추와 류자명도 이 날의 모임에 참석한 것으로 기록하고 있으나, 〈有吉公使暗殺陰謀事件, 黑色恐怖團事件, 南華韓人青年聯盟事件, 天津日本總領事官邸爆彈投擲事件〉에는 11명만 참석한 것으로 기록되어 있다.

를 발표하여 일본과 장제스 사이의 밀약을 사회에 폭로하고, 전 세계 민중 특히 중국과 일본 민중의 제국주의 군벌에 대한 반감을 앙양시켜 사회혁명 기일을 단축시키기로 하였다. 먼저 이강훈이 암살을 담당하겠다고 나섰으나, 백정기 외 여섯 명 항일구국연맹원 모두 양보를 하려고 들지 않았다. 3월 6일 전일 회합한 동지 열한 명이 다시 모여 협의한 결과, 정화암의 제안대로 추첨으로 결행자를 선정하기로 했다. 제비뽑기를 한 결과 백정기와 이강훈이 결행자로 선정되었다. 이후 다음의 사항을 결정했다.

> 첫째, 아리요시 아키라 암살에는 폭탄과 수류탄을 투척하고 권총을 사용한다.
> 둘째, 결행 일시와 장소는 공사가 등퇴청登退廳하는 도중 도로의 교차점 부근에서 자동차가 정지했을 때가 좋다.
> 셋째, 결행하기 전에 각자는 도망 · 잠복 장소를 물색해두고, 가능하다면 결행 전에 이전한다.
> 넷째, 이전 · 잠복 장소는 서로 비밀을 지키기 위하여 동지도 모르게 한다.
> 다섯째, 이전, 기타 제반 준비자금은 정화암이 조달한다.
> 여섯째, 원심창은 결행 일시와 장소 및 아리요시 아키라 공사가 상용하는 자동차의 번호를 조사하여 보고하고, 가능하면 공사의 사진을 입수한다.

이 결정에 따라 원심창은 야타베 무우지에게 공사의 사진 입수와 자동차 번호 조사를 의뢰하고, 정화암은 류자명에게 자금 염출을 의뢰하였다. 3월 9일 야타 베무우지는 근일 중에 홍커우虹口 소재 일본 요정 '육삼정' 혹은 '신육삼정'에서 아리요시 아키라의 연회가 열린다는 사실과, 공사의 사진과 자동차 번호를 탐지하여 원심창에게 보고하였다.

정화암으로부터 자금 염출을 의뢰받은 류자명이 3월 11일 상하이로 와서 류기석으로부터 받은 200달러어치의 환을 정화암에게 넘겨주었다. 이때 원심창이 류자명에게 암살을 결행한 직후에 발표할 성명서를 중국어로 작성해줄 것을 요청했고, 류자명은 3월 12일에 성명서 초안을 작성하여 원심창에게 넘겨주었다. 성명서는 류자명의 제안에 따라 흑색공포단[454]의 명의로 발표하기로 하였다. 이날 야타베 무우지로부터 3월 17일에 육삼정에서 연회가 열릴 예정이라는 통보를 받은 원심창이 정화암, 류자명, 백정기, 이강훈 외 세 명에게 이를 보고하자, 이들은 미리 현장시찰까지 끝마쳤다. 3월 13일 오후 7시경 원심창, 이강훈, 백정기는 결행 장소를 다시 둘러보면서, 폭탄투척 예정지점, 연락장소 및 은신처를 송강춘松江春으로 정하였다. 백정기는 정화암에게 당일 출발 전까지 폭탄과 수류탄 및 권총을 가져다줄 것을 요청하였다. 그리고 결행 후 도주 등에 관해 논의를 하여, 결행 당일 아리요시 아키라가 육삼정을 나와 자동차를 타고자 할 때, 백정기가 도시락 상자형의 폭탄을 투척하고, 만일 터지지 않을 시, 이강훈이 수류탄을 투척한 뒤, 혼잡한 틈을 타 도주하되, 체포하려고 하면 권총으로 상대방을 쐬죽이고 끝까지 저항하여 도주하기로 하였다. 도주 후 합류할 장소는 결행 당일에 선정하여 이강훈과 백정기에게 통보하기로 하였다. 3월 16일 정화암이 원심창 집에 폭탄 한 개, 수류탄 한 개와 권총 두 자루를 가져와 보관을 부탁했는데, 이날 밤 류자명도 와서 거사 과정에 대해 구체적으로 협의하였다. 그 내용은 아리요시 아키라가 연

454) 일제의 정보보고서들은 항일구국연맹을 흑색공포단이라 칭하였다. 하지만 정화암은 흑색공포단을 항일구국연맹 행동대의 별칭이라고 하였으며(정화암, 1982, 134쪽), 이강훈도 흑색공포단이라는 이름은 아리요시 아키라 암살 이후 적이 들어서 공포를 느끼도록 흑색공포단(Black Terrorists Party)의 명의로 성명서를 발표하자는 류자명의 제안에 따라 결정된 것에 불과하다고 주장하였다.(이강훈, 1974, 229쪽) 따라서 흑색공포단은 실체가 있는 조직이 아니라 아리요시 아키라 공사 암살을 계획하였을 때 일시적으로 사용한 이름에 불과한 항일구국연맹 행동대의 별칭으로 보는 것이 타당하다. 李容俊의 판결문에 흑색공포단이 남화한인청년연맹 실행부의 별명으로 기록되어 있는(《독립운동사 자료집》 11, 848~849쪽) 것은 항일구국연맹과 남화한인청년연맹의 조직원이 거의 겹친 데다가 당시 항일구국연맹이 거의 와해된 상태에 있었기 때문에 남화한인청년연맹과 항일구국연맹을 혼동한 결과로 보인다.

회장을 나오기 30분 전에 원심창, 백정기, 이강훈, 야타베 무우지가 자동차로 송강춘에 도착한 뒤, 야타베 무우지가 아리요시 공사의 동정을 살펴서 출발하고자 할 때 즉시 백정기와 이강훈에게 통지하고 자신은 자동차 안에서 대기하고 있을 것, 백정기와 이강훈은 거사를 한 뒤 대기 중인 자동차로 올 것, 원심창은 송강춘의 계산을 끝내고 자동차에서 대기할 것, 원심창과 야타베 무우지는 폭탄이 터지는 소리를 들은 뒤 3분간 기다렸다가 백정기와 이강훈이 오면 태우고 합류 장소로 갈 것 등이다. 3월 17일 오전 11시경 원심창의 집에 야타베 무우지, 정화암, 오면직, 백정기, 이강훈, 류자명이 모여 점심을 먹었는데, 류자명과 정화암의 제안으로 이강훈과 백정기를 격려하는 의미에서 송별회를 하기로 하였다. 오후 4시 반경 중국 요정 삼화루三和樓에 원심창, 백정기, 이강훈, 정화암, 오면직, 이달, 이용준, 엄형순, 김지강, 류자명, 야타베 무우지 등 열한 명이 모여 송별회를 하였다. 송별회가 끝난 뒤 류자명, 정화암, 원심창 등은 결행 후 합류할 장소 물색에 나섰다. 이들은 프랑스 조계 아이두오야로愛多亞路 소재 남경대희원南京大戲院 안 남경대여사南京大旅舍 3층 26호실을 임우생林友生의 이름으로 빌린 뒤, 돌아와서 이강훈에게 합류장소를 알렸다. 오후 8시 30분에 야타베 무우지로부터 아리요시 공사가 9시 30분경에 연회장소를 떠날 것이라는 통보가 왔다. 원심창과 오면직이 원심창 집으로 가서 폭탄 등을 가지고 서성자동차부西城自動車部 앞으로 가기로 하고, 백정기, 이강훈, 야타베 무우지는 류자명, 정화암과 함께 민구오로民國路 진진채관津津菜館에서 원심창 등이 오기를 기다려 합류하였다. 오후 9시경 서성자동차부에서 빌린 자동차를 타고 이동하여 야타베 무우지, 백정기, 이강훈, 원심창은 송강춘 앞에서 하차하였다. 야타베 무우지는 연락을 위해 육삼정 방면으로 출발하고, 나머지 세 명은 송강춘에서 기회를 살피던 중 암살음모에 관한 정보를 입수하고 기다리고 있던 일본총영사관 경찰과 공동조계 공부국工部局 경찰에 체포되었다. 일제 경찰에 정보를 제공한 것은 당시 《상해일일신문上海日日新聞》 기자였던 일본 아나키스트 다마사키玉崎였다.[455] 백정기, 이강훈, 원심창 등 세 명은 취조관에게 아리요시 아키라 공사에게는 개인적으로는 아무런 감정이 없지만, 아리요시 공사는 일본 제국주의의 대표자이고, 아리요시 공사를 암살하는 것은 필경 일본 제국주의를 타도하는 행위이며, 아나키스트들의 당연한 의무라면서 아리요시 공사를 암살하고자 한 이유를 밝혔다.[456]

아리요시 아키라 공사 암살은 비록 실패했지만 이 사건은 신문에 대서특필되어 세상에 널리 알려졌다. 장제스와 아리요시 아키라의 밀약은 세상에 폭로되어 반장제스 세력을 결집시키는 등 중국 정계에 커다란 파장을 일으켰으며, 장제스 정권을 위기로 몰고 갔다.

북경연맹도 중국 아나키스트들과 합작하여 테러활동을 전개했

455) 류기석은 아리요시 아키라의 행적과 관련된 정보를 다마사키가 제공한 것으로 회고하였는데, 이에 의하면, 다마사키와 야타베 무우지가 동일 인물인 것으로 볼 수도 있다. 하지만 사실 여부는 확인되지 않는다. 자료에 따라서는 일제의 밀정을 일본인 아나키스트 '오이(大井 某)' 혹은 '오끼'로 기록하고 있으나(坪江汕二, 1966, 120쪽 ; 정화암, 1982, 151~152쪽), 이는 玉崎의 잘못으로 보인다. 〈有吉公使暗殺陰謀不逞鮮人一味檢擧に關する件〉에는 백정기의 영웅심리 때문에 비밀이 누설된 것으로 기록되어 있다. 하지만 대기장소에 경찰 병력을 매복시킬 정도로 내부사정을 잘 알고 있었던 것으로 보아 일제의 밀정이 관계하였음이 확실하다.

456) 《黑色新聞》 제23호 ; 林友, 〈재중국 조선무정부주의운동 개황〉 ; 上海 六三亭사건 판결문(원주원씨중앙종친회 편, 1979, 79~87쪽) ; 吳冕稙 외 4인의 판결문(《독립운동사 자료집》 11, 825~826쪽) ; 嚴亨淳 · 李圭虎의 판결문(《독립운동사 자료집》 11, 838쪽) ; 李容俊의 판결문(《독립운동사 자료집》 11, 848~849쪽) ; 〈有吉公使暗殺陰謀無政府主義者檢擧ノ件〉(《外務特殊文書》 28, 828~871쪽) ; 〈無政府主義者 李容俊取調의 건〉 ; 〈有吉公使暗殺陰謀事件公判狀況〉(《外務特殊文書》 28, 873~880쪽) ; 〈在上海總領事館ニ於ケル特高警察事務狀況〉(《外務特殊文書》 27, 791~792쪽) ; 《매일신보》 1937년 4월 16일자 ; 坪江汕二, 1966, 120쪽 ; 梁一東, 《元心昌傳》 ; 〈無政府主義運動事件〉, 224쪽 ; 《思想彙報》 第25號, 214~215쪽 ; 〈在上海アナ系鮮人の有吉公使暗殺計劃檢擧〉(《資料集成》 2, 860~861쪽) ; 〈在上海留朝鮮人の不穩狀況〉(《資料集成》 2, 847~848쪽) ; 〈在留朝鮮人運動〉, 《社會運動の狀況(1933年)》(《資料集成》 2, 787쪽) ; 〈有吉公使暗殺陰謀事件, 黑色恐怖團事件, 南華韓人青年聯盟事件, 天津日本總領事官邸爆彈投擲事件〉 ; 〈有吉公使暗殺陰謀不逞鮮人一味檢擧に關する件〉 ; "1933년 3월 18일 石射總領事가 외무대신에게 보낸 제108호 전보" ; 류기석, 2010, 232~233쪽 ; 정화암, 1982, 151~152쪽 등을 종합

다. 북경연맹은 1932년 10월에서 1933년 3월 사이에 한인학우회 등 자유혁명운동기관과 함께 중국 아나키스트와 연합하여 직접폭력행동을 적극적으로 행사하였다.(楊子秋, 〈동지 李康勳군을 회상함〉) 그리고 1933년 7월에는 류기석이 테러활동을 보다 적극적으로 전개하기 위하여 중국 북부 핑수이티에로平綏鐵路 바오토우包頭에서 북평한족동맹회北平漢族同盟會 회원 강구우姜九禹, 조선혁명당원 성인호成仁鎬 등과 함께 반일만反日滿 테러행동을 목적으로 하는 중한호조회조직회中韓互助會組織會를 개최하였다. 한국인 14명, 중국인 21명이 출석한 이 대회는 암살단鐵血團과 무력철혈단武力鐵血團 두 반을 조직하였다. 이후 베이징, 톈진, 상하이와 만주의 주요 도시에 지부를 설치하고 적극적으로 활동하였으나 별다른 성과는 내지 못하였다.[457)]

국제적 연대 아래서의 테러활동은 중일전쟁 발발 직후인 1937년 9월 중순 한국인 아나키스트와 중국 아나키스트들이 결성한 중한청년연합회中韓青年聯合會라는 중한합작단체로 이어졌다. 중한청년연합회는 10월 5일 기관지 《항전시보抗戰時報》를 창간하여 각 방면의 한·중인韓中人 아나키스트와 기타에게 배포하거나 강도·협박 등의 행동으로 자금을 획득하는 등의 활동을 펼쳤다.[458)] 하지만 1936년 한국인 아나키스트들이 민족전선론을 제기하면서 테러활동이 점차 사라지기 시작한 이후라 활발한 활동은 없었다. 그러한 가운데 1937년 중일전쟁 발발로 정세가 급변하자, 이에 대응하고자 류자명·류기석 등은 남화한인청년연맹을 조선혁명자연맹으로 개조하였다.[459)]

이상에서 살펴 본 바와 같이 1920년대의 국제적 연대 아래서 전

457) 內務省警保局 編, 〈1933年の在上海朝鮮人の不穩狀況〉(《朝鮮獨立運動》 2, 502쪽)

458) 〈在上海總領事館ニ於ケル特高警察事務狀況〉(《外務特殊文書》 27, 787쪽) ; 〈長部謹吾의 보고〉, 159쪽 등을 종합

459) 〈韓國各政黨現況〉(《자료한국독립운동》 2, 77쪽)

개된 테러활동은 테러적 직접행동론에 바탕을 두고 한·중·일 3국 아나키스트들의 공동작업으로 펼쳤으며, 민중직접혁명을 통한 아나키스트 사회 건설을 그 목표로 하였다. 하지만 1930년대 항일구국연맹의 테러는 주로 한국인 아나키스트들이 행했으며 그 대상은 친일파였다. 한국인 아나키스트와 중국 아나키스트의 합작은 중국 아나키스트들의 자금력과 한국인 아나키스트들의 인력의 결합으로 이루어졌다. 즉 중국 아나키스트들은 자신들이 전개하고 있던 항일·반反장제스운동에 한국인 아나키스트들을 끌어 들이고자 하였으며, 한국인 아나키스트들은 중국 아나키스트들로부터 자금을 지원받고자 한 것이었다. 결국 중국 아나키스트로부터의 자금 지원이 중단되면서 국제적 연대 아래에서의 테러활동은 사실상 마무리되었다.

3) 혁명근거지 건설운동

혁명근거지 건설운동은 테러활동과 함께 재중국 한국인 아나키스트들의 주요한 활동 중의 하나이다. 이 운동의 근거인 혁명근거지 건설론은 테러적 직접행동론, 경제적 직접행동론과 함께 한국인 아나키스트 운동의 3대 방법론 가운데 하나로서, 어느 한 지역에 아나키스트 사회를 건설하고, 이를 기반으로 아나키스트 사회의 영역을 점차 넓혀나가야 한다는 주장이다. 일제강점기 재중국 한국인 아나키스트들의 일부는 혁명근거지 건설론에 입각하여 중국 본토와 동북부 지방에서 혁명근거지를 건설하기 위한 활동을 전개하였다. 혁명근거지 건설운동은 이상촌 건설운동, 농민자위운동, 민족해방운동기지 건설운동 등의 형태로 펼쳐졌다.

혁명근거지건설운동은 재중국 한국인 아나키스트들에 의해서만 전개되었고, 국내와 일본에서는 혁명근거지 건설을 위한 활동이 전개되지 못하였다. 그것은 일제의 폭압이 미치는 조건에서는 혁명근거지 건설이 거의 불가능하였기 때문인 것으로 보인다. 중국에서만 혁명근거지 건설을 위한 활동이 전개된 것은, 중국에 형성되어 있었던 복잡한 정세와도 관련이 있다. 즉 중국은 일본이나 국내와는 달리 국민당, 공산당, 군벌, 토비土匪 그리고 일본제국주의 세력 등이 서로 대치하고 있어서 어느 일방이 확실한 지배력을 행사하지 못하는 상황에서 권력의 공백이 생기는 공간이 발생하기도 하였다. 권력의 공백 상태에서는 소규모의 혁명근거지 건설이 가능하였다.

(1) 이상촌 건설계획

1920년대 초 재중국 한국인 아나키스트들이 테러활동을 활발하게 전개하는 가운데 일부의 아나키스트들은 혁명근거지 건설을 위한 활동을 전개하였다. 혁명근거지 건설을 위한 활동은 1921년의 융딩하 개간사업 계획과 1923년 중국 아나키스트와의 합작 아래 추진된 이상촌 건설계획에서 비롯되었다. 이회영이 입안한 융딩하 개간사업은 자금 마련에 실패하는 바람에 중단되고 말았다.

융딩하 개간사업이 흐지부지해진 상태에서 재중국 한국인 아나키스트들에게 자신들의 이상을 실현할 수 있는 기회가 주어졌다. 즉 1923년 9월 이상촌 건설을 도모하던 중국 아나키스트 천위이치陳偉器가 이정규에게 이상농촌 건설사업에 참가해줄 것을 요청해 왔던 것이다. 이정규는 베이징대北京大 동창생 천위이치의 제의에 따라 이상촌 건설사업에 참가하기로 하고 이회영과 상의하였다.[460)]

천위이치가 제안한 이상촌 건설사업은 5·4운동을 전후한 시기에 활발하게 전개되었던 '신촌운동新村運動'의 연장선상에서 수립된

460) 이정규, 〈우당 이회영 선생 약전〉(이정규, 1974, 48쪽) ; 〈이정규 공판기〉 등을 종합. 이정규는 정화암이 개간사업 자금을 마련하고자 국내로 잠입한 사이 베이징대에 입학하였다.(정화암, 1982, 58쪽)

것이었다. 당시 중국 청년들은 새로운 이상사회를 건설하거나 사회적 이상을 실현한다는 목적으로 공독호조단工讀互助團 등의 단체를 조직하였다. 이 단체들은 농촌을 기반으로 한 이상사회를 건설하고자 하는 '신촌운동'을 전개하였다. 주주오런朱作人은 1919년 3월 《신청년新青年》에 일본의 '신촌新村'실험(무샤노코지 사네아츠武者小路實篤 등이 1918년 미야자키宮崎현에서 공개적으로 건설한 생활공동체로, 톨스토이의 인도주의에 촉발되어 농업을 중심으로 한 조화된 이상사회 건설을 시도하였다)을 소개하는 글을 발표하였다.(李澤厚, 1992, 31~35쪽) '신촌운동'은 5 · 4운동 이후 '민중 속으로'를 표방하는 브나로드운동과 결합되면서 확산되어 갔으나, 1920년대 초반에 쇠퇴하였다. 하지만 중국 아나키스트들에게 일정한 영향을 미치고 있었다.

이상촌 건설사업 계획의 내용은 천위이치의 동향인 저우모周某라는 청년 아나키스트가 소유하고 있는 중국 후난湖南성 한수이漢水현 둥팅호반洞庭湖畔의 양타오촌洋濤村을 중심으로 한 광대한 농지에 이상적 농촌사회를 건설하는 것이었다. 즉 저우모周某 소유의 모든 농지에다 한국인 인삼 경작자를 다수 이주시켜, 이들을 중심으로 자유합작의 이상농촌건설조합을 만들고, 이를 통하여 공동경작 · 공동소비 · 공동소유하는 마을을 건설한다는 계획이었다.[461] 하지만 이회영, 이을규, 이정규 등이 관계한 이상촌 건설계획은 저우씨周氏 마을 내부의 사정으로 결국 실현되지 못하고 말았다.

이상촌 건설사업은 상호부조의 자위자치적 농촌공동체인 자주적 코뮌 건설을 목표로 전개된 아나키스트 운동으로서(함용주, 1993, 18쪽), 한 지역에 아나키스트 사회를 건설하고 그 자유공동체를 근거지로 하여 아나키스트 혁명을 전 중국으로 확산시키는 것을 목표로 하고 있었다. 이러한 점에서 이상촌 건설운동을 민족해방운동으로

461) 이정규, 〈우당 이회영 선생 약전〉(이정규, 1974, 48쪽) ; 《한국아나키즘운동사》, 288~289쪽 등을 종합

규정하기에는 어려운 점이 있기는 하지만, 아나키스트 사회 건설이 일본제국주의 타도를 전제로 한다는 점에서 한국인의 민족해방운동의 성격을 띠고 있었다고 할 수 있다. 하지만 이상촌 건설사업은 물적 기반을 전적으로 중국인에게 의존함으로써, 아나키즘의 세계성의 원칙에는 충실하였을지 모르지만, 자기 문제는 자기 스스로 해결한다는 아나키즘의 기본원칙에서 벗어나는 등의 문제점을 지니고 있었다. 이로 인해 이상촌 건설사업은 하나의 허망한 꿈으로 끝나고 말았다.

이상촌 건설계획이 수포로 돌아간 뒤, 재중국 한국인 아나키스트들은 점차 그 세력을 확장해 가는 공산주의 세력에 대항하기 위하여 아나키스트들의 힘을 하나로 모을 수 있는 조직의 필요성을 절감하고, 이상촌 건설계획에 참가하였던 이회영 · 이을규 · 이정규 등과 정화암 · 류자명 등이 중심이 되어 1924년 여름 베이징에서 재중국조선무정부주의자연맹을 결성하였다. 신채호 · 류기석 · 유림柳林 등은 재중국조선무정부주의자연맹 결성에 참가하지 않았다. 유림은 당시 성도사범대成都師範大에 재학 중이었기 때문에 재중국조선무정부주의자연맹 결성에 참가하지 못하였지만(정화암, 1982, 62쪽), 이회영과 교류하고 있던 신채호 및 류기석이 재중국조선무정부주의자연맹에 참가하지 않은 것은 노선상의 차이 탓으로 여겨진다.[462] 당시 신채호, 류기석 등은 테러활동을 추구하고 있었기 때문

462) 신채호가 재중국조선무정부주의자연맹 결성에 참가하지 않은 이유에 대해서 정화암은 "단재 신채호는 베이징北京 순치문내順治門內 석등암石燈庵에 우거하면서 사고전서四庫全書를 섭렵하고 역사편찬에 몰두하고 있었"기 때문이라고 설명하였다.(정화암, 1982, 61~62쪽) 이규창에 따르면, 1924년 초 신채호는 류자명의 주선으로 알게 된 리스쩡의 소개로 베이징 城內 관음사觀音寺에 거주하고 있었는데, 이 때 이회영을 방문하고 있다. 신채호의 시 〈61일 계단戒壇의 회고〉(박정규 편, 1999, 91~92쪽)에 따르면 신채호는 1924년 3월에 중이 되었다. 이후 관음사에서 나와 이호영李護榮이 경영하는 하숙집에 기거하면서 《동아일보》와 《조선일보》에 투고하고 있었고, 이규창이 우편 심부름을 하였다.(이규창, 1992, 66~72쪽) 따라서 신채호는 재중국조선무정부주의자연맹 결성을 사전에 알고 있었을 가능성이 많다. 역사 연구에 몰두하고 있었기 때문에 신채호가 재중국조선무정부주의자연맹 결성에 참가하지 않았다는 정화암의 진술은 설득력이 약하다.

에 이상촌 건설을 도모하던 이을규·이정규 등이 주축이 된 재중국 조선무정부주의자연맹 결성에는 관심을 별로 기울이지 않았던 것으로 보인다. 이후 신채호와 이회영의 관계는 악화되어 김달하 살해사건을 둘러싸고는 갈등까지 노정하였다. 즉 신채호가 사상적으로 지도하고 있던 다물단에서 일제의 밀정 노릇을 하던 김달하金達河를 처단하였는데,[463] 이회영 부인이 김달하의 집에 문상을 갔다옴으로써 다물단측이 이회영의 동정을 살피면서 감시하였다. 그 배후에는 신채호와 김창숙이 있었다.[464]

(2) 노동대학 설립과 농민자위운동

이상촌 건설사업의 정신은 농민자위운동으로 이어졌다. 1927~1928년 이정규·이을규·류기석·이기환李箕煥·류지청柳志靑 등을 비롯한 재중국 한국인 아나키스트들이 중국 아나키스트 량룽광梁龍光(1925년 상하이 5·30운동 당시 이정규와 함께 1개월여 투쟁), 친왕산 등과 함께 취안저우泉州 지역을 무대로 천영이속민단편련처泉永二屬民團編練處를 조직하여 농민자위운동을 전개하면서, 농촌을 중심으로 아나키스트 사회 건설을 추진하였던 것이다.

1927년 당시 일부 재중국 한국인 아나키스트들은 상하이 노동대학勞動大學 설립 준비작업에 참가하고 있었다. 1927년 4월 12일 장제스의 남경정부가 상하이에서 반공쿠데타를 일으켜 공산주의자들

463) 다물단은 1923년 경 이규준李圭駿, 이규학李圭鶴, 이성춘李性春 등 여러 명이 의열단의 류자명과 상의하여 조직한 단체로서 김달하를 살해하였으며, 신채호가 그 선언문을 작성하는 등 사상적으로 지도했다.(이규창, 1992, 74~75·82쪽) 이정규는 이회영이 다물단에 대해서 운동의 정신과 조직의 요령을 지도하였으며, 류자명과 상의하여 다물단과 의열단을 합작시키어 베이징에서 소문난 적의 간첩 김달하를 처단하였다고[이정규, 〈우당 이회영 선생 약전〉(이정규, 1974, 50쪽)] 하였으나 이는 잘못이다.

464) 김달하 암살을 둘러싸고 노정되었던 이회영과 신채호의 갈등에 대해서는 이은숙, 1975, 52~53쪽과 이규창, 1992, 78~80쪽을 참조할 것.

을 학살하였다. 이후 국민당은 상하이에 노동대학을 설립할 계획을 세웠다. 당시 국민당 정부에 참여하고 있던 원로 아나키스트 우즈후이吳稚暉 · 리스쩡李石曾 · 장징지앙張靜江 · 차이위안페이蔡元培 · 우커강吳克剛 · 선중조우沈仲九 등이 상하이 노동대학 설립에 주도적으로 참여하였다. 이정규 · 이을규 등도 상하이 노동대학 설립 준비작업에 참가하였다.[465)]

상하이 노동대학은 남경정부가 공산주의자들을 숙청하는 과정에서 상해총공회上海總工會 산하의 각급 노동조직 및 친공계親共系의 각 기관을 봉쇄하여 총검거를 단행한 뒤, 노동조직을 이끌어나갈 노동단체의 간부를 양성할 목적으로 설립했던 기관이었다.[466)] 이에 중국 아나키스트 내부에서조차 상하이 노동대학 설립 참가에 반대하는 의견이 제기되었다. 루지안 · 마오이보 등 장년층의 중국 아나키스트들은 첫째, 상하이 노동대학 설립을 추진하는 차이위안페이蔡元培 · 리스쩡 · 우즈후이 등은 이미 아나키즘을 청산한 타락분자 · 노폐분자들이요 국민당의 충복이라는 것, 둘째, 아나키스트가 가장 경계해야 할 점이 정치와의 타협인데, 아무리 아나키스트들이 전권을 잡고 이론에 맞는 올바른 교육과 지도를 한다고 하더라도 그 기관 자체가 국민당 정부의 직접적인 지휘를 받는 기관으로서, 더욱이 공산주의자들과 투쟁하려고 중국 국민당의 투사를 기르는 곳에 불과하므로 결과적으로 반동분자를 양성한다는 모순을 범한다는 것, 셋째, 머지않아 국공 분열과 같은 결과가 올 것인바, 노동대학 설립에 참가하는 것은 정치적 타협이요 자기 묘혈을 파는 일이라는 것 등을 들어 상하이 노동대학 설립에 참가하는 것을 강경하게 반대하였다.

465) 이정규, 〈중국 福建省 농민자위운동과 한국 동지들의 활동〉(이정규, 1974, 130~132쪽)

466) 앞의 글, 129쪽 참조

하지만 이정규와 이을규 등은 노동대학 설립에 적극적이었다. 나아가 참가에 반대하던 일본 아나키스트 이와사 사쿠타로를 설득하여 함께 설립 준비에 객원으로 참가하였다. 이정규가 상하이 노동대학 설립에 참가하였던 이유는 중국 형편상 국민당 정부와의 합작을 인정할 수 있으며, 노동대학을 설립하는 것은 다수 동지를 집결하여 조직을 강화할 수 있는 좋은 기회라고 생각하였기 때문이다.[467]

하지만 상하이 노동대학은 국민당 정부가 노동계를 장악할 목적으로 추진한 것으로서, 그러한 상하이 노동대학에 참가한다는 것은 곧 정치권력과의 타협을 의미하는 것이었으며, 정치와 정치운동을 부정하는 아나키즘의 본령에도 어긋나는 것이었다. 아나키스트들의 결속 또한 상하이 노동대학을 통하지 않고 독자적인 조직 결성을 통해서도 충분히 가능하였다. 그럼에도 불구하고 굳이 정치권력과 타협해가면서까지 상하이 노동대학에 참가한 것은 재중국 한국인 아나키스트들의 개량주의적 속성을 나타내 줄 뿐이었다. 이처럼 무리하면서까지 중국 국민당 정부가 주도하던 상하이 노동대학에 참가한 것은 그들의 지원 아래서 공산주의 세력에 대항하기 위한 것이었던 것으로 사료된다.

1927년 6월 하순 상하이 노동대학 설립 준비작업이 끝나고 개교를 앞두고 있던 시점에 중국 아나키스트 친왕산이 량룽광을 앞세우고 이정규 등을 방문하였다. 친왕산은 국민당 하문시당부廈門市黨部 위원으로 뽑혔다가 1926년 겨울 북벌군이 푸젠福建으로 들어간 뒤 국민당 진강현당부晉江縣黨部 준비위원에 위임되었다. 그는 취안저우泉州에서 혁명 수요에 부합되는 군사정치 간부를 양성할 목적으로 량룽광과 함께 샤먼 다퉁大同 부근에 선전원양성소를 설치하여 군사훈련을 시키는 한편, 각 현에 농민협회를 조직하고 농민을 발

467) 앞의 글, 130~132쪽 참조

동시켜 공산당에 우호적 입장을 취하고 있던 삼점회三點會[468]와 투쟁하였다. 하지만 '청당淸黨'사건을 기해 공산당을 비호하였다는 이유로 국민당 정부로부터 친왕산 체포령이 떨어졌다. 친왕산은 체포령을 피해 상하이로 가서 동지를 규합하고자 했다. 수주란許卓然 등은 선전원양성소를 1927년 5월 초 샤먼으로 옮겼으며, 취안저우는 또다시 삼점회와 신편군新編軍의 세상이 되었다.

친왕산과 량룽광 등은 이정규 등에게 취안저우泉州를 중심으로 한 농민자위조직 건설에 동참할 것을 제의하면서, 학생들에 대한 교육을 어떻게 할 것인가 하는 문제와 농촌운동을 어떻게 이끌어 나갈 것인가 하는 문제에 대해 상의하였다. 친왕산의 제의에 대해 이정규·이을규·우커강吳克剛·이와사 사쿠타로 등 상하이 노동대학 관계자들이 모여 토의한 결과, 상하이 노동대학은 노동운동의 이론과 훈련을 맡아서 도시 노동자 조직화의 책임을 맡고, 푸젠福建에서는 마흐노[469]식 무장자위조직으로 농민들을 조직화하는 책임을 맡는 것으로 결정되었다. 이정규와 량룽광이 농민자위조직의 총책임을 맡고, 천춘페이陳春培(이기환으로 교체)가 훈련을, 그리고 마오이보(류기석으로 교체[470])가 학과를 담당하기로 하였다. 이정규·량룽광·친왕산 등이 6월 말에 학생들이 모여 있던 샤먼으로 먼저 출발하였으며, 류기석, 이기환, 이을규, 류지청, 이양영李良榮(이상 한국

468) 三點會는 福建 地方에 있던 비밀결사로서, 1927년 9월 이후 공산당과 일정한 관계를 맺었다. 비록 공산주의 조직이라고 할 수는 없지만 공산당에 호의적이었다.(福本勝淸, 1998, 144~145쪽 참조)

469) 네스토르 마흐노는 러시아인 아나키스트로서 러시아혁명 이후 농민 유격군을 조직하여 농민자위운동을 전개했다. 혁명을 위협하는 독·오연합군獨墺聯合軍을 우크라이나에서 몰아냈으며, 白色 반혁명군과도 싸워 그들을 격퇴시켰다. 이후 볼셰비키와의 싸움에서 패해 외국으로 망명하였다.[이문창 편, 〈네스톨 마푸노의 생애 및 그 운동〉(이정규, 1974《又觀文存》, 삼화인쇄, 155~161쪽) 참조]

470) 류기석은 1927년 8월에 샤먼에 도착하여 선전양성소에서 강의하였다.(최기영, 2010, 148쪽) 하지만 應起鸞은 류기석이 1927년 9월 상하이에서 이정규를 만나 농민자위운동에 참가하였다고 회고하였다.(應起鸞, 1991, 2쪽)

인 아나키스트), 아카가와 케이라이, 이와사 사쿠타로[471](이상 일본 아나키스트), 판텐준范天均, 천준렁陳君冷(이상 중국 아나키스트) 등이 차례로 합류하였다.[472] 농민자위운동이 취안저우에서 일어날 수 있었던 것은 장제스의 반공쿠데타 이후 취안저우 지역이 국민당 좌익 수주란許卓然·친왕산의 수중에 장악되어 시촨泗川·후난湖南·광둥廣東 등지의 아나키스트들이 취안저우로 피난하여 비호를 받는 등, 상당히 오랫동안 아나키스트들의 '세외도원'으로 불릴[473] 정도로 취안저우 지역이 아나키스트 운동에 좋은 환경을 제공해 주었기 때문이다.

이정규는 7월 1일부터 강의를 시작하였다. 9월 말까지 학과를 마치고 10월에는 농촌에서의 실지활동을 하기로 하고 교과목을 변경하였는데, 이정규가 서양사회운동사·공산주의 비판·신정치론·농촌사회조직론을, 류기석은 신경제학·사회학·봉건사회 및 자본주의사회 해부 등을 맡았다. 수료기가 끝나가면서 취안저우泉州로 돌아가는 문제가 제기되었다. 그러나 당시는 장제스의 반공쿠데타가 일어난 뒤라서 중국의 정황이 매우 혼란스러웠다. 그래서 친왕산이 9월 하순 푸저우福州와 난징의 정국을 시찰하러 수주란許卓然·다이진후아戴金華 등과 함께 떠났는데, 난징에서 친왕산이 국민당 중앙당부로부터 푸젠福建성 당화교육훈련소黨化教育訓練所를 맡아달라는 제의를 받았다. 이에 대해서 토의한 결과 국민당의 앞잡이가 되는 것이 아니냐는 논란이 있었으나 결국 훈련소를 맡기로 결정하고, 소장에 친왕산, 정치주임에 이정규, 훈련주임에 이양영,

---

471) 이와사 사쿠타로는 民團編練處運動에 참여하면서 취안저우泉州에서 지반을 구축하고 그곳을 근거지로 삼아 동아무정부주의자대동맹을 조직하고자 계획하였다.[〈訪問范天均先生的紀錄〉(葛懋春·蔣俊·李興芝 編, 1984, 1041쪽)]

472) 여러 자료에는 우관宇關을 우관又觀(이정규)과 구별하여 별도의 인물로 기술하고 있으나, 이정규에 의하면 동일 인물이다. 즉 우관宇關은 이정규가 福建省에서 활동할 당시 사용하였던 이름이다.[이정규, 〈중국 福建省 농민자위운동과 한국 동지들의 활동〉(이정규, 1974, 140쪽)]

473) 秦望山, 〈安那其主義者在福建的一些活動〉, 181쪽 ; 秦望山, 〈朝鮮和日本安那其主義者在泉避難引起的事件〉, 203쪽 등을 종합

천영이속민단편련처의 활동가들. 뒷줄 왼쪽부터 시계 방향으로 량룽광, ○, 이을규, 친왕산, 이와사 사쿠타로, 아카카와 게이라이, ○, ○, 이정규, ○, 이기환, ○

교수부주임에 류기석, 그리고 학생대장에 이기환 등을 배치하였다. 하지만 공산군을 추격하던 천밍수陳銘樞의 제11군이 푸젠福建성으로 진입하면서 사정이 급전하였다. 즉 선봉대였던 제5사단의 사단장 차이팅카이蔡庭楷가 친왕산에게 자신들이 공산군을 추격하면서 토비들까지 소탕할 터이니 뒤에서 정지작업을 해줄 것을 청하였던 것이다. 이에 민남25현민단편련처閩南25縣民團編練處라는 기치를 내걸고 차이팅카이의 군대를 따라 취안저우에 입성하였다.

민단편련처는 11월에 개청식을 거행하였는데, 관할 지역을 복건성정부福建省政府의 요청에 따라 취안저우 · 용춘永春 중심의 11현으로 축소하였고, 명칭도 천영이속민단편련처泉永二屬民團編練處[474]로 개

474) 민단편련처의 명칭, 결성 시기, 관할 지역 등은 자료에 따라 약간씩 다르게 나타난다. 이정규는 관할지역을 8현으로, 결성시기를 10월 말, 명칭을 천영이속민단편련처泉永二屬民團編練處로 기록하고 있다.(이정규, 〈중국 福建省 농민자위운동과 한국동지들의 활동〉) 그러나 판톈준范天均은 천영이속泉(州)永(春)二屬(공관11일현共管十一縣)민단무장편련처民團武裝編練處라 하여 명칭과 관할 지역을 이정규와 달리 회고하고 있다.[〈訪問范天均先生的紀錄〉(葛懋春 · 蔣俊 · 李興芝 編, 1984, 1040쪽)] 그리고 蔣剛은 친왕산이 11월에 민단 특파원으로 파견되었다면서 민단편련처의 결성

칭하였다. 국민당으로부터 민단편련처 특파원으로 파견되었던 친왕산이 본부위원장에, 비서장에는 이정규, 총무부에 정진리鄭今日 · 이을규(회계담당), 조직연락부에 어우양잔핑歐陽健平 · 판텐준范天均, 선전교육부에 류기석 · 량룽광 · 장치엔디張謙第 · 장종런姜種仁, 훈련지도부에 천춘페이陳春培 · 이기환 · 류지청 등이 배치되었다.[475]

친왕산 · 량룽광 · 이정규 · 류기석 등은 취안저우泉州에 있는 토비 · 토호 등 난동분자의 숙청 문제에 대해 차이팅카이와 토의하는 한편, 중국 농촌의 장점을 최대한 살려 농민의 자주, 자치, 협동노작協同勞作, 협동자위를 실시하기로 방침을 세웠다. 그를 위하여 우선 각 부락의 중견 청년으로 향토조직을 만들고 아울러 무장자위의 조직을 겸하게 하며, 그 향토조직이 경제적 문화적 임무를 띠고 활동하기로 하였다. 이 방침 아래 1,500~3,000명을 모집하여 기본대오로 삼고, 이들에 대해 군사훈련을 실시하여 아나키스트 활동의 주력군으로 만들며, 선전원양성소에서 훈련받은 청년들을 지역 곳곳에 파견하여 중견 청장년들의 훈련을 맡도록 하며, 군중들에게 농민을 조직할 것을 선전하여 민단을 조직한다는 계획을 세웠다. 이러한 방침에 따라 민단편련처는 자유자치의 생활, 협동노작의 생활, 협동방위協同防衛의 생활이라는 3대 목표를 내걸고 각 지역을 조직하는 한편, 마흐노 전법 훈련을 시작하는 등 무장투쟁 본거지를 건설하기 위한 활동을 전개하였다.

그러나 제11군의 남하 이후 있었던 토비의 공격과, 극심한 자금난으로 인해 1928년 2월 중순 이후 거의 모든 활동이 중지되고 말았다. 이리하여 농민자위운동에 참여하였던 자들은 흩어졌으며, 이

시기를 11월로 보고 있다.(蔣剛, 1997, 317쪽)

475) 류기석은 천영이속민단편련처 구성원의 배치를 다음과 같이 회고하였다.(류기석, 2010, 144쪽)

비서실장 이정규, 비서 장루치엔張履謙, 문서계장 정수준鄭樞俊, 과장 량룽광 · 정진리鄭今日 · 이양영, 훈련대장 이기환, 조직총대장 천준링陳君冷, 류기석

기환은 일본 경찰에 체포되어 샤먼廈門 일본영사관에 구금되었다. 이기환을 구출하기 위해 반일회(대표 이정규)를 조직하여 모든 노력을 기울였지만 결국 실패하였으며, 천영이속민단편련처에 대한 화교로부터의 자금 지원마저 불가능해졌다. 이에 천영이속민단편련처는 그 깃발을 내릴 수밖에 없었다. 1928년 2월 류기석이 먼저 상하이로 가고(〈有吉公使暗殺陰謀不逞鮮人一味檢擧に關する件〉), 이을규 · 이와사 사쿠타로 · 아카가와 케이라이 · 정화암[476] 등은 민단편련처를 수습한 다음 1928년 5월 초 상하이로 갔다. 결국 취안저우泉州와 용춘永春에 농민자위대를 조직하여 이를 기반으로 혁명근거지를 구축하고자 했던 농민자위운동은 실패로 끝나고 말았다.[477]

농민자위운동은 취안저우泉州 · 용춘永春 지역에 혁명근거지를 건설하고 이를 아나키스트 운동의 지반으로 삼는 것을 목적으로 하고 있었다.[478] 즉 농민자위운동은 무장력을 갖춘 혁명근거지를 마련하고 그것을 기반으로 하여 사회혁명을 달성하고자 한 아나키스트 운동이었던 것이다. 농민자위운동은 중국에서의 아나키스트 사회 건설을 지향하였다는 점에서 이상촌 건설계획과 마찬가지로 민족해방운동으로 규정하기에는 곤란한 점이 있다. 하지만 혁명근거지 건설과 그것의 전 지역으로의 확산을 통한 아나키스트 사회 건설은 일본제국주의 타도 없이는 불가능하다는 점에서 민족해방운동으로 연결될 수밖에 없다.

농민자위운동은 국민당 정부 권력과의 타협 아래 전개되었다는

---

476) 정화암은 泉永二屬民團編練處 운동이 거의 끝날 무렵에 합류하였다.[이정규, 〈중국 福建省 농민자위운동과 한국 동지들의 활동〉(이정규, 1974, 152쪽) ; 《한국아나키즘운동사》, 307쪽 등을 종합

477) 이상 농민자위운동과 관련된 부분은 이정규, 〈중국 福建省 농민자위운동과 한국 동지들의 활동〉(이정규, 1974, 128~154쪽) ; 〈訪問范天均先生的紀錄〉(葛懋春 · 蔣俊 · 李興芝 編, 1984, 1040~1041쪽) ; 蔣剛, 1997, 315~319쪽 등을 종합. 蔣剛의 연구 중 민단편련처운동에 관한 부분은 주로 친왕산의 〈安那其主義者在福建的一些活動〉에 근거하고 있는 것 같다.

478) 〈訪問范天均先生的紀錄〉(葛懋春 · 蔣俊 · 李興芝 編, 1984, 1040쪽)

점에서 아나키즘 본령에 충실하지 못한 측면이 있다. 농민자위운동 관계자들은 '토비'들이 물러간 이후 수습대책 중의 하나로 중앙정부와 성정부省政府에 대표를 파견시키자는 의견을 내놓을[479] 정도로 중국 국민당 정부와 긴밀한 연계를 맺고 있었다. 국민당 정부군의 무력에 절대적으로 의존하고 있었던 점은 농민자위운동이 실패하게 된 하나의 주요한 요인으로 작용하였다. 국민당은 아나키스트들과는 그 추구하는 바가 전혀 다르며, 국민당 정부가 아나키스트들의 농민자위조직을 보호해주는 것 역시 자신들의 필요에 의한 경우뿐이다. 그럼에도 불구하고 자력에 근거하지 않고 국민당의 힘을 빌어 사회혁명을 완수하고자 함으로써 많은 문제점을 드러내게 되었던 것이다. 결국 국민당 정부와의 타협에 의한 농민자위조직 건설은 실패로 끝날 수밖에 없었다.

취안저우·용춘 지역에서 농민자위운동이 실패로 돌아간 뒤, 류기석은 허베이 지역에서 또다른 농민자위운동을 모색하였다. 그는 1928년 3월 상하이에서 상해연맹을 결성하고 기관지 《탈환》을 발행하는 등의 활동을 전개하다가, 1929년 여름 베이징으로 갔다. 베이징에서 북경연맹을 결성하여 테러활동을 계속 도모하는 한편, 민족해방운동기지 건설을 시도하였다. 즉 중국 동북 지역에 사는 한국인 농민들을 산해관山海關으로 이주시켜 허베이 지역에 있는 황무지를 개간하는 한편, 군사를 양성하여 이들을 항일유격대로 만들고, 시기가 무르익으면 국내로 진격하고자 한 것이다. 그는 1929년 톈진 부근의 바이하白河와 피아오하漂河 양안의 국유지와 황무지를 중국 정부로부터 불하받기 위하여 차이위안페이의 주선으로 농광부農鑛部와 허베이 성정부와 교섭을 하는 한편, 지린으로 가서 자금을 마련하고자 하였으나, 끝내 뜻을 이루지 못하였다.(류기석, 2010, 159~179쪽)

479) 이정규, 〈중국 福建省 농민자위운동과 한국 동지들의 활동〉(이정규, 1974, 151쪽)

(3) 민족해방운동기지 건설운동

이상촌 건설운동과 농민자위운동은 비록 실패하였지만, 이에 종사했던 자들은 만주에서 다시 민족해방운동기지 건설운동을 전개하였다. 일제강점기 만주지역에는 일제의 억압을 피해 이주한 많은 한국인들이 있었고, 이들은 한인사회를 형성하고 있었다. 1900년대 말부터 만주에 독립군기지를 건설하고자 시도하였던 한국인들은 한인사회에 기반을 둔 민족해방운동기지를 건설한 뒤 일제와 투쟁하면서 민족해방을 모색하였다. 재중국 한국인 아나키스트들도 만주에 민족해방운동기지를 건설하고자 여러 차례 시도하였다. 재중국 한국인 아나키스트들은 이회영의 1910년대 경학사 설립을 통한 만주개척사업과 1920년대 중반 펑위샹馮玉祥의 지원에 의한 민족해방운동기지 건설이 실패한[480] 이후 김종진을 중심으로 민족해방운동기지 건설사업을 추진하였다. 만주에서의 민족해방운동기지 건설운동은 김종진[481]이 1927년 10월 만주로 가서 신민부에 합류하면서 시작되어 재만조선무정부주의자연맹과 신민부의 연합으로 결성된 한족총연합회의 주도 아래 전개되었다.

김종진은 남북만南北滿에서 일본제국주의의 군사력에 대항할 수 있는 무력을 기르는 것이 한국 민족해방운동의 진정한 방도라는 인식 아래, 군사훈련을 목적으로 예관睨觀 신규식申圭植의 소개로 1921년 탕지야오唐繼堯의 운남무관학교雲南武官學校에 입교하였다.

480) 이회영은 1925~1926년경 중국 군벌 펑위샹馮玉祥 독판督辦의 지원으로 백순白純·김창숙 등과 함께 중국 장자커우張家口 바오토우진包頭鎭에 있던 미개간지 수만 정보를 개간하고, 여기에다 군관학교를 건립하여 독립군을 양성하고자 하였다. 하지만 이 사업은 펑위샹馮玉祥의 실각과 자금난으로 실패하였다.(이규창, 1992, 40쪽 참조)

481) 김종진은 1920년 늦가을에 베이징으로 갔는데, 이회영을 흠모하여 여러 달 동안 그를 가까이서 모셨다. 이회영은 김종진이 1924년 봄 군관학교 입학을 지망하자 그를 이시영, 신규식 등에게 소개를 해주었다. 그는 윈난雲南의 군관학교를 졸업하였다.(이정규·이관직, 1985, 84쪽)

2년 과정의 교도대教導隊를 거친 뒤 1923년에 운남강무당雲南講武堂에 입학하여 1925년에 졸업하였다. 그 뒤 광둥廣東을 거쳐 상하이로 갔다. 거기에서 일단의 한국인 아나키스트들을 만나 민족해방운동의 방도에 관해 토의한 결과, 재만在滿 교포를 계몽·조직화하여 둔전양병屯田養兵의 기반을 닦는 것이 급선무라는 데 의견의 일치를 보고, 자신이 먼저 만주로 가서 기반을 닦기로 합의하였다. 1927년 9월 만주행 도중에 이회영을 방문하여 사상 전반에 대하여 토론하였다. 김종진은 1927년 10월 하순에 만주에 도착하여 김좌진의 신민부에 합류하였다.(이을규, 1963, 13~50쪽 참조)

이회영의 영향으로 아나키즘에 공명하게 된 김종진은 민족해방운동을 "온 국민이 다같이 잘 살기 위한 운동", "일제에 빼앗긴 민족적 자주권과 개인의 정치적·경제적 자유 이권을 되찾아서 억울과 착취가 없는 사회를 만들자는 운동"으로 규정하고, 특권과 차별이 인정되지 않는 만민평등한 사회, 전 국민이 완전한 모든 자유를 향유하고 자유 발전할 수 있는 사회를 건설하고자 하였다.(이을규, 1963, 78~79쪽) 그에게 있어서 민족해방운동은 곧 아나키스트 사회를 건설하는 과정이었던 것이다.

그는 민족해방운동과 혁명운동은 치밀한 계획과 완전한 조직으로 끈기 있게 장기 투쟁을 계속해야만 성공을 거둘 수 있으며, 장기 투쟁을 전개하는 데에는 인적·물적 조건으로 또는 지리적인 조건에서 만주를 근거지로 삼는 것이 적합하다고 판단하였다. 그리하여 그는 둔전양병屯田養兵을 통해 만주에 민족해방운동기지를 건설할 계획을 세웠다. 우선 한인사회에 주민 자신들의 생활을 위한 공동체로서 그들의 경제적 협력기구를 조직하고, 그것을 중심으로 인보상조隣保相助하는 농촌자치체를 조직하고자 하였다. 농민들의 생활조직이 확립되어서 재만 동포의 삶이 안정되고 경제적으로 실력이 증진되어 간다면, 이 조직은 곧 항일투쟁의 조직이요 증진되는 부력富力은 곧 항일투쟁의 재정적인 뒷받침이 될 것이며, 이를 통해 민족해방운동기지가 건설된다는 것이었다.(이을규, 1963, 51~52 · 57~58쪽 참조)

김좌진의 신민부에 합류한 김종진은 만주 전역을 여러 개의 구역으로 분할하고, 각 지역의 실정(공산주의세력의 분포 및 부락 침투 상황 포함)을 파악할 것, 교포조직화와 지도훈련, 각 운동단체와의 통일 합작 협동 및 각 지역과의 연락 등을 그 내용으로 하는 〈만주를 근거로 한 한국민족해방운동의 기본계획안〉을 작성했다. 그리고 이를 구체적으로 재검토하기 위해 신민부 영향 아래 있던 북간도 각 지역을 8개월에 걸쳐 여행하면서 조사하였다. 1928년 8월 하순 하이린海林으로 돌아온 김종진은 김좌진에게 조사결과를 보고하고, 한인교포의 지지를 받는 단체를 조직할 것을 역설하면서 아나키스트와 연합하여 신민부를 개편할 것을 제안하였다. 신민부를 개편하여 재만 동포 자신의 조직으로 만들어야만 공산주의자들의 침투 · 교란을 막을 수 있고, 또 사상적으로 능히 이른바 과학적 사회주의라고 떠드는 자들을 구축할 수 있으며, 왜적들과도 장기 항전할 수 있는 정신적 힘을 얻을 수 있다는 것이었다.

김좌진의 동의를 얻은 김종진은 재만在滿 한국인 아나키스트들을 결집시키는 데 많은 노력을 기울였다. 김종진은 이회영과 이을규에게 즉시 만주로 올 것을 요청하였다. 1929년 1월 지린吉林에서 만난 김종진과 이을규는 이때 우연히 마주친 유림柳林과 함께 도보로 여행하면서 재만 한국인 아나키스트 운동의 중심지를 중동선中東線으로 하는 것에 대해 토의하였다. 3월 하순경에 중동선中東線 해림역海林驛에 도착한 김종진과 이을규는 재만 한국인 아나키스트들의 조직화 사업에 주력하였다.(이을규, 1963, 53~86쪽)

당시 만주 각지에는 한국인 아나키스트들에 의해 자유청년회라는 단체가 결성되어 있었으며,[482] 김야봉은 스터우허쯔石頭河子, 이달과 이덕재李德載는 산시山市, 이붕해李鵬海·엄형순은 하이린海林, 이준근李俊根은 신안진新安鎭, 이강훈李康勳은 미산密山에서 각각 산재하여 활동하고 있었다.(이을규, 1963, 82쪽 참조) 김종진은 이들을 결집시키기 위하여 1927년경 이달·김야엽金夜燁(김야봉?-인용자) 등과 함께 먼저 흑우연맹[483]을 조직하였다. 흑우연맹은 일체의 강권주의운동을 배격하는 한편, 아나키즘 선전에 전력하였다.[484] 흑우연맹의 활동을 바탕으로 하여 재만 한국인 아나키스트 청년단체들이 결집되기 시작하여, 1928년 북만한인청년연맹北滿韓人青年聯盟이 결성되었다. 북만北滿 각지에 산재해 있던 자유청년회를 망라한 북만한인청년연맹은 아나키즘 이론 구명과 계몽운동에 주력하는 한편, 사상·농민·소년·여성의 각 부문운동을 전개하였다.[485]

김종진과 이을규는 북만한인청년연맹을 기반으로 재만조선무정부주의자연맹을 결성하였다. 재만조선무정부주의자연맹은 1929년 7월[486] 하이린海林에 있는 한 소학교에서 김종진과 이을규의 주도하에 조직되었으며, 이달·이준근李俊根·이강훈李康勳·이붕해李鵬海·

482) 〈不穩出版物《奪還》第7號記事〉(《外務特殊文書》 28, 563쪽)

483) 林友(上海)의 〈재중국 조선무정부주의운동 개황〉에는 暴友聯盟으로 서술되어 있으나, 이는 黑友聯盟의 잘못으로 보인다.

484) 林友, 〈재중국 조선무정부주의운동 개황〉; 〈不穩出版物《奪還》第7號記事〉(《外務特殊文書》 28, 563쪽) 등을 종합

485) 앞과 같음. 〈재중국 조선무정부주의운동 개황〉에는 북만한인연맹으로 서술되어 있으나, 이는 북만한인청년연맹을 지칭하는 것으로 보인다.

486) 이을규는 재만조선무정부주의자연맹의 결성일을 1929년 7월로 회고하고 있으나(이을규, 1963, 88쪽) 명확하지 않다. 재만조선무정부주의자연맹의 결성일은 이을규의 중동선中東線 하이린海林 도착일인 3월 하순에서 7월 21일 사이인 것으로 추정된다. 그것은 김좌진이 교육과 사상계몽, 생활개선의 지도를 재만조선무정부주의자연맹에 맡기고 앞으로 신민부가 개편되면 재만조선무정부주의자연맹원 전원이 참가해야 한다고 요구하였던 것으로 보아(이을규, 1963, 90쪽), 재만조선무정부주의자연맹은 한족총연합회의 결성일인 1929년 7월 21일보다 상당 기간 앞서 결성되었던 것으로 추측되기 때문이다.

이덕재李德載 · 김야봉 · 김야운 · 엄형순 · 김동화金東和[487] · 남대관南大觀 등이 참가하였다.(이을규, 1963, 88~89쪽 참조)[488]

재만조선무정부주의자연맹이 결성되면서 북만한인청년연맹은 그 표면기관으로서 기능하였다.[489] 북만한인청년연맹은 1929년 11월에 발표한 〈선언〉[490]을 통해 일제의 만주 침략 야욕을 폭로하는 한편, 정치투쟁을 타협적 운동으로 규정하면서 철저히 배격할 것을 주장하여 정치와 정치운동에 대한 반대 입장을 분명히 하였으며, 적과의 최후 결전의 선두대先頭隊임을 자임하면서 자본주의와 이족통치異族統治를 부정하였다. 그리고 조직을 운영함에 "자유전쟁을 위해서 타인의 의사를 존중하며 강제하지 않는다"고 하여 개인의 의사를 절대적으로 존중한다는 것과, "개체의 완전한 인격적 자유를 시인"한다는 것을 천명하였다. 조직원칙에서도 "각자의 공동의 사로써 자유연합원리를 기본으로 하는 투쟁조직을 조직"한다고 하여 중앙집권식의 조직원칙을 부정하였다.

487) 林友의 〈재중국 조선무정부주의운동 개황〉에 따르면 김동화金東和도 창립멤버에 속한다.

488) 일제의 관헌자료에는 남대관南大觀이 김월파金月波(유림, 越坡의 잘못—인용자) · 전회관田晦觀(이을규—인용자) · 이붕해 등과 함께 흑색동맹의 대표적 인물로서 한족총연합회의 핵심인물이었던 것으로 서술되어 있으나(《治安狀況-昭和 5年》, 163쪽), 당시 활동가들의 회고록에는 언급이 전혀 없다. 흑색동맹은 재만조선무정부주의자연맹을 지칭하는 것으로 보인다. 그것은 흑색동맹에 해당할 만한 당시의 단체로는 흑우연맹과 재만조선무정부주의자연맹이 있지만, 이을규는 흑우연맹에 참가하지 않았기 때문이다. 그리고 유림을 재만조선무정부주의자연맹과 한족총연합회의 핵심인물로 서술한 것은 잘못이다. 유림은 대對공산주의자의 사상방위문제를 둘러싸고 김좌진과 격론을 벌인 뒤 지린으로 돌아갔다.(이을규, 1963, 86~87쪽)

489) 楊子秋, 〈李康勳을 생각한다〉. 위의 자료에서는 이강훈을 "재북만在北滿의 조선무정부공산주의자연맹원과 동시에 이 연맹의 표면적 기관이었던 북만한청연맹의 주요 분자"라고 하면서, 북만한청연맹(북만한인청년연맹—인용자)을 조선무정부공산주의자연맹의 표면적 기관으로 서술하고 있는데, 재북만在北滿의 조선무정부공산주의자연맹은 재만조선무정부주의자연맹을 지칭하는 것으로 사료된다. 공기택은 북만한인청년연맹을 재만조선무정부주의자연맹의 별칭으로 파악하고 있으나(공기택, 1990, 28쪽), 이는 잘못으로 사료된다.

490) 북만한인청년연맹의 〈선언〉은 〈不穩出版物《奪還》第7號記事〉(《外務特殊文書》 28, 561~564쪽)에 전재轉載되어 있다.

재만조선무정부주의자연맹은 "우리는 인간의 존엄과 개인의 자유를 완전 보장하는 무지배의 사회의 구현을 기한다", "사회적으로 모든 사람은 평등하므로 각인各人은 자주창의自主創意로 또는 상호부조적 자유합작으로써 각인의 자유발전을 기한다", "각인은 능력껏 생산에 근로를 바치며 각인의 수요에 응하여 소비하는 경제질서 확립을 기한다" 등을 강령으로 제정하였다.(이을규, 1963, 88~89쪽 참조) 재만조선무정부주의자연맹의 강령은 개인의 절대적 자유를 존중하고, 자유연합의 원칙에 의해 운영되며, 능력에 따른 노동과 필요에 따른 분배各盡所能各取所需가 보장되는 아나코코뮤니스트 사회를 건설하는 것을 궁극의 목표로 설정하고 있다.

그리고 재만조선무정부주의자연맹은 다음과 같은 당면강령을 제정하여 행동방침을 정하고, 이에 근거하여 민족해방운동기지를 건설하고자 하였다. 즉 농민들의 의식개혁과 생활개혁을 통해 만주에서 이상사회를 건설하고, 그 이상사회를 근거지로 삼아서 민족해방운동을 지속적으로 전개하고자 하였다.

一. 우리는 재만 동포들의 항일반공사상 계몽 및 생활개혁에 헌신한다.

二. 우리는 재만 동포들의 경제적 · 문화적 향상발전을 촉성키 위하여 동포들의 자치합작적 협동조직으로 동포들의 조직화 촉성에 헌신한다.

三. 우리는 항일전력의 증강을 위하여 또는 청소년들의 문화적 계발을 위하여 청소년교육에 전력을 바친다.

四. 우리는 한 개의 농민으로서 농민 대중과 같이 공동노작共同勞作하여 자력으로 자기생활을 영위하는 동시에 농민들의 생활개선과 영농방법의 개선 및 사상의 계몽에 주력한다.

五. 우리는 자기사업에 대한 연구와 자기비판을 정기적으로 보고할 책임을 진다.

六. 우리는 항일독립전선에서 민족주의자들과는 우군적인 협조와 협동작

전적 의무를 갖는다.(이을규, 1963, 89쪽)

재만조선무정부주의자연맹의 강령이나 당면강령에는 특기할 만한 사실이 보인다. 즉 재만조선무정부주의자연맹은 강령에서 정부와 국가를 부정하지 않았으며, 당면강령에서도 공산주의자에 대해서는 적대시하는 태도를 보이면서도 민족주의자와는 협력관계를 유지하고자 하였다는 점이다. 이 점은 당시 중국 관내에서 활동하고 있던 재중국조선무정부공산주의자연맹이 민족주의자들의 타락상을 지적하면서, 민족주의자와의 연합을 추구하던 공산주의자들을 비판하고 신간회 타도를 외치는 등 민족주의자들을 철저히 배척했던 것과는 대조된다. 재만 한국인 아나키스트들이 국가와 정부를 부정하지 않은 것은 민족주의자와의 연합을 염두에 두고 있었기 때문이며, 민족주의자와의 연합을 도모한 것은 만주에 지역적 기반을 확보하기 위해서였던 것으로 보인다. 즉 민족주의자와 연합함으로써 만주에 민족해방운동과 사회혁명 근거지를 건설하는 데 필수적인 지역적 기반을 민족주의자들로부터 제공받을 수 있었던 것이다. 나아가 재만조선무정부주의자연맹은 만주에서 점차 그 세력을 확장해 가고 있던 공산주의세력에 대항하기 위해서 민족주의자들과 연합하여 한족총연합회를 조직하고 그 사상적 지도를 담당하기까지 하였다.

하지만 한편으로는 아나키즘의 독자성을 강조하기도 했다. 즉 1929년 국내에서 광주학생운동이 일어나자, 재만조선무정부주의자연맹은 광주학생운동을 "정복자 대 피정복자의 항쟁"으로 규정하고 "현재의 민족·공산 양파의 운동은 무익하여 박멸해야 한다"는 내용의 격문을 배포하여(朝鮮總督府警務局 編, 《光州抗日學生事件資料》, 223·227쪽 참조), 민족주의와 공산주의를 모두 비판하였다.

1920년대 말 연합의 필요성은 만주에 있던 민족주의자들과 아나키스트 양 진영에서 제기되고 있었다. 1920년대 말 만주에서 민족주의자들 사이에서 전개되었던 민족유일당 결성을 위한 삼부三府통합운동은 좌절되었고, 이에 따라 1928년 12월 신민부 군정파 · 참의부 주류파 · 정의부 탈퇴파(전민족유일당촉성회)는 신민부 · 참의부 · 전민족유일당촉성회 해체를 선언하는 동시에 임시기관으로서 혁신의회를 조직 · 구성하였다.(김준엽 · 김창순, 1988, 186~187쪽) 하지만 한시적으로 설치되었던 혁신의회가 별 성과 없이 해체되고 민족유일당 재만책진회在滿策進會의 사업마저 부진하였다. 이러한 민족유일당 결성의 실패는 한족총연합회가 결성되는 주요한 배경이 되었다.

만주에서의 공산주의 세력의 대두와 그에 따른 민족주의 세력의 영향력의 저하 또한 한족총연합회 결성의 주요한 배경으로 되었다. 민족주의자들은 1910년 국권상실 이후 만주에서 독립군을 조직하여 일제와 싸웠으나, 소기의 성과를 거두지 못하였다. 당시 민족주의를 표방하고 있던 재만 독립군들은 권력을 휘두르며 민중들 위에 군림하려는 자세를 취하였을 뿐 아니라, 수십만에 달하는 영세한 한인교포에게 군자금 · 군수품 등의 제공, 통신연락 등 희생을 강요하였다.(유영구, 1986, 69쪽) 이로 인하여 독립군들은 한인사회에 대중적 기반을 확보하지 못하고 민중들로부터 경원시되었다. 심지어는 김좌진조차 한인사회로부터 마왕 · 폭군으로 불리워지기까지 하였다.(이을규, 1963, 80쪽) 이에 비해 공산주의자들은 민중해방을 표방하면서 민족주의자들의 이러한 점들을 비판하기 시작하였고, 민중들은 점차 공산주의자들에게 동조하기 시작하였다. 민족주의자들은 공산주의에 대항할 사상과 이론을 필요로 하였고, 당시 민족주의세력의 지도자 중 한 명이었던 김좌진은 새로운 사상을 아나키즘에서 찾고자 하였다.

재중국 한국인 아나키스트들 역시 공산주의 세력의 성장에 위협을 느끼고 있었다. 위기를 타개하기 위한 방책으로 그들 가운데 일부는 만주에 민족해방운동과 사회혁명의 근거지를 건설하고자 하였다. 그러기 위해서는 만주에 지역적 기반을 확보해야 했다. 그들은 민족주의자들과의 연합을 통해서 지역적 기반 확보 문제를 해결하고자 하였으며, 이를 바탕으로 하여 공산주의세력에 대항하고자 하였다.

재만 한국인 아나키스트와 민족주의자의 연합은 이러한 배경에서 이루어졌으며, 그것은 신민부의 한족총연합회로의 개편으로 나타났다. 재만조선무정부주의자연맹이 결성되자 신민부 개편 작업이 본격화되었다. 김좌진은 김종진의 제안을 받아들여 무장군대의 활동이나 그 밖의 모든 군사적 활동은 뒤로 미루고 한족 자치제 확립에 주력하기로 하는(유영구, 1986, 69쪽) 한편, 재만조선무정부주의자연맹에서 교육과 사상계몽, 생활개선 지도를 맡는 동시에 재만조선무정부주의자연맹원 전원이 연합조직에 참가하는 것을 원칙으로 할 것을 제의하였다.(이을규, 1963, 90쪽)

김좌진을 비롯한 16명의 대표자는 1929년 7월 21일 동지연선東支沿線 스터우허쯔石頭河子에서 북만北滿인민대표대회를 개최하여 종래의 혁신의회를 해체하고 신민부를 한족총연합회로 개편할 것을 결의하였다.[491] 곧이어 김좌진 등 민족주의자들과 재만조선무정부주의자연맹의 연합으로 20여 개의 농무협회農務協會를 망라한 한족총연합회가 결성되었다.[492] 한족총연합회의 간부진은 김좌진(위원장), 권화산權華山(부위원장), 김종진, 이을규, 이달, 김야봉, 김야운, 이덕재, 이붕해, 한청암韓青岩, 정신鄭信, 박경천朴耕天, 강석천姜石泉

491) 〈韓族總聯合會ノ政綱竝ニ宣言ニ關スル件〉, 《外務省警察史—滿洲ノ部》(外務省文書 205-4), 12826 (堀內稔, 1993, 47쪽에서 재인용)

492) 《治安狀況-昭和 5年》, 163쪽 ; 〈韓族總聯合會ノ現狀及同會規約, 保安條例竝ニ地方農務協會規定ニ關スル件〉, 《外務省警察史—滿洲ノ部》(外務省文書 205-4), 12885(堀內稔, 1993, 47쪽에서 재인용) ; 林友, 〈재중국 조선무정부주의운동 개황〉 등을 종합

등으로 구성되었다.(이을규, 1963, 92쪽) 간부의 과반수가 아나키스트들이었다.

한족총연합회의 조직체계는 규약을 통해 살펴볼 수 있다. 우선 한족총연합회는 중국에 거주하는 혁명적 한국인을 구성원으로 하였으며(제2조), 동회同會가 장악하는 관내에 3개월 이상 거주하는 주민은 의무금 납부 · 병역 · 선거권 · 피선거권 등의 의무와 권리를 가졌다(제19조). 중앙기구에는 인민대표대회 · 집행위원회 · 협의위원회의 세 개의 기관을 설치하였고(제6조), 특히 군사위원회 · 농무위원회 · 교육위원회 · 경제위원회의 네 개의 위원회[493]를 설치하였다(제5조). 인민대표대회는 동회同會의 최고의결기관(제7조)으로 집행위원회의 소집에 의해서 매년 1월 중에 개최되었으며(제13조), 집행위원회로부터 주석 1인을 호선互選하여 대회를 대표시켰다(제12조). 집행위원회는 15인 이상 21인 이하로 구성되며(제11조), 대회가 결의한 일체의 사무를 수행하였고(제8조), 임기는 1년이었다(제18조). 협의위원회는 각 위원회의 멤버 약간 명으로 조직하며, 각 위원회의 연락을 도모함과 동시에 집행위원회에서 결정한 대외문제를 처리하였다(제9조).[494]

한족총연합회의 지역조직인 농무협회의 조직체계는 다음과 같다. 우선 명칭은 각각의 획정 조직된 행정구行政區의 지역명을 붙여서 '○○농무협회'라 칭하였다(제1항). 기본적인 임무는 그 지구의 지역자치기관으로서 행정 · 사법 · 실업 · 재무의 직무 수행, 교육,

493) 이을규는 한족총연합회의 부서에는 농무부(위원장 金宗鎭, 부위원장 韓靑岩, 차장 이달) · 조직선전부(위원장 金宗鎭, 부위원장 鄭信, 차장 김야봉) · 교육부(위원장 李乙奎, 부위원장 朴耕天, 차장 金野雲) · 군사부(위원장 李鵬海, 부위원장 姜石泉, 차장 李德載) 등이 있었다고 하나(이을규, 1963, 92쪽) 취하지 않는다. 이을규가 말하는 조직선전부라는 부서는 없었던 것으로 보이며, 조직선전에 관한 업무는 농무위원회에서 담당하지 않았나 추측된다.

494) 〈韓族總聯合會ノ現狀及同會規約, 保安條例竝ニ地方農務協會規定ニ關スル件〉〈外務省警察史-滿洲ノ部〉(外務省文書 205-4), 12887~12897(堀內稔, 1993, 53~54쪽에서 재인용)

보안을 담당하는 것이었으며, 이들 부문에 대하여 의무를 이행하는 주민 중에서 5명 이상 9명 이하의 위원을 선정하였다(제2항).

그리고 교육회와 보안대가 설치되어 교육과 보안유지를 담당하였다. 교육회는 "교육에 대한 의식 또는 경험을 가진 자로 조직하고, 지방학행地方學行과 교양을 지도"하였으며(제2항의 2), 보안대는 "혁명적 의식이 있는 자로 조직하고, 지역 보안과 인근 협회와 상호 보조연락保助連絡을 도모"하였다(제2항의 3). 이외 지역 농무협회는 한족총연합회의 정기대회 1개월 전에 주민대회를 개최하여 대회에 파견할 대표를 결정하고 건의안을 작성했다(제3항).[495]

한족총연합회는 창립 이후 조직적 기반을 확충하기 위한 사업을 우선적으로 전개하였다. 조직선전대가 지역조직 재정비작업을 마무리짓는 대로 새로운 지역조직 건설에 착수하는(이을규, 1963, 95쪽) 한편, 교육사업에 치중하여 50여 개소의 소학교를 운영하였다. 이 소학교들은 대개 신민부에서 설치한 것이지만, 구강포학교九江泡學校·보신학교保新學校·동신학교東新學校 등의 3개 학교는 한족총연합회가 새로 세운 것이었다.(堀內稔, 1993, 55쪽) 나아가 이을규와 김종진 등은 인재난을 해결하기 위한 작업의 일환으로 북만 지역에 중등학교를 설립하는 작업을 추진하였다. 곧바로 북만중학기성회가 조직되어 교지 확보를 위한 교섭을 진행하였다.(이을규, 1963, 95~97쪽)

이와 함께 한족총연합회는 1929년 10월부터 산시山市에 정미소를 설치하여 운영하였다. 정미소 설치는 중국 상인들의 농간으로부터 한인 교포들의 이익을 지키기 위한 것이었다.(이을규, 1963, 99~100쪽) 이외에도 한족총연합회는 국내에서 광주학생운동이 일어

495) 보안대에 대해서는 보안조례에 더욱 상세하게 규정되어 있다. 즉 각 농무협회의 농의군農義軍으로부터 선발하고(제2조), 각 지역의 정세에 따라 2반 이상 4반 이하로 편성, 반원은 3~7인(제3조)이고, 농무협회에서 선출된 보안대장은 형사소송에서 검사의 직권을 대행(제4조)하고, 일요일에 매번 전 대원을 소집하여 제반의 사항을 토의한다(제11조)는 것 등으로 되어 있다.(堀內稔, 1993, 54쪽)

나자 해림한족협회海林韓族協會, 판시현磐石縣의 재중선인청년동맹在中鮮人靑年同盟 등과 함께 조사원을 파견했다.(朝鮮總督府警務局 編,《光州抗日學生事件資料》, 100 · 228쪽) 그리고 국내에서의 직접행동을 도모하기도 하였다. 즉 1930년 1월 하순 이달 · 이강훈 등이 소형 폭탄과 권총을 가지고 국내 잠입을 시도했던 것이다. 하지만 김좌진 암살로 이강훈과 이달이 곧 본부로 귀환함으로써 이 계획은 실행에 옮겨지지 못하였다.(이강훈, 1974, 123~124쪽 참조)

김좌진은 1930년 1월 24일(음력 12월 25일) 오후 2시경 한족총연합회가 경영하던 정미소에서 화요파 공산당원이었던 공도진公道珍에 의해 살해되었다.(김동화, 1991, 111~114쪽) 김좌진 암살은 만주에서의 민족주의 세력과 공산주의 세력 사이의 심화된 갈등에서 빚어진 결과였다. 공산주의자들은 민족유일당 건설을 추진하는 동안에는 민족주의자들과 연합하였으나, 화요파가 1928년 8월 〈고려공산청년회만주총국 중앙상무위원회 결정서〉[496]에서 민족유일당 건설을 부정한 이후 민족주의 세력과의 연합전선을 파기하였다. 나아가 화요파는 1929년 12월경 〈제국주의, 국민당 군벌 또는 민족통치식 단체의 조선 농민 학살 반대 선언〉, 〈광동폭동廣東暴動 2주년 기념에 즈음하여 만주 조선인 노력 군중에게 격함〉[497] 등의 격문을 살포하였다. 이 격문들은 민족주의자들이 혁명적 만주 한국 농민을 학살하고 있는 중국 국민당을 도와 혁명자들을 학살하고 있다고 하면서, '통치식 단체'(민족주의단체를 지칭)를 박멸할 것을 주장하였다. 화요파는 민족주의자들을 비판하면서 북만 지역에서 점차 세력을 확대해 나갔다. 이러한 과정에서 신민부 · 한족총연합회와 화요파 사이에 대립 · 충돌이 발생하였고, 공산주의자들의 민족주의단

496) 〈고려공산청년회 만주총국 중앙상무위원회 결정서〉는 〈高麗共産靑年會滿洲總局中央常務委員會 決定書ノ件〉에 수록되어 있다.

497) 이상의 격문들은《現代史資料》29, 638~639 · 657~660쪽에 수록되어 있다.

체 파괴공작 과정에서 김좌진 암살 사건이 일어났던 것이다.

한족총연합회는 김좌진 암살을 공산주의자들의 소행으로 보고, 보안대로 하여금 김봉환과 이주홍 등을 체포케 한 뒤, 그들을 사형에 처하였다.[498] 이에 대해서 공산주의자들은 "김좌진 사후 그 복수로서 하이린海林, 산시山市 지역에서 선량한 농민 등을 김좌진 암살의 혐의자라 칭하여 수십 명을 학살"하였다고 한족총연합회를 비난하면서, "제국주의 · 국민당 군벌의 주구 한족총연합회, 국민부를 박멸"할 것을 주장하였다.[499] 닝안寧安현 시가市街에 근거를 두고 있던 공산주의자들은 중국 관헌을 설득, 관병 20여 명을 대동하고 김종진 · 이을규 양인을 체포하고자 하였으나 실패하였다.(〈不逞鮮人刊行物《奪還》金佐鎭ニ關スル記事－奪還4月20日發行第9號譯文〉) 1930년 4월 4일에는 심용해[500]가 일제의 주구에 의해 암살되었으나, 아나키스트들은 공산주의자들에 의해서 암살당한 것으로 파악하였다.[501] 그리고 1930년 6월 18일 조선공산당 만주총국의 김동식金東軾 · 최일산崔一山 등 공산주의자 100여 명이 다시 한족총연합회의 근거지인 산시山市를 습격하여 한족총연합회의 일체 시설을 파괴하고 간부 박경천朴耕天 · 김종진 · 전명원仝明源(이을규의 가명)[502] 등 3명을 살해

498) 〈不逞鮮人刊行物《奪還》金佐鎭ニ關スル記事－奪還4月20日發行第9號譯文〉. 이을규는 김좌진 암살범을 색출하기 위하여 이붕해를 중심으로 하여 임시치안대를 급조하였다고 하나(이을규, 1963, 101쪽) 취하지 않는다.

499) 〈韓族總連合會撲滅ニ際シテ被壓迫勞力者大衆ニ檄ス〉(〈反日本帝國主義同盟ノ韓族總聯合會排擊ニ關スル件〉, 13031~13035쪽)

500) 자료에 따라서는 沈龍海로 서술하기도 하나 沈容海의 잘못이다.

501) 《연변조사실록》(심용해, 1930) 서문과 저자 간력은 沈容海가 일제의 주구에게 살해된 것으로 기록하였으나, 일제의 주구가 공산주의자였는지에 대해서는 언급하지 않았다. 하지만 《탈환》 제9호는 심용해가 독립군이라 자칭하는 공산주의자들에게 살해당한 것으로 보도하였다.(〈不逞鮮人刊行物《奪還》金佐鎭ニ關スル記事－奪還4月20日發行第9號譯文〉)

502) 이을규, 1963, 85쪽. 자료에 따라서는 金明源, 田明源 등으로 기록하기도 하나 仝明源의 잘못이다.

하고자 기도하였으나 또다시 실패하였다.[503)]

이에 한족총연합회는 본부를 지린吉林으로 옮기고 재만 공산당 박멸과 민족주의단체의 대동단결을 부르짖었다. 그리고 국민부와 제휴하여 1930년 5월 하순 조선대독립당주비회를 결성하고, 중국 관헌과의 연휴連携를 강하게 하였다.[504)] 간도 '5 · 30폭동'이 일어나자 남대관南大觀 · 백남준白南俊 · 권수정權秀貞 등 10여 명은 중국 관헌의 공비초벌정○대共匪剿伐偵○隊(대장 오인화吳仁華)에 참가하였는데, 남대관은 동대同隊 제3대장에 임명되어 간도 방면을 담당하였다. 1930년 12월 둔화敦化 주둔 제7단장 왕수탕王樹棠이 간도 지역에서 공산당원 검거에 착수하자 제1선에 서서 크게 활약하였다. 그 공으로 지린吉林성 정부로부터 한교韓僑의 자치권 일부를 승인받았으며, 권수정權秀貞은 공비토벌대장共匪討伐隊長 길림성군법처장吉林省軍法處長 왕커창王科長의 비서가 되었다. 그리고 한족총연합회 내에 청공부淸共部를 부설하여 공산당 토벌에 앞장서게 했다.[505)]

한편, 아나키스트들은 조직선전대원들을 지역으로 파견하여 지역의 인심을 가라앉히는 것과 동시에, 북만중학기성회 사업과 지역조직 문제를 해결하기 위해 노력하였다. 그러나 자금 부족으로 커다란 곤경에 처하였다. 이 때 중국 베이징으로부터 이을규에게 무정부주의자동양대회에 참석하라는 연락이 왔다.(이을규, 1963, 102~104쪽 참조)

무정부주의자동양대회는 1930년 3월 22일 신현상과 최석영이 충남 호서은행에서 5만 8,000원이라는 거금을 인출하여 베이징으로 망명한(〈호남은행사건의 동지 申君의 서한〉) 데서 비롯되었다. 베이징

503) 〈주토공산당誅討共産黨〉(〈韓族總聯合會ノ共産黨排撃宣傳文ノ件〉, 13002쪽)

504) 〈朝鮮大獨立黨籌備會議開催ニ關スル檄文〉, 13014~13030쪽 ; 〈滿洲事變後の在滿朝鮮人の民族主義運動〉, 32~33쪽 등을 종합

505) 〈昭和6年間反間島 · 琿春及同接壤地方治安概況〉, 7,250쪽 ; 《治安狀況-昭和8年》, 257쪽 ; 〈滿洲事變後の在滿朝鮮人の民族主義運動〉, 33쪽 등을 종합

으로 간 신현상과 최석영은 류기석과 협의한 끝에 그 자금을 활용하여 대대적인 파괴공작을 감행하기로 하고, 류기석은 동지를 물색하러 상하이로 갔다. 상하이에서 남화한인청년연맹을 결성한 류기석·신현상 등은 대파괴공작을 일으킬 계획을 세우기 위해 베이징에서 전 중국에 산재해 있는 한국인 아나키스트들을 소집하여 무정부주의자동양대회를 개최하였다.[506)]

재만조선무정부주의자연맹은 이을규와 김종진을 이 회의에 파견하여 자금 지원을 요청하였다. 베이징에 도착한 이을규와 김종진은 무정부주의자동양대회에서 "각지 동지들이 만주기지의 중요성을 인식하고, 재정적인 면에서는 물론 인적인 면에서도 우선적으로 총력을 기울여서 민족 대계의 기반을 만주에다 닦자"고 호소하였다. 이 회의는 갑론을박 끝에 이회영의 중재로 그 자금을 만주에서의 민족해방운동기지 건설사업을 지원하는 데 사용할 것과 그 밖에 중국 관내에서도 적극적인 성의를 가지고 운동을 전개할 것을 결의하고, 분과별로 활동의 방법을 모색하였다.

하지만 5월 6일[507)] 10여 명이 베이징 일본공사관과 결탁한 중국 경찰에 체포되었다. 즉 중국 경찰을 앞세운 일제 경찰에 의해 대표들의 숙소가 급습당하여 김종진·신현상·최석영·정래동·오남기·국순엽·차고동 등이 중국 경찰에 구속되었다. 당시 북평시정부北平市政府 비서처원秘書處員[508)]이었던 류기석의 항의와 베이핑시장

---

506)《自由聯合新聞》第89號 ; "신현상의 공적조서"(공기택, 1990, 32쪽에서 재인용) ; 《조선일보》 1930년 9월 23일자 등을 종합

507) 신현상은 2차 체포일을 5월 16일로 회고하였다.(〈호남은행사건의 동지 申君의 서한〉). 하지만《동아일보》 1930년 5월 8일자는 5월 6일에 신현상을 비롯하여 10여 명이 체포된 것으로 보도하였다. 본 논문에서는《동아일보》의 보도를 따른다. 이을규는 자신이 대표자회의에 참석하기 위하여 베이징에 도착한 시기를 6월 하순으로 기록하였으나(이을규, 1963, 105쪽) 이는 잘못이다.

508) 應起鸞은 류기석이 친구 周茂林의 소개로 北京市政府 第3課員으로 근무한 것으로 회고하였고(應起鸞, 1991, 2쪽), 신현상은 그가 東京 某 동지에게 보낸 편지에서 류기석이 당시 북경시정부에서 외교를 담당하는 요직을 맡고 있었다고 회고하였다.(《黑色新聞》 제27호)

의 지시로 다음날 아침 모두 석방되었다. 하지만 그 다음날 신현상과 최석영은 다시 체포되었다. 류기석은 중국 경찰의 처사를 비난하는 여론을 조성하는 등 백방으로 신현상과 최석영 구명운동을 벌였으나, 결국 신현상과 최석영은 일본영사관에 넘겨졌으며, 3만 원 상당의 구입 무기와 남은 돈은 중국 경찰에게 약탈당하였다. 이 사건으로 국내에서는 정만희, 석윤옥, 김학성, 신현국, 장재익, 인각수印珏洙, 최병하, 이용진李龍鎭[509] 등이 검거되었다. 베이징에 모였던 각 지역 대표들은 회의를 거듭한 결과, 김종진은 북만으로 귀환하고, 이을규는 자금 모집을 위하여 푸젠福建으로 가기로 하는 한편, 재중국 한국인 아나키스트들은 북만 사정과 운동의 장래를 고려하여 조속한 시일 안으로 만주에 집중할 것 등을 결의하였다.[510]

하지만 이을규는 1930년 9월 톈진에서 상하이로 가는 도중 선상에서 체포되어 징역 5년을 선고받았다.[511] 이에 재만조선무정부주의자연맹은 긴급총회를 열어 중국 중남부에 산재한 한국인 아나키스트들을 북만으로 집결시키는 것만이 위기를 타개할 수 있는 유일한 방도라는 데 합의를 하고, 한국인 아나키스트들을 즉시 북만으로 초치하기로 결의하였다.(이을규, 1963, 112쪽)

재만조선무정부주의자연맹의 초청을 받은 재중국 한국인 아나키스트들은 만주로 가기로 결정했다. 만주행 자금을 마련하기 위하여

509) 이후 이용진은 1930년 5월 30일경 병으로 귀국하였다가 여름에 체포되어 8월 말경에 치안유지법 위반으로 공주검사국에 넘겨져 즉시 기소되었다.(《조선일보》 1930년 9월 23일자)

510) 《조선일보》 1930년 9월 23일자 ; 《동아일보》 1930년 5월 8일 · 9월 26일 · 10월 2일 · 12월 6일자 ; 〈호남은행사건의 동지 申君의 서한〉 ; 林友, 〈재중국 조선무정부주의운동 개황〉 ; 村田生, 〈上海及南京方面ニ於ケル朝鮮人ノ思想狀況〉, 176~177쪽 ; 이을규, 1963, 104~105 · 107~110쪽 ; 坪江汕二, 1966, 96~97 · 119~120쪽 ; 대한민국광복회 편, 《독립운동대사전》, 474쪽 ; 《自由聯合新聞》 第48號 · 第89號 ; 《朝鮮統治史料》 10, 871~872쪽 ; 〈有吉公使暗殺陰謀無政府主義者檢擧ノ件〉(《外務特殊文書》 28, 856쪽) ; 대한민국국회도서관 편, 1976, 646쪽 ; 류기석, 2010, 180~191쪽 등을 종합. 《自由聯合新聞》 第48號와 第89號는 류기석 등이 4월 28일 밤 일본영사관 경찰에 체포된 것으로 보도하였으나 사실과 틀리다.

511) 《동아일보》 1931년 1월 20일 · 3월 11일 · 11월 16일 · 12월 14일자 등을 종합

김지강 · 오면직 · 장기준莊麒俊 · 왕해평 · 김동우金東宇 · 정화암 등은 1930년 10월 텐진에서 정실은호正實銀號(중일 합작 은행)를 습격하였다.[512] 이 습격에서 획득한 자금으로 1930년 10월 말 이회영의 두 딸 이규숙 · 이현숙과 정화암 · 백정기 · 김지강 · 장기준 · 오면직 등 15인이 만주로 떠났으며(이을규, 1963, 113쪽), 김동우는 상하이로 돌아갔다.(정화암, 1982, 118쪽)

만주에 집결한 아나키스트들은 북만중학 개교를 서두르는 한편, 음력 연말연시의 농한기를 이용하여 지역조직과 사상계몽, 생활개선과 지도 등 2대 목표를 가지고, 각 부락을 순회하면서 강연 · 공연 등을 하였다. 이를 통해 주민들에게 상호부조의 협력과 각인의 자주자치적 단결에 의해서만 발전할 수 있고 민족해방을 완수할 수 있다는 것을 선전하면서 협동자주의 정신을 고취시켰다.(이을규, 1963, 114~115쪽) 하지만 아나키스트들의 이러한 활동은 별 영향력을 발휘하지 못하였다. 그것은 한족총연합회의 내분과, 아나키스트들과 민족주의자들 사이의 갈등이 한족총연합회의 활동을 위축시켰기 때문이었다.

김좌진 암살 이후 한족총연합회는 점차 분열 · 해체되어 갔다. 즉 김좌진 사후 권화산權華山이 위원장에 취임하였으나, 통솔능력 부족으로 사태를 수습하지 못하였다. 권화산이 김좌진 암살에 관계된 것으로 알려진 주중국한인청년연맹住中國韓人青年聯盟과의 항쟁에서 기민한 조치를 취하지 않음으로써 희생자를 냈다고 하여, 군사위원회 위원장 이붕해李鵬海와 함께 비난당하는 등 내분은 거듭되었다. 결국 1931년 1월 17일 간부 방위의 임무를 지닌 군사부 직속 별동대원들이 간부 타도를 부르짖고 총연합회로부터 탈퇴하였다. 그들은 탈퇴 성명서에서 중앙 간부의 부정사실들[513]을 폭로하면서, "금

512) 정실은호正實銀號 습격사건에 대해서는 정화암, 1982, 114~117쪽을 참조할 것.

513) 간부들의 부정사실로는 중등학교의 설립자금으로 모아진 돈의 태반이 김좌진의 장

후 완전무결한 혁명집단의 산출을 기도"하기 위해서 한족총연합회를 완전히 청산한다고 밝혔다. 이후 지역위원들이 산시山市에 집합하여 2월 4일부터 회의를 개최하여 지역 농무회(종래는 농무협회)의 연합체로서의 한족농무연합회韓族農務聯合會를 결성하였다. 종래의 간부를 일체 배제한 상태에서 신응권申應權, 박내춘朴來春, 신근원申槿園, 윤일산尹一山, 김광렬金光烈, 김시평金時平 등이 간부로 선출되었다. 각 지역의 구농무협회를 농무회로 개편한 뒤, 4월 20일 산시山市에서 제1회 인민대표대회를 개최하였다. 이 회합에서 한족농무연합회 및 지역 농무회의 강령 · 규약을 확정하고, 중앙집행위원 개선改選을 단행하여 강운산康雲山(주석) · 김추곡金秋谷(상무) · 박내춘朴來春(상무) · 윤일산尹一山 · 강복원姜復圓(姜復園?) · 이용한李容漢 · 유해산劉海山(윤덕산尹德山?) 등을 위원으로 선출하였다. 강령은 "본회는 민족의 생활안정을 도모함과 함께 혁명적 훈련의 철저를 기한다"는 1항목만을 채택하였고, 규약에서는 "본회 제도를 민주중앙집권제로 한다"(제4조)고 하여 자유연합제를 버리고 중앙집권제를 채택하였다.[514] 이는 한족농무협회가 아나키즘과 결별하였다는 것을 나타내준다.

한족농무연합회의 별동대로 한족동맹회韓族同盟會가 조직되었다. 한족동맹회는 문화 · 경제 · 정치 · 군사 · 민사 · 외교의 6부로 이루어졌으며, 그 가운데 군사부 내에 한韓테러단이 설치되었다. 한테러단은 박내춘朴來春의 지휘 아래서 자금 모집, 반대파 암살, 회내會

의비용葬儀費用으로 사용되거나 간부가 사사로이 사용한 것, 공산주의자와 대항하기 위해서 징수하였던 특별의연금을 횡령한 것, 정신鄭信이 회비를 횡령한 것, 김좌진 암살의 피의자로서 중국 관헌에 체포되었던 김윤金允 석방운동을 위해 만주로 간 김윤의 아버지로부터 500원을 강탈한 사건에 간부가 관계한 것 등을 들 수 있다.[〈東支東部線ニ於ケル韓族總連合會ノ解散ト韓族農務連合會ノ組織〉, 《外務省警察史-滿洲ノ部》(外務省文書 205-4), 13215~13240(堀內稔, 1993, 59쪽에서 재인용) 참조]

514) 〈東支東部線ニ於ケル韓族總連合會ノ解散ト韓族農務連合會ノ組織〉, 《外務省警察史-滿洲ノ部》(外務省文書 205-4), 13215~13240(堀內稔, 1993, 59~60쪽에서 재인용) ; 〈滿洲事變後の在滿朝鮮人の民族主義運動〉, 33쪽 등을 종합

內 회색분자에 대한 감시 · 경계 등을 담당하였다.[515]

이에 정신鄭信을 중심으로 한 한족총연합회의 구 간부들은 1931년 2월 이청천李青天 등의 자치연합회自治聯合會와 연합하여 한족자치연합회韓族自治聯合會를 조직하였으며, 2월 초순과 3월 초순에 군사위원회 위원장이었던 이붕해와 군사위원회 별동대 제3대장이었던 이백호李白虎[516]가 한족자치연합회에 각각 가입하였다. 한족자치연합회는 근거지를 주허珠河현에 두었으며, 간부는 홍진洪震 · 이청천 · 김소창金小倉 · 황몽호黃夢虎 · 최송길崔松吉 · 백운봉白雲鳳 등이었다. 각 지역에 주민회를 조직(농가 1호에 대해 대양大洋 '은銀' 1원씩의 의무금 징수)하는 운동을 행하여, 팡정方正현 · 퉁빈東賓현 · 주허珠河현에 각각 주민회를 조직하였다. 하지만 간부 사이의 내홍內訌으로 자연 해소되었다.[517]

이처럼 한족총연합회가 내분에 휩싸인 가운데 김좌진 사후 표면화되기 시작하였던 아나키스트들과 민족주의자들 사이의 갈등 또한 점차 커져 갔다. 정신鄭信은 보안대를 자파로 끌어들여 아나키스트들을 압박하기 시작하였으며,[518] 김종진 · 김야운 · 이달 등의 아나키스트들은 점차 중앙 간부에서 배제되어 갔다.[519] 이에 아나키스트들은 무기 입수를 도모하는 등 무력적 대항을 준비하기도 하

515) 〈滿洲事變後の在滿朝鮮人の民族主義運動〉, 33쪽 ; 《治安狀況-昭和8年》, 257쪽 등을 종합

516) 이백호는 나중에 한테러단에 가입하여 간부로서 활동하기도 하였다.

517) 〈民族主義團體ノ統一運動〉, 《外務省警察史-滿洲ノ部》(外務省文書 205-4), 13203~13206(堀內稔, 1993, 61쪽에서 재인용) ; 《治安狀況-昭和8年》, 256쪽 등을 종합. 한 일제 관헌자료는 1931년 1월 아청阿城현에서 한족자치연합회가 조직되었다가 한족농무연합회로 바뀌었다고(〈滿洲事變後の在滿朝鮮人の民族主義運動〉, 33쪽) 하나, 이는 잘못으로 보인다.

518) 〈管內民族主義不逞鮮人ノ行動概況〉, 《外務省警察史-滿洲ノ部》(外務省文書 205-4), 13157(堀內稔, 1993, 59쪽에서 재인용)

519) 〈東支東部線ニ於ケル韓族總連合會ノ解散ト韓族農務連合會ノ組織〉, 《外務省警察史-滿洲ノ部》(外務省文書 205-4), 13213(堀內稔, 1993, 59쪽에서 재인용)

였으며,[520] 이달은 비밀결사 만주농민당을 조직하여 반대파 타도를 기도하였다.(《흑색신문》 제29호)

아나키스트들과 민족주의자들 사이의 갈등은 백정기의 연극사건을 계기로 극단으로 치달아 갔다. 즉 1931년 구정을 기하여 백정기가 가오링즈高嶺子에서 신파극을 공연했는데, 그 내용이 민족주의자들의 비위를 거스르는 바람에 일촉즉발의 위기가 초래되었던 것이다.[521] 아나키스트들과 민족주의자들 간의 갈등은 결국 1931년 7월 이후 민족주의자들이 이준근 · 김야운 · 김종진 등을 암살하는 것으로 폭발되었다. 즉 재만조선무정부주의자연맹과 한족총연합회의 간부였던 이준근과 김야운이 전략 협의를 위하여 스터우허쯔石頭河子 김동진의 집으로 가다가 저격 · 살해되었으며, 김종진이 7월 11일 박내춘朴來春 · 이백호李白虎 · 이익화李益和 등에 의해 납치되었다가 8월 26일 중국 중동선中東線 해림역海林驛 부근에서 총살당했던 것이다.[522] 만주에서 민족해방운동기지 건설운동을 주도하던 김종진이 암살당하자 아나키스트들은 더 이상 만주에서 활동하기를 포기하고 1931년 8월 하순 이후 중국 관내로 철수하였다.(정화암, 1982, 130쪽)

이리하여 민족해방운동 내지 아나키스트 사회를 건설하기 위한 투쟁의 일환으로 만주에다 사회혁명 내지 민족해방운동기지를 건설하고자 하였던 재중국 한국인 아나키스트들의 민족해방운동기지 건설운동은 공산주의자와의 대립에서 파생한 김좌진 암살, 이후 심화된 한족총연합회 내의 아나키스트와 민족주의자 사이의 대립과

520) 〈管內民族主義不逞鮮人ノ行動概況〉, 《外務省警察史-滿洲ノ部》(外務省文書 205-4), 13157(堀內稔, 1993, 59쪽에서 재인용)

521) 백정기 연극사건에 대해서는 정화암, 1982, 126~128쪽을 참조할 것.

522) 《동아일보》 1931년 9월 11일자 ; 《흑색신문》 제29호 ; 이을규, 1963, 117쪽 ; 이강훈, 1994a, 98 · 136쪽 ; 《한국아나키즘운동사》, 337쪽 ; 정화암, 1982, 129쪽 등을 종합

이로 인한 이준근 · 김야운 · 김종진 암살 등으로 말미암아 결국 실패하고 말았다. 이후 재중국 한국인 아나키스트들은 만주를 포기하고 중국 관내로 철수하여 김구 등과의 합작 아래 테러활동에 주력하였다.

만주에 민족해방운동기지를 건설하고자 했던 아나키스트들의 노력이 실패한 원인은 한족총연합회가 지니고 있는 태생적 한계에 있다. 한족총연합회는 아나키즘을 지도이념으로 하고, 조직의 성격이나 조직방식도 아나키즘적 성격을 지니고 있었지만, 완전히 아나키즘으로 통일되어 있었던 것도 아니었고, 모든 조직원들이 아나키즘에 공명하였던 것도 아니었다.

한족총연합회는 창립대회 다음날에 강령과 사업정강 및 선언 등을 발표하였는데(堀内稔, 1993, 47쪽), 선언과 사업정강에 아나키즘적 요소가 잘 나타나 있다. 한족총연합회의 선언은 다음과 같다.

> 자칭 지도계급은 일부 정상배와 합법운동 · 정치운동 운운하는 괴론怪論을 농弄하며, 적에 대한 항복을 도덕화하면서 혁명정신을 말살하고, 순진한 청년을 농락하여 동조케 하며, 또 자신의 파벌귀적派閥鬼的 잔인성을 일반화하는 데 노력하고 있다.
>
> ……우리들은 자신의 생활을 스스로 처리하지 않으면 안된다. 각 자신의 향회의 주인공으로 되고, 나아가 우리의 해방운동의 지주로 되지 않으면 안된다. 다시 말하면 이와 같이 천직인 것을 각성하고 궐기한 우리 민중은 과거에 연출한 그 만악의 원인과 복잡한 제현상을 청산배제하고, 우리 민중의 생활향상과 혁명전선의 진전을 도모하지 않으면 안된다. 즉 자주자치적 생활조직을 기초로 하고, 전 민중적으로 연합조직을 완성해야 한다.[523]

523) 《外務省警察史-滿洲ノ部》(外務省文書 205-4), 12830~12832(堀内稔, 1993, 51~52쪽에서 재인용)

위 선언은 국내의 공산주의자들이 정우회선언을 통해 정치운동과 합법운동을 전개해야 한다고 주장한 데 대한 반대의 입장을 개진하면서, 아나키즘에 입각한 민족해방운동을 전개해야 한다고 강조하고 있다. 즉 공산주의자들이 추진하고자 하는 합법운동이란 일제에 항복하는 것에 불과하며, 그들의 지도자연指導者然하는 태도와 파벌주의적 활동은 민족해방운동을 망치고 있다는 것이다. 그리고 그것을 극복하기 위해서는 민중들이 직접 민족해방운동에 참여해야 하며, 자주자치적 생활조직을 기초로 전 민중적인 연합조직을 조직해야 한다는 것이다. 나아가 "조선공산당은 만근輓近 수년래數年來 합법운동을 주장하여 왔지만, 우리 한족총연합회는 최조最早 그들이 여하한 태도로 나오더라도 관서寬恕하"지 않을(《自由聯合新聞》 第48號) 것임을 천명하였다.

한족총연합회의 사업정강에도 아나키즘적 요소가 상당히 포함되어 있다. 사업정강은 다음과 같다.

〈혁명〉

一. 파괴 · 암살 · 폭동 등 일체 폭력운동을 적극적으로 진행한다

一. 일반민중은 혁명화하고 혁명은 군사화할 것

一. 내외를 가리지 않고 합법운동가 기회주의자를 박멸한다

一. 반민중적 정치운동 이론을 철저하게 배척할 것

一. 파벌을 청산하고 운동선을 완전히 통일할 것

一. 운동선 전 국면에서 우의단체와의 친선을 도모할 것

一. 세계사조와 보조를 동일하게 할 것

一. 세계혁명자와 친선적 연락을 꾀하고 상호운동의 정세를 선전할 것

〈산업〉

一. 주민의 유랑생활 방지

二. 토지 공동 조득租得 장려

三. 공농제共農制의 적극적 실시

四. 산업에 대한 기능 보급

五. 부업 적극 장려

〈행정〉

一. 지방자치체 확립

二. 각 지방자치체와 호조적互助的 연락

三. 민중의 피치적被治的 노예적 습성 개선

四. 지도계급 선제先制 행동 방지

〈교육〉

一. 실생활에 적합한 교육정책 실시

二. 교육자격 선택

三. 교과서와 학제學制 통일

四. 중등교육기관 적극 설치

五. 여성과 청년운동의 지도 장려

六. 비현대적 인습 타파

〈경제〉

一. 공동판매, 공동소비조합 설치를 적극 장려

二. 농촌식산금융조합 설립

三. 농민창고 설립[524)]

혁명 부문의 사업정강의 첫째 항목은 아나키스트의 방법론인 직

524) 《外務省警察史－滿洲の部》(外務省文書 SP 205－4), 12827～12833(堀內稔, 1993, 48～49쪽에서 재인용)

접행동론을 채택하고 있고, 셋째 항목은 아나키스트들의 신간회에 대한 반대 입장을 반영하고 있으며, 넷째 항목은 아나키즘의 반정치·정치운동적 경향을 반영하고 있다. 산업 부문의 사업정강 중 둘째 항목과 셋째 항목 그리고 경제 부문의 사업정강 중 첫째 항목은 아나키즘의 사유재산제도 부인과 공동체 정신을 반영하고 있다. 행정 부문의 사업정강은 네 개 항목 모두 아나키즘에 바탕을 두고 있다. 즉 권력의 중앙집중을 반대하고 지방분권을 강조하고 있으며, 전위조직에 의한 혁명 지도를 부정하고 민중의 직접행동에 의한 사회혁명을 주장하고 있다. 그리고 민중해방을 강조하면서 지방자치체 실시를 통해 민중들이 직접 정치에 참여할 것을 주장하고 있다. 경제 부문의 사업정강 중 둘째 항목과 셋째 항목 역시 농촌산업 육성을 강조하는 것으로서 아나키즘에 기초하고 있다. 이러한 사실들은 한족총연합회가 아나키즘에 입각해서 민족해방운동을 전개하고자 하였음을 보여준다.

한족총연합회의 조직성격 또한 아나키즘적이었다. 즉 한족총연합회는 기초조직인 각 지역 농무협회의 연합기관으로서(〈不逞鮮人刊行物《奪還》金佐鎭ニ關スル記事-奪還 4月 20日發行第9號譯文〉) 중앙집권적 조직이 아닌 자유연합주의적 조직이었다. 한족총연합회의 자유연합주의적 기관으로서의 면모는 규약과 지역 농무협회의 규정에 잘 나타나 있다. 한족총연합회의 규약에 따르면, 동회同會는 지역합의제를 조직원리로 하였으며(제4조), 조직 운영의 중심은 집행위원회가 아니라 자유연합주의적 조직인 각 위원회였다. 집행위원회는 인민대표대회에서 결의된 일체 사무를 수행하고 조직을 대표하여 대외문제를 결정할 뿐이며, 협의위원회 역시 각 위원회간의 연락을 담당하여 사업활동을 조정하거나 정보를 교환하는 데 도움을 주거나, 집행위원회가 결정한 대외문제를 처리할 뿐이었다. 이것은 한족총연합회가 중앙집권식 조직이 아니라 철저한 자유연합주의적 조직이며, 중앙집권식 기구에 의한 상명하달식 방법으로 조직을 운영한 것이 아니라, 각 위원회가 내부의 합의를 바탕으로 하여 모든 활동을 주도하였다는 것을 말해준다.

한족총연합회의 기초조직인 지역 농무협회의 규정에 따르면, 지역 농무협회도 그 지구의 지방자치기관으로서, 중앙의 일방적인 지시에 의하여 움직이는 기관이 아니었다. 그리고 지역 농무협회는 한족총연합회의 정기대회의 1개월 전에 주민대회를 개최하여 대회에 파견할 대표를 결정하고 건의안을 작성하였는데, 이는 민중들이 정치에 직접 참여하는 직접민주주의 정신에 입각한 것으로서 민중들의 의사를 최대한 반영하려 한 것이었다.

한족총연합회의 조직방식 또한 아나키즘적 조직원칙에 입각하고 있다. 즉 한족총연합회는 지역조직을 먼저 건설하고, 그것을 기반으로 하여 중앙을 건설하는 상향식 조직방식을 취하는 것을 원칙으로 하였다. 그것은 완전한 자유연합주의적 조직은 상향식 방식에 의해서만 건설될 수 있기 때문이었다. 하지만 당시 만주 한교韓僑의 실정이나 신민부의 잔존한 조직실태가 상향적 방식을 적용할 수 없는 상황이었다. 그리하여 우선 하향식으로 각 조직의 임원을 임명하고 조직을 완료한 후에 각 조직에 합리적인 선거를 단행하여 재조정하는 방식을 취했다.(이을규, 1963, 92쪽)

위에서 살펴본 것처럼 한족총연합회는 아나키즘에 입각하여 조직되고 운영되었다. 하지만 신민부를 중심으로 한 민족주의세력이 아나키즘을 완전히 수용한 것은 아니었다. 이러한 점은 강령에 잘 나타나 있다. 한족총연합회의 강령은 다음과 같다.[525]

一. 본회는 국가의 완전한 독립과 민족의 철저한 해방을 도모한다.

525) 《外務省警察史-滿洲の部》(外務省文書 SP 205—4), 12827~12833(堀內稔, 1993, 48쪽에서 재인용)

一. 본회는 민족의 생활안정을 도모하는 동시에 혁명적 훈련의 철저를 기한다.

一. 본회는 혁명적 민중조직 완성의 실현을 기한다.

위 강령은 혁명적 민중조직 완성을 표방하고 있다는 점에서 아나키스트들의 입장이 관철되어 있지만, 국가의 존재를 인정하고 있다는 점에서 반아나키즘적 요소도 포함하고 있다. 즉 민족의 해방과 함께 국가의 독립을 명시하고 있는 것이다. 아나키즘적 관점에서 보면 민족의 해방과 국가의 독립은 동일한 측면을 지니고 있기도 하지만 서로 상반된 측면도 지니고 있다. 즉 민족해방은 개인의 자유를 억압하는 일제의 식민지배로부터 한국 민중을 해방시킨다는 의미이나, 국가수립은 일제의 식민지권력을 타도한 뒤 또 다른 지배권력을 확립한다는 것을 전제로 하고 있는 것이다. 아나키스트들에게 국가란 개인의 절대적 자유를 억압하는 최고의 강권조직인 것이다. 그럼에도 불구하고 강령에 국가의 독립을 명시하였다는 것은 아나키스트들이 민족주의자들과 연합하는 과정에서 그들의 요구를 일정 부분 수용하였다는 것을 의미하는 것으로서 한족총연합회가 아나키즘을 완전히 수용한 것은 아니라는 것을 말해준다. 이러한 아나키스트들의 현실과의 타협이 곧바로 아나키스트들의 국가관의 전환을 의미하는 것은 아니라 할지라도 아나키즘 본령에서의 일탈인 것은 분명하다.

재만 한국인 아나키스트들이 민족주의자들과 연합하는 과정에서 국가의 존재를 제한적으로나마 인정하고 있었던 점은 이정규 등이 중국 국민당 정부가 주도하던 상하이 노동대학 설립에 주비위원으로 참여하였던 것과, 국민당 정부의 원조 아래 이루어지고 있었던 천영이속민단편련처泉永二屬民團編練處 건설에 참가하였던 것 등과 맥을 같이 한다. 이러한 사실은 혁명근거지 건설을 위한 활동이 현실과 일정 부분 타협함으로써 개량주의적으로 흐르고 있었다는 것을 말해준다. 즉 혁명근거지 건설을 위한 활동은 아나키스트 사회건설을 지향하였지만 아나키즘의 본령에는 충실하지 못하였던 측면을 지니고 있었다.

한족총연합회의 비非아나키즘적 성격은 유림柳林과 김좌진 사이의 논쟁에서도 나타난다. 즉 한족총연합회를 준비하는 과정에서 유림 · 이을규 · 김종진 · 김좌진 등이 모여 만주에서 급속히 대두하는 공산주의자들에 대한 사상적 방위책에 대해 논의하였는데, 이 자리에서 김좌진과 유림 사이에 논쟁이 벌어졌다. "사상은 사상으로라야 막을 수 있는 것이니까 공산주의에 대항하려면 그 사상보다 한 걸음 더 나아간 무정부주의로라야 막을 수 있다"는 유림의 주장에 대해, 김좌진은 "주의는 주의로라야 대항할 수 있다고도 생각할 수 있으나, 주의가 구극의 목적이 아니라 인간의 행복이요, 동시에 우리 민족이 복되게 잘 살자는 것이 염원인 이상에야 그 목적을 위하여 또 우리의 특수한 처지에 알맞은 이론을 세워야 할 것이지, 꼭 남들이 주장하여 오는 무슨 주의라야 될 것은 아니라"고 반박하였다.(이을규, 1963, 86~87쪽) 이 논쟁은 신민부가 아나키스트와 연합해서 한족총연합회를 결성하기는 하지만 한족총연합회 그 자체를 아나키스트 조직으로 하는 것에는 반대했다는 것을 말해준다.

한족총연합회 안에 잔존했던 비非아나키즘적 요소는 김좌진 암살 이후 한족총연합회를 급속히 분열시켰을 뿐 아니라 아나키스트와 민족주의자들의 사이가 갈등관계로까지 나아가는 요인으로 작용했다. 민족주의자들과 아나키스트들의 분열은 양 진영의 본질적인 차이에 기인하는 것이었다.[526] 정신鄭信 등 대종교 계통의 민족주의자

526) 한족총연합회의 내부 갈등에 대하여 이강훈은 다음과 같이 회고하고 있다. 즉 "당시의 실정으로 보아서 그(대종교 계통의 민족주의자들—인용자) 중에는 속으로는 불만을 품고 납득치 못할 심정을 가지고 있으나, 백야의 태도와 이을규의 부드러운 인간성과 정연한 논리, 김종진의 배후공작 등으로 마지못해 참여한 이가 많아서, 한족총연합회가 겨우 탄생은 하였으나 창립 초부터 내부에 많은 문제점을 내포하고 있었

들[527)]은 김좌진의 종용과 공산주의자의 위협 때문에 어쩔 수 없이 아나키스트들과 연합하였지만, 김좌진 사후에는 그 본색을 드러내기 시작하였다.

대종교 계통의 민족주의자들은 단군의 자손을 국민으로 하고 만주와 한반도를 영토로 하는 이상국가인 배달국의 건설을 희구하고 있었고, 그 배달국의 정치형태는 정당제도와 위원제도를 통한 중앙집권제국가였다. 그리고 경제체제상으로는 능력껏 일하고 그 능력의 대가만큼 보상받는 그러한 경제질서를 추구하고 있었다.(박환, 1986, 188~189쪽) 이들의 국가관은 능력에 따라 일하고 필요에 따라 분배받는 아나코코뮤니즘적 사회와 자유연합적이고 지방분권적인 사회를 추구하며, 정당과 대의정치를 부정하고 민중이 직접 참여하는 정치를 주장하는 아나키스트들의 이상과는 근본적으로 차이가 있었다. 아나키스트들이 민족주의자들을 "질투적嫉妬的 지배권력배, 사리위주적私利爲主的 민귀공마民鬼共魔" 혹은 "강도살인 광민파狂民派"로 규정한(楊子秋, 〈동지 이강훈군을 회상함〉) 점은 반자본주의 사상인 아나키즘과 자본주의국가 건설을 추구하는 민족주의 사이에는 융화될 수 없는 이념적 벽이 있다는 것을 단적으로 보여 준다. 그럼에도 재만 한국인 아나키스트들이 아나키즘 본령에서 일탈하면서까지 민족주의자와의 연합을 추구하였던 것은 자기모순이며 오류였다.

결국 만주에 민족해방운동기지를 건설하는 것이 실패한 일차적

다. 백야 다음의 인물로 북만 민족진영에서 제2인자로 인정되는 정신鄭信의 민족주의적 이론과는 상거가 먼 아나키스트와 혼연일체가 되기란 어려운 것이었다."(이강훈, 1974, 120쪽)

527) 재만조선무정부주의자연맹과 연합하였던 신민부 군정파의 핵심 인물은 김좌진을 비롯하여 황학수黃學秀, 정신鄭信, 유현劉賢, 백종렬白鍾烈, 오상세吳祥世, 장종철張宗哲, 주혁朱赫, 김종진金宗鎭, 임강林堈, 조각산趙覺山, 이종주李鍾柱, 민무閔武, 권화산權華山, 최준崔俊, 김호섭金浩燮, 권갑민權甲敏, 박운집朴雲集, 한규범韓奎範, 권중인權重仁, 이탁李倬, 박두희朴斗熙 등이었는데, 이들의 대부분은 북로군정서에서 김좌진과 함께 무장투쟁을 했던 인물로서 대종교의 신자이기도 하였다.(박환, 1985, 106~111쪽)

원인은, 민족주의와 아나키즘은 결코 융화될 수 없음에도 불구하고 아나키스트들이 자신들의 기반을 구축하지 않고 민족주의자들의 무력과 지역적 기반에 절대적으로 의존한 것에 있다고 할 수 있다. 자기문제는 자기 스스로 해결하는 것이 아나키즘의 근본정신임에도 재만 한국인 아나키스트들은 민족주의자들의 기반에 의존하고자 했을 뿐이었다.

Ⅲ. 1930년대 중반 이후의 아나키스트 운동

1930년대 중반 이후 일본과 중국의 전면전이 임박하고, 프랑스와 스페인에서 아나키스트들이 참가한 인민전선이 선거에서 승리하는 등 세계정세가 급변하면서, 한국인 아나키스트들은 점차 아나키즘 본령에서 일탈하기 시작했다. 아나키즘 본령에서의 일탈은 재일본 한국인 아나키스트들이 먼저 시작했지만, 본격적인 일탈은 재중국 한국인 아나키스트들에 의해서 이루어졌다.

재일본 한국인 아나키스트들은 공산주의자들의 조직이론을 수용하여 일본무정부공산당이라는 정당에 참여하거나 비밀결사운동에 참가하였다. 재중국 한국인 아나키스트들은 정부와 국가의 존재를 인정하는 가운데 민족전선운동을 펼쳤으며, 나아가 대한민국임시정부에 참여하기까지 했다.

국내에서는 1934년 제일루사건 이후 아나키스트 운동이 거의 펼쳐지지 않았다. 단지 1941년 4월 김복일의 벽보사건만 확인될 뿐이다. 김복일은 1941년 11월 28일 "조선의 아들아, 딸아. 인류사회의 자모慈母인 노동자 · 농민을 구원하시라. 때는 왔으니, 머리에 무장코 피로 물들인 인간사를 불살라버리고 역사를 전진시키라"는 내용의 격문을 네 개 작성한 뒤, 11월 29일과 12월 4일에 배재중학교 정문과 이화고등여학교 정문, 개성 명덕고등여학교 정문, 개성 송도학교 부근 대중이 잘 볼 수 있는 곳에 각각 하나씩 부착하였다. 그리고 12월 4일 저녁 비슷한 내용의 격문을 다시 두 매 작성

하여 개성좌開城座 정면 비상구와 개성 전매국 개성출장소 게시판에 각각 하나씩 부착하였다.[1)]

1. 재일본 한국인들의 비밀결사운동

1) 일본무정부공산당에의 참여

1930년대 중반에 들어서면서 재일본 한국인 아나키스트 운동은 일제의 강력한 탄압으로 쇠퇴기를 맞이하였다. 아나키스트들은 이를 극복하기 위해 분열을 지양하고 연합을 도모하였지만 세력을 만회하기에는 역부족이었다. 이에 아나키스트 운동 전반을 검토하고 새로운 노선을 수립하고자 하는 움직임이 일어났다. 이들은 중앙집권적 조직론과 '민중독재론'을 제창하고 혁명을 지도할 조직을 결성하는 등 비밀결사운동을 전개했다.

중앙집권적 조직론은 일본 아나키스트들이 먼저 제기했다. 1931년 일제의 만주 침략 이후 일본의 아나키스트 운동 역시 쇠퇴기에 들어갔다. 이에 일본 아나키스트들 사이에서는 아나키스트 운동 쇠퇴의 원인이 강력한 지도조직의 부재에 있다고 보고, 아나키스트 운동을 재흥하기 위해서는 강력한 중앙집권적 지도조직이 필요하다는 주장이 제기되기 시작하였다. 1933년 12월 초 무렵 후타미 도시오二見敏雄 · 아이자와 히사오相澤尙夫 · 이리에 히로시入江汎 · 우에무라 다이몬植村諦聞 · 데라오 미노루寺尾實 등은 회합을 가지고, 아나키스트 운동 쇠퇴의 원인이 무조직 · 무계획의 조직과 활동 방침에 있다는 판단을 내리고, 이러한 결점을 극복하고 이상사회를

1) 김복일의 재판 기록(《형사 제1심 소송기록》에 편철 ; 국사편찬위원회 소장, MF번호 07801)

실현하려면 아나키스트 운동 전 전선을 지도·통제할 중앙집권적 전국적 조직이 있어야 한다는 데 합의하였다. 이후 이들은 일본무정부공산주의자연맹을 조직하였다.

일본무정부공산주의자연맹은 비밀결사체로서 평상시에는 아나키즘을 선전·계몽하는 것과 함께 노동자·농민 등의 경제투쟁을 조직·지도하여 그것을 정치투쟁으로까지 끌어올리도록 노력하고, 사회혁명 시기에는 노동자·농민·무산시민 등을 일거에 무장봉기시켜 현사회제도를 파괴하고 일시적으로 독재정치를 행함으로써 반혁명으로부터 방어하며, 민중이 이상사회를 건설하는 것을 도우면서 점차 자신의 권력을 폐기하는 것을 그 목적으로 하였다. 일본무정부공산주의연맹은 자신의 권력을 폐기하는 것을 목적으로 규정함으로써 아나키즘을 근본적으로 부정하고 있지는 않지만, 정치운동·중앙집권적 조직·강권·프롤레타리아 독재에 반대하는 아나키즘의 본령에서 일탈하고 있는 것은 사실이었다.

일본무정부공산주의자연맹은 당면의 방침을 전선의 정비 강화에 두고 먼저 '자련'과 '자협'의 합동을 추진하였다. 일본무정부공산주의자연맹은 1934년 1월 30일 일본무정부공산당으로 명칭을 변경하고, 중앙집권적 조직론과 '민중독재론'을 제기하였다. 중앙집권적 조직론과 '민중독재론'은 종래의 아나키스트 운동에서의 자유연합주의, 무조직·무계획방침을 버리고, 강제력 있는 중앙집권적 전국적 조직을 갖추어야 하며, 계획적 집중적 활동방침으로써 아나키스트 운동의 전 전선을 정비·통일해야 한다는 것이다. 그리고 점차 사회정세가 절박해져 혁명의 기운이 무르익을 경우에는, 노동자·농민·무산시민 등을 선동·지도하여 일거에 무장봉기시켜 현 사회제도를 파괴하고, 또 일시적으로 변혁사회에서의 정치권력을 장악해야 하며, 정치권력을 장악한 뒤에는 독재정치로 반혁명세력의 공격을 배제하고, 민중의 이상사회 건설활동을 도와야 한다는 것이다. 그렇지만 독재정치는 장기간 지속되어서는 안 되고, 이상사회 건설이 진척되면 적극적으로 자기의 권력을 폐기해야 한다고 하였다. 이로써 아나키스트의 이상인, 일체의 권력이 없고 사유·착취가 없는, 자유 코뮌을 기간으로 하는 자주·자치·아나코코뮤니스트 사회가 실현된다는 것이다. 간단히 말해서 중앙집권적 조직을 결성하고, 그 조직의 지도 아래 정치투쟁을 펼쳐 정치권력을 장악하고, 민중들이 이상사회를 건설할 동안 반혁명세력의 반격을 분쇄하기 위하여 '민중독재'를 실시해야 한다는 것이다.

일본무정부공산당은 아나키스트 전선통일운동을 펼쳐 각 노동조합들을 통합시키고자 노력하였으며, 운동자금 확보와 무기 구입 등을 위한 방도를 모의하였다. '자련'과 '자협'을 통합하고자 노력한 결과, 1932년 무렵부터 통합 움직임을 보여오던 '자련'과 '자협'은 1934년 4월 정식으로 결합되었고, 이로써 오랫동안 양분되어 있던 일본 아나키스트 운동계는 통합되었다. 하지만 이 합동은 수세적 방책에 지나지 않았고, 수립된 운동이론과 방침이 실천에 제대로 옮겨지지 못함에 따라 의연히 아나키스트 운동은 침체상태에서 벗어나지 못하였다.

이에 일본무정부공산당은 강력한 지도조직의 필요성을 역설하면서, 조직확대작업을 전개하였다. 그 결과 1934년 8월 말 관동지방위원회, 1935년 2월 초 관서지방위원회준비회가 각각 결성되었다. 그리고 1934년 9월 8일 제16회 중앙집행위원회를 개최하여 권력정치와 자본제 폐지, 완전한 지방자치제 확립, 사유제 폐지, 생산수단과 토지 공유, 임금제도 철폐, 노동자·농민에 의한 생산관리, 교육문화 향유, 인위적 국경 철폐 등의 8개 조의 강령과, 자본제 폐지 외 10개 조의 테제와 함께 약 30개 조의 규약을 제정하였다. 하지만 1935년 11월 6일 자금을 확보하기 위하여 고전농상은행高田農商銀行을 습격하였던 사건 때문에 당원들이 일제히 검거되어 일본

무정부공산당은 붕괴되고 말았다.[2)]

일본무정부공산당은 재일본 한국인 사이에도 조직을 확대하고자 하였다. 재일본 한국인 아나키스트들을 입당시키는 한편, 재일본 한국인 세 단체 즉 '동흥노동', '조선일반', '조선합동'을 통합시켜 전선통일을 도모하고자 하였으나 세 단체의 반대에 부딪혔다. 이에 일본무정부공산당은 이토 에츠타로伊藤悅太郎를 책임자로 하는 조선인부를 설치하는 등 적극적 활동을 통해 세 단체 합동을 관철시키고자 하였다. 이토 에츠타로는 1935년 9월 28일 〈재일 조선 동지 제군에게 고한다〉라는 제목의 팜플렛 약 50부를 집필·발행하는 한편, 당원인 이동순과 함께 재일본 한국인 세 단체에 대한 대책을 협의하였다. 그리고 한국인 사이에 당조직을 확대할 목적으로 재일본 한국인 유학생에 대한 대책, 한국에서의 아나키스트 운동 재건, 재상해 한국인 아나키스트와의 연락 등에 대해서도 협의하였다. 오니시 마사오大西正雄도 이토 에츠타로와 연락하에 전선통일을 위해서 재일본 한국인 세 단체 합동을 기도하고, '조선일반' 조합원 이종문, 오우영 등을 설득하고자 노력하였지만, 결국 실패하고 말았다.[3)]

하지만 일본무정부공산당의 조직확대 작업에 따라 재일본 한국인 아나키스트들 중 일부가 일본무정부공산당에 가입하였다. '동흥노동'의 한국동韓國東은 1934년 11월 3일 당원 다도코로 시게오田所茂男·우메모토 에이조우梅本英三 등의 권유로 입당하였으며, 동월 하순 이후 일본무정부공산당 관서지방위원회 확립 책임자가 되었다. 자신이 입당시킨 시키 요시하루志岐義晴 및 관서지방 '오르그' 이리에 히로시入江汎와 함께 관서지방위원회준비회를 결성하고, 1935

2) 이상의 일본무정부공산당에 대한 서술은 〈日本無政府共産黨事件第1審及第2審判決〉에 근거하였음.

3) 〈日本無政府共産黨事件第1審及第2審判決〉(《昭和思想統制史資料》 1, 59·122~123·135쪽)

년 10월까지 조직 확대를 위해 노력하였다. 그러다가 11월 11일 대검거 때 오사카에서 체포되어, 12월 9일 치안유지법 위반죄로 대판지방검사국에 송치되어 예심에 회부되었다.[4)]

이동순은 1933년 이후 자유연합신문사, 이토 에츠타로, 기타 일본 아나키스트와 연락하여 아나키스트 운동 전선통일을 위해 도쿄에 있던 아나키스트계 한국인 단체를 연합시키고자 노력하였다. 그러던 중 1935년 10월 15일 이토 에츠타로의 권유에 따라 일본무정부공산당에 가입하고, 가입과 동시에 일본무정부공산당 관동지방위원회 식민지부에 소속되었다. 이토 등과 수차의 회합을 거듭하여 한국인 아나키스트계의 세 단체 통일, 재일본 한국인 유학생에 대한 선전·선동, 한국 내에서의 운동방침 확립, 재상해 동지와의 연락, 아나키즘으로서의 민족운동과 식민지대책 등에 대한 강령, 기타 등을 협의·결정하는 등 당을 확대·강화하는 데 전념하였다. 재상해 한국인 아나키스트 단체인 남화한인청년연맹의 간부 이달·양자추 등과도 연락을 주고받았다. 이들로부터 보내져온 금월今月(이달의 필명)과 양자추의 원고 등을 《흑색신문》에 게재하고, 양자추의 요청에 따라 이하유를 중국으로 파견하였다. 이처럼 해외 동지와의 연락과 동지 획득을 위해 노력하던 중 1935년 11월 6일 경시청에 검거되었다.[5)] 일본무정부공산당에 가입한 한국인은 이들 외에 홍성환洪性煥, 이수룡李壽龍, 진녹근陳綠根 외 수명이 있었다.[6)]

이처럼 재일본 한국인 아나키스트들은 비록 자신들이 주체가 된

4) 〈在留朝鮮人運動〉, 《社會運動の狀況(1935年)》(《資料集成》 3, 360쪽) ; 《朝鮮人の共産主義運動》, 33쪽 ; 《한국아나키즘운동사》, 420쪽 등을 종합

5) 《朝鮮人の共産主義運動》, 33~34쪽 ; 內務省警保局 編, 〈海外不逞鮮人と連絡する朝鮮人の檢擧〉, 499쪽(《資料集成》 3, 629~630쪽) ; 〈在留朝鮮人運動〉, 《社會運動の狀況(1935年)》(《資料集成》 3, 362~363쪽) 등을 종합

6) 〈在留朝鮮人運動〉, 《社會運動の狀況(1935年)》(《資料集成》 3, 360~361쪽)

것은 아니지만 일본무정부공산당에 참가하여 비밀결사운동을 전개하였다. 아나키즘의 본령에서 일탈하여 공산주의 이론을 차용하였던 비밀결사운동은 선전활동, 노동운동 등과 함께 재일본 한국인 아나키스트 운동의 한 조류를 이루었으며, 1940년대 건달회建達會 결성으로 이어졌다.

2) 건달회 결성

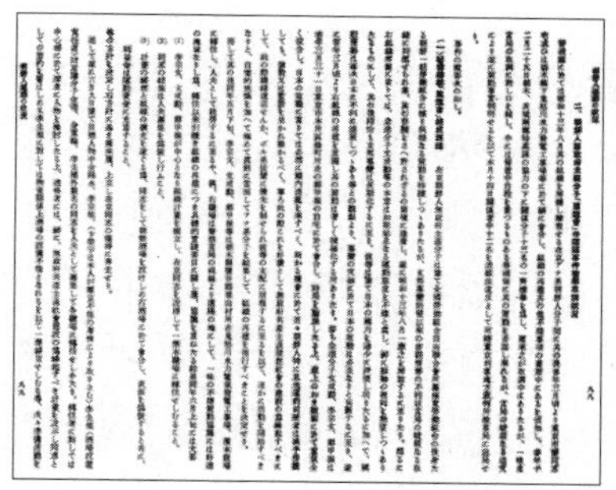

건달회 취조 기록

재일본 한국인 아나키스트들은 민족주의와 공산주의에 대한 이론적 비판과 그들과의 대립투쟁을 통해 어려운 상황을 타개하고 동지를 규합하고자 노력하였지만, 아나키스트 세력의 신장으로 이어지지는 않았다. 그것은 일제가 만주를 침공한 이후 탄압을 강화하고, 1934년 후반기 이후 일본 사상운동이 급속히 몰락한 데다가, 직접행동으로 인해 재일본 한국인 아나키스트들이 계속 검거되었기 때문이다. 1935년 2월에는 흑우연맹이 사무소를 빌린 뒤 한 차례의 임대료도 지불하지 않았기 때문에 분쟁이 야기되어 결국 사무소를 이전하는[7] 일까지 일어났다. 직접행동으로 인해 동지들이 검거되고, 자금난은 날이 갈수록 더욱 악화되어가는 상황에서, 책임자 홍성환까지 일본무정부공산당사건으로 검거되었다. 결국 흑우연맹은 조직이 괴멸상태에 빠져 1936년 3월 25일 해산하였다.[8]

7) 〈在留朝鮮人運動〉, 《社會運動の狀況(1935年)》(《資料集成》 3, 364쪽)

8) 內務省警保局 編, 〈在日朝鮮人運動日誌〉, 《特高月報》(1934. 1~1937. 12)(《資料集

중일전쟁 발발 이후에는 객관적 정세의 불리함과 당국의 철저한 탄압으로 재일본 한국인 아나키스트 운동은 계속 쇠퇴하여 명맥을 유지하기에도 급급한 상황이었다. 재일본 한국인 아나키스트들은 대부분 자유노동·잡업 등으로 겨우 생계를 유지할 정도로 곤란하였으며, 단체적 행동은 거의 하지 못하였다. 이러한 상황에서 재일본 한국인 아나키스트 단체는 1935년 무렵부터 해체되기 시작하였으며, 1938년에 들어서서 '조선합동'[9]을 비롯하여 1938년 1월 31일 흑기노동자연맹黑旗勞動者聯盟[10]을 최후로 한국인 아나키스트 단체는 완전히 해체되었다.[11]

이처럼 아나키스트 운동을 포함한 재일본 한국인의 사상운동은 일제의 만주 침략을 계기로 하여 1939년까지는 침체일로에 있었다. 하지만 중일전쟁이 장기화되자 재일본 한국인들은 국제정세가 일본에 불리하게 되고 있다고 파악하고, 일본의 패전을 필지의 사실로 여겼다. 그리하여 사상운동은 1940년에 들어서 다시 활발하게 전개되기 시작했다. 그 상황은 검거인원이 말해준다. 1930년대의 검거인원은 1933년 1,802명, 1934년 884명, 1936년 193명, 1938년 117명, 1939년 50명으로 급속히 감소하였다. 하지만 1940년은 165명으로 1939년의 3배를 능가하였으며, 1941년은

成》 3, 843쪽)

9) 〈內地在住朝鮮人運動〉, 《社會運動の狀況(1938年)》(《資料集成》 4, 102쪽)과 內務省警保局 編, 〈在京アナ系朝鮮人團體の解消〉, 108쪽(《資料集成》 4, 153쪽)에는 조선노동자조합이라 하였으나, 이는 조선노동자합동조합의 오기로 보인다.

10) 〈內地在住朝鮮人運動〉, 《社會運動の狀況(1938年)》(《資料集成》 4, 103쪽)과 內務省警保局 編, 〈在京アナ系朝鮮人團體の解消〉, 108쪽(《資料集成》 4, 153쪽)에는 흑색노동자연맹이라 하였으나, 이는 흑기노동자연맹의 오기로 보인다.

11) 〈內地在住朝鮮人運動〉, 《社會運動の狀況(1938年)》(《資料集成》 4, 102~103쪽); 內務省警保局 編, 〈在京アナ系朝鮮人團體の解消〉, 108쪽(《資料集成》 4, 153쪽) 등을 종합. 〈內地在住朝鮮人運動〉, 《社會運動の狀況(1941年)》(《資料集成》 4, 652쪽)에는 '조선일반'의 해산일이 1938년 8월로 기록되어 제일 나중에 해체된 것처럼 보이나, 다른 자료들에는 모두 1938년 1월 21일에 해체된 것으로 기록되어 있다.

257명으로 급증하였다.[12] 이 사실은 1940년대에 들어서면서 일제의 탄압이 더욱 강화되었다는 것을 의미하기도 하지만, 재일본 한국인들의 사상운동이 활발해졌다는 것의 반증이기도 하다.

재일본 한국인 사상운동이 활성화되는 것과 함께 한국인 아나키스트들의 활동 또한 활기를 띠기 시작하였다. 문성훈文成勳 등은 아나키스트 단체들을 해산시킨 기존 활동가들의 임시방편적인 운동 태도를 비판하고 비밀리에 운동 재건을 꾀하였다. 중일전쟁이 장기화되고 태평양전쟁까지 발발하자, 국제정세는 갈수록 일본에 불리하게 나아가고 있으며 일본은 반드시 망한다는 판단을 내리고 1940년 3월 무렵부터 아나키스트 조직 재건을 기도하였다.

문성훈, 이종문李宗文, 정갑진鄭甲振 등은 1940년 3월 31일 회합을 개최하여 일본이 패전하면 필연적으로 일본 국내에는 혼란이 생길 것이고, 이때 한국인 특히 사상운동 전력자는 학살 또는 감금을 면하기 어려울 것이지만, 오히려 이것을 호기로 하여 아나코코뮤니스트 사회 건설을 위해 봉기해야 하며, 이때 주저하거나 머뭇거리면 볼셰비키계에 기선을 제압당하여 그들의 지배에 굴복당하기 쉬울 것이므로 속히 활동을 개시해야 하는바, 이를 준비하기 위해 아나키스트들을 결집하여 조직을 재건하기로 결정했다. 이는 일본이 패전하면 일본에는 혁명적 상황이 전개될 것인데, 그 혁명적 상황에서 공산주의자들에게 주도권을 빼앗기지 않기 위해서는 아나키스트들이 무장봉기를 일으켜 정권을 장악해야 한다는 것이며, 이때 무장봉기를 계획 지도할 전위조직이 있어야 한다는 것이다.

그러한 전위조직으로서 결성된 것이 건달회建達會이다. 건달회는 이종문, 문성훈, 정갑진 등에 의해 결성되었다. 1940년 5월 하순 이종문, 문성훈, 정갑진 등은 도치기栃木현 시오노야鹽谷군 구리야

---

12) 〈內地在住朝鮮人運動〉, 《社會運動の狀況(1940年)》(《資料集成》 4, 399쪽) ; 〈內地在住朝鮮人運動〉, 《社會運動の狀況(1941年)》(《資料集成》 4, 612쪽) 등을 종합

마촌栗山村 소재 귀노천수력전기발전鬼怒川水力電氣發電 공사장 빈본합숙소濱本合宿所로 이주하여 인부로 취로하였다. 이곳을 거점으로 하여 누차 협의를 거듭한 결과, 동년 6월 상순에는 대체적으로 다음의 사항을 결정하고 동지를 획득하기 위해 노력하였다.

ㄱ. 이종문, 문성훈, 정갑진이 중심이 되어 조직계획을 수립하고, 도쿄 동지를 설득하여 일단 본 직장으로 옮겨와 살게 할 것

ㄴ. 동지 결집은 인부 모집으로 위장할 것

ㄷ. 계획의 비밀과 조직 확충을 완수하기 위해 동지들로 하여금 조선주장朝鮮酒場을 설립케 하고, 동 주장에서 회합하고 표면을 위장하는 것과 함께 이익금은 운동자금으로 충당할 것

6월 11일 빈본합숙소濱本合宿所 부근의 옥외에서 문성훈, 이종문, 정갑진 등 중심 인물 5명이 비밀회합을 가지고, 일단 조직을 재건하기로 결정하였으며, 회의 명칭은 건달회建達會(建은 아나키스트계 조직 재건의 의미, 達은 목적달성의 의미)로 정하였다. 건달회는 일본무정부공산당의 무장봉기 전술을 채택하였으며, 6월 중순 무렵부터 폭력봉기계획을 수립하여 습격목표, 폭력봉기의 시기, 습격방법 등을 결정하였다. 건달회의 폭력봉기 계획은 다음과 같다.

① 습격목표 : ㄱ. 궁성宮城 이중교二重橋를 습격하여 천황제를 타도하고 일본 국내를 완전히 무정부주의 상태에 빠뜨리는 것, ㄴ. 참모본부 · 육군성 · 해군성을 습격하여 군대의 최고지휘기관의 활동을 정지시키는 것, ㄷ. 내무성 · 경시청을 습격하여 경찰력의 발동을 정지시키는 것, ㄹ. 대장성 · 일본은행을 습격하여 경제를 혼란에 빠뜨리는 것

② 폭력봉기의 시기 : 일본 국내의 물자결핍으로 일반 대중이 빵을 구하러 가두에 밀집할 1941년 3 · 4월 무렵

③ 습격방법 : 동원할 수 있는 인물을 확보하고, 봉기시 그들을 일정 장소에 집합시키고 목적을 명시하여 강제적으로 폭동에 참가시킬 것

건달회원들은 폭력봉기계획을 실행에 옮기기 위해 무기를 입수하고 자금을 획득하고자 노력하였다. 하지만 별 성과 없이 1940년 12월 24일 검거되고 말았다. 이 사건으로 문성훈(文原成勳, 자유노동), 이종문(岩本宗文, 회사원), 정갑진(佐久間辰雄, 토공土工인부 겸 설매屑買), 이종식李鐘植(李宗植, 1940년 11월 11일 검거, 자유노동), 김동륜金東輪(金村東輪, 토공土工인부), 김석영金錫永(金村錫永, 자유노동), 강상춘姜相春, 토공土工인부), 이덕기李德奇(江本德奇, 1941년 6월 26일 검거, 고물상),[13] 변영우卞榮宇(1940년 11월 25일 검거, 토공土工인부), 이규욱李圭旭(平岡大治, 토공土工인부), 김동섭金東燮(자유노동), 삼도三島(金禮鳳, 자유노동) 등 12명이 검거되었으며, 이중 문성훈, 이종문, 정갑진, 이종식, 김동륜, 김석영, 김완金莞(金鑋昌, 金岩鑋昌) 등이 공판에 회부되었다.[14]

1930년대까지의 재일본 한국인 아나키스트 단체들은 공산주의 단체와는 달리 공개단체로서 합법적 잡지를 통한 선전활동 등 공개활동에 전념하다시피 하였다. 이에 비해 건달회는 일제의 전시체제하 극도의 탄압 속에서 무장봉기를 계획하면서 결성된, 이전 단체들과는 다른 전위조직을 지향한 비밀결사체였다. 건달회의 비밀결사를 통한 아나키스트 운동은 재일본 한국인 아나키스트 운동의 한

---

13) 內務省警保局 編, 《特高月報》(1940年 12月分), 443쪽(《資料集成》 4, 564쪽)에는 진복봉陳福鳳으로 기록되어 있다.

14) 〈內地在住朝鮮人運動〉, 《社會運動の狀況(1941年)》(《資料集成》 4, 652~658쪽) ; 〈內地在住朝鮮人運動〉, 《社會運動の狀況(1940年)》(《資料集成》 4, 442쪽) ; 內務省警保局 編, 《特高月報》(1940年 12月分), 443쪽(《資料集成》 4, 564쪽) ; 內務省警保局 編, 〈朝鮮人運動の狀況〉(《資料集成》 5, 261~263쪽) 등을 종합. 정철鄭哲은 건달회사건 관련자들은 모두 무죄석방되었다고 하면서, 태평양전쟁 전야라는 상황에서 아나키스트들을 일망타진할 필요성이 있었기 때문에 일제가 건달회 사건을 조작하였다고 주장한다.[鄭哲, 〈建達會事件の眞相〉(農村青年社運動史刊行會 編, 1994, 394~395쪽)] 이로 보아 건달회 결성은 사실일지라도 폭력봉기 계획은 일제에 의해 과장되었을 가능성이 많다. 건달회의 폭력봉기 계획이 현실과는 너무 동떨어진 점은 이를 뒷받침해 준다.

조류를 형성하였다. 건달회가 경찰에 검거됨으로써 일본에서의 한국인 아나키스트 운동은 완전히 막을 내리게 되었다.

1930년대 후반 이후 재일본 한국인 아나키스트들이 취하였던 중앙집권적 조직론과 '민중독재론'은 공산주의의 민주집중제에 근거한 중앙집권식 조직과 프롤레타리아 독재론의 일부를 수용한 것이다. 그러나 아나키즘은 중앙집권주의를 부정하고 개인의 자유의지를 강조하는 자유연합주의를 내세우며, 어떠한 독재도 부정한다. 그것은 중앙집권주의는 강권으로 갈 수밖에 없으며, 독재는 개인의 자유와 양립할 수 없기 때문이다. 따라서 건달회가 아나코코뮤니즘을 추구한[15] 것이 사실이고, 재일본 한국인 아나키스트들의 중앙집권적 조직론과 '민중독재론'이 비록 아나키즘의 관념론적 측면이 현실에서 초래하는 문제점을 극복하기 위하여 취한 조치라고 할지라도, 재일본 한국인 아나키스트들이 아나키즘 본령에서 일탈을 한 것 또한 사실이라 할 수 있다.

2. 재중국 한국인들의 민족전선운동

1) 민족전선운동

(1) 민족전선론 제창

일제강점기 한국인 아나키스트들은 1935년까지만 하더라도 민족주의자들의 혁명성을 부정하면서 민족통일전선 결성에 반대하였다. 일제강점기 한국인 아나키스트들은 민족통일전선을 결성하는

15) 건달회는 아나코코뮤니스트 사회의 건설을 지향하였으며, 그 성원들 모두 아나코코뮤니스트이거나 공산주의자이면서 아나코코뮤니즘에 공감하던 자들이었다.[內務省警保局 編, 〈朝鮮人運動の狀況〉(1943年 11月分)(《資料集成》 5, 263~265쪽)]

것은 일본과 대항한다는 명분 아래 국내 자본계급과 타협하는 것에 불과할 뿐이라고 하면서 이를 영원히 거절해야 한다고 주장하였다.(〈탈환의 주장〉) 일제강점기 한국인 아나키스트들의 민족통일전선 결성에 대한 반대는 민족주의와 민족주의운동에 대한 불신에서 비롯되었다. 양자추는 〈동지 백정기군을 회상함〉에서 김구 등을 비롯한 대한민국임시정부 각료들을 '지배욕광 위선 독립배'라고 비난하였으며(《흑색신문》 제26호), 이달은 〈재중 조선 민족주의운동 객관적 해부〉에서 민족주의운동을 "본래 강권을 배경하고 모순된 주장을 가진 불구자"에 불과하다고 비판하였다.(《흑색신문》 제34호)

그러나 1930년대 후반이 되면서 상황은 달라졌다. 1930년대 전반기에 재중국 한국인 아나키스트들이 테러를 적극적으로 단행했지만, 테러에 뒤이어 많은 활동가들이 체포당하면서 아나키스트 운동은 점차 침체상태에 빠졌다. 남화한인청년연맹도 유명무실한 단체로 전락하여 선전사업만으로 그 명맥을 겨우 이어갔다. 그러한 상태에서 1936년 2월 스페인에서 인민전선이 선거에서 승리하고, 1936년 6월 프랑스에서 인민전선 정부가 수립되었다. 침체된 아나키스트 운동을 재흥시키고자 고심하던 재중국 한국인 아나키스트들은 스페인과 프랑스에서 인민전선이 승리하자 이에 상당히 고무되었다. 재중국 한국인 아나키스트들은 민족통일전선을 달리 바라보기 시작하였다.

재중국 한국인 아나키스트들은 스페인과 프랑스의 경험을 한국민족의 상황에 적용하고자 했다. 그들은 반파시스트 전선으로 결성된 인민전선의 승리를 거울삼아 민족해방을 최우선의 과제로 설정하였다. 즉 반파시스트 전선으로서 결성된 인민전선의 승리는 그동안 아나키즘의 정당성을 주장하면서 민족주의와 공산주의를 배격하던 재중국 한국인 아나키스트들로 하여금 연합전선에 대한 입장을 수정하도록 만들었다. 그리하여 그동안 민족주의자들의 혁명성을 부정하면서, 그들과의 연합을 추구하던 공산주의자들을 개량주의자로 비판하는 등, 민족통일전선을 결성하는 것에 강력하게 반대하던 종전의 태도를 바꾸었다.

민족통일전선 결성에서 아나키스트 운동 위기의 돌파구를 찾은 재중국 한국인 아나키스트들은 1936년이 되면서 기존의 민족통일전선관을 버리고 모든 민족운동세력의 결집체인 민족전선을 결성하여 전면적 항일전쟁을 전개해야 한다는 민족전선론을 제기하기 시작하였다. 민족전선론을 제일 먼저 제기한 사람은 신채호였던 것으로 보인다. 신채호는 1936년 초 유시遺詩 "민족전선을 위하여"를 통해 민족전선론을 개진하였다.[16] 이후 재중국 한국인 아나키스트들은 민족전선론을 제창하면서 민족전선 결성을 주도하였다.

〈민족진선民族陣線의 제1 계단〉은 "과거에 《남화통신南華通訊》에서 민족진선 문제를 주장하였고, 최근에는 《민족혁명》에서 이 문제를 논"하였다고 주장하였는데,[17] 이는 《남화통신》이 제일 먼저 민족전선 결성문제를 제기하였음을 알려준다. 하지만 《남화통신》 1936년 1월호에는 민족전선에 관한 기사가 게재되어 있지 않다. 그리고 류자명에 의하면 민족전선론이 제기되기 시작한 것은 1936년 여름부터였다.(류자명, 〈조선민족전선연맹 결성경과〉) 이를 종합하면 아나키스트들이 1936년 1~2월에 민족전선론을 제기하였고, 1936년 여름부터 민족전선 결성에 대한 논의를 본격적으로 하였던 것으로 정리할 수 있을 것이다.

남화한인청년연맹은 《남화통신》을 통하여 민족전선의 필요성과 결성방법 등을 집중적으로 선전하였다. 남화한인청년연맹은 "조선

16) 신채호의 유시 "민족전선을 위하여"는 《남화통신》 1936년 11월호(제1권 제10기)에 게재되었다고 하는데(《思想情勢視察報告集》 其の二, 482쪽), 그 내용은 알 수 없다. 작성시기는 1935년 말에서 1936년 2월 사이였던 것으로 보인다. 그것은 신채호의 사망시기가 1936년 2월이기 때문이다.

17) 《한민韓民》 제14호(《思想情勢視察報告集》 其の三, 40쪽)

민족의 독립운동을 하는 데에 있어서도, 정치적 · 경제적 · 사회적 자유평등을 탈환하고 만인공영의 이상적 사회를 건설하는 데에 있어서도, 먼저 최대의 적 일본 제국주의를 타도하지 않고서는 어떠한 운동도 전개할 수 없"다는 것을 강조하면서,[18] 일제가 지배하고 있는 현실을 타파하는 데 가장 적합한 투쟁방식이 바로 민족전선이라고 단정하였다. 각 당, 각 파, 각 계급을 단결시켜 광범한 대중적 기초 위에 결성된 민족전선만이 민족해방운동의 진로를 타개할 수 있다는 것이다.[19]

재중국 한국인 아나키스트와는 달리 재일본 한국인 아나키스트와 국내 아나키스트 사이에서는 민족통일전선 결성이 제기되지 않았다. 그것은 인민전선이 전 세계적으로 고창되는 1936년 무렵이 되면 국내 아나키스트 세력과 재일본 한국인 아나키스트 세력은 거의 소멸하였기 때문이다. 즉 국내 아나키스트 운동은 1934년 10월 제일루사건을 끝으로 자취를 거의 감추었으며, 재일본 한국인 아나키스트 운동 또한 쇠퇴하여 그 명맥만 겨우 유지하고 있었다. 1937~1938년 무렵에 가면 재일본 한국인 아나키스트 단체는 모두 해체되고 만다.

(2) 조선민족전선연맹 결성

1936년부터 민족전선론을 제기한 재중국 한국인 아나키스트들은 민족전선 결성을 위한 준비회 개최를 제의하는[20] 등 민족전선을 결성하기 위한 준비작업에 들어갔다. 민족전선을 결성하자는 아나키스트들의 주장에 조선민족혁명당이 적극적으로 동조하고 나섰

18) 〈민족전선 결성을 촉구한다〉(《思想情勢視察報告集》 其の二, 491쪽)

19) 〈민족전선의 가능성〉(《思想情勢視察報告集》 其の二, 482쪽)

20) 〈민족전선 결성을 촉구한다〉(《思想情勢視察報告集》 其の二, 492쪽)

다. 조선민족혁명당은 1936년 여름 이후 대일전선 통일과 혁명역량 총집중을 당의 행동강령으로 내걸고 조선민족전선을 결성할 것을 제창하였다.(〈長部謹吾의 보고〉, 152쪽) 재중국 한국인 아나키스트들과 조선민족혁명당 사이에 민족전선 결성을 둘러싸고 논의가 활발하게 이루어지자,[21] 한국국민당은 민족전선 결성이란 "공산당 일파가 '단일전선'의 미명 아래 우리의 진선陣線을 코민테른의 괴뢰화"하기 위해 부리는 술책에 불과하다면서,[22] 민족전선 결성에 반대하고 나섰다.

이에 류자명은《남화통신》1936년 11월호에 발표한 〈민족전선 문제에 대해서 냉심冷心군의 의문에 답한다〉에서 냉심이 한국국민당을 대표하여 민족전선 결성에 반대한 것에 대해 격렬하게 비판하였다. 즉 "인민전선운동이 제3국제의 책동에 의해 진전되고 있는 것처럼 단정하는 것은 마치 3·1운동이 윌슨의 민족자결의 주장에 의해 일어난 것이라고 하는 것과 똑같이 피상론이다.……제3국제는 현재의 백배 이상의 역량을 보태더라도 그것을 결성할 가능성이 없다"면서 냉심의 비판을 일축하였다. 나아가 민족전선 결성에 반대하는 한국국민당의 태도를 객관적·이지적이지 않고 감정적·시의적猜疑的인 것으로 규탄하였다.[23] 이후 재중국 한국인 아나키스트들은《남화통신》1936년 12월호에 17개조의 민족전선 행동강령 초안을 게재하는 등 조선민족혁명당과 민족전선 결성에 관한 논의를 활발하게 진행시켰다.

21) 류자명에 따르면, 냉심冷心이 재중국 한국인 아나키스트들의 민족전선 결성 주장에 반대하면서 "우리에게는 한편에서 이미 인민전선이 성립해 있지 않은가? 성립한 것으로서 그 분자는 조선민족혁명당과 무정부당이지 않은가?"라고 하였는데[근瑾, 〈민족전선문제에 대해서 냉심군冷心君의 의문에 답한다〉(《思想情勢視察報告集》其の二, 485~486쪽)], 냉심의 이러한 말은 곧 조선민족혁명당과 재중국 한국인 아나키스트들 사이에 연합에 대한 논의가 충분히 이루어졌음을 알려준다.

22) 방원몽方圓夢, 〈여시아관如是我觀〉(《思想情勢視察報告集》其の二, 500쪽)

23) 근瑾, 〈민족전선문제에 대해서 냉심군冷心君의 의문에 답한다〉(《思想情勢視察報告集》其の二, 487~488쪽)

민족전선을 결성함에 있어서 재중국 한국인 아나키스트들은 공산주의자와는 연합하고자 하였지만, 민족주의자, 특히 한국국민당에 대해서는 일정한 거리를 두었다.[24] 그것은 김구가 주도하는 한국국민당이 영수 중심의 조직으로서 파쇼적 성향이 강하다는 판단에서였다. 재중국 한국인 아나키스트들은 민족전선을 "(민족의—인용자) 최대의 역량을 집중하여 대외적으로는 민족의 공동의 적인 일본제국주의에 대항하고, 대내적으로는 파쇼의 발생을 방지하여 일체의 반동세력과 항쟁"할 수 있는 주체로 규정하면서,[25] 민족 내부의 파쇼세력으로 한국국민당을 거론하였다. 이를 둘러싸고 한국국민당과 재중국 한국인 아나키스트들 사이에 논쟁이 벌어졌다.

한국국민당과 재중국 한국인 아나키스트 사이의 논쟁은 아나키스트 잡지《남화통신》과, 한국국민당청년단의 기관지《한청韓靑》및 한국청년전위단의 기관지《전선前線》을 통해 전개되었다.《남화통신》1937년 4월호에서 현玄 선생이 한국국민당의 영수중심설領袖中心說에 대해 비판하자, 이에 대해 광호狂湖가《한청韓靑》을 통해 반박하였다. 그리고 아나키스트들이《남화통신》을 통해 영수 중심적인 파쇼 조직이라는 이유로 한국국민당이 민족전선에 참가하는 것에 반대하자, 한국국민당 측에서는 1937년 4월 2일 민족진선民族陣線문제좌담회를 개최하여 반박하였다. 반박의 요지는 민족전선 구성단체의 조직체계가 민주적인가, 파쇼적인가는 문제되지 않으며, 파쇼적 단체라고 해서 연합하지 않으면 민족전선은 불가능하다는 것이었다.[26]

재중국 한국인 아나키스트들은 민족전선론을 실행에 옮기기 위하여 공산주의자와 함께 통일전선 결성을 적극적으로 추진하였다.

24) 〈한국 각 정당 현황〉(《자료한국독립운동》 2, 77쪽)

25) 〈민족전선의 가능성〉(《思想情勢視察報告集》 其の二, 482쪽)

26) 狂湖, 〈한청韓靑 독자讀者에게〉(《思想情勢視察報告集》 其の三, 41쪽) ; 〈民族陣線問題座談會〉(《思想情勢視察報告集》 其の三, 47~50쪽) 등을 종합

이에 한국국민당은 “만일 진실로 민족진선民族陣線을 촉성하고자 하는 결심이 있다면 공산당도 무정부당도 우리들 광복단체들도 먼저 자기의 몸을 강화하고 정리하는 것에 노력하지 않으면 안된다. 자기 몸을 통제하는 힘도 없이 자기 몸을 파악하는 혁명이론을 통일시키지 않고, 대립하는 단체와 연합하는 것은 불가능하다”고 하여,[27] 민족전선을 결성하기 앞서 각 자기 단체의 내부부터 정리하여 자신을 강화시켜야 한다고 주장하였다. 그리고 “아직 우리들에게는 통일을 절대적으로 지지해야 할 객관적 조건이 그 정도로 심각한 것은 아니다”고 하면서, “단일당의 실현이란 모든 의미에서 곤란한 것이고 불가능하다”는 결론을 내리면서[28] 민족전선 결성에 반대하였다.

그러한 가운데 1937년 7월 일본 제국주의는 중일전쟁을 도발하여 중국 대륙에 대한 침략성을 노골적으로 드러내는 한편, 한국 민족해방운동에 대한 탄압의 강도를 더해 갔다. 이에 재중국 한국인 아나키스트들은 전면적인 항일전쟁의 필요성을 더욱 절실하게 느끼게 되었고, 일제와의 전면적인 전쟁을 전개하고자 전 민족의 역량 결집을 서둘렀다. 류자명 · 류기석 등은 변화된 정세에 대응하기 위하여 1937년 난징에서 남화한인청년연맹을 조선혁명자연맹으로 개조하였다. 조선혁명자연맹은 류자명을 위원장으로 하였으며, 주요 인물은 류기석, 정화암, 나월환, 이하유, 박기성, 이승래李升來 등이었다. 맹원수는 20여 명이었다.[29]

이후 민족전선을 결성하기 위한 공작은 급속하게 추진되었다. 중국 국민당 정부도 1937년 7월 10일 김구 · 김원봉 · 류자명 등을 뤼산廬山에 초청하여 중한 합작을 통한 항일 연합전선 전개의 필요

27) 〈民族陣線의 第1 階段〉(《思想情勢視察報告集》 其の三, 40쪽)

28) 〈民族陣線問題座談會〉(《思想情勢視察報告集》 其の三, 49쪽)

29) 〈韓國各政黨現況〉(《자료한국독립운동》 2, 77~78쪽) ; 朝鮮總督府警務局 編, 1940, 117쪽(楊昭全 等編, 1987a, 271쪽) ; 《思想情勢視察報告集》 其の七, 152쪽 등을 종합

성을 설명하고 풍부한 자금을 수여하면서,[30] 한국인의 민족전선 결성을 촉구했다. 난징 동류東流농장에 근무하던 류자명은 조선혁명자연맹의 대표 자격으로 조선민족혁명당의 김원봉, 조선민족해방운동자동맹의 김성숙 등과 난징 시내에서 매주 만나 민족전선을 여하히 결성할 것인가 하는 문제를 논의하였다. 1937년 7월 말 무렵 손건孫建(孫斗煥) · 김철남金鐵男(金炳斗) · 이연호李然浩(李相定)는 세 단체의 동의를 얻어 통일문제에 관한 간담회를 소집하였는데, 각 방면의 대표 15인이 집합하여 토론하였다. 그 결과 먼저 조선민족전선통일촉성회를 성립시키고 통일운동에 진력한다는 내용의 선언을 발표하였다. 며칠 뒤 남경한족회南京韓族會 전체대회에 의해 재중국조선민족항일동맹이 발기 · 조직되자, 이 동맹과 통일촉성회를 합동해서 조선독립운동자동맹을 조직하였다. 그리고 한국국민당 · 조선혁명당 · 한국독립당 · 한인애국단 등 네 단체가 미주에 있는 한국 혁명단체 등을 망라하여 결성한 한국광복운동단체연합회와의 결합을 추진했지만, 한국광복운동단체연합회측의 거부로 통합은 이루어지지 못하였다. 이에 1937년 11월 12일 조선혁명자연맹 · 조선민족혁명당 · 조선민족해방운동자동맹 3단체의 대표대회를 정식으로 소집하였다. 너덧 차례의 회의를 거친 뒤, 조선민족전선연맹을 결성하고 명칭 · 규약 · 강령 및 선언 등을 통과시켰다. 조선민족전선연맹은 12월 초에 이르러 우한武漢에서 창립선언을 발표하였으며, 주요 공작방침으로 "조선 국내와 국외의 민족통일전선을 촉진할 것", "광범한 통일적 중한中韓민족연합전선을 건립할 것", "전 민족을 발동하여 직접 또는 간접으로 중국의 항일전선에 참가할 것" 등을 정하였다.[31] 조선민족전선연맹의 조직체계는 김원봉이

30) 〈在支朝鮮義勇隊の情勢〉(《思想彙報》 第22號, 158쪽) ; 警保局保安課 編, 〈支那事變ニ伴フ不逞鮮人ノ策動狀況〉(《外務特殊文書》 30, 579쪽) 등을 종합

31) 류자명, 〈조선민족전선연맹 결성 경과〉 ; 〈在上海總領事館ニ於ケル特高警察事務狀況〉(《外務特殊文書》 27, 772~774쪽) ; 류자명, 《한 혁명자의 회억록》, 218쪽 ; 柳樹

자금 지도를 맡고, 선전부(약 50명)와 정치부(약 40명) 및 경제부(약 10명)를 두었다. 류자명은 선전부를 맡았으며, 정치부와 경제부는 왕지연王志延과 이춘암李春菴이 각각 맡았다.[32] 조선민족전선연맹은 중국 국민당 중앙정부와 장제스蔣介石계의 특무기관으로부터 군자금으로 월 3,000원의 원조를 받으면서, 중국 국민당이 지도하는 각종 단체와 연락하였다.(한국정신문화연구원 편, 2001)

조선혁명자연맹의 대표로 조선민족전선연맹 창립대회에 참가하여 이사로 선출된[33] 류자명은 《조선민족전선》(조선민족전선연맹의 기관지)의 주필 겸 편집인으로 활동하면서 민족전선의 필요성과 중국과의 연합전선의 필요성을 역설하는 등 선전활동에 주력하였다. 류자명은 〈《조선민족전선》 창간사〉에서 다음과 같이 말하였다.

> 조선 민족의 노력 여하는 중국 민족의 최후 승리에 영향을 준다. 과거 중국과 조선 양 민족이 받은 치욕과 손실은 우리들의 공동책임이다. 곧 공동의 적을 타도하고 동아 평화를 지키는 이것이 중국·조선 양 민족의 공동사명이다. ……조선인 혁명분자 중 중국의 항전을 자신의 생사관두로 여기지 않는 자는 없다. 그리하여 그들은 중국의 항일전선에 직접 참가하고 전 민족의 반일총동원을 적극적으로 준비하고자 한다.
>
> 조선의 혁명은 일본제국주의의 정치 압박과 경제 착취의 쌍중고통雙重苦痛으로부터 해방을 요구하는 혁명이다. 그래서 조선의 혁명진영은 계급을 나누지 않고 당파를 나누지 않는 전 민족의 단결을 필요로 한다. 이 중국과의 항일민족통일전선도 이와 같은 성질을 갖추고 있다. 그리고 이론체계상으로도 일종의 공동성을 갖추고 있다.……
>
> 이로써 양 민족의 연합전선을 완성해야 한다. 이것이 본 간행물을 발행

人, 1946, 6쪽 등을 종합

32) 〈年の在支不逞鮮人の不穩策動狀況〉, 《社會運動ノ狀況》(1938年)(《朝鮮獨立運動》 2, 615쪽)

33) 朝鮮總督府警務局 編, 1940, 117쪽(楊昭全 等編, 1987a, 316쪽)

하는 의의이다.(《조선민족전선》 창간호)

위의 글에서 류자명은 중국이 일제와의 싸움에서 승리하는 데에는 한국인도 상당한 역할을 한다는 것, 일제를 패망시키는 것은 한국인과 중국인의 공동 사명이라는 것, 한국이 일제의 식민지 지배로부터 벗어나는 데 중국의 항일전이 결정적 역할을 한다는 것, 따라서 한국혁명을 달성하기 위해서는 중국과 연합전선을 형성해야 한다는 것 등을 주장하면서, 한국과 중국의 항일민족통일전선을 결성하는 것이 《조선민족전선》을 간행하는 목적임을 밝혔다.

하지만 아나키스트들은 조선민족전선연맹을 결성하는 데 주도적으로 참가하였음에도, 조선민족전선연맹 안에서 아나키스트들의 독자성을 유지하기 위한 활동을 소홀히 하였던 것으로 보인다. 약간의 선전활동을 제외하고는 아나키즘에 바탕을 둔 활동은 거의 보이지 않는다.

(3) 군대 편성

민족전선 결성을 추진하면서 재중국 한국인 아나키스트들의 조직관이 변화되었다. 조선민족전선연맹의 투쟁강령에는 "전 민족의 반일통일전선은 민주집권제를 채택해야 한다"는 조항이 포함되어 있다. 이것은 재중국 한국인 아나키스트들 자신들의 자유연합주의에 입각한 조직원칙을 폐기하였음을 의미한다.

중앙집권적 조직체 인정은 군대 창설로 이어졌다. 신채호가 〈조선혁명선언〉에서 제시하고 있는 폭력수단 가운데 군대에 의한 전쟁이 빠져 있는 것처럼, 아나키스트들은 원칙적으로 군대를 부정한다. 혹 군대를 조직하더라도 그것은 자위를 위한 군대에 한정될 뿐이며, 군대의 조직체계도 일사불란한 상명하달식의 지휘체계를 따르는 것이 아니라 병사들의 자발성에 기초하여 군대를 꾸려 나가는 방식이었다. 하지만 재중국 한국인 아나키스트들이 조직한 군대는 전면적인 항일전쟁을 수행해야 하는, 중앙집권적인 조직체계를 갖춘 군대였다.

조선민족전선연맹에 참가한 재중국 한국인 아나키스트들은 조선민족전선연맹의 무장력인 조선의용대에 들어가 적극적으로 활동하였다. 조선민족전선연맹은 투쟁강령으로 군사행동을 적극 전개할 것과 중국 항일전쟁에 참가할 것을 제시하면서 일본과 전면전을 펼 것을 주장하였다.[34] 이를 위해 조선민족전선연맹은 중국 군사위원회 정치부와 협의하여 일본과의 전쟁을 담당할 무장력으로 조선의용대를 창설하였다. 조선혁명자연맹의 류자명은 중국 군사위원회 정치부원들, 조선민족혁명당의 김원봉, 조선청년전위동맹[35]의 최창익,[36] 조선민족해방운동자동맹의 김성숙(김규광) 등과 함께 여러 차례 회의를 하였으며, 이를 통해 조선의용대의 규약 · 강령 기초, 경비문제, 조직방법 등을 협의하였다. 만반의 준비를 완료한 뒤 1938년 10월 10일 한커우에서 조선의용대성립대회를 거행하였다.[37] 조선의용대는 궈모뤄郭沫若가 영도하는 중국군사위원회 정치부 제3청에 소속되었다.(程星玲, 1983, 3쪽)

조선의용대가 창립되자 조선혁명자연맹원들은 적극적으로 참가하였다.[38] 류자명은 이달(조선혁명자연맹 중앙위원)과 함께 편집조

34) 朝鮮總督府警務局 編, 1940, 145쪽(楊昭全 等編, 1987b, 862쪽)

35) 조선청년전위동맹은 1938년 초 조선청년전시복무단(1938년 6월 10일 결성)이 개칭한 단체로 조선민족전선연맹에 가입하였다.

36) 〈在支朝鮮義勇隊の情勢〉에는 최창석으로 기록되어 있으나, 이는 최창익의 잘못이다.

37) 高公, 〈關于朝鮮義勇隊〉(楊昭全 等編, 1987b, 834쪽) ; 〈在支朝鮮義勇隊の情勢〉(《思想彙報》 第22號, 162쪽) 등을 종합

38) 〈韓國各政黨現況〉(《자료한국독립운동》 2, 78쪽). 조선혁명자연맹원의 일부는 한국청년전지공작대에 참가하거나 상하이 · 핑진平津 일대로 가서 특무공작을 맡기도 하였다.

중문간中文刊 위원을 맡았다.[39] 그리고 허賀 비서장 · 저우시안탕周咸堂 · 판원지潘文治 · 쟈오한지矯漢治 · 쟌바이춘簡伯邨(이상 중국측) · 진국빈陳國斌(金若山) · 김규광 · 김학무(이상 한국측) 등과 함께 조선의용대지도위원회 지도위원으로 선출되었다.[40]

재중국 한국인 아나키스트들이 독자적으로 결성한 군대도 있었다. 한국청년전지공작대가 그것이다. 한국청년전지공작대는 1939년 초 나월환 · 김동수 · 이하유 · 박기성 · 이재현 등이 주축이 되어 조직하였다.[41] 한국청년전지공작대는 일본 제국주의는 한 · 중 양국의 공동의 적으로서 "중국 항일전쟁의 승리는 곧 한국 독립, 한국 민족해방 승리의 개시"를 의미하므로 "우리들의 역량을 다해서 중국 항전의 최후 승리를 촉진해야 한다. 중국 항일전쟁과 한국독립 · 한국민족해방운동은 일본 제국주의를 타도하는 의의와 행동상에서 분리할 수 없으며 분리해서도 안된다"고 주장하면서,[42] 중국과 연합전선을 결성하여 항일전쟁을 전개할 것을 촉구하였다.

이 밖에도 재중국 한국인 아나키스트들은 한 · 중합동유격대와 전시공작대(정화암),[43] 한교전지공작대韓僑戰地工作隊(류기석)[44] 등을 창

39) 朝鮮總督府警務局 編, 1940, 145쪽(楊昭全 等編, 1987b, 862쪽)

40) "조선의용대지도위원회 위원 저우시안탕周咸堂 등이 제출한 조선의용군조직 성립의 경과 보고 原案"(楊昭全 等編, 1987b, 915쪽)

41) 〈在生長中的幼苗〉(《자료한국독립운동》 3, 114쪽) ; 《新華日報》 1939년 11월 17일자(楊昭全 等編, 1987a, 249쪽) ; 박기성, 1984, 152쪽 ; 정화암, 1982, 215쪽 등을 종합. 한국청년전지공작대는 1940년 11월에 광복군과 합작하여 광복군 제5지대로 되었다가(〈韓青隊1年略記〉), 1941년 1월 정식으로 한국광복군총사령부 제5지대로 편입되었다[〈韓國青年戰地工作隊編入爲韓國光復軍第五支隊〉(《자료한국독립운동》 3, 210쪽)].

42) 〈발간사〉(《자료한국독립운동》 3, 136쪽)

43) 한 · 중합동유격대는 정화암이 建陽 주둔 중국군의 협조를 얻어 1939년 초가을에 조직한 군대이다. 전시공작대는 한 · 중합동유격대를 개편한 것으로서, 上饒 · 建陽을 중심으로 일본군에서 탈출하여 모여드는 한국인 병사들로 조직되었다.(정화암, 1982, 215~222쪽)

44) 한교전지공작대韓僑戰地工作隊는 류기석이 鉛山에서 한국인 청년과의 합작을 거쳐

립하여 군사활동을 펼쳤다. 재중국 한국인 아나키스트들이 참가하였던 군대들은 전선에 직접 투입되어 일본군과 싸우기보다는 후방에서의 적진 교란, 첩보 및 선전 활동 등에 주력하였다.

2) 대한민국임시정부 참가

민족전선론을 제기하는 과정에서 류자명을 비롯한 재중국 한국인 아나키스트들은 한국혁명의 성격을 민족혁명으로 규정하고, 민족혁명을 통하여 “일본 제국주의를 타도하고 조선민족의 자유독립을 완성”하고자 하였다.(〈조선민족전선연맹 창립선언〉) 즉 민족전선 결성을 통해 민족혁명을 1차적으로 달성하고, 그 후 아나키스트 사회를 건설한다는 것이다. 조선혁명자연맹이 완수하고자 하였던 한국혁명은 “가장 광범한 민주주의제도를 건립”하는 것이었고, 가장 광범한 민주주의제도란 “이미 자산계급의 민주가 아니고 또한 무산계급의 독재도 아니”었으며, “공산주의자의 민주공화국 구호와 서로 부합”하는 것이었다.[45]

재중국 한국인 아나키스트들은 민족국가 수립을 지상과제로 설정하는 민족혁명을 제1차 혁명으로 규정함에 따라 국가와 정부에 대한 인식을 달리 할 수밖에 없었다. 그동안 최고의 강권조직으로 규정하고 타도 대상으로 삼았던 국가와 정부의 존재를 어느 정도 인정할 수밖에 없었던 것이다. 재중국 한국인 아나키스트들이 제안한 〈민족전선의 행동강령 초안〉은 “민족진선은 그것을 구성하는 각 단체의 해체를 요구하지 않지만 혁명공작에서 보취步驟의 일치와

조직한 단체로서, 대원은 십수명이었다. 주로 함락지구의 한국 동포와 일본군 내의 한국인 사병을 대상으로 침략전쟁에 대해 반대할 것을 선전하고, 이들의 탈출을 도모하는 것을 중심 임무로 하였다.(沈克秋, 1990, 38쪽 ; 류기석, 2010, 305~306쪽 등을 종합) 정화암은 류기석이 유후蕪湖를 중심으로 전시공작대戰時工作隊를 조직하였다고 회고하였는데(정화암, 1982, 225쪽), 韓僑戰地工作隊를 지칭하는 것으로 보인다.

45) 〈韓國各政黨現況〉(《자료한국독립운동》 2, 77쪽)

국호의 통일을 요구한다"[46]고 하여 국가 수립을 기정 사실로 받아들이고 있었다.

하지만 이때 아나키스트들이 인정한 정부나 국가는 전 민족이 자율적으로 조직한 기관이었으며,[47] 강압적이고 국민을 지배하는 강권적인 기구는 결코 아니었다. 재중국 한국인 아나키스트들이 정부와 국가의 존재를 인정한 것은 한시적인 것이었다. 즉 재중국 한국인 아나키스트들은 아나키스트 사회 건설을 포기한 것이 아니라, 단계혁명론적 입장에서 우선 민족혁명을 통해 한국 민족을 해방시킨 뒤 진정한 민주주의를 시행하고, 그것을 기반으로 하여 아나키스트 사회를 건설하기 위한 사회혁명으로 나아가고자 하였던 것이다.

국가 · 정부관이 변화하면서 재중국 한국인 아나키스트들은 대한민국임시정부에 참가하였다. 재중국 한국인 아나키스트들은 조선민족전선연맹을 출발점으로 삼아서 민족통일전선을 결성하고, 조선민족전선연맹과 대한민국임시정부의 통합을 통하여 전 민족의 힘을 하나로 모으고자 하였다. 류자명은 "통일전선은 일본제국주의와의 투쟁과정 중에서도 가장 커다란 지지를 필요로 할 뿐 아니라 장래 독립 · 자유 · 행복의 국가를 건설할 경우에 각 당, 각 파의 대동적 노력을 필요로 하"기(〈長部謹吾의 보고〉, 154쪽) 때문에 모든 민족세력이 하나로 통합되어야 한다고 주장하면서, 조선민족전선연맹과 대한민국임시정부의 통합을 추진하였다.

조선민족전선연맹과 대한민국임시정부의 통합을 둘러싸고 논의가 진행되자, 류자명은 석정과 함께 조선민족전선연맹의 대표로 논의에 참가하였다. 하지만 통합 방식을 둘러싼 양 진영의 의견 차이

46) 《남화통신》 12월호(《思想情勢視察報告集》 其の二, 494쪽)

47) 유림은 대한민국임시정부를 3 · 1운동 당시 국내 민족의 총의로 출발한 것으로 판단하였다.(《동아일보》 1945년 12월 12일자)

는 현격하였다. 즉 대한민국임시정부측은 대한민국임시정부의 영도 밑에 각 단체가 통합되어야 한다고 주장하였고, 이에 대해 조선민족전선연맹측은 각 단체의 연맹이라는 형식으로 통합할 것을 주장했던 것이다. 결국 통합회의는 중단되었다.(류자명, 《한 혁명자의 회억록》, 234~235쪽 참조)

조선민족전선연맹은 1939년 1월 중순에 이르러 이사 왕준시王君實와 손건을 창사長沙로 파견하여 민족통일전선 결성을 다시 시도하였다. 이들은 한국광복운동단체연합회 영수 김구 · 이동녕 · 이청천 · 조소앙 · 현익철 등을 방문하여 민족통일전선을 결성할 것을 피력하였다. 구체적 결과는 얻지 못했지만 통합해야 한다는 주장이 대한민국임시정부 내에서 점차 세를 형성해 나갔다.(〈長部謹吾의 보고〉, 155쪽) 먼저 공산주의단체인 조선민족해방동맹과 아나키스트 단체인 조선혁명자연맹이 1941년에 대한민국임시정부에 참여하였고, 1942년 10월에는 조선민족혁명당이 임시의정원에 참여하였다.(김희곤, 2001, 94쪽) 조선민족전선연맹은 1942년에 이르러 대한민국임시정부에 흡수되었다.

1942년 9월에 개최된 통합회의에 참가하였던 류자명은 1942년 10월 충청도를 대표하는 대한민국임시정부 임시의정원 의원으로 선출되었으며,[48] 제34회 의정원 회의에서는 조소앙, 조완구, 최석순, 차이석, 신영삼, 박건웅朴建雄, 김상덕金尙德, 안훈安勳 등과 함께 약헌개정기초위원으로 선임되었다.(독립운동사편찬위원회 편, 1983, 996쪽) 하지만 류자명은 대한민국임시정부에서 뚜렷한 활동을 펼치지는 않았던 것으로 보인다.

유림은 대한민국임시정부 내에서 적극적으로 활동했다. 1937년

48) 민석린閔石麟, 1944(《자료한국독립운동》 1, 315 · 319쪽) ; 《단주 유림 자료집》, 85쪽 ; 류자명, 《한 혁명자의 회억록》, 300~302쪽 ; 《의정원문서》, 275쪽 ; 국사편찬위원회 편, 《한국독립운동사 자료》 1, 617~618쪽 등을 종합. 류자명은 1944년 9월에 통일회의가 개최된 것으로 회고하였으나, 이는 1942년의 잘못으로 보인다.

10월 8일 만기 출옥한[49] 유림은 남북 만주 각지에서 5년에 걸쳐 독립운동 세력 재편성을 위해 노력하였으며, 베이징 · 톈진 등지에서 한 · 중 항일연합군을 조직하는 데 진력하였다. 그러다가 황하黃河를 건너 서남으로 만 리 길을 걸어 대한민국임시정부가 있던 충칭重慶으로 향하였다.[50] 그 과정에서 옌안延安에 며칠간 머물면서 마오쩌둥毛澤東을 만나 토론을 하기도 했다. 그는 농촌 중심의 해방구를 통해 혁명을 완수한다는 중국 공산당이 취한 방법론의 많은 부분에 공감을 표하기도 했다.(최문호, 1991, 269쪽)

유림이 충칭重慶에 도착하였던 1942년 10월 무렵의 대한민국임시정부는 좌우합작적인 형태를 취하고 있었다. 유림은 "한 개 민족, 한 개 정부, 한 개 이념, 한 개 집단"과 당파는 합동연이合同聯異, 정부는 공대균담共戴均擔이라는 구호를 내세우고, 해외 각지에 있는 모든 혁명세력은 대한민국임시정부를 중심으로 총단결해야 한다고 호소하면서(《단주 유림 자료집》, 264쪽) 대한민국임시정부에 참가하였다. 유림이 대한민국임시정부를 중심으로 무조건 단결할 것을 주장한 것은, 한국 민족이 독립을 달성하고 아름다운 낙원을 창조하려면 우선 민족을 대표할 만한 어떤 근거가 있어야 하는바(《조선일보》 1945년 12월 7일자 참조), 그 근거가 바로 대한민국임시정부라고 판단하였기 때문이다. 즉 대한민국임시정부가 3 · 1운동을 통해서 탄생한 독립운동의 구심점이요 근거라는 것이다.(《동아일보》 1945년 12월 12일자) 유림이 구상하였던 정부는 "통치권을 행사하는 정부가 아니고, 혁명의정원과 혁명정부"였다.[51]

유림은 1942년 10월 류자명과 함께 경상도를 대표하는 대한민

49) 서대문형무소 신원카드(김희곤, 2001, 89쪽에서 재인용)

50) 《단주 유림 자료집》, 264쪽. 유림이 한중항일군韓中抗日軍 조직을 위해 노력하였던 시기를 1932년으로 기록한 자료도 있으나(류원식, 〈나의 아버지 柳林〉, 246쪽) 취하지 않는다.

51) "한국임시정부 건국강령 修改에 관한 유림의 축사", 404쪽(《단주 유림 자료집》, 67쪽)

국임시정부 임시의정원 의원으로 선출되었으며,[52] 1942년 10월 24일에 김원봉, 이연호, 김상덕, 이정호李貞浩, 한지성韓志成 등과 함께 경상도구의원선거회慶尙道區議員選擧會로부터 의원 당선증을 수여받았다.(《의정원문서》, 700~701쪽)

대한민국임시정부에 참가한 유림은 우선 소위 '시안西安사건'의 진상을 밝히는 데 주력하였다. 대한민국임시정부는 한국인 아나키스트 청년들을 중심으로 시안西安에서 조직된 한국청년전지공작대를 그의 산하에 포섭하기 위하여 한국청년전지공작대 대장 나월환을 충칭重慶으로 불러 귀빈관에 투숙시켜 놓고 그를 회유하는 등 한국청년전지공작대에 대한 유치공작을 벌였다.(정화암, 1982, 217쪽) 이에 반발한 박동운朴東雲이 나월환을 살해하였다. 나월환이 소속되어 있던 후쭝난胡宗南 부대가 수색한 결과 나월환의 시체가 발견되었고, 이에 한국청년전지공작대의 간부 전원이 체포되어 군법회의에서 사형을 선고받았다. 하지만 아나키스트로서 후쭝난胡宗南의 스승이었던 후보이의 노력으로 한 명만 처단되고 나머지는 무죄석방되었다.[53]

이 때 대한민국임시정부측에서 한국청년전지공작대 간부 전원을 가차 없이 처단해줄 것을 중국 정부에 요구하였다는 소문이 있었다. 이에 대한민국임시정부 의정원 회의에 참석한 유림은 시안西安사건의 진상을 밝혀줄 것을 요구하였다. 즉 광복군 사령부가 서안西安사건의 주범 8인을 사형에 처하여 달라고 중국 당국에 요구한 사실이 있는지를 물었다. 이에 대하여 군무부장軍務部長이던 조성환曺成煥은 범인들을 엄중히 처벌해줄 것을 요구한 적은 있지만 8인에 대해 사형을 집행할 것을 요구한 일은 없다고 답변하였다.[54] 이 사

52) 《의정원문서》, 275쪽 ; 《한국독립운동사 자료》 1, 618쪽 등을 종합

53) "화암 정현섭의 증언"(《단주 유림 자료집》, 61~63쪽)

54) 《의정원문서》, 289~300쪽 ; 《우리통신》 제6호(한시준 편, 1998, 28쪽) 등을 종합

실은 대한민국임시정부를 발칵 뒤집어 놓았다.

1943년 연합국들이 제2차 세계대전 전후처리 문제를 논의하는 과정에서 한국에 대해 신탁통치를 실시한다는 결정을 내리자 유림은 한국인 독립운동단체들과 함께 신탁통치 반대투쟁을 펼쳤다. 유림은 1943년 5월 10일 충칭에서 열린 재중국자유한인대회에 조선무정부주의자총연맹[55]의 대표로 참가하여, 홍진(한국독립당), 김충원(조선민족혁명당), 김규광(조선민족해방동맹), 김순애金淳愛(한국애국부인회), 한지성(한국청년회) 등과 함께 주석단의 일원으로 활동하였다. 이 대회가 개최된 것은 미국과 영국이 워싱턴회담에서 전후 한국을 국제감시 · 보호 아래 두기로 결정하였다는 기사가 보도되어 물의를 일으켰기 때문이다. 이 대회는 동포 300여 명이 참가한 가운데 "한국은 완전 독립하여야 한다. 외국의 어떠한 간섭이라도 반대한다"는 요지의 강연과 토론을 한 뒤, 〈한국독립당 등 당파 연합선언〉을 발표하였다. 이 선언은 한국에 대한 연합국의 신탁통치 결정에 반대하면서 전후 한국문제에 관한 입장과 태도를 표명하였는데, 그 요지는 첫째, 한국 민족의 일치되고 확고한 요구는 완전한 독립과 자유라는 것, 둘째, 한국은 전후 동맹국가의 호혜평등한 상호부조 원칙의 협력 아래 강력한 민주국가를 조속히 건설할 수 있다는 것, 셋째, 동맹국은 전후 한국의 완전한 독립을 선포하여 한민족의 투쟁정신과 전투의욕을 고무해야 함에도 불구하고 '신탁통치'를 전함으로써 한민족을 실망시키고 있다는 것, 넷째, 한국의 완전한 독립은 극동 및 태평양 지역의 평화를 보장한다는 것, 다섯째, 국제신탁통치문제를 부인하는 성명을 발표해줄 것 등이었다.[56]

유림은 대한민국임시정부 간부를 역임하였다. 그는 1943년 2월

55) 조선무정부주의자총연맹은 유림이 대한민국임시정부에 참가하면서 조직한 아나키스트단체이다.

56) 《독립신문》 1944년 6월 1일자(독립운동사편찬위원회 편, 1983, 1032~1035쪽에서 재인용) ; 《단주 유림 자료집》, 48~50쪽 등을 종합

16일 박찬익朴贊翊, 최동오崔東旿, 김성숙金星淑 등과 함께 대한민국임시정부 외무부 산하 외교위원회[57]의 연구위원으로 선임되었으며, 1943년 4월 10일에 개최된 대한민국임시정부 국무회의에서 조소앙, 신익희, 엄항섭, 김상덕, 김성숙, 한지성, 이정호, 박건웅, 손두환孫斗煥, 신기언申基彦, 김인철金仁哲, 안우생安偶生, 김재호金在浩, 김문金文 등 14명과 함께 대한민국임시정부의 선전계획 수립·선전진행방침에 관한 사항을 의결하는 선전위원회의 선전위원으로 선임되어 임정의 선전활동에 참여하였다.[58] 그리고 1944년 4월 조선무정부주의자총연맹을 대표하여 대한민국임시정부 국무위원으로 선출되었으며, 1945년 4월 의정원내의 8개의 분과를 5개의 분과로 통합할 때 안훈, 김상덕과 함께 제1분과(법제) 위원에 당선되었다.[59]

유림은 건국강령 수정에도 관여하였다. 그는 1943년 10월 14일 안훈 등 5명의 의원과 함께 건국강령을 수개修改할 것을 제안하였다. 이에 5명의 수개위원이 선정되었고, 이들은 수개안修改案을 마련하여 제35차 의정원의회에서 논의에 부쳤다. 하지만 보류되는 바람에 1944년 4월 20일 36차 회의에서 김원봉 등 17인과 함께 약헌수개안約憲修改案을 토론할 것을 다시 제안하여 통과시켰다.(《의정원문서》, 383~386·593쪽) 그리고 1944년 4월 24일 한국독립당, 조선민족혁명당, 조선민족해방동맹과 함께 〈한국 각 혁명당 옹호 제36계 의회선언韓國各革命黨擁護第36屆議會宣言〉을 발표하여, 제36차

57) 외교위원회는 외교에 관한 일반 원칙과 정책 및 방침을 연구·제공할 목적으로 외교위원회규정(1942년 6월 24일 제정·공포)에 의해 1942년 8월 외무부 산하에 설치되었다. 처음 조직될 당시에는 장건상, 신익희, 이현수, 이연호가 연구위원으로 참여하였다.(독립운동사편찬위원회 편, 1983, 858쪽 ; 김재명, 1986, 397쪽 등을 종합)

58) 《대한민국임시정부 공보》 제77호(《일제침략하 한국 36년사》 13에서 재인용) ; 독립운동사편찬위원회 편, 1983, 859·876쪽 등을 종합

59) 《앞길》 42기 ; 《의정원문서》, 399·408쪽 ; 《한국독립운동사 자료》 1, 435~436쪽 ; 《단주 유림 자료집》, 85쪽 ; 김재명, 1986, 396~397쪽 ; 독립운동사편찬위원회 편, 1983, 1,009쪽 등을 종합

의정원의회에서 수정한 임시약헌臨時約憲과 인선人選에 대한 찬성을 선포하였다. 이 선언은 임시헌장을 준수한다는 것, 신임 주석 김구 선생과 전 국무위원이 우리 민족의 최고지도자라는 것, 대한민국임시정부의 기치 아래서 전 민족을 단결시키고 동원한다는 것, 대한민국임시정부에 대한 국제 승인과 국제 원조를 얻도록 적극 노력한다는 것 등을 4개 정당의 공동의견으로 제시하였다.[60)]

류자명과 유림 외에도 상당수의 아나키스트들이 대한민국임시정부에 참여하여 활동하였다. 조선무정부주의자총연맹원이었던 박기성은 광복군 총사령부 서무과 과원으로 활동하였으며,[61)] 안우생安偶生은 주석판공비서主席辦公秘書 겸 선전위원회의 위원으로 활동하였다.[62)]

재중국 한국인 아나키스트들의 대한민국임시정부 참여는 변화된 국가관에 근거하였다. 강권을 부정하는 아나키스트들은 일반적으로 국가와 정부를 최대의 강권조직으로 규정하고 그 존재를 부정한다. 하지만 유림은 국가 폐지는 불가능하다면서 국가의 존재를 부정하지 않았다. 즉 "장래의 국가와 민족은 인류의 평화와 자유를 파괴하지 않을 것이며, 현재도 각 나라의 정치와 국제정세는 이미 개인의 자유와 행복을 보장·증진하기 위해 크게 노력하"고 있는 것에서 알 수 있는 바와 같이, 모든 국가가 반드시 아나키즘의 이상에 저촉되는 것은 아니라는 것이다.(유림의 고등법원 판결문 참조) 그에 따르면, 모든 정부가 강권적 조직인 것은 아니다. 그는 정

60) 楊昭全 等編, 1987a, 605~606쪽 ; 〈韓國各革命黨擁護第36屆議會宣言〉(《자료 한국독립운동》 1, 354쪽) 등을 종합

61) 민석린閔石麟, 1944(《자료한국독립운동》 1, 314 · 319쪽). 구양군은 박기성이 중국군관학교 재학중 중국인으로 위장하기 위하여 사용하던 이름이다.(박기성, 1984, 138~139쪽 참조)

62) 《일제침략하 한국 36년사》 13, 467쪽. 〈1938年の在支不逞朝鮮人の不穩策動狀況〉《社會運動ノ狀況(1938)》(《朝鮮獨立運動》 2, 627쪽)에 따르면, 安偶生(安恭根의 자)은 아나키스트로서 류기석 · 안공근 등과 연락하면서 아나키스트 金麟과 함께 활동하였다. 위의 자료에는 安禹生으로 기록되어 있으나, 이는 安偶生의 잘못으로 보인다.

부가 자율적 조직인 경우 그 정부에 참가할 수 있는 것으로 인식하였으며, 이러한 인식을 기반으로 대한민국임시정부에 참가하였다. 그의 판단에 따르면 대한민국임시정부는 어느 특정 세력에 의해 수립된 강권조직이 아니라 전 민족의 총의에 의해 수립된 자유연합의 조직이었다.[63]

이처럼 재중국 한국인 아나키스트들의 국가 · 정부관은 아나키즘의 본령에서 점차 일탈하고 있었다. 국가와 정부는 비록 지배계급으로부터 독립하여 어느 정도 자율성을 가진다고 하더라도 기본적으로는 지배계급의 이해관계를 대변할 수밖에 없다. 인류 역사상 강권조직으로서 피지배계급을 억압하지 않은 정부나 국가가 존재한 적이 없다. 아나키즘의 관점에서는 근본적으로 강권조직일 수밖에 없는 국가와 정부의 존재를 인정할 수 없는 것이다.

재중국 한국인 아나키스트들의 국가 · 정부관의 변화는 민족혁명을 제1차 혁명으로 규정하는 단계혁명론에서 비롯되었는데, 민족혁명을 달성하기 위해 민족주의자 · 공산주의자와 연합함에 따라 아나키스트 운동에 심각한 문제가 초래되었다. 즉 재중국 한국인 아나키스트들이 연합전선 안에서 사상적 독자성을 확보하지 못한 채 민족혁명 그 자체에 매몰되어 버림으로써, 민족주의와의 차별성이 별로 부각되지 못하였고, 그 결과 아나키즘은 제3의 사상으로서의 위상을 상실하게 되었다. 민족전선에 참가하여 민족주의자 및 공산주의자와 연합하는 것은 민족해방을 쟁취하기 위해 불가피한 것이었다 할지라도, 해방 이후 건설할 사회상에 대해서는 독자적인 구상을 제시해야 했으나 그렇지 못했다. 재중국 한국인 아나키스트들은 사상적 독자성을 확보하는 데 많은 노력을 기울이지 않

63) 유림은 1945년 4월 11일 제38차 의정원의회에서 행한 대한민국임시정부 수립 26주년 기념식에서 행한 축사에서 대한민국임시정부는 통치권을 행사하는 정부가 아니라 혁명정부가 되어야 하며, 대한민국임시정부 구성원들은 3 · 1운동 당시처럼 목전의 임무를 위해 특권을 요구하지 말고 자유연합해야 한다고 강조하였다.(《의정원문서》, 404쪽)

았을 뿐더러, 대한민국임시정부 안에서는 물론이고, 자신들이 상당한 역할을 하였던 조선의용대와 한국청년전지공작대에서조차 독자적인 목소리를 내지 못하였던 것으로 보인다. 그리하여 아나키스트들의 활동은 아나키스트 운동의 위상을 제고하는 데 아무런 도움이 되지 못하였다. 그리고 아나키스트 운동은 독자적 영역을 구축하지 못한 상태에서 해방을 맞이하였다. 그 결과 아나키스트들이 일제강점기 동안 민족해방운동에서 상당한 역할을 수행하였음에도, 해방 이후 아나키스트들의 영향력은 미미할 수밖에 없었다.

Ⅳ. 해방 이후 아나키스트들의 자주적 민주국가 건설운동

1945년 8월 15일 일본이 무조건 항복을 선언함에 따라 우리 민족은 일제의 식민지배로부터 해방되었다. 비록 우리 민족의 힘으로 쟁취한 해방은 아니었지만, 민족해방운동가들은 새로운 독립국가를 수립할 꿈에 부풀었다. 하지만 민족해방운동가들은 어떠한 독립국가를, 어떠한 방식으로 건설할 것인지에 대해 통일된 구상을 마련하지 못하였다. 그것은 일제강점기 민족해방운동 세력이 분열되어 있었기 때문이다.

아나키스트들도 자주적 민주국가를 건설할 것을 주장하고, 그를 위해 노력했다. 해방이 되면서 옥중에서 출감한 일부의 아나키스트들은 건국의 첫걸음은 일본에 대한 복수여야 한다는 생각으로 일본경찰 처단에 나섰다. 김지강 · 차이혁車利革 · 이규창 · 공형기孔亨基 등 4명은 일본 경찰 간부 사이가 시치로齋賀七郎를 처단하기로 하였다. 11월 2일 저녁에 김지강이 사이가를 유인해 낸 뒤, 원남우체국 옆 골목에서 권총으로 사살하였다. 11월 9일에는 이규창, 방우영 등 몇 명의 아나키스트들이 자유신문사 2층에 모여 있었는데, 그때 경기도 경찰부장과 총독부 감찰고장을 지낸 하라다 다로쿠原田太六가 지나갔다. 이를 창밖으로 본 방우영이 쫓아나가 총격을 가하였으나, 총상만 입혔을 뿐 사살에는 실패하였다. 그리고 11월 14일 백인제병원으로 하라다를 병문안하고 나오던 전 평남경찰부 감찰관 츠보이 이와마츠坪井岩松를 발견한 아나키스트들이 백주에 대로

에서 권총으로 사살하였다.[1)]

그러한 가운데 아나키스트들은 자주적 민주국가 건설을 목표로 활동을 전개하였다. 일반적으로 아나키스트들은 정부를 최대의 강권조직으로 규정하고 파괴할 것을 주장하지만, 1930년대 후반부터 이미 아나키즘 본령에서 일탈하기 시작한 한국 아나키스트들은 해방 이후에도 일탈된 국가관에 입각하여 정부와 국가의 존재를 인정하였다. 그들은 자주적 민주국가를 수립하고자 하였다.

유림은 1945년 12월 5일 귀국회견에서 아나키즘을 무정부주의로 번역하는 것을 거부하고, 모든 정부를 강권적 조직으로 규정하는 것에 반대하면서 자신이 대한민국임시정부에 참여한 것을 정당화했다. 즉 자신은 "강권을 절대 배격하는 아나키스트요, 무정부주의가 아니"며(《조선일보》 1945년 12월 7일자), 대한민국임시정부는 3 · 1운동 당시 국내 민족의 총의로 출발한(《동아일보》 1945년 12월 12일자) 것으로 강권적 조직이 아니라면서 그 존재를 인정하였다. 해방 이후 한국 아나키스트들이 정부와 국가의 존재를 인정하고 자주적 민주국가를 건설하고자 한 것은 1차적으로 자주적 민주국가를 먼저 건설하고, 이후 그러한 기반 위에서 아나키스트 사회를 건설한다는 단계혁명론적 입장[2)]에 근거하고 있었다.

해방 직후 한국 아나키스트들은 아나키스트 사회 건설 방법론을 둘러싸고 생활혁신을 통한 '자유사회건설론'과 정당활동을 통한 '자주적 민주국가 건설론'의 두 흐름으로 나뉘었다. 첫 번째 흐름은 민중들의 생활을 개혁하고 그것을 통해 자유사회를 건설하고자 한 생활혁신운동을 전개했다. 이 흐름은 일제강점기 중국에서 혁명근거

1) 〈자유사회건설자연맹 선언 및 강령〉(이정규, 1974, 173쪽) ; 송남헌, 1989, 42쪽 ; 《자유신문》 1945년 11월 4일 · 11일 · 15일자 ; 이문창, 2008, 102~104쪽 등을 종합. 이정규는 아나키스트들이 처단한 일본 경찰을 사이가 이치로齋賀一郎와 하라다原田壼內로 기록하고, 처단한 일자도 1945년 9월 초로 기록하였으나, 취하지 않는다.

2) 한국인 아나키스트들의 단계혁명론적 사고에 대해서는 이호룡, 2001a, 311~313쪽을 참조할 것.

지 건설운동을 전개했던 이을규 · 이정규 등이 중심이 되어 결성한 자유사회건설자연맹이 주도하였는데, 정부와 국가의 존재는 인정하지만 정치운동에 대해서는 다소 부정적이었다. 두 번째 흐름은 아나키스트들의 정치적 입장을 대변하는 정당을 건설하고, 정당활동을 통해 자주적 민주국가를 건설하고자 하였다. 이 흐름은 일제강점기 중국에서 대한민국임시정부에 참여하였던 유림 등의 무정부주의자총연맹이 주도하였다. 이들은 독립노농당을 결성하고, 대한민국임시정부 세력과 함께 활동하였다.

아나키스트들의 노력에도 불구하고 자주적 민주국가 건설은 좌절되고 분단정부가 수립되었다. 분단정부 아래서 아나키스트들은 아나키즘의 본령을 끝내 회복하지 못하였다. 자유사회건설자연맹 관계자들은 국민문화연구소를 조직하여 농촌계몽운동을 펼치는 한편, 민주사회주의를 제창하고 민주사회당을 건설하는 데 주력했다. 독립노농당 역시 자본주의체제를 인정하고, 그 속에서 사회개혁을 도모하였다. 하지만 이러한 흐름들 역시 5 · 16쿠데타가 발생하면서 거의 사라지고 말았으며, 아나키스트들은 역사무대의 전면에서 사라졌다.

1. 자유사회건설자연맹 중심의 '자유사회건설운동'

1) '생활혁신운동'

일제강점기 말 활동을 거의 중지하였던 아나키스트들은 해방을 계기로 활기를 되찾기 시작하였다. 이들은 하나씩 둘씩 서울로 모여들었다. 이들은 자유신문사 건물 2층을 아지트로 삼아 집결하였으며, 현 정세에 관해 의견을 나누었다. 이들은 전국에 흩어져 있는 동지들에게 연락을 취하여 서울에서 구수회의鳩首會議를 개최하였다. 이 회의에는 석방된 아나키스트들까지 포함해 모두 67명이 참가하여 앞으로의 행동방향에 대해 토론하였다.[3] 이들은 지배권력이 사라진 해방공간이 아나키스트 사회를 건설하는 데 매우 유리한 조건을 제공해줄 것으로 보고, 아나키스트 단체를 조직하여 이를 중심으로 힘을 모아 아나키스트 사회 건설에 매진하고자 했다. 국내에 있던 아나키스트들을 중심으로 자유사회건설자연맹을 결성하기 위한 준비위원회가 구성되었는데, 이을규 · 이정규 등 일제강점기 중국에서 혁명근거지 건설운동에 참가하였던 아나키스트들이 이끌었다. 한 달가량의 준비과정을 거친 뒤 1945년 9월 말 서울시 종로 2가 소재 장안빌딩 연맹결성준비위원회 사무실에서 자유사회건설자연맹 창립총회를 개최하였다.[4] 창립총회는 농민운동 · 노동운동 · 청년운동을 전개하기로 결정하고(《자유신문》 1945년 12월 15일자), 선언과 강령을 발표하였다. 강령은 다음과 같다.[5]

一. 우리들은 독재정치를 배격하고 완전한 자유의 조선 건설을 기한다.

一. 우리들은 집산주의경제제도를 거부하고 지방분산주의의 실현을 기한다.

---

3) 〈자유사회건설자연맹 선언 및 강령〉(이정규, 1974, 173쪽)

4) 이문창, 2008, 45쪽 ; 하기락, 1993, 263쪽 등을 종합. 자유사회건설자연맹의 창립일자는 자료마다 약간씩 다르게 나타난다. 이정규는 9월 말에 자유사회건설자연맹의 강령과 선언을 발표하였다고(이정규, 1974, 173쪽) 하여 자유사회건설자연맹의 창립일을 9월 말로 기록하고 있으며, 하기락은 자유사회건설자연맹의 창립일을 1945년 9월 29일과 1945년 9월 27일로 달리 기록하고 있다.(하기락, 1993, 263 · 273쪽). 이와는 달리 최갑용은 자유사회건설자연맹의 창립일을 1946년 3월 10일로 기록하고 있으며(최갑용, 1995, 55쪽), 방한상은 1945년 12월 25일에 자유사회건설자연맹이 창립된 것으로 기록하였다(방한상, 〈해방건국투쟁 약기〉). 최갑용과 방한상의 기록은 잘못이다. 그것은 자유사회건설자연맹의 실천조직인 조선농촌자치연맹의 창립일이 1945년 10월 하순이기 때문이다.[〈조선농촌자치연맹 선언강령 해설〉(이정규, 1974, 176쪽)]

5) 〈자유사회건설자연맹 선언 및 강령〉(이정규, 1974, 174~175쪽) ; 〈선언〉(자유사회건설자연맹, 1945. 9) ; 《자유신문》 1945년 12월 15일자. 하기락은 자유사회건설자연맹의 강령이 행정의 지방자치제와 산업의 노동자관리를 요구하는 4개항이라고 서술하였으나(하기락, 1993, 263쪽) 취하지 않는다.

一. 우리들은 상호부조에 의한 인류일가사상人類一家思想의 구현을 기한다.

자유사회건설자연맹은 위의 강령을 통해 독재정치와 집산주의적 경제제도를 배격하고, 상호부조의 원리가 관철되는, 자유롭고 지방자치가 실현되는 사회를 건설한다는 것을 천명하였다. 자유사회건설자연맹이 배격한 독재정치에는 프롤레타리아트 독재도 포함되어 있다. 그리고 집산주의적 경제제도란 생산수단 국유화와 계획경제를 골자로 하는 공산주의적 경제제도를 의미한다. 즉 자유사회건설자연맹은 공산주의를 부정하고 아나키즘에 입각해서 생산수단 사회화와 지방자치제가 실시되는 아나코코뮤니스트 사회를 건설하고자 한 것이다.

자유사회건설자연맹에 참가한 아나키스트들은 이을규, 이정규, 한하연, 김금순, 이시우, 이동순, 서상경, 서천순, 신재모, 방한상, 서흑파徐黑波, 우해룡, 하종진, 유산방, 김지강, 이규창, 김광주, 황웅黃雄, 류우석, 김연창, 조시원, 김광면, 최학주, 오남기, 승흑룡, 이주성, 이혁, 김형윤,[6] 한명룡, 김용호, 차고동, 양일동, 우한룡禹漢龍, 하기락, 박영환朴永煥, 이석규, 조한응, 양희석, 김재현金在鉉, 장연송張連松, 이규석李圭奭, 이종연李鍾燕, 이경석李景錫, 박석홍朴錫洪, 최해청, 박기홍, 김철金徹, 박호연朴豪然, 이용규李容珪, 공형기, 김건, 임기병林基秉, 변순제邊順濟, 이성근, 박망, 장태화張泰和, 차이혁, 김영찬金英纂, 이용준, 이종낙李鍾洛, 장지필張志弼, 박철원朴哲遠 등이었다.(하기락, 1993, 262~263쪽) 최갑용 · 이홍근 등 북한에 있던 인사들을 제외하고는 전국의 아나키스트들을 총망라한 셈이었다.

자유사회건설자연맹을 창립한 아나키스트들은 공산주의자들이 노동자 · 농민 대중을 장악할 것을 경계하여 기선을 제압하고자 자유사회건설자연맹의 강령을 실천할 조직으로 조선농촌자치연맹과

6) 하기락의 저서에는 김형윤이 자유사회건설자연맹원 명단에 누락되어 있다.

한국노동자자치연맹을 서둘러 창립하기로 하였다.[7] 자유사회건설자연맹은 1945년 12월 20~21일 양일간[8] 서울 장곡천정長谷川町 연무관研武館에서 89개 지역의 대표 186명이 참가한 가운데 전국대표대회를 개최하여 시국수습대책을 논의하였는데, 이 자리에서 새로운 한국을 건설하는 문제에 대해 토의한 뒤, 대한민국임시정부·공산주의자·친일파 등 각 정치세력에 대한 입장을 밝혔다. 자유사회건설자연맹은 대한민국임시정부에 대해서는 절대지지 방침을, 공산주의자들에 대해서는 프롤레타리아 독재를 포기하면 연합할 수 있다는 입장을 밝혔다. 그리고 친일파 청산에 대해서는 "지금 군정 하에 있는 만큼 그것(친일파-인용자)을 처단하기 어렵고, 또 누구가 누구인지도 알 수 없으니 건국 후에 하는 수밖에 없다"고 하여 소극적인 태도를 취하였다.[9] 자유사회건설자연맹의 이러한 태도는 그들 중 상당수가 일제강점기에 전향하거나 활동을 중지한 상태에서 해방을 맞이하였던 관계로 친일파문제에서 전적으로 자유로울 수가 없었던 데에서 비롯된 것으로 보인다.[10]

자유사회건설자연맹 전국대표대회에서 시국수습대책에 관해 토의한 결과가 12월 25일에 발표되었는데, 결의문은 "사당수립私黨樹立, 정권획득政權獲得에 눈을 붉혀 가지고 파쇼를 꿈꾸는 비민주주의

7) 이정규, 〈한국노동자자치연맹 회고〉(이정규, 1974, 214~216쪽) ; 하기락, 1993, 266쪽 등을 종합

8) 자유사회건설자연맹 전국대표대회가 개최된 날짜는 자료마다 약간 다르게 나타난다. 즉 《자유신문》 1945년 12월 27일자는 1945년 12월 21~23일에 자유사회건설자연맹 전국대표대회가 개최된 것으로 보도하였다. 하지만 자유사회건설자연맹과 조선농촌자치연맹중앙연합회 및 민우회가 주최한 순국선열 19위의 추도회가 1945년 12월 22일에 개최되었으므로[《동아일보》 1945년 12월 23일자 ; 《자유신문》 1945년 12월 15일자(이상은 《자료대한민국사》 1, 653~654쪽)], 자유사회건설자연맹 전국대표대회는 1945년 12월 20~21일에 개최된 것으로 보는 것이 타당하다.

9) 《조선일보》 1945년 12월 18일자 ; 《동아일보》 1945년 12월 17일·21일자 ; 《자유신문》 1945년 12월 27일자 등을 참조

10) 하지만 재중국 아나키스트 유림이 이끌었던 독립노농당은 한국민족의 자주성을 강조하면서 친일파 청산에 대해서 단호한 입장을 취하였다.

적 정치운동세력을 배제"할 것을 다짐했다. 결의된 안건은 다음과 같다.(《자유신문》 1945년 12월 27일자)

1. 기본운동에 관한 문제
   1) 농촌운동 : 조선농촌자치연맹을 기간으로 적극 확대 · 강화시킬 것
   2) 노동운동 : 조선노동자자치연맹을 기간으로 적극 확대 · 강화시킬 것
   3) 청년운동 : 사회적 정치적 각 방면에 그 의의가 큼으로서 급속 강화를 도圖하기 위하여 조직을 강화할 것
   4) 여성운동 : 사회적 제정세에 감鑑하여 이 운동을 촉진시키도록 여성들의 조직화를 도圖할 것
   5) 우리의 우당友黨인 조선무정부주의자총연맹과 긴밀 제휴를 도圖할 것
2. 시국수습에 관한 문제
   1) 우경화하여가는 각 민족주의 정당에 대처할 본 연맹의 태도
   2) 공산당에 대처할 본 연맹의 태도
   3) 통역의 문제
   4) 38도 남북의 사정을 조사하여 일반에 정확한 사실을 주지시키며 여론을 환기시킬 것
   5) 각 보도기관에 경고문을 발하여 편사부정偏私不正한 태도에 반성을 촉促할 것
   6) 임시정부를 지지할 것 : 임시정부는 현재에 있어 사상적으로만 아니라 사실상으로 혁명적 사상의 3세력의 합동이다. 그러므로 우리는 이것을 지지하는 동시에 세력의 균등을 요구한다.
   7) 정치운동에 관한 문제

전국대표대회에 이어 자유사회건설자연맹은 1945년 12월 22일 서울 수송동壽松洞 태고사太古寺(현 조계사)에서 조선농촌자치연맹중앙연합회 · 민우회民友會(대표 이석규)와 공동으로 이강훈의 사회하

에 이회영 · 신채호 · 백정기 · 김종진 외 19동지[11]의 추도회를 개최하였다. 이정규의 개회사에 이어 자유사회건설자연맹(이정규) · 농촌자치연맹중앙연합회(양일동) · 민우회(이석규) · 조선무정부주의자총연맹(한하연) 등의 추도문 낭독이 있었다.[12]

이들은 일제의 마수에 희생당한 아나키스트들의 명복을 빌고, 그들의 '순결무구한 성지聖志'를 이어받아 가까운 미래에 아나키스트 사회를 건설할 것을 맹약하였다. 민우회는 〈추도사〉에서 "천추의 유한遺恨을 품고 돌아가신 제공諸公의 최후를 묵상할 때, 그 비통한 감정과 그 단장斷腸의 추모를 억제할 바를 모르나이다. …… 제공의 선혈로써 물들이고 격렬한 투쟁에서 찢어진 흑기를 우리는 우리의 선두에 내세우고, 항상 그 장엄하고 비통하신 제공의 최후를 추모하며, 그 순결무구하신 제공의 성지聖志를 이어 기필코 가까운 미래에 그 이상 실현을 위해 용감"하게 출진出陣할 것을 맹약하였다. 조선무정부주의자총연맹과 자유사회건설자연맹 계열의 대구자유사大邱自由社,[13] 대한독립촉성전국청년총연맹[14] 등도 이 추도회에 참가

11) 추도회 개최를 알리는 전단의 제목에는 7동지로 기록되어 있으나, 잘못 인쇄된 것으로 보이며, 《동아일보》 1945년 12월 23일자는 43인으로, 《조선일보》 1945년 12월 23일자는 30여 명으로 보도하였으나, 이 또한 잘못이다. 19동지의 명단은 다음과 같다.
엄순봉, 오면직, 김택, 오치섭, 정해리, 이향, 이달, 가네코 후미코, 김정근, 김좌진, 안봉연, 이철李哲(전조선흑색사회운동자대회와 관련하여 검속된 李鐵과 동일 인물인지는 확인 불가), 김야운, 곽윤모, 김야봉, 곽정모, 심용해, 김학원, 이창식.

12) 추도회 개최를 알리는 전단 ; 《자유신문》 1945년 12월 15일자 ; 《동아일보》 1945년 12월 23일자 ; 《조선일보》 1945년 12월 23일자 등을 종합

13) 대구자유사는 '작고동지추도회'에서 낭독한 〈추도문〉(작고 동지 추도회 추도사)에서 "자유사회건설자연맹은 새 시대 새 역사를 창조할 보무步武는 힘차게 일보一步를 내딛었소이다"고 하는 등, 대구자유사가 자유사회건설자연맹 계열임을 나타냈다.

14) 대한독립촉성전국청년총연맹은 1945년 12월 21일 서울 천도교 대강당에서 대한민국임시정부를 지지하는 청년단체들을 망라하여 결성되었다. 상록회, 만주동지회, 건국청년회, 애국청년회, 국민당청년부, 불교청년회, 대한혁신청년회, 북한청년회, 정의청년회, 대동단결본부, 고려청년회, 조선청년회, 기독교청년회, 천도교청년회, 광복청년회 등 43개 청년단체들이 참가했다. 아나키스트로는 한국동이 조직부장으로 참가하였다.

하여 추도문을 낭독하였다.

자유사회건설자연맹은 자유평등의 아나키스트 사회를 건설하기 위해서는 우선 민중들의 생활부터 혁신해야 한다는 인식으로 '생활혁신운동'을 전개해 나갔다. 생활혁신은 민중들에 대한 선전계몽과 교육활동을 통해 이루어질 수 있다고 보고, 노동자 · 농민을 대상으로 선전계몽활동을 전개하기 위해 그 실천조직으로서 조선농촌자치연맹과 한국노동자자치연맹을 결성하고자 하였다.

조선농촌자치연맹은 농민들의 지식을 넓히고 그 생활을 개혁하여 농민 자신이 자유로운 나라의 사람이 될 만한 자격을 기르게 하고, 이를 통해 농촌을 갱생시키고 나아가 살기 좋은 나라를 건설하자는 것을 취지로 1945년 10월 하순에 결성되었다.[15] 즉 우리나라의 절대 다수를 차지하고 있는 농민들의 생활을 혁신하고, 그것을 통해서 아나키스트 사회를 건설하겠다는 것이었다. 조선농촌자치연맹은 "자유 조선의 건설을 위하여 농촌의 자주자치 사상을 보급하며 생활혁신운동"을 추진하는 것을 목적으로 하였으며,[16] 다음과 같은 강령을 내걸었다.

1. 우리들은 자주자치적 생활의 실천으로 농촌의 조직화를 기함
2. 우리들은 농경의 합리적 경영을 위하여 공동경작 생산수단 및 시설의 공동화를 기함
3. 우리들은 농공발전의 균형을 위하여 농촌실정에 적합한 공업시설의 완비를 기함
4. 우리들은 농촌의 공동이익을 위하여 협동조합적 기관의 철저 보급을

15) 〈조선농촌자치연맹 선언강령 해설〉(이정규, 1974, 176쪽). 이때 결성된 것은 조선농촌자치연맹중앙연합회인 것으로 보인다. 하기락은 농촌자치연맹과 노동자자치연맹의 결성일을 1946년 3월 10일로 서술하고 있으나(하기락, 1993, 266쪽), 잘못이다.

16) 〈○○郡○○面農村自治聯盟○○里自治會約款〉(이정규, 1974, 207쪽) ; 〈농촌자치연맹○○군연합회 약관〉(이정규, 1974, 210쪽) 등을 종합

기함

5. 우리들은 비경제적 제 생활양식을 개선하여 생활의 과학화를 기함
6. 우리들은 교육 급 문화기관의 완비를 기함
7. 우리들은 우리들의 보건을 위하여 후생시설의 충실을 기함
8. 우리들은 상호부조적 윤리관의 실천에 의하여 국민도덕의 앙양을 기함[17)]

위의 강령을 통해서 조선농촌자치연맹은 생산수단을 사회화 또는 공유화할 것을 주장했으며, 농업과 공업의 유기적 관계를 강조함으로써 농촌과 도시의 균형적 발전을 추구하였다. 그리고 농민들의 의식을 개조하여 생활을 혁신하고, 이를 통해 상호부조 원리에 의해 운영되는 사회를 건설해 나갈 것을 역설하였다.

조선농촌자치연맹은 자치회(里)－농촌자치연맹(面)－농촌자치연맹군연합회－농촌자치연맹도연합회－농촌자치연맹중앙연합회의 조직계통을 가지고 있었다.[18)] 조선농촌자치연맹은 자유연합주의적 조직원칙에 근거하여 운영되었다. 즉 군연합회 · 도연합회 · 중앙연합회 등이 상급단체이기는 하지만, 그 역할은 하부 단위의 농촌자치연맹의 활동을 지휘 · 감독하는 것이 아니라, 하부 단위의 농촌자치연맹들을 서로 연결하여 사업 과정에서 발생하는 문제들을 공동으로 해결하거나 중복되는 업무를 조정하면서, 아나키스트 사회 건설사업을 보다 원활하게 수행할 수 있도록 도와주는 것을 그 임무로 하였다. 그리고 의사결정도 만장일치를 원칙으로 하였으며, 소수의 의견도 중시하였다. 제일 하부 단위인 자치회의 경우 전원 일치에 의해 회의의 의결이 이루어졌으며, 단 부득이할 경우 토의진행상 신속을 기하기 위하여 출석원 2/3 이상으로 가결하되 특별한

17) 〈조선농촌자치연맹 선언강령 해설〉(이정규, 1974, 190쪽)

18) 〈조선농촌자치연맹 선언강령 해설〉(이정규, 1974, 207쪽)

경우에는 재심을 하였다.[19] 여기에는 다수의 소수 지배를 부정하는 아나키즘의 조직원리가 반영되어 있다.

이처럼 조선농촌자치연맹은 중앙연합회까지 설치하는 등 나름대로 조직체계를 갖추고 활동을 시작했다. 하지만 조직력의 열세와 토지개혁 등 농촌사회변혁에 대한 비전이나 농민들의 당면요구에 대한 입장을 제시하지 못함에 따라 농민들의 대중적 지지를 이끌어내지 못하였으며, 이에 따라 주목할 만한 활동은 전개하지 못하고 곧 흐지부지해지고 말았다.

자유사회건설자연맹은 노동자들에 대한 선전계몽운동 또한 전개하고자 하였다. 해방 직후 아나키스트들은 현대 자본주의 국가들이 겪었던 노자勞資의 분규와 그 사회적 불안의 고질을 예방할 수 있는 방향으로 공업 입국을 하여 경제자립을 이루고자 하였다. 그러한 사회를 건설하는 데에는 산업시설의 대부분이 적산공장이었던 한국의 특수한 상황이 유리한 조건을 제공해줄 것으로 인식하였다. 즉 대부분의 공장들이 사유재산이 아니라 한국인 노동자들의 피땀을 뽑아서 만들어진 것이기 때문에 노동자들의 공유화가 용이하다는 것이다.

조시원[20] · 차고동 · 조한응 · 윤홍구尹洪九 · 이종연 등은 노동자자치연맹 발기를 서둘렀다. 조시원, 차고동, 조한응, 윤홍구 등은 대한노총에 가입하여 노동운동의 이론을 지도하는 한편, 경전, 철도국(용산공작소) 등 각 공장별로 노동조직을 만드는 작업을 전개해

19) 〈○○군○○면농촌자치연맹○○리자치회약관〉(이정규, 《우관문존》, 209쪽)

20) 조시원은 일제강점기에 국내에서 아나키스트 활동에 참여하였으며, 해방 이후 차고동 · 조한응 · 윤홍구 등과 함께 대한독립촉성노동총연맹(1946년 3월 10일 결성)에 가입하여 노동운동의 이론 지도를 맡았다.[이정규, 〈한국노동자자치연맹 회고〉(이정규, 1974, 220쪽)] 1946년 8월 24일 개최된 한국독립당 중앙집행위원회에서 조사부장에 선임되고, 1947년 5월 19일 개최된 한국독립당 중앙위원회에서 노동부장에 선임된[《동아일보》 1946년 8월 25일자(《자료대한민국사》 3, 188쪽) ; 《동아일보》 1947년 5월 21일자(《자료대한민국사》 4, 726쪽) 등을 종합] 조시원은 조소앙의 동생으로 동명이인이다.

나갔다. 이들은 이정규에게 노동자자치연맹의 선언과 강령 등 조직 대강을 기초할 것을 독촉하였다.[21] 이정규는 노동연맹을 발기할 것에 대해 조선농촌자치연맹 대표 장연송과 상의하면서, 한국노동자자치연맹의 조직 대강을 기초하였다. 조직 대강을 기초하면서 이정규가 유의한 것은 ㄱ. 노동조합은 직업별 조합이 아니라 산업별 조합이어야 한다는 것, ㄴ. 직공은 죽어도 그 공장의 주인의 자격과 지위를 가져야 한다는 것, ㄷ. 공장의 소유권이 국가에게 있건 개인에게 있건 그 공장의 운영에 노동조합 대표로서 참획할 권리를 가져야 한다는 것, ㄹ. 동시에 이익의 분배를 받아야 한다는 것 등이었다. 조직 대강의 골자는 다음과 같다.[22]

1. 국가 혹은 개인이 공장의 소유권을 가졌다고 해서 그들을 투쟁의 대상으로 보지 않고 운명공동체로 본다.
2. 자치연맹의 대표가 공장 운영에 참가하여 일체의 업무계획에 참획參劃한다.
3. 전 종업원은 평등한 맹원이 된다.
4. 이익은 균등 3분分하여 소유권자의 몫, 전 종업원의 몫, 전 종업원의 후생복지비에 충당한다.
5. 운영에 대한 연구, 법제적인 분야의 특수연구, 정부에 대한 건의 등의 업무는 필요하면 학계 혹은 전문가에게 위촉할 수 있다.
6. 전체회의에서 결의한 사항을 집행할 집행부를 둔다.
7. 집행부는 결의사항을 집행할 뿐이다.
8. 공장소유권자와의 운영회의에 참가하는 대표는 전체회의에서 토의결정된 결의대로 토의해야 한다.
9. 조직은 1공장 1연맹으로 하고 1지방이 모여서 그 지방연맹을 만들 수 있

21)이정규, 〈한국노동자자치연맹 회고〉(이정규, 1974, 216쪽) ; 이문창, 2008, 120~121쪽 등을 종합

22) 이정규, 〈한국노동자자치연맹 회고〉(이정규, 1974, 216~221쪽) 참조

다. 단 지방연맹이나 전국연맹은 체계상 하부조직인 타他 조직에 명령 혹은 강제할 수 없다.

10. 결의 만장일치를 원칙으로 한다. 단, 부득이할 경우 다수결로 하되 소수파를 강제할 수 없다.
11. 정치운동에 가담하지 못한다.
12. 직업의 사회적 연대성을 올바로 인식하는 직업적 윤리관을 가져야 한다.

상기의 조직 대강에 따르면, 한국노동자자치연맹은 자주관리체제를 지향하고 있었다. 사유 자체를 부정하지는 않았지만 모든 산업시설을 노동자의 공유로 하는 것을 원칙으로 하였으며, 노동자들에게 공장 운영과 이익 배분에 참가할 수 있는 권리를 주었다. 그리고 모든 맹원, 모든 단위의 조직들에게 균등한 권리를 주어 중앙집권을 부정하고 자유연합주의원칙에 따라 조직을 운영하고자 하였으며, 의사 결정은 만장일치를 원칙으로 하고 소수자의 권리도 보장하였다.

위와 같은 내용의 조직 대강에 입각하여 경인 지역의 적산공장에 조직을 결성하기로 방침을 세우는 한편, 장연송을 한국노동자자치연맹의 고문顧問으로 하여 군정 당국 및 제정당과 법제화 교섭을 진행하였다. 조시원을 대표로 하여 발기사무소를 농촌자치연맹 사무소 내에 두고, 대한독립촉성노동총연맹에 가입해 있던 조시원 · 차고동 · 조한응 · 윤홍구 등과의 협력을 바탕으로 조직사업을 전개하였다. 대한독립촉성노동총연맹 영등포연맹을 결성하는 데까지 이르렀으나, 조선노동조합전국평의회와 대한독립촉성노동총연맹의 대립이 격화되면서 대한독립촉성노동총연맹에 편승하여 조직을 꾸리는 것은 불가능하다고 판단하고 독자적으로 노동자자치연맹을 결성하기로 하였다.[23)]

---

23) 이정규, 〈한국노동자자치연맹 회고〉(이정규, 1974, 220~221쪽) ; 이문창, 2008,

한국노동자자치연맹 결성 준비작업이 진행되는 과정에서 몇 개 공장에 대한 조직화사업이 전개되었고, 그와 함께 노동조합운동에 대한 강좌도 계속되었다. 그 결과 철도국 용산공작소(교통부노동조합)·인천 대성목재·경전 등에 조직이 건설되었다.[24] 각 공장과 지역에서 노동자자치연맹이 결성되자 이를 기반으로 1946년 8월 25일 각 지역 대표와 서울 시내 각 공장연맹 대표들과 각계 내빈이 모여, "공장은 노동자에게", "능률에 따라 노동하고, 필요에 응하여 소비하자" 등의 구호를 들고 한국노동자자치연맹전국연합회(위원장 조시원, 부위원장 임기림) 결성식을 거행하였다.[25]

하지만 한국노동자자치연맹은 결성된 이후 별다른 활동을 전개하지 못하였던 것으로 사료된다. 단지 손진규孫鎭圭·김필배 등이 교통부기관노조에서 수년간 활동을 계속하였으며, 대성목재 내에 조직되었던 노동자자치연맹이 경영진이 교체될 때까지 명맥을 유지하였을 뿐이다.[26] "한국노동자자치연맹은 창립총회를 거듭 연기한 끝에 간판을 내리고 말았"다는[27] 이정규의 회고는 한국노동자자치연맹의 미약한 활동상을 잘 나타내준다.

자유사회건설자연맹은 청년학생들을 조직화하는 사업도 시도했다. 해방 후 조한응은 조시원, 차고동, 이종연 등과 함께 경인지역의 노동자자치운동을 전개하는 한편, 변순제, 김선적金善積, 백계현, 정재택, 김성한, 신두수, 이종익 등 청년학생들과 함께 자유사회건설자연맹의 행동단체인 자유청년동지회를 결성하고, 이를 확

121쪽 등을 종합

24) 이정규, 〈한국노동자자치연맹 회고〉(이정규, 1974, 220~221쪽) ; 이문창의 증언 등을 종합

25) 《조선일보》 1946년 8월 27일자(〈자료대한민국사〉 3, 203~204쪽)

26) 이정규, 〈한국노동자자치연맹 회고〉(이정규, 1974, 221쪽) ; 이문창의 증언 등을 종합. 이문창에 따르면, 대성목재에서 주도적으로 활동을 한 사람은 이종연이다.(이문창의 증언)

27) 이정규, 〈한국노동자자치연맹 회고〉(이정규, 1974, 221쪽)

대시키기 위해 노력했다.(이문창, 2008, 219쪽)

지금까지 살펴본 것처럼 자유사회건설자연맹, 조선농촌자치연맹, 한국노동자자치연맹 등은 노동자·농민들의 생활을 혁신하고, 그를 통해 아나키스트 사회를 건설하고자 하였으나, 그들의 활동은 별다른 성과를 거두지 못하였다. 결국 한국노동자자치연맹은 대한독립촉성노동총연맹에 흡수되고 말았으며, 조선농촌자치연맹의 활동도 지지부진하여 침체상태를 벗어나지 못하였다. 이처럼 자유사회건설자연맹이 주도한 생활혁신운동이 부진을 면하지 못한 것은 생활혁신이란 구호의 호소력에 문제가 있었기 때문인 것으로 보인다. 즉 생활혁신운동의 사회개량주의적 성격은 당시 민중들로부터 외면당하였다. 자주적 민족국가를 건설하기 위해 급박하게 돌아가는 상황에서 민중들의 주요 관심사는 어떤 정부를 수립하여 자신들의 현실적 요구를 관철시켜낼 것인가 하는 문제였다. 조선농촌자치연맹이나 한국노동자자치연맹은 현실적인 경제적 요구 등을 비롯한 노동자·농민들의 광범한 요구들을 수용하지 못하였으며, 그 결과 민중들의 지지를 끌어내는 데 실패하였고, 민중운동에 대한 지도력을 확보하지 못하였다.(이호룡, 2001a, 341~342쪽)

2) 정치활동

아나키스트들은 기본적으로 정치운동과 정치혁명을 부정하고 민중의 직접행동에 의한 사회혁명을 주장한다. 정치운동은 또 다른 권력자를 창출할 뿐이라고 인식하기 때문이다. 하지만 모든 정치운동을 배격하지는 않는다. 아나키스트들이 배척하는 것은 노동자의 완전한 해방을 직접 목표로 하지 않는 정치활동이며, 사회혁명에 선행하고 있는 정치혁명이다.(다니엘 게렝, 1993, 62쪽) 정권 획득을 목적으로 하지 않는, 아나키스트 사회를 건설하는 데 유리한 환경을 조성하기 위한 정치운동에는 아나키스트들도 참여한다.

자유사회건설자연맹을 중심으로 한 아나키스트들도 정치운동에 대해서 원칙적으로는 부정적인 입장을 취하였다. 조선농촌자치연맹은 〈선언〉을 통해 "파쟁 · 당쟁으로 우리의 장래를 그르치며 우리의 생활을 파멸시키려는 야심적 정치군도, 우리를 이용해서 정쟁政爭의 도구로 쓰려는 독재적 정치군도 한가지로 우리는 거부하기를 주저하지 않는다"고 하면서,[28] 정권 장악을 목적으로 하는 정치운동에 대한 부정적 입장을 나타냈다. 한국노동자자치연맹도 조직대강에서 연맹이 정치운동에 가담하는 것은 물론, 독자적인 정치활동도 금지하였으며, 연맹 내에 정치그룹을 만드는 것조차 금지하였다.[29] 하지만 개인 차원에서는 정치활동에 참가하는 것을 금지하지 않았으며, 연맹 차원에서도 연맹의 정치적 입장을 밝히는 등 정권 장악을 목적으로 하지 않는 정치활동에는 참여했다. 그것은 해방이라는 특수한 공간에서는 헤게모니를 장악하는 것이 아나키스트 사회 건설을 위한 기반을 닦는 데 더없이 유리한 조건을 제공해줄 것이라는 판단에 따른 것이었다.

자유사회건설자연맹은 독립촉성중앙협의회[30]와 긴밀한 관계를 가지고 활동을 전개했다. 이승만은 독립촉성중앙협의회를 결성하고 난 뒤 지방조직의 필요성을 느꼈다. 그리하여 선전총본부를 설치하고, 자유사회건설자연맹에 독립촉성중앙협의회 선전총본부를 맡아줄 것을 요청하였다. 12월 16일에 설치된 선전총본부는 자유사회건설자연맹과 사무실을 함께 사용하였다. 지방의 민정을 파악할 목적으로 지방 유세대를 편성하여 각 지역에 파견하였다. 유세

28) 〈조선농촌자치연맹 선언강령 해설〉(이정규, 1974, 178쪽)

29) 〈한국노동자자치연맹 회고〉(이정규, 1974, 219쪽)

30) 독립촉성중앙협의회는 1945년 10월 23일 좌 · 우익을 망라한 민족통일기관으로 결성되었으나, 친일파청산 문제를 둘러싸고 좌익들이 결성식장에서 퇴장하면서 친이승만 세력만의 단체로 전락하였다.

대는 37명으로 구성되었는데, 그 중 원심창, 남상옥, 승흑룡, 이정규, 유정렬, 이을규, 하종진, 우한룡, 이규석, 신현상, 이석규, 차고동, 이동순, 한하연, 박영환, 김재현, 김연창, 이규창 등 절반가량이 자유사회건설자연맹원이었다. 지방 유세대는 1945년 12월 중순부터 다음 해 1월에 걸쳐 20~30여 곳에서 반공산주의 등의 선전 · 조직활동을 전개했다. 그 과정에서 대한민국임시정부 측과도 연대하면서 신탁통치 반대투쟁에 앞장섰다.[31)]

자유사회건설자연맹은 1945년 12월 20~21일 전국대표대회를 개최하여 대한민국임시정부에 대한 절대적 지지를 표명하였다. 자유사회건설자연맹의 대한민국임시정부 지지는 해방 이후 변화된 한국 아나키스트들의 정부관에 근거하고 있었다. 자유사회건설자연맹은 대한민국임시정부를 "3 · 1운동 이후 조선 혁명운동의 가장 옳은 길을 걸어 온 정통파"요, "현재에 있어 사상적으로만 아니라 사실상으로 혁명적 사상의 3세력의 합동"으로서[32)] 결코 강권적 조직이 아닌 것으로 인식하였으며, 이러한 인식에 의거하여 임정법통론[33)]에 동의하고 신탁통치 반대투쟁을 적극적으로 전개하였다. 공산주의자들이 한국 민족이 자주적 민족국가를 수립할 수 있는 유일한 방도는 모스크바3상회의 결정에 따르는 것이라고 주장하면서, 미소공동위원회를 통해 구성되는 '한국임시정부'[34)]를 주축으로 하여 민족국가를 건설하고자 하였던 것에 비해, 아나키스트들은 모스크바3상회의 결정에 반대하였다. 그것은 모스크바3상회의 결정이

31) 《동아일보》 1945년 12월 17일자 ; 이문창, 2008, 37 · 106 · 162~163쪽 ; 이문창의 증언 등을 종합

32) 《동아일보》 1945년 12월 21일자 ; 《자유신문》 1945년 12월 27일자 등을 종합

33) 임정법통론은 3 · 1운동 이후 중국 상하이에서 수립된 대한민국임시정부가 정통성을 지니고 있으므로 대한민국임시정부를 중심으로 독립정부를 수립해야 한다는 주장이다.

34) 모스크바3상회의에서 수립하기로 한 한국임시정부는 일제강점기에 수립된 대한민국임시정부와 구별하기 위하여 '한국임시정부'로 표기한다.

새로운 '한국임시정부' 수립을 전제로 하는 것이어서, 자주적 민주국가를 건설하는 주체로 대한민국임시정부를 내세우는 임정법통론에 정면으로 배치되기 때문이었다. 그리하여 자유사회건설자연맹은 모스크바3상회의 결정을 신탁통치 실시와 동일시하고, 김구 등의 대한민국임시정부 세력과 연합하여 신탁통치 반대투쟁을 전개하였다. 조선농촌자치연맹중앙연합회도 대한민국임시정부를 지지하였다. 1946년 3월 1일 〈독립선언 제27주년 기념일을 맞으면서〉라는 제목의 성명를 발표하여 대한민국임시정부를 강화할 것을 주장하였다.(《자료 대한민국사》 2, 161~162쪽)

1945년 12월 27일 《동아일보》가 모스크바3상회의의 결정 내용을 소련 1국에 의한 5년간의 신탁통치 실시로 왜곡보도하자, 12월 28일 신탁통치 반대투쟁이 전개되었다. 자유사회건설자연맹은 반탁투쟁의 선두에 섰다. 종로 장안빌딩 사무실에서 시국대책간담회를 끝낸 자유사회건설자연맹원들은 플래카드를 든 김형윤을 선두로 하여 광화문과 새문 밖 대한민국임시정부 숙사까지 가두시위를 벌였다. 이을규, 신현상, 이강훈, 이규창 등은 경교장으로 들어가 각 정당 · 사회단체의 비상대책회의에 합류하였다.(이문창, 2008, 90쪽) 그리고 자유사회건설자연맹은 1945년 12월 29일에 개최된 '신탁관리 배격 각 정당 각 계층 대표자대회'에 참가하여[35] 신탁통치를 배격하고 즉각적인 자주독립을 쟁취할 것을 주장하였으며, 1946년 4월 6일에 개최된 미소공동위원회 대책 국민총연맹 결성대회에도 조선농촌자치연맹과 함께 참가하여[36] 미소공동위원회에 대한 반대의 입장을 분명히 하였다.

지역에 있던 아나키스트들도 격변하는 사회정세 속에서 자신들

35) 《동아일보》 1945년 12월 30일자(《자료대한민국사》 1, 692~693쪽). 박현朴玄이 자유사회건설자연맹의 대표로 이 대회에 참가하여 상무집행위원으로 선출되었다.

36) 《조선일보》 1946년 4월 7일자(《자료대한민국사》 2, 348쪽)

의 정치적 입장을 정리하기 위하여 1946년 2월 21~22일 부산시내 금강사에서 경남무정부주의자대회를 소집하였다. 이 대회에는 부산, 마산, 울산, 합천, 통영, 창원, 안의, 경북 등지의 아나키스트들이 대거 참석하였다. 대회는 김지병金知丙의 개회 선언과 하기락의 개회사에 이어 조선무정부주의자총연맹 서기부 총무위원 유림과 경북 무정부주의자 대표의 축사 낭독, 박영환의 경과보고가 있었다. 서울 · 경북 등지에서 참가한 아나키스트들의 발언권을 인정하였으며, 방한상의 발의로 대회의 명칭을 무정부주의자경남북대회로 수정하였다. 이동순의 "국제국내 정세와 무정부주의자의 금후의 태도"란 제목의 정세보고가 있은 후, "민족 · 국가 수립에 대한 우리의 태도", "비상국민회의, 민주주의민족전선에 대한 우리의 태도", "남조선민주의원에 대한 우리의 태도", "우리 진영의 조직문제" 등의 안건에 관해 토의하였다.[37)]

이 대회는 성명서에서 국내산업을 육성 · 진흥시켜 자급자립적 경제체제를 급속히 실현하기 위한 민족공동체 수립이 현재 우리 민족에게 부과된 긴급하고 중대한 과제라면서, 한국 혁명의 성격을 민족주의적 민주 혁명으로 규정하였다. 그리고 이러한 과제를 수행하기 위해서는 자주국가와 자위적 정부를 수립해야 하고, 자율자동적 방법에 따른 수립, 통일된 민족적 기반 위에서의 구성, 읍면시 자치제 확립의 시행 등 세 가지 원칙에 따라 수립되어야 한다고 주장하였다. 그리고 비상국민회의와 민주주의민족전선은 이 원칙을 준수하지 않고 있다고 비판하면서, 국민에게 자동적 통일적 민주적 건설력을 발휘하여 각 읍면시에 자율적으로 그 자치체를 구성하고, 그 대표자로써 국민대표자회의를 구성할 권리와, 정부를 구성 혹은 선택할 권리를 보유하고서 급속히 이 길로 매진할 것을 국민들에

37) 《자유연합》 창간호 ; 《조선일보》 1946년 4월 17일자 ; 하기락, 1993, 285~290쪽 등을 종합. 《자유연합》은 하기락(편집인)과 박영환(발행인)이 해방 이후 부산에서 발행한 아나키스트 잡지이다.(《자유연합》 창간호)

게 촉구하였다.[38] 이 성명서는 정부를 인정하는 것에서 나아가 정부를 수립할 것을 주장하고 있는데, 이때의 정부는 중앙집권적이고 강권적인 정부가 아니라 자유연합의 원리에 입각하여 구성된 정부였다. 이들의 정부수립 주장은 단계혁명론적 사고에 근거한 것으로서 제1단계로 민족주의적 민주정권을 수립하는 것이 제2단계인 아나키스트 사회 건설에 유리한 조건을 제공해준다는 판단에 따른 것이다.

1946년 4월 21~23일[39] 경상남도 안의에서 개최된 전국아나키스트대표자대회[40] 역시 단계혁명론적 입장에서 민족해방을 사회혁명보다 시급한 과제로 규정하고, 새로이 건설될 나라의 정치사회구조는 자유평등한 독립국에 걸맞는 기본틀을 갖추어야 한다고 역설하였다.(《단주 유림 자료집》, 87쪽) 즉 우선 1차적으로 자주적 민주국가를 건설하고, 그것을 기반으로 제2차 혁명인 사회혁명을 완수하여 아나키스트 사회를 건설한다는 것이다.

전국아나키스트대표자대회에는 자유사회건설자연맹의 이을규와 이정규 외 다수 맹원과 조선무정부주의자총연맹의 유림 · 박석홍 외 다수 맹원 등 97명이 참가하였다. 이 대회의 목적은 "현하 긴박한 정치적 국면을 타개하고, 하루바삐 우리의 완전 자주독립을 전취"할 수 있는 방도에 관해 토의하는 것이었다.

21일에는 하종진의 개회 선언, 우한룡의 성원 보고, 이시우의 개회사에 이어서, 의장 선출(유림, 이을규, 신재모)과 박석홍의 국제정세

38) 〈성명서〉(무정부주의자경남북대회). 〈성명서〉의 문안은 김지병, 이동순, 손조동, 하기락, 박영환 등이 작성하였다.(《자유연합》 창간호)

39) 《조선일보》 1946년 4월 17일자는 대회가 1946년 4월 20~22일 3일간, 1946년 5월 1일자는 4월 23일과 24일 양일에 걸쳐 개최된 것으로 보도하였다. 하지만 《자유연합》 창간호에 광고된 대회 개최일은 4월 21~23일이다.

40) 대회 명칭은 자료에 따라 아나키스트전국대표대회, 전국아나키스트대표자회의, 전국아나키스트대회, 무정부주의자전국대표자대회 등으로 기록되기도 하나, 당시 대회장에 걸렸던 현수막의 표기에 따라 전국아나키스트대표자대회라 칭한다.

보고, 이정규의 국내정세 보고가 있었다. 22일에는 "정부 수립에 대한 우리의 태도와 원칙"을 의제로 토의한 뒤, 자주적 민주적 통일적 정부를 세운다는 내용의 결정서를 작성하기로 하였다. 그 내용은 한국 민족이 주체가 되어 정부를 세워야 하며, 그렇게 해서 세워진 정부는 어느 특정 집단에 지배당해서는 안되고, 국가 권력은 전 인민의 수중에 장악되어야 하며, 그리고 국가 권력이 지방자치와 직장자치의 방향으로 최대한 분산되고, 이러한 자치체들의 자유로운 연합에 의해서 통일된 정부가 수립되어야 한다는 것이었다. 국가를 건설하되 그 국가는 중앙집권적 국가가 아니라 아나키스트 사회로 나아가기 용이한 지방자치적 국가여야 한다는 것이다. 이어서 정부 수립에 대한 당면 실천방안으로서 "민족해방투쟁에 실적이 있는 혁명적 단체 및 개인과 협력하여 과도적 자주통일정부 수립을 모색"하기로 결정했다.

23일에는 "우리 진영의 전열정비 문제"를 의제로 토의하였다. 이 논의에서는 정당건설 문제가 제기되었는데, 토의 결과 정당 결성을 허용하기로 결정이 되었다. 즉 "우리는 노동자 농민의 조직된 힘을 정치에 반영할 수 있는 정당의 필요를 인정한다. 정당에 참여하는 일은 연맹원 각자의 자유의사에 맡긴다. 정당에 참여하지 않는 동지들은 사상운동으로써 정치활동에 협력한다"고 하여, 정당의 필요성을 인정하고 정당 건설에 적극 나서기로 한 것이다.[41)]

41) 《조선일보》 1946년 4월 17일 · 5월 1일자 ; 《자유연합》 창간호 ; 하기락, 1993, 289~301쪽 ; 이문창, 2008, 132쪽 등을 종합. 《조선일보》 1946년 5월 1일자는 전국아나키스트대표자대회가 북한을 포함한 전국에서 온 대표 500여 명과 방청내빈들 다수가 참가한 가운데 4월 23일과 24일 양일에 걸쳐 개최되었으며, 첫째 날에는 각 지방정세 보고가 있었고, 둘째 날에는 정치문제에 관한 건으로 탁치문제 외 미소공동위원회에 대한 건, 물가문제와 민생지도문제, 정치훈련과 민중조직화문제, 각 정당연합에 관한 태도를 장시간 토의한 다음, 농촌대책에 관한 건으로 일인소유농지 조치에 관한 건, 농촌자치의 구체안, 국민도덕의 퇴폐와 농지강화작흥책農地强化作興策, 농촌조직의 통일과 물자배급대책문제 등을 토론하고, 노동대책에 관한 건으로 노동자 조직화와 물심양면에 대한 지도문제와 청년 · 부녀 운동에 관한 조직강화와 국민운동 급속 추진의 건, 국민생활 개선과 계몽운동의 건 등을 토의한 다음, 신한국건설 기초의 건으로 자유연합에 의한 정치조직의 체계, 지방분권에 基한 경제조직체계, 자유평

자유사회건설자연맹은 전국아나키스트대표자대회의 결정과는 달리 정당 건설에는 나서지 않았다. 하지만 자주적 정부를 건설하는 방도로서 임정봉대를 내세우는 등 정부 수립에 관한 자신의 입장을 적극적으로 표현했다. 즉 새로운 '한국임시정부'를 수립하기로 한 모스크바3상회의의 결정을 거부하고, 대한민국임시정부를 앞으로 건설될 독립국가의 정부로 추대하자는 것이었다. 그리고 미소공동위원회와 신탁통치에 대해서 적극적으로 반대하였다. 한국노동자자치연맹도 신탁통치에 반대하였다. 비상국민회의를 비롯한 민족주의진영이 반탁운동을 광범위하게 전개하기 위해 1947년 1월 13일부터 죽첨장(경교장의 원래 이름)에서 수차에 걸쳐 숙의한 결과, 1947년 1월 16일 반탁운동에 대한 구체적 의견의 일치를 보아 공동성명서를 발표하였는데, 한국노동자자치연맹도 여기에 동참하였다. 공동성명서의 내용은, 신탁통치 주장이 한국인을 빈곤과 공포와 분열에 빠지게 하였다면서, "견결堅決한 민족적 정기의 발동으로써 신탁제도의 취소를 미 · 소 · 중 · 영 · 불 5개국 정부 및 인민에게 요망하는 동시에, 대내 태도로는 신탁제도의 실시를 준비하는 여하한 기구에도 참가하지 않을 것을 성명"하는 것이었다.[42]

자유사회건설자연맹원들은 한국혁명위원회를 조직하여 대한민국임시정부를 정식 정부로 추대하기 위하여 거사를 일으키고자 하였다. 이을규 · 이정규 · 유정렬劉正烈 등은 조성환曺成渙, 정인보, 유창준俞昌濬, 안호형安鎬瀅 등과 연계하여 한국혁명위원회를 발족한 뒤, 조성환과 유정렬을 위원장과 총서기에 각각 선임하였다. 자유사회건설자연맹원 양희석 · 양일동 · 이규창 · 조한응, 무명회[43] 회원 김명동金明東 · 구연걸具然杰 · 성낙서成樂緖 · 김형윤 ·

등에 기한 교육이념 등을 토의한 것으로 보도하였다.

42) 《경향신문》 1947년 1월 16 · 17일자 ; 《조선일보》 1947년 1월 17일자 ; 《동아일보》 1947년 1월 17일자 등을 종합

43) 무명회는 해방 직후 서울로 집결한 유정렬, 김명동, 신현상 등이 서울 예관동에 적

김지강, 엄재경嚴在庚, 이시영, 김창숙, 황갑영黃甲永, 독립촉성국민회의 신일준辛一俊 · 조상항趙尙恒, 변영만卞榮晩, 김범부金凡夫, 손우성孫宇聲, 한태수韓太壽, 고평高平, 김만와金晩蝸, 홍성준洪聖俊, 경교장의 김석황金錫璜, 독립신문사의 김승학金承學 · 안병찬安秉瓚 · 신현상, 박제경朴齊卿, 강전姜荃, 강대복姜大福, 각 지역 향교 전교, 남대문시장의 흑백회,[44] 강원여관의 여女주인 등이 한국혁명위원회에 동참하였으며, 이을규 · 유정렬 · 신일준 · 조상항 등 한국혁명위원회의 일부 위원은 독립촉성국민회의 간부를 겸하였다. 한국혁명위원회는 1947년 3월 1일 기미독립선언국민대회 식장에서 조성환이 대한민국임시정부봉대결의안을 제안하고, 이를 만장일치로 채택케 하여 정부 수립을 선포한 뒤, 창덕궁을 임시청사로 정하여 3월 1일 오후 5시에 첫 국무회의를 소집하고, 1호 정령과 5종의 메시지[45]를 발표한다는 계획 아래 대한민국임시정부를 정식정부로 추대하고자 만반의 준비를 해 나갔다. 이 계획은 김구와의 연락하에 진행되었으나, 2월 23일에 개최된 대한민국임시정부 긴급국무회의에서 다수 의원의 반대로 무산되고 말았다.[46] 3월 1일

산가옥을 하나 접수해서 그곳을 거점으로 하여 동지들을 규합한 뒤, 11월경에 조직한 단체이다. 무명회에 관계했던 사람들은 33명으로 정인보 · 유창균 · 성낙서 · 구연걸 등 민족주의 계열과 이을규 · 이정규 · 김지강 · 김형윤 · 이규창 · 이석규 등 자유사회건설자연맹원들이었다.(이문창의 증언)

44) 흑백회는 1946년 9월 16일 반도호텔 옆 아서원에서 40여 명이 참석한 가운데 유정렬의 사회로 결성대회를 개최하였다. 결성대회는 남대문시장 자치그룹이 시도하는 상인 중심의 시장운영권 탈환과 자주 자치 개혁운동을 연대 · 지원하는 일, 혁명적 민족운동 진영이 추진하는 임정 중심의 주권 회복과 새 나라 건설운동에 미력이나마 동참할 것 등을 당면추진 과제로 설정하였다. 주요 구성원은 영동공업소의 종업원들, 남대문시장의 소상인들이었으며, 자유사회건설자연맹의 조한응, 이종연, 이석규 등도 관계하였다.(이문창, 2008, 199~200쪽 ; 이문창의 증언 등을 종합)

45) 1호 정령의 내용은 ㄱ. 검경은 민생치안에 전력할 것 ㄴ. 현행 법을 준수할 것 ㄷ. 군정 관리는 계속하여 새 정부의 명령을 수행할 것 ㄹ. 교통 · 체신 · 방송국은 한국혁명위원회의 지시에 따를 것 ㅁ. 모든 경제활동을 정상화할 것 등이며, 5종의 메시지는 전 세계 인민, 전 국민, 군정청 관리, 미군정 장관, 소군정 장관 등에 보내는 것이었다.

46) 유정렬, 〈'상해임시정부' 봉대운동의 경위-초창기 시대를 회고한다〉(국민문화연구

국민대회에서 "임시정부를 정식 정부로 추대한다"는 결의사항이 채택되었지만,[47] 그것은 선언 이상의 아무런 의미도 지니지 못하였다. 이후 이을규는 1947년 3월 3일 국민의회[48] 긴급대의원대회에서 임정을 강화하기 위한 조치로 박렬과 함께 국무위원에 선임되었으나, 한국혁명위원회의 거사계획에 대한 책임을 지고 국무위원직을 사임하였다.[49]

'혁명적 좌익 민족주의자' 즉 대한민국임시정부 세력과의 연합 아래 펼쳤던 임정봉대운동이 실패로 끝나면서 자유사회건설자연맹의 정치활동은 급격히 위축되어 갔다. 그러한 가운데 1947년 7월 미소공동위원회가 결렬되고 남북분단이 기정사실화되어갔다. 이에 자유사회건설자연맹은 남북분단을 막고자 하였으며, 그 방도로 일체의 외세 배제와 한국 민족의 총단결을 주장하였다. 즉 자유사회건설자연맹은 "미 · 소 양군 동시 철퇴는 조선 독립의 생명적 문제"라는 내용의 성명을 발표하여(《대동신문》 1947년 10월 11일자), 미 · 소 양군의 즉각적인 동시 철퇴를 주장하였다. 이는 자유사회건설자연맹이 미 · 소 양군의 점령을 한국 민족의 통일을 가로막는 최대의 장애물로 인식하고, 미 · 소 양군을 동시에 철수시키는 것만이 한국 민족이 통일국가를 수립할 수 있는 방도라고 생각하고 있었다는 것

소 50년사 간행위원회 편, 1998, 50~51쪽)

47) 유정렬, 〈'상해임시정부' 봉대운동의 경위-초창기 시대를 회고한다〉(국민문화연구소 50년사 간행위원회 편, 1998, 52쪽)

48) 국민의회는 1947년 1월 19일 이후의 비상국민회의 · 민족통일총본부 · 독립촉성국민회 3단체 통합 움직임이 좌절된 뒤, 1947년 2월 14일 비상국민회의 제2차 전국대의원대회에서 비상국민회의를 국민의회로 개칭함에 따라 발족된 단체이다. 국민의회에는 한국독립당 내 해외파 · 독립노농당 · 독립촉성국민회 내 임정지지세력 등이 결집되었다.(이용기, 1996, 37~38쪽 참조) 이후 국민의회를 확대 · 강화하는 과정에서 양일동 · 박석홍 · 우한룡 등이 교통위원 · 노농위원 · 선전정보위원에 각각 선임되었다.(《조선일보》 1947년 2월 27일자)

49) 《조선일보》 1947년 3월 5일자 ; 김천영, 1985, 588쪽 ; 《동아일보》 1947년 3월 5일 · 28일자(《자료대한민국사》 4, 364 · 481쪽) ; 유정렬劉正烈, 〈'상해임시정부' 봉대운동의 경위-초창기 시대를 회고한다〉(국민문화연구소 50년사 간행위원회 편, 1998, 53쪽) 등을 종합

을 말해 준다.

자유사회건설자연맹 관계자들 중 상당수는 연맹 차원을 떠나 개인적으로 정치단체 · 정당에 가입하는 등 정치활동에 참여하였다. 이들은 주로 우익 진영에 가담하여 활동하였다. 즉 자유사회건설자연맹 결성의 주역인 이정규는 한국민주당 발기회에 참가하여 한국민주당 총무부원이 되었으며,[50] 독립촉성중앙협의회 선전총본부원이기도 하였다.[51] 이을규 또한 비상국민회의 노농위원, 독립노농당의 부위원장, 독립촉성중앙협의회 선전총본부원, 대한독립촉성국민회 선전부장· 노동부장, 임정국무위원 등으로 활약하였다.[52] 장연송과 류엽은 대한독립촉성국민회 선전과장, 문교부장 등으로 활약하였으며(《조선일보》 1946년 2월 21일자), 방한상은 해방 직후 건국준비위원회에 참가하여 활동하였다.(방한상, 〈해방건국투쟁 약기〉) 이외에도 류우석柳愚錫,[53] 이강훈,[54] 신현상[55] 등 많은 아나키스트들이 우익 청년단체에 가입하여 활동하였다.

자유사회건설자연맹원을 비롯한 아나키스트들이 우익 진영에 합류한 것은 그들의 반공산주의적 태도와 단계혁명론적 사고에 기인한다. 아나키즘적 입장에서 보면, 우익 진영은 자본주의와 부르주

50) 한국민주당의 〈성명서〉 ; 《매일신보》 1945년 9월 9일자(이상은 《자료대한민국사》 1, 54 · 62쪽) 등을 종합

51) 《조선일보》 1946년 2월 8일자(《자료대한민국사》 2, 41쪽)

52) 《조선일보》 1946년 2월 3일 · 8일 · 21일 · 12월 8일 · 1947년 3월 5일자(《자료대한민국사》 2, 7 · 41～42쪽 ; 《자료대한민국사》 3, 983쪽 ; 《자료대한민국사》 4, 364 · 481쪽) ; 《동아일보》 1947년 3월 5일 · 28일 · 5월 11일자(《자료대한민국사》 4, 364 · 481 · 646쪽) ; 《서울신문》 1946년 12월 5일자(《자료대한민국사》 3, 983쪽) 등을 종합

53) 류우석은 대한민주청년동맹(1946년 4월 13일 결성. 회장 류진산柳珍山)의 총무부장으로 활동했다.(이기하, 1961, 156쪽)

54) 이강훈은 6월 27일 대한독립촉성국민회 마포구지부 청년부의 주도 아래 결성된 마포구청년연맹의 위원장으로 활동하였다.(《대동신문》 1946년 7월 2일자)

55) 신현상은 조선민족청년단의 총무부장, 김구의 비서로도 활동하였다.(《대동신문》 1947년 10월 11일자 ; 이강훈, 1994a, 202쪽 등을 종합)

아민주주의를 추구한다는 점에서 연합할 수 있는 대상이 못된다. 하지만 단계혁명론적 입장에서는 우익과의 연합은 가능해진다. 아나키스트들의 1차 단계의 목적이 민주주의를 실현하는 것이기 때문이다. 하지만 공산주의자들이 주장하는 프롤레타리아트 독재는 강권 타파를 주장하는 아나키스트들로서는 도저히 받아들일 수 없었으며, 따라서 공산주의자와의 연합은 불가능하였다.

이처럼 자유사회건설자연맹 관계자들은 자주적 민주국가를 건설하기 위하여 임정법통론을 지지하며 대한민국임시정부를 독립국가의 정부로 추대하고자 했다. 하지만 이들의 임정봉대운동은 결국 실패로 끝나고 말았다.

3) 국민문화연구소 중심의 농촌계몽운동

이정규 등 자유사회건설자연맹 관계자들은 자주적 민주국가를 건설하기 위하여 정치활동을 전개하였지만, 별다른 성과를 이루지 못했다. 대한민국임시정부를 봉대하고자 했던 한국혁명위원회의 거사마저 실패로 돌아가자, 지금까지의 활동방식에 대한 반성이 일어났다. 즉 민중 속으로 들어가 민중을 계몽하고 교육하는 것이 1차적 과제라고 인식하게 되었다. 이에 이정규, 유정렬 등 10여 명은 1947년 4월 일체의 망상을 버리고 제 분수껏 이 나라를 위해 일해보자는 각오로 국민문화연구소 설립을 발기하고 '신생활운동'을 펼쳐 나갔다.[56] 신생활운동은 국민문화연구소를 중심으로 하여 펼쳐졌다. 정신적 폐허를 재건할 것을 주창하는 신생활운동은 "국민도덕을 지축地軸으로 하는 새로운 생활체계를 수립하여 가지고, 이러한 생활운동을 통하여 우리의 구속〔習俗〕과 생활의식의 착오된 점

56) 이문창, 1998a, 7쪽 ; 이문창의 증언 등을 종합

을 시정"하자는[57] 것으로, 의식개혁을 통해 사회를 개혁하고자 하였다.

그리고 1948년에는 국민문화연구소 발의에 자극을 받은 청년을 중심으로 설형회가 조직되어 독서운동을 시작하는 등 청년운동이 전개되었다. 정영鄭永(정광용), 박의양朴宜陽, 이문창李文昌, 허정인許貞仁, 하덕용河德容, 최병곤崔秉坤 등 청년 아나키스트 35명은 1948년 3월 24일 창신동에서 설형회 발기총회를 열었다. 설형회는 상호부조적인 자주학습조직과 독서활동을 통해 스스로의 인격을 연마하고 지식을 쌓는 한편, 각자의 직장과 주거지를 중심으로 하여 대중의 계몽교양운동을 추진하는 것을 목적으로 하였다. 설형회는 이 날 채택한 〈발기취지서〉(최연택崔演澤 기초)를 통해 경제적 사정으로 인하여 배우지 못하는 자가 많음을 개탄하며, 형설지공螢雪之功을 규범과 보감으로 삼아 설형회를 발기한다고 그 취지를 밝혔다. 그리고 10월 9일 〈선언〉을 발표하여 "각자가 촌음을 아껴 학습에 면려하여 지智 · 인仁 · 용勇을 연마수양하고, 나아가서는 비학非學의 고苦가 없는 사회의 건설"할 것을 천명하고, 부단학습不斷學習, 선택습독選擇習讀, 도서애호圖書愛護 등을 행동강령으로 내걸었다.

설형회의 주요 회원은 유정렬, 조한응, 이하유, 양희석, 최연택, 박제경, 강대복, 강전(이상 지도위원), 정영(초대 회장), 허정인(총무), 이문창(기획), 하덕용(연구), 최병곤(회계), 김보환金寶煥, 김선적, 장건주張建周, 고영세高永世, 홍원태洪元泰, 강상기姜相基, 이한식李漢植, 이봉률李奉律, 박희원朴喜元, 이재옥李在鈺, 지긍현地兢鉉, 박의양, 황태화黃泰華, 유병환兪炳丸, 이상재李相宰, 조상선曺相善 등이었다. 설형회는 우량 도서를 수집하여 회원문고를 조성하는 한편, 매주 반班 단위 학습집회를 개최하여 독후감 발표, 토론회, 교양강좌 등의 학습활동을 하는 등의 일상활동을 전개했다. 그리고 1949년 6월 22일

57) 이정규, 1954(이정규, 1974, 282쪽)

에는 회지 《습작시대》를 창간하였다.[58] 그리고 1958년 8월에는 윤리교양지 《신성新聲》(월간)을 발간하여 아나키즘을 선전했다. 하지만 그렇게 활발한 활동은 펼치지 못하였다.

6·25전쟁을 거치면서 자유사회건설자연맹은 거의 활동 중지 상태에 빠졌다. 1957년에 자유사회주의자협회로 개칭하는 등 재기를 꾀하였으나,[59] 별다른 활동을 전개하지는 못하였다. 그러다가 1950년대 말에 와서 국민문화연구소를 재건하기 위한 움직임이 일어났다. 1959년 6월 이정규 등은 '국민문화연구소' 창립준비위를 설치하기로 결의하였다. 국민문화연구소 창립을 준비하는 과정에서 1960년 4월민주항쟁이 일어났다. 4월 26일 이승만이 하야한 이후 학생들이 방학을 이용하여 농촌에서 문맹퇴치와 계몽강좌 등 농촌계몽운동을 펼치는 가운데, 국민문화연구소 관계자들도 1960년 12월 경기도 남양주군 진건면 일대에서 자주협동사회 건설을 위한 대학생 농촌운동을 펼쳤다. 이러한 활동을 기반으로 국민문화연구소는 1962년 4월 21일 21명이 모인 가운데 창립총회를 열었다. 창립총회는 이정규를 회장으로 선임하고, 손우성, 홍병선, 유정렬, 박의양, 최윤석, 이문창 등을 이사로 선임하고, 최문환, 최은상 등을 지도위원으로 위촉하였다. 국민문화연구소는 서울시 중구 저동에 임시사무실을 설치하고 수산운동을 중심으로 활동을 시작했다.[60]

국민문화연구소를 중심으로 펼쳐진 일련의 활동은 체제변혁을 전제로 하지 않는, 자본주의체제 안에서의 농촌계몽운동으로서 사회개량운동의 범주에서 벗어나기는 어려울 것이다. 국민문화연구소가 펼친 농촌계몽운동의 사상적 기반은 아나키즘과는 본질적으

58) 이문창, 1998b, 59~60쪽 ; 이문창, 2008, 305~306쪽 ; 이문창의 증언 등을 종합

59) 이정규, 1957(이정규, 1974, 268·270쪽)

60) 이문창의 증언 ; 국민문화연구소 50년사 간행위원회 편, 1998, 56쪽 등을 종합

로 다른 민주사회주의였다.

정치운동과 정당활동을 부정한 아나키스트들 중에는 후학을 양성하는 데 심혈을 기울이거나 아나키즘 연구 · 선전활동을 펼치는 등, 국민문화연구소와는 다른 길을 걸은 사람도 있었다. 일부 아나키스트들은 후학을 양성하는 데 심혈을 기울였다. 최해청崔海淸은 대구에서 시민자유교양강좌를 개설하여 시민들을 상대로 한 교육사업을 벌였다. 후일에는 홍형의 등이 이 활동에 가담하면서 에스페란토어 운동을 전개했는데, 이는 1948년 9월 근로청소년들을 위한 대구문리과전문학원 야간부 설립으로 이어졌고, 더 나아가 야간대학인 청구대학을 설립하기에 이르렀다. 이 운동과 병행하여 홍형의 · 이동순 등은 선산에 도개중학교를 설립하여 운영하였다. 조한응은 아나키즘을 연구하는 데 진력하였다. 그는 이하유와 함께 애미사라는 출판사를 설립하여 청년학생들의 학습교재로 크로포트킨의 《상호부조론》,[61] 《빵의 약취》, 《두루티 평전》 등을 번역 · 출판했다.

양희석을 중심으로 하는 일단의 그룹은 정치운동과 정당활동을 부정하고, 사회 부정의에 대해서 개별적인 고발과 끊임없는 항의활동을 가장 바람직한 아나키스트 운동이라 주장했다. 양희석은 서울 원남동에서 선구회를 조직하였는데, 양원석과 홍승관 등이 주도적으로 활동하였다. 선구회는 청년학생들을 상대로 아나키즘을 강의하는 등 사상연구활동을 전개하였다. 그리고 사회문제 연구의 한 방편으로 아나키즘 관련 외국 서적을 번역 · 소개하였으며, 잡지 《선구》를 간행하기도 했다. 한편, 아나키즘을 한국에 정착시키고

61) 《상호부조론》은 1948년 9월 성인기 번역으로 대성출판사가 간행하기도 하였다. 성인기(1907~1966)는 1933년에 일본 와세다대를 졸업한 뒤 귀국하여 조선일보사와 매일신보사 등에서 기자생활을 하였다. 해방 후 조선일보사에 재입사하였다가 사상 관련으로 퇴사한 뒤, 1946년 3월에 대성출판사에서 고문으로 있으면서 정치사상 관련 서적들을 번역 · 출판하였다. 1950년 이후 조선일보사 편집국장과 부사장, 한국일보사 부사장 등을 역임하였다.

후배를 양성할 목적으로 자유문화학원을 개설하여 청년들에게 아나키즘을 강의하는 등 교육선전활동을 적극적으로 펼쳤다.[62]

4) 민주사회주의로의 전향

6·25전쟁 이후 자유사회건설자연맹이 활동을 거의 중단한 가운데, 1950년대 중반 무렵부터 자유사회건설자연맹 관계자들 대부분은 점차 민주사회주의로 전향하기 시작했다. 이들이 민주사회주의로 전향한 것은 "아나키즘은 인간 생활 전반에 걸친 자유와 평등의 원칙을 주장"하는바, "데모크라시에다 사회주의의 경제평등 원칙을 가加하면 무정부주의가 주장하는 것과 같은 이론"이 되며, 따라서 "아나키즘의 한국적인 실현 형태는 민주사회주의적인 형태로 건설되어야 한다"고 판단하였기 때문이다.[63]

민주사회주의는 반공산주의를 기치로 내걸면서 반독재반폭력혁명적이고 민주주의적인 수단과 방법으로 의회정치를 통하여 사회주의를 실현하고자 하는 이념이다. 민주사회주의란 용어가 국제회의에서 공식적으로 처음으로 사용된 것은 1951년 6~7월에 개최된 코미스코(Committee of the International Socialist Conference ; 국제사회주의자회의) 제4차 대회인 프랑크푸르트암마인 대회에서였다. 이 대회는 〈민주사회주의의 목표와 임무〉라는 제목의 선언을 채택하였다.(이을규 편, 1960, 29~30쪽)

한국 아나키스트들은 민주사회주의를 공산주의는 물론, 사회민주주의와도 다른 것으로 이해했다. 그들이 이해한 민주사회주의의 내용은 다음의 표와 같다.(이을규 편, 1960, 27~28쪽)

62) 정화암, 1982, 256~257쪽 ; 박종목, 1991, 96~97쪽 ; 이문창, 2008, 216~219쪽 ; 정인식의 증언 등을 종합

63) 이정규, 1957(이정규, 1974, 269~270쪽)

〈표 1〉 민주사회주의 · 사회민주주의 · 공산주의 비교

주의 구분	민주사회주의	사회민주주의	공산주의
철학의 기조	인도주의적인 이상주의	변증법적 유물론	극단으로 정치화되고 방편화된 변증법적 유물론
역사관	인도주의적 지성적이며 또 창조적 진화론적인 역사관	숙명론적 공식적인 유물론	극단으로 정치화 방편화된 유물론
사회관	인도주의적 연대주의적인 사회관	계급지상주의적인 사회관	편협한 계급지상주의적인 사회관
국가관	민주적 복지국가론, 직능주의적	계급국가론, 국가사멸론	계급국가론, 국가사멸론
사회주의관	민주적 윤리적 경험적인 분산주의	권력적인 즉 중앙집권적인 집산주의	강권적인 즉 군사적 관료적인 집산주의
민주주의관	수단이요 동시에 목적인 민주주의, 정치 · 경제 · 사회 · 국제에 동일 원리인 민주주의	정권 획득에 대한 수단의 일 방편으로서의 민주주의	인민민주주의 즉 프롤레타리아독재의 擬裝인 공산당 간부 독재주의
정권 획득 방법	민주주의적인 원칙에 따른 정권 접수	대중조직의 압력으로 의회 이용과 병행하여 실력 행사	소수 직업적인 공산 도당에 의하여 폭력적 조직으로
정치적 조직형태	국민적인 근로대중적 정당, 지방분권적 다원적인 연합주의	프롤레타리아 계급정당, 중앙집권주의	프롤레타리아 계급정당, 공산당 간부 중심의 중앙집권주의
근로자 · 농민에 대한 지도방침	근로 대중의 정신적 자각 촉성과 그 조직화, 연대주의적 생활 훈련, 근로 대중의 인권 및 경제적 이익 옹호	계급적 이기주의를 이용하여 정권 획득의 수단으로 근로 대중을 조종	공산당의 전위대로서 공산당 간부의 지도에 복종을 훈련
자본주의관	무계획생산과 경제공항과 근로 대중의 대량실업 및 생활불안정, 착취와 不正義, 인간성 파괴와 인격 완성에 유해	무계획생산 계급착취로 인한 프롤레타리아의 빈곤화, 프롤레타리아의 혁명세력화, 붕괴의 필연성	무계획생산 계급적 착취로 프롤레타리아의 빈곤화, 프롤레타리아의 혁명세력화, 붕괴의 필연성
산업정책	생산의 계획화를 위주하며 이를 위하여 주요 산업 국공영을 목표하고 점진적으로 생산수단의 사회화	주요산업의 국유국영화	총생산수단 무상몰수, 철저한 국유화 국영화
국제적 연계와 방식	國聯 사회주의인터내셔널 국제자유노련 지지	아시아 아랍 제3세력 지지, 국제자유노련 不支持	소련중심주의적 연계, 세계노련 옹호
노동조합운동에 대한 태도	경제투쟁 및 생활훈련을 第1位的으로, 정치투쟁을 제2차적으로	정치투쟁을 제1로, 경제투쟁은 제2차로	공산당 지도에 의한 정치적 권력투쟁의 도구

이승만 정권의 독재와 탄압 속에서 위축되어 있던 한국 아나키스트들은 아나키즘 쇠퇴로부터의 출구를 민주사회주의 연구에서 찾기 시작했다. 이홍근, 이정규, 최해청 등이 민주사회주의에 대해 연구하면서(정화암, 1982, 309쪽) 민주사회주의로의 전향이 시작되었다. 한국 아나키스트들의 민주사회주의로의 전향은 1954년 6월 하순 정화암이 민주사회주의에 관한 문헌을 가지고 귀국한 데서 비롯되었다.[64] 정화암은 홍콩에 있을 때 정조우丁舟란 사람의 영향으로 민주사회주의에 대해 관심을 가지고 연구를 하기 시작했다.[65]

한편, 정화암은 민주사회주의를 실현하기 위한 본격적인 정치활동에도 나섰다. 정화암은 1956년 4월 21일 김지강·이을규·장홍염·장건상·조경한 등 14명과 함께 발표한 "야당측은 무조건 연합전선을 펴야 한다"는 내용의 성명서를 통해, 이승만 독재정권에 맞서기 위해 야당이 연합전선을 형성해야 한다고 주장했다.(《동아일보》 1956년 4월 22일자) 5·15선거가 끝난 뒤에는 양일동·장건상·김영직 등과 함께 한국독립당(이하 '한독당韓獨黨'), 민련民聯, 사회당社會黨, 근민당勤民黨, 민우사民友社 등의 세력을 규합하여 진보당과는 별개의 사회당 창당에 나섰다. 사회당(가칭)의 정치적 이념은 사회민주주의로서 민족을 부인하지 않는 사회주의를 표방하였다.(《동아

64) 최갑용, 1995, 63·73~74쪽 ; 정화암, 1982, 304쪽을 종합. 정화암은 1954년의 영구 귀국에 앞서 1948년 9월 19일에 조선학전관 이전 문제 등을 협의하기 위해 한 차례 귀국하였는데, 정화암은 6월에 귀국한 것으로 회고하였다.(《동아일보》 1948년 9월 26일자 ; 정화암, 1982, 255쪽 등을 종합)

65) 정화암, 1982, 309쪽. 박종목과 최갑용에 의하면, 정화암은 1956년 양일동 등과 '민주사회주의연구회를 조직하고, 그 사무실을 화신빌딩 별관 38호실에 두었다. 조헌식趙憲植, 이몽李蒙, 이창근李昌根, 황빈黃貧, 안정용安晸鏞, 조규택曺圭澤, 안병주安秉柱 등이 참여하였으며, 양일동이 운영을 맡았다. 하지만 5·16쿠데타 이후 양일동이 일본에서 발이 묶이자 정화암이 민주사회주의연구회 운영을 되맡았다. 1968년 4월에 작성한 회원명부에 따르면, 회원은 정화암, 김신원, 고성희(4월민주항쟁 이후 가입), 황빈, 이창근, 엄기영, 정철, 김진식, 최학주, 안형근安亨根, 최중헌崔仲憲, 이지활李之活 등이었다.(박종목, 1991, 97쪽 ; 최갑용, 1995, 63~64쪽 ; "고탑高塔 고성희高成熙선생 약력" 등을 종합) 하지만 정화암에 따르면, 화신빌딩 별관 38호실은 민주사회주의를 이념으로 하는 정당을 건설하기 위한 사무실로 사용했던 곳이며, 민주사회주의연구회는 1964년 3월에 창립되었다.(정화암, 1982, 313~314·334쪽)

일보》 1956년 6월 18일자)

자유사회건설자연맹 관계자들도 민주사회주의를 연구하는 한편, 정화암 등과 함께 민주사회당발기준비회를 결성하는 등 민주사회당 창당작업에 착수하였다. 이정규는 1956년 10월 〈민주사회당의 조직원리〉를 발표하여 민주사회당 결성에 이론적 뒷받침을 제공했다. 이정규는 〈민주사회당의 조직원리〉에서 민주사회주의를 자기의 정치이념으로 하는 민주사회당은 그 조직의 이론을 다른 정당들과 달리 할 수밖에 없다면서, 각 집단이 통일적으로 지니고 있는 기본조직인 자유합의조직이어야 한다고 주장하였다.[66] 하지만 이정규는 민주사회당 결성에 직접적으로는 관여하지 않고, 국학대와 성균관대 교수로 재직하는 등 주로 교육사업에 참여하였다.

1956년 11월 15일 민주사회당이 이을규, 정화암, 김지강, 오남기, 이동순, 한하연, 이종연, 김신원, 고성희, 김진식, 손노인 등에 의해 발기되었다. 민주사회당발기준비회 명의로 〈민주사회당발기취지문〉과 정치의 5대 목표 및 당책을 발표하였다.[67] 민주사회당발기준비회는 취지문을 통해 "국민은 이 나라의 주권자로서 생활공동체로서의 국민생활을 위하여 국민 각개의 인격의 존엄과 인격의 자유를 보장·확립하고, 정치·경제·사회·교육·문화 각 방면에 긍亘하여 평등한 권리와 균등한 복리를 실현할 수 있는 민주적인 복지국가의 건설"을 정치목표로 하여 건설된 이 나라가 이승만 독재정권의 부정부패로 민족 존망의 간두에 서게 되었다고 하면서, "이 일발의 위기에서 전 국민의 우국지정과 정의감에 호소하여 민중 자신의 단결과 조직으로써 이 부패난맥腐敗亂脈의 근원을 척결剔抉하고, 정치를 민주정치의 본궤에 올리어 민족의 숙원인 남북을

66) 이정규, 1956(이정규, 1974, 226~230쪽) 참조

67) 이을규 편, 1960, 32~35쪽 ; 최갑용, 1995, 68쪽 ; 정화암, 1982, 314~315쪽 ; 〈한하연투쟁공적기〉 등을 종합

통일하며, 우리들 민중의 모든 권리와 복리를 확립 · 신장함이 민족을 위기에서 구출하는 유일의 길임을 깨"닫게 되었는바, 이러한 이유로 민주주의를 목적과 수단으로 하는 민주사회주의의 깃발을 들게 되었다고 밝혔다. 나아가 "우리는 결연궐기決然蹶起하고 정의필승正義必勝의 신념 아래 감히 우리의 주장을 열거 · 공개하여 민족적인 동시에 전 인류적인 진정한 민중 자신의 정당이 될 것을 자기自期하"였다. 그리고 "우리의 구국대열에 행오行伍를 같이 하여 줄 것을 전국 각계각층 우국애족지사의 양심과 정의감에 호소"하였다.(이을규 편, 1960, 32~34쪽) 이 취지문에서 밝힌 바와 같이, 분단정부 수립 이후 한국 아나키스트들은 민주사회주의의 깃발 아래 민주적 복지국가를 건설할 것을 표방하였다. 이러한 점은 한국 아나키스트들이 아나키즘 이론의 일부를 견지하고 있지만 결국 아나키스트 사회 건설을 포기하였음을 나타내준다. 이러한 점은 그들이 내세운 정치목표나 당책에 잘 드러난다.

민주사회당발기준비회가 내세운 5대 정치목표는 다음과 같다.(이을규 편, 1960, 34~35쪽)

1. 국민은 성별 계급 종파의 차별 없이 정치상 자유평등한 권리를 찾고, 주권재민의 구현을 위하여 지방자치제를 확대 · 강화하여 중앙집권의 폐를 시정하여, 참의원을 직능대표로 민의원을 지역대표로 구성하여 대의정치제도의 충실을 기하는 동시에 책임내각제의 실시로써 정치의 책임을 국민 앞에 밝힌다.
2. 완전한 사회보장제도를 확립하여 만민에게 경제생활을 비롯한 사회, 교육, 문화 등 생활에 복리를 균점케 하여 생사에 유감이 없는 민주적 복지국가의 건설을 기한다.
3. 유물사관인 계급투쟁이론이나 약육강식적인 침략이론을 적극 배격하며, 전래적인 사대의타적事大依他的 인습을 타파 · 시정하여 협력, 개로皆

勞, 자주, 창의의 신사회윤리를 확립하고, 나아가서는 공사전직역公私全職域 종사자로 하여금 각진소능各盡所能의 봉사적 의식을 고양하여 청렴, 겸허, 공정, 책임완수의 직역도의職域道義를 실천케 한다.

4. 민족 고유문화의 보호 · 육성과 외래문화의 적극 섭취로써 동서문화의 조화된 새로운 세계문화 창성創成에 기여한다.
5. 인류의 항구 평화 수립과 공동복지 건설을 위하여 국제기구(UN) 및 사회주의자인터내셔널의 일원으로서 자주창의적 협력에 의하여 세계일가世界一家의 실實을 구현하고자 노력한다.

민주사회당발기준비회는 당책을 다음과 같이 정치 및 외교, 경제 및 산업, 문화 및 교육, 사회 및 보건 등 4부문으로 나누어 제시하였다.(이을규 편, 1960, 36~43쪽 참조)

〈표 2〉 민주사회당의 당책

부문	정책 내용의 골자
정치 및 외교	민주정치 확립, 지방자치제 강화, 양원제로의 국회제도 변경, 국회의원 소환, 내각책임제 실시, 국토건설 계획, 국민개병제 실시, 철저한 國勢調査, 세제 개혁, 자주적 창의적 외교방침 확립
경제 및 산업	계획경제체제 확립, 대외무역 관리 · 육성, 중소기업 지도 · 육성, 농업 재편(농업 기계화, 농지개혁 재검토와 대책 수립, 종자 개량과 시험, 축산 장려, 조림 적극 권장, 농촌의 문화후생 시설 확충), 어업의 과학화, 협동조합운동 적극 조장, 지하자원 개발 촉진
문화 및 교육	국민 사상 계발과 국민 도의 앙양, 교육제도 재검토와 재편, 의무교육제도 연장, 중고등학교의 전면적 國公營, 교육기관 정비, 國公費에 의한 교수 및 기술자 양성, 각급 기술자양성기관 확충, 교육 · 문화시설의 지방분산
사회 및 보건	공무원의 생활보장제 실시, 상이군경 및 그 가족의 구호대책 확립, 노동자에 대한 구호대책 확립(사회노동법 개정과 실시, 노동자 복지시설의 국공영), 노동조합의 민주적 조직화, 國公費의 진료기관 증설, 各郡에 생활지도원 배치

민주사회당발기준비회가 밝힌 정치목표와 당책을 살펴보면, 국가의 존재를 인정하는 것은 물론, 한 발 더 나아가 일제강점기 한국인 아나키스트들이 비난해 마지않았던 대의정치조차 적극적으로 인정하고 있음을 알 수 있다. 이는 아나키즘 본령에서의 일탈을 넘어 사상적 전환이라고까지 할 만하다. 이후 최해청 · 오남기 · 한하연 · 김지강 등은 민주사회당을 창당하기 위하여 노력하였다. 1958년 10월 무렵에는 서상일, 전진한, 정화암 등이 혁신정당으로 민주사회당을 창당하기로 합의하는 데까지 이르렀다.(《조선일보》 1958년 10월 22일자) 하지만 민주사회당 창당작업은 자금 부족으로 난항을 겪는 등 순조롭게 진행되지 못하였다.(정화암, 1982, 315쪽)

그러다가 1960년 4월민주항쟁이 발생하면서 창당작업에 박차를 가하였다. 민주사회당발기준비회는 정화암 · 이을규 · 김지강 · 홍성환 · 오남기 · 김신원 · 김진식 등을 중심으로 하여, 1960년 4월 "혁신 대중정당으로서 한국의 민주 건설을 위하여 그 맡은 바 사명을 다하고자 본당(민주사회당-인용자)의 결성을 적극 추진"한다는 내용의 성명서를 발표하였다.[68] 하지만 민주사회당 발기에 참여했던 정화암과 양일동이 진보당계와 민주혁신당계를 중심으로 추진되고 있던 사회대중당 건설에 참가하는 등 민주사회당발기준비회는 분열되기에 이르렀다. 정화암은 사회대중당발당준비위원회에 합류하여 1960년 7 · 29 민참의원총선거에 출마하였으며,[69] 1961년 1월 21일 통일사회당(대표 李東華)이 결성되자 거기에 참가하여 정치위원이 되었다.(최갑용, 1995, 69쪽) 1973년에는 민주통일당[70]에 최고위

68) 〈성명서〉(민주사회당발기준비회, 1960. 4). 최갑용은 4월민주항쟁 과정에서 민주사회당 창당선언문을 발표하였다고 하였으나(최갑용, 1995, 68쪽), 성명서의 잘못으로 보인다.

69) 정화암의 사회대중당 합류과정과 총선 출마에 대해서는 정화암, 1982, 324~332쪽을 참조할 것.

70) 민주통일당은 1972년 2월 정화암, 양일동, 하기락 등이 동조자들을 규합하여 자주 민주 통일의 원칙하에 조직했다. 양일동이 위원장에, 하기락이 정책위원회 의장에

원 · 고문의 자격으로 참가하였다.(정화암, 1982, 335쪽) 홍성환도 사회대중당 결성에 가담하였으며, 1961년 사회대중당이 해체되고 통일사회당이 창당되자 거기에 참여하여 통제위원회 부위원장에 피선되었다. 5 · 16쿠데타로 해체되었다가 1965년 5월 혁신정당법이 해제되면서 통일사회당이 재조직발족되자 발기인으로 활동하였으며, 통제위원회 위원장으로 피선되었다.(홍성환, 〈나는 이렇게 걸어왔다〉, 40~42쪽)

민주사회당발기준비회는 정화암이 사회대중당으로 옮긴 뒤 5월 이을규 명의로 〈민주사회당의 노선〉을 재발간하는 등 민주사회당 결성을 위해 노력하였지만 별 성과를 거두지 못하였다. 결국 민주사회당발기준비회는 독립노농당과 합당 절차를 밟았다. 독립노농당과의 통합은 류우석, 최갑용(이상 독립노농당), 이을규, 오남기, 이종연(이상 민주사회당), 이규석 등이 참가한 가운데 문안 작성 단계에까지 갔으나, 그마저 5 · 16쿠데타 때문에 이루어지지 못하였다.(최갑용, 1995, 71쪽)

2. 독립노농당 중심의 정당활동

1) 해방 직후 자주적 민주국가 건설운동

1945년 8월 15일 일제의 무조건 항복으로 한국 민족은 해방되었다. 1919년 중국에서 수립된 대한민국임시정부는 독립국가 건설의 주체로 나서고자 했고, 독자적인 독립국가 건설구상을 마련해 나갔다. 대한민국임시정부는 1945년 8월 17일 제39차 의정원의회를 개최하여 독립국가 건설이라는 당면과제를 어떻게 해결할 것인

선출되었다.(하기락, 1986, 121쪽)

가에 대해 논의하였다.(《의정원문서》, 548~549쪽)

하지만 한반도는 미국과 소련에 의해 38선을 경계로 남북으로 분할점령되었고, 남한을 점령한 미국은 군정을 실시하고 한국인이 수립한 정부는 모두 부정했다. 이에 따라 중국에 있던 대한민국임시정부도 정부로서의 대우를 받지 못하였다. 대한민국임시정부는 정부 자격이 아닌 개인 자격으로 귀국할 수밖에 없었고, 귀국 일정도 계속 지연되었다. 우여곡절 끝에 1945년 11월 23일 대한민국임시정부 제1진이 귀국한 데 이어, 12월 1일 홍진, 조성환, 황학수, 장건상, 김붕준, 성주식, 김성숙, 조경한, 조완구, 조소앙, 김원봉, 최동오, 신익희 등 정부 요원 14명과, 수행원 안우생, 이계현, 노능서, 서상렬, 윤재현 등 9명이 제2진으로서 귀국하였는데,[71] 제2진에는 제39차 의정원의회에서 김붕준 · 성주식 · 조소앙 등과 함께 정부위원으로 선정되었던(《의정원문서》, 548~549쪽) 유림도 포함되어 있었다. 유림은 귀국한 이후 아나키스트 정당을 결성하기 위한 준비작업을 진행하였다.

한국인 아나키스트들은 해방 이후에도 정치운동과 정부의 존재를 인정하였다. 나아가 정치권력 장악을 목적으로 하는 정당활동에 참여하거나 유림의 주도로 독자적인 정당까지 건설하였으며, 정부수립운동에도 적극적으로 참여하였다. 나아가 유림은 아나키즘의 정의까지 수정하였다. 즉 1945년 12월 5일에 가진 귀국 회견에서 아나키즘이란 모든 정부를 부인하는 것이 아니라 강권이나 전제를 배격한다는 의미라면서, 자신은 강권을 절대 배격하는 아나키스트이지 무정부주의자는 아니라고 하였다. 그리고 아나키즘을 무정부주의로 번역하는 것에 반대하였다. 이러한 아나키즘 본령에서 일탈된 정부관에 입각하여 유림은 대한민국임시정부 세력과 줄곧 같은

71) 독립운동사편찬위원회 편, 1983, 1051~1052쪽. 《조선일보》 1945년 12월 7일자는 유림의 귀국일을 12월 2일로 보도하였다.

행보를 취하면서 자주적 민주국가를 건설하는 작업에 뛰어들었다.

유림은 민족을 통합한 위에서 자주적 민주국가를 건설해야 한다고 하면서, 민족통합을 위해 좌우합작을 도모했다. 대한민국임시정부가 귀국할 당시 국내 정치상황은 여운형과 조선공산당 세력의 주도로 수립된 조선인민공화국이 미군정에게 부정되고, 독립촉성중앙협의회 결성을 통해 전 민족의 힘을 하나로 모아 자주적 민족국가를 수립하고자 했던 시도가 실패한 상태였다. 이에 대한민국임시정부는 귀국한 이후 민족통일전선 결성을 시도하였다. 유림도 《동아일보》 기자와의 대담에서 공산주의자와 대한민국임시정부의 합작은 가능하다면서, "나는 정치행동으로 제3자의 입장에서 합작의 접착제의 역할을 하려고 생각한다"고(《동아일보》 1945년 12월 12일자) 하여 좌우합작의 매개 역할을 할 것을 다짐하였다. 1945년 12월 25일 대한민국임시정부가 민족통일의 최고기관으로 특별정치위원회를 만들기로 하자, 그는 조소앙趙素仰, 김붕준金朋濬, 김성숙金星淑, 최동오崔東旿, 장건상張建相, 김원봉金元鳳 등과 함께 중앙위원을 맡아(《서울신문》 1945년 12월 25일자) 조선인민공화국 관계자들과의 합작을 위해 노력하였다. 하지만 대한민국임시정부가 추진한 좌우합작은 대한민국임시정부가 중심이 되어 독립국가를 건설해야 한다는 임정법통론을 전제로 한 것이었다. 따라서 대한민국임시정부의 좌우합작 노력은 나름대로의 성과를 내기 어려웠다.

대한민국임시정부의 임정법통론 고수로 민족통일전선 결성에 별다른 진척이 없는 상태에서 1945년 12월 27일자 《동아일보》에 모스크바3상회의의 결정이 보도되었다. 보도 내용은 모스크바3상회의에서 소련이 한국문제의 해결책으로 1국에 의한 신탁통치를 실시할 것을 주장했다는 것이다. 이에 유림은 신탁통치에 대한 절대반대를 주장하였다. 신탁통치는 독립국가를 건설하는 데 있어서 외세 개입을 정당화하는 것으로서 한국인의 자주성을 무시하는 처사라는 것이다. 12월 28일 대한민국임시정부와 함께 신탁통치반대국민총동원위원회를 조직한 그는 김구, 조소앙, 김원봉, 조경한, 김규식, 신익희, 김붕준, 엄항섭, 최동오와 함께 장정위원章程委員으로 선출되었다.(《동아일보》 1945년 12월 30일자) 그리고 신탁통치에 반대하고 통일정부를 수립하기 위하여 비상정치회의를 즉시 소집하자는(《서울신문》 1946년 1월 5일자) 김구의 제안에 따라 1월 20일 비상정치회의주비회가 개최되자, 조선무정부주의자총연맹의 대표 자격으로 이 회의에 참가하였다.(《조선일보》 1946년 1월 21일자) 회의 이틀째인 1월 21일 독립촉성중앙협의회가 합류한 비상정치회의주비회는 비상국민회의주비회로 개칭되었다.(《중앙신문》 1946년 1월 23일자) 이 날 그는 이종현李宗鉉(조선민주당), 김붕준金朋濬(신한민주당), 서상일徐相日(한국민주당), 권태석權泰錫(신한민족당) 등과 함께 비상정치회의의 조직조례 기초위원으로 선정되었다.(《조선일보》 1946년 1월 22일자)

하지만 조선민족해방동맹과 조선혁명당이 이승만의 합류는 부당하며, 좌익이 참가하지 않은 단결은 비민주적이라면서 비상국민회의주비회를 탈퇴한 것에 이어, 유림도 1월 24일 탈퇴 성명을 발표하였다.(《조선일보》 1946년 1월 26일자) 그는 자신의 탈퇴를 둘러싸고 논란이 일자, 1월 28일 기자회견을 통해 자신은 비상정치회의에서 탈퇴한 것이 아니라, 이승만의 합류, 명칭 개정, 영수 추대 등 비민주적 행위에 대해 의견이 일치하지 않아 일시 출석을 중지한 것일 뿐이라 밝혔다.(《동아일보》 1946년 1월 29일자) 그는 1946년 2월 1일에 개막된 비상국민회의에서 대의원으로 선출되었으며(《조선일보》 1946년 2월 1일자), 2월 2일에 노농위원(책임위원)으로 선정되었다가 나중에 상임위원회가 설치되면서 노농위원장이 되었다.[72]

비상국민회의는 28명의 최고정무위원을 선출하였는데, 최고정무위원회는 1946년 2월 14일 미군정의 자문기관인 남조선대한국민

72) 《조선일보》 1946년 2월 3일 · 14일자 ; 송남헌, 1989, 278쪽 등을 종합

대표민주의원으로 개편되었다.(송남헌, 1989, 279쪽) 이에 유림은 민주의원에 반대하는 입장을 표명하였다.(《단주 유림 자료집》, 265쪽) 그것은 자주적 정부 수립을 주장하던 유림으로서는 한국인의 자주적인 정치조직이 아니라 미군정의 자문기구에 불과할 뿐인 정치기구에 찬성할 수 없었기 때문이다.

유림은 대한민국임시정부를 중심으로 민족통합을 추구하는 가운데, 조선무정부주의자총연맹을 기반으로 하여 아나키스트들을 결집하고 이를 정치세력화해 나갔다. 조선무정부주의자총연맹은 귀국 이후 조직확대작업을 벌여 지역에 지부를 설치하였다. 그 결과 경상북도연맹과 대구시연맹 등이 설립되었다. 경상북도연맹과 대구시연맹은 1946년 초에 〈선언〉을 발표하였다. 조선무정부주의자총연맹의 경상북도연맹과 대구시연맹의 강령은 다음과 같다.

1. 조선의 신탁통치를 절대 반대하고 자주독립을 기함
1. 중앙집권적 독재정치를 부인하고 지방자치체의 확립으로써 자유연합한 순정민주주의를 주장함
1. 집산주의 경제제도를 부인하고 지방분산주의 경제조직을 주장함
1. 생존경쟁을 토대로 한 우승열패의 사회윤리를 부인하고 상호부조를 기조로 한 자유 · 평등 · 우애로써 사회윤리의 기간으로 함[73)]

이 강령에 따르면, 조선무정부주의자총연맹의 경상북도연맹과 대구시연맹은 자주적 독립국가 건설을 지향하였으며, 그 국가는 중앙집권적 정치체제와 집산주의 경제제도를 부정하고, 지방자치제와 지방분산적 경제체제로 운영되는 자유연합의 순정민주주의 국가였다. 그리고 그 국가는 강자에 의한 약자 지배를 당연시하는 사회진화론을 부정하고, 상호부조의 기조 위에 자유 · 평등 · 우애를

73) 〈선언〉(조선무정부주의자총연맹 경상북도연맹 · 대구시연맹, 1946. 1. 23)

사회윤리로 하는 자주적 민주국가였다. 한편, 조선무정부주의자총연맹은 1946년 5월 루돌프 로커의 《무정부주의서론》을 하향何鄕의 번역으로 출판하는 등 아나키즘 선전작업도 전개했다.

유림은 자주 · 민주 · 통일의 원칙에 의거하여 자주적 민주국가 건설을 도모하는 가운데, 아나키스트들의 정치적 입장을 대변하는 조직의 필요성을 절감하고 정당 건설을 추진하였다. 유림을 비롯한 조선무정부주의자총연맹원들은 각종 아나키스트들의 회합에 참가하여 자신들의 입장을 널리 선전하였다. 그들은 1945년 12월 22일 자유사회건설자연맹과 조선농촌자치연맹 중앙연합회 및 민우회가 공동으로 개최한 이회영 · 신채호 · 백정기 · 김종진 외 19동지의 추도회에 참가하였다. 그리고 1946년 2월 21~22일 부산시내 금강사金剛寺에서 열린 무정부주의자경남북대회에 참가하여 아나키스트들을 결집시키고자 하였다. 무정부주의자경남북대회는 정부 수립의 3원칙으로 "정부 수립은 외력外力 의존적 방법을 일체 배격하고 자율자조적 방법에 의할 것", "정부는 통일된 민족적 기반 위에 구성되어야 할 것", "수립된 정부는 읍면시邑面市 자치체 확립을 시책施策할 것"을 제시하였다.[74)]

4월 21~23일에는 경남 안의에서 전국아나키스트대표자대회가 개최되었는데, 조선무정부주의자총연맹 관계자들은 이 대회에도 참가하였다. 특히 이 대회에서는 유림이 이을규 · 신재모 등과 함께 대회의 의장으로 선출되었다.[75)] 유림은 전국아나키스트대표자대회에서 제1차 혁명의 목표인 자주적 민주국가 건설을 이루기 위해서는 정치활동과 아나키스트 정당이 필요하다는 것을 역설하였다. 그 결과 전국아나키스트대회에서 4월 23일 "우리 진영의 전열정비 문제"가 토의 의제로 상정되고, 이 논의에서 정당건설 문제가 제기되

74) 〈성명서〉(무정부주의자경남북대회)

75) 《조선일보》 1946년 4월 17일자 ; 하기락, 1993, 289~290쪽 등을 종합

었다. 토의 결과 정당 결성을 허용하기로 결정이 되었다. 즉 "우리는 노동자 농민의 조직된 힘을 정치에 반영할 수 있는 정당의 필요를 인정한다. 정당에 참여하는 일은 연맹원 각자의 자유의사에 맡긴다. 정당에 참여하지 않는 동지들은 사상운동으로써 정치활동에 협력한다"고 하여,[76] 비록 정치적 개입이라 할지라도 새 나라 건설을 위한 기초작업에 적극 참여하며, 아나키스트들 자신의 목적을 효과적으로 달성하기 위해서 정당을 조직하여 운영한다고 결정한 것이다.(《단주 유림 자료집》, 87쪽)

전국아나키스트대표자대회의 결정에 따라 한국의 완전 자주독립을 전취戰取하자는 슬로건으로 아나키스트 정당을 건설하기 위한 작업이 전개되었다. 유림은 1946년 5월 10일 청년, 노동자, 농민들로써 독립노농당을 결성한다는 내용의 취지서와 강령을 발표하는(《서울신문》 1946년 5월 10일자) 등 정당을 건설하기 위한 준비작업을 적극적으로 추진하였다. 6월 6일 100여 명의 발기인이 참가한 가운데 개최된 발기인총회를 거쳐(《조선일보》 1946년 6월 7일자), 7월 7일 서울 시내 장곡천정長谷川町 조선연무관朝鮮硏武館에서 준비위원장 유림, 비상국민회의 부의장 최동오崔東旿 외 1,000여 명의 당원이 참가한 가운데 김일휴金一休의 사회로 독립노농당 창립대회가 열렸다. 대회는 유엽柳葉이 대중이 한 데 뭉쳐 독립전취로 나아가자는 목적에서 독립노농당을 만든다는 내용의 개회사를 한 데 이어, 집행위원회 선거에 들어가 유엽, 정원진鄭遠鎭, 양일동을 의장으로 선출하였다. 그리고 이진언李珍彦의 경과보고와 이병○의 지방보고가 있은 후, 당규정책을 심의 · 결정한 데 이어 유림柳林(위원장) · 이을규 · 이시우 · 양일동 · 신재모 · 방한상 등을 집행위원으로 선출하였으며, 한하연의 선언문 낭독을 끝으로 폐회하였다.[77] 임원에는 유

76) 《조선일보》 1946년 4월 17일자 ; 하기락, 1993, 289~301쪽 등을 종합

77) 《동아일보》 1946년 7월 8일자(《자료대한민국사》 2, 865쪽) ; 《대동신문》 1946년

림(위원장)·류우석(상무부장)·한하연(기획부장)·차고동(조직부장)·양일동(선전부장)·이진언(문교부장)·박영희朴英熙(경리부장)·김태민金泰民(정치부차장)·류인철柳寅徹(정보부차장)·이종하李鍾河(농민부장)·우한룡(청년부장)·김말봉金末峰(부인부장)·김영춘金永春(노농부장)·김남해金南海(후생부장)·류진걸柳震杰(상공부장)·유엽(외교부장)·이중구李中久(외교부차장) 등이 선출되었다.[78]

독립노농당 결성의 취지는 국가의 완전한 자주권 회복과 3,000만 국민의 자유와 행복 보장이라는 거대한 임무는 기존의 정당과 정치지도자들에게 맡겨 놓을 수 없으므로, 노동자·농민 대중이 직접 나서서 부담한다는 것이었다.[79] 독립노농당은 〈결당선언結黨宣言〉에서 "국가의 존재가 인민의 복리를 전제로 하고, 인민의 복리는 인민 자신이라야 최선으로 옹호함이 불문의 철칙"이라면서, 노농 근로대중이 "이 국토의 진정한 주인이요, 신국가를 건설할 유일한 자격자"임을 밝히고(《단주 유림 자료집》, 90쪽), 강령과 기본정책을 발표하였다. 독립노농당의 강령은 다음과 같다.

> 一. 본당本黨은 국가의 완전한 자주독립을 위하여 투쟁함
>
> 一. 본당本黨은 노동자·농민·일반 근로대중의 최대 복리를 위하여 투쟁함
>
> 一. 본당本黨은 일체 독재를 배격하고 진정한 민주주의의 국내외 세력과 평등호조의 원칙에 의하여 합작함[80]

7월 4일자 ;《자유신문》 1946년 7월 8일자 ; 하기락, 1993, 303쪽 등을 종합

78) 《단주 유림 자료집》, 99쪽 ;《동아일보》 1946년 7월 13일자 등을 종합. 김태민과 유엽은 한민당 간부회의에 설치된 법제·외교·정무 등의 조사분과위원회 운영에 불만을 품고, 8월 5일 李東俊·朴世煥 등 125명과 함께 한국민주당을 탈당한 뒤, "당의 현재 태도는 당시黨是에 어긋난다"는 내용의 탈당성명을 발표하였다.(《조선일보》 1946년 8월 6일자(《자료대한민국사》 3, 36쪽) ; 이기하, 1987, 134쪽 등을 종합)

79) 〈발기취지서〉(독립노농당, 1946. 5. 5)(《단주 유림 자료집》, 88쪽)

80) 《정당·사회단체 등록철》, 88쪽 ;《동아일보》 1946년 7월 8일자(《자료대한민국사》 2, 865쪽) ;《대동신문》 1946년 7월 4일자 ;《단주 유림 자료집》, 99쪽 등을 종합. 독립노농당의 강령은 자료에 따라 표현이 약간씩 다르나, 본 연구에서는 독립노

위의 강령에서 보는 바와 같이 독립노농당은 국가의 존재를 부정하지 않고 자주적 독립국가 건설을 내세웠다. 그리고 독립국가를 건설하는 데 있어서 '진정한 민주주의 세력' 즉 대한민국임시정부 세력과의 합작을 주장하고 있다. 독립노농당이 대한민국임시정부와의 합작을 추진한 것은 대한민국임시정부를 전 민족이 자율적으로 건설한 민족대표기관으로 인식하고 있었던 데서 비롯되었다.[81]

독립노농당은 당략[82]과 정책[83]을 발표하여, 중앙집권주의에 반대하고 지방분권과 지방자치제 · 직업자치제 등을 실시할 것과, "신행정구역을 제정하고 도제道制를 폐지"하여 행정단위를 최소화함으로써 직접민주주의를 시행할 수 있는 기반을 마련할 것 등을 주장하였다. 그리고 성장을 위한 경제건설이 아니라, 경공업 중시, 산업 지방분산, 인민의 생활편의 도모 등을 위한 경제건설을 주장하였다.

독립노농당은 당 중앙 밑에 지방당부를 두었으나, 시 · 도 단위에는 지방당부를 두지 않았다. 도별로 몇 개의 지방당부를 묶어 도연락부를 두었을 뿐이다. 서울, 대구 부산 등지에 도연락부가 설치되었고, 지방당부는 40여 개가 결성되어 활동했다.(정인식의 증언)

독립노농당은 1946년 8월 3일 《노농신문》을 2주 계간으로 창간하고[84] 〈뉴욕으로 가자〉 등의 팸플릿을 발간하여(정인식의 증언) 아나키즘과 아나키스트들의 정치적 입장을 널리 선전하였다. 그리고 외세를 배격하고 한국인 스스로의 힘으로 자주적 민주국가를 수립할

농당이 직접 제출한 자료에 의거한 《정당 · 사회단체 등록철》과 《대동신문》의 기록에 따른다.

81) 유림은 1945년 12월 5일 귀국회견에서 대한민국임시정부를 3 · 1운동 당시 국내 민족의 총의로 출발한 기관으로 규정하였다.(《동아일보》 1945년 12월 12일자)

82) 독립노농당의 당략은 《단주 유림 자료집》, 91쪽에 수록되어 있다.

83) 독립노농당의 정책은 중앙선거관리위원회 편, 1965, 110~114쪽에 수록되어 있다.

84) 하기락, 1993, 305쪽. 《노농신문》은 6 · 25전쟁으로 간행이 중단된 이후 복간되지 못하였으며(정인식의 증언), 현전하지 않아 그 내용을 알 수 없다.

것을 역설하였다. 그리하여 모스크바3상회의 결정, 민주의원 및 좌우합작위를 통한 과도입법의원 등은 군정을 연장하고 조국통일을 지연시키는 집단이라고 규정하고(서울특별시경찰국사찰과 편, 1955, 107쪽), 이들에 대한 반대투쟁을 펼쳤다.[85)]

미군정은 1946년 5월 제1차 미소공동위원회가 협의대상 문제로 휴회되자 좌익에 대한 대대적인 탄압을 개시하는 한편, 온건 좌우파를 중심으로 전개되는 좌우합작을 지원했다. 그리고 남조선과도정부 수립구상 아래 과도입법의원을 설치하고자 했다. 이에 독립노농당은 1946년 10월 21~22일 이틀간 제3회 중앙집행위원회를 개최하여 당 내외 중요 문제를 토의한 후, 좌우합작 문제 · 입법의원 문제 · 토지 문제 등에 대한 결정을 내렸다. 현재 진행되고 있는 좌우합작 방식에 대해서 반대한다는 입장을 밝히면서, 좌우 각 정당에서 합법적 대표를 파견하여 추진할 것을 주장하였다. 그리고 입법의원 역시 "독립성이 없고 노농대중의 의사를 완전히 실현하기 어"렵다는 이유로 참가를 거절하기로 결정함으로써 입법의원에 대한 반대 입장을 분명히 하였다. 토지문제와 관련해서는 "자력으로 경작하지 않는 자의 토지는 무상으로 몰수하여 자력으로 경작하는 자에게 무상분배하고 사유권을 인정"한다는 입장임을 밝혔다.[86)]

제3회 중앙집행위원회는 1946년 10월 1일 대구에서의 경찰과 노동자간의 충돌이 도화선이 되어 10월인민항쟁이 일어나자, 10월인민항쟁에 대한 조사보고와 수습대책을 발표하였다. 독립노농당은 중앙당과 대구지구당의 합동으로 조사단을 구성하고, 10월 8일 우한룡 · 김태민 · 이동준 등을 현지에 파견하여 진상조사를 하였

---

85) 정보기관의 보고서는 독립노농당이 친일파 · 친미파 · 친소파 등이 혁명단계에 있어서 암적 존재가 될 것으로 보고, 이들을 제거할 목적으로 자유혁명군이라는 테러부대를 지리산에서 양성했던 것으로 기록하고 있으나(서울특별시경찰국사찰과 편, 1955, 107쪽), 자료의 신뢰성에 문제가 있다.

86) 《조선일보》 1946년 10월 24일자(《자료대한민국사》 3, 612쪽)

다. 중앙집행원회는 조사단의 보고와 각 지역대표들의 지역정세 보고에 근거하여 토의한 뒤, 사건발생 원인을 "독립 지연에 대한 민중 반발심의 발작", "열질劣質 경관 · 악질 모리배 등의 횡행에 대한 반감", "양곡수집상 졸렬 수단에 대한 반감", "수집된 양곡 처분에 대한 회의심", "비애국적 공산주의자의 모략적 선동" 등으로 분석하고 다음과 같은 내용의 사건수습대책을 세우고 이를 하지 중장에게 제시하였다.[87)]

1. 자주정부 수립의 방법을 급속히 제시할 것
1. 3정보 이상의 공사 지주와 적산토지의 소작료만 공출케 하고, 그 외는 자유판매를 할 것
1. 열질劣質 경관 · 악질 모리배를 철저히 퇴치할 것
1. 비농가에 1일 1인당 3홉 이상 배급할 것
1. 양곡수집과 배급수량을 숫자적으로 발표할 것
1. 비애국적 공산주의자의 기만술책을 적발하여 민중으로 하여금 현혹되지 않도록 노력할 것

위의 중앙집행위원회의 분석을 통해, 독립노농당은 10월인민항쟁의 발생원인을 미군정의 점령정책과 공산주의자들의 선동에 있는 것으로 파악했으며, 사회혼란을 수습하는 길은 하루빨리 자주정부를 수립하는 것뿐이라고 인식하고 있었음을 알 수 있다.

독립노농당은 입법의원과 미소공동위원회를 통해서는 자주적 정부를 수립할 수 없는 것으로 인식하고, 이에 대한 반대투쟁을 펼쳤다. 하지만 독립노농당의 반대에도 1946년 12월 12일 남조선과도입법의원이 개원되었다. 이에 독립노농당은 중앙집행위원회를 개

87) 《대동신문》 1946년 10월 10일 · 25일자 ; 《조선일보》1946년 10월 25일자 ; 최갑용, 1996, 123쪽 등을 종합

최하여 입법의원에 대한 반대를 결의하였다.(《단주 유림 자료집》, 99쪽) 독립노농당이 입법의원에 반대한 것은 입법의원이 한국인의 자주성을 보장해주지 않는 것으로 인식하였기 때문이다.

1946년 10월 아놀드 소장이 워싱턴에서 기자단과의 회견을 통해 미소공동위원회 재개를 주장한(《서울신문》 1946년 10월 15일자) 데 이어, 1947년 1월 11일 하지 중장이 미소공동위원회 재개에 관한 양군 사령관의 서한 내용을 발표하였다.(《동아일보》 1947년 1월 12일자) 이에 대해 독립노농당은 "탁치가 실현될 가능이 없음은 이미 충분히 증명된 바이므로, 그 문제에 관한 3상 결의가 본질적으로 자연 무효되었음에 불구하고, 관계 각국이 그것을 강행하려 함은 정책으로 한 번 잘못하였음에도 재차 잘못을 범"하는 것이라고 비판하였다.[88] 그리고 1947년 1월 13일 독립노농당 선전부는 〈투쟁을 강화하자〉는 제목의 담화를 발표하여 모스크바3상회의 결정을 강행하려는 것은 잘못이며, 완전한 독립을 탈환하는 최후 일각까지 전 민족이 일치하여 모든 수단을 다 할 것을 다짐하는 한편, "우리 목적을 방해하는 자는 그 세력이 얼마나 강대할지라도 역사의 수레바퀴 밑에서 먼지가 될 것"이라고 경고하였다.(《경향신문》1947년 1월 15일자) 1947년 1월 16일 비상국민회의를 중심으로 민족주의 진영이 신탁통치에 반대하는 내용의 공동성명서를 발표하였는데, 이에 대해 유림은 "나는 처음부터 3상의 결정은 전적으로 부인하고 입의(입법의원-인용자)는 배격하였다.… 세간에서 공위 속개가 독립에 유일한 길이라고 하지만 가소로운 말이다.… 요는 조선인의 문제는 조선인에 맡겨야 하는 것이다"라고 하면서(《경향신문》 1947년 1월 16일자), 미소공동위원회를 재개하는 것에 반대하고, 독립국가를 건설하는 데 있어서 외세를 철저히 배격하고 한국인 스스로의 힘으로 자주적 정부를 수립해야 한다는 것을 강조하였다.

88) 《조선일보》 1947년 1월 14일자 ; 《동아일보》 1947년 1월 14일자 등을 종합

비상국민회의는 1947년 2월 14일 전국대의원대회를 개최하여 의원정리문제[89] 및 추인안, 반탁안, 분과위원 보선 등을 논의하였는데, 이 대회에서 유림은 부의장으로 선출되었다. 비상국민회의는 5월 2일 사무국을 통하여 ① 비상국민회의 소속 각 정당과 각 사회단체는 미소공동위원회에 참가하되 탁치를 전제로 한 일체 문제는 절대 배격한다, ② 과도정부에 있어서는 자동적 역할을 하여야만 완전한 자주독립국가의 주권을 수립할 수 있는 것이고, 피동적이 되면 그 주권은 혼을 잃은 정권밖에 될 수 없다는 것을 전 민족에게 선포한다는 요지의 성명서를 발표하여(이기하, 1961, 98쪽), 신탁통치에 대한 반대와 자주적 정부수립을 강조하였다.

그러나 정치상황은 독립노농당이 원하는 방향으로 흘러가지 않았다. 이승만의 정읍 발언 이후 일부 정치세력에 의해 남한 단독정부 수립이 추진되었다. 즉 1947년 1월 26일 워싱턴발 AP전보에 의하면, 이승만과 임영신은 1947년 1월 미국 번든벅 상원 외교위원장과의 회담에서 "남조선의 단독정부 수립이야말로 조선에 대한 국제문제를 외국의 원조 없이 해결하고 조선독립을 달성할 수 있는 길"이라고 언명하였으며, 반탁 진영에서 단독정부 수립을 계획하고 있다는 소문까지 나돌았다. 이에 무정부주의자총연맹의 우한룡은 "국제정세로 보나 국내의 정치역량으로 보나 남조선 단독정부는 가능성이 없습니다. 남북 통일정부라야 국민이 받아들일 것이요, 민주주의국가들이 승인"할 것이며, 따라서 "정부는 반드시 전 민족의 통일된 의사를 토대로 세워져야" 한다면서 단독정부 수립에 대한 반대의 입장을 분명히 하였다.(《단주 유림 자료집》, 108~109쪽)

독립노농당은 자주적 정부 수립이 최우선적 과제임을 다시한번 강조하는 내용의 담화를 발표하였다.

89) 의원정리문제란 입법의원에 참석한 대의원과 군정청 부·처장 고급 관리에 취임한 대의원 등의 자격을 취소한다는 상임위원회의 보고에 대한 승인문제이다.

1. 금일 조선에서 민생의 안정, 산업의 부흥, 사회질서의 회복 등을 비롯한 일체 제 문제를 해결하는 첩경은(유일의 방도는) 자주정권의 수립에 있다. 이것이 미국이 조선에 대한 제일차 임무인 동시에 동아의 국제평화를 보장하는 최선의 수단이다.
1. 현재의 상태에서 미국이 일방적 호의로 6억의 거○의 제공함은 그 명목이 차대借貸거나 증여임을 불구하고 부수적으로 발생될 모든 폐해를 생각할 때 우리는 국가의 백년대계를 위해 우려를 금할 수 없다.
1. 그러므로 미국이 그 호의에 가장 적당한 효과를 거두려면 즉시 조선으로 하여금 자주정권을 수립케 하고 양국 군대가 동시에 철퇴한 뒤에 조선의 주권을 통해서 모든 원조를 주기 바란다.(《자유민보》 1947년 4월 1일자)

독립노농당은 남한 단독정부 수립을 저지하고 자주적 정부를 건설하는 운동의 일환으로 청년학생들을 조직화하는 작업에 착수하였다. 그 결과 1947년 3월 30일 서울시내 소공동 조선연무관에서 전국 노농 청년의 굳은 결속을 부르짖으면서 노농청년총연맹을 결성하였다. 노농청년총연맹 결성대회에서는 독립노농당 조직부장과 건민회健民會[90] 등 사회단체의 축사가 낭독된 뒤 국내외 정세보고가 있었다. 그리고 선언 · 강령 등을 통과시켰는데, 선언은 신탁통치 절대 반대, 완전 자주독립 성취, 노농민주정부 수립 만세 등을 강조하였다. 3월 31일에는 동 사무소에서 제1차 중앙집행위원회를 개최하여 다음과 같은 부서와 임원을 결정하였다.[91]

90) 건민회는 1946년 6월 16일 이극로 등 중간파 세력이 "민족의식을 앙양하여 완전 자주독립국가 건설을 기하며, 민족문화의 향상을 도모하여, 세계문화 진전에 공헌"함을 표방하며 결성한 단체이다. 고문에 권동진, 윤세복, 위원장에 이극로, 부위원장에 이경석, 윤치형 등이 선임되었다.

91) 《조선일보》 1947년 3월 28일 · 4월 3일자 ; 《대동신문》 1947년 4월 1일 · 26일자 ; 《단주 유림 자료집》, 109쪽 등을 종합. 정인식에 따르면, 윤홍구, 김수산, 강재환 등이 집행위원으로 활동했다.(정인식의 증언)

중앙집행위원장 : 우한룡

부위원장 : 한국동韓國東

중앙감찰위원장 : 신기복申基福

총무부장 : 김시택金時澤, 조직부장 : 신상초申基礎, 선전부장 : 김진식金晉植, 정보부장 : 장우식張愚植, 기관지부장 : 한국동, 협동부장 : 이상익李尙翼, 훈련부장 : 이동호李東湖

그리고 노농청년총연맹 선전부는 "미 · 소 양국간의 내포되고 있는 근본적 모순을 청산치 않는 한 아무런 기대도 가질 수 없다. 조선의 완전한 자주독립은 미 · 소 · 영 · 중의 4개국이 국제헌장에 의하여 즉시 독립을 부여하여야 되며, 이 방도를 미 · 소 양국에 요청하는 바이다"라는 요지의 견해를 발표하였다.(《대동신문》 1947년 4월 26일자) 노농청년총연맹의 선언과 선전부의 견해는 노농청년총연맹 역시 독립노농당과 마찬가지로 외세의 간섭을 배격하고 우리 민족의 힘으로 자주적 정부를 수립하고자 하였음을 말해준다. 노농청년총연맹은 노동조합을 설립하거나 공장을 접수하는 등의 활동을 전개했다. 특히 용산연맹은 공산주의자들과의 투쟁에서 최선봉에 섰다.(정인식의 증언)

독립노농당은 노농청년총연맹 외에도 노농학생연맹, 노농부녀연맹 등의 대중단체를 조직하여 대중운동을 전개하고자 했다. 서울대에서는 류제충柳濟忠, 최문호, 한영윤, 하희연 등이 노농학생연맹원으로서 활동하였다. 노농부녀연맹은 독립노농당 부녀부장인 김말봉, 우경자, 김정봉 등을 중심으로 활동하였다. 하지만 노농청년총연맹, 노농학생연맹, 노농부녀연맹 등은 활발한 활동을 펼치지 못하다가 6 · 25전쟁이 일어나면서 해체되었던 것으로 보인다.(정인식의 증언)

한편, 독립노농당은 1947년 4월 19~20일 이틀간 105명이 참석한 가운데 중앙집행위원회를 개최하여 남한 단독정부 수립에 반대하는 입장을 재확인하는 등 자주적 정부를 수립하는 문제에 대해 토의하였다. 그 결과, "군정청 보선普選과 남조선 단정은 자주성과 통일성이 없을 뿐 아니라 노농 대중의 복리를 보장하기 어려우므로 본당本黨은 참가하지 않"으며, "완전한 자주독립노선을 사수하는 기관과 집단에 한하여 합작한다"고 결의하여(《경향신문》1947년 4월 23일자), 남한 단독정부 수립에 반대하고 자주적으로 독립정부를 수립할 것을 주장했다.

독립노농당은 미소공동위원회와 남한 단독정부 수립에 대한 반대투쟁을 조직적으로 펼치기 위하여 전당대회 개최를 계획하였다. 먼저 전당대회를 개최하기에 앞서 지역당 조직에 박차를 가하였다. 1947년 4월 13일에는 소공동 조선연무관에서 서울시연합당부를 결성하였다. 위원장 김일휴, 부위원장 한기원韓基源·김필진金弼鎭 외 위원 45명, 감찰위원장 류우석, 부위원장 정원진 외 위원 5인이 선정되었다.[92] 1948년 8월 8일에는 일본 도쿄에서 원심창, 장상중, 정태성, 한현상, 오우영, 변영우卞榮宇, 정찬진, 정철, 조영주曺寧柱 등에 의해 일본특별당부가 결성되었다.(《단주 유림 자료집》, 119쪽)

전국적으로 조직을 정비한 독립노농당은 1947년 5월 5~7일 3일간 지역당부 대표 300여 명이 출석한 가운데 제1회 전당대표대회를 개최하였는데, 전당대회는 건국방해자대책위원회·재외동포대책위원회 등 다수 위원회를 조직하고, 유림(중앙집행위원장 ; 유임)·박렬(부위원장)·이을규(부위원장)·원심창(중앙감찰위원장)·박동근朴東根(중앙상무위원) 등을 간부로 선출하였다. 그리고 시국문제에 대해서 다음과 같은 내용의 항목을 결의하였다.[93]

---

92) 《조선일보》 1947년 4월 13일자 ; 《경향신문》 1947년 4월 15일자 ; 《자유신문》 1947년 4월 18일자 등을 종합

93) 《대동신문》 1947년 5월 10일자 ; 《동아일보》 1947년 5월 11일자(《자료대한민국사》 4, 646쪽) 등을 종합

1. 군정의 보선普選과 남조선 단정에는 참여치 않기로 할 것
1. 미소공위가 탁치를 논의하는 한에는 참가치 않기로 할 것
1. 일체 독립운동 역량을 국민의회에 집중하여 대한임정大韓臨政을 개조·강화하고 연합국에 승인을 요구할 것[94]
1. 중·미·영·소에 메세지를 보낼 것
1. 우의단체와 협력하여 전국혁명자대표대회를 소집할 것

독립노농당은 위의 결의를 통해 우선 남한 단독정부 수립과 미소공동위원회에 반대하였다. 그리고 대한민국임시정부를 새로운 정부로 봉대할 것과 이를 위해 전국혁명자대표대회를 개최할 것을 주장했다.

1947년 5월 미소공동위원회가 재개되자 독립노농당은 남한 단독정부 수립에 대한 반대투쟁을 더욱 적극적으로 전개했다. 미소공동위원회 재개를 계기로 우익 진영은 크게 3계열로 나뉘어졌다. 미소공동위원회 참가 여부를 둘러싸고 반탁투쟁위원회는 한민당을 중심으로 한 참가파(임정수립대책위원회)와 민족통일총본부·독립촉성국민회를 비롯한 불참가파로 확연히 나뉘었다. 독립노농당은 대한민국임시정부봉대추진회[95]와 제휴하여 우익 진영의 한 축을 이루었다.(《경향신문》 1947년 6월 18일자 참조)

독립노농당 제1차 전당대회에서 자주독립촉진운동을 전국적으로

94) 당시 국민의회는 대한민국임시정부를 확대·강화하는 데 주력하였다. 즉 1947년 3월 1일 전국민대표자대회에서 "대한임시정부를 봉대하는 동시에 국민의회로 하여금 대한임정을 확대강화하라"는 내용의 건의문을 채택하자, 국민의회는 3월 3일 운현궁 독촉국민회 회의실에서 긴급대의원대회를 비공개로 소집하고 대한민국임시정부 확대강화에 대하여 신중 토의하고, 우선 대한민국임시정부 주석에 이승만, 부주석에 김구를 각각 추대하는 동시에, 국무위원에 오세창, 김창숙, 박렬, 이청천, 조만식, 이을규 등 6인을 보선하고, 각 부장의 개선은 주석단에 일임하였다.(이기하, 1961, 98~100쪽)

95) 대한민국임시정부봉대추진회는 임정 세력이 대한독립촉성국민회의 임정봉대파를 규합하여 구성한 단체인데, 1947년 3월 20일 독립촉성국민회 각도대표회의에서 결성이 결의되었으며, 1947년 5월 1일에 발족되었다. 김승학이 위원장으로 선출되었다.(이용기, 1996, 47쪽)

촉구하기 위하여 전국혁명자대회를 개최하자는 방한상의 발의에 따라 유림을 중심으로 대회를 개최하기 위한 준비가 진행되었다. 미소공동위원회 불참가를 선언한 독립노농당은 대한민국임시정부봉대추진회와의 여러 차례 회의를 거쳐 모스크바3상회의 결정에 대한 기본원칙을 세우고, 1947년 6월 16일 전국혁명자대표대회준비위원회를 결성하였다. 대회소집 준비를 마친 뒤, 1947년 8월 29일 조선연무회관에서 300여 명이 참가한 가운데 전국혁명대표자대회를 개최하였다. 대회는 유림의 개회사와 경과 보고, 국내외 정세보고, 지역실정 보고 등이 있은 후, "혁명세력은 국민의회로 총집중한다", "대한민국임시정부의 법통을 옹호하여 본 정부로 하여금 한국 전체의 주권 행사를 발동하도록 열국의 승인을 구한다" 등을 내용으로 하는 결의문을 결정하였다. 그리고 이 대회를 계기로 전국혁명자총연맹이 창립되었으며, 유림이 위원장에 피선되었다.[96)]

이처럼 독립노농당은 국민의회에 참가하여 대한민국임시정부 세력과 임정봉대운동을 펼쳤다. 하지만 '한독당'이 국민의회를 독단으로 운영하자 이에 반대하였다. 국민의회는 1947년 9월 1~5일 제43차 임시대회를 소집하여 ① 4대국(미 · 소 · 영 · 중)회의 절대 지지와 남한단독선거 반대 긴급제의안 ② 조직대강 ③ 국민의회임시선거법 ④ 정부주석 및 국무위원 보선補選 등 7개 항목에 대하여 논의 결정하였다. 국민의회는 미국이 제의한 4대국四大國회의안에 대해 절대 지지를 표명하고, 남한 단독정부 수립으로 나아가는 입법의원의 보선법普選法에 의해 시행되는 남한 총선거를 중지할 것을 주장하기로 결의하였다. 그리고 주석 이승만, 부주석 김구, 국무위원 조소앙 · 유림 · 조완구 · 이시영 · 조성환 · 황학수 · 조경한 · 박찬익 · 김창숙 · 조만식 · 이청천 · 박렬(이상 연임), 김승학 · 김지강(이

---

96) 방한상, 〈해방건국투쟁 약기〉;《경향신문》 1947년 6월 18일자;《자유민보》1947년 6월 13일자;《대동신문》 1947년 5월 10일 · 8월 30일자;《동아일보》 1947년 8월 30일자;《단주 유림 자료집》, 265쪽 등을 종합

상 신임), 정무위원회부서위원장 김승학, 부위원장 조경한, 서기부장 조상항, 조직부장 손정수, 선전부장 엄항섭, 훈련부장 신일준, 동원부장 김석황, 연락부장 송종옥, 농민부장 연병호, 노동부장 황중극, 사법부장 기성도, 산업경제부장 남상철, 문교부장 박윤진, 후생부장 이학송, 재무부장 미정, 외교부장 김여식, 기술부장 김두영, 법무위원회 미정 등을 내용으로 하는 인선을 발표하였다. 국민의회의 정부 조직부서 발표에 대해 독립노농당 소속 대의원 일부는 9월 10일 성명을 발표하여 제43차 임시대회는 "한독당이 당 독재로 모략하여 임정의 법통을 전담하였기 때문에 이를 불신하며, 본 독립노농당 대의원 일동은 국민의회와 임정법통은 물론 지지하나, 제43차 회의에서 조직된 정무위원회, 법무위원회 및 기타 일체 기구에 불참 및 비지원하겠다"고 밝혔다.[97]

미소공동위원회는 협의대상문제로 결국 결렬되고 말았다. 이로써 미소공동위원회를 통한 한국문제 해결은 사실상 불가능하게 되었고, 미국은 소련의 반대에도 한국문제를 유엔에 상정했다. 독립노농당은 미소공동위원회 결렬의 근본원인은 협의대상문제가 아니라 3상 결정 자체가 지니고 있는 비현실성이라고 주장하였다. 즉 1947년 7월 16일 미소공동위원회 브라운 미국측 수석대표가 미소공동위원회 협의대상문제로 미 · 소 양측이 대립하여 소련측은 반탁파에 대하여 불인정권을 행사하고 있다는 내용의 특별성명을 발표하자, 독립노농당은 17일 "미소공동위원회가 협의대상문제로 의견이 대립된 채 정돈상태에 있는 것은 협정 조문에 대한 해석의 차이보다 근본적으로 3상 결정 자체의 비현실성을 다시한번 실증한 것이다"라는 내용의 담화를 발표하였다.(《대동신문》 1947년 7월 17일 · 18일자) 1947년 9월 22일에는 성명을 발표하여 "조선문제를 유

97) 《대동신문》 1947년 9월 9일자 ; 김천영 편저, 1985, 790쪽 ; 이기하, 1961, 98~100쪽 등을 종합

엔에 제출하여 탁치 없는 독립을 즉시 성취케 하자는 미국의 호의는 감사하다"면서 유엔을 통한 한국문제 해결에 찬성하였지만, 우리 민족의 태도가 중요하다면서 유엔에 너무 큰 기대를 가지는 것에 대해서는 경계를 하였다.(《대동신문》 1947년 9월 23일자) 하지만 1947년 9월 28일 국민의회를 비롯한 각 정당 사회단체의 주도로 국민대회가 열리자, 유림은 이 대회에 참가하였다. 유림은 이 대회에서 부회장에 선임되어 유엔 총회에서 한국독립문제를 해결해줄 것을 촉구하는(《조선일보》 1947년 9월 26일자) 등 유엔총회에서 한국문제가 자주적으로 해결되기를 기대하였다.

이승만과 한국민주당 등 우익 진영 일각에서 남한 단독선거를 실시할 것을 적극적으로 주장하기 시작했다. 이에 독립노농당은 단독선거를 거부하고 통일민족국가 수립을 강조하였다. 독립노농당은 1947년 10월 20~21일 이틀간 중앙집행위원회를 개최하여 미·소 군정을 무시하고 무력으로라도 자주적 통일정부를 수립할 것을 주장하는, 다음과 같은 내용의 결의안을 채택하는 등 자력에 의한 독립국가 건설을 도모하였다.

1. 국제동태에 과대한 기대보다 자력으로 안전 독립을 쟁취하기 위하여, 남북을 통한 민주주의 정당과 사회단체가 총연합하여 임시헌법 선거법을 제정하여 자율적 정권을 조직하고 질서유지에 필요한 무력을 편성하여, 남북 행정사무를 무조건 접수할 것
2. 국민의회國民議會는 모일당某一黨이 독점·전횡하는 동안은 국의國議 일체 공작에 참가 안할 것(《대동신문》 1947년 10월 26일자)

결국 미국은 한국문제를 유엔에 상정하였다. 미국은 1947년 10월 17일 "총선거와 양군 철퇴안에 대한 대조선 결의안"을 유엔 사무총장에게 제출하였으며, 이에 따라 한국문제는 10월 28일 유엔 총

회 정치위원회에 상정 · 토의되었다. 11월 5일 정치위원회는 한국의 총선 · 정부수립 등을 위한 유엔조선임시위원단을 설치하기로 결정했다.(김천영 편저, 1985, 834 · 844 · 852쪽) 독립노농당과 유림은 유엔 감시 하의 남북한 총선거가 자주적 민주국가를 건설하는 데 유효한 방도임을 인정하고, 유엔조선임시위원단의 입국을 환영하였다. 그것은 유엔조선임시위원단의 목적이 한국의 통일된 자주독립과 남북을 통한 자유로운 총선거 실시인 것으로 인식하였기 때문이다. 국민의회가 'UN위원단조래환영국민대회委員團來朝歡迎國民大會'를 개최하기로 결정하자, 유림은 대회 부회장으로 선임되어 참가하였다.[98] 그리고 중앙청 정무위원회를 중심으로 결성된 유엔조선임시위원단 환영준비위원회에도 준비위원의 자격으로 참가하여(《경향신문》 1947년 12월 13일자), 위원단 입국을 환영하는 작업을 준비하였다.

1948년 1월 7일에 입국한 유엔조선임시위원단은 남한에서의 활동을 마치고 북한 지역으로 들어가고자 하였으나, 북한과 소련의 거부로 유엔조선임시위원단의 입북은 이루어지지 못하였다. 이에 미국은 1948년 2월 26일 UN 소총회에서 남한에서만이라도 총선거를 실시한다는 결정을 통과시켰다. 이 결정에 따라 남한 단독선거를 실시하기 위한 준비작업이 진행되었다.

이에 김구와 김규식은 남한 단독선거를 막기 위하여, 2월 6일 유엔조선임시위원단에 남북협상을 통한 한국문제 해결을 제의하였다.[99] 독립노농당도 남한 단독선거에 대한 반대 입장을 밝혔다. 유림은 1948년 2월 29일 독립노농당 회의실에서 조완구 · 엄항섭 등 8명의 국민의회 상임위원회 위원들과 회합하여 총선문제에 대해 토의하였는데, 이 회의에서 남한 단독선거를 거부할 것을 제안하여

98) 《동아일보》 1947년 11월 29일자 ; 《대동신문》 1947년 11월 29일자 등을 종합. 유엔조선임시위원단 환영 전국대회는 1948년 1월 14일에 개최되었다.

99) 《동아일보》 1948년 2월 11일자 ; 《서울신문》 1948년 2월 11일자 ; 《조선일보》 1948년 2월 11일자 등을 종합

다수의 지지를 받았다.(《경향신문》 1948년 3월 2일자 참조) 그리고 3월 5일 담화를 발표하여 늦어질지라도 협상을 통하여 독립정부 수립을 이룩하여야 하고, 남한 단독정부 수립은 민족의 앞날에 먹구름을 안고 가는 길이라며 남한 단독선거에 반대하였다. 유림이 주장한 남북협상은 대한민국임시정부 주도하의 남북협상이었다. 유림이 남한 단독선거에 반대한 이유는 다음의 7가지였다.[100)]

1. 선거법의 제정과 선거사무의 집행이 자주적으로 되지 못했다.
2. 조선전래祖先傳來의 국토를 양분한 列('데'의 오자誤字—인용자)다가 남한에서도 최다수의 국민과 최다수의 당파가 반대한다.
3. 극소수의 특권층이 지배하므로 농민 · 노동자 · 일반 근로대중의 복리를 보장할 가능성이 없다.
4. 질質로 양量으로 형태로 중앙정부가 되지 못한다.
5. 자주독립을 무기한으로 지연시키고 국토 분할을 무제한으로 만성화시킨다.
6. 골육상잔의 비극을 제조한다.
7. 미 · 소 대립을 조장하여 국제전쟁을 도발한다.

위의 담화에서 유림은 남한 단독선거로 구성되는 정부는 특권층의 독선적 행위무대가 되어 민중들의 복리를 보장하지 않을 것이며, 남한 단독선거가 치러지면 자주독립이 불가능해지고 남북이 분단되어 골육상잔이 초래될 것이라 하였다. 그리고 이러한 남한 단독선거에 대해서 민중들은 반대하고 있으며, 따라서 남한 단독선거는 결코 치러져서는 안된다고 주장하였다.

남한에서 국민의회와 민족자주연맹을 중심으로 남한 단독선거에

100) 《서울신문》 1948년 3월 6일자 ; 《대동신문》 1948년 3월 6일자 ; 《단주 유림 자료집》, 100쪽 등을 종합

반대하면서 통일국가를 수립할 수 있는 방도를 모색하고 있는 가운데, 3월 25일 밤 평양방송이 민족의 힘을 결집하여 통일된 독립국가를 건설할 것과, 이를 위해 평양에서 이른바 전조선정당사회단체대표자연석회의를 4월 14일부터 평양에서 개최하자는 북한측의 요청을 보도하였다. 남한 정계에서는 한국민주당과 이승만 등을 제외한 주요한 제 정당 · 사회단체들이 북한의 제안에 즉각 찬성을 표하였다. 다음날 유림의 주도 아래 국민의회측의 엄항섭과 민족자주연맹측의 여운홍呂運弘 · 홍명희洪命熹 · 김붕준 등이 중심이 되어 여러 차례 회합을 가지고, 통일된 독립국가 수립을 추진할 구심체로서 통일독립운동자협의회(이하 '통협') 발기회를 조직하였다. 이들은 발기취지문과 초청장을 각계에 발송하는 등 남북연석회의에 대비해 나갔다. 이어 4월 3일 호국역경원護國譯經院에서 '한독당' · 민주독립당 · 근로인민당 · 독립노농당 · 신진당 · 민중동맹 · 민주한독당 · 사회민주당 · 청우당 · 건민회 등을 비롯한 70여 정당 · 사회단체가 참석한 가운데, 박윤진朴允進의 사회로 '통협' 결성대회를 개최하였다. 결성대회는 "통일독립운동자의 총역량 집결을 기期함", "민족문제의 자주적 해결을 도圖함", "민족 강토의 일체 분열 공작을 방지함" 등의 강령을 채택하여, 민족 역량 총단결로 자주적인 통일국가를 건설할 것을 천명하였다. 그리고 "UN조위업무朝委業務는 UN 총회원결의정신原決議精神에 위반되는 것이며, 우리 조국의 분열 공작을 가강加强하는 것이니, 해該 위원단을 소환하고, 우리 문제는 민족자결원칙에 의하여 우리에게 맡겨라"는 내용의 〈UN 총회에 보내는 항의문〉과, "민족의 통일을 조속히 실현하기 위하여 남북회담을 전민족적으로 지지하며 일체 원조운동을 전개하자"는 내용의 〈남북협상추진결의문〉 등을 가결하여, 유엔조선임시위원단의 선거공작에 반대하고 남북협상을 통하여 통일국가를 수립할 것을 역설하였다. 유림은 결성대회에서 개회사를 하였으며, 홍명희 · 조소앙 등과 함께 간사로 선임되었다.[101] 이후 그는 4월 11~12일에 개최된 국민의회 제45차 정기회의에서 의장에 선임되었다.(《조선일보》 1948년 4월 15일자)

하지만 유림은 4월 20일 평양에서 남북연석회의가 열리게 되자, 북한이 제안한 남북협상에 대해 협상 지역과 그 방법론상의 문제를 제기하며 무조건적인 북한행에 대해 반대하였다.(방한상, 〈해방건국투쟁 약기〉) 즉 남북협상은 수도인 서울에서 개최하는 것이 바른 길이며, 평양에 가면 공산당의 전략전술에 말려든다는 것이다.(《단주 유림 자료집》, 100쪽) 나아가 1948년 4월 19일에는 남북연석회의에 참가하기 위하여 북한으로 가는 김구의 옷깃을 붙잡고 신탁통치 찬성자들과 무엇을 타협하자는 것이냐 하면서 만류하였다.(《단주 유림 자료집》, 113쪽) 독립노농당은 4월 24일 담화를 발표하여, 수뇌부는 남북협상을 추진하기 위하여 북행北行하고 있는 반면에, 하부에서는 남한 단독선거에 출마하고 있는데, 이러한 행위는 민중을 속이는 것이라면서 '한독당'의 행태를 비판하였다.[102]

남북연석회의는 예정보다 늦은 4월 19일 56개 단체의 대표 695명(남 : 41개 단체, 395명)이 참가한 가운데 개막되었다. 남북연석회의는 북한의 주도하에 남한의 좌익과 중도 좌파가 적극적으로 참가하고, 중도 우파와 대한민국임시정부 계열이 소극적으로 참가하는 가운데 개최되었다. 며칠 간의 회의 과정에서 〈남조선 정치정세에 관한 결정서〉를 통과시키고, 남한 단독선거와 단독정부 수립에 대한 반대투쟁 대책을 토의 · 결정하였으며, 〈미 · 소 양국 정부에 보내는 요청서〉와 〈전 조선 동포에게 격함〉이라는 제목의 격문를 채택하였다. 남북연석회의에 이어 4월 26일부터 남북조선정당사회단체

101) 《서울신문》 1948년 3월 28일 · 4월 4일자 ; 《조선일보》 1948년 3월 28일 · 4월 4 · 6일자 ; 《경향신문》 1948년 3월 28일 · 4월 6일자 ; 송남헌, 1989, 547쪽 ; 《단주 유림 자료집》, 265쪽 등을 종합

102) 《동아일보》 1948년 4월 24일자 ; 《단주 유림 자료집》, 100쪽 등을 종합

지도자협의회가 개최되었다. 이 협의회에서는 외국 군대를 철수시킨 뒤 전조선정치회의를 소집하여 각계각층을 대표하는 민주주의 임시정부를 수립하자는 내용의 공동성명서가 채택되었다.

이러한 상황에 대처하고자 독립노농당은 1948년 5월 6일 대표 171명이 참가한 가운데 제2차 전당대회를 개최하였다. 전당대회는 중앙집행위원장에는 유림을 유임시키고, 부위원장 박렬을 해임하였으며, 위원 홍순범洪淳範 외 99명, 중앙감찰위원장 신재모, 동 부위원장 류우석, 위원 김재창金在昌 외 9명을 선출하는 등 부서를 개편하였다.[103] 당시 이을규도 부위원장직을 그만두었다.(이문창의 증언) 그리고 남한 총선거 · 남북연석회의 · '통협' 등 당면 문제에 대한 토의 · 결정을 하였는데, 남북연석회의에서 결정된 사항들에 대해서는 반대하기로 결정하였다. 그 이유는 전국정당사회단체연석회의가 남북연석회의가 공산당 독재의 내용으로 진행되었고, 〈남조선 정치정세에 관한 결정서〉에서 "남조선 반동분자들이 미소공위사업을 방해하여 조선의 독립을 지연시켰다"고 한 것과, 〈전조선 동포에게 격함〉이라는 제목의 격문에서 "모스크바 3상 결정은 조선 독립을 보장하는 헌장이다. 우리는 이것을 옹호하기 위하여 호소한다"고 한 것이 독립노농당의 노선과 직접 충돌된다는 것이었다.[104]

이어서 전당대회는 당의 단독선거 반대 결정을 어기고 5 · 10선거에 출마한 당원들을 징계하였다. 당원들 중 30여 명이 당명을 어기고 무소속이나 다른 단체 소속으로 출마하였는데, 이들 가운데 이우출(대구), 조경구(경산), 정준(무소속, 김포), 장홍염(한민당, 무안),

103) 《경향신문》 1948년 5월 8일자 ; 《단주 유림 자료집》, 113~114쪽 ; 정인식의 증언 등을 종합. 정인식은 제2차 전당대회에서 박렬과 이을규를 해임하였는데, 그것은 그들이 친이승만 노선을 걸었기 때문이라고 회고하였다.

104) 《경향신문》 1948년 5월 8일자 ; 《경향신문》 1948년 7월 8일자(《단주 유림 자료집》, 115쪽) 등을 종합

신현상(무소속, 공주), 육홍균(독립촉성회, 선산), 최석홍(청년회, 영주) 외 9명이 당선되었다. 기타 동조자들까지 합치면 29명이나 되어 이들만으로도 원내 교섭단체 구성도 도모할 수 있는 규모였지만, 전당대회는 당선자를 포함한 출마자 전원을 제명하기로 결의하고, 이를 단행하였다.[105]

유림은 독립노농당의 만류에도 불구하고 남북연석회의에 참가한 김구에 대해서도 결별을 선언했다. 김구와 김규식 등은 북한에서 돌아온 뒤 남한 단독정부 수립을 저지하고 통일운동을 더욱 적극적으로 추진할 새로운 기관을 설치하고자 했다. '한독당'과 민족자주연맹(이하 '민자련')은 6월 1일 김구와 김규식의 회담 이후 연석회의를 개최하여, 통일독립운동을 구체적으로 어떻게 전개할 것인가에 대해 토의하였다. 유림은 남북연석회의에 참가한 인사들에 대하여 '공산당 제5열' 운운하면서, '한독당'과 '민자련'의 연석회의에 참석하는 것을 거부하였다. 독립노농당은 1948년 6월 2일 중앙상무위원회를 개최하여 "'통협'을 개조하여 강화하되 평양회의파에게 영도권이 장악되면, 우리 당은 '통협'에서 탈퇴하기로 한다"고 결정하였다. 그 이유는 김구와 김규식이 평양에서 반탁자를 반동으로 규정하고, 3상 결정 옹호에 동의하였다는 것이다.[106]

독립노농당의 반대 속에 '한독당'과 '민자련'은 연석회의를 거듭하여 '통협' 대표자대회를 6월 27일에 개최하기로 결정하였다. 이에 대해 유림은 6월 24일 개최된 '통협' 회의에서 "양 김씨를 비롯

105) 《단주 유림 자료집》, 100~101 · 114쪽 ; 최갑용, 1996, 130쪽 등을 종합. 이 때 5 · 10선거에 참여하여 제명된 아나키스트들 중 일부는 다른 정당에 가입하여 활동했다. 육홍균은 1948년 8월 29일(《동아일보》는 8월 28일로 보도) 이훈구李勳求 · 김봉두金奉斗 등이 주동이 되어 20명의 의원이 참가한 가운데 개최된 농우당農友黨 결성 준비모임에서 이훈구 · 김영○金永○ · 성낙서成樂緖 · 이진수李鎭洙 · 류홍렬柳鴻烈 · 김웅권金雄權 · 김웅○金雄○ · 조국현曺國鉉 · 조○승趙○勝 등과 함께 준비위원으로 선정되었다. 농우당은 농민 · 노동자의 경제적 · 사회적 · 문화적 발전 · 향상을 목적으로 하였다.(《조선일보》 1948년 9월 4일자 ; 《동아일보》 1948년 9월 1일자 ; 《경향신문》 1948년 8월 31일자 등을 종합)

106) 《경향신문》 1948년 7월 8일자(《단주 유림 자료집》, 115쪽)

한 협상파를 주동으로 하는 '통협'에는 독노당 계열은 참가치 않는다"면서 양 김씨를 주석과 부주석으로 추대하는 것에 반대하는 등 김구와 김규식의 '통협' 재편성 기도에 제동을 걸었다. 결국 '통협' 대표자대회는 무기한 연기되었다.[107] '한독당'과 '민자련'은 남북통일운동을 전개할 기구를 설치하기 위하여 7월 4일 연석회의를 개최하였는데, 이 회의는 '통협' 전국대회 소집의 안건은 유림 한 개인이 좌우할 바가 아니라면서, 우선 조속히 '통협'대회를 소집하기로 결정했다.(《동아일보》 1948년 7월 7일자)

'한독당'과 '민자련'의 연석회의에 참가를 거부한 유림은 7월 2일 담화를 발표하여 '통협' 대표자대회가 연기된 것은 전적으로 '한독당'과 '민자련'의 책임이라면서, "삼상결정 옹호를 호소한 전제專制적 영도는 받기 싫다"고 천명하였다.(《경향신문》 1948년 7월 3일자) 나아가 8일에는 남북연석회의에 참가하여 모스크바3상회의 결정을 옹호한 자들이 전권專權으로 '통협'을 지배하여 통일탁치운동자협의회로 변질시키고자 책동하고 있다고 비판하는 내용의 성명서를 발표하였다. 그는 이 성명서에서 통일운동은 해야 할 것이나, 무원칙한 행동은 혼란과 불행을 초래할 뿐이며, 김구와 김규식은 공산당을 선택 수단으로 포용할지라도, 자신은 공산당 5열에 징용될 수 없다면서, 김구와 김규식이 남북연석회의에 참가함으로써 객관적으로 탁치 주장자의 승리를 조장했으니, 이에 대해 그들이 잘못을 인정해야 한다고 주장했다.[108] 유림은 7월 10일에도 "인민공화국 수립을 위한 회의에 참석하여 모스크바 3상 결정을 지지한 사람들이 '통협'을 지배하려는 것은 부당하다"는 요지의 폭탄선언을 하여 김구와의 결별을 확인했다. 유림의 반발에 부딪힌 김구 · 김규식 등

107) 《서울신문》 1948년 6월 2일 · 26일자 ; 《경향신문》 1948년 6월 26일자 ; 《조선일보》 1948년 6월 2일 · 26일자 ; 〈성명서〉(독립노농당 선전부) 등을 종합

108) 《동아일보》 1948년 7월 10일자 ; 《경향신문》 1948년 7월 10일자 등을 참조

은 '통협'과는 별도로 통일독립촉진회를 결성하기로 결정했다.[109]

독립노농당이 김구 중심의 대한민국임시정부세력과 결별한 것은 지금까지 우익 진영에 편입되어 있던 아나키스트 진영으로 하여금 독자성을 회복할 수 있는 기회를 제공해 주었다. 하지만 그것은 아나키스트 진영을 지리멸렬하게 만드는 결과를 초래하였다. 거기에다가 5·10선거 당선자들에 대한 제명 처리는 독립노농당의 쇠퇴를 더욱 촉진하였다. 의회활동을 통해 아나키스트들의 정치적 입장을 선전하고 조직을 강화할 기회를 상실하였던 것이다. 그리하여 독립노농당은 완전히 고립된 소정당으로 전락하였으며, 아나키스트 세력은 몰락의 길로 치달아 갔다.

2) 분단정부 수립 이후의 사회개혁운동

유림과 독립노농당의 노력에도 불구하고 통일된 자주적 민주국가가 수립되지 못한 채 분단정부가 수립되었다. 유림은 시대가 일개 인간 본위의 정치활동을 허락하지 않는 것으로 판단하고, 계몽과 조직을 통한 대중운동을 펼치기로 하였다.(《국제신문》 1948년 9월 23일자) 그것은 민주주의에 대한 민중의 몰이해와 실망이 한국사회의 민주화를 가로막고 있는 가장 큰 장애물이라는[110] 인식에 근거하였다. 즉 계몽을 통해 민중들의 민주의식을 고양시켜야만 한국사회의 민주화가 가능하고, 나아가 아나키스트 사회도 건설할 수 있다는 것이다.

유림은 독립노농당의 노선을 현실정치에 참가하는 것으로 변경하여, 정치권 내에서의 활동을 통한 남한사회 민주화를 모색하였

109) 《경향신문》 1948년 7월 10일자(《단주 유림 자료집》, 119쪽)

110) 〈취지서〉(한국민주주의자총연맹)(《단주 유림 자료집》, 122쪽). 한국민주주의자총연맹은 부산정치파동 이후 반이승만정권투쟁을 전개하기 위하여 조직한 단체이다.

다. 1948년 12월 12일 제3차 유엔 총회에서 대한민국을 합법적 정부로 승인하는 등 이승만 정권이 국내외적으로 기반을 확보해 나갔다. 이에 독립노농당은 1949년 5월 7일~8일 서울시내 필동 역경원에서 제3차 전당대표자대회를 개최하여, 중앙집행위원장 유림, 중앙집행위원 이주록李周錄 외 99명, 중앙감찰위원장 신재모, 동부위원장 류우석, 동위원 이해룡 외 8명 등을 선출하고, 단정이 수립된 이상 의회에 참가하여 투쟁할 것을 결의하였다.[111] 유림도 종전의 이념과 방법을 시비할 필요가 없다면서(《국제신문》 1948년 9월 23일자 참조), 1950년 4월 11일 5 · 30선거에 참가한다는 내용의 성명서를 발표하였다.(《서울신문》 1950년 4월 13일자) 통일선거의 가망이 없으니 남한에서만이라도 민주주의를 실천하여야 한다는 것이었다.(서울특별시경찰국사찰과 편, 1955, 86쪽) 이에 따라 5 · 30선거에 50명 이상 출마하였으나 한 명의 당선자도 내지 못하였다.(《단주 유림 자료집》, 102쪽) 유림도 연고지인 경북 안동2구에 입후보하였으나 낙선하고 말았다.(김재명, 1986, 404쪽)

이후 유림은 이승만 정권에 대한 반대투쟁에 앞장섰다. 이승만은 1950년 5 · 30총선에서 야당이 압승하는 바람에 자신의 대통령 재선이 어려워지자 개헌을 시도하였다. 1951년 11월 30일 이승만 정권은 대통령직선제 개헌안을 국회에 제출하였다. 하지만 1952년 1월 18일 국회가 이를 부결시켰다. 이승만 정권은 국회해산을 요구하는 '관제민의官製民意'를 동원하는 등 국회의원을 위협하였다. 이에 독립노농당은 1952년 5월 18일 중앙집행위원회를 개최하여 신좌균申佐均, 최갑용, 우한룡, 이주록, 조주흠趙柱欽 등 당 핵심 인물이 참가한 가운데, 내각책임제 개헌안을 지지하고 대통령책임제 개헌안에 반대할 것을 결의하였다.(서울특별시경찰국사찰

111) 《경향신문》 1949년 5월 11일자(《단주 유림 자료집》, 119쪽) ; 《단주 유림 자료집》, 101쪽 등을 종합

과 편, 1955, 86쪽)

이승만 정권은 5월 25일 국회 해산을 강행하고자 부산을 중심으로 한 23개 시·군에 계엄령을 선포하고, 5월 26일 부산정치파동을 일으켜 헌병대로 하여금 내각제개헌을 주장하는 야당 의원 50여 명을 연행케 하였다. 정헌주鄭憲柱·이석기李錫基·서범석徐範錫·임흥순任興淳·곽상훈郭尙勳·권중돈權仲敦 등 12명은 국제 공산당 관련 혐의로 구속되었다. 이에 대해 국제적으로 비난여론이 쇄도하자, 이승만 정권은 국회해산을 보류하고 정부와 국회 양측의 개헌안을 발췌한 발췌개헌안을 제출하였다. 7월 4일 경찰과 군인들이 국회의사당을 포위한 가운데 발췌개헌안을 통과시켰다.

부산정치파동이 일어나자 1950년 6월 30일 무렵 서울 사수를 언명해 놓고 몰래 피난간 이승만을 공개적으로 비난하였던(김재명, 1986, 405쪽) 유림은 반이승만정권투쟁을 전개해 나갔다. 유림은 야당 각 파와 재야인사들에게 이승만 정권 반대투쟁을 펼칠 것을 호소하여, 한국민주주의자총연맹을 조직하였다. 그는 이승만 정권 반대투쟁을 전개하면서 이승만과 연합했던 세력과는 협력하기를 거부했다. 부산정치파동 이후 신익희가 유림에게 제정당 사회단체들을 모아 '반이승만의 범국민운동'을 일으키자고 제안했으나, 유림은 이를 거절했다. 그 이유는 신익희가 이승만의 남한 단독정부 수립에 협력하여 국회의장을 하였기 때문이다. 즉 그는 "그래 해공! 자네는 이승만 앞에서 기생첩 노릇을 했던 사람이 아닌가! 그래 내가 이승만의 첩하고 타협을 해? 차라리 구국타협이라면 이승만하고 하지"라고 하면서 신익희의 제안을 거절하였던 것이다.(최갑용, 1996, 132쪽)

한국민주주의자총연맹에는 신익희도 장면 등과 함께 참여하였다. 조봉암도 참가하고자 하였으나, 장면의 반대로 뜻을 이루지 못하였다.[112] 한국민주주의자총연맹은 〈취지서〉에서 부르주아민주주의와 공산주의를 비판하면서 "자유와 평등과 상호부조를 기조로 하는 민주주의" 실현을 통해 "현대의 모든 모순을 해결하고, 영원한 평화와 무궁한 번영을 약속"하는 사회를 건설할 것을 주장하였다. 그리고 다음과 같은 강령을 제시하였다.[113]

1. 국내의 모든 민주역량이 조국의 자주, 민주, 통일을 위한 단일진영에 집결한다.
2. 한국의 민주주의적 시책이 급속히 발전하도록 협력한다.
3. 모든 비민주적 세력을 배제하고, 국제적 민주세력과 평등호혜의 원칙하에 합작한다.
4. 민주사상을 보급하기 위한 모든 문화활동을 실천한다.

6·25전쟁 직후 특무대에 잡혀가 3개월 간 곤욕을 치른 유림은 6·25전쟁으로 당이 치명적 타격을 받자, 파괴된 당 조직을 재정비하기 위한 작업에 착수하였다. 1952년 당시 지방당부가 결성되어 있던 지역은 서울, 부산, 안의, 전주, 안동, 예천, 청도, 선산, 대덕, 대구, 군산, 옥구, 대전, 진영, 예산 등지였다.(서울특별시경찰국사찰과 편, 1955, 84쪽) 유림은 전쟁이라는 비상상황에서 당 조직이 제대로 돌아가지 않자 청년들을 중심으로 특위를 조직하여 그를 중심으로 활동을 전개하고자 했다.(정인식의 증언)

그는 대구 북성로에 독립노농당 당사를 설치하고, 대구에 있던 청년 당원들과 숙의한 끝에 1952년 10월 3일 경북지구특수위원회(이하 '경북특위')를 조직하였다. 위원장에 하기락이 선출되었고, 당무부, 조직부, 훈련부, 재무부, 학생부, 노동부 등의 부서를 두었다.

112) 《단주 유림 자료집》, 120쪽 ; 이창근, 〈단주 선생과 독립노농당의 회고〉 등을 종합
113) 〈취지서〉(한국민주주의자총연맹)(《단주 유림 자료집》, 120~124쪽)

'경북특위'는 매주 월요일 정기회의를 열어 국내외 정세를 분석하고 조직을 점검했다. 그리고 학생들에 대한 조직사업을 벌여 두 개의 서클을 결성하고, 성주, 영덕, 안동, 경주, 군위, 의성, 영천, 영주, 예천, 상주, 선산, 달성, 칠곡, 고령, 영양의 순서로 지역조직을 확대하였다. 그 결과 1955년 9월 현재 대구를 비롯한 경북도내 일원에 엄격한 심사를 거친 당원 237명을 확보하였다. 1954년 조직개편[114)]으로 독립노농당 '경북특위' 위원장이 된 김상현은 1954년 소장 학자들을 중심으로 영남학회(일명 제3학회)를 결성하여 아나키즘에 대한 연구와 선전작업을 전개했다. 영남학회는 비非마르크스주의 비자본주의의 제3이념을 모색하는 연구기관이었다.[115)]

경남 지역에 대한 조직사업도 전개하였는데, 경남지구특수위원회를 결성하기 위하여 이홍주李弘周, 안병준安秉駿 두 조직부 위원[116)]을 경남지구로 파견하였다. 두 위원은 부산, 마산, 고성, 창원, 함안, 함양 등지를 순회, 30여 명의 동지를 규합하여, 부산의 조주흠, 함안의 하태환河泰煥, 창원의 손조동 등과 경남지구특수위원회 조직에 협력했다.(《단주 유림 자료집》, 124~125쪽)

독립노농당은 청년운동의 외연을 확장하기 위해 청년들에 대한 별도의 조직화사업을 전개했다. 1953년에 류제충, 황빈, 김용태, 이창근 등이 안성 지역 출신의 재경 대학생들과 함께 독립노농당

---

114) 《단주 유림 자료집》(125쪽)과 〈단주와 독립노농당〉은 1954년의 조직개편으로 이홍주가 2대 위원장이 되었고, 김상현은 3대 위원장이었던 것으로 서술하고 있다. 하지만 〈단주와 독립노농당〉은 다른 곳에서는 앞의 서술과는 달리 김상현이 2대 위원장이었던 것으로 서술하였다. 이홍주가 1953년에 경남 지역으로 파견되어 활동하고 있었고, 김상현이 1954년에 영남학회를 조직한 사실을 고려하면, 2대 위원장은 김상현이었던 것으로 보는 것이 보다 정확할 것이다. 1954년 조직개편 당시 김이철, 강덕희, 조병래, 강문진, 김훈기, 김재명 등이 위원으로 보강되었는데, 대부분이 대구시내 각 대학 재학생이었다.(〈단주와 독립노농당〉)

115) 《단주 유림 자료집》, 124~125쪽 ; 하기락, 1993, 336쪽 ; 〈단주와 독립노농당〉 등을 종합

116) 〈단주와 독립노농당〉에 따르면, 이홍주와 안병준이 조직부원이었던 시기는 1952~1953년이었다.

청년특수위원회(이하 '청년특위')를 조직하였다.[117] 이후 이천재, 이춘희李春熙, 정태철, 성창훈 등이 그들을 이어 활동하였다. '청년특위'는 4월민주항쟁 이후 7 · 29총선에서 독립노농당후보를 당선시키기 위한 활동을 전개했다.(이천재의 증언)

1955년에는 '청년특위'가 중심이 되어 구국청년동지회를 결성하였다. '청년특위' 소속 이천재, 이춘희 등은 반둥회의가 개최되고 중화인민공화국이 부각되는 등 세계정세가 급변하자, 유림을 대통령에 당선시킬 절호의 기회가 온 것으로 보고, 1955년 봄 각 대학 소속 학생들인 이민우, 정태철(경희대), 오연환(동국대), 한상섭(단국대), 안성지역 유학생회장인 이제병, 그 외 장교선, 맹의재, 성창훈, 박봉희, 안명주, 유성하 등과 함께 비밀조직체 '구국청년동지회'를 결성하였다. 구국청년동지회는 첫째, 정당적 독선과 계급적 사회제도를 부인 타파하고 공공선을 기필할 수 있는 정치 실현, 둘째, 자주적이고 평화적인 조국 통일, 셋째, 국제 호혜평등과 군사 · 문화 · 경제적 침탈의 부인 배제 등의 3대 원칙을 내걸고 강령을 작성하였다. 조직의 주된 활동은 정치경제학 이론서와 사회과학 일반서를 학습 · 토론하는 한편, 각 지역 유학생회를 흡수하여 전국적으로 청년학생조직을 확대해 가는 것이었다. 그러던 중 1955년 7월 5일 육군특무부대에 의해 "북한 괴뢰 집단의 사주 아래 대한민국 정부 전복을 목적으로 무력 폭동과 국내 혁명을 계획"했다는 혐의로, 이천재를 포함한 조직원 9명이 체포 · 구속되었다. 동 조직의 총무인 이천재는 육군형무소에서 3년 5개월을 복역한 후 1958년 8월 만기 출소하였다. 구속자는 이천재, 정태철, 권태현, 성창훈, 이춘희, 오연환, 박봉희, 안명주, 한상섭 등이었으나, 이천재를 제외하고는 거의가

117) 이천재는 2011년 3월 29일에 행한 구술에서는 '청년특위'가 독립노농당 창당과 함께 설치되었다고 회고했다. 하지만 독립노농당은 창립 당시에 청년부를 설치하고 있었다. 그러한 상황에서 '청년특위'를 별도로 조직한다는 것은 설득력이 없으므로 취하지 않는다. 정인식은 독립노농당 내에 청년특위라는 조직은 없었으며, 만약 있었다면 1956년 3월 이전일 것이라고 회고하였다.(정인식의 증언)

선고유예 혹은 집행유예로 다 석방되었다.[118)]

1954년 당사를 서울 중구 광희동으로 옮겨서 당무를 보기 시작한 독립노농당은 1956년 3월 25~26일 양일간에 제15차 중앙집행감찰연석회의를 개최하여 제4차 전당대표자대회 개최의 건, 당헌 수정의 건, 기관지《노농신문》속간의 건, 중앙당부 사무실 설치의 건, 제3대 정부통령선거에 관한 건 등을 의결하고, 각 지방당부에 통지하였다.(《단주 유림 자료집》, 103 · 126쪽)

1956년 5월 5일[119)]에는 제4차 특수전당대회를 개최하여, 민족통일운동의 나아갈 길을 밝히고, 천도교 교령 이동락李東洛, 3월 1일 탑골공원에서 〈독립선언서〉를 낭독한 정재용鄭在鎔, 청주 의병대장 한봉수韓鳳洙 외 다수인을 영입하였다. 그리고 9월에는 서울지역의 독립노농당 청년과 학생들이 서울특수위원회를 결성하여 의욕에 찬 활동을 전개하고자 하였다. 위원장에 류제충을 선출하고, 서울대(이재각), 연세대(오방환), 고려대(이두연), 성균관대(김남훈), 동국대(오연환), 단국대(한상섭), 건국대(맹의재, 유성하), 중앙대(이상민), 홍익대(성창훈), 경희대(정인식鄭仁植, 정태철) 등에 각각 책임자를 두었다. 대학생이 아닌 자로는 이춘희, 김용관, 유영봉, 고범준, 이천재 외 다수가 참가했다.[120)]

---

118) 민주화운동기념사업회 연구소 편, 2006, 20쪽 ; 이춘희, 〈단주 선생과 독립노농당의 역사적 의미〉; 이천재의 증언 ; 정인식의 증언 등을 종합. 정인식은 구국청년동지회는 실체가 없는 조직으로 경찰이 뉴델리사건에 유림을 연관시키기 위하여 날조한 것으로 단정하였다.(정인식의 증언)

119) 《단주 유림 자료집》, 126쪽에는 1956년 7월 7~8일에 제4차 전당대회를 개최한 것으로 기록되어 있다.

120) 《단주 유림 자료집》, 103~104쪽 ; 〈단주와 독립노농당〉; 이춘희, 〈단주 선생과 독립노농당의 역사적 의미〉; 정인식의 증언 등을 종합. 연세대에는 오방환 이외에 이제병 · 유기홍 · 이민우, 성균관대에는 김남훈 외에 김세응, 중앙대에는 이상민 외에 김창용, 건국대에는 맹의재 외에 유성하, 조직력이 강했던 경희대에는 정인식과 정태철 외에 임동근 · 이병연 · 김학기 · 임낙관 · 고혁근 · 이동희 · 이관우 · 김지현 · 김두철 · 이상술 등 다수가 활동하였다. 이천재, 김용관, 고범준 등이 서울특위에서 활동한 것이 사실이라면, 그 시기는 1958년 8월(이천재)과 1957년 11월(김용관과 고범준) 이후일 것이다. 이천재는 1955년 7월 5일 구국청년동지회사건으로 구속되었고,

유림은 외국 아나키스트들과의 국제적 교류도 모색하였다. 그 결과 1949년 10월 1일 파리에서 개최된 세계 아나키스트 대회에 조선무정부주의자총연맹 대표로 초청을 받았다. 하지만 출국 승인을 받지 못해 참석하지 못하였다.(《단주 유림 자료집》, 101쪽) 그리고 국제 아나키스트계 기관지 《평화》를 통하여 한국 아나키스트들을 원조해줄 것을 요청하는 메시지를 발표하기도 하였다.(서울특별시경찰국사찰과 편, 1955, 86쪽)

독립노농당은 조직재정비사업을 통하여 1956년부터 봄부터 점차 제 모습을 회복하였으며(《단주 유림 자료집》, 125쪽), 1960년 2월 6일에는 전당상임대표회 의장 유림이 독립노농당은 3월 15일 실시될 예정인 제4차 대통령, 제5차 부통령 선거에 관하여 전당상임대표회 제17차 회의에서 다음과 같이 결정하였다는 내용의 성명을 발표했다.(《단주 유림 자료집》, 134쪽)

> 1. 독립노농당은 금차 정부통령 선거의 결정적 승리를 확보함에 장애가 불소함으로 입후보를 보류한다.
> 2. 독립노농의 당원은 등록된 정부통령 후보자 중에서
>   1) 공인된 애국자로서
>   2) 자주, 민주, 통일을 포함한 국가의 완전 독립과 독립노농당이 추구하는 국민생활의 합리한 개선을 조속 성취함에 신뢰성이 가장 많은 후보자를 지지한다.

하지만 독립노농당은 뚜렷한 활동을 전개하지는 못했다. 그러한 상태에서 1960년 이승만 정권의 부정선거에 대항하여 4월민주항쟁이 일어났으며, 결국 이승만의 퇴진으로 이어졌다. 유림은 4월

김용관과 고범준은 1957년 11월 초순에야 독립노농당에 가입하였다(김용관, 〈단주 선생에 대한 회고와 추모〉).

28일 시국에 관한 담화문을 발표하여, "진정한 민주가 실현될 때까지 우리가 일치단결로 공동투쟁"할 것을 당부하면서, 당면과업으로 다음을 제시하였다.

一. 이기적利己的 필요로 이승만 독재를 부식·조장해놓고 그 야망을 여의如意히 만족시키지 못함에서 불평을 호소하는 부류部類가 이승만 독재를 계승하거나, 정치시승政治市僧들이 의혈의 대가를 도절횡취盜竊橫取하지 못하게 할 것

一. 이번 투쟁의 근본의의가 부정선거의 규미糾彌에 그치는 것이 아니므로, 재임再任되는 질서는 정치문제에 한정하지 말고, 제반 문제에 걸쳐서 목전目前의 미봉책을 버리고 장래를 고려할 것

一. 어느 당파나 계급의 승리가 아니므로 모든 대책에 일임하지 말고, 이번 투쟁의 공로자들을 비롯하여 광범한 각 방면으로 거족적 의견을 수용·채택할 수단을 취할 것

一. 성격의 여하를 막론하고 외세의 영향을 방지할 것(《단주 유림 자료집》, 135쪽)

위에서 보는 바와 같이 유림은 당면과업으로 보수세력의 재집권을 방지하고 이승만 독재체제를 구조적으로 극복할 것, 그리고 새로운 사회 건설에서 외세를 철저히 배제할 것 등을 제기하고 있다. 이처럼 분단정부 수립 이후 독립노농당은 아나키스트 사회를 건설하기 위한 구체적 활동을 통해 혁명을 준비하는 사업은 펼치지 못하고, 체제 내 개혁에 머물렀다. 4·19라는 혁명적 상황이 도래하였음에도 제도적 개혁만을 추구하였을 뿐, 혁명공간을 활용한 아나키스트 사회 건설을 위한 방책은 하나도 제시하지 않았다. 즉 민주사회 건설이라는 테두리에서 벗어나지 못하였다. 결국 정당을 통한 정치활동은 결국 아나키즘으로부터 혁명성을 거세하였으며, 아나

키스트 운동을 체제 내의 개량주의운동으로 전락시키고 말았다.

개량주의적 인식은 유림으로 하여금 혁신세력 통합에 주력하도록 만들었다. 그는 정화암鄭華岩 · 권오돈權五惇 · 조경한趙擎韓 · 김창숙金昌淑 · 장건상張健相 · 김학규金學奎 등과 함께 1960년 5월 12일 성명서를 발표하여, 혁신세력의 일치단결을 호소하면서 '혁신동지협의회'를 발기하였다. 이 성명서는 이승만 독재정권의 잔당들이 재기를 꿈꾸며 온갖 흉계를 꾸미는 등 "국가의 운명이 또다시 구겁求刦의 세륜洗淪에 임박한 위기를 당하"고 있다면서, "민족의 정기를 방위하고, 정치 · 경제 · 문화 등등 국민의 생존과 발전에 관련되는 모든 면에서 시대와 환경에 적합한 새 기구와 새 인재로써 이 땅에 참된 민주체제를 확립하여, 남북통일을 빨리 성취하고 지름길로 뛰어가 선진 제국 앞에 나설 목적으로 혁신동지총연맹을 조직한다"고 밝혔다. 그가 혁신세력 통합에 나선 것은 "국가의 완전독립을 성취함이 현단계에서 우리의 유일한 역사적 임무"이며, 그 임무를 완수하기 위해서는 전 민족의 일치단결이 필요하다고 보았기 때문이다.[121]

1960년 5월 27일 혁신동지협의회는 한독당, 근민당, 전 진보당, 유도회儒道會 일부, 광복동지회 등 130여 명이 참가한 가운데 '혁신동지총연맹 결성준비 대표자대회'를 개최하였다. 이 날 혁신동지총연맹결성대회준비위원회(최고위원 : 유림, 장건상, 권오돈, 박석홍, 최천택)는 "4 · 26민주혁명에 의해 붕괴된 이승만 독재 도당에게 최후까지 타격을 주어 재기불능을 도모할 것이며, 보수세력에 대한 투쟁에 있어서 무자비한 대결을 하지 않으면 안될 것"이라는 요지의 〈취지문〉과 동 연맹의 규약 및 4개 항의 강령을 채택하였으며, 이어 〈선언문〉을 발표하여 과도정부가 "반혁명세력 재기再起의 방지를 기

121) 〈성명서〉(혁신동지총연맹 발기인대표)(《단주 유림 자료집》, 136~137쪽) ; 《동아일보》 1960년 5월 28일자 등을 종합

본으로 한 혁명질서 유지 임무와, 혁명성격을 가진 제2공화국 건설 준비에 관한 초당파적 봉사의 책임을 완수치는 못하"고 오히려 혁명적 활동을 제재制裁하고 있기 때문에, 이승만 정권의 잔재세력이 제2공화국 정권에 참여할 계획을 공공연히 전개하고 있으며, 이승만에게 "국부國父의 망칭妄稱을 봉택奉宅하고, 독재기구를 조작진상造作進上하며, 권력을 분여分與받아 독재를 조장하는 한편, 동포를 기탄없이 억압 착취 도살하였던" 민주당은 "민주주의를 독점하고 애국애족을 전매하"면서, "4월혁명을 자가제품自家製品처럼 망상하고, 제2공화국을 장수물掌手物로 여기면서, 이 정권이 가졌던 권익을 차례로 점령하"고 있다고 비판하였다. 그리고 "애국자, 혁명청년, 노농대중, 양심적 지식인들과 초당파적으로 총연결하여, 공동투쟁으로써 모든 반혁명, 사이비 혁신" 등을 타파하고, "우리 국민의 생존번영에 필요한 모든 면에서, 자유, 평등, 박애를 기본으로 새로운 국가시책을 재편성하여, 밖으로 국가의 완전독립을 회복하고, 안에서 자유행복한 새 사회를 건설"할 것을 천명하였다.[122)]

5월 30일 혁신동지총연맹의 지도위원으로 유림, 장건상, 박석홍, 정재용, 최천택, 석영규 등을 선출하고, 상임위원으로는 이광진(상무위원장), 우한룡(총무위원장), 최백근(조직위원장), 신기초(선전위원장), 문희중(재정위원장), 온삼엽(기획위원장), 정재용(선거대책위원장), 성낙준(정책위원장), 윤태영(심사위원장) 등을 선임하여[123)] 대중적 기반을 확보하고자 활동하였지만, 민주사회주의를 표방하던 혁신계의 주류는 사회대중당으로 몰렸다. 정화암도 사회대중당으로 옮겨갔다. 유림은 7·29총선에서 혁신동지총연맹의 공천으로 안동을구에 입

122) 《단주 유림 자료집》, 138~139쪽 ; 《동아일보》 1960년 5월 22일 · 28일자 ; 《경향신문》 1960년 5월 28일 · 31일자 등을 종합

123) 이천재는 류제충과 이천재가 선전위원장과 부위원장, 이창근이 내무위원장을 맡은 것으로 회고하고 있는(이천재의 증언) 것으로 보아, 나중에 상임위원의 교체와 부서개편이 있었던 것으로 추측된다.

후보하였으나, 1958년 5월 2일 4대 국회의원 선거(대구2區, 1,427표) 에서의 패배에 이어 또 다시 낙선하고 말았다.[124)]

7 · 29총선 이후 1960년 9월 10일 유림은 혁신동지총연맹, 독립노농당, '한독당', 한국사회당, 사회대중당 등 5당 합당을 주장하면서, "5당 합당에 대한 통일방안"을 마련하였다. 그는 이 글에서 파쇼와 나치를 제외하고 진보적 민족주의자와 각종 종교사회주의를 포함한 모든 비非마르크스 사회주의자들을 총집결한 자유사회주의 집단을 결성하고, 이 통합 신당을 중심으로 "필승의 준비가 완료된 위에 민주 대한의 자주 계획과 'UN'의 우호적 협조로써 인구비례로 진정한 자유총선거를 실시"하여, 통일된 국가를 건설할 것을 주장하였다.(《단주 유림 자료집》, 140~141쪽)

통합논의 과정에서 혁신세력 통합체의 근본이념을 무엇으로 할 것인지에 대한 논란이 일어났다. 당시 대부분의 혁신세력은 민주사회주의를 표방하고 있었다. 하지만 유림은 "나는 민주사회주의자가 아니요, 반反마르크스 자유사회주의자이다"라고 하면서(최문호, 1991, 269쪽), 민주사회주의에 대해 부정적 입장을 내비쳤다. 하지만 이념상으로 아나키즘을 고집하지는 않았다.(정인식의 증언) 독립노농당 · 혁신동지총연맹 · 한국사회당 · 사회대중당 · 한국독립당 등이 1960년 10월 15일 혁신세력을 통합하여 단일 정당을 발족하겠다는 내용의 성명을 발표하고, 11월 16일에는 5당통합추진실무위원회가 통합 신당의 이름을 독립사회당으로 결정하는 등 5당 통합이 추진되었다.(민주화운동기념사업회 연구소 편, 2006, 88 · 92쪽) 하지만 5당 합당은 지지부진한 상태를 벗어나지 못하였다. 1961년 4월 1일 정인식, 이창근, 유성하, 김용관, 고범준 등이 참가한 가운데 5당통합회의가 열리고 있는(김용관, 〈단주 선생에 대한 회고와 추모〉) 가운

124) 최갑용, 1996, 134쪽 ; 〈한국현대사 인물, 유림〉《한겨레신문》 1991년 4월 12일자(《단주 유림 자료집》, 260쪽) ; 김재명, 1986, 405쪽 등을 종합

데 유림이 집 마당에서 나무를 심다 심장마비로 서거하였다.(김재명, 1986, 406쪽) 이로써 5당 합당은 완전히 실패로 끝나고 말았다. 이에 독립노농당은 4월 12일 당 비상대책회의를 개최하여 민주사회당과 합당하기로 하고, 다음과 같은 간부진을 꾸렸다.(《단주 유림 자료집》, 105쪽)

상임대표회의장 : 박석홍

대표위원 : 이을규, 이동락, 하기락, 오남기, 이규석, 경기현, 이주록

중앙집행위원장 : 류우석

내무위원장 : 이창근

당무위원장 : 신기초申基礎

외무위원장 : 류제충

재무위원장 : 하영조河永祚

당무부장 : 정지호鄭之鎬, 노동부장 : 유영봉俞永峰, 조직부장 : 정인식, 재무부장 : 김용관金容寬, 선전부장 : 임동근林東根, 농민부장 : 류성하柳成夏, 문화부장 : 이춘희李春熙, 부녀부장 : 주경희朱敬姫, 상공부장 : 조순기趙順基

독립노농당과 민주사회당의 합당은 문안 작성 단계에까지 갔으나, 5·16쿠데타로 인하여 이루어지지 못하였다.(최갑용, 1995, 71쪽) 독립노농당은 5·16쿠데타 직후 시국에 대한 대책을 상의하던 중간부들이 계엄군에 의하여 연행되거나 수배당하였고, 1962년 군사정권의 정당해체 조치로 인하여 해체되었다.(《단주 유림 자료집》, 105쪽) 독립노농당을 맡았던 박석홍은 일부 청년 당원들을 이끌고 민주공화당에 합류했다.(최갑용, 1995, 73쪽) 강권에 반대하는 아나키스트들이 강권조직에 참가하는 기현상이 벌어진 것이다.

결 론

1880년대부터 한국에 소개된 아나키즘은 1910년 국권상실을 계기로 한국인들에 의해 민족해방운동의 지도이념으로 수용되기 시작하였다. 사회진화론에 근거한 실력양성론과 민족주의가 한국인 사상계를 지배하는 가운데 제1차 세계대전의 발발과 러시아혁명을 계기로 아나키즘 수용의 폭은 점차 확대되어 갔으며, 3 · 1운동 이후 급격히 확산되었다. 아나키스트들을 비롯한 사회주의자들은 민중해방을 표방하면서 노동자 · 농민을 조직화하고 그들을 투쟁으로 끌어들였다. 아나키스트들은 농부대회와 소작인단체 및 조선노동공제회 등 각종 농민조직과 노동자조직을 결성하였다. 그러한 가운데 1920년대 초반 대중운동이 성장하면서 공산주의가 확산되었고, 이에 따라 사회주의계가 분화되었다. 1922~1923년경부터는 공산주의가 아나키즘을 대신하여 사회주의계를 주도했다. 하지만 아나키즘은 민족주의, 공산주의와 함께 일제강점기 내내 제3의 사상으로서 민족해방운동을 이끌었다.

아나키스트들의 민족해방운동은 테러적 직접행동론, 경제적 직접행동론, 혁명근거지 건설론 등에 입각하여 선전활동, 테러활동, 농민운동, 노동운동, 혁명근거지 건설운동, 민족전선운동 등을 펼쳤다. 아나키스트들은 국내와 일본, 중국 등지에서 아나키스트 운동을 펼쳤는데, 이들 지역의 한국인 아나키스트 운동은 일본제국주의 타도와 민족해방이라는 동일한 목적을 가지고 있었지만, 주객관적 조건이 서로 다른 상황에서 펼쳐졌다. 즉 세 지역의 한국인들은 일본제국주의 식민권력으로부터 전혀 다른 규정을 받고 있었고, 주체적 역량도 서로 달랐기 때문에 각각 독자성을 가지고 전개되었다. 국내와 일본에서는 주로 선전활동, 테러활동, 농민운동과 노동운동 등을 전개했고, 중국에서는 선전활동, 테러활동, 혁명근거지 건설운동 등을 전개했다.

국내에서는 흑로회, 흑기연맹, 문예운동사, 우리계 등의 아나키스트 단체들이 결성되어 기관지를 발행하거나, 강연회 혹은 독서회 등을 조직하여 아나키즘 선전활동을 전개해 나갔다. 하지만 본격적으로 활동을 전개하기 전에 일제에 의해 조직이 파괴당하는 바람에 조직적이고 체계적인 선전활동은 펼치지 못하였다. 심지어는 조직이 결성되기도 전에 파괴당하는 사례도 있었다.

국내 아나키스트들은 선전활동과 함께 반공산주의활동도 전개했다. 공산주의가 수용되고 수용의 폭을 넓혀 나가자, 그 동안 공산주의자들과 뒤섞여 활동하던 국내 아나키스트들은 공산주의를 비판하기 시작했다. 나경석과 고순흠의 공산주의 비판에 이어 원산 등지에서 반공산주의 활동이 펼쳐졌다. 공산주의에 대한 본격적인 비판은 1927년 신간회 결성을 계기로 평양과 원산 등지에서 활발하게 전개되었다. 반공산주의활동은 물리적 충돌로까지 나아갔다.

'사실에 의한 선전' 수단으로서의 테러 활동을 통해 민중들의 폭동 · 봉기 등의 직접행동을 이끌어내고자 하였던 시도도 있었다. 1920년대 초 국내에서 전개된 테러활동에는 아나키스트들이 직 · 간접적으로 관계하였던 것으로 보이며, 1925년 대구에서 결성된 진우연맹은 테러적 직접행동론에 입각하여 일제의 식민통치기구를 파괴하는 활동을 계획하였다. 하지만 실행에 옮기기 전에 일제에 의해 적발되어 그러한 계획은 무산되고 말았다. 이외에도 테러적 직접행동론을 취한 단체나 아나키스트들이 있었다. 하지만 실행에 옮겨진 테러활동의 예를 찾아보기는 어렵다.

1920년대 후반 이후 국내에서 아나코생디칼리슴이 확산되면서 아나키스트 노동운동이 점차 활성화되어 갔다. 아나키스트들은 아나코생디칼리슴에 입각하여 노동자 조직화에 주력하였으며, 노동자들의 파업투쟁을 적극 지원하였다. 그리고 생산조합이나 작업부 설치를 통해 자주관리체제를 지향하였다. 하지만 아나키스트 노동운동은 노동자 대중들의 폭넓은 지지를 이끌어내지 못하였다. 거기에다가 아나코생디칼리슴의 확산으로 인한 아나키스트 노동운동 진영의 분열은 아나키스트 노동운동 진영의 약화로 이어졌다. 결국 아나키스트 노동운동은 1930년대 초반 이후 거의 펼쳐지지 못한 채 그 막을 내리고 말았다.

국내 아나키스트 운동이 계속 침체상태에서 벗어나지 못하자, 아나키스트들은 침체 원인을 전국적 조직의 미비에 있다고 보고, 아나키스트들의 활동을 전국적으로 체계적으로 지도할 조직을 결성하고자 전선흑색사회운동자대회를 개최하기로 계획을 세웠다. 일제의 탄압으로 대회는 개최하지 못하였지만, 아나키스트 운동 지도체로서 조선공산무정부주의자동맹을 결성하였다. 조선공산무정부주의자동맹을 중심으로 1930년대 초 공산주의에 대한 비판적 활동이 전개되었다. 그 과정에서 아나키스트들은 공산주의자들과의 무력충돌까지 불사했다. 하지만 공산주의자들에 대한 과도한 대립·경쟁의식은 그들로 하여금 민족주의운동에 대한 비판과 대중활동을 방기하고 반공산주의 활동에 주력케 하였다. 거기에다가 만주침공 이후 일제는 준전시체제 아래서 탄압을 강화했다. 그 결과 아나키스트 운동은 재흥되지 못하였다. 이후 국내에서의 아나키스트 운동은 그 자취를 찾아보기 어려워졌다.

재일본 한국인 아나키스트들은 흑우회, 흑풍회, 흑우연맹, 신진회 등을 조직하여 기관지와 잡지 등을 발간하는 등 아나키즘 선전활동을 전개하는 한편, 공산주의와 융화단체에 대한 반대투쟁을 전개했다. 반공산주의 활동을 전개하는 과정에서 물리적 충돌까지 불사하였다. 1926년 흑우회가 흑색청년연맹에 가입하면서 재일본 한국인 아나키스트들은 일본 아나키스트 단체와 긴밀한 관계 속에서 활동하였다. 이후 재일본 한국인 아나키스트 운동은 일본 아나키스트와의 조직적 연계를 통해 펼쳐졌으며, 독자성보다는 국제성이 강조되고 한일 아나키스트의 공동전선이 중요시되었다.

재일본 한국인 아나키스트들은 불령사와 흑전사를 중심으로 테러활동도 시도하였으나, 별다른 활동을 펼치지는 못하였다. 반면 주로 자유노동자를 대상으로 노동운동을 전개했다. 1920년대 초기에는 노동운동에 별 관심을 기울이지는 않았으나, 재일본 한국인 노동자들의 수가 급증하고 노동자들에 대한 공산주의자들의 영향력이 커지자 사상단체운동에 주력하던 한국인 아나키스트들은 1920년대 중반부터 노동자 조직화에 나섰다.

아나키스트 노동운동을 주도한 것은 '조선자유'와 '동흥노동'이었다. '조선자유'는 노동자 대중을 대상으로 하는 노동조합이었음에도, 노동자들의 권익을 도모하는 노동자 대중단체라기보다는 아나키즘을 널리 선전하는 사상단체의 성격을 강하게 띠고 있었다. 이에 반해 '동흥노동'은 노동자 대중이 있는 노동현장을 중요시하였으며, 노동현장에서의 직접행동을 추구하는 아나코생디칼리슴적 경향을 띠고 있었다. '조선자유'와 '동흥노동'은 공산주의와 친일반동단체 상애회와의 투쟁에는 공동전선을 형성하였지만, 노동운동의 방향을 둘러싸고는 서로 대립하였다.

일본 아나키스트 운동 진영이 '자련'과 '자협'으로 분열되자, 재일본 한국인 아나키스트 운동도 '조선자유' 중심의 순정 아나키스트계와 '동흥노동' 중심의 아나코생디칼리스트계로 분열되었다. 그러한 가운데 아나키스트 운동은 점차 침체되어 갔다. 일제의 탄압이 강화되는 데다가 소수 정예 중심의 활동방식이 노동대중으로부터 괴리되는 결과를 초래했기 때문이다. 이를 극복하기 위해 재일본 한국인 아나키스트들은 대중투쟁노선을 수립하고 아나키스트들의 연합을 도모하였다. 이러한 노력은 '조선일반' 결성으로 이어졌다. '동흥노동'과 '조선일반'을 비롯한 재일본 한국인 아나키스트들은 서로 협력하여 대중투쟁노선에 입각한 노동쟁의 지원투쟁을 전개했다. 하지만 아나키스트 운동은 여전히 침체상태에서 벗어나지 못하였다.

중국에서는 아나키즘 선전활동, 테러활동, 혁명근거지건설운동, 민족전선운동 등이 전개되었다. 테러활동은 테러적 직접행동론에 입각한 테러, 허무주의적 테러, 국제적 연대 아래서의 테러 등으로 나뉘어진다. 테러적 직접행동론이 민족해방운동의 방법론으로 체계화된 것은 신채호에 의해서다. 재중국 한국인 아나키스트들이 1920년대 초 테러활동을 적극적으로 펼치자, 공산주의자들이 비판하고 나섰고, 이에 맞서 신채호가 아나키즘에 입각한 민족해방운동론을 정립하고, 테러적 직접행동론을 방법론으로 제시한 것이다. 재중국 한국인 아나키스트들은 테러적 직접행동론에 따라 테러활동을 적극적으로 전개했다. 재중국조선무정부공산주의자연맹은 "운동은 직접방법으로 할 것"을 천명하고, 상해연맹과 북경연맹을 결성하여 테러활동을 펼쳤다. 1931년 이후 남화한인청년연맹의 주도하에 전개된 테러활동은 대개 허무주의적 입장에서 행해졌는데, 그 중의 상당수는 대한민국임시정부와의 합작 아래 이루어졌다. 허무주의적 입장에서 행해진 테러는 일제의 기관보다는 주로 일제의 밀정이나 친일파를 대상으로 하였다. 그리고 재중국 한국인 아나키스트들은 테러활동을 하면서 중국이나 일본 아나키스트들과 연대하기도 하였다. 무정부주의동방연맹이나 동방무정부주의자연맹, 항일구국연맹, 중한청년연합회 등을 결성하여 테러를 도모하였는데, 아리요시 아키라 공사를 암살하고자 하였던 '육삼정 사건'이 대표적이다.

재중국 한국인 아나키스트들이 '사실에 의한 선전'을 고수하면서 테러에 집착한 것은 대중을 가지지 못하였기 때문이다. 국내 아나키스트들이나 재일본 한국인 아나키스트들의 경우 국내나 일본에 거주하던 노동자와 농민을 대상으로 노동운동이나 농민운동을 전개할 수 있었지만, 중국에는 대규모의 교포사회가 형성되어 있지 않았던 것이다. 재중국 한국인 아나키스트들은 만주에 형성되어 있던 교포사회를 대상으로 민족해방운동기지 건설운동을 전개했지만, 이마저 1931년에 좌절되면서 만주에서 철수할 수밖에 없었다. 이후 재중국 한국인 아나키스트들이 중국에서 대중과 접촉할 수 있는 장은 없었다.

재중국 한국인 아나키스트들은 테러활동을 펼치는 가운데, 재중국조선무정부주의자연맹, 흑기연맹, 고려청년사, 재중국조선무정부공산주의자연맹, 남화한인청년연맹 등의 아나키스트 단체를 결성하고, 기관지나 잡지 등을 발간하여 아나키즘을 선전하거나 연구하는 활동을 펼쳤다. 그리고 혁명근거지를 건설하기 위한 활동을 전개했다. 혁명근거지 건설운동은 재중국 한국인 아나키스트들 사이에서만 이상촌 건설운동, 농민자위운동, 민족해방운동기지 건설운동 등의 형태로 전개되었다.

하지만 재중국 한국인 아나키스트들의 혁명근거지 건설을 위한 활동은 다음과 같은 몇 가지 문제점을 지니고 있다. 첫째, 혁명근거지 건설을 위한 활동은 아나키스트 자신들이 닦은 기반에 기초해서 작업을 전개한 것이 아니라 중국 아나키스트들이나 중국 국민당정부 혹은 민족주의자들의 기반을 이용해서 혁명근거지를 건설하고자 했다는 점이다. 자신의 역량에 근거하지 않는 운동은 필연적으로 실패할 수밖에 없다. 자신의 역량에 근거하지 않는 상태에서는 행동에 제약이 따를 수밖에 없으며, 모든 사태에 능동적으로 대처하지 못하기 때문이다. 그리고 그러한 상황은 그들로 하여금 현실과 타협하지 않을 수 없게 만들었을 것이다. 재중국 한국인 아나키스트들이 자신들의 기반을 구축하지 못한 것은 그들의 조직관에 기인하는 바가 크다. 노동자 · 농민 대중들을 조직화하고 그들을 결집하지 않는 이상 대중적 기반을 확보하기는 불가능한 것이다. 이것은 1920년대 초반 이후 국내에서 대중운동이 급속히 성장하는 가운데 아나키스트 운동이 그 영향력을 상실해 갔던 점이 여실히 증명해 준다.

둘째, 재중국 한국인 아나키스트들이 혁명근거지 건설을 도모하기 위해 중국 국민당 정부나 민족주의자들과 연합하는 과정에서 국가의 존재를 인정하는 등 아나키즘의 본령에서 일탈한 측면이 있다는 점이다. 중국 국민당 정부의 지원을 받거나 민족주의자들과 연합함으로써 재중국 한국인 아나키스트들은 중국 국민당 정부의 독재적 성격이나 친일화에 대해서 비판적 입장을 취할 수 없었으며, 민족주의가 지니고 있는 본질적 모순에 대해서도 아무런 비판을 가할 수 없었다. 이러한 일탈이 진행됨에 따라 한국인 아나키스트들은 점차 민족주의적 색채를 강하게 띠면서 철저한 반공산주의자가 되어 갔다. 이러한 경향은 해방 이후 더욱 확산되어 결국 사상적 파탄으로까지 이어졌다.

1930년대 중반 이후 일본과 중국에 있던 한국인 아나키스트들은 점차 아나키즘 본령에서 일탈하기 시작하였다. 재일본 한국인 아나키스트들은 공산주의자들의 조직이론을 수용하여 일본무정부공산당이라는 정당에 참여하거나 비밀결사운동에 참가하였다. 일본 아나키스트들이 아나키스트 운동을 재흥할 목적으로 일본무정부공산당을 결성하자, 재일본 한국인 아나키스트들 중 일부는 일본무정부공산당에 참가하여 활동하였다. 하지만 일제의 계속되는 탄압으로 일본무정부공산당을 비롯하여 재일본 한국인 아나키스트 단체들이 하나씩 하나씩 해체되어 갔다. 1938년 '조선합동'과 흑기노동자연맹을 최후로 재일본 한국인 아나키스트 단체는 완전히 해체되고 말았다.

하지만 중일전쟁이 장기화되면서 재일본 한국인 아나키스트들의 움직임이 활발해지기 시작했다. 재일본 한국인 아나키스트들은 아나키스트 단체들을 해산시킨 기존 활동가들의 임시방편적인 운동태도를 비판하면서 1940년에 건달회를 결성하였다. 전후 전개될 혁명적 상황에서 정권을 장악하기 위해 무장봉기를 해야할 것인바, 그 무장봉기를 계획 지도할 전위조직이 있어야 한다는 것이 건달회를 결성한 취지였다. 건달회원들은 폭력봉기계획을 실행에 옮기기 위해 무기를 입수하고 자금을 획득하고자 노력하였지만, 별다른 성과 없이 일제 경찰에 검거되었다. 이로써 재일본 한국인 아나키스트 운동은 막을 내리게 되었다.

재중국 한국인 아나키스트들도 1930년대 중반 이후부터 점차 아나키즘 본령에서 일탈하기 시작했다. 1936년 2월 스페인에서 인민전선이 선거에서 승리하고, 1936년 6월 프랑스에서 인민전선 정부가 수립되는 등 국제정세가 변화되자, 재중국 한국인 아나키스트들은 민족통일전선을 부정하던 기존의 입장을 버리고 민족전선론을 제기하고, 조선민족전선연맹 결성에 앞장섰다. 하지만 민족전선 내에서 아나키즘의 사상적 독자성을 지키기 위한 노력을 소홀히 했고, 심지어는 대한민국임시정부에 참여하기까지 했다. 그러면서 아나키즘은 제3의 사상으로서의 지위를 점차 상실해 갔다.

해방 이후 아나키스트 운동은 자유사회건설자연맹과 독립노농당이 주도하였다. 자유사회건설자연맹은 생활혁신을 통해 새로운 사회를 건설하고자 했으나, 노동자 · 농민 대중의 지지를 이끌어내지 못하였다. 생활혁신운동이 지지부진해지자 이들은 정치활동에 뛰어들었다. 하지만 임정봉대운동마저 실패로 끝나고 이들의 활동은 위축상태에 빠졌다. 한국노동자자치연맹은 대한독립촉성노동총연맹으로 흡수되었고, 조선농촌자치연맹 또한 활동이 지지부진한 상태로 되었다. 자유사회건설자연맹 계열은 거의 우익 진영으로 흡수되거나 흩어지고, 이정규, 이을규 등 일부만이 1947년 정인보 등 민족주의계 중진 인사나 학자들과 함께 국민문화연구소를 설립하여 신생활운동을 펼치면서 그 명맥을 유지해 나갔지만, 6·25전쟁을 거치면서 자유사회건설자연맹은 활동을 중지하였다.[1] 아나키즘 본령에서의 일탈은 사상적 파탄으로까지 이어졌다. 이정규·이을규·정화암 등을 비롯한 일부의 아나키스트들은 1956년 무렵부터 점차 민주사회주의로 전향하였다. 한국적 상황에서 민주사회주의가 아나키즘에 가장 근접하다는 것이 그 이유였다.

독립노농당은 아나키즘 본령에서 일탈된 정부·국가관에 따라 정당활동을 전개했다. 하지만 독자적인 행동을 하기보다는 대한민국임시정부 세력의 노선에 따랐고, 그것은 우익 진영에 편입되는 결과를 초래했다. 즉 1947년 당시 우익 진영의 3대 세력 가운데 하나인 전국혁명자대회 계열로 분류될 정도로 사상적 독자성을 상실했다. 남북연석회의 이후 대한민국임시정부 세력과 결별을 선언했으나, 그것은 아나키스트 세력의 독립이 아니라 독립노농당의 군소정당으로의 몰락으로 이어졌다. 6·25전쟁 이후에는 이승만 정권을 인정하고 그 속에서 부르주아 민주주의 실현을 도모했지만 아무런 성과도 거두지 못하였으며, 4·19라는 혁명적 상황 속에서도 아무런 준비도 하지 못한 상태였기에 혁명공간을 전혀 유용하게 활용하지 못하고 국민 계몽 또는 제도적 개혁만을 추구했다. 이는 독립노농당이 아나키즘 실현을 추구하는 세력임을 포기하고, 진보 성향을 띤 반독재투쟁 세력으로서의 자기정체성을 확립해 가는 과정

1) 이정규, 《한국사회주의운동의 전망》(이정규, 1974, 268쪽)

에 불과하였다. 1961년 유림 사망 이후에는 그마저도 포기했으며, 결국 사상적 파탄을 맞이했다. 즉 일부 독립노농당 관계자들이 박석홍의 주도 아래 5 · 16군사쿠데타 세력의 민주공화당에 포섭된 것이다.

해방 이후 아나키스트 진영이 제3의 세력으로 존재하지 못하고 쇠멸한 원인은 극심한 좌우 대립 속에서 독자적인 영역을 확보하기 어려웠던 상황에 있기도 하지만, 보다 근본적인 원인은 아나키스트들의 논리 자체 내에 있다. 해방 이후 아나키스트들은 대한민국임시정부의 정체성에 대한 충분한 고민 없이 대한민국임시정부를 민중의 자율적 기구로 규정한 뒤, 단계혁명론에 입각하여 자주적 민주국가를 건설하고자 했다. 하지만 아나키스트들의 단계혁명론적 입장은 그들로 하여금 현실 정치와 일정 부분 타협하도록 만들었다. 그래서 비상국민회의, 대한독립촉성국민회, 한국민주당 등과 같은 각종 정치조직에 참여하여 기존 정치인들과 함께 정치활동을 펼치거나 독자적인 정당을 만들기도 한 것이다. 이처럼 아나키스트들은 정부와 국가의 존재, 정치와 정치운동 등을 인정하면서 독립국가 건설에 집착하는 등 아나키즘 본령에서 일탈해 갔다. 즉 그들의 일탈된 정부 · 국가관과 단계혁명론적 사고는 그들로 하여금 대한민국임시정부 세력과의 합작을 통한 자주적 민주국가 건설운동을 전개하도록 하였지만, 결국 아나키스트 세력은 우익 진영에 편입되어 독자적인 입지를 구축하지 못하고 말았다. 더구나 제1단계로서 자주적 민주국가가 건설된다 하더라도 아나키스트의 헤게모니가 관철되지 않으면 아나키스트 사회로 나아갈 수 있는 조건을 만들어내지 못한다. 하지만 해방 이후 아나키스트들은 독자성과 헤게모니 어느 것 하나 확보하지 못하였던 것이다. 아나키스트들이 독자적 세력을 구축하는 데 실패함에 따라 아나키즘은 제3의 사상으로서의 지위를 상실했으며, 이후 한국 사상계에는 좌우익의 극단적인 대립 구도가 정착되어 다양성을 상실하고 말았다. 그것은 결국 사상적 파탄과 아나키스트 세력의 몰락으로 이어질 수밖에 없었다.

아나키스트 운동이 종말을 맞이한 가운데 아나키스트 운동을 복원하고자 하는 움직임이 여러 방면에서 일어났다. 우선 1963년 12월 22일에 정화암, 최갑용, 양희석, 김재열, 유산방, 류우석, 김한수, 홍은선, 이창근, 임병기 등 50여 명의 재경 아나키스트들이 송년회를 개최하였는데, 이 자리에서 침체된 아나키스트 운동을 재흥시킬 목적으로 한국 아나키스트 운동사를 편찬하기 위한 소위원회를 꾸렸다. 이 날 모임에서는 사무실 설치의 건, 연구단체 개설의 건, 한국 아나키스트 운동사 편찬의 건 등의 안건을 토의했다. 12월 29일 제1차 소위원회를 개최하여 아나키스트 운동사 편찬사업을 발의 · 확정하였으며, 1964년 4월 19일 소위원회 모임에서 자유사회주의운동사편찬위원회(위원장 정화암, 1966년 9월 6일 한국무정부주의운동사편찬위원회로 개칭)를 구성하여 한국 아나키스트 운동사 편찬을 서둘렀다.

1967년 6 · 8총선 이후 《한국아나키즘운동사》를 편찬하는 과정에서 정화암, 최갑용, 양희석, 정철, 홍성환, 임병기林秉杞, 김신원, 고성희, 최학주, 김지강, 이지활 등 11인은 자유인총연맹(가칭)을 발기하고, 〈발기취지문〉과 다음과 같은 강령을 발표했다.[2)]

〈강령〉

1. 우리들은 독재정권을 배격하고, 자유 · 민주 · 평등 · 호조의 윤리사회를 건설하기 위하여 온갖 힘을 기울인다.
1. 우리들은 정치 · 경제 · 문화 · 과학의 소수 독점을 배제하고, 근로대중

2) 정인식의 증언 ; 최갑용, 1995, 64~66, 76~81쪽 등을 종합. 최갑용은 1967년 12월에 발기된 단체의 명칭을 자주인총연맹으로 기록하였다.

의 최대 복리를 위하여 온갖 힘을 기울인다.

1. 우리들은 자주적 · 민주적 원칙으로 민족통일을 달성하며, 세계의 항구 평화와 인류의 공동 번영을 위하여 온갖 힘을 기울인다.

자유인총연맹은 결국 결성되지 못하고 발기상태에서 끝이 나고 말았지만, 1972년 자주인연맹 결성으로 이어졌다. 1972년 6월 22일 서울 진관사에서 독립노농당 관계자들을 중심으로 100여 명[3]이 모여 제3차 전국아나키스트대회[4]가 개최되었다. 이 대회는 어떻게 한국 아나키스트 운동을 복원시킬 것인가에 대해 토의한 뒤, 한국자주인연맹을 결성했다. 최갑용(대표 간사), 하기락, 김신원 외 2명의 간사를 선출하고 강령과 규약을 제정했으며, 기관지로 《자유연합》[5]을 간행했다. 정화암은 나중에 간사로 추대되어 한국자주인연맹에서 활동하였지만, 이정규 등 국민문화연구소 관계자들은 한국자주인연맹에 관계하지 않았다.[6]

자주인연맹의 강령은 다음과 같다.

一. 우리는 각자 자기를 주재하는 자주인이다. 자주인의 자유의사로 연합한 자유로운 사회를 우리는 결성코자 한다.

一. 모든 인간의 주권은 평등하다. 이 권리는 누구도 침범하지 못한다. 우리는 다스리는 자와 다스려지는 자로 인간을 구별하는 일체의 정치적 관념을 부정한다.

一. 우리는 여하한 수단에 의하건 자기는 일하지 않고서 남의 노력의 성과

---

3) 이문창은 제3차 전국아나키스트대회에 참가한 사람의 수를 20~30명으로 추정한다.(이문창의 증언)

4) 제1차 전국아나키스트대회는 1929년 평양에서(일제에 의해 봉쇄당함), 제2차 전국아나키스트대회는 1946년 안의에서 개최되었다.

5) 1946년 4월 1일 하기락 · 박영환 등에 의해 창간된 《자유연합》을 계승하였다.

6) 《자유연합》 갑오농민혁명92주년기념특집호 ; 하기락, 1993, 353~355쪽 ; 정인식의 증언 등을 종합

를 가로채는 행동을 죄악이라고 본다.

一. 자주인의 자유로운 사회에서는 '각인은 그 능력에 따라 일하고 그 필요에 따라 소비한다'는 경제생활의 원칙이 적용되어야 한다.

一. 전 각항의 기본원칙에 따라 장래將來할 자유사회는 각 지역 및 직능의 특수성에 따라 다양한 생활방식의 가능성을 열어놓고 있다.

一. 우리는 각 민족이 역사적으로 전승한 고유문화를 존중한다. 동시에 여러 민족들의 다채로운 문화가 조화를 이루는 세계평화를 지향한다.

외국 아나키스트들과의 교류도 추진되었다. 최갑용, 최문호 등은 1983년 'CIRA(Center International Research Anarchist) KOREA'를 창립하고, 해외 아나키즘의 내용을 소개하는 활동을 전개했고, 1987년 8월 대구에서 개최된 제4차 전국아나키스트대회에서는 세계평화를 증진하기 위한 국제 세미나를 개최하기로 결의하였다.(박종목, 1991, 97쪽)이 결의에 따라 1988년 10월 28일부터 4일간 서울에서 호주, 캐나다, 프랑스, 영국, 홍콩, 이탈리아, 폴란드, 일본, 미국, 소련, 서독, 가이아나, 한국 등 세계 10여 개국 아나키스트 단체 대표들이 참석한 가운데 '세계평화 국제 세미나'가 개최되었다. 이 세미나에서 국제평화협회가 창립되었다.(하기락, 1993, 390~407쪽) 그리고 1990년 11월 1~4일 스웨덴 스톡홀름에서 세계 20여 개국 80여 개 노동운동 단체들의 대표가 참석한 가운데 '혁명적 생디칼리스트 국제회의'가 개최되었는데, 하기락, 정인식 등이 대표로 파견되었다.(http://www.jajuin.org/korea_01_01.htm)

국민문화연구소 관계자들도 아나키스트 운동을 복원하기 위해 노력했다. 이들은 5·16쿠데타 이후 모범적인 자유공동체를 건설한다는 계획 아래 수산授産운동을 전개했다. 우선 경기도 남양주군 진건면에 공동 작업장을 짓고, 밤이나 여가 시간 이용하여 당시 붐이 일기 시작한 수출용 스웨터를 만들어 납품했다. 수산운동은 한

때 경기도의 남양주 진건, 양평 용문, 광주, 용유도, 강원도 평창, 삼척, 충북 괴산, 진천, 충남 청양, 보령, 전북 익산 등 학생 농활 지역을 따라 전국으로 확산되었다. 그리고 새마을운동에 대항하여 전국농촌운동자협의회(회장 박승한)를 구성했다. 농촌운동자협의회는 1971년에 발기되어 1973년 3월 16일에 정식으로 창립총회를 개최하였는데, 농촌자주자치운동 전개, 농산물공동판매조직의 조직화, 농산물 우량 종자 보급 등을 주요 사업으로 하였다. 하지만 수산운동은 1970년대 박정희 정권의 도시 중심 경제개발 정책과 살농정책으로 인하여 침체에 빠졌다.[7)]

수산운동의 목적은 농촌의 유휴 노동력을 활용하여 잘사는 농촌을 건설하는 것으로 농촌계몽운동의 성격을 띠고 있었으며, 아나키스트 사회 건설과는 일정한 거리가 있었다. 물론 이 중 일부는 아나키즘에 입각하여 농촌운동을 펼쳤으나 극소수에 불과했던 것으로 보인다.

1980년대 후반 민주화운동이 광범위하게 전개되는 상황 속에서 국민문화연구소는 조직적인 연구 활동을 통해 아나키스트로서의 정체성을 분명히 하는 쪽으로 방향을 잡아갔으며, 1987년에는 자유사회운동연구회를 발족하여 아나키즘 연구 활동과 선전작업을 전개했다. 자유사회운동연구회는 아나키즘을 주제로 한 학술토론회를 개최하거나, 잡지 《아나키즘 연구》(1995년 7월 창간)를 창간했다. 그리고 1995년 8월에는 대구와 부산의 아나키즘연구회와 연대하여 국제학술회의를 개최하기도 했다.(국민문화연구소 50년사 간행위원회 편, 1998, 313쪽)

또 하나의 흐름은 연구자들을 중심으로 형성되었다. 1980년대 말 1990년대 초 시민운동이 성장하면서 아나키즘에 대한 관심이

7) 이문창, 2008, 217 · 220쪽 ; 이문창, 《우관 선생님을 회고하며》; 이문창의 증언 ; 〈'전국농촌운동자협의회' 창립총회 보고〉(국민문화연구소 50년사 간행위원회 편, 1998, 207~211쪽) 등을 종합

고조되었고, 아나키즘 연구자들이 많이 늘어났다. 특히 소련과 동유럽의 공산주의권이 붕괴되면서 대체 사상으로서의 아나키즘에 대한 관심이 증폭되었다. 그동안 아나키즘 관련 서적들이 극히 간헐적으로 번역·간행되었는데, 1980년대 말 이후에는 다양하게 출판되었다. 그러한 가운데 1993년 4월 17일 대구에서,[8)] 1994년 6월 25일 부산에서 각각 아나키즘연구회가 결성됐다.[9)] 1996년에는 국내 학자들의 연구서가 《아나키 · 환경 · 공동체》(구승회 외, 1996, 모색)라는 제목으로 출판되었으며, 2001년 2월에는 한국아나키즘학회까지 창립되었다. 한국아나키즘학회는 주로 환경문제나 시민사회 문제를 연구하고 있는 대학교수들이 주도하고 있는 연구단체라 할 수 있다.

이상의 아나키스트 운동 복원을 위한 노력은 해방 이후 한국 아나키즘의 탈脫아나키즘적 경향에서 크게 벗어나지 못하고 있다. 이들과는 전혀 다른 흐름이 1980년대 후반 이후 몇 개 형성되었다. 이전의 아나키스트들과는 거의 관계가 없는 완전히 자생적인 그룹을 중심으로 형성된 이 흐름들은 아나키즘 본연의 모습을 찾고자 노력하고 있다. 1987년 6월항쟁 이후 아나키즘에 대한 관심이 생겨난 가운데, 이들은 인터넷 게시판이나 홈페이지 등을 통해서 아나키즘 이론, 아나키스트 운동 및 한국 아나키스트들을 소개하는 등의 활동을 전개하고 있다. 그리고 해외 아나키스트들과도 교류할 뿐 아니라, 한국에 체류하고 있는 외국 아나키스트들과 모임을 가지기도 하였다.

8) 대구지역에는 1946년 2월에도 청년 · 학생들을 중심으로 대구아나키즘연구회(대표 최일행)가 결성되었다. 대구아나키즘연구회는 신재모, 박석홍, 최해청, 김영달, 이희맹, 방한상, 송명근 등을 고문으로 두었으며, 회원은 신성구, 유명종, 서홍수, 박기호, 배기수, 김인호, 김영배, 이정식, 허몽학, 사공택, 오대섭, 하영조, 김인목, 이재호, 김용생, 박태훈, 우기자(여), 권영복(여), 전기진(여), 진금식(여) 등이었다.(최갑용, 1995, 112쪽)

9) 최갑용, 1995, 114~115쪽 ; 하기락, 1993, 408쪽 등을 종합

기존의 아나키스트 운동을 비판하면서 새로운 아나키즘 정립을 주창하는 모임도 생겨났다. 이들은 소모임을 운영하면서, 아나키즘을 연구하고 선전하는 활동을 전개하는 한편, 일본 아나키스트들과의 교류를 모색하였다. 이들은 환경운동, 반전(비전非戰)운동, 공동체운동 등에 관심을 가지고 있으며, 국민문화연구소와 한국아나키즘학회 등을 비판하면서 아나키즘 본령에 충실할 것을 주문하고 있다.

이 새로운 흐름들은 서로 교류하며 공동으로 아프가니스탄과 이라크 침공에 항의하는 시위와 퍼포먼스 등을 전개하기도 하였다. 이들 중 일부는 《환경과 반차별》, 《흑색》 등의 팜플렛을 발간하기도 했으며, 2003년에는 '평화와 환경을 생각하는 모임' 구성을 제안하고 적극적으로 참여하고 있다. 그리고 그 해 8월에는 'WRI(War Resisters' International) Korea'도 결성했으며, 이주노동자 지원운동이나 여성운동 등에도 참가하고 있다. 하지만 이들의 활동은 아직 미미하다.

이런 새로운 흐름의 중심에는 김원식(1923~2013)이 있다. 그는 1940~1950년대에 공산주의 활동을 하다가, 1958년 8월 반미삐라사건으로 체포되었으며, 10년에 걸친 수감생활을 마친 뒤 아나키스트로 전향하였다. 이후 1980년대 후반부터 환경운동, 반핵운동 등에 깊이 관여하며, 한·일 시민운동 교류에 중요한 역할을 담당하였다. 1992년에는 아시아 지역 반핵 연대기구인 반핵아시아포럼을 제안하기도 했다. 그는 기존 아나키스트들의 탈아나키즘적 경향에 대해 강하게 비판하는 한편, 일부 풀뿌리 환경운동가, 평화활동가, 시민운동가 등에게 해외의 실천적 아나키즘을 적극적으로 소개하면서, 아나키즘을 해당 운동 분야에 접목하려고 시도하였다.

제3의 사상의 소멸은 한국의 현대사상계의 황폐화로 이어졌다. 흑백논리가 판을 치는 가운데 진보세력은 용공분자로 몰려 탄압을 받았고, 부르주아 체제에 대한 어떠한 비판도 허용되지 않았다. 한국 현대사상계가 보다 풍성해지려면 아나키즘을 비롯한 제3의 사상이 흥기해야 한다. 아나키즘이 제3의 사상으로서의 위상을 회복하기 위해서는 그 본령을 되찾아야 할 것이다.

참고문헌

A. 자료

1) 신문 · 잡지

《경향신문》, 《관보》, 《국민보》, 《국제신문》, 《권업신문》, 《대동신문》, 《대한매일신보》, 《독립신문(상해판)》, 《동아일보》, 《매일신보》, 《서울신문》, 《시대일보》, 《신한민보》, 《자유신문》, 《조선일보》, 《조선중앙일보》, 《중앙신문》, 《중외일보》, 《황성신문》

《가정잡지》, 《개벽》, 《기호흥학회월보》, 《대동공보》, 《대조》, 《대한자강회월보》, 《대한협회회보》, 《동광》, 《삼천리》, 《신조선》, 《신천지》, 《조광》, 《학지광學之光》, 《한민》, 《思想月報》, 《思想彙報》

《高麗青年》 第1期(1926. 3. 27)
《光明》 第1卷 第1號(1921. 12. 1)
《光復》 제1권 제1기(1941. 2. 1), 한국광복군총사령부정훈처(추헌수 편, 《자료 한국독립운동》 3, 연세대학교출판부에 수록)
《근대사조》 창간호
《남화통신》 12월호 · 1936년 11월호(《思想情勢視察報告集》 其の二에 수록)
《勞働運動》 第7號(1922. 9. 10) · 第10號(1923. 1. 1)
《대중시보》 임시호(1921. 5. 25) · 제4호(1922. 6. 1)
《小作人》 第3卷 第2號(1928. 2. 5), 小作人社
《신대한》 1호 · 17호 · 18호(단재신채호전집편찬위원회 편, 2007 《단재신채호전집》 5, 한국독립운동사연구소에 수록)
《新華日報》 1939년 11월 17일자(楊昭全 等編, 《關內地區朝鮮人反日獨立運動資料彙編》 上冊, 遼寧民族出版社, 1987a에 수록)
《신흥학우보》 제2권제2호(1917. 1. 13), 신흥학우단(《한국독립운동사연구》 5집, 독립기념관한국독립운동사연구소, 1991에 수록)
《앞길》 42기(1945. 6. 1)
《우라끼》 제4호(1930), 북미유학생총회(한림대 아시아문화연구소에서 1999년 1~3호, 4~7호를 2권으로 묶어 영인)
《우리동무》 제1호 · 제2호, 關西勞働組合自由聯合會
《우리통신》 제6호(한시준 편, 1998 《중국내 한국 근현대 관계 자료》, 국사편찬위원회에 수록)
《自我聲》 創刊號(1926. 3. 20) · 1926년 5월호(1926. 4. 20), 自我聲社(朴慶植 編, 1987 《在日朝鮮人運動關係機關誌(解放前)》, 韓國學振興院에 수록)
《自由民報》 1947년 4월 1일 · 6월 13일자(초록 필사본)
《자유연합》 창간호(1946. 4. 1), 자유연합사
《자유연합》 갑오농민혁명92주년기념특집호(1986. 6. 1) · 제4호(1988. 3. 21), 한국자주인연맹
《自由聯合》 1~26號(1926. 6. 5~1928. 8. 10), 全國勞動組合自由聯合會 (1975년 自由

聯合 · 自由聯合新聞復刻版刊行會에서 복각)
《自由聯合新聞》 27~98號(1928. 9. 1~1935. 2. 28), 全國勞動組合自由聯合會 (1975년 自由聯合 · 自由聯合新聞復刻版刊行會에서 복각)
《자유콤뮨》 창간호(1932. 12), 자유콤뮨사
《장미촌》 창간호(1921. 5. 24)
《前線》(《思想情勢視察報告集》 其の三에 수록)
《조선민족전선》, 조선민족전선사(한국독립운동사연구소에서 한국독립운동사자료총서 제2집으로 영인)
《조선의용대(통신)》, 조선의용대(한국독립운동사연구소에서 《조선민족전선》과 함께 한국독립운동사자료총서 제2집으로 영인)
《진단》 창간호~제11기(1920. 12. 19) · 제15기(1921. 1. 16)
《天鼓》 1~3호(단재신채호전집편찬위원회 편, 2007 《단재신채호전집》 5, 한국독립운동사연구소에 수록)
《青年朝鮮》 1號(1922. 2. 15)
《탈환》 창간호 · 창간증간호 · 9호(日譯)(《아나키즘 연구》 창간호, 1995, 자유사회운동연구회에 수록)
《太い鮮人》(再審準備會 編, 1977 《朴烈 · 金子文子裁判記錄》, 黑色戰線社에 수록)
《韓國青年》 제1권 제1기(1940. 7. 15), 한국청년전지공작대(추헌수 편, 《자료 한국독립운동》 3, 연세대학교출판부에 수록)
《韓國青年》 제1권 제3기(1941. 6. 10), 한국청년월간사
《한민韓民》 제14호(1937. 6. 30)(《思想情勢視察報告集》 其の三에 수록)
《한민성韓民聲》 제2호(1921. 12. 10), 韓民會 선전부
《한청韓青》 제1권 제4기(1936. 11. 25)(《思想情勢視察報告集》 其の二에 수록)
《한청韓青》 제2권 제4기(1937. 6. 15)(《思想情勢視察報告集》 其の三에 수록)
《現社會》(再審準備會 編, 《朴烈 · 金子文子裁判記錄》, 黑色戰線社, 1977에 수록)
《黑濤》 第1號(1922. 7. 10) · 第2號(1922. 8. 10) (再審準備會 編, 《朴烈 · 金子文子裁判記錄》, 黑色戰線社, 1977에 수록)
《흑색신문黑色新聞》 23 · 26~37호, 흑색신문사

2) 자료집 · 단행본

《단재신채호 전집》 1~9(단재신채호전집편찬위원회 편, 2007 《단재신채호 전집》 1~9, 한국독립운동사연구소)
《단주유림旦洲柳林 자료집》(단주유림선생기념사업회 편, 1991 《단주유림旦洲柳林 자료집》 1)
《대일민족선언》, 일우문고, 1972
《도산안창호 자료집》 2, 독립기념관 한국독립운동사연구소, 1991
《독립운동사 자료집》 1~14 · 별집1~3(독립운동사편찬위원회 편, 《독립운동사 자료집》 1~14 · 별집1~3, 독립유공자사업기금운용위원회)
《北京天津附近在住朝鮮人ノ狀況報告書進達ノ件》(機密第123號, 在支那特命全權公使 芳澤謙吉→外務大臣男爵 幣原喜重郎, 1925. 3. 20)[국사편찬위원회 편, 《국외 항일운동 자료》(http://db.history.go.kr/)에 편철]
《思想情勢視察報告集》 其の一~其の九(社會問題資料硏究會에서 재편집하여 1972년~1977년에 東洋文化社에서 출판)
《社會主義同盟名簿》(日本 法政大學 부설 大原社會問題硏究所 소장)
《昭和思想統制史資料》 1~28(奧平康弘 編, 1991 《昭和思想統制史資料》 1~28, 高麗書林)

《신채호 전집》 상 · 중 · 하 · 별집(단재신채호선생기념사업회 편, 1995 《신채호전집》 상 · 중 · 하 · 별집, 형설출판사)
《倭政時代人物史料》 5, 1983
《外務特殊文書》 1~62(고려서림편집부 편,1989 《日本外務省特殊調查文書》 1~62, 高麗書林)
《維經斯基在中國的有關資料》, 中國社會科學出版社, 1982
《의정원문서》(국회도서관 편, 1974 《대한민국임시정부의정원문서》)
《일본의 한국침략 사료총서》 25, 한국출판문화원
《일제침략하 한국 36년사》 1~13(국사편찬위원회 편, 1966~1978 《일제침략하 한국 36년사》 1~13)
《일제하 사회운동사 자료총서》 1~12(한국역사연구회 편, 1992 《일제하 사회운동사 자료총서》 1~12, 고려서림)
《자료 대한민국사》 1~18(국사편찬위원회 편, 1968~2004 《자료 대한민국사》 1~18)
《자료 한국독립운동》 1~4(추헌수 편, 《자료 한국독립운동》 1~4, 연세대학교출판부)
《資料集成》 1~5(朴慶植 編, 《在日朝鮮人關係資料集成》 1~5, 三一書房)
《裁判記錄》(再審準備會 編, 1977 《朴烈 · 金子文子裁判記錄》, 黑色戰線社)
《정당 · 사회단체 등록철》, 서울시임시인민위원회문화선전부, 1950
《朝鮮獨立運動》 1~5(金正明 編, 1967 《朝鮮獨立運動》 1~5, 原書房)
《朝鮮民族運動年鑑》(在上海日本總領事館警察部第2課 編, 《朝鮮民族運動年鑑》)
《朝鮮人の共産主義運動》(吉浦大藏 報告書)(1973년 사회문제연구회 편으로 동양문화사에서 復刻)
《朝鮮人概況(1916年 6月 30日 調)》(고려서림편집부 편, 1989 《日本外務省特殊調查文書》 1에 수록)
《朝鮮人概況 第三(1920年 6月 30日 調)》(고려서림편집부 편, 1989 《日本外務省特殊調查文書》 2에 수록)
《朝鮮人에 대한 施政關係雜件 一般의 部》(국사편찬위원회 소장)
《朝鮮統治史料》 1~10(金正柱 編, 1971 《朝鮮統治史料》 1~10, 韓國史料研究所)
《治安狀況-昭和2年》[朝鮮總督府警務局保安課 編, 《治安狀況(昭和2年 12月)》(1984년 青丘文庫에서 《朝鮮の治安狀況(昭和 2年版)》이라는 제목으로 復刻)]
《治安狀況-昭和5年》[朝鮮總督府警務局 編, 《治安狀況(昭和5年 10月)》(1984년 青丘文庫에서 《朝鮮の治安狀況(昭和 5年版)》이라는 제목으로 復刻)]
《治安狀況-昭和8年》[朝鮮總督府警務局 編, 《最近における朝鮮治安狀況-昭和 8年》(1966년 巖南堂書店에서 昭和 13년分과 함께 묶어서 復刊)]
《治安狀況-昭和11年》[朝鮮總督府警務局 編, 《最近における朝鮮治安狀況-昭和 11年 5月》(1986년 고려서림에서 復刻)]
《治安狀況-昭和13年》[朝鮮總督府警務局 編, 《最近における朝鮮治安狀況-昭和 13年》(1966년 巖南堂書店에서 昭和 8년分과 함께 묶어서 復刊)]
《포상자 공적조서》, 국가보훈처
《한국독립운동사 자료》 1~43(국사편찬위원회 편, 《한국독립운동사 자료》 1~43)
《한국민족해방운동사자료총서》 1~5(이재화 · 한홍구 편, 1988 《한국민족해방운동사자료총서》 1~5, 경원문화사)
《現代史資料》 25~30(姜德相 · 梶村秀樹 編, 1966 《現代史資料》 25~30, みすず書房)
《형사사건부》(http://theme.archives.go.kr ; 국가기록원 소장)
《刑事裁判書原本》(自昭和八年七月至昭和八年十二月), 高等法院
葛懋春 · 蔣俊 · 李興芝 編, 1984 《無政府主義思想資料選》 下, 北京人民大學出版社
京畿道警察部 編, 1988 《治安概況》(1925年 5月)(이재화 · 한홍구 편, 《한국민족해방운동사자료총서》 2, 경원문화사에 수록

警保局保安課 編,《朝鮮人概況 第二(1918年 5月 31日)》(朴慶植 編,《在日朝鮮人關係資料集成》1, 三一書房에 수록)
警報局保安課 編,《朝鮮人概況 第三(1920年 6月 30日)》(朴慶植 編,《在日朝鮮人關係資料集成》1, 三一書房에 수록)
경부신백우선생기념사업회 편, 1973《경부 신백우》
慶尙南道警察部 編, 1936《高等警察關係摘錄》
慶尙北道警察部 編, 1934《高等警察要史》(1970년 張基弘씨가《폭도사편집자료》와 합본해서 영인)
권대복 편, 1985《진보당-당의 활동과 사건 관계 자료집》, 지양사
김병조金秉祚, 1921《한국독립운동사략》상편, 선언사(日本外務省外交史料館 소장 마이크로 필름. 분류기호 M/T 4-3-2-2-1-1)
김준엽 · 김창순 편, 1979《한국공산주의운동사 자료편》1, 고려대학교출판부
김준엽 · 김창순 편, 1980《한국공산주의운동사 자료편》2, 고려대학교출판부
나경석, 1980《公民文集》, 정우사
內務省警保局 編,《思想團體表》(1921.4.15 調)
內務省警保局 編,《社會運動の狀況(1929年)》(朴慶植 編,《在日朝鮮人關係資料集成》2, 三一書房에 수록)
內務省警保局 編,《社會運動の狀況(1930年)》(朴慶植 編,《在日朝鮮人關係資料集成》2, 三一書房에 수록)
內務省警保局 編,《社會運動の狀況(1931年)》(朴慶植 編,《在日朝鮮人關係資料集成》2, 三一書房에 수록)
內務省警保局 編,《社會運動の狀況(1932年)》(朴慶植 編,《在日朝鮮人關係資料集成》2, 三一書房에 수록)
內務省警保局 編,《社會運動の狀況(1933年)》(朴慶植 編,《在日朝鮮人關係資料集成》2, 三一書房에 수록)
內務省警保局 編,《社會運動ノ狀況(1934年)》(金正明 編,《朝鮮獨立運動》2, 原書房, 1967에 수록)
內務省警保局 編,《社會運動ノ狀況(1935年)》(金正明 編,《朝鮮獨立運動》2, 原書房, 1967에 수록)
內務省警保局 編,《社會運動ノ狀況(1936年)》(金正明 編,《朝鮮獨立運動》2, 原書房, 1967에 수록)
內務省警保局 編,《社會運動ノ狀況(1937年)》(金正明 編,《朝鮮獨立運動》2, 原書房, 1967에 수록)
內務省警保局保安課 編,《特高月報》(1932年 10月分)
內務省警保局 編,《特高月報》(1940年 12月分)(朴慶植 編,《在日朝鮮人關係資料集成》4, 三一書房에 수록)
農村靑年社運動史刊行會 編, 1994《農村靑年社事件資料集》3, 黑色戰線社
대한민국국회도서관 편, 1976《韓國民族運動史料-中國篇》, 國會圖書館
대한민국국회도서관 편, 1977《韓國民族運動史料-三一運動篇》其一, 國會圖書館
대한민국국회도서관 편, 1978《韓國民族運動史料-三一運動篇》其二, 國會圖書館
대한민국국회도서관 편, 1979《韓國民族運動史料-三一運動篇》其三, 國會圖書館
島津岬 · 古屋孫次郎, 1935《上海に於ける朝鮮人の實情》, 中央朝鮮協會
민석린閔石麟, 1944《臨政 · 議政院 · 各黨派 名單》(추헌수 편,《자료 한국독립운동》1, 연세대학교출판부에 수록)
朴慶植 編, 1987《在日朝鮮人運動關係機關誌(解放前)》, 韓國學振興院
박은식(이현배 · 김정기 공역), 1973《독립운동지혈사》, 일우문고

박정규 편, 《단재 신채호 시집》, 1999 단재문화예술제전추진위원회
司法省刑事局 編, 1938 《日本無産黨事件の研究》(井本臺吉의 보고서)(社會問題資料研究會 編으로 1972년에 東洋文化社에서 복간)
서울특별시경찰국사찰과 편, 1955 《사찰요람》(1994년 서울대학교 한국교육사고에서 《한국정당사》와 합본해서 영인)
小松隆二 編, 1988 《アナキズム》, みすず書房
松尾尊兌 編, 1984 《社會主義沿革》 1, みすず書房
松尾尊兌 編, 1986 《社會主義沿革》 2, みすず書房
송상도, 1955 《기려수필騎驢隨筆》, 국사편찬위원회
심산사상연구회 편, 1985 《김창숙》, 한길사
심용해, 1930 《연변조사실록》(심용해가 《民聲報》에 발표한 글을 모아서 1930년 11월에 출판한 것을 1987년에 延邊大學出版社에서 再刊)
안병직 편, 1992 《신채호》, 한길사
楊昭全 等編, 1987a 《關內地區朝鮮人反日獨立運動資料彙編》 上册, 遼寧民族出版社
楊昭全 等編, 1987b 《關內地區朝鮮人反日獨立運動資料彙編》 下册, 遼寧人民出版社
外務省警察局 編, 1989 《朝鮮民族運動史(未定稿)》 6, 高麗書林
이광수, 1979 《이광수전집》 6, 우신사
이을규 편, 1960 《민주사회당의 노선》, 민주사회당발기준비회
이정규, 1974 《우관문존》, 삼화인쇄소
在上海領事館 編, 《朝鮮民族運動(未定稿) 第一(1910. 9~1922. 8)》(고려서림편집부 편, 1989 《日本外務省特殊調査文書》 23에 수록)
在上海領事館 編, 《朝鮮民族運動(未定稿) 第三(1923. 3~1926. 12)》(고려서림편집부 편, 1989 《日本外務省特殊調査文書》 25에 수록)
在上海總領事館 編, 《外務省警察史-間島 및 琿春地方》(국회도서관 소장 일본외무성문서 SP 205-5)
在上海總領事館 編, 《外務省警察史-滿洲의 部》(국회도서관 소장 일본외무성문서 SP 205-4)
在上海總領事館 編, 《外務省警察史-支那ノ部(未定稿)》(고려서림편집부 편, 1989 《日本外務省特殊調査文書》 28에 수록)
在上海總領事館 編, 《朝鮮民族運動(未定稿) 第四(1927. 12~1932. 12)》(고려서림편집부 편, 1989 《日本外務省特殊調査文書》 26에 수록)
在上海總領事館 編, 《朝鮮民族運動(未定稿) 第5-1(1933. 1~1937. 12)》(고려서림편집부 편, 1989 《日本外務省特殊調査文書》 26에 수록)
在上海總領事館 編, 《朝鮮民族運動(未定稿) 第5-2(1933. 1~1937. 12)》(고려서림편집부 편, 1989 《日本外務省特殊調査文書》 27에 수록)
朝鮮總督府 編, 1919 《鮮人ノ騷擾觀》(1974년 성진문화사에서 《秘文 韓國人獨立鬪爭秘史》라는 제목으로 영인)
朝鮮總督府警務局 編, 《光州抗日學生事件資料》(1979년 風媒社에서 復刻)
朝鮮總督府警務局 編, 《大正11年 朝鮮治安狀況》 其の二(國外)(고려서림편집부 편, 1989 《日本外務省特殊調査文書》 4에 수록)
朝鮮總督府警務局 編, 《大正11年 朝鮮治安狀況》 其の一(鮮內)(고려서림편집부 편, 1989 《日本外務省特殊調査文書》 3에 수록)
朝鮮總督府警務局 編, 《在滿鮮人ト支那官憲》(1974년 성진문화사에서 영인)
朝鮮總督府警務局 編, 1925 《朝鮮警察之概要》(1986년 여강출판사에서 영인)
朝鮮總督府警務局 編, 1930 《朝鮮高等警察關係年表》(1974년 성진문화사에서 영인)
朝鮮總督府警務局 編, 1934 《國外に於ける容疑朝鮮人名簿》

朝鮮總督府警務局 編, 1936《共産主義運動に關する文獻集》
朝鮮總督府警務局 編, 1940《華中·華南·北中美洲朝鮮人概況》(楊昭全 等編, 1987《關內地區朝鮮人反日獨立運動資料彙編》上册, 遼寧人民出版社에 수록)
中共中央馬克思恩格斯列宁斯大林著作編譯局研究室 編, 1959《五四時期期刊介紹》1~3, 人民出版社
중앙선거관리위원회 편, 1965《정당의 기구 기능과 정강 정책 당헌 등》
지중세 역편, 1946《조선사상범검거실화집》(1984년 돌베개에서 복간)
河村只雄 編, 1936《思想問題年表》, 青年教育普及會
한국정신문화연구원역사연구실·윤병석 공편, 1993《한국독립운동사 자료집-중국편》, 한국정신문화연구원
한시준 편, 1998《중국내 한국 근현대 관계 자료》, 국사편찬위원회
幸德秋水(中國國民叢書社 譯), 1902《社會主義廣長舌》, 商務印書館

3) 낱글, 유인물

〈1930年の共産主義運動〉(金正明 編,《朝鮮獨立運動》4, 原書房, 1967에 수록)
〈1931年の共産主義運動〉(金正明 編,《朝鮮獨立運動》4, 原書房, 1967에 수록)
〈1932年の共産主義運動〉(金正明 編,《朝鮮獨立運動》4, 原書房, 1967에 수록)
〈1933年の共産主義運動〉(金正明 編,《朝鮮獨立運動》4, 原書房, 1967에 수록)
〈1934年の共産主義運動〉(金正明 編,《朝鮮獨立運動》4, 原書房, 1967에 수록)
〈1934年の上海を中心とする朝鮮人の不穩策動狀況〉《社會運動ノ狀況(1934年)》(內務省警保局 編)(金正明 編, 1967《朝鮮獨立運動》2, 原書房에 수록)
〈1934년의 自聯戰線及戰蹟〉,《흑색신문》제34호(1934. 12. 28)
〈1935年の上海を中心とする朝鮮人の不穩策動狀況〉《社會運動ノ狀況(1935年)》(內務省警保局 編)(金正明 編, 1967《朝鮮獨立運動》2, 原書房에 수록)
〈1935년의 신방침하에 일본A운동 일반의 전선은 약진한다!〉,《黑色新聞》제36호(1935. 3. 18)
〈1936年の在支不逞鮮人の不穩策動狀況〉,《社會運動ノ狀況(1936年)》(內務省警保局 編)(金正明 編, 1967《朝鮮獨立運動》2, 原書房에 수록)
〈1937年の在支不逞鮮人の不穩策動狀況〉,《社會運動ノ狀況(1937年)》(內務省警保局 編)(金正明 編, 1967《朝鮮獨立運動》2, 原書房에 수록)
〈1938年の在支不逞鮮人の不穩策動狀況〉,《社會運動ノ狀況》(1938年)(內務省警保局 編)(金正明 編, 1967《朝鮮獨立運動》2, 原書房에 수록)
〈假出獄執行濟の件報告〉(海刑秘發第332號, 해주형무소장→조선총독, 1939. 4. 29)
〈갑신년래(甲申年來)의 사상과 임술년래(壬戌年來)의 주의〉,《개벽》1924년 3월호
〈江東橋登錄勞動者協力會の結成狀況〉,《特高月報》(1933年 9月分)(朴慶植 編,《在日朝鮮人關係資料集成》2, 三一書房에 수록)
〈결당선언〉(단주유림선생기념사업회 편, 1991,《단주유림 자료집》1에 수록)
〈古橋浦四郎의 昭和13年 1月 보고〉[古橋浦四郎,〈支那事變勃發以後南京陷落直後迄の中南支在住不逞鮮人の動靜(昭和13年 1月 報告)〉(《思想情勢視察報告集》其の三에 수록)]
〈高麗共産青年會滿洲總局中央常務委員會 決定書ノ件〉(1929년 9월 28일 길림 주재 川越 총영사가 幣原외무대신에게 보낸 보고)(국회도서관 소장 일본외무성육해군성문서 마이크로필름 복사본 제2315권, SP 205-4)
〈關東勞働組合自由聯合會 第2回 大會記〉,《自由聯合》第12號(1927. 5. 5)
〈廣東における中韓協會發會の件(1921年 10月 21日 高警第28417號)〉(金正明 編, 1967《朝鮮獨立運動》2, 原書房에 수록)

〈廣東における中韓協會組織の件(1921年 10月 14日 高警第28285號)〉(金正明 編, 1967《朝鮮獨立運動》2, 原書房에 수록
〈국민대회 선포문〉(독립기념관 소장자료)
〈국외 정보-재상해 조선인의 사회주의 구분에 관한 건〉(大正 9年 12월 24일자 고경 제40811호)(독립운동사편찬위원회 편,《독립운동사 자료집》9, 독립유공자사업기금운용위원회, 1975에 수록)
〈내외시국일지〉,《신천지》1923년 신년특별호(1923. 1. 1)
〈內地在住朝鮮人運動〉,《社會運動の狀況(1938年)》(內務省警保局 編)(朴慶植 編,《在日朝鮮人關係資料集成》4, 三一書房에 수록)
〈內地在住朝鮮人運動〉,《社會運動の狀況(1940年)》(內務省警保局 編)(朴慶植 編,《在日朝鮮人關係資料集成》4, 三一書房에 수록)
〈內地在住朝鮮人運動〉,《社會運動の狀況(1941년)》(內務省警保局 編)(朴慶植 編,《在日朝鮮人關係資料集成》4, 三一書房에 수록)
〈노동자 농민의 매매시장 국제연맹에 가입한 赤露의 동향〉,《흑색신문》제33호(1934. 10. 24)
〈대동단결 선언〉(독립기념관 소장자료)
〈大洋報ニ關スル件〉(1911年 9月 25日 在浦潮斯德總領事→外務大臣 報告)(日本外務省外交史料館 소장 마이크로 필름. 분류기호 M/T4-3-2-2-1-1)]
〈大正14年中ニ於ケル在留朝鮮人ノ狀況〉(1925年 12月)(朴慶植 編,《在日朝鮮人關係資料集成》1, 三一書房에 수록)
〈大正14年中に於ける在留朝鮮人の狀況〉(金正柱 編, 1971《朝鮮統治史料》7, 韓國史料研究所에 수록)
〈大正15年中ニ於ケル在留朝鮮人ノ狀況〉(1926年 12月)(朴慶植 編,《在日朝鮮人關係資料集成》1, 三一書房에 수록)
〈대한독립선언서〉(독립기념관 소장자료)
〈대한민국임시의정원 관계 자료〉(국사편찬위원회 편,《한국독립운동사 자료》2에 수록)
〈독립대동단규칙서〉(金正明 編, 1967《朝鮮獨立運動》2, 原書房에 수록)
〈독립운동사화〉(이정규, 1974《우관문존》, 삼화인쇄소에 수록)
〈東方無政府主義聯盟李丁奎ニ對スル判決〉,《外務省警察史-支那ノ部(未定稿)》(在上海總領事館 編)(고려서림편집부 편, 1989《日本外務省特殊調査文書》28에 수록)
〈滿洲事變後の在滿朝鮮人の民族主義運動〉,《思想月報》第3卷第9號(1933. 12. 15), 朝鮮總督府高等法院檢事局思想部
〈無政府主義運動事件〉,《思想彙報》第6號(1936. 3)
〈無政府主義者 李容俊 取調의 건〉(京畿道知事→警務局長 등, 1939. 4. 27)《思想에 關한 情報綴(4)》(국사편찬위원회 소장)
〈無政府主義者ノ行動ニ關スル件〉(京本警高秘第11562號, 京城本町警察署長, 1932. 10. 24)
〈無政府主義者李容俊取調の件〉(京高特秘 第1120號, 京畿道知事→警務局長 等, 1939. 4. 27)(《思想에 關한 情報綴(4)》에 편철 ; 국사편찬위원회 소장)
〈민족운동의 오류〉,《흑색신문》제26호(1934. 2. 28)
〈민족전선 결성을 촉구한다〉,《南華通訊》12월호(《思想情勢視察報告集》其の二에 수록)
〈민족전선의 가능성〉,《南華通訊》1936년 11월호(《思想情勢視察報告集》其の二에 수록)
〈민족진선(民族陣線)의 제1 계단〉,《한민(韓民)》제14호(1937. 6. 30)(《思想情勢視察報告集》其の三에 수록)
〈民族陣線問題座談會〉(要譯),《前線》, 한국청년전위단(《思想情勢視察報告集》其の三에 수록)
〈反日本帝國主義同盟ノ韓族總聯合會排擊ニ關スル件〉(1930. 8. 13. 하얼빈 주재 八木총

영사→幣原외무대신)《外務省警察史－滿洲의 部》(在上海總領事館 編)(국회도서관 소장 일본외무성문서 SP 205－4)
〈발간사〉, 《韓國靑年》 제1권 제1기(1940. 7. 15), 한국청년전지공작대(추헌수 편, 《자료 한국독립운동》 3, 연세대학교출판부에 수록)
〈발기취지서〉(독립노농당, 1946. 5. 5)(단주유림선생기념사업회 편, 1991《단주유림자료집》 1에 수록)
〈訪問范天均先生的紀錄〉(葛懋春·蔣俊·李興芝 編, 1984《無政府主義思想資料選》 下, 北京人民大學出版社에 수록)
〈福田大將狙擊事件判決文〉(大島英三郎 編, 1982《日本無政府主義運動史》 第小1篇, 黑色戰線社에 수록)
〈不逞鮮人ノ宣言書ニ關スル件〉, 《朝鮮民族運動(未定稿) 第三(1923. 3～1926. 12)》(在上海領事館 編)(고려서림편집부 편, 1989《日本外務省特殊調査文書》 25에 수록)
〈不逞鮮人刊行物《奪還》金佐鎭ニ關スル記事－奪還4月20日發行第9號譯文〉(1930年 6月 27日附로 在北平矢野公使館一等書記官이 幣原外務大臣에게 보낸 報告)
〈不逞朝鮮人ノ行動ニ關スル件〉(1919. 9. 27, 機密 第130號), 《불령단관계잡건－조선인의 부－선인과 과격파(1)》(국사편찬위원회 소장)
〈不穩新聞《高麗靑年》ノ發刊ニ關スル件〉(국사편찬위원회 편, 《한국독립운동사 자료》 37에 수록)
〈不穩出版物《奪還》第7號記事〉(1930年 1月 17日附로 在吉林石射總領事가 幣原外務大臣에게 보낸 報告)《外務省警察史－支那ノ部(未定稿)》(在上海總領事館 編)(고려서림편집부 편, 1989《日本外務省特殊調査文書》 28에 수록)
〈北京在住鮮人の最近狀況報告の件〉, 《朝鮮人에 대한 施政關係雜件 一般의 部》 2(국사편찬위원회 소장)
〈비상식적인 검사〉, 《신조선》 창간호
〈三木今二의 昭和12年 7月 19日 보고〉[三木今二, 〈上海及南京地方に於ける朝鮮人の一般狀況と最近の不逞鮮人の思想運動(昭和12年 7月 19日 報告)〉(《思想情勢視察報告集》 其の三에 수록)]
〈三木今二의 昭和12年 7月 26日 보고〉[三木今二, 〈中華民國南京及上海地方に於ける不逞朝鮮人團體の文書活動(昭和12年 7月 26日 報告)〉(《思想情勢視察報告集》 其の三에 수록)]
〈杉原一策의 昭和12年 2月 5日 보고〉[杉原一策, 〈昨秋(昭和11年秋)以後の在支不逞鮮人團體の動靜(昭和12年 2月 5日 報告)〉(《思想情勢視察報告集》 其の二에 수록)]
〈上海における獨立運動團體各派の組織報告の件(1920年 11月 24日 高警第37234號)〉(金正明 編, 1967《朝鮮獨立運動》 2, 原書房에 수록)
〈上海居住抗日運動者の書信入手の件〉(金正明 編, 1967《朝鮮獨立運動》 2, 原書房에 수록)
〈上海及同關係不逞鮮人團體ノ件〉, 《朝鮮民族運動(未定稿) 5－2(1933. 1～1937. 12)》(在上海總領事館 編)(고려서림편집부 편, 1989《日本外務省特殊調査文書》 27에 수록)
〈上海方面における獨立運動の動向報告の件(6)(1919年 9月 9日 朝特報第42號)〉(金正明 編, 1967《朝鮮獨立運動》 2, 原書房에 수록)
〈上海方面における獨立運動の動向報告の件(7)(1919年 9月 17日 朝特報第47號)〉(金正明 編, 1967《朝鮮獨立運動》 2, 原書房에 수록)
〈上海方面排日鮮人의 狀況〉(대한민국국회도서관 편, 1978《韓國民族運動史料－三一運動篇》 其二, 국회도서관에 수록)
〈鮮內一般의 情況〉(朝鮮軍參謀部, 朝特報 제57호, 1919. 10. 9)(대한민국국회도서관 편, 1978《韓國民族運動史料－三一運動篇》 其二, 國會圖書館에 수록)
〈宣言〉, 《自我聲》 創刊號(1926. 3. 20)

〈선언〉(자유사회건설자연맹, 1945. 9 ; 등사본으로 하기락 소장)
〈선언〉(조선노동공제회 ; 고순흠의 필사본)
〈선언〉(조선무정부주의자총연맹 경상북도연맹 · 대구시연맹, 1946. 1. 23)(《정경문화》 1983년 7월호에 수록)
〈선언〉(청년동맹회, 1924. 10)(독립운동사편찬위원회 편, 《독립운동사 자료집》 9, 독립유공자사업기금운용위원회에 수록)
〈宣言〉(黑濤會, 1921. 11)(《黑濤》 第1號에 게재)
〈성명서〉(독립노농당 선전부), 《경향신문》 1948년 7월 8일자
〈성명서〉(무정부주의자경남북대회)(《자유연합》 창간호(1946. 4. 1), 자유연합사에 수록)
〈성명서〉(민주사회당발기준비회, 1960. 4)
〈성명서》(혁신동지총연맹 발기인대표, 1960. 5. 12)(단주유림선생기념사업회 편, 1991 《단주유림 자료집》 1에 수록)
〈騷擾事件ニ關スル民情彙報〉(姜德相 · 梶村秀樹 編, 1966 《現代史資料》 25, みすず書房에 수록)
〈昭和6年間反間島 · 暉春及同接壤地方治安概況〉(1932. 5. 6. 간도 주재 岡田총영사→芳澤외무대신), 《外務省警察史-間島 및 琿春地方》(在上海總領事館 編), 7,250쪽(국회도서관 소장 日本外務省文書 SP 205-5)
〈亞洲和親會約章〉(湯志鈞, 〈關于亞洲和親會〉, 1990 《乘桴新獲-從戊戌到辛亥》, 江蘇古籍出版社에 수록)
〈嚴重な警戒の中で震災追悼會〉, 《自由聯合新聞》 第40號(1929. 10. 1)
〈元無政府主義系朝鮮人の篤行〉, 《特高月報》(1938년 6月分)(朴慶植 編, 《在日朝鮮人關係資料集成》 4, 三一書房에 수록)
〈위임통치 청원 성토문〉(독립기념관 소장자료)
〈有吉公使暗殺計劃被告に對するアナ係鮮人の策動狀況〉, 《特高月報》(1933年 7月分)(朴慶植 編, 《在日朝鮮人關係資料集成》 2, 三一書房에 수록)
〈有吉公使暗殺陰謀無政府主義者檢擧ノ件〉 《外務省警察史-支那ノ部(未定稿)》(在上海總領事館 編)(고려서림편집부 편, 1989 《日本外務省特殊調査文書》 28에 수록)
〈有吉公使暗殺陰謀不逞鮮人一味檢擧に關する件〉(亞細亞局機密第340號, 1933. 3. 27, 上海總領事 石射猪太郎→外務大臣)
〈有吉公使暗殺陰謀事件, 黑色恐怖團事件, 南華韓人靑年聯盟事件, 天津日本總領事官邸爆彈投擲事件〉
〈有吉公使暗殺陰謀事件公判狀況〉, 《外務省警察史-支那ノ部(未定稿)》(在上海總領事館 編)(고려서림편집부 편, 1989 《日本外務省特殊調査文書》 28에 수록)
〈栗谷四郎의 昭和10年 8月 13日 보고〉[栗谷四郎, 〈不逞鮮人團體の新黨樹立運動の概況竝金九一派の動靜(昭和10年 8月 13日 報告)〉(《思想情勢視察報告集》 其の一에 수록)]
〈義烈團ニ關スル調査〉(1924年 2月 13日附 朝鮮總督府警務局長→外務次官 通報) 《朝鮮民族運動(未定稿) 第三(1923. 3~1926. 12)》(在上海領事館 編)(고려서림편집부 편, 1989 《日本外務省特殊調査文書》 25에 수록)
〈義烈團新聞發行の件〉(關機高收 第10665號, 1924. 6. 2)
〈義烈團陰謀事件檢擧〉(1923年 4月 7日附 朝鮮總督府警務局長→外務大臣 通報), 《朝鮮民族運動(未定稿) 第三(1923. 3~1926. 12)》(在上海領事館 編)(고려서림편집부 편, 1989 《日本外務省特殊調査文書》 25에 수록)
〈이정규 공판기〉, 《동아일보》 1929년 2월 16일자
〈日本無政府共産黨事件第1審及第2審判決〉(昭和15年 8月)(奧平康弘 編, 1991 《昭和思想統制史資料》 1(共産主義 · 無政府主義篇), 高麗書林에 수록)
〈自大正11年至昭和10年內地及朝鮮ニ於ケル社會運動等ノ概況對照(1)〉, 《思想彙報》 第9號

(1936. 12), 朝鮮總督府高等法院檢事局思想部
〈自大正11年至昭和10年內地及朝鮮ニ於ケル社會運動等ノ概況對照(3)〉, 《思想彙報》 第9號 (1936. 12), 朝鮮總督府高等法院檢事局思想部
〈自大正11年至昭和10年內地及朝鮮ニ於ケル社會運動等ノ概況對照(4)〉, 《思想彙報》 第9號 (1936. 12), 朝鮮總督府高等法院檢事局思想部
〈자유사회건설자연맹 선언 및 강령〉(이정규, 1974《우관문존》, 삼화인쇄소에 수록)
〈長部謹吾의 보고〉[長部謹吾, 〈昭和13年1月乃至10月中支在住不逞鮮人の動靜〉(《思想情勢視察報告集》 其の七에 수록)]
〈在京アナ系朝鮮人團體の解消〉, 《特高月報》(1938年 1月分)(朴慶植 編, 《在日朝鮮人關係資料集成》 4, 三一書房에 수록)
〈在京自由勞動者協力會의 분열〉, 《特高月報》(1933年 10月分)(朴慶植 編, 《在日朝鮮人關係資料集成》 2, 三一書房에 수록)
〈在京朝鮮留學生概況〉(1925年 12月)(朴慶植 編, 《在日朝鮮人關係資料集成》 1, 三一書房에 수록)
〈在留朝鮮人の運動〉, 《社會運動の狀況(1930年)》(內務省警保局 編)(朴慶植 編, 《在日朝鮮人關係資料集成》 2, 三一書房에 수록)
〈在留朝鮮人の運動〉, 《社會運動の狀況(1931年)》(內務省警保局 編)(朴慶植 編, 《在日朝鮮人關係資料集成》 2, 三一書房에 수록)
〈在留朝鮮人の運動〉, 《社會運動の狀況(1932年)》(內務省警保局 編)(1971년 三一書房에서 복각)
〈在留朝鮮人の運動狀況〉, 《社會運動の狀況(1929年)》(內務省警保局 編)(朴慶植 編, 《在日朝鮮人關係資料集成》 2, 三一書房에 수록)
〈在留朝鮮人運動〉 《社會運動の狀況(1932年)》(內務省警保局 編)(朴慶植 編, 《在日朝鮮人關係資料集成》 2, 三一書房에 수록)
〈在留朝鮮人運動〉, 《社會運動の狀況(1933年)》(內務省警保局 編)(朴慶植 編, 《在日朝鮮人關係資料集成》 2, 三一書房에 수록)
〈在留朝鮮人運動〉, 《社會運動の狀況(1934年)》(內務省警保局 編)(朴慶植 編, 《在日朝鮮人關係資料集成》 3, 三一書房에 수록)
〈在留朝鮮人運動〉, 《社會運動の狀況(1935年)》(內務省警保局 編)(朴慶植 編, 《在日朝鮮人關係資料集成》 3, 三一書房에 수록)
〈在留朝鮮人運動〉, 《社會運動の狀況(1936年)》(內務省警保局 編)(朴慶植 編, 《在日朝鮮人關係資料集成》 3, 三一書房에 수록)
〈在北京不逞鮮人ノ近情ニ關スル件〉, 《不逞團關係雜件-朝鮮人ノ部-在支那各地(4)》(국사편찬위원회 소장)
〈在上海アナ系鮮人の有吉公使暗殺計劃檢擧〉, 《特高月報》(1933年 4月分)(朴慶植 編, 《在日朝鮮人關係資料集成》 2, 三一書房에 수록)
〈在上海共產黨首領呂運亨取調狀況ニ關スル件〉(1929年8月21日附京畿道知事發信), 《外務省警察史-支那ノ部(未定稿)》(在上海總領事館 編)(고려서림편집부 편, 1989《日本外務省特殊調査文書》 28에 수록)
〈在上海南華韓人靑年聯盟の綱領規約及宣言〉, 《思想彙報》 第5號(1935. 12)
〈在上海留朝鮮人の不穩狀況〉, 《社會運動の狀況(1933年)》(內務省警保局 編)(朴慶植 編, 《在日朝鮮人關係資料集成》 2, 三一書房에 수록)
〈在上海總領事館ニ於ケル特高警察事務狀況〉(1937年 12月末 調査)(고려서림편집부 편, 1989《日本外務省特殊調査文書》 27에 수록)
〈在生長中的幼苗〉, 《韓國靑年》 제1권 제1기(1940. 7. 15), 한국청년전지공작대(추헌수 편, 《자료 한국독립운동》 3, 연세대학교출판부에 수록)

〈在外不逞鮮人槪況〉(독립운동사편찬위원회 편, 1975《독립운동사 자료집》 9에 수록)
〈在日朝鮮人運動日誌〉,《特高月報》(1934. 1~1937. 12)(朴慶植 編,《在日朝鮮人關係資料集成》 3, 三一書房에 수록)
〈재중국조선무정부공산주의자연맹 발기문〉,《탈환》 창간호증간(1928. 6. 15)
〈在中國朝鮮無政府共産主義者聯盟綱領草案〉,《奪還》 창간호증간(1928. 6. 15)
〈在支無政府主義者의 外患事件〉,《思想彙報》 第21號(1939. 12)
〈在支不逞團加入活動事件〉,《思想彙報》 第25號(1940. 12)
〈在支朝鮮義勇隊の情勢〉,《高等外事月報》 第5號(《思想彙報》 第22號(1940. 3), 朝鮮總督府高等法院檢査局思想部에 게재)
〈在滬有力鮮人玉觀彬暗殺事件〉,《朝鮮民族運動(未定稿) 第5-1(1933. 1~1937. 12)》(在上海總領事館 編)(고려서림편집부 편, 1989《日本外務省特殊調査文書》 26에 수록)
〈積極的に歲末闘爭その先頭に立つ〉,《自由聯合新聞》 第87號(1933. 12. 10)
〈'전국농촌운동자협의회' 창립총회 보고〉,《통신》 4호(1973. 3)(국민문화연구소 50년사간행위원회 편, 1998《국민문화연구소 50년사》, 국민문화연구소에 수록)
〈電報〉(1919年 8月 27日, 佐藤少佐),《不逞團關係雜件-朝鮮人의 部-鮮人과 과격파(1)》(국사편찬위원회 소장)
〈電報〉(1919年 9月 10日, 佐藤少佐),《不逞團關係雜件-朝鮮人의 部-在上海地方(1)》(국사편찬위원회 소장)
〈電報〉(1919年 9月 19日, 佐藤少佐),《不逞團關係雜件-朝鮮人의 部-在上海地方(1)》(국사편찬위원회 소장)
〈朝鮮ノ社會黨ガ'ストックホルム'會議ニ電報ヲ發シタリトノ通信報告ノ件〉(大正6年 9月3日 公第481號 在瑞典特命全權公使 三浦治五郎→外務大臣)(姜德相 · 梶村秀樹 編, 1966《現代史資料》 25, みすず書房에 수록)
〈조선노동공제회 연혁 대략〉,《共濟》 제1호(1920. 9. 10)
〈조선노동자의 전투적 신 조직체 생기다〉,《自由聯合》第16號(1927. 9. 5), 全國勞働組合自由聯合會
〈조선농촌자치연맹 선언강령 해설〉(이정규, 1974《우관문존》, 삼화인쇄에 수록)
〈朝鮮大獨立黨籌備會議開催ニ關スル檄文〉(1930. 8. 1. 하얼빈 주재 八木총영사→幣原외무대신)《外務省警察史-滿洲의 部》(在上海總領事館 編)(국회도서관 소장 日本外務省文書 SP 205-4)
〈朝鮮東興勞動同盟北部大會開催狀況〉,《特高月報》(1934. 11)(朴慶植 編,《在日朝鮮人關係資料集成》 3, 三一書房에 수록)
〈조선민족전선연맹 창립선언〉,《朝鮮民族戰線》 창간호(1938. 4. 10)
〈朝鮮民衆に訴ふ新興獨裁運動を排擊〉,《黑色靑年》 第12號(1927. 9. 5)
〈조선의 민중과 정치운동-사기꾼인 권력광들을 배격한다〉,《現社會》 第4號(1923. 6)
〈朝鮮人過激主義者安銀生に關する件〉(1919. 9. 20, 機密第129號),《不逞團關係雜件-조선인의 부-鮮人과 過激派(1)》(국사편찬위원회 소장)
〈朝鮮人近況槪要(1922年 1月)〉(朴慶植 編,《在日朝鮮人關係資料集成》 1, 三一書房에 수록)
〈朝鮮人運動の狀況〉(1943年 11月分),《特高月報》(內務省警保局 編)(朴慶植 編,《在日朝鮮人關係資料集成》 5, 三一書房에 수록)
〈조선자유노동자조합과의 충돌의 진상을 발표하여 전 무산대중에게 알린다〉(關東勞動組合自由聯合會, 1928. 3)
〈朝鮮自由勞動者組合 日誌〉,《自由聯合》 第13號~第21號
〈朝鮮自由勞動者組合의 조직 확립〉,《特高月報》(1933年 3月分)(朴慶植 編,《在日朝鮮人關係資料集成》 2, 三一書房에 수록)
〈朝鮮自由의 근황-朝鮮東興勞動同盟會와 함께 협력하여 볼 박멸운동〉,《自由聯合》 第25

號(1928. 6. 27)
〈朝鮮治安維持法違反調査(二)〉その5(1928年 3月 1日~1930年 末), 《思想月報》 第1卷 第7號(1931. 10. 15), 朝鮮總督府高等法院檢事局思想部
〈조선혁명선언〉(독립기념관 소장자료)
〈주토공산당誅討共産黨〉(한족총연합회)[〈韓族總聯合會ノ共産黨排擊宣傳文ノ件〉(1930. 7. 31, 길림 주재 石射총영사→幣原외무대신), 《外務省警察史-滿洲의 部》(在上海總領事館 編)(국회도서관 소장 일본외무성문서 SP 205-4)]
〈中韓協會宣言書〉, 《光明》 第1卷第1號(1921. 12. 1)
〈職部諜報員이 참모본부에 보내는 報告(中華民國10年 12月 9日收)〉(中國第2歷史檔案館檔案案卷第1024, 2, 65號)(楊昭全 等編, 1987b 《關內地區朝鮮人反日獨立運動資料彙編》 下册, 遼寧人民出版社에 수록)
〈蔡殷國・李丁奎ヲ中心トスル無政府主義運動檢擧ニ關スル件〉[국사편찬위원회 편, 《국내항일운동 자료》(http://db.history.go.kr/)에 편철]
〈추도문〉(대구자유사)
〈추도사〉(민우회)
〈취지서〉(한국민주주의자총연맹)(단주유림선생기념사업회 편, 1991 《단주유림 자료집》 1에 수록)
〈탈환의 주장〉, 《탈환》 창간호(1928. 6. 1), 재중국조선무정부공산주의자연맹
〈特務 載德의 朝鮮社會黨人 王東明이 北大에서 李大釗 등과 聚談한 것과 朝鮮黨人 李金山이 피체된 정황에 관한 정보(1922~1923년)〉(北洋政府京畿衛戍總司令部檔案(1024) 119호)(楊昭全 等編, 1987b 《關內地區朝鮮人反日獨立運動資料彙編》 下册, 遼寧人民出版社에 수록)
〈特別要視察人狀勢一班 第4(1911年 7月~1914年 6月)〉(松尾尊兌 編, 1984 《社會主義沿革》 1, みすず書房에 수록)
〈特別要視察人狀勢一班 第5(1914年 7月~1915年 6月)〉(松尾尊兌 編, 1984 《社會主義沿革》 1, みすず書房에 수록)
〈特別要視察人狀勢一班 第6(~1916年 5月 1日)〉(松尾尊兌 編, 1984 《社會主義沿革》 1, みすず書房에 수록)
〈特別要視察人狀勢一班 第7(1916年 5月 2日~1917年 5月 1日)〉(松尾尊兌 編, 1984 《社會主義沿革》 1, みすず書房에 수록)
〈特別要視察人狀勢一班 第8(1917年 5月 2日~1918年 5月 1日)〉(松尾尊兌 編, 1984 《社會主義沿革》 1, みすず書房에 수록)
〈特別要視察人狀勢一班 第9(1918年 5月 1日~1919年 11月 1日)〉(松尾尊兌 編, 1984 《社會主義沿革》 1, みすず書房에 수록)
〈파괴의 투탄을!〉(1926. 1. 1. 허무당)(《대일민족선언》, 일우문고, 1972에 수록)
〈學者の戲言〉, 《太い鮮人》 第2號
〈韓國各政黨現況〉(1944. 4. 22. 吳鐵城에게 보내는 보고서)(추헌수 편, 《자료 한국독립운동》 2, 연세대학교출판부에 수록)
〈韓國各革命黨擁護第36屆議會宣言〉, 《獨立評論》(1944. 4. 24)(추헌수 편, 《자료 한국독립운동》 1, 연세대학교출판부에 수록)
〈韓國猛血團員ノ檢擧〉, 《朝鮮民族運動(未定稿) 第5-2(1933. 1~1937. 12)》(在上海總領事館 編)(고려서림편집부 편, 1989 《日本外務省特殊調査文書》 27에 수록)
〈韓國青年戰地工作隊編入爲韓國光復軍第五支隊〉, 《光復》 제1권 제1기(1941. 2. 1), 한국광복군총사령부정훈처
〈韓族總聯合會ノ共産黨排擊宣傳文ノ件〉(1930. 7. 31. 길림 주재 石射총영사→幣原외무대신), 《外務省警察史-滿洲의 部》(在上海總領事館 編)(국회도서관 소장 일본외무

성문서 SP 205-4)
〈韓族總連合會撲滅ニ際シテ被壓迫勞力者大衆ニ檄ス〉[〈反日本帝國主義同盟ノ韓族總聯合會排擊ニ關スル件〉(1930. 8. 13. 하얼빈 주재 八木총영사→幣原외무대신), 《外務省警察史-滿洲의 部》(在上海總領事館 編)(국회도서관 소장 일본외무성문서 SP 205-4)]
〈韓靑隊1年略記〉, 《韓國靑年》 제1권 제3기(1941. 6. 10), 한국청년월간사
〈海外不逞鮮人と連絡する朝鮮人の檢擧〉, 《特高月報》(1936年 4月分)(朴慶植 編, 《在日朝鮮人關係資料集成》 3, 三一書房에 수록)
〈호남은행사건의 동지 申君의 서한〉(신현상이 東京 某 동지에게 보낸 편지), 《黑色新聞》 제27호(1934. 4. 18)
"宣傳無政府主義之鮮人逮捕詳報" 《臺灣日日申報》 1928년 5월 12일자(단재신채호전집편찬위원회 편, 2007 《단재신채호전집》 8, 한국독립운동사연구소에 수록)
"爲宣傳陰謀費 僞造郵便爲替" 《臺灣日日申報》 1928년 5월 12일자(단재신채호전집편찬위원회 편, 2007 《단재신채호전집》 8, 한국독립운동사연구소에 수록)
"僞造發見した全島郵便局" 《臺灣日日申報》 1928년 5월 12일자(단재신채호전집편찬위원회 편, 2007 《단재신채호전집》 8, 한국독립운동사연구소에 수록)
"이태준李泰俊이 안창호에게 보내는 편지"(1912. 7. 16)(《도산안창호 자료집》 2, 독립기념관 한국독립운동사연구소, 1991에 수록)
"赤露 獨裁의 정체 폭로" 《흑색신문》 제34호(1934. 12. 28)
"전 민족의 공동 이익을 위하여 공동 행동을 취하자" 《동아일보》 1927년 3월 2일자
"조선의용대지도위원회 위원 저우시안탕周咸堂 등이 제출한 조선의용군조직 성립의 경과 보고 원안原案"(中國第二歷史檔案館77 (2) 卷13號)(楊昭全 等編, 1987b 《關內地區朝鮮人反日獨立運動資料彙編》 下册, 遼寧民族出版社에 수록)
"한국임시정부 건국강령 수개修改에 관한 유림의 축사" 《임시의정원회의록(1944)》(단주유림선생기념사업회 편, 1991 《단주유림 자료집》 1에 수록)
추도회 개최를 알리는 전단
한국민주당의 〈성명서〉(국사편찬위원회 편, 1968 《자료 대한민국사》 1에 수록)
고병희 · 조대수 · 고영희 · 강기찬 · 김형수 · 임상국의 판결문(1930年 刑公合第72號)
무정부주의 비밀결사 우리계 사건 판결문(제주도지편찬위원회 편, 1996 《제주항일독립운동사》, 제주도에 수록)
박소근수朴小斤秀 · 마명 · 우해룡의 판결문(大正14년 刑公第492號 ; 국가기록원 소장)
박제채의 재판 기록(《형사 제1심 소송기록》에 편철 ; 국사편찬위원회 소장, MF번호 07801)
朴濟彩의 판결문(1939년 刑控 제1015호)(독립운동사편찬위원회 편, 《독립운동사 자료집》 11, 독립유공자사업기금운용위원회에 수록)
上海 六三亭사건 판결문(원주원씨중앙종친회 편, 1979 《義士 元心昌》에 수록)
성진호의 판결문(昭和8년 刑控 第231號 ; 국가기록원 소장)
嚴亨淳 · 李圭虎의 판결문(1936년 刑控 제95호)(독립운동사편찬위원회 편, 《독립운동사 자료집》 11, 독립유공자사업기금운용위원회에 수록)
吳冕稙 외 4인의 판결문(1936年 刑控 第119號)(독립운동사편찬위원회 편, 《독립운동사 자료집》 11, 독립유공자사업기금운용위원회에 수록)
柳林의 고등법원 판결문(昭和八年刑上第七十三號)(《刑事裁判書原本》(自昭和八年七月至昭和八年十二月), 고등법원에 수록)
이경순과 정태성의 판결문(昭和4년 刑控公 第9號 ; 국가기록원 소장)
이복원李復遠 외 8인의 판결문(1925年 刑公第846號)(한국역사연구회 편, 1992 《일제하 사회운동사 자료총서》 12, 고려서림에 수록)

이용준의 재판 기록(《형사 제1심 소송기록》에 편철 ; 국사편찬위원회 소장, MF번호 07574, 07575)
李容俊의 판결문 (독립운동사편찬위원회 편, 《독립운동사 자료집》 11, 독립유공자사업기금운용위원회에 수록)
이은송 외 2인의 재판 기록(《형사 제1심 소송기록》에 편철 ; 국사편찬위원회 소장, MF번호 07795, 07796, 07797)
이은송 · 윤용화 · 김순조 · 이영하 · 이용규의 "범죄인지서"
이은송의 "訊問調書"
전여종 외 7인의 판결문(한국역사연구회 편, 1992《일제하 사회운동사 자료총서》 8, 고려서림에 수록)
조선공산무정부주의자동맹 사건 판결문(1933年 刑控 第146號 · 147號 · 148號)(한국역사연구회 편, 1992《일제하 사회운동사 자료총서》 12, 고려서림에 수록)
홍성환의 판결문(1926年 刑控第305號)
京畿道 編, 〈義烈團爆彈事件檢擧ニ關スル件〉(大正 12年 3月 31日 京高秘第5698號)(한국역사연구회 편, 1992《일제하 사회운동사 자료총서》 4, 고려서림에 수록)
警保局保安課 編, 〈支那事變ニ伴フ不逞鮮人ノ策動狀況〉(1937年 9月)(고려서림편집부 편, 1989《日本外務省特殊調査文書》 30에 수록)
警保局保安課 編, 〈黑色靑年聯盟ニ關スル調〉(1926年 2月)(小松隆二 編, 1988《アナキズム》, みすず書房에 수록)

경부畊夫, 〈개미와 벌의 호상부조互相扶助〉, 《공제》 제7호
高公, 〈關于朝鮮義勇隊〉, 《大公報》(1939. 1. 24)(楊昭全 等編, 1987《關內地區朝鮮人反日獨立運動資料彙編》 上册, 遼寧民族出版社에 수록)
고순흠, 1967 〈조선노동공제회 창업의 동기 및 전말〉(무정부주의운동사편찬위원회가 《한국아나키즘운동사》 편찬을 위해 자료를 수집하는 과정에서 작성된 자료임)
고영환, 〈인생과 노동〉(1920. 1. 28, 早稻田에서), 《서광》 제5호(1920. 6)
고지영, 〈시대사조와 조선 청년〉, 《학지광》 제20호(1920. 7. 6, 정정 재판) 특별대부록
광호狂湖, 〈한청韓靑 독자讀者에게〉(要譯), 《한청韓靑》 제2권제4기(1937. 6. 15)(《思想情勢視察報告集》 其の三에 수록)
歐西, 〈南洋無政府主義運動の概況〉《民鐘》 第2卷 第1號(1927. 1)
權五惇 외 6인의 판결문(1930年 刑控 第127號)(한국역사연구회 편, 1992《일제하사회운동사자료총서》 12, 고려서림에 수록)
근瑾, 〈민족전선문제에 대해서 냉심군冷心君의 의문에 답한다〉, 《남화통신》 1936년 11월호(《思想情勢視察報告集》 其の二에 수록)
金貴, 〈朝鮮に於ける黑色運動〉, 《黑色戰線》 1卷 6號(1929. 10. 5), 黑色戰線社
기안생飢雁生, 〈지식계급의 실패〉, 《신생활》 제7호(1922. 7. 1)
김명식, 〈도덕의 추락墜落과 경제의 부진不振〉, 《학지광》 제14호(1917. 12)
김복일의 재판 기록(《형사 제1심 소송기록》에 편철 ; 국사편찬위원회 소장, MF번호 07801)
김양수, 〈사회문제에 대한 관념〉, 《학지광》 제13호 부록(1917. 7)
김철수, 〈김철수 친필 유고〉(《역사비평》 1989년 여름호, 역사문제연구소에 수록)
나경석, 〈세계사조와 조선농촌〉, 《공제》 제1호
內務省警保局 編, 〈最近ニ於ケル特別要視察人ノ狀況(1922年 1月 調)〉(松尾尊兊 編, 1986《社會主義沿革》 2, みすず書房에 수록)
內務省警保局 編, 〈最近ニ於ケル社會思想團體ノ狀況(1923年 1月 調)〉(松尾尊兊 編, 1986《社會主義沿革》 2, みすず書房에 수록)

농부農夫, 〈조선노동계에 고하노라〉, 《공제》 제2호(1920. 10)
大杉榮, 〈事實と解釋—植民地の叛逆＝印度＝安南＝臺灣＝朝鮮〉, 《近代思想》 3巻2號(1915年 11月)
大阪府內鮮融和事業調査會 編, 〈在住朝鮮人問題ト其ノ對策(1936年)〉(朴慶植 編, 《在日朝鮮人關係資料集成》 3, 三一書房에 수록)
東京府社會課 編, 〈在京朝鮮人勞動者の現狀(1936年)〉, 《社會調査資料》 第25輯(朴慶植 編, 《在日朝鮮人關係資料集成》 3, 三一書房에 수록)
두남斗南, 〈들어안저서〉, 《공제》 제1호
뒤바보, 〈아령실기俄領實記〉, 《독립신문》 1920년 3월 30일자
라산拏山, 〈전쟁철학의 비판〉, 《신생활》 제8호(1922. 8. 1)
류기석, 〈적색사회주의〉, 《신민》 1926년 4월호
柳絮, 〈主張組織東亞無政府主義者大聯盟〉, 《民鐘》 第16期(1926. 12. 15)(葛懋春 · 蔣俊 · 李興芝 編, 1984《無政府主義思想資料選》 下, 北京人民大學出版社에 수록)
류자명, 〈조선민족전선연맹 결성 경과〉, 《조선민족전선》 창간호(1938. 4. 10), 조선민족전선사
모 공장某 工場의 일직공一職工, 〈노동자의 절규〉, 《공제》 제1호
무아생無我生, 〈노동자의 문명은 여사如斯하다〉, 《공제》 제1호
문장현 외 46명 경찰(이천서) 기록(《형사 제1심 소송기록》에 편철 ; 국사편찬위원회 소장, MF번호 07797)
민필호, 〈한중외교사화韓中外交史話〉(신규식(민병하 역), 1978《한국혼》, 박영사에 수록)
朴烈, 〈亞細亞ロンモ主義に就て〉, 《太い鮮人》 第2號
____, 〈陰謀論〉(再審準備會 編, 1977《朴烈 · 金子文子裁判記錄》, 黑色戰線社에 수록)
朴尙僖, 〈東京朝鮮人諸團體歷訪記〉, 《朝鮮思想通信》(《在日朝鮮人史研究》 第5號(1979. 12), 在日朝鮮人運動史研究會에 수록)
박석윤, 〈'자기'의 개조〉, 《學之光》 제20호(1920. 7. 6, 정정 재판)
박중화, 〈조선노동공제회 주지〉, 《공제》 제1호
仿魯, 1933 〈社會主義青年團之產生〉, 《陳獨秀評論》(陳東曉 編), 北平東亞書局(楊昭全 等編, 1987b《關內地區朝鮮人反日獨立運動資料彙編》 下册, 遼寧人民出版社에 수록)
방원몽方圓夢, 〈여시아관如是我觀〉, 《한청韓靑》 제1권 제4기(1936. 11. 25), 한국국민당청년단(《思想情勢視察報告集》 其の三에 수록)
방한상 · 신재모의 판결문(紹和2년 刑控公第335號 ; 국가기록원 소장)
배성룡, 〈조선 사회운동의 사적 고찰〉, 《개벽》 제66호(1926. 3. 1)
______, 〈조선사회운동소사〉, 《조선일보》 1929년 1월 1일자
三輪利三郎, 〈허무당선언서의 사건과 그 전모〉(지중세 역편, 《조선사상범검거실화집》, 1946에 수록)
설산雪山, 〈사회와 개인〉, 《學之光》 제13호(1917. 7)
소앙생嘯卬生, 〈회원 제군〉, 《대한흥학보》 제7호(1909. 11. 20)
송사생松斯生, 〈노동조합의 교육적 의의〉, 《공제》 7호
申煖波(黑友會), 〈日本に於ける鮮人勞動運動〉, 《勞働運動》 第10號(1923. 1. 1)
신백우, 〈사회운동의 선구자의 출래出來를 촉促함〉《신생활》 제2호(1922. 3. 21)
申叔(劉師培의 필명—인용자), 〈亞洲現勢論〉, 《天義》 第11 · 12卷(1907. 11. 30)
신채호, 〈이날是日〉, 《권업신문》 제18호(1912. 8. 29)
烈生, 〈直接行動の標本〉, 《黑濤》 第1號(1922. 7. 10)
우영생又影生, 〈근대 노동문제의 진의眞義〉, 《개벽》 제1호(1920. 6)
柳絮(鎌田 恙吉 譯), 〈東洋に於ける我等〉, 《黑旗》(1930年 1月號)
유진희, 〈소작운동과 그 내용 검규檢窺〉, 《동아일보》 1921년 3월 22일자

栗原一男, 〈叛逆者傳(2)—洪鎭祐〉, 《自由聯合新聞》 第41號(1929. 11. 1)
이동식李東植, 〈무산계급의 자조적自助的 방책〉, 《공제》 제8호
이성태, 〈크로포트킨 학설 연구〉, 《신생활》 제7호(1922. 7. 1)
이여성, 〈정파리경淨玻璃鏡〉, 《대중시보》 제4호(1922. 6)
이정규, 〈中國 福建省 농민자위운동과 한국 동지들의 활동〉(이정규, 《우관문존》, 삼화인쇄, 1974에 수록)
______, 1954 〈폐허 재건과 신생활운동〉, 《시사강연時事講演 요지要旨》, 공보처(이정규, 1974 《우관문존》, 삼화인쇄에 수록)
______, 1956 〈민주사회당의 조직원리〉, (이정규, 1974 《우관문존》, 삼화인쇄에 수록)
______, 1957 5~6월 〈한국사회주의운동의 전망〉, 《마산일보》(이정규, 1974 《우관문존》, 삼화인쇄에 수록)
이지휘, 〈거세去歲 개적槪跡과 금년의 추세〉, 《동아일보》 1930년 1월 3일자
李弘根, 〈解放運動と民族運動〉, 《自由聯合新聞》 第40號(1929. 10. 1), 全國勞動組合自由聯合會
일기자一記者, 〈구 · 십 양월 중에 세계와 조선〉, 《개벽》 제29호(1922. 11. 1)
__________, 〈농촌과 노동문제〉, 《공제》 제7호
林友(上海), 〈재중국 조선무정부주의운동 개황〉, 《黑色新聞》 제29호(1934. 6. 30)
子明, 〈창간사〉, 《조선민족전선》 창간호(1938. 4. 10)
정백, 〈유일자唯一者와 그 중심 사상〉, 《신생활》 제9호(1922. 9. 1)
鄭又影, 〈創刊に際して〉, 《青年朝鮮》 1號(1922. 2. 15)
朝鮮勞動 K生, 〈相愛會か, 相穢會か〉, 《自由聯合》 第11號(1927. 4. 5)
朝鮮總督府警務局 東京出張員, 〈日本における抗日獨立運動計劃者檢擧の件(1920年 3月 26日. 高警 第8774號)〉(金正明 編, 1967 《朝鮮獨立運動》 3, 原書房에 수록)
朝鮮總督府警務局 東京出張員, 〈在京朝鮮人狀況(1924年 5月)〉(朴慶植 編, 《在日朝鮮人關係資料集成》 1, 三一書房에 수록)
朝鮮憲兵隊司令部 編, 〈輓近ニ於スル鮮內思想運動ノ情勢〉(1928年 4月 18日 朝第990號)(한국역사연구회 편, 1992 《일제하 사회운동사 자료총서》 7, 고려서림에 수록)
村田生, 〈上海及南京方面ニ於ケル朝鮮人ノ思想狀況〉, 《思想彙報》 第7號(1936. 6), 朝鮮總督府高等法院檢查局思想部
최봉준, 〈발간하는 말〉, 《해조신문》 창간호(1908. 2. 26)
취몽생醉夢生, 〈수감수록隨感隨錄〉, 《학지광》 제22호(1921.6.21)
特別高等係 編, 〈特別要視察人狀勢調(1921年度)〉(松尾尊兌 編, 1986 《社會主義沿革》 2, みすず書房에 수록)
편집실, 〈여묵餘墨〉, 《대중시보》 임시호(1921. 5. 25)
한세복韓世復, 〈천사의 미소〉, 《학지광》 제5호(1915. 5)
虛峰, 〈汝何處へ行く?-認識不足の在日朝鮮勞動總同盟〉, 《自由聯合》 第14號(1927. 7. 5)
혁노赫怒, 〈'생존경쟁 대 상호부조'의 토론회 개최에 대하야〉, 《동아일보》 1921년 7월 22일자
호상몽인滬上夢人, 〈上海서(第2信)〉, 《청춘》 제4호(1914. 1. 1)
荒○, 〈合理? 不合理?〉, 《黑濤》 第2號(1922. 8. 10)
A. Rolaer, 〈총동맹파업〉, 《解放運動》 혁신호(1929. 5), 조선동흥노동동맹
CK生, 〈프랑스佛蘭西의 C.G.T와 노동운동의 종국〉, 《공제》 제8호
KS生, 〈저급低級의 생존욕〉, 《학지광》 제4호(1915. 2)

4) 회고록 · 전기 · 평전 · 증언

김산 · 님 웨일즈(조우화 역), 1999(개정증보판)《아리랑》, 동녘
金一勉, 1973《朴烈》, 合同出版社,
김학준 편집해설 · 이정식 면담, 1988《혁명가들의 항일회상》, 민음사
류기석(임원빈 역), 2010《30년 방랑기-유기석 회고록》, 국가보훈처
류연산, 2004《류자명평전》, 예성문화연구회
류자명,《한 혁명자의 회억록》(1999년 독립기념관 한국독립운동사연구소에서 영인)
______, 1983《나의 회억》, 료녕인민출판사
박기성, 1984《나와 조국-회고록》, 시온
박태원, 1947《약산과 의열단》, 백양당
양희석, 1994《역사를 무서워하라》, 자유문고
원주원씨중앙종친회 편, 1979《義士 元心昌》
이강훈, 1994a《민족해방운동과 나》, 제삼기획
______, 1994b《이강훈 역사증언록》, 인물연구소
이관직,《우당 이회영 실기實記》(이정규 · 이관직, 1985《우당 이회영 약전》, 을유문화사에 수록)
이광수,《나의 고백》(이광수, 1979b《이광수전집》 7, 又新社에 수록)
이규창, 1992《운명의 여신》, 보련각
이은숙, 1975《민족운동가 아내의 수기》, 정음사
이을규, 1963《시야是也 김종진선생전》, 한흥인쇄소
이정규 · 이관직, 1985《우당 이회영 약전》, 을유문화사
이종범, 1970《의열단 부장 이종암전》, 광복회
張次溪, 1951《李大釗先生傳》, 宣文書店(楊昭全 等編, 1987b《關內地區朝鮮人反日獨立運動資料彙編》下册, 遼寧人民出版社에 수록)
정화암, 1982《이 조국 어디로 갈 것인가》, 자유문고
中國社會科學院現代史研究室 選編, 1980《"一大" 前後》(中國共産黨第1次代表大會前後資料選編) 2 · 3, 人民出版社
최갑용, 1995《어느 혁명가의 일생》, 이문출판사
______, 1996《황야의 검은 깃발》, 이문
布施辰治 · 張祥重 · 鄭泰成, 1946《運命の勝利者朴烈》, 世紀書房
"고탑高塔 고성희高成熙선생 약력"(1978년 작성)
손명표의 "개인 및 단체 경력서"(무정부주의운동사편찬위원회가 한국아나키즘운동사 편찬을 위해 자료를 수집하는 과정에서 작성된 자료임)
〈오남기 아나운동 약력〉(무정부주의운동사편찬위원회가 한국아나키즘운동사 편찬을 위해 자료를 수집하는 과정에서 작성된 자료임)
이지활의 회고문(무정부주의운동사편찬위원회가 한국아나키즘운동사 편찬을 위해 자료를 수집하는 과정에서 작성된 자료임)
〈한하연투쟁공적기韓何然鬪爭功蹟記〉(무정부주의운동사편찬위원회가 한국아나키즘운동사 편찬을 위하여 자료를 수집하는 과정에서 작성된 자료임)
김광주, 〈상해서절 회상기〉,《세대》1965년 12월호
김용관, 〈단주 선생에 대한 회고와 추모〉(http://www.danjuyurim.org/gang01-4.asp)
김창숙, 〈자서전〉(심산사상연구회 편, 1985《김창숙》, 한길사에 수록)
柳樹人, 1946〈韓國獨立運動的回顧與前瞻〉,《中韓文化》(1946. 2)
류원식, 〈나의 아버지 柳林〉,《세대》1971년 3월호
민필호, 〈예관 신규식선생 전기〉(신규식, 1978《한국혼》(민병하 역), 박영사에 수록)

방한상, 〈해방건국투쟁 약기〉
서상경, 1954 〈새해에 생각나는 사람들-박열 동지〉, 《신천지》 통권9호 제1권
서세충, 〈단재의 천재天才와 애체礙滯없는 성격〉, 《신동아》 1936년 4월호(단재신채호전집편찬위원회 편, 2007 《단재신채호전집》 9, 한국독립운동사연구소에 수록)
沈克秋, 1990 〈浮沈在硝烟彌漫的時代浪潮中-記柳樹人的一生〉, 《懷念集》 第5集, 泉州平民中學 · 晉江民生農校校友會
심극추, 2002 〈나의 회고〉(《20세기 중국 조선족 역사자료집〉, 중국조선민족문화예술출판사에 수록)
심훈, 〈단재와 우당〉, 《동아일보》 1936년 3월 12일 · 13일자(단재신채호전집편찬위원회 편, 2007 《단재신채호전집》 9, 한국독립운동사연구소에 수록)
梁一東, 〈元心昌傳〉, 《自由聯合新聞》 第93號(1934. 8. 5)
楊子秋, 〈동지 李康勳군을 회상함〉, 《黑色新聞》 제27호(1934. 4. 18)
______, 〈李康勳을 생각한다〉, 《自由聯合新聞》 第92號(1934. 7. 5), 全國勞動組合自由聯合會
오남기, 〈제일루사건과 우관〉(이정규, 1974 《又觀文存》, 삼화인쇄에 수록)
袁振英, 〈袁振英的回憶〉(1964. 2~4)(中國社會科學院現代史硏究室 選編, 1980 《"一大" 前後》 2, 人民出版社에 수록)
유정렬劉正烈, 〈'상해임시정부' 봉대운동의 경위-초창기 시대를 회고한다〉(1977년 10월 29일, 제88회 국민문화교양강좌 강연)(국민문화연구소 50년사 간행위원회 편, 1998 《국민문화연구소 50년사》, 국민문화연구소에 수록)
유창훈, 〈단주 유림 선생의 회억〉(http://www.danjuyurim.org/gang01-4.asp)
栗原一男, 〈叛逆者傳(2)—洪鎭祐〉 《自由聯合新聞》 第41號(1929. 11. 1)
應起鸞, 1991 〈柳樹人生平〉(미간, 독립기념관 소장)
이광수, 〈그의 자서전〉, 《조선일보》 1936년 12월 22일~1937년 5월 1일자(이광수, 1979 《이광수전집》 6, 又新社에 수록)
______, 〈탈출 도중의 단재 인상〉, 《조광》 2-4(1936)
이문창, 〈우관 선생님을 회고하며〉(2010년 12월 10일 우관 선생님의 26주기 추모의 자리에서 발표)
______, 1998a 〈자유공동체운동의 어제와 오늘-국민문화연구소50년사를 중심으로〉, 《국민문화연구소50년사》(국민문화연구소 50년사 간행위원회 편), 국민문화연구소
______, 1998b 〈설형회 전말〉, 《국민문화연구소50년사》(국민문화연구소50년사간행위원회 편), 국민문화연구소
이전, 〈유림 선생의 일상적인 위풍〉(http://www.danjuyurim.org/gang01-4.asp)
이정규, 〈우당 이회영 선생 약전〉(이정규, 1974 《우관문존》, 삼화인쇄에 수록)
______, 〈한국노동자자치연맹 회고〉(이정규, 1974 《우관문존》, 삼화인쇄에 수록)
이창근, 〈단주 선생과 독립노농당의 회고〉(http://www.danjuyurim.org/gang01-4.asp)
이춘희, 〈단주 선생과 독립노농당의 역사적 의미〉(http://www.danjuyurim.org/gang01-4.asp)
정인식, 〈단주 선생과 독립노농당에 대한 증언(http://www.danjuyurim.org/gang01-4.asp)
鄭哲, 〈建達會事件の眞相〉(農村靑年社運動史刊行會 編, 1994 《農村靑年社事件資料集》 3, 黑色戰線社에 수록)
조봉암, 〈내가 걸어온 길〉(권대복 편, 1985 《진보당-당의 활동과 사건 관계 자료집》, 지양사에 수록)
조순기, 〈단주 선생과 독립노농당에 대한 회고〉(http://www.danjuyurim.org/gang01-4.asp)
秦望山, 〈安那其主義者在福建的一些活動〉 《福建文史資料》 第24期

______, 〈朝鮮和日本安那其主義者在泉避難引起的事件〉《福建文史資料》第24期
홍성환, 〈나는 이렇게 걸어왔다〉(무정부주의운동사편찬위원회가 《한국아나키즘운동사》 편찬을 위해 자료를 수집하는 과정에서 작성된 자료임)

이문창의 증언(이호룡, 민주화운동기념사업회 1층 회의실, 2011. 1. 22, 2011. 3. 20)
이천재의 증언(조영재, 수원 자택, 2011. 1. 21, 2011. 3. 29)
정인식의 증언(이호룡, 민주화운동기념사업회 1층 회의실, 2010. 3. 27, 2010. 4. 10)
"화암 정현섭의 증언"(단주유림선생기념사업회 편, 1991 《단주유림 자료집》 1에 수록)

B. 연구성과

1) 단행본

《國史大辭典》 3 · 13, 吉川弘文館
《한국아나키즘운동사》(무정부주의운동사편찬위원회 편, 1994(2쇄) 《한국아나키즘운동사》, 형설출판사)
강영심, 2007 《1910년대 국외 독립운동−중국편》, 한국독립운동사편찬위원회 · 한국독립운동사연구소
구승희 외, 2004 《한국 아나키즘 100년》, 이학사
국민문화연구소 편, 2004 《항일혁명가 구파 백정기 의사》, 국민문화연구소출판부
국민문화연구소50년사간행위원회 편, 1998 《국민문화연구소 50년사》, 국민문화연구소
권대웅, 2008 《1910년대 국내 독립운동》, 한국독립운동사연구소
권희영 외, 2005 《한국 근현대의 상고사 담론과 민족주의》, 한국학중앙연구원
김경일, 1992 《일제하 노동운동사》, 창작과비평사
김계일, 1987 《중국 민족해방운동과 통일전선의 역사》 1, 사계절
김동화, 1991 《중국 조선족 독립운동사》, 느티나무
김명섭, 2008 《한국 아나키스트들의 독립운동−일본에서의 투쟁》, 이학사
김삼웅, 1996 《朴烈評傳》, 가람기획
______, 2011a(개정판) 《단재 신채호 평전》, 시대의창
______, 2011b 《이회영 평전》, 책으로보는세상
김성국 외, 2013 《지금, 여기의 아나키스트》, 이학사
김성국, 2007 《한국의 아나키스트, 자유와 해방의 전사》, 이학사
김윤식, 1989 《한국근대학과 문인들의 독립운동》, 한국독립운동사연구소
김준엽 · 김창순, 1986 《한국공산주의운동사》 2, 청계연구소
__________, 1988(신판2쇄) 《한국공산주의운동사》 4, 청계연구소
김천영 편저, 1985 《연표 한국현대사》, 한울림
김희곤, 1995 《중국 관내 한국 독립운동단체 연구》, 지식산업사
다니엘 게렝(하기락 역), 1993 《현대 아나키즘》, 신명
단재신채호선생기념사업회 편, 1980 《단재신채호와 민족사관》(단재신채호선생 탄신 100주년기념논집), 형설출판사
______________________, 1986 《신채호의 사상과 민족독립운동》(단재신채호선생 순국50주년추모논총), 형설출판사
大島英三郎 編, 1982 《日本無政府主義運動史》 第小1篇, 黑色戰線社
대한민국광복회 편, 《독립운동대사전》
독립운동사편찬위원회 편, 1983 《독립운동사》 4, 고려서림

마뜨베이 찌모피예비치 김(이준형 역), 1990《일제하 극동시베리아의 한인 사회주의자들》, 역사비평사
모리스 메이스너(권영빈 역), 1992《李大釗》, 지식산업사
민주화운동기념사업회 연구소 편, 2008《한국민주화운동사》1, 돌베개
朴慶植, 1976《朝鮮3·1獨立運動》, 平凡社
박환, 2005《식민지시대 한인아나키즘운동사》, 선인
반병률, 1998《성재 이동휘 일대기》, 범우사
배용일, 2002《박은식과 신채호 사상의 비교연구》, 경인문화사
福本勝淸, 1998《中國革命を驅け拔けたアウトローたち — 土匪と流氓の世界》, 中央公論社
石坂浩一, 1993《近代日本の社會主義と朝鮮》, 社會評論社
송남헌, 1989(재판)《해방3년사》, 까치
松隆二, 1972《日本アナキズム運動史》, 青木書店
신용하, 1984《신채호의 사회사상연구》, 한길사
신일철, 1993《신채호의 역사사상연구》, 고려대학교출판부
야마다 쇼지(정선태 역), 2003《가네코 후미코 -식민지 조선을 사랑한 일본 제국의 아나키스트-》, 산처럼
若林正丈, 1983《臺灣抗日運動史硏究》, 硏文出版
염인호, 1993a《김원봉연구》, 창작과비평사
오장환, 1998《한국 아나키즘운동사 연구》, 국학자료원
玉川信明(이은순 역), 1991《아나키즘》, 오월
유영렬, 2007《애국계몽운동 Ⅰ-정치사회운동》, 한국독립운동사편찬위원회·한국독립운동사연구소
육영회 편, 1985a《友堂 李會榮先生 追悼》
이강훈, 1974《항일독립운동사》, 정음사
이기하, 1961《한국정당발달사》, 의회정치사
이덕일, 2001《아나키스트 이회영과 젊은 그들》, 웅진닷컴
______, 2009《이회영과 젊은 그들-아나키스트가 된 조선 명문가》, 역사의아침
이만열, 1995《단재 신채호의 역사학 연구》, 문학과지성사
______, 2007《한국 근현대 역사학의 흐름》, 푸른역사
이문창, 2008《해방 공간의 아나키스트》, 이학사
이정규,《비망록-政黨史의 前奏로 政治史(近代)》(미간)
李澤厚(김형종 역), 1992《중국현대사상사의 굴절》, 지식산업사
이호룡, 2001a《한국의 아나키즘-사상편》, 지식산업사
______, 2008《아나키스트들의 민족해방운동》, 한국독립운동사편찬위원회·한국독립운동사연구소
______, 2008《절대적 자유를 향한 반역의 역사》, 서해문집
______, 2013a《신채호 다시 읽기》, 돌베개
______, 2013b《영원한 자유인을 추구한 민족해방운동가 신채호》, 역사공간
임경석, 2003《한국 사회주의의 기원》, 역사비평사
임중빈, 1990《단재 신채호 일대기》, 범우사
전명혁, 2006《1920년대 한국 사회주의운동 연구》, 선인
전상숙 외, 2010《한국 민족주의와 변혁적 이념체계》, 나남출판
鄭哲, 1970《在日韓國人の民族運動》
정혜경, 2001《일제시대 재일조선인 민족운동 연구-오사카(大阪)를 중심으로》, 국학자료원
제주도지편찬위원회 편, 1996《제주항일독립운동사》, 제주도
조광수, 1998《중국의 아나키즘》, 신지서원
조동걸, 1979《일제하 한국 농민운동사》, 한길사

조동걸, 2010《한국근대사학사》, 역사공간
조세현, 2001《동아시아 아나키즘, 그 반역의 역사》, 책세상
______, 2010《동아시아 아나키스트의 국제교류와 연대 : 적자생존에서 상호부조로》, 창비
진실 · 화해를 위한 과거사정리위원회 편,《2007년 상반기 조사보고서》
천관우, 1986《한국근대사산책》, 정음문화사
최광식, 2004《단재 신채호의 천고》, 아연출판부
최홍규, 1993《신채호의 민족주의사상-생애와 사상》, 단재신채호선생기념사업회
충청문화연구소 편, 2010《단재 신채호의 사상과 민족운동》, 경인문화사
坪江汕二, 1966(개정증보판)《朝鮮民族獨立運動秘史》, 巖南堂書店
하기락, 1993《자기를 해방하려는 백성들의 의지》, 신명
한국노동조합총연맹 편, 1979《한국 노동조합운동사》
한국민족운동사학회 편, 2003《일제하 아나키즘운동의 전개》, 국학자료원
한국정신문화연구원 편, 2001《디지털한국민족문화대백과사전》(CD)
한영우, 1994《한국민족주의역사학》, 일조각
한형구 외, 2003《단재 신채호의 현대적 조명》, 다운샘
현광호, 2009《한국근대사상가의 동아시아 인식》, 선인
황용건, 2002《항일독립투사 박열, 잃어버린 역사를 찾아서》, 한빛
Max Nettlau(하기락 역), 1989《전세계 인민해방전선 전개-아나키즘 略史》, 형설출판사
Robert A. Scalapino · George T. Yu(丸山松幸 譯), 1970《中國のアナキズム運動》, 紀伊國屋書店

2) 연구논문

〈단주와 독립노농당〉(http://www.danjuyurim.org/danju01-9.htm)
〈한국현대사 인물, 유림〉《한겨레신문》 1991년 4월 12일자(단주유림선생기념사업회 편, 1991《단주유림 자료집》 1에 수록)
공기택, 1990〈남화한인청년연맹의 무정부주의운동〉, 국민대 석사논문
堀内稔, 1986〈在日朝鮮人アナキズム勞働運動(解放前)〉,《在日朝鮮人史研究》第16號, 在日朝鮮人運動史研究會
______, 1992〈南華韓人靑年聯盟と黑色恐怖團〉,《朝鮮民族運動史研究》8, 靑丘文庫
______, 1993〈韓族總聯合會について〉,《朝鮮民族運動史研究》9號, 朝鮮民族運動史研究會
權辰星, 1997〈丹齋 申采浩의 아나키즘〉, 嶺南大 석사학위논문
김기봉, 2005〈한국 근대 역사개념의 성립- '국사'의 탄생과 신채호의 민족사학-〉,《한국사학사학보》 12, 한국사학사학회
김기승, 2003〈신채호의 진화사관과 혁명사관의 대치〉,《단재 신채호의 현대적 조명》(대전대 지역협력연구원 편), 다운샘
김명구, 1988〈1920년대 전반기 사회운동 이념에 있어서의 농민운동론〉,《한국 근대 농촌사회와 농민운동》(장시원 외), 열음사
______, 2002〈한말 · 일제강점 초기 신채호의 민족주의 사상〉,《백산학보》 62, 백산학회
김명섭, 1998〈흑도회의 결성과 활동〉,《사학지》 31, 단대출판부
______, 1999〈흑우회의 활동과 이념〉,《한국근현대사 연구》 11
______, 2001〈1930년대 在日 韓人 아나키즘 운동의 제 양상〉,《한국근현대사연구》 제17집, 한국근현대사학회
______, 2001〈재일 한인아나키즘운동 연구〉, 단국대 박사논문
______, 2002〈일본의 아나키즘과 조선인 항일운동〉,《아나키즘 연구》 2, 자유사회운동연구회
______, 2003a〈1930년대 재일조선인 아나키스트들의 활동과 이념-黑友聯盟

(1928~1936)을 중심으로-〉《한국민족운동사연구》 37, 한국민족운동사학회
김명섭, 2003b 〈朴烈 · 金子文子의 反天皇制 闘爭과 아나키즘 認識〉, 《韓日民族問題研究4》, 韓日民族問題學會
______, 2003c 〈재일 조선인 아나키스트들의 노동운동〉, 《한국독립운동사연구》 제21집, 독립기념관 한국독립운동사연구소
______, 2006 〈한일 아나키스트들의 사상교류와 반제 연대투쟁〉, 《한국민족운동사연구》 49, 한국민족운동사학회
______, 2008 〈우당 이회영의 아나키즘 인식과 항일 독립운동〉, 《동양정치사상사》 Vol.7 No. 1, 한국동양정치사상사학회
김상기, 2010 〈단재 신채호의 생장과 학문〉, 《단재 신채호의 사상과 민족운동》, 충남대 충청문화연구소
김성국, 1995 〈아나키스트 申采浩의 試論的 재인식〉, 《아나키즘연구》 창간호, 自由社會運動研究會
______, 2001 〈단주 유림과 한국 아나키즘의 독자성〉, 《사회조사연구》 제16권, 부산대 사회조사연구소
______, 2004 〈아나키스트 박열의 개인주의, 허무주의 그리고 세계주의〉, 《韓日研究》 15, 韓國日本問題研究學會
김영범, 1994 〈의열단의 민족운동에 관한 사회사적 연구〉, 서울대 박사논문
______, 2001 〈신채호의 '조선혁명'의 길〉, 《한국근현대사연구》 18, 한국근현대사학회
김영천, 2006 〈단주旦洲 유림柳林의 성장배경成長背景과 가계家系〉, 《한국정치사상연구소 2006년도 추계 아나키즘 학술논문집》, 한국정치사상연구소
______, 2008 〈旦洲 柳林의 아나키즘과 독립운동〉, 《동양정치사상사》 Vol.7 No.1, 한국동양정치사상사학회
김재명, 1986 〈유림 선생의 우국혼憂國魂〉, 《정경문화政經文化》 1월호, 한국정경연구소
김찬흡, 1988 〈애국지사 죽암 고순흠의 생애(7)〉, 《교육제주》 63
김형배, 1985 〈단재 신채호의 무정부주의사상에 관한 연구〉, 서울대 석사논문
______, 1986 〈申采浩의 無政府主義에 관한 一考察 ; P. 크로포트킨과의 思想的 連繫를 중심으로〉, 《申采浩의 思想과 民族獨立運動》(단재신채호선생기념사업회 편)
김희곤, 2001 〈旦洲 柳林의 독립운동〉, 《한국근현대사연구》 제18집, 한국근현대사학회
大畑裕嗣, 1989 〈朝鮮獨立運動のコミュニケーション戦略-1920年代の安昌浩と申采浩を中心に-〉, 《東京大學新聞研究所紀要》 39, 東京大學新聞研究所
류지아, 2009 〈신채호의 민중혁명론과 역사인식〉, 《역사와 세계》 35, 효원사학회
尾關弘, 1974 〈韓國のアナキズム運動の現狀〉, 《アナキズム》 第3號, 日本アナキズム研究センタ
梶村秀樹, 1977 〈申采浩の啓蒙思想〉, 《季刊三千里》 9, 三千里社
박걸순, 2008 〈1920년대 신채호의 역사인식과 역사서술〉, 《호서사학》 50, 호서사학회
______, 2011 〈신채호의 아나키즘 수용과 동방피압박민족연대론〉, 《한국독립운동사연구》 38, 한국독립운동사연구소
박근갑, 2011 〈단재 신채호와 역사의 발견〉, 《역사학보》 210, 역사학회
박난영, 2010 〈바진, 세계를 향해 창문을 열다〉, 《역사비평》 93호
朴愛琳, 1992 〈조선노동공제회의 활동과 이념〉, 연세대 석사논문
박정심, 2004 〈신채호의 유교인식에 관한 연구-근대적 주체 문제와 관련하여-〉, 《한국사상사학》 22, 한국사상사학회
박종린, 2008 〈바쿠닌과 슈티르너의 아나키즘과 식민지 조선〉, 《동양정치사상사》 Vol.7 No.1, 한국동양정치사상사학회
박종목, 1991 〈한국의 아나키즘운동사〉, 《월간 정치》 24, 월간정치사

박찬숙, 1995 〈일제하 무정부주의 단체 진우연맹 연구〉, 국민대 석사논문

박찬승, 1988 〈한말 신채호의 역사관과 역사학 ; 한말 양계초와의 비교를 중심으로〉, 《한국문화》 9, 서울대 한국문화연구소

박철하, 1998 〈북풍파 공산주의 그룹의 형성〉, 《역사와 현실》 28, 한국역사연구회

박철홍, 2003 〈중국 아나키즘의 수용과 전개〉, 《한국민족운동사연구》 37, 한국민족운동사학회

박환, 1985 〈신민부에 대한 일고찰〉, 《역사학보》 108

______, 1986 〈한족총연합회의 결성과 그 활동〉, 《한국사연구》 52

______, 1988 〈1920년대 재중 한국인의 무정부주의운동과 《탈환》의 간행〉, 《한국학보》 제52집, 일지사

______, 1989 〈이회영과 그의 민족운동〉 《국사관논총》 7

______, 1992 〈남화한인청년연맹의 결성과 그 활동〉, 《한민족독립운동사논총》(수촌박영석교수화갑기념논총간행위원회 편)

______, 1993 〈조선공산무정부주의자연맹의 결성 ; 崔甲龍의 사례를 중심으로〉, 《국사관논총》 41집, 국사편찬위원회

______, 1997 〈中日戰爭以後 中國地域 韓人 無政府主義系列의 向背-韓國青年戰地工作隊를 중심으로-〉, 《한국민족운동사연구》 16, 한국민족운동사연구회

______, 2003 〈1920년대 전반 북경지역 한인 아나키즘〉, 《한국민족운동사연구》 37, 한국민족운동사학회

방한상, 〈해방건국투쟁 약기〉(1966. 11. 7)

배경한, 1996 〈쑨원孫文과 상해한국임시정부〉, 《동양사학연구》 56, 동양사학회

백동현, 1998 〈신채호와 '국'의 재인식〉, 《역사와현실》 29, 한국역사연구회

서점영, 1992 〈우당 이회영의 독립운동〉, 전북대 석사논문

서중석, 1997 〈신채호의 무정부주의에 대한 소고〉, 《한국민족운동사연구》(于松조동걸선생정년기념논총간행위원회 편), 나남출판

星野準二, 1975 〈《黑色戰線》解說資料 黑色戰線の頃〉, 《黑色戰線》, 黑色戰線社

성주현, 2010 〈아나키스트 원심창과 육삼정 의열투쟁〉, 《숭실사학》 24, 숭실사학회

小川晴久, 1989 〈申采浩と儒教〉, 《東京女子大學比較文化研究所紀要》 50, 東京女子大學比較文化研究所

宋世何, 1974 〈朝鮮人によるアナキズム運動の過去と現在〉, 《アナキズム》 第3號, 日本アナキズム研究センタ

水野直樹, 1992 〈東方被壓迫民族聯合會(1925~1927)について〉, 《中國國民革命の研究》(狹間直樹 編), 京都大學人文科學研究所

신복룡, 2008 〈신채호의 무정부주의〉, 《동양정치사상사》 Vol.7 No.1, 한국동양정치사상사학회

愼鏞廈, 1983 〈申采浩의 無政府主義 獨立思想〉, 《東方學志》 제38집, 연세대 국학연구원

______, 1983 〈申采浩의 民族主義와 無政府主義〉, 《省谷論叢》 제14집, 성곡학술문화재단

신용하, 1989 〈조선노동연맹회의 창립과 노동운동〉, 《한국 근현대의 민족문제와 노동운동》(한국사회사연구회 편), 문학과지성사

______, 1990 〈조선노동공제회의 창립과 노동운동〉, 《한국의 사회신분과 사회계층》 3(한국사회사연구회 편), 문학과지성사

신일철, "한국무정부주의운동" 《한민족독립운동사》 4, 국사편찬위원회

______, 1977 〈신채호의 무정부주의사상-丹齋申采浩의 歷史思想研究의 第三部로서-〉, 《한국사상》 15, 한국사상연구회

안동범, 1994 〈劉師復의 무정부주의 소고〉, 전남대 석사논문

野村明美, 1979 〈朝鮮勞動同盟會について〉, 《在日朝鮮人史研究》 5號, 在日朝鮮人運動史

研究會
염인호, 1993b 〈일제하 제주도에서 전개된 아나키즘운동〉, 《한국근현대지역운동사(호남편)》 2(역사문제연구소 편)
塩長五郎, 1975 〈《黑色戰線》について〉, 《黑色戰線》, 黑色戰線社
오장환, 1991 〈1920년대 在中國韓人無政府主義運動; 無政府主義理念의 수용과 獨立鬪爭理論을 중심으로〉, 《국사관논총》 25, 국사편찬위원회
______, 1995a 〈1920년대 초기 국내 사회주의수용기의 아나키즘적 경향에 관한 일고찰 ; 크로포트킨 사상에 영향을 중심으로〉, 《아나키즘연구》 창간호, 自由社會運動研究會
吳章煥, 1995b 〈李丁奎(1897~1984)의 無政府主義運動〉, 《史學研究》 49호, 한국사학회
______, 1997a 〈1920년대 국내아나키즘운동 소고〉, 《建大史學》 第9輯, 建國大學校史學會
오장환, 1997b 〈1920년대 재일한인 아나키즘 운동 소고〉, 《한국민족운동사연구》 17, 한국민족운동사연구회
우남숙, 1999 〈신채호의 국가론 연구 : 이론적 구조를 중심으로〉, 《한국정치학회보》 32-4, 한국정치학회
유병관, 2009 〈고토쿠 슈스이(幸德秋水)의 제국주의 비판과 일본 아나키즘의 수용과정〉, 《日本研究》 제41호, 한국외국어대 일본연구소
유영구, 1986 〈1930년 전후 만주지역의 민족운동과정에서 전개된 한인 아나키스트운동에 관한 연구-북만의 한족총연합회와 재만조선무정주의자연맹을 중심으로〉, 한양대 석사논문
육영회 편, 1985b "우당이회영선생 연보" 《友堂 李會榮先生 追悼》
윤택중, 1986 〈우당과 성재 두형제의 비교〉, 《민족지성》 6, 민족지성사
이기하, 1987 〈광복 정국과 정당의 홍수〉, 《한국정당사》(이기하 외), 한국일보사
이덕일, 2003 〈우리 역사 전통 속의 아나키즘적 요소〉, 《한국민족운동사연구》 37, 한국민족운동사학회
이만열, 1985 〈단재 신채호의 역사연구 방법론〉, 《산운사학》 창간호, 산운학술문화대단
이문창 편, 〈네스톨 마푸노의 생애 및 그 운동〉, 《네스톨 마푸노 약전》(이정규, 《又觀文存》, 삼화인쇄, 1974에 수록)
이용기, 1996 〈1945~48년 임정세력의 '법통정부' 수립운동〉, 서울대 석사논문
이호룡, 1997 〈박열의 무정부주의 사상과 독립국가 건설 구상〉, 《韓國學報》 第八十七輯, 一志社
______, 1998 〈재일본 조선인 아나키스트들의 조직과 활동〉, 《韓國學報》 第91 · 92합집, 一志社
______, 2000a 〈한국인의 아나키즘 수용과 전개〉, 서울대 박사논문
______, 2000b 〈한국에서의 아나키즘과 공산주의의 분화과정〉, 《韓國史研究》 110, 韓國史研究會
______, 2000c 〈해방 전후 한국 아나키스트들의 국가관〉, 《韓國史學報》 제9호, 高麗史學會
______, 2001b 〈재중국 한국인 아나키스트들의 민족해방운동-혁명근거지 건설을 위한 활동을 중심으로-〉, 《한국독립운동사연구》 제16집, 독립기념관 한국독립운동사연구소
______, 2002 〈일제강점기 국내 아나키스트들의 조직과 활동-노동운동을 중심으로-〉, 《역사와 현실》 44, 한국역사연구회
______, 2003 〈신채호의 아나키즘〉, 《역사학보》 177, 역사학회
______, 2004 〈류자명의 아나키스트 활동〉, 《역사와 현실》 53, 한국역사연구회
______, 2005a 〈일제강점기 국내 아나키스트들의 선전활동〉, 《한국민족운동사연구》 43, 한국민족운동사학회
______, 2005b 〈柳林의 아나키스트 사상과 활동〉, 《역사문화연구》(2005. 2), 한국외국어대 역사문화연구소

이호룡, 2006 〈일제강점기 국내 아나키스트들의 공산주의에 대한 비판적 활동〉, 《역사와 현실》 제59호, 한국역사연구회
______, 2009 〈이회영의 아나키스트 활동〉, 《한국독립운동사연구》 제33집, 독립기념관 한국독립운동사연구소
李和貞, 2012 〈1920~1930年代における在日朝鮮人アナキストの思想と行動〉, 東京學藝大學大學院教育學研究科 修士學位論文
임경석, 1998 〈서울파 공산주의 그룹의 형성〉, 《역사와 현실》 28
임용식, 2004 〈애국지사 이용준과 아나키즘〉, 《奈堤文化》 15, 내제문화연구회
蔣剛, 1997 〈泉州 무정부주의운동에 대한 초보적 연구-조선혁명가와 중국무정부주의운동의 관계를 중심으로-〉, 《한국민족운동사연구》 16, 한국민족운동사연구회
장승순, 2013 〈흑기연맹(1925)의 조직과정과 구성원의 성격〉, 《한국독립운동사연구》 제46집, 독립기념관 한국독립운동사연구소
張乙炳, 1980 〈丹齋 申采浩의 民族主義와 無政府主義〉, 《丹齋申采浩와 民族史觀-丹齋 申采浩 先生 誕辰 100周年紀念論集-》(단재신채호선생기념사업회 편)
전명혁, 1997 〈1920년대 전반기 까엔당과 북풍회의 성립과 활동〉, 《성대사림》 12 · 13합집
전상숙, 2008 〈박열의 무정부주의와 민족의식〉, 《동양정치사상사》 제7권 제1호, 한국동양정치사상사학회
程星玲, 1983 〈서문〉, 《나의 회억》(류자명 저), 료녕인민출판사
정영훈, 2000 〈한말 신채호 사학의 정치적 성격〉, 《국학연구》 5, 국학연구소
정인식, 2001 〈해방공간에서의 단주 유림의 정치활동과 독립노농당〉, 《단주 유림선생 제40주기 추모 공훈 선양 대학술강연회 발표논문집》
정창렬, 1990 〈애국계몽사상의 역사의식〉, 《국사관논총》 15, 국사편찬위원회
趙景達, 1996 〈金玉均から申采浩へ-朝鮮における國家主義の形成と轉回〉, 《'近代'を人はどう考えてきたか》(歷史學硏究會 編), 東京大學出版會
趙廣洙, 1997 〈韓 · 中 · 日 아나키즘의 試論적 比較-申采浩, 劉師培, 幸德秋水의 사상과 운동을 중심으로-〉, 《韓日硏究》 第10輯, 韓國日本問題硏究會
조규태, 2008 〈1920년대 북경지역 한인유학생의 민족운동〉, 《한국독립운동사연구》 30
조동걸, 1987 〈임시정부 수립을 위한 1917년의 〈대동단결선언〉〉, 《한국학논총》 9, 국민대 한국학연구소
조세현, 2003 〈1920년대 전반기 재중국 한인 아나키즘운동-한 · 중 아나키스트의 교류를 중심으로-〉, 《한국근현대사연구》 25, 한국근현대사학회
______, 2007 〈1920년대 재중 대만인의 아나키즘운동-한인 아나키스트와의 교류에 주목하여〉, 《한국민족운동사연구》 52, 한국민족운동사학회
조인성, 2009 〈신채호의 고구려사 인식-북한에 미친 영향을 중심으로〉, 《동북아역사논총》 23, 동북아역사재단
최기영, 2001 〈일제강점기 신채호의 언론활동〉, 《한국사학사학보》 3, 한국사학사학회
______, 2010 〈1920~30년대 柳基石의 재중독립운동과 아나키즘〉, 《한국근현대사연구》 55, 한국근현대사학회
최문호, 1991 "편집후기" 《단주유림旦洲柳林 자료집》, 1(단주유림선생기념사업회 편)
최영주, 〈한국아나키스트 군상〉, 《정경문화》,
최정수, 1995 〈단재 신채호의 국제관〉, 《한국학논집》 26, 한양대 한국학연구소
최혜주, 2004 〈한말의 고구려 · 발해인식〉, 《한국독립운동사연구》 23, 한국독립운동사연구소
최홍규, 1986 〈신채호의 민중적 민족주의와 독립노선〉, 《아세아학보》 18, 아세아학술연구회
______, 1994 〈신채호의 근대민족주의사학-특히 근대성과 민중사학 문제와 관련하여〉, 《한국민족운동사연구》 10, 한국민족운동사연구회
坂本孝夫, 1969 〈植民地下の朝鮮知識人とわれわれ-李光洙と申采浩を中心に-〉, 《朝鮮

研究》 81, 日本朝鮮研究所
八木紀一郎, 〈20世紀日本の社會民主主義とリベラリズム〉
하기락, 1980 〈단재의 아나키즘〉, 《단재 신채호와 민족사관》(단재신채호선생기념사업회 편)
______, 1986 〈독립운동의 시각에서 본 우리나라 아나키즘운동〉, 《민족지성》 1986년 10월호
하승우, 2008 〈항일운동에서 "구성된" 아나코-코뮨주의와 아나키즘 해석경향에 대한 재고찰 : 크로포트킨의 사상을 중심으로〉, 《동양정치사상사》 Vol.7 No.1, 한국동양정치사상사학회
하정일, 2009 〈후기 신채호의 아나키즘과 최종심급으로서의 민족주의〉, 《민족문학사연구》 41, 민족문학사학회
한기형, 2000 〈동아시아 담론과 민족주의-신채호의 논의와 관련하여〉, 《민족문학사연구》 17, 민족문학사연구소
한상도, 2008 〈유자명의 아나키즘 이해와 한·중연대론〉, 《동양정치사상사》 제7권 제1호
한시준, 2001 〈신채호의 재중독립운동〉, 《한국사학사학보》 3, 한국사학사학회
한영우, 1981 〈1910년대의 신채호의 역사의식〉, 《한우근박사정년기념사학논총》(한우근박사정년기념사학논총간행준비위원회 편), 지식산업사
______, 1992 〈단재 신채호의 민족주의 사학〉, 《우리 역사와의 대화》, 을유문화사
______, 1992 〈한국 근·현대 역사학의 흐름〉, 《우리 역사와의 대화》, 을유문화사
함용주, 1993 〈민족해방운동과정에서 아나키즘의 역할에 대한 연구-정치사상적 측면을 중심으로〉, 서강대 석사논문
허재훈, 〈대구·경북지역 아나키즘 사상운동의 전개〉, 《철학논총》 제40집
허종, 2009 〈일제시기 이강하李康夏의 민족운동〉, 《한국근현대사연구》 제48집, 한국근현대사학회
HMHM, 〈조선의 여류 주의자, 고 김金쓰딴께비츠여사 약전〉, 《개벽》 제57호(1925. 3. 1)
K.リョング, 1974 〈韓國の無政府主義運動の狀況〉, 《アナキズム》 第3號, 日本アナキズム研究センタ

찾아보기

ㄱ

가네코 후미코 64, 76, 139, 185, 197
가수원농부대회 43, 44, 45
가토 가즈오加藤一夫 61, 110
강만형 66, 67
강우규 89
《개벽》 26, 28, 42
건달회 367, 369, 370, 478
건민회 444
고려공산당 49, 74, 84, 100
《고려청년》 248
고려청년사 248, 476
고순흠 33, 34, 35, 49
고영환 27, 74
고자성 138
고토쿠 슈스이幸德秋水 22, 51
곤도 겐지近藤憲二 213
《공제》 26, 36, 40, 49
곽재기 91, 92
관서흑우회 125, 126, 146, 147, 149, 151
《광명》 95
괴사진 사건 185
구리하라 가즈오栗原一男 138, 140, 198, 213
국가사회주의당 83
국민문화연구소 420, 422, 479, 483, 484
권오돈 113
권희국 61, 62
《근대사조》 24
긍석肯石 26
기안생飢雁生 31, 42
길로틴사 133
김가봉 97
김구 292, 296, 378, 386, 448, 451, 454, 456, 457
김규식 457
김길인 33
김달하 277, 323
김두봉 83
김명식 38
김범수 73
김복일 361
김봉준 432, 433
김성도 88
김성숙 433
김약수 35, 71, 75
김양수 73
김우평 27
김원봉 91, 433
김정희 156, 172
김종진 332, 334, 335, 351, 402
김좌진 293, 334, 340, 343, 358
김중한 107
김지강 430
김창근 296
김태엽 188, 190
김필진 446
김현수 290

ㄴ

나경석 30, 33, 49, 53, 67, 71
나석주 278
남대관 133
남의사 311
남화통신 271, 272, 273, 374, 376, 377
남화한인청년연맹 261, 262, 264, 265, 267, 268, 270, 285, 287, 291, 292, 373, 374, 476
노농신문 439
노동자진회 203
노동청년자유연맹 147
노병회 99

ㄷ

다나카 기이치田中義一 92
다물단 277
단천흑우회 163, 164
《대공론》 59, 60
대구자유사 402
《대중시보》 63
대판아나키스트청년연맹 225
대판조선노동동맹회 76, 202
대한독립단 32, 34
《대한독립보》 84
대한독립촉성전국청년총연맹 402
대한민국임시정부 84, 292, 385, 386, 387, 388, 389, 390, 411, 417, 418, 431, 433, 434, 475
도다 지로刀田次郎 88
독립노농당 397, 437, 438, 439, 441~448, 451, 455, 456, 458, 461, 462, 464, 465, 469, 470, 478, 479
독립대동단 25
독립촉성중앙협의회 410
동경조선노동동맹회 202
《동방》 303
동방노동연맹 226
동방무정부주의자연맹 304, 475
동방아나키스트대회 302, 303
동아무정부주의자동맹회 299
《동아시론》 55
동흥노동 207, 211, 213, 218, 219, 220, 221, 228, 232, 233, 241, 474

ㄹ

량치차오梁啓超 22
러셀 29
러시아혁명 19, 20, 25, 47, 54, 79, 80, 471
루지안보盧劍波 246
류기문 263
류기석 247, 251, 258, 259, 260, 261, 265, 279, 280, 282, 318, 322, 347, 378
류스페이劉師培 51, 52
류스푸劉師復 79
류우석 419, 431, 446
류자명 27, 242, 243, 251, 252, 277, 307, 309, 376, 378, 380, 381, 382, 384, 386
리다자오李大釗 81, 97

ㅁ

마명 135, 141
마오얼후동 사건 283
마흐노 326
만보산사건 259, 305
맹혈단 297
모스크바3상회의 411, 412, 416, 433, 442, 448, 457
모토미네 모로키요基峰專清 24
무명회 416
무산자동맹회 50
무정부주의동방연맹 301, 475
무정부주의자동양대회 345
무정부주의자총연맹 397
무정부주의혁명상해행동위원회 285
무쿠모토 운유椋本運雄 138, 140, 184
문성훈 369, 371
문예운동 114
문예운동사 114, 472
미소공동위원회 411, 412, 418, 440, 441, 442, 447, 449
민남25현 민단편련처 328
민우회 436
민족자주연맹 456
민족자주연맹(민자련) 452, 456, 457
민족해방운동 11, 19, 32, 85, 86, 105, 471
민주사회당발기준비회 428, 429, 430, 431
민중운동 181

ㅂ

바실리 예로센코 96
바진巴金 247, 249
바쿠닌 59

박렬 64, 65, 69, 71, 72, 76, 139, 180, 182, 196, 197, 199, 203, 418, 448, 455
박석윤 60
박제채 287
박중화 34
방한상 110, 136, 140, 399
백무白武 71, 75, 201
백정기 225, 242, 246, 283, 287, 305, 306, 309, 310, 315, 317, 402
변희용 74
보이친스키 97, 99
본능아연맹 128, 131
부산정치파동 460
북경연맹 251, 258, 259, 317, 475
북경흑료구원회 278
북성회 75
북풍회 50
불령사 198, 199, 200, 474
비상국민회의 416, 443

ㅅ

사사키 가즈마사佐佐木倭久 24
4월민주항쟁 422
사이가 시치로齋賀七郎 395
사이토 마코토齋藤實 89
사카모토 우마키치坂本馬吉 24
사카이 도시히코堺利彦 52, 57, 61, 69
사회주의 쿠르조크 74
삼이협회 97
3·1운동 19, 25, 59, 73, 387, 471
상미회 135
상애회 207, 211
상하이 노동대학 323, 324, 325, 326
상해연맹 251, 256, 283, 285, 331, 475
《서광》 74, 84
서동성 110
서상경 43, 46, 110, 111, 113, 399
서울청년회 29, 50
서정기 113
선구회 423
선인노동민우회 69
설형회 421
성주식 432
손명표 25, 42
송봉우 71
스티르너 29
승도경 162
승흑룡 399, 411
신간회 123, 472
신규식 81
신기창 46, 107
《신대한》 83, 84, 93
신백우 31, 35, 37, 39, 49, 50, 83
신사상연구회 50
《신생활》 26, 28, 42
신영우 65, 71, 110, 111, 123, 180, 201
《신조선》 56
신진회 188, 190, 473
신채호 22, 31, 35, 82, 83, 85, 93, 95, 96, 98, 101, 242, 275, 302, 322, 374, 402
《신청년》 321
신현상 419
신흥청년연맹 164
심용해 248
쑨원孫文 88, 89, 90

ㅇ

아리요시 아키라有吉明 286, 313, 315
아베 이소安部磯雄 24
《아성》 26, 28
안공근 251
안근생 88, 89
안주흑우회 169
야마카와 히토시山川均 28, 52
야타베 무우지谷田部勇司 312, 316
양원석 423
양자추 287, 373
양재박 34
양희석 423
엄형순 290
여운형 99, 100, 433
연충렬 287
옌시산閻錫山 259
오가타 다츠오緖方龍雄 24
오남기 430, 431
오면직 296
오스기 사카에大杉榮 51, 57, 62, 68, 69, 110, 121, 133, 299

오우영 233, 234, 236
오이시 다마키大石環 109
오치섭 186
옥관빈 288
옥성빈 289
와다 규타로和田久太郎 133
왕야차오王亞樵 293, 305, 309
요시노 사쿠조吉野作造 27, 61
요코타 쇼지로横田宗次郎 53, 67, 68
우리계 119, 472
우해룡 135
원동무정부주의자총연맹 138
원산여자청년회 129
원산청년당 129
원산청년동맹 130
원산청년회 123
원심창 225, 280, 287, 312, 315, 317, 411
원종린 62, 69, 72
유림 153, 156, 172, 322, 358, 386~390, 396, 414, 432, 433~437, 448, 450~454, 455, 456, 458, 459, 465, 469
유정렬 421
유진희 39
윤덕병 35, 49, 50
윤우열 141, 142
윤자영 28, 35, 102
의거단 197
의열단 91, 92, 102, 285
이강하 43, 44, 46, 109
이강훈 286, 315, 317, 401, 419
이관용 80
이규서 287
이규석 431
이규창 270
이달李達 55
이동녕 386
이동순 187, 366, 399, 411, 427
이동휘 83, 99
이복원 111
이성우 91
이성태 28
이순탁 28
이승만 83, 410, 422, 425, 434, 448, 450, 459
이시영 448
이와사 사쿠타로岩佐作太郎 62, 69, 184, 300, 327
이용규 115, 399
이용기 62
이용로 289
이용준 282, 293
이용진 347
이윤희 43, 44, 46
이은송 115, 116, 118
이을규 87, 96, 242, 251, 283, 323, 335, 347, 397, 398, 399, 411, 412, 414, 416~419, 426, 427, 430, 431, 455
이정규 87, 96, 242, 251, 283, 327, 397~399, 406, 411, 414, 416, 420, 422, 427
이종문 369
이종연 431
이종홍 288
이춘균 58
이춘식 188
이토 에츠타로伊藤悅太郎 365
이하유 178, 421, 423
이혁 165
이홍근 158, 172
이회영 82, 85, 86, 96, 278, 303, 311, 402
일본노동조합자유연합협의회 215
일본노동총동맹 71
일본무정부공산당 364, 365, 477
일본무정부공산주의자연맹 363
일본사회주의동맹 61
임택룡 69

ㅈ

《자아성》 183, 189
자연아연맹 138
《자유》 307
자유노동자동맹 131
자유노동자협의회 231
《자유사회》 186
자유사회건설자연맹 397, 398, 399, 400~403, 405, 408~411, 414, 416, 419, 420, 422, 424, 427, 436, 478, 479
《자유연합신문》 261
자유청년연맹 211

《자유콤뮨》 224
자유회 115, 116, 117
자주인연맹 482
장건상 433
《장광설長廣舌》 22
장덕수 35, 55
장제스 313
장지락 21, 32, 91, 92, 99
장쩌린 123
재만조선무정부주의자연맹 335, 337, 338, 346, 347
재일본조선노동총동맹 191, 205
재일본조선인공산단체 74
재중국본부한인청년동맹 257
재중국조선무정부공산주의자연맹 249, 252, 254, 256, 285, 475
재중국조선무정부주의자연맹 245, 251, 476
저우수런 96
전국노동조합자유연합협의회 215
전국노동조합자유연합회 127
전국아나키스트대표자대회 414, 436
전국아나키스트대표자대회의 437
전진사 50, 109
전한촌 224
정운해 35
정의공보 245
정태성 69
정태신 21, 31, 35, 37, 38, 42, 66, 67
정한설 29
정해리 260
정화암 87, 242, 246, 285, 292, 307, 426, 427, 430, 467
조봉암 21, 62, 69
조선공산당 433
조선공산무정부주의자동맹 156, 162, 169, 171, 172, 473
조선노동공제회 32, 33, 36, 38, 48, 49, 50
조선노동문제연구회 34
조선노동연맹회 50
조선노동자합동조합 238
조선농촌자치연맹 399, 403, 404, 405, 409, 410
조선독립운동자동맹 379
조선무산자사회연맹 188
조선무정부주의자건설협의회 174
조선무정부주의자총연맹 390, 435
조선민족전선연맹 379, 380, 382, 385, 386
조선민족해방동맹 386, 434
조선민족혁명당 376, 386
조선사회당 81
조선인아나키스트연맹 188
조선인친목회 66, 67, 68
조선일반 236, 240, 241, 475
조선일반노동조합(조선일반) 236
조선자유 207, 208, 209, 210, 211, 215, 216, 228, 230, 231, 232, 233, 474
조선학생회 101
조선합동 239, 368, 478
조선혁명당 434
조선혁명선언 101, 242, 275, 381
조선혁명자연맹 378, 380, 386
조성사 259
조성환 388
조소앙 52, 80, 386, 432, 433, 448
조시원 405
조영주 446
조한응 421
중국 사회주의청년단 97
중한청년연합회 318
중한협회 90, 95
중한호조회조직회 318
진우연맹 137, 139, 140, 472

ㅊ

차금봉 35
천고 82, 95
천광귀 268
천영이속민단편련처 323, 328, 330, 357
천위이치 246, 320, 321
청년동맹회 102
청년조선 63
최갑용 125, 127, 147, 152, 158, 172, 431, 483
최동오 433
최진태 66
최해청 423
츠보이 이와마츠 395
친왕산 96, 325, 326

ㅋ

코스모구락부 62
크로포트킨 27, 28, 29, 38, 60, 66, 79, 121, 132

ㅌ

《탈환》 252, 254, 256, 283
《토민》 224

ㅍ

파리강화회의 19
판번량范本梁 96, 246

ㅎ

하기락 399, 461
하라다 다로쿠原田太六 395
하세가와 시쇼長谷川市松 67
《학지광》 55, 73
한광수 54, 58, 59, 60, 69
한국국민당 376, 377
한국노동자자치연맹 400, 406, 407, 408~410
한국맹혈단 296
한국민주주의자총연맹 460
한국혁명위원회 416, 417
한기원 446
한독당 456, 457, 469
한병희 111
《한성순보》 19, 22
한위건韓偉健 83
한인공산당 99
한인사회당 83, 99
한인애국단 292
한인학생동맹 101
한족농무연합회 349
한족동맹회 349
한족총연합회 341, 342, 344, 345, 352, 355, 356, 358
한천자유노동조합 147
한태원 58
한하연 399, 411, 427, 438
함남노동회 167
핫타 슈조八太舟三 184, 213, 214
항일구국연맹 306, 307, 309, 313
《항전시보抗戰時報》 318
《해방운동》 221
《해외순보》 248
허열추許烈秋 263
《혁신시보》 55, 56
《현사회現社會》 32, 181, 204
홍성환 430, 431
홍승관 423
홍진유洪鎭裕 110, 123, 180, 203
화쥔스華均實 305, 308, 309
황석우黃錫禹 24, 54, 69
황운탁黃雲鐸 88
후루타 다이지로古田大次郎 133
후지야마 도요이치藤山豊一 24
후쿠다 마사타로福田雅太郎 134
후쿠다 토쿠조福田德三 28
《후테이센징太い鮮人》 181
흑기노동자연맹 368, 478
흑기사 214
흑기연맹 110, 111, 113, 123, 472, 476
《흑도黑濤》 64~66
흑도회 64, 69~71, 75
흑로회 32, 50, 107~109, 472
흑백회 417
흑색공포단 315
흑색신문 222, 230, 252, 261, 366
흑색운동사 183
흑색전선연맹 185
흑색청년동맹 31, 32, 98
흑색청년연맹 139, 183, 214, 215, 474
흑색청년자유연합회 175
흑우연맹 120, 186, 207, 211, 224, 335, 367, 473
흑우행진 224
흑우회 75, 180, 182, 185, 473
흑운노동회黑雲勞動會 201
《흑전黑戰》 121, 159, 200
흑전사 200, 474
흑풍회 206, 473
흑풍회청년당 50, 109